인류의 위대한 지적유산

HANGIL
GREAT BOOKS
26

유럽학문의 위기와 선험적 현상학

에드문트 후설 | 이종훈 옮김

한길사

HANGIL
GREAT BOOKS
26

Edmund Husserl
*Die Krisis der europäischen Wissenschaften
und die transzendentale Phänomenologie*

Translated by Lee Jong-Hoon

Published by Hangilsa Publishing co., Ltd., Korea, 2016

현상학의 창시자 에드문트 후설
후설 현상학의 이념은 보편적 이성을 통해 모든 학문이 타당할 수 있는
조건과 근원을 되돌아가 물음으로써 궁극적인 자기책임에
근거한 이론(앎)과 실천(삶)을 정초하려는 것이다. 이러한
'엄밀한 학문으로서의 제일철학, 선험철학'을 추구하기 위해서는
모든 편견에서 해방되어 의식에 직접 주어지는 '사태 자체'를 직관해야 한다.

1915년 연구실에서

철학은 보편타당하고 절대적으로 확실한 앎(이론)과 자율적인 삶(실천)을
형성해가기 위해 자유로운 이성을 바탕으로 근본적인 것을 탐구하는
학문이다. 그런데 철학은 정밀한 실증과학이 이룩한 번영에 가려져
위축되고 희석되었다. 후설은 이 위기를 극복할 수 있는 길이
철학의 참된 출발점을 근원적으로 건설하는 데 있다고 파악했다.

프라이부르크 대학교를 정년퇴임한 1928년의 모습
후설은 은퇴 후 연구와 강연을 통해 자신의 철학을
더욱 왕성하게 심화시켜나갔다. 그는 정년퇴임한 1928년 11월부터
1929년 1월까지 약 2개월간 『논리학』을 저술해 출간했다.
그리고 2월에는 프랑스학술원의 주관 아래
소르본 대학교 데카르트기념관에서 「선험적 현상학 입문」을 강연했다.

후설과 그의 동료들

후설의 마지막 연구조교이자 공동탐구자 오이겐 핑크(오른쪽, 1905~75)와
체코 출신 제자 얀 파토츠카(왼쪽, 1907~77)와 함께 찍은 사진. 파토츠카는
체코슬로바키아에서 일어난 민주화 운동에 적극적으로 참여했는데 '프라하의 봄'이
소련의 침공으로 막을 내리자 「77년 헌장」을 공동 집필해 희생당한다.

müsste ich so gewinnen. Aber das liegt eben in der Habitualität
der psychologischen Einstellung, die wir ihre Positivität nennen
dass mit jedem Schritt immer von Neuem, aber latent bleibend die
Apperzeption Welt vollzogen wird oder in Vollzug bleibt, der jed
speziell thematisch Werdende eingefügt wird als weltliches. Natü
lich gehören alle diese, gehören überhaupt alle apperzeptiven Le:
stungen und Geltungen in den psychologischen Bereich: aber immer
in der Form, dass die Weltapperzeption in allgemeiner Geltung
bleibt und was neu zutage tritt abermals apperzeptiv zum Weltli-
chen wird. Enthüllung der Psyche ist ein unendlicher Prozess,
aber auch seelische Selbstapperzeption in der Form der ~~Leiblich~~-
keit. Es ist die prinzipielle Eigenart der transzendentalen Redu:
tion, dass sie vorweg und mit einem Schlage, in einem universale:
theoretischen Willen diese transzendentale Naivität, die noch in
der reinen Psychologie übrig bleibt, inhibiert, dass sie das gan
aktuelle und habituelle Leben mit diesem Willen umgreift: diesen
Wille gebietet, keine transzendente Apperzeption, keine wie immer
beschaffene transzendente Geltung zu betätigen, sie "einzuklam-
mern" und nur zunehmen als was sie in sich selbst ist, als rein
subjektives Apperzipieren, Meiner, als geltend Setzen usw. Tue 1
so für mich selbst, so bin ich also nicht menschliches Ich ob-
schon ich nichts vom eigenwesentlichen Gehalt meiner reinen Seel
(also vom rein Psychologischen) verliere. Eingeklammert ist nur
diejenige Ingeltungsetzung, die ich in der Einstellung "ich die-
ser Mensch" und meine Seele in der Welt vollzogen habe, nicht
aber dieses Ingeltunghaben als Erlebnis. Das so reduzierte Ego
ist freilich mein Ich, in der ganzen Konkretion seines Lebens, 1
aber direkt erschaut in der transzendental reduzierten inneren

1935년 5월 7일 빈에서 열린 후설의 강연 광고문

후설은 1934년 8월 프라하의 국제철학회로부터 「우리 시대에 있어
철학의 사명」이라는 주제로 강연할 것을 요청받았다. 후설은 이 강연을 준비하며
얻은 결실을 발표하고자 했는데 유대인의 활동을 제약하기 시작한 독일에서는
하지 못했다. 그리하여 우선 1935년 5월 빈과 11월 프라하에서 강연을 이어갔다.
빈에서의 강연 제목은 「유럽 인간성의 위기에서의 철학」이었다.

Die Psychologie in der Krise der europäischen Wissenschaft

Ich muss darauf gefasst sein, dass schon der Titel dieser Vorträge : Die Psychologie in der Krise der Wissenschaft befremden und Widerspruch erregen. Eine Krisis der Wissenschaften, der Wissenschaften schlechthin, kann davon ernstlich gesprochen werden ? Die Krisis einer Wissenschaft besagt doch nichts Minderes, als dass ihre echte Wissenschaftlichkeit, dass die Weise, wie sie sich ihre Aufgabe stellt und dafür ihre Methodik ausgebildet hat, fraglich geworden ist. Das trifft in der Tat für die Philosophie zu, die ja in unserer Gegenwart der Skepsis, dem Irrationalismus, Mystizismen zu erliegen droht. Und es trifft unleugbar auch zu für die Psychologie. Aber wie könnte geradehin von einer Krisis der Wissenschaften überhaupt, also auch der positiven Wissenschaften, der Mathematik, der exakten Naturwissenschaften, der konkreten Geisteswissenschaften gesprochen werden ? die wir doch mit so gutem Grunde als Vorbilder strenger und höchst erfolgreicher Wissenschaftlichkeit bewundern ? Wer könnte sich der Evidenz ihrer in einer wunderbaren Methodik sich täglich steigernder Leistungen entziehen, wer es vergessen, dass ihnen die Unzahl von Erfindungen und Entdeckungen zu danken ist, welche seit kaum einem Jahrhundert unsere reale Umwelt

1935년 11월 14일 후설의 프라하 강연 첫머리
프라하에서 열린 강연의 제목은「유럽 학문의 위기와 심리학」이었다.
빈과 프라하의 강연에서 후설은 '선험적 현상학 입문'을 시도하며
유럽의 인간성과 근본적 삶의 위기로 표현되는 학문의 위기를 논했다.

후설이 활동할 당시 프라하의 전경

후설이 프라하에서 한 강연 원고는 1936년부터 발간된『철학』
창간호에 실렸다. 이 원고를 통해 알 수 있는 것은 후설이 비판적 학문과 철학의
상황을 목적론적-역사적으로 반성하려 했다는 것이다. 이는 철학이
선험적-현상학적으로 방향을 전환해야만 할 필연성을 입증하는 것으로,
선험적 현상학을 이전의 저술들과는 다른 새로운 형태로 소개했다는 의의가 있다.

Die Krisis der Wissenschaften als Ausdruck der radikalen Lebenskrisis des europäischen Menschentums.

§ 1. Gibt es angesichts der ständigen Erfolge wirklich eine Krisis der Wissenschaften?

Ich muss darauf gefasst sein, dass an dieser den Wissenschaften gewidmeten Stätte schon der Titel dieser Vorträge: „Die Krisis der europäischen Wissenschaften und die Psychologie") Widerspruch errege. Eine Krisis unserer Wissenschaften schlechthin, kann davon ernstlich gesprochen werden? Ist diese heutzutage vielgehörte Rede nicht eine Übertreibung? Die Krisis einer Wissenschaft besagt doch nichts minderes, als dass ihre echte Wissenschaftlichkeit, dass die ganze Weise, wie sie sich ihre Aufgabe gestellt und dafür ihre Methodik ausgebildet hat, fraglich geworden ist. Das mag für die Philosophie zutreffen, die ja in unserer Gegenwart der Skepsis, dem Irrationalismus, dem Mystizismus zu erliegen droht. Soweit die Psychologie noch philosophische Ansprüche erhebt und nicht bloss eine unter den positiven Wissenschaften sein will, mag für sie dasselbe gelten. Aber wie könnte geradehin und ganz ernstlich von einer Krisis der Wissenschaften überhaupt, also auch der positiven Wissenschaften gesprochen werden: darin der reinen Mathematik, der exakten Naturwissenschaften, die wir doch nie aufhören können als Vorbilder strenger und höchst erfolgreicher Wissenschaftlichkeit zu bewundern? Gewiss erwiesen sie sich im Gesamtstil ihrer systematischen Theoretik und Methodik als wandelbar. Sie durchbrachen jüngst erst eine in dieser Hinsicht unter dem Titel klassische Physik drohende Erstarrung, drohend als vermeintliche klassische Vollendung ihres Jahrhunderte lang bewährten Stils. Aber bedeutet denn der siegreiche Kampf gegen das Ideal der klassischen Physik, und ebenso der noch fortgehende Streit um die sinngemäss echte Aufbauform der reinen Mathematik, dass die vorhergehende Physik und Mathematik noch nicht wissenschaftlich waren, oder dass sie, wenn schon behaftet mit gewissen Unklarheiten oder Abblendungen, nicht doch in ihrem Arbeitsfeld evidente Einsichten erwarben? Sind es nicht auch für uns, die von diesen Blenden Befreiten, zwingende Einsichten? Verstehen wir von daher, uns in die Einstellung der Klassizisten zurückversetzend, nicht vollkommen, wie in ihr alle die grossen und für

1936년 출간된 『유럽학문의 위기와 선험적 현상학』 첫머리

후설은 최후의 저작이 된 『유럽 학문의 위기와 선험적 현상학』에서 본인의 현상학적 작업이 철학사에서 어떤 의미를 지니는지 설명한다. 그러면서 인간이 어떻게 변질되고 있으며 그 원인은 무엇인지 따져본다. 마지막으로 지향해야 할 인간성의 모범이 무엇이냐는 질문에 답하고자 노력한다.

임종 한 달 전의 후설과 그를 간호하고 있는 부인
1887년 8월 6일 후설과 결혼한 마빈 후설은 평생 후설의
연구 생활을 내조했다. 후설뿐만 아니라 후설 밑에 모인 많은 제자를
어머니처럼 돌보기도 했다. 후설 사후에는 후설이 남긴 많은 양의
유고를 관리했으며 후설아카이브 창설에도 적극적으로 협조했다.

후설이 죽음을 앞두고 작성한 마지막 원고

후설의 삶은 매우 심심하다. 오스트리아 메렌(오늘날의 체코)의 평범한 유대인 가정에서 태어난 그는 평생 학문이라는 외길만 따랐다. 특별한 사건 하나 없이 매우 평범하게 흘러간 그의 생애 뒤에는 치열한 연구와 학문적 고민이 있었다. 그렇게 탄생한 현상학은 하이데거, 장 폴 사르트르, 모리스 메를로퐁티 등 많은 철학자에게 영향을 미쳤다.

1940년 후설의 미망인과 벨기에인 신부 반 브레다
신부 반 브레다는 유태인저술 말살운동으로
폐기될 위험에 처한 후설의 유고 5만여 장 등을 구해
후설아카이브를 세우고 『후설전집』을 발간했다.

유럽학문의 위기와 선험적 현상학

에드문트 후설 지음 | 이종훈 옮김

한길사

유럽학문의 위기와 선험적 현상학

제3부

선험적 문제를 해명하는 것과 이에 관련된 심리학의 기능

부록

■일러두기

1. 이 책은 에드문트 후설의 최후 저술 『위기』(*Die Krisis der europäischen Wissenschaften und die transzendentale Phänomenologie*) — 비멜(W. Biemel)이 편집한 『후설전집』(*Husserliana*) 제6권(Haag, Martinus Nijhoff, 1976)에서 본문을 옮긴 것이다. 제1부와 제2부는 슈퇴레커(E. Ströker)가 편집한 단행본 (Felix Meiner, Hamburg, 1977)도 참조했다.

2. 번역에는 카(D. Carr)의 영역본 *The Crisis of European Science and Transcendental Phenomenology*(Northwestern Univ. Press, 1970)를 참조했다. 부록 1「유럽 인간성의 위기와 철학」은 라우어(Q. Lauer)의 영역본 *Phenomenology and the Crisis of Philosophy*(Harper & Row, New York, 1965)에 수록된 'Philosophy and the Crisis of European Man'도 참조했다.

3. 부록은 『후설전집』 제6권에 수록된 부록들 전부를 옮긴 것이 아니라, 관련논 문 3편과 본문 9절 a)항에 관련된 논문「기하학의 기원」으로 묶었다. 그것은 이 책의 부피와 내용 등을 깊이 고려한 선택이다.

   그리고 본문 62절과 65절에 관련된 부록을「현상학과 심리학」이라는 명칭 으로 포함시켰고, 『후설전집』 제6권이 본래 후설의 계획상 제5부 가운데 제3 부에 그친 미완성이라는 점을 고려해 73절 '결론'과 관련된 부록들 및 속편에 관한 보충자료를 포함시켰다.

4. 제1판의 부록 4 '*Encyclopaedia Britannica*'의「현상학」은 『후설전집』 제9권 『현상학적 심리학』(*Phänomenologische Psychologie*)의 체제에 따라 그 번역본 (한길사, 2013)에 수록했기에 수정 제2판에서는 제외했다.

5. 원문에서 격자체나 이탤릭체 또는 겹따옴표 " "로 묶어 강조된 부분은 일괄적 으로 고딕체로 표기했다. 그리고 긴 문장 가운데 중요한 용어 혹은 몇 가지 말 들로 합성된 용어는 원문에 없는 홑따옴표 ' '로 묶었다.

6. 긴 문장 가운데 부분적 내용을 부각시키기 위해 원전에는 없는 홑따옴표 ' '로 묶었으며, 관계대명사로 길게 이어지는 문장은 짧게 끊거나 그것이 수식하는 말의 앞과 뒤에 선(—)을 넣었다. 본문 중 괄호( )는 원전의 것이며, 문맥의 흐름에 따라 또는 독자의 이해를 돕기 위해 필요한 말은 역자가 꺾쇠괄호〔 〕속에 보충했다. 또한 너무 긴 문단은 그 내용에 따라 새롭게 단락을 나누었다.

7. 그리스어와 라틴어는 이탤릭체로 표기하였다. 후설 이외의 인명은 고딕체로 표기했다.

8. 본문의 각주 가운데 '—후설의 주'로 표시한 주는 저자의 주석이다. 원전과 옮긴이 주 및 해제에 등장하는 후설저술의 약호는 한국현상학회가 정한 '후설 저서 약호표'에 따랐다(이 책 끝의 '후설의 저서' 참조).

생활세계를 통한 선험적 현상학

• 에드문트 후설의 『유럽학문의 위기와 선험적 현상학』

이종훈 춘천교대 윤리교육과 교수

1. 후설 현상학

1.1 후설 현상학의 이념과 방법들

본래 철학은 어떤 사실을 소박하게 전제하거나 초자연적인 신화나 주술에 의한 설명에 만족하지 않고, 자유로운 이성에 기초해 보편타당하고 절대적으로 확실한 앎(이론)과 바로 이 이성에 근거한 자율적인 삶(실천)을 형성해가기 위해 근본적인 것을 탐구하려는 이념을 가진다.

그런데 이러한 이념은 근대 이후 정밀한 실증과학이 이룩한 번영에 가려져 위축되고 희석되었다. 객관적 수학과 자연과학에서 학문의 전형을 찾는 실증주의는 자기 자신을 반성하는 주체인 이성을 제거했고, 이 이성이 모든 존재에 부여하는 의미의 문제를 외면했다. 그 결과 철학은 근본적인 위기를 맞이했다. 이성에 대한 신념이 무너진 이 위기는 곧 참된 앎(학문)의 위기이며, 진정한 삶(인간성) 자체의 위기이다.

현상학의 창시자인 후설(E. Husserl, 1859~1938)은 현대가 직면한 이 위기를 극복할 길은 모든 학문의 근원과 인간성의 목적을 철저히 반성함으로써 철학의 참된 출발점을 근원적으로 건설하는 데 있다고 파악했다. 있는 '사실의 문제'만 소박하게 추구하고, 어떻게 있어야 하고 살아야 하는가 하는 '이성의 문제'를 해명하지 않는 사실과학은 단순한 사실인(事實人)을 만들 뿐이다. 그러나 진정한 인간성(人間性)을 실현해야만 할 인간이 단순한 사실인일 수만은 없다. 그러므로 그는 다음과 같이 역설한다.

우리는 이론적 작업을 수행하면서 사태와 이론, 방법에 몰두한 나머지 그 작업의 내면에 관해 아무것도 모르고, 이 작업 속에 살면서 작업을 수행하는 삶 자체를 주제로 삼지 않는 이론가의 자기망각을 극복해야만 한다.

즉 후설 현상학의 이념은 보편적 이성을 통해 모든 학문이 타당할 수 있는 조건과 근원을 되돌아가 물음으로써 궁극적인 자기책임에 근거한 이론(앎)과 실천(삶)을 정초하려는 '엄밀한 학문(strenge Wissenschaft)으로서의 제일철학(Erste Philosophie), 선험철학(Transzendentalphilosophie)'이다. 그리고 이것을 추구한 방법은 기존의 철학에서 정합적으로 형이상학적 체계를 구축하는 것이 아니라, 모든 편견에서 해방되어 의식에 직접 주어지는 '사태 자체'(Sachen selbst)를 직관하는 것이다. 이 이념과 방법은 부단한 자기비판을 통해 계속해서 발전한 그의 사상에서 조금도 변함이 없었다.(물론 초기 저술의 정적 분석과 후기 저술이나 유고의 발생적 분석에는 명백한 차이가 있다. 그러나 이들은 서로 배척되는 것이 아니라, 마치 어떤 건물에 대한 평면적 파악과 입체적 조망의 차이처럼, 그의 철학 전체를 이해하는 데 상호 보완적인 것이다.)

현상학은 20세기 철학계에 커다란 사건으로 등장해 '현상학 운동'으로 발전하면서 실존주의, 인간학, 해석학, 구조주의, 존재론, 심리학, 윤리학, 신학, 미학, 사회과학 등에 매우 깊고도 광범위한 영향을 끼쳤다. 그런데 현대철학 각 분야에서 거장들로 성장한 그의 수많은 제자는 현상학을 새로운 방법으로만 간주했지, 독자적 철학으로는 받아들이지 않았다.

그러나 후설은 이들이 현상학적 방법으로 풍부한 성과를 거둔 점을 높이 평가하면서도, 선험적 현상학, 즉 선험철학의 이념을 결코 포기하지 않고 끝까지 견지했다. 왜 그는 그럴 수밖에 없었을까?

1.2 왜곡되고 은폐된 후설 현상학

오늘날 현상학은, 새로운 방법론으로 간주하든 독자적 철학으로 간주하든 간에, 적어도 인문·사회과학에서 낯설지 않다. 우리나라에도 관련된 논문이나 입문서가 적지 않으며, 후설의 원전도 여러 권 번역되었다.

그러나 후설 현상학에 대한 이해는 극히 보잘것없다. 그 이유로,

첫째, 그의 저술이 매우 난해하다는 점(하지만 일단 그 논지를 파악하면, 추상적 개념들로 가득 찬 저술보다 명확하게 이해할 수 있다),

둘째, 그가 남긴 방대한 유고(유대인저서 말살운동으로 폐기될 위험에서 구출된 약 4만 5,000장의 속기원고와 1만 장의 타이프원고)가 최근에 와서야 비로소 밝혀지고 있다는 점을 들 수 있다.

다른 한편 후설의 주장과는 전혀 상관없이, 아니 어떤 경우는 정반대로 후설 현상학이 해석되는 데 있다.

첫째, 흔히 후설의 사상은 '기술하는 현상학→선험적 현상학→생활세계 현상학' 또는 '정적 현상학→발생적 현상학'으로 발전했다고 한다. 이러한 구분은 나름대로 충분한 근거와 의의가 있다. 하

지만 이 구분에 얽매인 해석은, 여러 가닥의 생각이 부단히 떠오르고 가라앉으며 의식의 흐름이라는 전체의 밧줄을 형성하듯이, 각 단계의 특징들이 서로 뒤섞여 나선형의 형태로 발전한 총체적 모습을 결코 밝힐 수 없다.

둘째, 그의 철학은 의식의 다양한 관심영역(층)들에 주어지는 사태 자체를 분석한 일종의 '사유실험'(Denkexperiment)이기 때문에, 이에 접근하는 문제의식에 따라 제각기 해석될 수 있다. 그래서 대부분 그 자체로서 보다는, 이들이 비판한 (동시대인이면서도 단지 후학後學이라는 이유만으로 정당화된) 견해를 통해서만 평가되고 있다.

그 결과 이성(선험적 주관성)을 강조한 '선험적 현상학은 관념론'(합리론, 주지주의)으로, 경험의 지평구조를 분석한 '생활세계 현상학은 실재론'(경험론, 주의주의主意主義)으로 파악되고 있다. 심지어 어떤 철학사전은 "실천을 떠난 부르주아사상", "주관적·관념론적으로 왜곡된 플라톤주의의 현대판"으로까지 규정하고 있다.

과연 후설은 어제는 선험적 현상학에, 오늘은 생활세계 현상학에 두 집 살림을 차렸는가? 그가 '생활세계'를 문제 삼은 것은 오직 '선험적 현상학'(목적)에 이르기 위한 하나의 길(방법)이었다. 방법(method)은, 그 어원(meta+hodos)상 '무엇을 얻기 위한 과정과 절차'를 뜻하듯이, 목적을 배제할 때 방황할 수밖에 없다. 후설 현상학 역시 마찬가지이다.

또한 후설 현상학은 관념론(주관주의)인가, 실재론(객관주의)인가? 이것은 현상학의 출발점이자 중심문제인 '의식의 지향성'에 대한 기본적 이해조차 없는 왜곡일 뿐이다. 물론 그가 '부르주아'라는 용어를 사용한 적도 없으며, 그렇게 해석될 수 있는 문구도 (아직은) 발견할 수 없다. 만약 의식을 강조하고 분석한 것은 모두 주관적 관념론이고 부르주아사상이면, 불교의 가르침도 그러하다. 하지만 아무도 그렇게 주장하지 않는다. '실천을 떠난 이론'이라는 해석도, 그가 선험적 현상학을 추구한 근원적 동기만이라도 공감할 수 있으면, 자연히 해소될 수 있다.

결국 후설 현상학(선험적 현상학)의 참모습은 파악하기도 쉽지 않지만, 근거 없는 비난 속에 파묻혀 외면당하고 있다. 유대인이었던 그로서는 아우슈비츠 수용소에서 비참하게 희생당하지 않은 것만이라도 커다란 위안으로 삼아야 할지도 모른다. 그러나 우리는 이미 현대의 고전인 후설 현상학의 참모습과 의의를 올바로 규명해야 한다.

2. 후설의 사상발전

2.1 심리학주의 비판 : 수학에서 논리학으로

라이프치히 대학과 베를린 대학에서 수학과 철학을 공부하고 변수계산(變數計算)에 관한 학위논문을 발표해 수학자로 출발한 후설은 빈 대학에서 브렌타노(F. Brentano)의 영향을 받아 철학도 엄밀한 학문으로 수립될 수 있다는 확신을 얻었다. 그래서 1887년 교수자격논문「수 개념에 관해(심리학적 분석)」에서 심리학의 방법으로 수학의 기초를 확립하려 했다(이것은 1891년『산술철학』으로 확대되어 출판되었다). 이 심리학적 방법은 자극의 조건-반사관계를 탐구한 파블로프(I. Pavlov)의 생리학과 정신현상을 감각요소로 설명한 분트(W. Wundt)의 실험심리학이 풍미하던 그 당시에 지배적인 경향이었다.

그러나 후설은 곧 이것이 충분하지 못함을 깨달았다. 여기에는 그의 시도를 '심리학주의'라고 지적한 프레게(G. Frege)와 나토르프(P. Natorp), 주관적 판단작용과 객관적 판단내용을 구별함으로써 순수논리학을 추구한 볼차노(B. Bolzano)가 영향을 끼쳤다. 그리고 수학과 논리학의 형식상 관계를 밝히려는 자신의 문제도 확장되었다. 즉 수학을 정초할 수 있는 근거가 논리학에 있다고 파악한 그는 1900년 『논리연구』 제1권에서 심리학주의를 비판하고, 학문이론으로서의 순수논리학을 정초하려 했다.

근대 이후 논리학주의는 논리학이 순수한 이론학(理論學)으로, 심리학이나 형이상학에 독립된 분과라고 주장했다. 반면 심리학주의는 논리학이 판단과 추리의 규범을 다루는 실천적 기술학(技術學)으로, 심리학에 의존하는 분과라고 주장했다.

후설에 의하면, 논리학의 이 두 측면은 서로 대립한 것이 아니라 긴밀한 관계를 맺고 있다. 이론학은 존재의 사실에 관한 법칙이고, 규범학(規範學)은 존재의 당위에 관한 법칙이다. 그런데 가령 '모든 군인은 용감해야만 한다'는 실천적 당위의 명제는 '용감한 군인만이 훌륭한 군인이다'라는 아무 규범도 갖지 않는 이론적 사실의 명제를 포함한다. 그 역도 마찬가지이다. 따라서 규범학 속에 내포된 이론적 영역은 이론학을 통해 해명되어야 하고, 이론학 역시 실천적 계기를 배제하는 것이 아니므로 규범적 성격을 지닌다. 그러나 규범의 기초는 이론에 근거하므로 규범학이 학문적 성격을 지니려면 이론학을 전제해야 한다는 점을 고려해 볼 때, 논리학은 본질적으로 이론학에 속하고 부차적으로만 규범적 성격을 띤다.

그런데 논리학이 올바른 판단과 추리를 결정하는 규범학으로만 인정할 경우, 그 과정들은 심리활동의 산물이기 때문에 논리학만 아니라 모든 정신과학의 기초는 심리학, 특히 인식의 심리학이라는 심리학주의가 된다.

심리학주의의 주장 : 논리법칙이 심리적 사실에 근거한 심리법칙이기 때문에 논리학은 심리학의 한 특수분과이다. 따라서 논리법칙은 심리물리적 실험을 반복해 일반화한 발생적 경험법칙으로서 사유의

기능 혹은 조건을 진술하는 법칙이며, 모순율도 모순된 두 명제(가령, '화성에는 생명체가 없다'와 '화성에는 생명체가 있다')를 동시에 참으로 받아들일 수 없는 마음의 신념, 즉 판단작용의 실재적 양립불가능성을 가리킨다.

후설의 비판 : 순수논리법칙은 대상(예를 들어, 가능적으로도 존재하지 않는 '둥근 사각형'이나 현실적으로 존재하지 않는 '황금산')의 존재를 함축하거나 선세하지 않는다. 그것은 실재적으로 판단하는 주관의 다양한 작용들과는 무관한, 이 작용들에 의해 통일적으로 구성된 객관적 내용이다. 모순율도 모순된 명제들이나 상반된 사태들의 이념적 양립불가능성이다. 따라서 확률적 귀납에 의한 맹목적 확신으로서 심정적으로 느낀 인과적 필연성과 명증적 통찰에 의해 직접 이해된 것으로서 어떠한 사실로도 확인되거나 반박되지 않는 보편타당한 논리적 필연성은 혼동될 수 없다. 또한 심리학주의의 인식론에서 진리의 척도를 개별적 인간에 두는 개인적 상대주의의 주장인 '어떠한 진리도 없다'는 '어떠한 진리도 없다는 진리는 있다'는 명제와 똑같은 진리치를 갖는 가설로서 자가당착이다. 그리고 그 척도를 종(種)으로서의 인간에 두는 종적 상대주의의 '동일한 판단내용이 인간에게는 참인 동시에 다른 존재자에게는 거짓일 수 있다'는 주장 역시 모순율에 배치된다. 진리를 인식할 수 있는 조건이 곧 진리가 성립하는 것을 입증하는 것도 아니다.

결국 심리학주의의 상대주의들은 보편타당한 논리법칙을 제한된 우연적 경험사실에서 일반화해 도출하므로 항상 귀납법적 비약이 포함될 수밖에 없고, 따라서 개연적 근사치만을 얻을 뿐이다. 그리고 사실들이 변화되면 원리도 변경될 수밖에 없기 때문에 자신의 주장마저 자신에 의해 파괴되는 자기모순과 회의주의의 순환론에 빠진다.

이러한 심리학주의 비판은 후설 현상학의 출발인 동시에 그 후에 다양하게 발전해나간 사상 전체의 기본적 얼개이다.

2.2 기술하는 현상학 : 논리학에서 인식론으로

후설은 이처럼 심리학주의가 상대주의적 회의론으로 전락할 수밖에 없었던 오류와 편견을 철저히 비판함으로써 '심리학주의에 결정적 쐐기를 박은 객관주의자'라는 인상과 함께, 철학자로서 확고한 명성을 얻었다. 그 비판의 핵심은 이념적인 것(Ideales)과 실재적인 것(Reales) 및 이념적인 것이 실천적으로 변형된 규범적인 것(Normales)의 차이를 인식론적으로 혼동한 것(metabasis)을 지적한 (물론 주관적 심리학주의뿐 아니라, 주관에 맹목적인 객관적 논리학주의도 비판한) 것이다. 이 올바른 관계는 경험론의 추상이론을 포기해야만 분명히 드러날 수 있다고 파악한 그는 경험이 발생하는 사실이 아니라 객관적으로 타당하기 위한 권리, 즉 '어떻게 경험이 이념적인 것 속에 있으며 인식될 수 있는가'를 해명했다. 다시 그의 관심은 순수논리학을 엄밀하게 정초하기 위한 인식론으로 전환되었다.

그래서 그는 다음 해 출간한 『논리연구』 제2권에서 다양한 의식체험을 분석해 그 본질구조가 항상 '무엇을 향한 의식', 즉 대상의 의미를 구성하는 활동인 '지향성'(Intentionalität)이라 밝혔다. 그리고 이 지향성을 전제해야 생생한 체험으로 이해할 수 있는 '표현'을 분석했다.

표현에는 의사소통을 통해 알리고 알아듣는 '통지기능', 표현에 의미를 부여하는 의미지향과 이것을 직관하는 의미충족으로 이루어진 '의미기능', 표현된 대상성을 지시하는 '명명기능'이 있다. 그런데 표정이나 몸짓, 독백과 같이 통지기능이 없어도 의미는 있을 수 있지만 의미기능이 없는 표현은 불가능하고, 의미를 통해 표현된 대상성은 비록 가상이라고 하더라도 그 표현을 무의미하게 만들지 못하기 때문에 표현에는 의미기능이 본질적이다. 그리고 의미기능에서 의미지향은 의미충족이 원천적으로 불가능한 것(가령, '둥근 사각형') 또는 상상으로만 가능한 것('황금산') 그리고 과거 역사상에서만 의미가 충족된 표현('현재 프랑스의 왕')도 유의미한 것으로 이해시켜주기 때문에, 표현의 의미를 구성하는 데 의미충족보다 더 본질적이다. 물론 진리는 의미지향과 의미충족이 일치하는 데 있다. (이러한 의미론은 상상이나 동화, 문예작품에서처럼 지시하는 대상이 현존하지 않아도 의미지향을 지닌 표현이 의미를 확보할 수 있다는 점에서 경험론의 환원적 분석, 즉 비트겐슈타인L. Wittgenstein의 '그림이론'이나 논리적 실증주의의 '검증원리'보다 포괄적이고 설득력이 있다.)

그러나 이처럼 의식작용을 기술하는 작업은 순수논리학보다 체험심리학이나 인지심리학에 적절한 관심사로 비쳤다. 그래서 동시대인들은 주관성으로 되돌아가 묻는 그의 시도를 심리학주의로의 후퇴, 심지어 '단순한 의식철학', 추상적인 '주관적(절대적) 관념론'으로까지 해석했다. 그는 이러한 오해가 소박한 자연적 태도로 전락하였기 때문에 발생한다는 점을 여러 번 해명했지만, 이미 깊이 뿌리내린 편견을 해소할 수는 없었다.

결국 그의 심리학주의 비판은 심리학 자체를 거부한 것이 아니다. 경험의 대상과 그것이 의식에 주어지는 방식들 사이의 보편적 상관관계를 체계적으로 밝히는 것, 즉 심리학이나 그 밖의 학문을 통해 이성에 관한 참된 학문의 길을 제시하는 것은 후설에게 변함없는 주요문제였다.

2.3 선험적 현상학(현상학적 철학)의 추구 : 방법론에서 철학으로

1) 선험적 현상학의 숙성기

후설은 『논리연구』 이후 『이념들』 제1권까지 10여 년간 (논리적·실천적·가치설정적) 이성 일반의 비판, 즉 논리학을 인식론적으로 해명하는 현상학적 이성비판(理性批判)에 집중했으나, 그 내용을 출판하지는 않았다.

그러나 이 기간은 선험적 현상학이 숙성되는 시기로서 다음과 같은 매우 주목할 만한 일이 세 가지 있다.

첫째, 1904~1905년 강의 「현상학과 인식론의 주요 문제들」이다. 이 가운데 객관적 시간과 이 속에서 시간적-개체적으로 존재하는 모든 객체의 구성 및 이 구성의 기초인 현상학적 시간의 자기구성을 다룬 부분은 시간의식의 흐름에서 생생한 역사성(Geschichtlichkeit)의 지평구조를 밝힘으로써 이른바 후기사상의 전개축인 발생적 분석의 지침을 제시했다(1928년 하이데거는 관련자료를 편집해 『시간의식』으로 출판했다).

둘째, 1905년 여름 젊은 현상학도들과 알프스의 제펠트에서 가진 연구회의 초고이다. 여기서 '환원'(Reduktion)과 대상의 '구성'(Konstitution)을 처음 다루었으며, 이것을 바탕으로 「1907년 강의」를 수행했다. (이 유고는 1950년 『이념』으로 출판되었다.) 이것은 논리학(『논리연구』 제1권)에서 인식론, 즉 기술적 심리학(『논리연구』 제2권)으로 관심을 전환한 이래 새로운 방법을 통해 선험적 현상학(『이념들』 제1권)에 이르는 길목을 파악할 수 있는 중요한 거점이다.

셋째, 1910년 크리스마스 휴가부터 다음 해 초까지 작성해 『로고스』(Logos)지 창간호에 발표한 『엄밀한 학문』이다. 다른 저술보다 비교적 짧은 이 논문은 제자들에게 국한되었던 현상학의 구상을 일반 대중에게 극명하게 전한 선언문이었다. 모든 존재를 자연과학적 방법으로 수량화(數量化)해 규정하고 의식과 이념을 자연화(사물화)하는 '자연주의'는 의식의 지향성을 파악할 수 없고, 보편타당한 이념적 규범을 경험적 사실을 통해 정초하려는 모순이다. 더구나 인격적 자아를 망각해 가치나 의미문제가 소외된 삶의 위기를 발생시킨다. 또한 역사와 사회, 문화의 발전을 직관을 통해 추후로 체험하고 이해할 수 있다는 '역사주의'는 역사적 견해들이 모두 부당하다는 회의적 상대주의가 되며, 세계에 관한 경험과 지식인 세계관을 시대정신으로 간주하는 '세계관철학'은 각 세계관이 모두 중요하고 타당하다는 역사주의적 회의론이 된다. 이들이 전제하는 가치평가의 원리들은 이념적 영역에 있기 때문이다. 이러한 비판은 그 이후 다양하게 발전된 후설의 사상을 이해할 수 있는 결정적 시금석이다.

2) 최초로 제시된 선험적 현상학

한편 후설은 현상학에 대한 급증하는 관심과 요구에 따라 그 통일적 모습을 밝힐 필요를 느꼈다. 그래서 1913년 공동편집인으로 참가해 창간한 『(철학과 현상학적 탐구)연보』에 『이념들』 제1권을 발표하고, 순수의식(이것을 그는 '이성', '선험적 주관성', '선험적 자아', '순수자아' 등으로 부른다)의 본질구조를 통해 선험적 현상학의 방법과 문제를 제시했다.

'판단중지'(Epoche)는 자연적 태도로 정립된 실재 세계의 타당성을 괄호 속에 묶어 일단 보류한다. 예를 들어 빨간 장미꽃을 보고, 그것에 관한 과거의 경험이나 편견에 따라 판단하는 것을 중지한다. 그러나 그 꽃의 실재를 부정하거나 회의하는 것이 아니라, 그것을 바라보는 관심과 태도를 변경해서 경험의 새로운 영역을 볼 수 있게 만드는 것이다.

'형상적 환원'(eidetische R.)은 개별적 사실에서 보편적 본질로 이끈다. 즉 빨간 장미꽃에서 출발해 상상 속에 자유롭게 변경해 빨간 연필, 빨간 옷 등을 만들고, 이들이 서로 합치하는 것을 종합해 '빨간 색'이라는 본질, 즉 형상을 직관한다. 이 본질은 어떤 신비적인 형이 상학적 실체가 아니라, 의식에 의해 보편화한 새로운 대상, 즉 경험 이 구조적으로 밝혀질 수 있는 최소한의 필요조건들이다.

'선험적 환원'(transzendentale R.)은 의식의 작용들과 대상들에 통 일성을 부여하고 그것의 동일한 의미를 구성하는 원천인 선험적 자 아와 그 대상영역을 드러낸다. 경험적 자아와 선험적 자아는 동일한 자아의 상이한 양상들이며, 그 기능적 작용에 따라 구분된다. 즉 경험 적 자아는 구체적으로 존재하는 세계와 일상적으로 교섭하는 사실적 자아인데, 선험적 자아는 자연적 태도의 경험들을 판단중지하고 남 은 기저 층으로서 환원을 수행하는 자의 구체적인 체험흐름이다.

그러나 이처럼 모든 객관적 타당성과 존재의미의 근거인 순수의 식의 본질구조를 해명하는 선험적 현상학은 '주관적 관념론'이라는 인상과 함께 자아 속으로 파고들어 빠져나올 수 없는 '독아론'(獨我 論)으로 간주되었다. 더구나『이념들』제1권은 본래 3부로 계획된 것 가운데 제1부에 불과하다. 이미 그 당시 완성된 초고와 그 이후 계속 된 수정안인『이념들』제2권과 제3권(이것들은 1952년에 편집 출판 되었다)은 다양한 세계의 구성 및 학문의 토대문제를 다룬 것으로, 본래 구상의 제2부이다. 결국 제3부 '현상학적 철학의 이념'은 다루 지 못했다.

3) 선험적 현상학의 이념에 대한 모색

후설은『이념들』제1권을 출간한 후 선험적 현상학, 즉 현상학적 철학의 이념을 밝히려 부단히 노력했지만, 그 성과에 만족하지 못해 (1929년『논리학』까지 16년간) 어떠한 저술도 발표하지 않았다. 그러나 우리는 그 흔적을 추적해볼 수 있다.

그것은 우선 1922년 6월 런던 대학 강연 「현상학적 방법과 현상학적 철학」에 나타난다. 이것을 확장한 것이 1922~23년 강의 「철학입문」(유고로 남아 있다)과 1923~24년 강의 「제일철학」(1956년 제1권, 1959년 제2권이 출판되었다)이다. '제일철학'이라는 고대의 명칭을 채택한 것은 독단적 '형이상학'을 극복하고, 이성비판이라는 철학 본래의 이념을 복원하려는 의도 때문이다(이 명칭은 1930년대에 점차 '선험철학'으로 대체된다). 그런데 이미 여기서 제일철학에 이르는 길로 데카르트가 방법적 회의를 통해 자기의식의 확실성에 도달한 것과 같은 직접적인 길 이외에, 심리학과 실증과학의 비판을 통한 간접적인 길들을 모색하고 있었다.

그리고 1927년 제자 하이데거(M. Heidegger)와 공동으로 집필을 시작해 두 차례 수정작업을 거치면서 학문적으로뿐만 아니라 인간적으로 결별하게 되었던 『브리태니커 백과사전』(*Encyclopaedia Britannica*, 제14판 제17권, 1929) 「현상학」에서 찾을 수 있다. 후설은 여기서 심리학과 선험적 현상학의 정초관계를 해명함으로써 보편적 학문으로서의 철학(선험적 현상학)의 이념을 밝히려 했다. 그는 이것을 다소 수정하고 보완해 1928년 4월 암스테르담에서 강연했다. 그러나 「현상학」의 결론인 제3부는 제목만 밝힌 채 미완성으로 남겼다. 선험철학의 이념을 체계적으로 제시하기 위해서는 여전히 부족하다고 느꼈기 때문이다.

2.4 은퇴 후에도 계속된 선험적 현상학의 이념추구

후설은 1928년 봄 하이데거에 후임을 넘기고 프라이부르크 대학의 교수직을 은퇴했다. 그러나 학문적 작업마저 은퇴한 것은 아니었다. 오히려 더 왕성한 의욕을 갖고 새로운 출발을 모색해갔다.

그는 그해 11월부터 1929년 1월까지 약 2개월간『논리학』을 저술했다. 여기서 술어적 판단 자체의 진리와 명증성은 판단의 기체들이 주어지는 근원적인 선술어적 경험의 대상적 명증성에 근거하므로, 형식논리를 선험논리가 정초해야만 참된 존재자(세계)에 관한 논리학이 될 수 있음을 밝혔다. 이것은『논리연구』제1권 이래 오랜 침묵을 지켰던 순수논리학의 이념을 더 명확하게 해명한 것이었다.

그리고 2월 프랑스학술원의 주관 아래 소르본 대학 데카르트기념관에서 선험적 현상학을 데카르트 전통에 따라 체계적으로 묘사한「선험적 현상학 입문」을 강연했다(레비나스E. Levinas가 번역한 '강연요약문'은 1931년 프랑스어판『데카르트적 성찰』*Meditations Cartésiennes*로 출간되었다).

이러한 시도는 현상학을 방법론으로만 받아들인 (선험적 환원은 배제하고 본질직관의 형상적 환원만 수용한) 셸러(M. Scheler)와 (선험적 자아를 이념적 주체로 규정하고, 이 주체로는 현존재의 사실성과 존재론적 성격을 파악할 수 없다고 주장한) 하이데거를 통해 간접적으로 전파된, 따라서 선험적 현상학이 추상적 관념론이나 독아론으로 오해된 프랑스에 자신의 철학을 직접 해명하려 했다. 후설이 볼 때 이들의 현상학은 소박한 자연적 태도에 입각한 하나의 심리학적-객관적 인간학주의로 '세속적(mundan) 현상학'일 뿐, '선험적(transzendental) 현상학'에는 이르지 못한 것이다.

후설은 이「파리강연」을 독일어판으로 확장해 출판하는 일을 필생의 작업으로 삼고 수정해갔다. (이 원고는 1973년 후설전집 제15권『상호주관성』제3권으로 출간되었다.) 한편 그는 칸트학회의 초청으로 1931년 6월 프랑크푸르트 대학, 베를린 대학, 할레 대학에서「현상학과 인간학」을 강연했다(이것은 1989년 출간된 후설전집 제27권『논문과 강연들』에 수록되었다). 여기서 철학을 인간학적으로 정초하려는 딜타이(W. Dilthey)학파의 생철학과 셸러나 하이데거의 시도를 비판하고, 철저한 자기성찰과 자기책임에 입각한 선험적 현상학의 이념을 데카르트의 성찰과 관련지었다. 이 강연의 예기치 않은 성황에 힘입어 '감정이입, 타자경험, 상호주관성'의 문제를 중심으로 다시 수정했지만, 이것 역시 만족할 수 없었다.

그래서 1932년 8월 핑크(E. Fink)와 「선험적 방법론」을 구상하고 검토해갔다(이 자료는 1988년 『제6성찰』 제1권 및 제2권으로 출간되었다). 그러나 그 내용이 선험적 현상학의 이념에 충실함을 인정하면서도, '완전히 다른' 책이 될 수 있다고 판단했다. 또한 『이념들』 제1권 이래 추구한 '데카르트적 길'이 일거에 선험적 자아에 이르지만, 상세한 예비설명이 없어서 선험적 자아를 가상적인 공허한 것으로 만들었고, 따라서 자연적 태도를 벗어나지 못한 사람들에게 선험적 현상학을 이해시키기 어렵다고 생각해 출판을 보류했다.

더구나 후설은 1934년 8월 프라하의 국제철학회에서 「우리 시대에 철학의 사명」이라는 주제로 강연할 것을 요청받았다. 그때는 나치정권이 등장해 철학이나 정치·사회 전반에 걸쳐 합리주의에 대한 반감이 팽배하고, 유럽 문명에 대한 회의로 위기감이 감돌고 있었다. 이 야심 찬 강연준비 때문에 「파리강연」을 독일어판으로 완성하려는 계획을 유보할 수밖에 없었다(이 자료는 1950년 『성찰』로 출간되었다). 또한 1919~20년 강의 「발생적 논리학」과 관련수고들을 정리하던 작업도 관심 밖으로 밀려났다(란트그레베L. Landgrebe에게 위임했던 이 작업은 그의 사후 1939년 『경험과 판단』으로 출간되었다).

후설은 그 강연준비의 결실을 유대인 활동을 제약하기 시작한 독일에서 발표하지 못하고 우선 1935년 5월 빈 문화협회에서 「유럽 인간성의 위기에서 철학」을, 11월 프라하의 독일 대학과 체코 대학에서 「유럽 학문의 위기와 심리학」을 강연했다. 또다시 '선험적 현상학

입문'을 시도한 제1부에서 유럽 인간성의 근본적 삶의 위기로 표현되는 학문의 위기를 논하고, 제2부에서 그리스철학과 수학, 갈릴레이 이래 근대과학의 발생 그리고 데카르트에서 칸트까지의 근대철학사를 목적론으로 해석했다(이 내용은 유고슬라비아의 베오그라드에서 1936년 발행한『필로소피아』*Philosophia* 창간호에 실렸다).

그는 이것을 완결지어 출판하려 했으나, 1937년 8월 병들었을 때 제3부 '선험적 문제의 해명과 이에 관련된 심리학의 기능'(이것은 다시 'A.미리 주어진 생활세계에서 되돌아가 물음으로써 현상학적 선험철학에 이르는 길'과 'B.심리학에서 현상학적 선험철학에 이르는 길'로 나뉜다)은 수정 중이었다. 제3부 A는 출판사에서 교정본을 받았고, 증보판을 위한 '머리말'도 작성된 상태였지만, 계속된 수정작업과 신병 때문에 결국 제3부는 관련논문들 및 부록들과 함께 그의 사후 1954년『위기』로 출간되었다. 하지만 이 역시 본래 5부로 저술하려던 계획상 미완성이다.

3. 이 책의 주제 : 생활세계를 통한 선험적 현상학으로의 길

3.1 구체적으로 직관할 수 있는 술어 이전의 경험의 생활세계

이『위기』가 현대철학에 던진 커다란 충격은 무엇보다도 '생활세계'(Lebenswelt)를 본격적으로 밝힌 데 있다. 이것은 수학과 자연과학에 의해 이념화된 세계나, 일반적 의미의 일상세계도 아니다. 논리 이전에, 즉 술어로 규정되기 이전에 미리 주어진, 그 유형을 통해 친숙하게 잘 알려진 술어 이전의 경험세계이다.

그런데 '생활세계'는『위기』에서 비로소 등장한 개념이 결코 아니다. 심리학주의 · 자연주의 · 역사주의 · 세계관철학에 대한 인식비판과 소박한 형식논리에 대한 경험비판을 통해 그가 일관되게 강조한

'사태 자체'로 되돌아가서 직접 체험하는 직관의 세계 이외에 다른 것이 아니기 때문이다.

1) 술어 이전의 경험의 지평구조

진리를 판단의 형식적 정합성인 무모순성에서 찾는 형식논리학의 법칙들은 공허한 형식 속에 삽입된 판단기체(대상)의 실질적 내용은 다루지 않기 때문에 진리의 소극적 조건일 뿐이다. 판단이 자신의 목표인 존재자에 관한 참된 인식에 도달하려면, 판단의 대상이 술어로 규정되기 이전에 스스로 주어지는 선술어적 경험, 즉 '지각'까지 파고들어 가야 한다.

모든 개별적 대상은 감각자료처럼 그 자체로 고립된 것이 아니라, '유형적으로 미리 알려진'(typische Vorbekanntheit) 술어 이전의 경험의 지향적 지평구조 속에서만 주어진다(이러한 파악은 소박한 일상적 상식이나 실증적 자연과학의 단편적이고 세계와 단절된 평면(표층)적 이해를 넘어서 전체적이고 역사적 세계에 연속되는 입체(심층)적 이해를 제공해준다). 즉 아직 알려지지 않은 것(Nichtwissen) 속에는 그때그때 파악된 것 이상(plus ultra)을 함께 지닌 부수적 앎(Mitwissen)이 언제나 본질적으로 함축되어 있다. 따라서 아직 알려지지 않은 것(Unbekanntheit)은 동시에 이미 알려진 것(Bekanntheit)의 한 양상이다. 이 미리 지시된 앎(Vorwissen)은 항상 불완전하고 내용에서 아직 규정되지 않았지만, '주어진 핵심을 넘어서 생각함'(Über-sich-hinaus-meinen)으로써 앞으로 상세하게 규정될 가능성(Möglichkeit)의 활동공간인 '공지평'(Leerhorizont)을 가진다. 이것은 자아의 관점에서 보면, '능력'(Vermöglichkeit)이다.

그러므로 형식논리학의 기체 'S'나 'P'를 형식화해 주어나 술어에 대입시킬 수 있는 것은 어떠한 제한도 없는 임의적인 것이 아니라,

사실이든 상상이든 경험할 수 있는 모든 것의 총체인 세계의 통일 속에 있는 동일한 존재자, 즉 '세계-내-존재'(In-der-Welt-Sein)이다. 또한 자유변경(freie Variation)에 설정된 한계에 기초해서만 판단들은 의미를 가질 수 있으며, 논리학은 사유형식을 다루는 논리학일 뿐만 아니라, 세계 속에 있는 존재자(세계)의 논리학인 참된 철학적 논리학이 된다.

2) 지각이 해석되는 단계

흔히 어떤 대상에 관한 경험은 매우 단순해서 최종적이고도 근원적인 것으로 간주한다. 예를 들어 책상 위에 있는 책을 보는 경우 흰색, 검은 활자, 매끄러운 종이 등 각기 단절된 감각자료들이 그 자체로 직접 주어지는 것으로 파악한다. 그러나 지각이 해석되는 데는 대상인 '책'을 단적으로 파악하고, '흰 종이와 검은 활자'로 이루어진 부분적 요소들로 상세하게 규정해 해명하고, '책상 위에 그리고 연필 옆에 있다'는 다른 대상들과의 관계를 관찰하는 단계들이 있다.

(1) 단적인 파악

어떠한 지각도 자극에 주의를 기울이는 자아의 능동적 활동을 통해서만 해석될 수 있다. 예를 들어 창밖에 어떤 소리가 났지만, 독서에 열중하던 사람은 그것이 무엇인지 정확히 파악할 수 없다. 자극이 지난 후 그 내용을 해석하고 술어로 판단해야만 그 소리가 자동차 경적이었으며, 어떠한 상황에서 경적을 울렸는지를 이해하게 된다.

단적인 파악은 지각이 대상을 객관화해 해석하는 인식활동의 가장 낮은 단계이다. 그러나 이것은 결코 단순한 자료가 아니라, 내적 시간의식의 통일 속에서 수동적으로 미리 구성된 복잡한 구조를 가진다.

(2) 해명

해명은 대상에 관한 예측들을 상세하게 규정하는 것으로서, 지각의 관심방향을 대상의 내적 지평 속으로 침투해 포착하는 활동이다. 이러한 과정을 통해 지각의 대상 S는 동일성을 유지한 채 유기적 관련을 지닌 내적 규정들($\alpha, \beta\cdots\cdots$)인 대상의 속성(계기, 부분)들을 통해 지속적으로 해명되고, 그 의미가 풍부하게 계속 형성된다. 즉 S의 규정들로 일단 받아들여진 해명항들은 그 이후로는 줄곧 S의 의미를 규정한 침전물이다. S는 α가 해명된 후 $S(\alpha)$가 되고, β가 해명된 후에는 $(S\alpha)\beta$가 된다.

그런데 기체들에 대한 규정들에서, 가령 가로수의 길과 그 속의 가로수처럼 전체에 대해 독립적 부분인 '단편'과 흰 종이에서 흰색처럼 비독립적 부분인 '계기'는 구분된다. 전체는 다른 단편들이 파악될 수 있는 잉여를 함축한다. 반면 단편은 전체에 의거해서만 파악된다. 하지만 해명되지 않은 잔여가 의식되는 방식은 독립적 단편을 해명하는 경우와 비독립적 계기를 해명하는 경우가 다르다. 예를 들어 갈색 탁자에서 어떤 때는 갈색(계기)을, 어떤 때는 탁자의 다리(단편)를 파악한다. 그리고 어떤 단편이 부각될 경우, 해명되지 않은 잔여는 그 단편의 외부에 있다. 반면 어떤 계기가 부각될 경우, 해명되지 않은 잔여는 그 계기의 외부에 있지 않다. 왜냐하면 계기들은 서로 침투되기 때문이다. 반면 단편들은 독립해 있는데도 서로 결합해 있다는 점에서 집합의 요소들과 구별된다. 따라서 '전체는 그 부분들의 단순한 총합 이상'이다.

(3) 관계관찰

관계관찰은 대상의 외적 지평 속에 함께 현전하는 대상들을 함께 주제로 삼아 지각의 대상들을 관찰한다. 이 경우 대상의 내적 규정들이나 해명들과는 다른, 그 대상이 다른 대상들과 관련해 존재하는 것을 설명하는 외적인 상관적 규정들이 요구된다. 가령 이 연필은 사전 '옆에' 있고, 만년필보다 '더 길다'고 하자. 이때 지각의 관심은 모든 대상에 똑같이 배분되는 것이 아니라, 그때그때 우선적으로 주목하는 시선에 따라 임의로 어떤 대상에 집중되며, 다른 대상들은 그 대상을 더 상세히 규정하는 한에서만 관련된다. 물론 이것은 술어로 표현되기 이전에 일어나며, 그 관계는 술어적 판단에서 모든 사태가 서로 치환될 수 있는 기초이다. 또한 상관적 규정은 현재의 지각 속에 다른 대상들이 나타나고 사라지는 것에 의존하지만, 대상 속에 포함되고 대상과 부분적으로 합치하는 내적 규정들은 이러한 변화에 영향을 받지 않는다.

그런데 상관적 규정은 두 대상을 비교하는 규정과는 달리 관계항들이 언제나 현실적으로 존재할 필요는 없다. 예를 들어 우리는 주위에 키가 작은 사람이 없어도 키가 180센티미터인 사람은 키가 크다고 간주한다. 또한 섭씨 5도는 열대지방에서는 매우 추운 날씨이지만, 온대지방에서는 그렇지 않다. 그리고 마차는 근대에서 빠른 교통수단이었지만, 현대에서는 전혀 그렇지 않다. 이러한 규정은 환경세계에 따라 변화할 수 있는 경험의 '정상성'(Normalität)에 관계한다.

3) 지각이 수용되는 보편적 구조
자아가 주의를 기울이는 자발성(Spontaneität)이 관여하지 않아도 지각이 주어지는 수용성(Rezeptivität)의 구조에는 시간의식과 신체가 있다.
(1) 시간의식
인식대상이 구성되기 이전에 시간 자체가 구성되는 의식의 심층구조에서는 인식작용과 인식대상의 상관관계가 해소되고, 모든 체험이 통일적으로 구성되는 터전인 내적 시간의식의 끊임없는 흐름만 남는다. 이 의식흐름은 '지금'이 과거에서 미래로 이어지는 '가로방향의 지향성'과 '지금'이 지나가 버렸지만 흔적도 없이 사라진 것이 아니라 변양된 채 '무의식' 속에 원근법으로 침전되어 여전히 유지되는 '세로방향의 지향성'으로 이중의 연속성을 지닌다.

이러한 연속성 때문에 의식흐름은 방금 전에 체험한 것을 현재화해 지각하는 '과거지향'(Retention), 지속하는 시간객체가 산출되는 원천으로 근원적 인상인 '지금'(Jetzt) 또는 '생생한 현재'(lebendige Gegenwart) 그리고 가까운 미래를 현재 직관적으로 예상하는 '미래지향'(Protention)으로 연결되어 통일체를 이룬다. 이 통일체에 근거해 이미 알고 있는 것들(과거지향)에서 아직 알려지지 않은 것(미래지향)을 생생한 '지금'의 지평구조 속에서 그 친숙한 유형을 통해 미리 지시하고 미리 해석해 예측할 수 있다. 예를 들어 어떤 지하철역에 들어섰을 때 기다리는 사람이 많다면, 열차가 곧 올 것이라고 예상한다. 물론 이 예상은 추후로 확인되거나 수정될 수도 있다.

그리고 감각된 것들의 동질성과 이질성에 따라 시간적으로 변양된 표상들을 연상적으로 일깨우는 내재적 발생의 짝짓기(Paarung)에 근거해서만 분리된 기억들은 서로 관련되고, 하나의 시간적 상관관계 속에 직관적으로 질서 지어진다. 근원적 연상에 의한 합치종합은 동등한 것과 유사한 것의 감각적 통일과 현실적 직관과 과거 속으로 가라앉은 직관의 상이한 위치를 결합하는 하부의식 속의 통일이 수동적으로 미리 주어져 있기에 가능하다. 모든 지각의 상관관계를 생생하게 만들고 통일을 확립하는 연상작용(Assoziation)은 내적 시간의식에서 가장 낮은 단계의 종합 위에 계층을 이루고 올라간 '수동적 종합'(passive Synthesis)이다. 모든 개별적 의식체험은 시간적으로 발생하는 자신의 '역사', 즉 '시간적 발생(Genesis)'을 갖는데, 시간의식의 통일은 모든 시간객체가 통일적으로 직관할 수 있는 동일한 대상으로서 지속·공존·계기하는 보편적 질서형식이고, 객관적 시간성이 구성될 수 있기 위한 필수조건이다. 술어적 판단도 시간의식 속에 끊임없이 정립되고 통일된 객체가 확보되어야만 가능하므로, '과거지향이 필연적'이다.

(2) 신체

지각의 대상이 가능한 모든 측면에서 주어질 수 있는 것은 신체(Leib)의 운동감각(Kinästhesis) 때문이다. 신체는 직접 자유롭게 운동할 수 있는 의식주체의 의지 기관, 즉 지각을 연출하는 익명으로 활동하는 지향성으로서, 항상 필연적으로 지각의 영역 속에 있다. 사물들이 음영지어 원근법으로 나타나는 조망은 신체를 지닌 관찰자의 공간에 제한된 위치를 가리킨다. 즉 신체는 '모든 방향이 정해지는 영점으로, 모든 거기(Dort)에 대해 절대적 여기(Hier)'이다. 그리고 지각은 인상들을 수동적으로 받아들이거나 단지 촉발하는 것이 아니라, 스스로 움직일 가능성을 능동적으로 수행하는 행동에서 직접 아는 것, '만약 …… 그러면'(Wenn-So)이라는 자발적 운동감각의 체계로 동기가 유발된 결과이다. 따라서 세계는 그것을 지각하는 운동감각의 '그 밖의 등등'(Undsoweiter)의 지평이다.

그런데 의식에 대한 담지자인 신체는 정신을 매개하고 그 기초가 되는 토대이며, 정신은 동기부여를 통해 신체를 지배한다. 의식이 개입되지 않으면, 신체는 단순한 '물체'(Körper)일 뿐이며, '운동감각'도 그 기능을 전혀 수행할 수 없다. 그리고 정상적 경험 속에 정당하게 일치해 구성되어 있고 서로 의사소통할 수 있는 공동체세계는 정상적 유형으로 기능하는 최상의 지각체계로서 신체를 전제한다. 따라서 언어적 표현의 기관인 신체는 상호주관적 학문과 세계의 가능조건이다. 또한 신체 역시 의식과 연관되어 그 자신의 침전된 역사성을 지닌다.

3.2 생활세계에 관한 후설의 다양한 논의들

그러나 '생활세계'에 대한 후설의 논의들은 상반된 해석이 가능할 정도로 복잡하고 다양하므로 일의적으로 규정하기 힘들다. 더구나 세속적-자연적 의미의 생활세계(경험세계)와 선험적 의미의 생활세계(선험세계)를 동일한 명칭으로 다루기 때문에 더 그러하다.

그 논의들을 다음과 같이 분류해 볼 수 있다.

(1) 직관적 경험의 세계로서 미리 주어진 토대

— "지각을 통해 현실적으로 직관된 세계, 즉 언제나 구체적으로 경험되고 직접 경험할 수 있는 토대로 미리 주어진 우리의 일상적 세계"

— "누구나 일상적으로 알고 있거나 알 수 있는, 미리 주어진 물체의 자연 영역, 실재적으로 경험할 수 있는 사물들의 세계"

— "구체적-인과적 물체의 세계이지만, 수학화된 자연의 이념은 아닌 세계"

— "모호한 경험의 세계, 지각의 세계"

— "학문 이전에 가장 잘 알려진, 인간 삶에서 항상 자명하게 미리 주어진, 그 유형을 통해 이미 친숙한 감각적 경험의 세계"

— "전통적으로 매우 경멸적으로 다루어진, '단순히 주관에 상대적 직관'인 속견(Doxa)의 세계"

— "원리상 직관할 수 없는 논리적 구축물로서 객관적으로 참된 세계에 대립하는, 원리상 직관할 수 있는 우주"

— "학문적 사유나 경험이 끊임없이 전제하는 존재타당성의 토대"

— "항상 마련된 자명성의 원천, 검증의 원천"

— "자연과학이 망각한 의미의 기반"

— "객관적 학문의 의미의 원천과 권리의 원천"

— "근원적으로 존재의 의미를 정초하는 세계"

즉 '생활세계'는 '미리 주어져 있는 토대', '실재적 사물들의 세계', '주관에 상대적인 구체적 경험의 세계', '의미와 타당성에 대한 근원적 명증성의 원천'이다. 이러한 논의들에만 입각해 생활세계 개념을 이해하면, 실재론적 해석도 가능하다.

(2) 주관이 형성한 의미의 형성물

— "주관의 지향적 작업수행을 통해 구성된 삶의 형성물을 통해 그 존재의미가 드러나고 인식되는 세계, 그때그때 구성된 극 지평(極地平), 즉 '현상'의 세계"

— "주관성의 공동체화된 삶 속에 다양한 표상내용을 통해 의미와 타당성을 일부는 새롭고 풍부하게 계속 획득해가고, 일부는 이미 획득한 정신의 형성물"

— "지향적 지평의식으로만 의미와 타당성을 지니고, 직관되며, 미리 파악될 수 있는 세계"

— "모든 실천의 보편적인 장(場), 삶과 사물들 그리고 관심들과 활동들의 구체적 지평인 인간 현존재의 지평"

— "학문이나 그 밖의 특수한 관심의 세계들을 포괄하는 세계"

— "모든 것을 이론화하려는 관심의 지평에서 발생한 주지주의 작업의 주제"

— "객관적 세계가 아니라 역사적 세계들이 타당하게 간주하는 모든 현실성을 지닌 그들 자신의 주관적 타당성, 즉 세계표상"

— "정신적 영역 속에서만 자신의 지위를 갖는 개념, 역사적 삶 속에 이루어진 정신적 형성물"

또한 생활세계는 '주관의 지향적 작업수행을 통해 구성된 형성물', '극 지평', '관심의 세계'이다. 이러한 생활세계 개념만으로는 (물론 선험철학의 의미에서 관념론과 전통적 의미에서 관념론이 결코 동일하지 않지만) 후설 현상학을 '주관적(절대적) 관념론'이라고 비판하는 표적이 된다.

(3) 언어와 문화, 전통에 근거해 생생한 역사성을 지닌 세계

— "단순한 전체가 아니라, 총체적 통일체로 구성된 역사적 형성물"

— "공통적으로 통상 논의하고 논의할 수 있는, 상호주관적으로 그리고 언어로 해석할 수 있는 우리 모두에 동일한 세계"

— "개방된 유한한 인간성의 지평을 일반적 언어로 명명함으로써 객관적으로 존재하는 것으로 성립된 세계"

— "모든 학문적 진리와 존재, 목적, 작업 등이 흘러들어 가는, 학문적 세계와 대조되는 세계"

— "모든 존재자를 포함하는 구체적이며 전통적으로 타당한 사회적·역사적 세계의 아프리오리(Apriori)"

— "공통으로 그리고 역사적으로 미리 주어진 학문 이전의 신화적 세계로서, 직관적 삶의 환경세계"

— "각각의 역사적 시대와 인간성에 대해 전통인 그 자신의 존재방식을 지닌 삶의 환경세계로서의 문화세계"

그리고 '생활세계'는 '언어와 전통에 근거해 총체성을 지니고 형성된 문화세계', '역사적 세계로서의 환경세계'이다.

(4) 보편적 본질구조를 지닌 세계

— "일상적으로 친숙한 보편적 지평으로서, 항상 익명적 상태로 현존하는 것으로 의식되지만, 자연적 태도를 총체적으로 변경함으로써만 학문의 주제가 될 수 있는 세계"

— "지금껏 아무도 묻거나 들어서지 않았던 새로운 차원의 상관관계, 즉 '선험적인 것'의 차원, 근원적 명증성의 은폐된 차원"

— "철저한 판단중지를 통해 그 소박한 존재의미가 선험적 주관성의 극체계라는 의미로 변화된, 그 유형에 따라 역사적으로 기능하는 선험적 주관성의 상관자"

- "구체적인 선험적 주관성 속의 '구성요소'나 '층'으로 입증된 세계"
- "모든 상대성에도 불구하고 그 자체가 상대적이지는 않은 보편적 본질구조를 갖는 세계"
- "경험의 흐름 속에 확고한 구조들, 본질의 법칙적 유형들, 불변적인 보편적 규범양식을 지닌 세계"

그 밖에 '생활세계'는 그 익명적 상태가 판단중지를 통해서만 주제적 현상으로 드러나며, 주관에 상대적이지만 그 자체가 상대적이지는 않은 보편적 본질구조를 지닌다.

3.3 생활세계의 총체성(토대 ↔ 형성물)과 이중성(경험세계 /선험세계)

1) 생활세계의 총체성(토대 ↔ 형성물) : 방법론

객관적 학문의 세계는 구체적 경험을 통해 직관할 수 있는 생활세계에 추상적 '이념과 상징의 옷'을 입힌 것이다. 자연을 '수학적 언어로 씌어진 책'으로 파악한 갈릴레이 이래 자연과학은 이 생활세계를 수량화하고 기호로 이념화한 객관적 자연을 참된 존재로 간주한다. 그 결과 자연은 발견되었지만, 객관성에 의미를 부여하고 해명하는 주관성은 망각되었다. 이 점에서 갈릴레이는 '발견의 천재인 동시에 은폐의 천재'이다. 데카르트가 사유실체(의식)와 연장실체(사물)를 구분한 이래 의식도 객관적 자연과학의 방법으로 탐구되었다.

따라서 실증적 자연과학이 추구한 객관적 인식(Episteme)은 '그 자체의 존재'가 아니라 그것에 이르는 하나의 방법에 불과하다. 오히려 단순히 주관에 상대적이기 때문에 낮은 단계의 모호한 명증성을 지닌 것이라고 경멸했던 주관적 속견(Doxa)은 술어로 충분히 확증될 수 있는 진리의 영역, 즉 참된 이성의 직접적인 최초형태로서, 객관적 인식이 그 타당성의 의미와 정초의 관계에 따라 되돌아가야(Rückgang) 할 궁극적 근원이다.

그런데 후설은 생활세계가 구체적 경험에 미리 주어진 '토대' (Boden)라고도, 주관이 구성한 '형성물'(Gebilde)로서 지평과 관심의 세계라고도 주장한다. 따라서 실재론적 해석도, 관념론적 해석도 가능할 수 있다.

하지만 이러한 주장들은 서로 배척하는 것이 아니라, 부단히 상호작용한다. 즉 일단 형성된 의미는 문화와 기술, 도구 등 보편적 언어의 형태로 생활세계 속으로 흘러들어가 침전되고, 이것은 지속적 타당성을 지닌 습득성(Habitualität) 또는 관심(Interesse)으로서 현재의 경험에 동기를 유발하고 규정하는 배경(토대)이 된다. 그리고 상호이해와 의사소통을 통해 자명하게 복원되거나 수정·폐기되면서 다시 그 의미가 더욱 풍부하게 형성되는 생생한 발생적 역사성과 사회성의 구조를 지닌다. 이러한 구조는 차바퀴가 헛도는 것과 같은 폐쇄된 악순환이 아니라, 생소한 외국어문장을 해석할 때 그 문맥과 단어에 대한 상호이해가 점차 본래의 뜻에 접근하듯이, 개방된 나선형의 순환구조를 지닌다. 그것은 상호주관적으로 경험되며 언어로 논의하고 해석할 수 있는, 인격체로서 존재하는 우리 모두에게 공통적인 동일한 역사적 환경세계이다.

결국 생활세계로 되돌아가는 것은 경험된 세계를 단순히 받아들이는 것이 아니라, 그 속에 이미 침전된 역사성을 근원으로까지 소급해 그 통일적 총체성의 지평구조를 분석하는 것이다.

2) 생활세계의 이중성(경험세계/선험세계) : (선험)철학

그러나 후설은 이처럼 생활세계로 되돌아가는 것만으로는 '세계가 미리 주어져 있음'을 소박하게 전제하는 자연적 태도이므로 철저하지 않고, '그것이 왜 그렇게 주어질 수밖에 없는가'를 되돌아가 묻는(Rückfrage) 선험적 태도가 필요하다고 주장한다.

이렇게 철저한 선험적 태도로 되돌아가 물으면 다양한 생활세계 들이 모든 상대성에서도 그 자체가 상대적이지는 않은 보편적 본질 구조와 유형이 드러난다. 이것은 '선험적인 것'(선험성), '주관적인 것'으로도 부르는 '선험적 (상호)주관성', 주관과 객관의 불가분한 상관관계를 뜻하는 '의식의 지향성'에 대한 심층적 표현이다. 물론 이것을 밝히는 '생활세계의 존재론'(lebensweltliche Ontologie)은 곧 다른 전통에 입각한 다양한 문화세계들을 이해할 수 있고 자신의 생 활세계를 발전시킬 수 있는 근거이다.

　후설은 이처럼 생활세계의 근원적 의미연관과 정초관계를 밝힘으 로써, 객관적 인식만을 추구한 실증적 자연과학이 주관적 속견을 배 제하여 자신의 고향을 상실하고 본래의 의미가 소외된 학문의 위기 를 극복하려 했다. 학문에서 발생한 위기는 학문을 통해서만 극복될 수 있다. '묶은 자가 해결해야 한다'(結者解之)는 당연한 주장이다. 그 학문은 의식에 직접 주어지는 사태와 문제 자체에서 출발하는 참 된 근원에 관한 학문, 진정한 실증주의인 선험적 현상학이다.

　그런데 그는 현대가 학문의 위기뿐만 아니라, 인격과 가치규범의 담지자인 선험적 주관성이 스스로 객관화된 인간성(Menschentum) 이 이성에 대한 신념을 상실한 위기에도 직면해 있다고 파악했다. 따 라서 현대의 총체적 위기를 진정으로 극복(진단인 동시에 처방)하기 위해서는 생활세계를 분석하는 경험적 현상학(방법)에 머물 수 없 고, 선험적 주관성을 해명하는 선험적 현상학(선험철학)에 도달해야 만 한다고 역설했다.

4. 후설철학(선험적 현상학)의 의의

4.1. 선험적 현상학과 이에 이르는 길들

후설은 선험적 현상학에 이르는 길들로 '생활세계를 통한 길'과 '심리학을 통한 길'(『심리학』,『대영백과사전』,『위기』제3부 B)도 제시했다. 이 길은 '경험적 심리학/현상학적 심리학/선험적 현상학'의 정초관계를 밝혀 소박한 자연적 태도의 심리학주의를 철저히 극복함으로써 선험적 주관성을 해명하려 했다. 그런데 '생활세계나 심리학을 통한 길'은 실증적 자연과학과 긴밀한 관련을 맺으므로 일반인이 쉽게 접근할 수 있고(즉 선험적 현상학은 실증과학을 포기하거나 그 성과를 부정한 것이 아니다), 모든 학문의 궁극적 정초라는 엄밀한 선험철학의 이념을 구체적으로 밝히고 실행할 수 있다.

따라서 이 길들은 '데카르트적 길'과 배척되는 것이 아니라, 상호보완관계에 있다. 즉 선험적 현상학에 오르는 지름길은 짧지만, 가파르고 (그 의미를 이해하기) 힘들다. 우회길들은 평탄하고 도중에 아기자기한 정경들도 제공하지만 멀기 때문에 정상에서 전개될 새로운 세계(선험적 주관성)를 망각하거나 포기하기 쉽다.

이 새로운 세계 선험적 주관성은 일반적 의미의 대상과 대립한 주관이 아니라, 자아 극(Ichpol)과 대상 극(Gegenstandpol) 모두를 포함하는, 세계와 의식 사이에 미리 주어져 있는 본질적인 보편적 상관관계이다. 다양한 체험들을 통일적으로 파악하는 동일한 극(極)이고, 개인이나 공동체의 기억들과 습득성들을 담지하고 있는 기체(基體)이며, 생생한 현재뿐 아니라 과거와 미래의 지평을 지니고 서로 의사소통하면서 자기 자신을 구성하는 모나드(Monad)이다. 그리고 그 자체로 완결되고 폐쇄된 독아론적 자아가 아니라, 사회성과 역사성을 통해 감정이입 속에 타자를 경험하고 언어공동체 속에서 구성되는 상호주관성(Intersubjektivität)이다.

　요컨대 선험적 자아는 인간이 인간다움(인간성)을 실천하려는 의지, 정상적으로 기능하는 신체와 이성의 통일체인 '의식의 흐름'이다. 즉 '나뿐만 아니라 너, 우리, 그들'의 마음이요 몸이며 정신을 포괄하는, 부단히 파도치는 표층의식의 근거가 되는 '심층의식'이다. 물론 이것은 나나 다른 사람의 손, 발, 머리 등과 같이 구체적으로 경험되는 실재적 의미의 자아(eine Ich)는 아니다. 그렇다고 이념화된 추상적 자아는 결코 아니다. 그때그때 다양하게 기능하는 경험적 자아들을 통일적 상관관계 속에서 이해하고 유지하는 근원적 자아(Ur-Ich)이다. 따라서 경험적 자아와 선험적 자아는 다른 자아가 아니라, 동일한 하나의 자아의 표층과 심층일 따름이다.

　이 선험적 자아를 강조하는 후설 현상학을 흔히 '의식철학', '이성(합리)주의'라 한다. 그러나 전통적 의미에서 경험론과 대립한 합리론과 근본적으로 다른 '초합리주의'(Überrationalismus)이다. 왜냐하면 그의 '이성'은 '감성'이나 '오성'과 구별되는 것이 아니라 이들을 포괄하는 '보편적 이성', 즉 지각·기억·기대 그리고 침전된 무의식을 포괄하는 '생생한 의식'이기 때문이다. 그것은 단순히 계산하고 판단하며 조작하는 기술적-도구적 이성에 그치는 것이 아니라, 과거의 경험들을 바탕으로 가까운 미래를 예측하면서 현재 느끼고 판단하며 욕구하는 '이론적·실천적·가치설정적 이성 일반'이다.

　결국 선험적 현상학은 인간성이 지닌 은폐된 보편적 이성(선험적 주관성)을 드러내 밝히는 자기이해로서의 철학이다. 왜냐하면 후설에 있어 철학은 이성이 자기 자신으로 되어가는 역사적 운동으로 자기 자신을 실현하는 장소이기 때문이다. 이 속에서만 인간성의 자기 책임이 수행된다. 그래서 그는 선험적 주관성을 해명하는 『성찰』의 결론장에서 선험적 현상학을 통해 "델포이 신전의 신탁 '너 자신을 알라'(*gnothi sauton*)는 말이 새로운 의미를 획득했다"고 주장하고, 다음과 같은 아우구스티누스의 경구를 인용하고 있다..

밖으로 나가지 말고 너 자신 속으로 들어가라. 진리는 인간의 내면에 깃들어 있다(*in te redi, in interiore hominie habitat veritas*).

즉 후설의 사상에서 철학을 함(Philosophieren)은 곧 선험적 주관성의 자기구성과 그 원초적 영역(세계구성)을 해명해 자기 자신과 세계를 궁극적으로 인식하는 현상학을 함(Phänomenologisieren)이며, 학문과 인간성의 이념에 부단히 접근해야 할 목적을 지닌 현상학적 이성비판이다.

4.2 왜 선험적 현상학까지 가야만 하는가

선험적 주관성의 깊고 풍부한 세계를 해명하는 길은 너무도 멀고 힘들다. 그래서 소박한 자연적 태도에 안주하는 데 급급해 진정한 삶의 의미와 목적을 외면하거나, 현대문명의 엄청난 성과와 편리함에 유혹되어 실험을 통해 증명된 것만 '사실'로 받아들이라는 실증과학에 철저히 세례를 받은 사람들의 눈에는 분명 선험적 자아가 군더더기 혹이다. 이성을 부정하는 실존주의, 특히 사르트르(J.P. Sartre)는 "선험적 자아는 곧 의식의 죽음"이라고까지 단언했다. 또한 포스트모더니즘(Post-Modernism)을 선도하거나 이들의 견해를 맹목적으로 추종하는 사람들은 "지금이 어떤 시대인데, 아직도 이성타령인가"라며 즉결재판하고 있다.

그러나 선험적 자아(마음)는 버선목처럼 뒤집어 보일 수는 없지만, 분명 실재하는 것이다. 그것이 부정되면, 나나 다른 사람, 공동체의 역사적 전통이나 관심, 습관을 전혀 이해할 수 없다. 물론 이들을 유지하고 새롭게 발전시킬 주체도 확보되지 않는다. 마음이 다르면, 동일한 사물이나 사건에 대한 이해가 근본적으로 다르다. 마음이 없으면, 느끼고 보아야 할 것도 못 느끼고 못 보며, 따라서 '어디로 가야 하는지', '왜 많은 어려움에도 그것을 실현하기 위해 노력해야 하는지' 알 수 없다. 목적과 가치를 알 수도 없는 일에 실천을 강요할 수는 없다. 그렇다면 마음이 없는 철학을 무엇 때문에 왜 해야 하는가? 목적을 성취하는 보람과 희망이 없는 세계에 살고 싶을까?

후설은 보편적 이성에 정초해 궁극적으로 자기책임을 지는 앎과 삶을 형성해가는 주체인 선험적 주관성을 해명하려 선험적 현상학을 시종일관, 그리고 더욱더 철저하고 생생하게 추구했다. 또한 이러한 작업이 종교의 개종(改宗)만큼 어렵더라도 반드시 수행되어야 한다고 강조했다. 그래서 그는 단지 자신이 본 것을 제시하고 기술할 뿐이지 가르치려고 시도하지 않는다고 하면서도, 자신의 철학이 "말로만 매우 급진적인 태도를 취하는 사람들보다 훨씬 더 급진적이며, 훨씬 더 혁명적이다"라 주장했다. 무슨 근거에서 이렇게 주장할 수 있는가?

그것은 그가 본 것, 즉 선험적 주관성이 의식의 지향적 통일성 속에 인격으로서 자기동일성을 확보하고, 의사소통을 통해 자기 자신과 다른 사람, 사회공동체, 다른 역사와 전통을 지닌 문화들을 이해함으로써 새로운 삶을 창조해야 할 이성적 존재로서 자기책임을 실천하는 주체이기 때문이다.

후설에 따르면 현대는 객관적 실증과학이 그 의미의 기반인 생활세계를 망각한 학문(인식)뿐 아니라, 인격의 주체인 자아가 매몰된 인간성(가치관)의 위기 앞에 직면해 있다. 여기에는 이러한 위기를 불가피한 재난이나 암울한 운명으로 간주해 이성을 적대시하는 회의적 비합리주의로 전락하는 길과 이 위기를 궁극적으로 극복할 이성의 영웅주의(Heroismus der Vernunft)를 통해 재생하는 길이 있다. 어느 길을 걸어도 하나의 삶이다.

물론 후설은 이성의 길을 선택했다. 현대가 직면한 위기의 근원은 이성 자체가 아니라, 이성의 좌절에 있다고 파악했기 때문이다. 따라서 거부되어야 할 것은 이성이 아니라, 소박한 자연과학의 영향 아래 이성이 추구한 잘못된 방법일 뿐이다. 이성은 결코 죽지 않았다.

이 이성주의는, 의식의 부한히 개방된 지향성에 따라, 이미 완결된 어떤 체계를 설정하는 철학이 아니다(후설은 키르케고르나 니체 혹은 포스트모더니즘의 해체주의 못지않게 체계형성을 혐오했다). 그것은 보편적 이성, 즉 생생한 의식을 통해 학문의 이념인 사태 그 자체에 부단히 접근할 뿐만 아니라, 인간성을 완성하려는 이념에 부단히 접근해야 할 이중의 목적론(Teleologie)을 지닌다. 따라서 선험적 현상학은 다양한 경험세계들을 분석하면서도 그 근저에 놓여 있는 통일성, 즉 하나의 보편적 구조를 지닌 선험세계를 확보한 점에서, 인격적 주체의 자기동일성과 자기책임을 강조한 점에서 포스트모더니즘을 넘어선 '트랜스모더니즘'(Trans-Modernism)이다. 후설철학은 철저한 자기성찰을 통해 자기 자신과 세계를 이해하고 자기를 실현해가는 '윤리적-종교적' 문제들로 점철된 험난하고 고된 구도자의 길이다.

이러한 후설의 과학문명비판과 그 극복책은 반세기가 지난 오늘날에도 여전히 타당한, 아니 오히려 더욱더 절실하게 요청되는 철학이다. 현실은 서양이나 우리 모두 실증적 객관성과 과학적 사유방식에 사로잡혀 가치와 사실이 분리되고, 규범의 담지자인 자아는 망각되어 있다. 고도의 산업화사회에서 생활세계는 객관적 학문의 의미가 발생한 기반일 뿐만 아니라, 생태계 전반의 위기인 '환경'문제를 해결할 수 있는 실마리이다. 또한 21세기 첨단과학과 정보화의 4차

산업혁명 시대에는 신속한 전문기술의 획득 이외에도 가치 있는 삶을 창조함으로써 자기 자신과 가족, 사회, 국가, 인류에 대해 책임을 지는 인격적 주체의 확립이라는 과제가 주어져 있다.

더구나 우리의 현실은 고유한 전통문화와 윤리규범이 단절된 채 그 부정적 악습들이 끈질기게 지속되고 있다. 개인이나 가정, 기업, 사회 모두에 책임의식은 상실되고 배타적 (집단)이기주의, 결과만 능주의, 물신숭배가 만연된 배금주의가 판을 치고 있다. 철저한 도덕성과 인간성의 회복이 절실한 실정이다. 또한 전혀 이질적인 가치관과 철저하게 폐쇄된 사회체제 속에서 살아온 북한 동포와 민족공동체를 이룰 때 정당하고 설득력 있는 가치기준을 제시해야 한다. 그뿐아니라 전통문화와 민족고유의 정서를 이성적으로 이해하고 구명하여 새롭게 발전시켜야 한다.

이러한 문제와 과제에 직면하고 있는 우리에게 후설 현상학은 더욱더 크게 그리고 강렬하게 부각될 수밖에 없다.

제1부

유럽 인간성의 근본적 삶의 위기로
표현되는 학문의 위기

"우리는 우리가 철학을 함(Philosophieren)으로써
인류의 공복(Funktionär)이 된다.
그런데 어떻게 우리는 이러한 사실을 도외시할 수 있었는가?
우리 인격의 깊은 곳에서부터 사명감을 지닌
철학자인 우리 자신의 참된 삶에 대한
인격적 책임 전체는 동시에 인간의 참된 존재에 대한
책임을 그 자체 속에 포함한다.
인간성의 참된 존재는 목적을 향한 존재로서만,
그리고 철학을 통해서만, 실현될 수 있다."

1절 학문이 항상 성과를 거두고 있는데도 그 위기는 실제로 존재하는가

바로 이 학문의 전당(殿堂)에서 강연하는 '유럽 학문의 위기와 심리학[1]'이라는 제목 자체가 반론을 제기할 것이라고 나는 미리 각오하고 있다. 즉 그 반론은 '도대체 우리는 곧바로 학문의 위기를 진지하게 논의할 수 있는가'라는 것이다. 오늘날 흔히 듣는 이러한 논의는 지나친 과장이 아닐까?

그러나 학문의 위기란 곧 진정한 학문적 성격(echte Wissenschaft-

---

1) 이 제목(Die Krisis der europäischen Wissenschaften und die Psychologie) 은 프라하 철학협회(Cercle Philosophique de Prague pour les recherches sur l'entendement humain)의 초청으로 1935년 11월 14일부터 프라하의 독일 대학과 체코 대학에서 각기 두 차례에 걸쳐 한 강의의 원제목이다. 그 원고는 유고슬라비아의 베오그라드에서 1936년 발간하기 시작한 『철학』(*Philosophia*) 창간호에 게재되었다.

　이 강의의 의도는 비판적 학문과 철학의 상황을 목적론적-역사적으로 반성함으로써 철학이 선험적-현상학적으로 방향을 전환해야만 할 필연성을 입증하려는 것, 즉 선험적 현상학을 이전의 저술들과는 다른 새로운 형태로 소개하려는 것이다.

lichkeit), 즉 학문이 자신의 과제를 세우고 이 과제를 완수하기 위한 학문의 방법론을 형성하는 방식 전체가 문제시되었다는 것을 뜻한다. 이러한 사실은 철학에도 들어맞을지 모른다. 우리 시대에 철학은 실로 회의론이나 비합리주의, 신비주의에 굴복당할 우려가 있다. 그리고 심리학이 아직도 철학이라고 그 권리를 요구하고 단순한 실증과학 가운데 한 분과에 머무르려 하지 않는 한, 이러한 사실은 심리학에도 적용될지 모른다.

그러나 과연 어떻게 학문 일반의 위기, 따라서 실증과학의 위기를 솔직히 그리고 매우 진지하게 논의할 수 있는가? 즉 학문 일반에는 엄밀하고도 가장 성과가 있는 학문적 성격의 전형(典型)으로서 우리가 여전히 경탄할 수밖에 없는 순수수학이나 정밀한 자연과학도 포함되는데, 어떻게 학문의 위기를 논할 수 있는가?

확실히 이 학문들에서 조차 체계적인 이론학(Theoretik)과 방법론(Methodik)의 양식 전체에 걸쳐 변할 수 있는 것으로 입증되었다. 실제로 이 점에 관해서는 고전물리학의 명칭으로 경직될지 모를 양식, 즉 추정된 고전적 양식으로 수천 년 동안 확증된 양식들도 극히 최근에야 비로소 타파되었다.

그러나 고전물리학의 이상에 대항해 승리한 논쟁이나 순수수학이 구축되는 의미 깊고도 진정한 형식에 관해 현재 진행 중인 논쟁은 종래의 물리학이나 수학이 아직도 〔진정한 의미에서〕 학문적이 아니라는 사실을 의미하는가? 또는 비록 그 학문들이 다소 명확하지 않고 모호하더라도 그들의 연구영역에서 명증한 통찰을 얻지 못했다는 사실을 의미하는가? 그러한 모호한 점을 제거한 현재 우리도 피할 수 없는 통찰이 있지 않은가?

우리가 이러한 통찰에 기초해 고전적인 여러 학문들을 연구하는 사람들이 본래 취했던 태도로 되돌아가 보면, 그러한 태도에서 이룬 위대하고 언제나 타당한 발견들 모두가 어떻게 성취되었고 게다가 이전 세대들이 경탄했던 지극히 당연하다고 생각될 만한 무수한 기술의 발명들이 어떻게 성취되었는가를 이해할 수 있지 않은가? 물리학이 뉴턴(I. Newton) 같은 사람으로 대표되든 플랑크(M. Planck)나 아인슈타인(A. Einstein) 같은 사람 또는 그밖에 미래의 어떤 사람으로 대표되든, 물리학은 여전히 정밀한 과학이었으며, 앞으로도 정밀한 과학으로 지속될 것이다. 이론학 전체를 구축하는 양식의 절대적인 궁극적 형태는 결코 기대할 수 없으며 결코 획득될 수도 없다고 생각하는 사람들이 아무리 옳더라도, 물리학의 이러한 사정은 전혀 변화되지 않는다.

우리가 줄곧 실증과학으로 간주하는 물리학과 다른 거대한 학문들의 그룹, 즉 구체적인 정신과학(Geisteswissenschaft)[2]도 분명히 이와 유사한 사정이다. 가령 '정신과학도 자연과학이 추구하는 정밀성(Exaktheit)이라는 이상에 관계하는가'라는 논쟁거리 문제를 어떻게 해석하든 — 그렇더라도 생물물리학('구체적'-자연과학)의 분과들이 수학적으로 정밀한 자연과학의 이상에 관계한다는 것조차 문제가 되지만 — 사정은 마찬가지이다.

이 모든 분과가 지닌 학문적 성격의 엄밀함(Strenge)[3], 즉 이론적

---

2) 통상 독일어에서 'Wissenschaft'는 자연과학이나 사회과학은 물론 인문과학을 포함하는 넓은 의미의 과학 일반, 즉 학문을 뜻한다. 따라서 이 용어를 일반적인 경우 '과학'으로, (자연)과학과 구별된 의미가 강할 경우 '학문'으로 옮겼다. 그리고 'Geisteswissenschaft'도 '인문과학'보다는 포괄적인 의미의 '정신과학'으로 옮겼다.

3) 후설 현상학의 이념인 '엄밀성'은 실증적 자연과학이 추구하는 목표인 '정밀성'(exakt, minuziös)과 다르다. 그리고 이론적인 논리적 정합성만도 아니다. 그것은 모든 학문을 궁극적 원천에 입각해 정초함으로써 스스로 책임을 지는 이론적 앎과 실천적 삶을 형성해 가려는 선험적 현상학의 인식비판을 뜻한다.

작업과 지속적으로 승인할 수밖에 없는 그 성과의 명증성은 의심할 여지가 없다. 단지 심리학에 대해서만은, 아무리 심리학이 구체적인 정신과학을 궁극적으로 설명하는 추상적인 기초과학이라 주장해도, 우리는 아마 그토록 확신할 수 없을 것이다. 그러나 〔이론적〕 방법과 〔실제의〕 작업수행에는 명백한 거리가 있지만 그 발전이 비교적 완만할 수밖에 없는 자연스러운 거리로 간주하면, 일반적으로 심리학을 정밀과학의 테두리에 포함하는 것은 대체로 무방할 것이다.

어쨌든 이러한 일련의 과학들이 지닌 학문적 성격과 철학의 비학문적 성격은 현저하게 대조된다. 따라서 우리는 자신의 방법을 확신하는 과학자들이 이 강연의 제목에 대해 처음부터 마음속에 품고 있을 항의를 당연한 것으로 미리 인정한다.

2절 학문의 이념을 단순한 사실학으로 환원하는 실증주의. 학문이 삶의 의의를 상실한 학문의 '위기'

그런데 모든 학문이 수행하는 방법적 작업의 정당성에 포함된 학문적 성격의 의심할 여지 없이 가장 중요한 의미를 희생시키지 않으면서도 모든 학문의 학문적 성격에 대해 진지하고도 당연히 가져야만 할 비판을 하려는 동기가 발생하는 것은 〔위에서 논의한 것과〕 다른 방향의 고찰, 즉 현대 문화〔문명〕의 위기에 대한 일반적 호소와 이에 관해 학문에 전가된 역할에서 출발한다고 볼 수 있다.

방금 시사된 고찰의 방향 전체를 변경하는 것이야말로 우리가 실제로 준비하려는 것이다. 그러는 가운데 우리는 즉시 다음의 사실을 깨닫게 된다. 즉 우리 시대에 비로소 시작된 것이 아니라 벌써 수백 년에 걸쳐 심리학이 고통받아온 문제인 심리학 특유의 위기야말로 수학적 학문은 물론 근대과학이 해결하기 어려운 수수께끼를 포함한 막연함이 명백히 드러나는 데, 이와 관련해 이전에는 생각지도 않았던 세계에 관한 수수께끼가 돌연 나타난다는 데 중요한 의미가 있다는 사실을 깨닫게 된다. 그 막연함 모두는 곧바로 주관성의 수수께끼에서 유래하고, 따라서 심리학의 주제와 방법의 수수께끼에 불가분하게 관련된다. 그러므로 이러한 점이 이 강연의 더 깊은 의도라는 점만을 우선 밝혀둔다.

먼저 19세기 말부터 나타난 학문들에 대한 일반적 평가를 전환하는 데서 논의를 시작하자. 이러한 전환은 그 학문들의 학문적 성격에 관계하는 것이 아니라, '학문 일반이 인간의 현존(Dasein)에 무엇을 의미했고 의미할 수 있는가'에 관계한다. 19세기 후반 근대인의 세계관 전체가 실증과학으로 규정되고 이룩된 '번영'(prosperity)[4]에 현혹되어 이러한 세계관을 독점한 것은 진정한 인간성에 결정적 의미를 지닌 문제들을 무관심하게 외면하는 것을 뜻했다. 그런데 단순한 사실에 관한 학문(Tatsachenwissenschaft)은 단순한 사실만 다루는 인간(Tatsachenmenschen)을 만들 뿐이다.

이러한 경향에 대해 일반인이 평가를 전환하는 것은 특히 전쟁〔제1차 세계대전〕이후 불가피했고, 결과적으로 젊은 세대에게 〔이러한 경향에〕적개심을 불러일으켰다. 우리가 익히 들어서 알듯이, 이러한 사실학은 우리 삶의 급박함에서 우리에게 아무것도 말해주지 않는다. 그 사실학은 불행한 우리 시대의 지극히 운명적인 거대한 격변에 휩쌓인 인간에게는 절박한 문제를 원리상 곧바로 배제한다. 즉 그 문제는 이 인간의 현존 전체가 의미 있는지다. 이러한 문제야말로 모든 인간이 지닌 보편성과 필연성에서 이성적 통찰에 기초한 보편적 성찰과 그에 대한 답변을 요구하는 것은 아닌가?

---

4) 후설이 이 용어를 영어로 표기하고 있는 것이 자못 흥미롭다.

결국 그 문제는 인간이나 인간 이외의 환경세계(Umwelt)에 대해 자유롭게 태도를 취하는 자인 인간, 즉 자기 자신과 자신의 환경세계를 이성적으로 형성할 가능성을 지닌 자유로운 인간에 관계한다. 이성이나 비이성에 대해 그리고 자유의 주체인 우리 인간에 대해 학문은 도대체 무엇을 말해야 하는가? 단순한 물질과학은 이 점에 대해 아무것도 말하지 않는다는 점은 분명하며, 더구나 주관적인 것(Subjektives)[5] 모두를 제거한다.

다른 한편 특수한 분과와 일반적 분과 모두에서 어쨌든 정신적으로 현존하는 인간, 따라서 역사성의 지평에서 인간을 고찰하는 정신과학들에 관해 말하면, 탐구자는 평가하는 모든 태도—즉 주제가 되는 인간이나 그의 문화의 형성물이 이성적인가 비이성적인가 하는 문제—를 조심스럽게 배제해야 한다는 점을 정신과학의 엄밀한 학문적 성격은 요구한다고 말할 수 있다. 학문적 진리, 즉 객관적 진리는 오직 세계, 즉 물리적 세계와 마찬가지로 정신적 세계가 사실상 무엇인지를 확정하는 것이다.

그러나 만약 학문들이 이러한 방식으로 객관적으로 확정할 수 있는 것만 참으로 간주하면, 만약 역사가 정신적 세계의 모든 형태, 즉 그때그때 모든 인간의 삶을 지탱하고 구속하는 이상들, 규범들이 일시적 파도와 같이 형성되고 다시 소멸되는 것이며, 이것은 과거에도 항상 그랬고 앞으로도 그렇게 될 것이고, 따라서 "이성(理性)은 무의미가 되고 선행(善行)은 재앙이"[6] 되는 것임이 틀림없다는 사실을

---

5) Felix Meiner판에는 '주관화하는 것'(Subjektivieren)으로 되어 있다.

6) 이것은 괴테의 『파우스트』 제1부, 1976행에서 인용한 것으로 19세기 말 널리 유포된 사조, 즉 이성에 대한 믿음을 상실하고 퇴폐적 관능주의에 빠진 데카당스, 회의적 상대주의에 입각하거나 비합리적 허무주의에 물든 세계관에 굴복당할 수 없다는 신념을 상징적으로 드러내준다.

가르치는 것뿐이라면, 세계와 그 속에 사는 인간의 현존은 진실로 의미가 있는가? 우리는 그러한 사실에 위안을 느낄 수 있는가? 역사적 사건이 환상적인 비약과 쓰라린 환멸이 끊임없이 이어지는 것일 뿐인 세계에서 과연 우리는 살 수 있는가?[7]

3절 르네상스시대 철학의 이념을 새롭게 구상함으로써 유럽 인간성의 자율성을 정초함

학문이 엄밀하게 정초된 진리이어야 한다는 요구는, 현대의 실증과학들을 방법적으로 지배하고 영향을 끼치는 것을 훨씬 넘어서 철학과 세계관의 실증주의를 지지하는 발판을 마련하고 일반적으로 유포된 그러한 객관성의 의미로 항상 이해되지는 않았다. 그리고 인간성의 특수한 문제가 언제나 학문의 영역에서 추방된 것도 아니며, 모든 학문 심지어 (자연과학에처럼) 인간을 주제로 삼지 않는 학문에 대한 그 문제의 내적 관계가 고려의 대상에서 배제된 것도 아니다. 이러한 점을 고려하는 한, 학문은 르네상스 이래 완전히 새롭게 형성된 유럽 인간성에 어떤 의의를 요구할 수 있었다. 더구나 우리가 알고 있듯이 학문은 이러한 인간성을 새롭게 형성하는 주도적 의의도 요구할 수 있었다. 그런데 왜 학문은 이 주도적 위치를 상실했는가? 왜 사정은 본질적으로 변화되었고, 학문의 이념은 실증주의로 제한되었는가? 이러한 사실을 그것의 더 깊은 동기에 따라 이해하는 것이 이 강연의 의도에 매우 중요하다.

---

7) 이러한 표현에서도 읽을 수 있듯이, 후설 현상학은 고통스러운 실존적 모순을 '이성'을 통해 극복하려는 '의지'로 점철된 실천적 작업이다. 따라서 그의 철학을 주지주의의 한 형태로만 해석하는 것은 매우 편협한 시각에서 근거 없이 왜곡된 오해일 뿐이다.

유럽 인간성은 잘 알려진 것처럼 르네상스시대에 혁명적 전환을 그 자체로 이루었다. 그것은 그때까지 중세의 현존하는 양식에 대항하고, 이것과의 관계를 단절해 자유로이 새롭게 만들어냈다. 그리고 그것은 경탄할 만한 모범(Vorbild)을 고대의 인간성에서 구했다. 즉 고대인이 현존하는 방식 그 자체를 그대로 모방하려 했다.

그렇다면 르네상스시대의 인간성은 무엇을 고대인의 본질로 파악했는가? 잠시 멈추어 고찰해보면, 그것은 철학적으로 현존하는 양식—순수이성, 즉 철학에 기초한 자신의 원칙을 그의 삶 전체에 스스로 자유롭게 부여하는 것—이다. 여기서는 이론적 철학이 가장 근본이다. 신화나 전통 일반의 구속에서 벗어나 신중하게 세계를 고찰해야 하고, 절대적으로 편견이 없는 상태에서 보편적 세계와 인간을 인식해야 한다.[8] 이것은 궁극적으로 세계 자체에서 세계에 내재하는 이성(Vernunft)과 목적론(Teleologie) 그리고 그 최상의 원리인 신(Gott)을 인식하는 작업이다.

이론으로서의 철학은 이론을 탐구하는 자뿐 아니라 철학적 교양을 쌓은 모든 사람을 자유롭게 만든다. 그리고 실천적 자율성(自律性)은 이론적 자율성을 뒤따른다. 르네상스시대를 주도한 이상(理想)에서 보면, 고대인은 자유로운 이성으로 자기 자신을 통찰해 형성하는 자이다. 부흥된 **플라톤주의**에서 이것은 자기 자신을 윤리적으로 새롭게 형성할 뿐 아니라, 인간의 환경세계 전체, 즉 인간성의 정치적 현존이나 사회적 현존을 자유로운 이성에 기초해, 즉 보편적 철학이 지닌 통찰에 기초해 새롭게 형성해야 한다는 것을 의미한다.

---

8) 후설 현상학의 목적은 이성비판을 통해 참된 세계의 구성과 인간성의 자기구성을 해명함으로써 세계와 인간성을 궁극적으로 인식하고 삶을 새로운 단계로 고양하려는 '철학적 실천'에 있다. 그에게서 철학은 인간성에 은폐된 이성을 드러내 밝히는 보편적인 '자기이해'로서의 '존재론'이다.

우선 이론적 철학은 개인이나 소수의 집단에서만 성취된 고대의 모범에 따라 다시 생성되어야 한다. 이론적 철학은 전통을 맹목적으로 이어받지 않고, 자기 자신을 탐구하고 비판함으로써 새롭게 생성되어야 한다.

여기서 강조되어야 할 점은 고대인에게 이어받은 철학의 이념이 오늘날 우리에게 친숙한, 어떤 학문분과 그룹만 포괄하는 강단개념(Schulbegriff)이 아니라는 것이다. 이 이념은 비록 이어받은 다음 곧바로 본질적이 아닌 것으로 변경되지는 않지만, 그래도 근대 최초의 몇 세기 동안 형식에서 **모든 것을 포괄하는 학문**, 즉 존재자의 총체에 관한 학문이라는 의미를 유지했다. 현재 정초되고 있거나 이미 작업 중인 모든 학문, 즉 여러 학문들은 단지 하나뿐인 철학의 비독립적 분과들이다. 이미 데카르트와 더불어 시작된 '보편성'이라는 의미를 과감하고 지나치게 강화함으로써 이 새로운 철학은 **이론적 체계의 통일성**에서, 즉 필증적으로 통찰할 수 있는 방법론 속에 무한하지만 합리적으로 질서 세워진 탐구가 진행되는 가운데, 일반적으로 유의미한 모든 문제를 엄밀하게 학문적으로 포괄하려는 것일 뿐이다. 그러므로 이론적으로 결합한 궁극적 진리를 구축하는 것, 여러 세대에 걸쳐 무한히 계속 성장하는 유일한 진리를 구축하는 것은 생각할 수 있는 모든 문제—사실의 문제와 이성의 문제, 시간성의 문제와 영원의 문제—를 해명해야 한다.

그런데 역사적으로 고찰해보면 현대에서 실증주의 학문의 개념은 하나의 **지엽적 개념**(ein Restbegriff)이다. 이 개념은 때에 따라 더 좁게 또는 더 넓게 이해된 '형이상학'이라는 개념에 포함된 모든 문제—이 속에는 이른바 '**최고의 궁극적 문제**'라고 모호하게 부르는 모든 문제도 포함된다—를 벗어던졌다. 그 문제를 자세히 음미해보면, 그렇게 일반적으로 배제된 모든 문제는 명확히 표현되었든 그 의미 속에 함축되었든 이성의 문제, 즉 특수한 모든 형태의 이성을 포함하는 점에서 불가분하게 통일된다.

명백하게 이성은 인식(즉 참되고 진정한 이성적 인식), 참되고 진정한 평가(이성의 가치로서 진정한 가치) 그리고 윤리적 행위(진실로 선한 행동, 실천적 이성에 근거한 행동)의 분과들에 주제[9]이다. 이 경우 이성은 '절대적', '영원한', '초시간적', '무제약적'으로 타당한 이념이나 이상에 대한 명칭이다. 만약 인간이 형이상학의 문제 특히 철학의 문제가 되면, 이성적 존재로서 문제시된다. 그리고 만약 인간의 역사가 문제시되면, 역사에서 의미(Sinn), 즉 이성이 중요한 문제가 된다. 신의 문제는 세계에서 모든 이성의 목적론적 원천, 즉 세계의 의미로서 절대적 이성의 문제를 분명히 포함한다. 물론 불사(不死)의 문제도 이성의 문제이며, 또한 이에 못지않게 자유의 문제이다.

이러한 모든 형이상학의 문제, 넓게 파악해보면 일상적 논의에서 특수한 철학의 문제들은 단순한 사실들의 전체(Universum)로서 세계(Welt)를 뛰어넘는다. 그 문제들은 '이성'이라는 이념을 염두에 둔 모든 문제로서, 곧바로 사실들의 세계를 뛰어넘는다. 그리고 이 문제들은 문제의 질서에 따라, 또한 그 문제들에 종속되는 사실의 문제들에 대해 더 높은 권위를 요구한다. 그런데 실증주의는 이른바 철학의 목을 베어버렸다.

모든 존재가 불가분하게 통일되어 일치되었던 고대의 철학의 이

---

9) 후설의 '이성'은 '감성'이나 '오성'과 구별되는 것이 아니라 이들을 포괄하는 '보편적 이성', 즉 선술어적 경험인 지각, 기억, 기대 그리고 침전된 무의식을 포함한다. 그것은 단순히 계산하고 판단하며 조작하는 기술적-도구적 이성에 그치는 것이 아니라, 과거의 경험들을 바탕으로 가까운 미래를 예측하면서 현재 느끼고 판단하며 욕구하는 '이론(논리)적·실천적·가치설정적 이성 일반'이다. 즉 자아의 다양한 관심과 기능들을 그 '흐름' 속에서 근원적으로 통일시키는 '생생한 의식'이다.

넘에는 이미 존재가, 따라서 존재문제의 의미심장한 질서가 내포되었다. 그러므로 최고의 그리고 궁극적인 문제의 학문인 형이상학(Metaphysik)에 '모든 학문의 여왕'이라는 지위를 주었고, 이 형이상학의 정신은 그 밖의 모든 학문이 제공하는 인식에 비로소 최종적 의미를 부여했다. 또한 이것을 〔르네상스시대에〕 새로 부흥된 철학이 이어받았고, 더구나 이 철학은 참된 보편적 방법을 발견해야 하고 이 방법으로 형이상학에서 절정을 이루는 체계적 철학으로, 더 자세히 말하면 영원의 철학(*philosophia perennis*)[10]으로 진지하게 구축되어야 한다고까지 믿었다.

이러한 사실에서 우리는 모든 학문에 활기를 불어넣고 그 아래단계의 단순한 사실적 학문들까지 고무시켰던 정신을 고양한 것, 즉 자기 자신을 '철학의 세기'라 불렀던 18세기에 더욱더 광범위하게 철학이나 그 분과들인 모든 개별과학에 매우 열중했던 정신을 고양시킨 것을 이해한다. 그러므로 교양(Bildung)에 대한 그처럼 열렬한 충동, 교육제도와 인간성의 사회적 정치적 현존의 양식들 전체에 걸친 철학의 개혁에 대한 열의—이것이 바로 매우 경멸되었던 계몽주의 시대[11]를 그처럼 존경스럽게 만들었다. 실러의 시에 베토벤이 작곡한 장엄한 합창 「환희의 송가」(*An die Freude*)[12]에서 이러한 정신의 불후한 증거를 발견할 수 있다. 그러나 오늘날 우리는 이 찬가를 비

---

10) 이것은 몇 가지 형이상학적 근본명제는 결코 의심받지 않고 언제나 타당하다고 주장하는 전통적 스콜라철학의 태도가 드러난 용어이다.

11) 근대 계몽주의의 특징은 인간을 존중하는 휴머니즘과 이성을 무한히 고무시키는 실증주의이다. 이것은 자연을 발견하는 창조적 소수의 깊은 사상체계에서 출발했으나, 점차 이들이 이룩한 업적을 신봉하고 삶에 적용하여 그 속에 안주하며 가능한 한 넓게 진보의 혜택을 누리려는 통속철학의 모습을 띠었다(소극적 의의). 그러나 이 새로운 정신운동의 거대한 물결을 타고 사상의 깊이 대신 대중의 자유로운 삶과 과학적 이해, 보편적 세계관으로 이끄는 교양적 이상(理想)주의의 성격도 지녔다(적극적 의의).

통한 심정으로써만 추후로 이해할 수 있다. 우리의 현재 상황과 〔이
것을〕 대조해보는 것보다 더 커다란 일은 결코 생각할 수 없다.

4절 처음에는 성공했던 새로운 학문이 실패한 것과 이 실패가 해명되지 못한 동기

그런데 그 높은 정신으로 고무되고 축복받은 새로운 인간성이 계
속 지탱되지 못했다면, 그것은 인간성이 자신의 이상인 보편적 철학
에 대한 신뢰와 새로운 방법의 효과에 대한 생동감에 넘치는 신뢰를
상실했다는 사실에 의해서만 가능한 일이었다. 그리고 실제로 그러
한 사실이 발생했다. 그 방법은 확실한 성과를 거둔 실증과학들에서
만 효력을 발휘할 수 있었다는 것이 입증되었다. 형이상학 또는 특별
한 의미에서 철학의 문제에서는, 비록 겉으로 보기에 매우 성공한 희
망에 넘치는 단서들이 결코 없었던 것은 아니지만, 사정이 전혀 다르
다. 이러한 철학의 문제들이 사실과학들과 매우 막연하게 결합되었
던 보편적 철학은 인상 깊은, 그러나 유감스럽게도 일치되는 것이 아
니라 서로 해체되는 체계철학의 형태를 취했다.

18세기에는 사람들이 통일에, 즉 거듭된 세대들에서 이론적으로
확장되고 어떠한 비판에도 뒤흔들리지 않는 사상체계에 도달할 수
있다고 여전히 확신했더라도—그리고 이 사실은 논쟁의 여지없이
일반적으로 경탄할 만한 실증과학들에서 일어났다—이러한 확신은
오래 지탱될 수 없었다. 근대의 초기 이래 〔학문의 모든〕 움직임을

---

12) F. Schiller(1759~1805)는 모든 인간이 형제라는 이상, 우정과 애정을 찬미
해 1785년 이 시를 지었다. 베토벤은 1823년 작곡한 교향곡 9번(D단조 Op.
125) 마지막 장에서 낮은 현의 관현악곡에 이 시를 합창으로 연결해 그 주
제를 매듭지었다.

감독하는 철학과 방법의 이상에 대한 신념은 동요되었다. 그러나 이 것은 〔한편으로〕 형이상학이 항상 실패한 것과 〔다른 한편으로〕 실 증과학들에서 이론적 성과나 실천적 성과가 끊임없이 그리고 항상 강력하게 증대된 것이 확연하게 대조되어 부각된 외적 동기 때문에 단순히 일어나지는 않았다. 이러한 것은 국외자(局外者)에게, 또한 실증과학의 특수한 작업에 종사해 항상 더욱더 철학과 전혀 관련 없 는 전문가가 되어버린 과학자에게 영향을 끼쳤다.

그러나 철학의 정신으로 매우 가득 차고 그런 까닭에 최고의 형이 상학의 문제들을 중심으로 관심을 두는 연구자들 가운데 실패감이 더욱 절박하게 나타났고, 심지어 가장 깊지만 전혀 **해명되지 않은** 동 기 때문에 그 연구자들에게 실패감이 나타났다. 이 동기는 그때까지 지배했던 〔철학의〕 이상에 확고하게 뿌리박은 자명한 사실에 대항 해 더욱더 소리 높여 이의를 제기했다. 그래서 수백 년에 걸친 이러 한 실패의 참된 근거를 스스로 반성해 명백히 이해하려던 **흄**이나 **칸** **트**에서 현대에 이르는 오랜 격렬한 투쟁의 시기가 온다. 물론 이러한 투쟁은 아주 소수의 사명을 띤 사람이나 선택된 사람이 했으며 그 밖 의 대중은 그들 자신이나 그들의 독자를 위안시킬 수 있는 관용적 타 개책을 신속하게 발견했고, 여전히 발견한다.

5절 보편적 철학의 이상과 이것이 내적으로 해체되는 과정

사유 전체가 기묘하게 전환되는 것은 필연적인 귀결이었다. 철학 은 철학 자체를 문제 삼았고, 형이상학의 가능성이라는 〔문제의〕 형 식에서, 이와 더불어 앞에서 논의한 것에 따라 이성의 문제제기 전체 에 함축된 의미와 가능성도 관련지어, 우선 명백히 이해할 수 있었 다. 실증과학에 관해 이야기하면, 처음에 실증과학은 아무것도 문제 삼지 않았다. 그러나 형이상학의 가능성 문제가 그 자체로 사실적 학문들의 가능성 문제를 포함한다. 왜냐하면 사실적 학문들은 곧 철학과 불가분하게 통일을 이루면서 그들이 관계된 의미, 즉 존재자의 단순한 영역들에 대한 진리로서 그 의미를 지녔기 때문이다.

인식하는 이성이 존재자가 무엇인지 규정할 때, 과연 이성과 존재자는 분리될 수 있는가? 이 물음은 역사의 과정 전체가 은폐된 가장 내적인 동기부여를 해석함으로써 비로소 명확해지는 매우 주목할 만한 형태를 띤다는 시사를 미리 이해시키는 데 충분하다. 즉 그 역사적 과정은 순조롭게 발전하는 것도 아니며, 지속적인 정신의 획득물이 계속 성장하는 형태나 우연적인 역사적 상황에 기초해 설명하는 개념들, 체계들과 같은 정신의 형태들이 변화하는 것도 아니다. 보편적 철학과 이에 필요한 방법의 확고한 이상은, 이른바 철학의 근대와 이것이 발전하는 모든 계열을 근원적으로 건립함(Urstiftung)으로써 착수된다. 그러나 이 이상은 사실상 효력을 발휘할 수 없었고, 내적으로 해체되었다.

이렇게 해체되는 것은 그 이상을 계속 수행하거나 갱신하면서 강화하는 시도에 대항해 혁명적으로 재편성되고, 더구나 많든 적든 철저하게 재편성된다. 그렇다면 보편적 철학과 그 진정한 방법이라는 진정한 이성의 문제는 이제 실제로 역사적이고 철학적인 모든 운동의 가장 내적인 충동력이 된다. 그러나 이것은 근대의 모든 학문이 결국 철학의 분과들로 정초되었고, 따라서 이것들이 자체 속에 지속적으로 지니는 의미에서 더욱더 풀 수 없는 수수께끼로 느낀 독특한 위기로 빠져 들어갔다는 사실을 뜻한다. 이 점은 전문적 과학이 자신의 이론적 성과나 실천적 성과를 전혀 훼손하지 않지만, 그런데도 이 성과들의 진리에 대한 의미 전체를 철저하게 뒤흔드는 위기이다.

여기서 문제는 유럽인에 속하는 다른 많은 것들 가운데 하나인 '학문'이나 '철학'이라는 특수한 문화의 형태가 중요한 일이 아니라는 점이다. 왜냐하면 이미 앞에서 상론한 것에 따라, 새로운 철학을 근원적으로 건립하는 것은 근대유럽의 인간성(Menschentum)을 근원적으로 건립하는 것이며, 게다가 중세의 인간성이나 고대의 인간성인 그때까지의 인간성에 대항해 근대의 새로운 철학을 통해 그리고 바로 이 철학을 통해서만 근본적으로 자기를 혁신하려는 인간성인 근내유럽의 인간성을 근원적으로 건립하는 것이기 때문이다. 따라서 철학의 위기는 철학적 보편성의 분과들인 근대학문 모두의 위기를 뜻하며, 이것은 유럽 인간성의 문화적 삶이 지닌 유의미성 전체, 즉 그의 실존(Existenz) 전체에서 맨 처음에는 잠재적이지만 점차 더욱더 확연하게 드러난 유럽 인간성 자체의 위기이다.[13]

형이상학의 가능성에 대한 회의, 즉 근대인을 주도한 보편적 철학에 대한 신념의 붕괴는 곧 고대인의 '주관적 속견'(Doxa)에 대립해 '객관적 인식'(Episteme)[14]을 정립했다는 '이성'(Vernunft)에 대한 신념의 붕괴를 뜻한다. 추정적인 모든 존재자, 모든 사물, 가치, 목적에 궁극적 의미를 부여하는 것은 바로 이성이다. 즉 이러한 의미는 철학이 시작된 이래 '진리'나 '진리 그 자체'(Wahrheit an sich)라는 말과 이것에 상관적인 존재자인 '참으로 있는 것'(ontos on)이라는 말이 표현하는 것에 이성이 규범적으로 관계한다. 따라서 세계가 자신

---

13) 후설이 파악한 현대의 위기는 이론적 측면의 '학문'뿐만 아니라, 실천적 측면의 '인간성'의 위기를 포함하는 이중의 구조를 가진다. 이에 대해 더 상세한 것은 이종훈, 『현대의 위기와 생활세계』(동녘, 1994), 181~182쪽을 참조할 것.

14) 근대 이래 자연과학은 실증적 객관성을 이상으로 삼아 '객관적 인식'을 추구하고 '주관적 속견'은 이보다 낮은 단계의 명증성을 지니는 것으로 경멸했다. 그러나 '주관적 속견'은 술어로 명백하게 입증될 수 있는 참된 이성의 예비형태 혹은 최초형태로서, '객관적 인식'의 궁극적 근원이다.

의 의미를 지닌 절대적 이성에 대한 신념, 역사의 의미나 인간성의 의미에 대한 신념, 즉 인간의 개별적 현존과 보편적 인간의 현존에 이성적 의미를 부여할 수 있는 인간의 능력인 자유(Freiheit)에 대한 신념도 붕괴된다.

인간이 이러한 신념을 상실하면, 자기 자신에 대한 신념, 즉 자신에게 고유한 참된 존재에 대한 신념도 상실하게 될 뿐이다. 이 참된 존재는 인간이 언제나 이미 가진 것, 즉 '나는 존재한다'(Ich bin)는 명증성과 같이 가진 것이 아니고, 자신의 진리를 위한 투쟁, 따라서 자신을 참되게 만들려는 투쟁의 형식으로만 가지며, 또 가질 수 있다. 어디에서나 참된 존재는 '주관적 속견'에서 문제가 되지 않고, '자명하다'고 단지 추정하는 존재에 대립한 '객관적 인식', 즉 이성의 과제인 이상적 목표이다. 근본적으로는 마치 인간에게는 목표나 과제인 진리—비록 여기에서는 단지 개별화되고 상대화된 것이지만—도 일상적 삶에 생소하지 않은 것처럼, 누구나 자신의 참되고 진정한 인간성에 관련된 이 구별을 친숙하게 알고 있다.

그러나 철학은 이 [참된 인식이 성립되기] 이전의 형태를 뛰어넘는다. 고대철학은 존재자 전체에 관련된 보편적 인식이라는 무한한 이념을 파악하고, 이것을 자신의 과제로 삼음으로써 처음 원초적으로 근원적으로 건립했다. 그렇지만 이 과제를 충족시키려는 바로 그 시도에서, 그리고 고대의 체계들이 서로 대립한다는 것을 이미 알아차릴 수 있는 시도에서 그 과제의 소박한 자명함은 더욱더 이해할 수 없는 것으로 변모된다. 내적으로 살펴보면 철학사는 더욱더 생존하기 위한 투쟁이라는 성격, 즉 자신의 과제를 충실히 해결하려 매진하는 철학—이성을 소박하게 신뢰하는 철학—과 이성을 부정하거나 경험주의로 무가치하다고 거부하는 회의론과의 투쟁이라는 성격을 띤다.

이 회의론은 이성과 이성의 신념에 대해 아무것도 발견할 수 없다는, 사실적으로 체험된 세계, 즉 현실적 경험의 세계의 권리를 부단히 주장한다. 그 결과 이성 자체와 이성의 '존재자'는 더욱더 수수께끼가 되거나, 존재하는 세계에 자기 스스로 의미를 부여하는 이성과 그 대립하는 측면에서 본 세계, 즉 이성을 통해 존재하는 세계가 수수께끼가 되고, 결국 이성과 존재자 일반 사이의 가장 깊게 본질적으로 길합해 분명히 드러나 의식된 세계의 문제인 모든 수수께끼 가운데 〔최대의〕 수수께끼가 본래의 연구주제로 될 뿐이다.

여기에서 우리의 관심은 근대철학에 국한해서만 적용된다. 그러나 근대철학은 앞에서 지적한 가장 위대한 역사적 현상, 즉 자기 자신을 이해하기 위해 고뇌하는 인간성(이 표현은 모든 것을 포함한다)의 단순한 단편은 아니다. 오히려 근대철학은 새로운 보편적 과제를 지닌 철학과 고대철학을 부흥시키는 의미를 동시에 지닌 철학을 새롭게 건립하는 것으로서 반복하는 것과 보편적 의미를 변화시키는 것이 하나로 있다. 이 보편적 의미를 변화시키는 것에서 근대철학은 자신의 철학의 이념과 참된 방법을 굳게 확신하면서, 새롭게 시작한다는 자신의 근본주의(Radikalismus)를 통해 이제까지의 모든 소박함, 곧 모든 회의론을 극복했다는 사실을 확신하면서 새로운 시대를 시작할 사명을 자신이 지녔다고 간주한다.

그러나 모르는 사이에 자신의 소박함에 밀착된 결과, 새로운 투쟁으로 일어난 점진적으로 자기를 해명하는 길에서 궁극적으로 타당한 철학의 이념, 참된 주제, 참된 방법을 우선적으로 추구하고, 무엇보다 세계의 진정한 수수께끼를 발견해 〔이것을〕 해결하는 길을 잡아나가야 하는 것이 근대철학의 운명이다.

이렇게 발전해 형성된 현대의 우리 인간은 넘쳐흐르는 회의로 빠져들고, 이 때문에 우리 자신의 진리를 포기하는 최대의 위험에 직면하게 된다. 이러한 곤경을 숙고해보면, 지금 인간성의 역사 (Geschichte)로 되돌아가 응시하게 된다. 우리는 역사의 통일적 의미, 즉 역사의 그 근원에서부터 나온 충동력을 갖고 철학이 시도하는 [르네상스시대에] 새롭게 건립된 과제를 지니고 타고난 본래의 통일적 의미를 해명함으로써만 자기를 이해하고 이것에 의해 내적으로 지지하는 발판을 획득할 수 있다.

6절 인간의 의미를 위한 투쟁인 근대철학사

철학의 이념이 발전하는 것이 전체 (그러나 그 자신이 철학을 연구하지 않는) 인간에 끼치는 영향을 깊이 생각하면, 우리는 다음과 같이 결론을 내려야 한다.

데카르트로부터 현대에 이르는 근대철학이 극도로 모순되지만 통일적으로 진행되었던 사실을 내적으로 이해하는 것은 무엇보다 먼저 지금의 현대 자체를 이해할 수 있게 해준다. 우리 시대의 참된 또는 유일하게 의미 있는 투쟁은 [한편으로] 이미 허물어진 인간성과 [다른 한편으로] 여전히 뿌리내린, 하지만 이렇게 뿌리내리거나 새롭게 뿌리내리기 위해 노력하는 인간성 사이의 투쟁이다. 유럽 인간성 그 자체에서 특유한 정신적 투쟁은 **철학들의 투쟁**, 즉 회의적 철학들—요컨대 이것은 '철학'이라는 말만 지니지 [철학의] 과제는 유지하지 않은 것들로 [본래의 의미에서] 철학은 아니다—과 여전히 생생한 실제 철학들 사이의 투쟁으로 전개된다.

그러나 이 실제 철학의 생생함은 자신의 진정하고 참된 의미를 위해 노력하고, 그럼으로써 진정한 인간성의 의미를 위해 노력하는 점에 있다. 이성의 가능성을 스스로 이해하게 잠재적 이성을 이끌고, 그럼으로써 형이상학의 가능성을 참된 가능성으로 통찰하게 하는 것—이것은 형이상학이나 보편적 철학을 실현하기 위해 힘을 기울여 노력하는 과정에서 유일한 길이다.

그리고 이것에 의해서만 다음과 같은 사실이 결정된다. 즉 그리스 철학이 탄생하면서 이와 더불어 유럽 인간성은 타고난 본래의 목적(Telos), 곧 철학적 이성에 기초한 인간성—이 인간성은 잠재적 이성의 상태에서 명확하게 드러난 이성의 상태로 무한히 움직이며, 이러한 그 인간성이 지닌 진리의 진정한 본성을 통해 자신을 규범화하려 무한히 노력한다—이 되려 하고, 오직 이러한 인간성이 될 수 있는 목적이 단지 역사적-사실적인 망상(妄想)인지, 그 밖의 모든 인간이나 역사성 가운데 단지 우연적인 어떤 인간이 우연히 획득한 것인지, 또는 오히려 인간성 그 자체에 본질적인 완전하게 실현된 상태(Entelechie)로서 포함된 것이 그리스 인간성 속에 처음으로 발현된 것은 아닌지가 결정된다.

인간성(Menschentum) 일반은 발생적으로나 사회적으로 결합한 인간들(Menschheiten)[15] 가운데 본질상 인간으로 존재한다. 그리고 인간이 이성적 존재, **이성적 동물**(*animal rationale*)이면, 인간 전체가 이성적 인간인 한, 이성적 존재이다. 그것은 인간이 잠재적으로 이성을 향하든 '자기 자신이 된'(zu-sich-selbst-gekommen), 즉 '자기 자신에 명백하게 드러난'(für-sich-selbst offenbar geworden)[16] 그리고 이제부터는 본질적 필연성에서 인간이 되는 것을 **의식적으로 주도하**는 완전하게 실현된 상태를 명백히 향하든 마찬가지이다. 따라서 철

---

15) 후설은 '인간'(Mensch)의 추상명사인 'Menschentum'과 'Menschheit'를 간혹 구별해 사용하는데, 후자는 '인간' 개념의 외연(대중, 민족 등)을 뜻하며 그 복수형 'Menschen'과 같은 의미이고 전자는 '인간' 개념의 내포(특히 보편적 이성)를 뜻한다.

16) Felix Meiner판에는 하이픈이 있지만, 『후설전집』 제6권에는 없다.

학, 즉 학문은 인간성 그 자체에 '타고난 본래의' 보편적 이성이 계시되는 역사적 운동일 것이다.

만약 오늘날까지도 여전히 완결되지 못한 〔근대철학의〕 운동이 진정으로 올바른 방법으로 정확히 성취되는 가운데 일어난 완전하게 실현된 상태로 **입증되었다면**, 또는 만약 이성이 사실상 그 자신에 대해 자기에게 고유한 본질적 형식, 즉 정합적인 필증적 통찰로 계속 발달하고 필증적 방법으로 자기 자신이 규제하는 보편적 철학의 형식에서 충분히 자각하며 명백하게 형성되었다면, 이러한 것은 현실적일 것이다. 이것에 의해 비로소 유럽 인간성이 가령 '중국'이나 '인도'와 같은 단순히 경험적인 인간학의 유형으로 존재하는 것이 아니라, 절대적 이념을 자신 속에 갖는지의 문제가 결정될 수 있을 것이다. 즉 모든 그 밖의 인간을 유럽화(Europäisierung)하는 각본은 세계의 의미에 속하지 않는 절대적 의미가 지배하는 것을 그 자체로 표명하는지 어떤지 하는 문제가 결정될 수 있을 것이다.

지금 우리는 18세기의 합리주의와 유럽 인간성이 뿌리내리는 데 필요한 그 방법이 소박했다는 사실을 확신한다.

그러나 소박하면서도 일관되게 깊이 생각해보면, 심지어 이치에 어긋난 18세기의 합리주의와 더불어 합리주의의 진정한 의미가 과연 포기되어야 하는가? 또 오늘날 찬양되고 우리가 기대하는 비합리주의[17]의 합리성은 사정이 어떠한가? 우리가 이 비합리주의의 주장을 경청해야 한다면, 그 비합리주의는 이성적으로 숙고하고 정초하는 것으로 우리를 이해시켜야하지 않는가? 결국 이 비합리성은 도리어 편협하고 조악한 합리성이거나 고대 합리주의의 합리성보다 더

---

17) 이것은 넓은 의미에서의 '생철학'이나 '실존철학'을 지칭하는 것으로 볼 수 있다.

불량한 합리성이 아닌가? 게다가 이것은 궁극적으로 미리 주어진 것 (Vorgegebenheit)과 이것이 궁극적으로 참으로 합리적으로 미리 지시한 목표와 방법을 위해 외롭게 맞서 싸워가는 작업을 회피하는 '나태한 이성'(faule Vernunft)의 합리성이 아닌가?[18]

그러나 이 문제는 이것으로 충분하다고 간주하고, 나는 근대철학과 과학이 이미 처음부터 휩쓸려 들어갔고 현대에까지 크게 강화되어 계속 견뎌지는 위기의 가장 깊은 동기를 해명하려는, 비교할 데 없이 탁월한 의미를 철저하게 느끼기 위해 〔우리의 논의를〕 앞당겨 급히 서두른다.

7절 이 저술이 연구하는 의도

그러나 현대의 철학자인 우리 자신은 다음과 같은 문제를 고찰해야 한다. 즉 방금 위에서 상세하게 논의한 것과 같은 심사숙고가 우리에 대해 무엇을 의미할 수 있고 또한 무엇을 의미해야 하는가? 여기에서 단지 아카데믹한〔진부한〕 연설을 듣고자 하는가? 우리는 우리의 철학의 문제에서 중단된 전문적 연구로, 즉 우리의 본래 철학을 계속 구축하는 작업에 간단히 되돌아갈 수 있을까? 현재나 과거의 모든 동료 철학자의 철학과 같이 우리 〔시대의〕 철학은 항상 새롭게 성장하고 소멸해가는 철학들의 화단(花壇)에서 단지 일시적으로 생존한다는 사실을 확실한 조망에서 진지하게 통찰할 수 있을까?

실제로 우리 자신의 어려움, 즉 저술하는 철학자가 아니라 위대한

---

18) 후설은 현대가 직면한 위기의 궁극적 근원이 이성 자체가 아니라, 이성의 좌절에 있다고 파악했다. 따라서 거부되어야 할 것은 이성이 아니라, 소박한 실증적 자연과학의 영향 아래 이성이 추구한 잘못된 방법일 뿐이다(이 책의 부록 1 '유럽 인간성의 위기와 철학' 특히 II.를 참조할 것).

과거의 진정한 철학자들에 의해 교육되고 오직 진리만을 위해 살면서 우리 자신의 진리 속에 있고 또 있으려는 우리 모두의 어려움은 곧 이 사실에 있다. 그러나 이러한 현대철학자인 우리는 고통스러운 실존적 모순에 빠져 있다. 우리의 과제인 철학의 가능성, 즉 보편적 인식의 가능성에 대한 신뢰를 포기할 수 없다. 이러한 과제에서 우리는 우리 자신이 진지한 철학자로서 소명을 받는 것을 안다. 그러나 우리 모두에게 공통적인 유일한 목표, 즉 철학 자체에 대한 관계에서만 의미가 있는 이 신뢰를 어떻게 확고하게 유지하는가?

우리는 가장 일반적으로 인간이 철학을 하는 것과 그 성과가 인간 전체의 현존에서 개인적 목적이나 그 밖의 제한된 어떤 문화가 추구하는 목적의 단순한 의미만 지닌 것은 결코 아니라는 점도 이미 깨달았다. 따라서 우리는 우리가 철학을 함(Philosophieren)으로써 인류의 공복(Funktionär)이 된다.

그런데 어떻게 우리는 이러한 사실을 도외시할 수 있었는가? 우리 인격의 깊은 곳에서부터 사명감을 지닌 철학자인 우리 자신의 참된 삶에 대한 인격적 책임 전체는 동시에 인간의 참된 존재에 대한 책임을 내포한다. 인간성의 참된 존재는 목적을 향한 존재로서만, 그리고 가령 적어도 철학을 통해서만, 만약 우리가 진정한 의미에서 철학자이면 우리를 통해서만, 실현될 수 있다. 즉 여기에서 실존적 가정인 '만약 ……이라면'(Wenn)에서 벗어날 길이 있는가? 그러나 벗어날 길이 없는 한, 우리가 믿고 있는 것을 믿을 수 있기 위해 우리는 무엇을 해야만 하는가? 우리는 이제까지의 철학을 함―〔이것들은〕 철학들이지만 철학〔그 자체〕을 희망할 수는 없다―을 진지하게 계속 할 수는 없다.

우리의 최초의 역사적 고찰은 현재의 사실적 상황과 이것이 부닥친 어려움을 꾸밈없는 사실로 명백히 밝혀주었을 뿐 아니라, 철학자인 우리가 '철학'이라는 말이 시사하는 목표의 설정, 개념, 문제, 방법에 관해 과거의 유산을 물려받은 자라는 것도 상기시켜주었다. 모든 결정에 앞서 철저하게 자신을 이해하려고 돌보기 위해 상세한 역사적이고도 비판적인 성찰이 필요하다(여기에 그 밖의 어떤 것이 도움될 수 있는가!)는 것은 명백하다. 이것은 철학으로서 근원적이며 언제나 추구되었던 것과 역사적으로 서로 전달된 모든 철학자나 철학이 시종일관 계속 추구한 것으로 되돌아가 묻는 일(Rückfrage)에서 가능하다. 그러나 이것은 〔철학의〕 목적의 설정과 방법에서 일단 파악되어 의지(Wille)를 필증적으로 받아들이게 강요하는 궁극적인 근원적 진정함이 입증하는 것이 무엇인가를 비판적으로 고찰함으로써만 가능하다.

그런데 '우리는 어떻게 이것을 실제로 철저히 수행할 수 있는가' 그리고 '철학자인 우리의 실존적 삶을 궁극적으로 결정하는 필증성(Apodiktizität)은 본래 무엇을 의미해야만 하는가'라는 문제는 우선 명확하지 않다.

다음에서 나는 나 자신이 걸어온 길, 즉 내가 그것을 수행할 가능성과 뿌리내려 견고하게 만드는 것을 수십 년 동안 시험해온 길로 이끌겠다. 그러므로 지금부터 우리는 극단적으로 회의적이지만, 결코 미리 부정적이지는 않은 정신의 태도로 무장하고 함께 나아가자. 우리는 철학사에서 겉으로 드러난 역사적 사실들의 껍데기를 파헤쳐 뚫는 작업을 그것의 내적 의미(inneres Sinn), 은폐된 목적론(verborgene Teleologie)을 묻고 제시하며 시험하면서 추구해보자.

그 결과 처음에는 거의 주목되지 못했으나 더 뚜렷해지는 완전히 새로운 시선을 전향할 가능성이 새로운 차원(neue Dimension)을 지시하면서 점차 드러난다. 그러면 지금껏 문제가 되지 않았던 물음들이 제기되며, 이제껏 아무도 들어서지 않았던 연구의 영

역들, 즉 지금껏 철저하게 이해되거나 파악되지 않았던 상관관계
(Korrelation)[19]가 나타난다. 결국 이것들은 모든 역사적 형태에 의
해 시종일관 **자명한** 것으로 간주된 의미와 같은 철학의 의미 전체를
근본에서 본질적으로 변경시키게 강요한다.

새로운 과제와 그 보편적인 필증적 토대와 더불어 새로운 철학을
실천하는 가능성은 실행(Tat)을 통해 입증된다. 그러나 과거의 철학
전체가, 비록 그 자신은 의식하지 못했더라도, 내적으로는 철학의 이
러한 새로운 의미를 향했다는 점도 드러난다. 이 점에서 특히 근대
심리학의 비극적 실패가 이해되고 깨닫게 된다. 즉 (그것이 역사적으
로 성장된 의미에서) 심리학이 철학의 근본적 학문이 되어야 한다고
[그 권리를] 요구할 수밖에 없었으나, 이러한 요구에서 이른바 '심리
학주의'(Psychologismus)[20]라는 결과, 즉 명백하게 이치에 어긋난 모
순에 빠진 심리학의 역사적 현존재 [모습]도 이해된다.

나는 단지 내가 파악한 것을 인도하고 제시하며 기술할 뿐이지,
가르치려고 시도하지는 않겠다.[21] 나는 철학의 [철학의] 현존재

---

19) 후설 현상학의 지향적 분석은, 지향성이 항상 '무엇(대상)에 대한 의식'이
   듯이, 의식작용 자체와 의식의 불가분한 상관자인 대상성을 함께 고찰한다.
   그리고 대상성과 주관성은 부단히 상호작용하는 발생적 역사성을 지닌다.
   따라서 의식의 본질구조에 관한 분석은 곧 경험에 관한 가장 기본적이고도
   직접적인 연구이다. 결국 후설의 일관된 작업은 경험대상과 그것이 의식에
   주어지는 방식 사이의 본질적 상관관계의 아프리오리를 해명하는 것이다.
20) 후설은 『논리연구』 제1권에서 논리학뿐 아니라 모든 학문의 기초는 심리학
   이라 주장하는 심리학주의가 자신의 오류와 편견 때문에 회의적 상대주의
   에 빠졌다고 비판했다(더 상세한 것은 이 책의 '해제 2.1'을 참조할 것).
21) 이러한 주장은 강력하게 실천할 강령이나 지침을 제시하지 않는 나약한 이
   론으로 비칠 수도 있다. 그러나 후설은 이데올로기나 형이상학적 실체화를
   철저히 타파하고, 이론을 통해 새로운 실천을 이끌어내는 새로운 태도, 즉
   '이론적 실천'에서 인간성의 삶을 "현상학적으로 개혁"(『심리학』, 252쪽)하
   는 혁명적 실천을 강조했다.

(Dasein)의 운명을 철저하고도 진지하게 몸소 체험한 사람으로서 우선 나 자신에 대해, 그리고 이러한 방식으로 다른 사람들 앞에서, 내가 아는 최상의 지식과 양심에 따라 논의해야 한다는 점만을 주장할 뿐이다.

제2부

근대의 물리학적 객관주의와
선험적 주관주의가 대립한 근원을 해명함

"선험철학은 학문 이전의 객관주의와
학문적 객관주의에 대립해 모든 객관적 의미의 형성과
존재의 타당성에 근원적 터전인
인식하는 주관성으로 되돌아가는 철학이며,
존재하는 세계를 의미와 타당성의 형성물로 이해하고
이러한 방식으로 본질적으로 새로운 종류의
학문적 성격과 철학에 이르는 길을 개척하려는 철학이다."

8절 수학의 변혁에서 학문의 보편성이라는 새로운 이념의 원천

지금 무엇보다 필요한 것은 근대 초기에 고대의 이념을 계승함으로써 일어난 보편적 철학의 과제, 즉 그 이념이 본질적으로 변화된 사실을 이해하는 것이다. 데카르트 이래 그 새로운 이념은 철학운동이 발전해나간 과정 전체를 지배하고 모든 긴장의 내적 동기가 된다.

〔학문의〕 변혁은 우선 고대의 유산, 즉 유클리드기하학과 그 밖의 그리스 수학 더 나아가 그리스 자연과학과 같은 현저한 개별과학들로 시작한다. 우리의 시각에서 보면, 이것들은 우리의 발전된 학문들의 단편이며 발단이다. 그러나 이 경우 우리는 우선 (기하학의 형식적-추상적 '수'이론이나 '양'이론으로서) 수학에 **보편적** 과제가 제기되고, 더구나 고대인들에게도 생소한 **원리상** 새로운 양식의 과제가 제기되는 의미가 강력하게 변형되는 것을 간과하면 안 된다.

그런데 고대인들은 이미 플라톤의 '이데아'론에 이끌려 경험적 수나 측정량, 경험적 공간의 형성, 즉 점·선·평면·입체를 이념화하고, 동시에 이것으로서 기하학의 명제들과 증명들을 이념적-기하학적 명제들과 증명들로 변경시켰다. 그뿐 아니라 유클리드기하학과 더불어 넓게 확대되고 크게 강화된 이상적 목표를 향한, 체계적으로 일관된 연역적 이론이라는 가장 인상 깊은 이념이 생겼다. 이 이론은 공리의 근본적 개념과 근본적 원리에 의거해 필증적 추론으로 나아가는 순수한 합리성에 기초한 전체, 즉 그 절대적 진리에서 통찰할 수 있는, 직접적이거나 간접적으로 통찰되는 명백한 절대적 진리의 전체(Ganzes)이다. 하지만 유클리드기하학과 고대의 수학 일반은 단지 유한한 과제들, 즉 유한하게 완결된 아프리오리(Apriori)[1]만을 알고 있을 뿐이다. 따라서 다른 모든 것에 우선하는 아프리오리인 아리스토텔레스의 삼단논법의 아프리오리도 이 아프리오리에 속한다. 고대가 도달한 것은 〔바로〕여기까지이다.

그러나 〔고대인들은〕우리에게는 기하학적 공간의 개념과 자명하게 결합하고 이 개념에 속한 학문인 기하학의 개념과 결합하는 무한한 과제의 가능성을 파악하는 데까지 결코 도달하지 못했다. 체계적으로 일관된 보편적 아프리오리와, 무한한데도 그 자체 속에 일관되게 포함된 체계적 이론은 우리에게는 이념적 공간에 속한다. 이 이론은 공리적 개념들과 명제들에서 나타나고 공간 속에 그려지는 생각할 수 있는 모든 형태를 연역적으로 명확하게 구성할 수 있게 허용한다. 기하학적 공간에서 이념적으로 존재하는 것은 모든 규정성을 통

---

1) 이 용어는 '논리상 경험에 앞서며 인식상 경험에 의존하지 않는다'는 의미로, '선천적' 혹은 '생득적'이라고 옮기는 것은 옳지 않다. 그리고 '선험적'으로 옮기는 것도 후설 현상학의 본질적 성격인 근원으로 부단히 되돌아가 묻는 태도를 지칭하는 '선험적'(transzendental)과 혼동된다. 따라서 적절한 표현이 마련될 때까지 원어 그대로 표기한다.
　한편 이 용어는 전통적으로 '경험의 확실성과 필연성의 근거조건'인 의식에 내재적인 형식을 뜻하지만, 후설은 특히 발생론적 분석에서 '그 자체로 미리 주어지고 경험되는 구체적 질료'를 뜻하는 것으로 확장해 사용한다.

해 미리 일의적으로 결정되어 있다. 우리의 필증적[2] 사유는 개념·명제·추론·증명에 따라 단계적으로 무한히 진행하면서 이미 존재하는 것, 즉 그 자체로 이미 진리 속에 있는 것만을 단지 발견할 뿐이다.

합리적이고 무한한 존재 전체와 이것을 체계적으로 지배하는 합리적 학문의 이념이라는 구상은 이제껏 들어본 적이 없는 새로운 것이다. 무한한 세계, 즉 여기서는 이념성의 세계는 그 객체들이 우리의 인식에 개별적으로 불완전하고 우연히 접근될 수 있는 세계가 아니고, 합리적이며 체계적으로 일관된 방법이 도달하는 세계, 요컨대 〔이러한 방법을〕 무한히 진행해 모든 객체가 결국 그것의 완전한 그 자체로 존재함(An-sich-sein)에 따라 인식되는 세계로 구상된다.

하지만 이것은 단지 이념적 공간에만 들어맞지 않는다. 더구나 고대인들은 이와 유사하지만, (형식화하는 추상에서 발생한) 더 보편적인 이념, 즉 형식적 수학의 이념을 생각할 수조차 없었다. 근대 초기에야 비로소 무한한 수학의 지평을 실제로 획득하고 발견하기 시작한다. 그래서 대수학, 연속체(Kontinua)수학, 해석기하학의 단서가 생긴다. 새로운 인간성에 고유한 대담성과 독창성에 의해 근대 초기에서 이러한 새로운 의미로 '모든 것을 포괄하는 합리적 학문'이라는 위대한 이념이 즉시 예상되는데, 이 이념은 곧 '일반적으로 존재하는 것의 무한한 전체성(Allheit)이 그 자체로 합리적인 전체의 통

---

2) 후설에서 명증성(Evidenz)은 정합성(整合性)의 완전한 징표로서 '그것 자체를 정신에서 봄'(Es-selbst-geistig-zu-Gesicht-bekommen)이며, 여기에는 충전적(adäquat) 명증성과 필증적(apodiktisch) 명증성이 있다. 전자는 사태나 대상에 사고가 맞아떨어져 의미지향이 의미충족과 일치하는 것이고, 후자는 주어진 사태가 존재하지 않는다는 것이 절대로 생각될 수 없는, 즉 모든 의심이 배제되고 의식이 체험한 것과 '달리 있을 수 없는 것'이다. 그런데 후설은 발생적 현상학에서 충전적이 아닌 것에도 필증적 명증성이 나타날 수 있음을 밝힘으로써 술어 이전의 생활세계를 논한다.

일성(Alleinheit)'이라는 이념이다. 이 전체의 통일성은 보편적 학문에 의해 상관적으로, 게다가 남김없이 지배할 수 있다는 것이다. 성숙하기 훨씬 이전에도 이 이념은 막연하거나 반(半) 정도는 명확한 예감으로서 그 이후의 발전을 이미 규정한다.

어쨌든 이 이념은 새로운 수학만으로 끝나지 않았다. 곧바로 그 합리주의는 자연과학에 파급되고 자연과학에 대해 수학적 자연과학, 즉 훨씬 이후에야 정당하게 명명되었듯이, '갈릴레이식 자연과학'이라는 완전히 새로운 이념을 창조한다. 그러나 성공적으로 진행해가던 이 수학적 자연과학이 실현되자마자 곧 (세계 전체의 학문, 존재자 전체의 학문인) 철학 일반의 이념은 변경된다.

9절 갈릴레이가 자연을 수학화함

플라톤주의에서 실재적인 것(Reales)은 그 완전함에서 이념적인 것(Ideales)에 다소간에 관여(*Methexis*)[3]한다. 이것은 고대기하학이 실재성에 원초적으로 적용할 가능성을 주었다. 갈릴레이[4]가 자연

---

3) 플라톤에 의하면 감각적 세계는 이데아를 통해 존재하고 파악될 수 있고, 감각을 실마리로 해야만 참된 인식에 도달할 수 있다. 그런데 그는 이것을 개별자가 이데아에 관여하고(methexis), 이데아가 그 개별자에 드러나며 (parousia), 이 둘이 어울려 결합하는(koinonia) ─ 이데아들 상호 간의 결합도 포함해 ─ 관계로 설명한다. 그러나 이들을 구별한 것(chorismos)이 공간적 의미로 이해하면 안 된다.

4) G. Galilei(1564~1642)는 의학뿐 아니라 수학·물리학·천문학도 연구해 피사와 파도바의 대학교수로 활동하면서 진자의 등시성, 물체의 낙하 및 관성법칙 등을 발견해 자연법칙을 수학적으로 정식화하고 실험을 통해 증명하는 근대 자연과학적 방법을 개척했다. 또한 망원경을 개량해 목성의 위성과 태양의 흑점 등을 발견함으로써 코페르니쿠스의 지동설을 입증했지만, 종교재판을 받고 자신의 주장을 철회하면서도 "그래도 지구는 돈다"고 말했다는 일화를 남겼다. 그 후에 박해를 받고 실명된 상태로 죽었다.

(Natur)을 수학화하는 것(Mathematisierung)에서 자연 자체는 실로 새로운 수학이 주도해 이념화되고, 자연은 근대적으로 표현하면, 그 자체로 수학적 다양체(Mannigfaltigkeit)[5]가 된다.

이처럼 자연을 수학화하는 의미는 무엇인가? 자연을 수학화하는 동기를 부여했던 사유과정을 우리는 어떻게 재구성하는가?

세계는 일상적인 감각적 경험에서 학문 이전에 주관적-상대적으로(subjekt-relativ) 수어져 있다. 우리는 누구나 자신의 나타남(Erscheinung)을 가지며, 이 나타남은 각자에게 실제의 존재자로 간주된다. 우리는 우리의 존재타당성의 이러한 불일치를 서로 교제를 통해 오래전부터 깨닫고 있었으나, 수많은 세계가 존재할 것이라 생각하지 않는다. 우리는 필연적으로 동일한 사물이지만 단지 우리에게 다르게 나타나는 사물로 이루어진 그 세계의 존재를 믿는다.

그렇다면 우리는 그 자체로 객관적으로 존재하는 사물들의 공허하고 필연적인 이념만 갖는가? 나타남 자체 속에 참된 자연에 부여해야 할 내실(Gehalt)[6]은 없는가? 하지만 절대적 보편타당성의 명증

그는 "자연은 기하학적 도형 등 수학적 언어로 씌어져 있는 책이다. 따라서 수학적 언어를 모르면 아무것도 이해할 수 없고 어두운 미로를 배회할 뿐"이라고 주장해 양적 기계론적 자연관을 수립했다. 이러한 자연관을 비판하는 후설의 관점에서 볼 때 그가 물체의 낙하법칙을 실험한 피사의 탑이 상당히 기울어진 사실은 많은 시사를 준다.

5) '다양체'는 리만(G.F.B. Riemann) 이래 현대기하학에서 일정한 공리의 연역체계를 지칭하는 용어로서, 일종의 유개념(집합)이라고 할 수 있다.

후설은 이 개념을 순수수학의 의미에서, 모든 개별과학의 학문적 성격을 보장하고 학문의 경계를 설정하는 규범법칙, 즉 학문을 학문으로 성립시킬 수 있는 이론형식에 관한 학문이론(Wissenschaftslehre)인 순수논리학을 정초하려는 형식적 영역의 존재론(regionale Ontologie)으로 발전시킨다.

6) 이것은 특별히 한정된 의미 없이 광범위하게 사용되는 '내용'(Inhalt)과 달리, 의식에 내재하는 것을 뜻한다. 하지만 후설이 이러한 구별을 일관되게 사용하고 있지는 않다.

성에서 순수기하학과 일반적으로 시간공간의 순수형식의 수학이 순수한 시간공간 속에 이념적으로 구성될 수 있는 순수형태를 가르치는 모든 것―여기서 나는 나 자신의 태도를 드러내지 않고, 갈릴레이의 사유에 동기가 되는 자명성을 기술한다―이 이러한 물음에 속한다.

'갈릴레이가 생각한 이 **자명성** 속에 무엇이 놓여 있는가' 그리고 '자신의 새로운 의미로 수학적으로 자연을 인식하는 이념에 동기를 유발하기 위해 그는 더 이상의 자명성에 무엇을 첨부했는가'라는 문제는 신중히 해석해야 한다. 우리는 자연철학자이며 물리학의 개척자인 갈릴레이가 아직 오늘날과 같은 완전한 의미의 물리학자는 아니었다는 점에 주목한다. 즉 갈릴레이의 사유는 여전히 현재의 수학자나 수학적 물리학자의 사유와 같이 직관에서 이탈된 기호체계(Symbolik)에 의해 움직이지 않았다는 점 그리고 우리는 갈릴레이와 그 이후 역사적으로 발전해 형성된 〔현재〕 우리에게 **자명한 사실들**을 그에게 투영해 해석하면 안 된다는 점에 주목한다.

a) '순수기하학'

먼저 순수기하학, 즉 시간공간의 형태들인 순수수학을 고찰해보자. 이 학문은 한편으로 계속 활발하게 발전하며, 따라서 일반적으로 말하면, 순수이념성들에 관한 학문으로서 우리 자신에서도 여전히 발전하고, 다른 한편으로 감각적 경험의 세계에 항상 실천적으로 적용되는 오래된 전통으로서 갈릴레이에게 미리 주어져 있다. 아프리오리한 이론과 경험이 순환적으로 교체하는 것에 일상적으로 친숙하므로 우리는 일반적으로 기하학이 논의하는 공간과 공간형태들을 현실적 경험의 공간과 공간형태들에서 마치 이것들이 동일한 것처럼 분리할 수 없는 것으로 생각하기 쉽다.

그러나 기하학이 정밀한 물리학의 의미기반(Sinnesfundament)으로 이해되어야 한다면, 우리는 다른 경우와 마찬가지로 이 경우에도 매우 정확하게 생각해야 한다. 그러므로 우리는 갈릴레이가 형성한 사상을 해명하기 위해 그에게 의식적으로 동기를 유발한 것만 단지 재구성하면 안 된다. 오히려 그가 선도한 수학의 상(像) 속에 함축적으로 포함된 것을 드러내 밝히는 것도 유익할 것이다. 그것은, 비록 그이 관심의 방향 때문에 그에게는 폐쇄된 채 남아 있더라도, 은폐된 의미의 전제로서 당연히 그의 물리학 속에 [그 밖의 다른 것과] 함께 다루어졌음이 틀림없다.

직관적으로 주어진 환경세계(Umwelt)에서 우리는 단순히 시간공간의 형태들을 향한 추상적 시선의 방향으로 물체(Körper)를 경험한다. 이 물체는 기하학적–이념적 물체가 아니라, 우리가 실제로 경험하며 실제 경험의 내용인 내용(Inhalt)을 지닌 바로 그 물체이다. 아무리 이 물체를 자의로 상상(Phantasie)해 변형시켜 생각하더라도, 우리가 그렇게 획득한, 어떤 의미에서는 이념적 가능성들은 결코 기하학적–이념적 가능성이 아니다. 요컨대 그것들은 이념적 공간 속에 그려질 수 있는 기하학적으로 순수한 형태들―즉 순수한 물체·직선·평면·도형―속에 경과하는 운동과 변형이 아니다.

따라서 기하학적 공간은 예를 들어 상상한 공간을 뜻하지 않으며, 일반적으로 말하면 임의적으로 생각할 수 있는 (생각될 수 있는) 세계 일반의 공간도 아니다. 상상은 단지 감각적 형태들을 다시 감각적 형태로 변형시킬 수 있을 뿐이다. 그리고 현실에서든 상상에서든 이러한 형태들은 정도의 차이, 즉 직선·평면·원형 등에서 많든 적든 정도의 차이로만 생각될 수 있을 뿐이다.

실제로 직관적으로 주어진 환경세계의 사물은 일반적으로 그 모든 속성에서 단지 유형적인 것(Typisches)만 동요된다. 왜냐하면 자기 자신과의 동일성(Identität), 자기 자신으로 동등하게 있는 것 (Sich-selbst-Gleich-sein) 그리고 동등함 속에 잠시 지속하는 것 (Dauern)은 그것이 다른 사물들과 동등하게 있는 것과 같이 단지 개략적인 것이기 때문이다. 이러한 사실은 모든 변화에 들어맞고, 그들의 가능한 동등함이나 변화에도 들어맞는다. 따라서 이에 상응하는 것은 경험적으로 직관할 수 있는 물체들과 이것들의 관계가 추상적으로 파악된 형태들에 대해서도 타당하다. 이러한 정도의 차이는 많든 적든 그러한 완전함으로 특징지어진다. 그 밖의 다른 경우와 마찬가지로 여기에서도 그것이 특수한 실천적 관심을 실로 완전히 만족시킨다는 의미에서 단적으로 완전한 것은 실천적으로 존재한다.

그러나 관심이 변화하면, 어떤 것을 완전히 정확하게 만족시키는 것이 다른 것을 더 이상 만족시키지 못하며, 이 경우 물론 완전하게 만드는 정상적 기술의 능력, 즉 예를 들어 직선을 더 곧게, 평면을 더 평평하게 하는 기술의 능력에 '할 수 있음'의 한계가 세워진다. 반면 기술로 더 정교하게 될 수 있는 것에 대한 관심이 진행된다. 그래서 완전함의 이상은 항상 더 앞으로 밀고 나간다. 그러므로 우리는 항상 더 앞으로 추진할 수 있는, **생각할 수 있는** 개선(改善)의 열린 지평도 이미 지닌다.

여기에서 본질의 연관에 더 깊이 들어가지 않고(이것은 결코 체계적으로 일어나지 않으며 쉬운 일도 아니다), 우리는 완전하게 만드는 실천에서부터 '항상 다시'라는 모습으로 **생각할 수 있는** 완전하게 만듦이라는 지평 속으로 자유롭게 파고들어 감으로써 극한-형태(Limes-Gestalt)가 언제나 미리 지시되고, 불변의 그리고 결코 도달할 수 없는 극(極)으로서 일련의 그때그때 완전하게 만듦이 그 극한-형태로 뻗어 간다는 사실을 이해하게 된다. 만약 이러한 이념적 형태들에 관심을 두고 이것들을 규정하며 이미 규정된 것들에서 새로운 것을 구성하려는 일에 시종일관 몰두하면, 우리는 '기하학자'이다. 그리고 만약 시간의 차원도 포함하는 더 이상의 영역에 대해서도 마찬가지로 관심을 가지면, 우리는 그 보편적 형식이 그 자체와 더불어 이념화된 시간공간의 형식인 순수한 형태들을 다루는 수학자이다.

실재적 실천(reale Praxis)—행위 하는 것이든 현실적이며 실재적으로 가능한 경험적 물체들에 관한 경험적 가능성을 생각하는 것이든—대신, 우리는 지금 오직 순수한 극한형태의 영역에서만 유지하는 '순수한 사유'의 이념적 실천(ideale Praxis)[7]을 지닌다. 이러한 극한형태들은 역사적으로 오래전부터 형성된 것에 의해 상호주관적으로 공동체화되는 가운데 수행될 수 있는 이념화(Idealisierung)와 구성(Konstruktion)의 방법으로 〔새로운 것에〕 습관적으로 적용해 처리할 수 있는 성과가 되었다. 그리고 이 성과로 우리는 새로운 것을 항상 다시 얻을 수 있다. 즉 무한하지만 어쨌든 그 자체 속에 포함된 이념적 대상성(Gegenständlichkeit)들이 세계를 연구의 장(場)으로 얻을 수 있다.

인간이 연구한 업적을 통해 이룩된 모든 문화의 유산과 마찬가지로, 이 이념적 극한형태들은 그 의미를 형성하는 것이 항상 다시 명확히 새롭게 되지 않고도 여전히 객관적으로 인식되고 적용될 수 있

---

7) 후설에서 '실천'은 실재적 영역에만 국한되지 않고, 이념적 영역도 포괄한다. 그리고 '이론'과 '실천'은 부단히 상호작용하며 전개되는 개방된 순환구조를 가진다. 예컨대 알면(이론) 더 많은 것을 보게 되고, 그러면 더욱더 사랑하게(실천) 되며, 그 결과 더 많은 것을 보고 알게 된다. 이러한 점은 '이론적 실천'(이 책 제28절의 주 7)을 참조할 것)에서, 또한 "술어로 인식하는 작업 수행은 그 자체로 행동"(『경험과 판단』, 232쪽, 235쪽)이며, 대상을 파악하려고 "묻는 작용(Fragen)은 판단의 결단에 이르려 노력하는 실천적 행동으로서 의지의 영역에 속한다"(같은 책, 372~373쪽)는 주장에서도 상세히 파악할 수 있다.

다. 왜냐하면 그것들은 감각적으로 구체화되는 것에 근거해, 예를 들어 언어나 문자를 통해 단순히 통각으로(apperzeptiv) 파악되고 조작으로(operativ) 취급되기 때문이다. 특히 작업 중에 항상 사용되는 종이 위에 그려진 도형, 읽고 공부하는 교과서에 인쇄된 도형 등이 속하는 감각적 모형들도 유사한 방식으로 기능한다. 이것은 그 밖의 문화의 대상들(집게·송곳 등)이 이러한 속성들에 그것 본래의 의미를 부여했던 사실을 그때마다 다시 직관적으로 만들지 않고서도 그 특수한 문화의 특성들로 이해되고 단순히 인지된다는 점과 유사하다. 오래전부터 이해된 획득물의 형태에서 이른바 구체화되는 것들 속에 침전된 의미들은 수학자가 방법적으로 실천하는 데 이바지한다. 그리고 이렇게 해서 그것들은 이념적 대상들의 기하학적 세계에서 정신적으로 취급할 수 있게 한다(여기서 기하학은 일반적으로 시간 공간성의 수학 전체를 대표한다).

그러나 우리는 이러한 수학적 실천으로 경험적 실천에서 거부했던 것, 즉 **정밀성**(Exaktheit)에 도달한다. 왜냐하면 이념적 형태들에 대해 이것들을 **절대적 동일성**에서 규정하고, 절대적으로 동일하며 그 방법에 따라 일의적으로 규정할 수 있는 성질들의 기체(Substrat)로서 이것들을 인식할 가능성이 밝혀지기 때문이다. 하지만 이것은 임의로 끄집어내 감각적으로 직관할 수 있는 형태들에 관여하며, '그에 상응하는 순수이념성들을 객관적이고도 일의적으로 규정하는 것에서 원본적[8]으로 창조할 수 있다'는 일반적으로 동등한 방법에 따라 단지 개별적으로만 일어나는 것은 아니다.

이러한 점에 관해서는 오히려 직선, 삼각형, 원과 같은 **개별적 형상**

---

8) 이 말(originär)은 '원래의' '본래의' '독자적인'이라는 뜻인데, 다소 생소하더라고 학계의 관례에 따라 '원본적'으로 옮긴다.

들이 특히 두드러진다. 그러나 기하학을 발견했던 바로 그 발견인 이것은 보편적으로 적용해 처리할 수 있는 기본적 형태들로서 앞서 언급한 특히 두드러진 것들에 의해, 그리고 이것들과 더불어 보편적으로 수행할 수 있는 조작에 따라 생산하는 방법으로 상호주관적이며 일의적으로 규정되는 그 밖의 다른 형태들을 단지 항상 다시 구성할 수 있는 것만은 아닐 수도 있다. 왜냐하면 결국 일반적으로 생각할 수 있는 모든 이념적 형태를 모든 것을 포괄하는 체계적인 아프리오리한 방법으로 구성적이며 일의적으로 산출할 가능성이 드러나기 시작했기 때문이다.

몇 가지 그리고 결국 모든 이념적 형태를 기본적으로 규정하는 수단인 근본적 형태에 근거해 조작으로 규정하는 기하학적 방법론은 이미 학문 이전에 직관적으로 주어진 환경세계에서 처음에는 아주 원시적이었으나 그 이후에는 기술로 수행된 측량의 방법론과 일반적으로 측정하는 규정작용의 방법론을 참조한다. 이 측정하는 규정작용의 목표는 이러한 환경세계의 본질적 형식에 명백한 근원이 있다. 환경세계에서 감각적으로 경험하고 감각적-직관적으로 생각할 수 있는 형태들과 보편성의 모든 단계에서 생각할 수 있는 〔이 형태들의〕 유형들은 서로 간에 연속으로 이행한다. 이러한 연속성에서 그 형태들과 유형들은 그것들의 형식으로서 (감각적으로 직관적인) 시간공간성을 충족시킨다.

이처럼 개방된 무한함에 근거한 모든 형태는, 비록 실재성에서 사실(Faktum)로 직관적으로 주어져 있더라도, 어쨌든 '객관성'이 없다. 따라서 그것은 모든 사람, 즉 그것을 동시에 사실적으로 파악하고 있지 않은 그 밖의 모든 사람에게 상호주관적으로 규정될 수 있는 것이 아니며, 그것이 규정됨으로써 상호주관적으로 전달될 수 있는 것도 아니다. 객관성을 부여하고 상호주관적으로 규정되거나 전달되는 목적에는 명백히 **측정술**(Meßkunst)이 이바지한다. 이 측정술에서는 실제의 측정작용이 단지 결론의 부분이 되는 다양한 측정작용이 문제가 된다.

그러므로 한편으로는 확고하게 규정하는 개념이나 명칭이 대체로 없기 마련인 하천이나 산, 건물 등의 물체의 형태들에 대해 그러한 개념들을 산출하는 것이 중요하지만, 다른 한편으로는 우선 (상像의 유사성 안에서) 그 형식들과 그다음 크기나 크기의 관계에 대해, 게다가 이미 알려지고 움직일 수 없는 부동의 것으로 전제된 장소나 방향에 관련된 거리나 각도를 측정함으로써 위치를 규정하는 데 그러한 개념들을 산출하는 것이 중요하다. 측정술은 어떠한 경험의 근본적 형태들을 사실상 일반적으로 적용해 처리할 수 있는 경험적-고정된 물체들에 의해 구체적으로 확정되어 [측정의] 척도로 선택하고, 이것들과 다른 물체-형태들에 현존하는 (또는 앞으로 발견될 수 있는) 관계들에 의해 이 다른 형태들을 상호주관적으로 그리고 실천에서 일의적으로 규정할 수 있는―처음에는 더 좁은 영역에서 (예를 들어 **토지측정술**에서) 행해졌으나, 그런 다음 곧바로 새로운 형태의 영역에 대해서도 행해지는―가능성을 **실천적**[실질적]으로 발견한다.

따라서 다음과 같은 것이 이해된다. 즉 **철학적** 인식, 요컨대 세계의 **참된** 존재, 객관적 존재를 규정하는 인식을 얻으려 애쓰는 일깨워진 노력의 결과, **경험적 측정술**과 경험에서 실천적으로 객관화하는 이 측정술의 기능은 그 실천적 관심을 순수이론의 관심으로 전환함으로써 이념화되었고, 그래서 순수한 기하학적 사유방식으로 이행했다. 그러므로 측정술은 결국 보편적 기하학과 그 순수한 극한형태인 세계에 대해 선구자가 된다.

b) 갈릴레이 물리학의 근본적 사상 : 수학적 우주로서의 자연

갈릴레이에게는 경험적인 것을 수학적 극한의 이념들에 관련시키는 그의 사상에 대한 길잡이로, 따라서 단지 지상의 문제뿐만 아니라 천문학에도 이미 광범위하게 적용되어 비교적 발전된 갈릴레이 시대의 기하학이 이미 전통으로 앞서 주어져 있었다. 물론 그러는 가운데 갈릴레이에게는 그 자체가 이미 기하학으로 함께 규정된 측성술이 측정에 대해 그리고 이렇게 측정함으로써 형태 자체를 객관적으로 규정하는 더욱더 증가할 정밀성을 추구하는 기하학의 목적상 또한 전통으로 이용되고 있었다. 만약 기술적 실천의 경험적이고 매우 제한된 과제를 설정하는 것이 근원적으로 순수기하학이 과제를 설정하는 것의 동기가 되었다면, 거꾸로 그 이후에는 그리고 오래 전부터 이미 기하학이 '응용'기하학으로 기술의 수단이 되었으며, 다음과 같은 과제를 구상하고 실행하는 데 기술의 길잡이가 되었다. 즉 그 과제는 기하학의 이상인 극한형태를 향해 접근하는 것(Approximation)[9]으로 끊임없이 고양함으로써 객관적 형태를 규정하는 측정의 방법론을 체계적으로 형성시키는 것이다.

따라서 갈릴레이에게는 위와 같은 사실이 이미 주어져 있었다. 물론 그는 이념화하는 작업수행이 근원적으로 발생한 방식으로(즉 이러한 작업수행이 기하학 이전의 감각적 세계와 그 실천적 기술의 근본적 토대 위에 발생한 방식으로), 필증적인 수학적 명증성이 근원을 깊이 파고들어 가고 이 물음에 몰두해야 한다는 요구를 깨닫지 못했다. 그리고 이 점은 매우 명백히 파악할 수 있다. 기하학자의 태도에서는 그것에 대한 요구가 없다. 즉 사람들은 어쨌든 기하학을 연구하

---

9) 후설 현상학은 이처럼 학문과 인간성의 이념에 부단히 '접근'해가려는 실천적 의지를 강조하는 목적론을 지닌다.

고, 기하학의 개념들이나 명제들을 이해하고, 명확하게 정의된 형태들을 다루며, 더구나 종이 위에 그려진 도형('모형')을 적절히 사용하는 방식들인 조작방법들에 숙달된다. 기하학적 명증성과 그 근원에 관한 방식(Wie)을 문제 삼는 것이 존재자에 관한 보편적 인식(철학)의 한 분과로서 기하학에서 확실히 중대하고, 더구나 근본적으로 중요할 수 있다는 사실은 갈릴레이와 같은 사람에게는 전혀 생소한 것이었다. '어떻게 시선의 방향을 전환하는 것이 절실해졌고, 인식의 원천이 중요한 문제가 되어야 했는지'는 갈릴레이에서 출발한 역사적 고찰을 계속 진행하는 우리에게 곧바로 본질적 관심거리가 될 것이다.

여기서 우리는 정상적인 모든 기하학의 연구가 진척되는 아프리오리한 명증성의 소박함을 이어받았던 기하학이 어떻게 갈릴레이의 사상을 규정하고, 그가 필생에 걸쳐 연구한 작업 이후에야 비로소 발생한 물리학의 이념으로 그의 사상을 이끌어갔는지를 주목한다. 따라서 처음부터 감각적 환경세계라는 오래전부터 전수된 영역에서 기하학이 일의적으로 규정하는 데 어떻게 도움을 주었는지 하는, 실제로 이해할 수 있는 방식으로 출발해 갈릴레이는 다음과 같이 주장한다. 즉 그러한 방법론이 형성되는 모든 경우에 우리는 또한 그것에 의해 어쨌든 경험적으로 직관된 세계의 본질적인 주관적 파악의 상대성을 극복한다. 왜냐하면 이러한 방식으로 우리는 이 방법을 이해할 수 있고 수행할 수 있으며 확신할 수 있는 모든 사람의 동일한 상대적이지 않은 하나의 진리를 획득하기 때문이다. 따라서 우리는 여기에서, 비록 경험적으로 주어진 것에서 출발해 이끌어가는 극(極)으로 기능하는 기하학의 이상적 형태에서 끊임없이 고양되어야 할 접근하는 형식으로서 뿐이지만, 참으로 존재하는 것 자체를 인식한다.

그런데 이 순수수학 전체는 단순한 추상작용에서 물체들이나 물체의 세계, 즉 오직 시간공간성 속의 추상적 형태들에, 게다가 순수이념의 극한형태인 형태들에만 관계한다. 그러나 우선 경험적인 감각적 직관에서 현실적이거나 가능한 경험의 형태들은 질료의, 감각적 충실(sinnliche Fülle)의 형식으로만 구체적으로 우리에게 주어진다. 따라서 이른바 '종적인' 감각의 성질,[10][11] 즉 빛깔, 소리, 냄새 등으로 그 자신의 특유한 정도의 차이로 나타나는 것과 더불어 주어진다.

감각적으로 직관된 물체가 구체화하는 것과 현실이거나 가능한 경험으로 존재하는 물체가 구체화하는 것에는 이것들이 그것들 특유의 본질적 변화 속에 결합해 있다는 사실도 속한다. 시간공간의 위

---

10) '감성적 자료들', 즉 '감각자료들'(Empfindungsdaten)이 일상적으로 직관되는 환경세계에서 실제로 경험되는 물체의 감성적 성질들, 즉 물체들 자체에서 지각되는 곧 그 물체의 속성들인 색깔, 촉감, 냄새, 온도, 무게 등으로 끊임없이 대체되는 것은 로크시대 이래 심리학주의 전통의 나쁜 유산이다. 그리고 그 감각자료들은 구별되지 않고 똑같이 '감성적 성질들'이라 부르며, 적어도 일반적으로는 물체의 속성과 전혀 구별되지 않는다. 사람들이 이 구별을 지각할 때(이 구별을 철저히 기술하는 일—이것은 지극히 필요한 일이다—대신), '감각자료들'은 직접 주어진 것이라는 근본적으로 전도된 생각이 중요한 역할을 한다. 이에 관해서는 앞으로 논의할 기회가 있을 것이다.

그리고 여기에서부터 즉시 수학적-물리학적 특성—우리는 곧 이 특성의 의미원천을 연구하는 데 몰두할 것이다—이 〔지각된〕 물체 자체에서 사용하는 것으로 대체되는 경향이 있다. 우리가 실제의 경험을 충실히 논의하면서 이 속성들에서 실제로 지각된 물체의 성질, 즉 속성을 여기 그리고 곳곳에서 그 형태들의 〔질료적〕 충실로 특징을 삼으면, 우리는 또한 이 형태들을 물체 자체의 '성질'로, 따라서 감각의 성질로 받아들인다. 그러나 단지 이 형태들은 공통으로 지각된 것(aistheta koina)이기 때문에 독자적으로 지각된 것(aistheta idia)[10]과 같은 것들에만 속해 있는 감각기관에 관련되는 것은 아니다—후설의 주.

11) 이것은 아리스토텔레스의 구분으로, '공통으로 지각된 것'은 형태, 운동, 정지, 크기 등과 같이 다수의 감각기관에 의해 지각되는 성질이고, '독자적으로 지각된 것'은 색깔, 소리, 맛, 냄새 등과 같이 특정한 감각기관에 의해 지각되는 성질이다. 이 구별은 로크에 와서 전자는 단순관념의 '제1성질'로, 후자는 '제2성질'로 이어진다.

치에 따른 그리고 형식의 성질들과 〔질료적〕 충실의 성질에 따른 변화는 우연적-임의의 것이 아니고 감각적-유형적 방식에 따라 경험적으로 서로 의존한다. 물체의 사건들이 이처럼 서로 관련지어지는 것은 그 자체로 일상적으로 경험하는 직관의 계기이다. 왜냐하면 이 계기들은 동시적이거나 계기적으로 함께 존재하는 물체들에 함께 속한 성격을 부여하는 사실로 경험되거나, 그 물체가 존재하는 것(Sein)과 그렇게 존재하는 것(Sosein)을 서로 결합하는 것으로 경험되기 때문이다. 그 결합요소에 따라 이렇게 실재적-인과적으로 결합한 것은 경험에 따라 항상 그런 것은 아니지만, 종종 우리에게 명백하게 나타난다. 그러나 만약 이러한 경우가 아니고 현저하게 새로운 어떤 것이 나타나는 경우, 우리는 즉시 '왜'(Warum)라는 이유를 묻고 시간공간의 상황 속에 그 이유를 찾는다.

직관적 환경세계의 사물들(우리는 이 사물들을 일상생활에서 직관적으로 현존하고 현실로 간주되듯이 항상 그렇게 받아들인다)은 유형에 따라 유사한 상황에서 유사하게 작용하는 이른바 자신의 습관(Gewohnheit)을 지닌다. 만약 직관적 세계를 그 전체에서 그 세계가 우리에게 단적으로 현존하는 유동하는 그때그때의 형태로 받아들이면, 그 직관적 세계도 전체적인 그것의 습관으로서, 즉 이제까지와 마찬가지로 습관적으로 계속된다. 그러므로 경험적으로 직관된 환경세계는 경험적으로 전체에 걸친 양식을 가진다. 아무리 이 세계를 상상 속에 변형시켜 생각하거나 앞으로 일어날 세계의 경과를 그것이 알려지지 않은 상태에서 '마치 그것이 존재할 수 있다'는 가능성으로 분명히 주장하더라도, 필연적으로 우리는 우리가 세계를 이미 갖고 또 이제까지 가졌던 양식으로서 세계의 경과를 설명한다.

우리는 반성에서 그리고 이러한 가능성의 자유로운 변경에서 이 사실을 명백하게 알 수 있다. 그래서 우리는 직관적 세계가 경험의 흐름 속에 언제나 머무는 불변의 보편적 양식(invariantes allgemeines Stil)을 연구의 주제로 삼을 수 있다. 곧바로 이것에 의해 일반적으로 사물들과 그 사건들은 임의로 나타나고 경과하는 것이 아니라, 이러한 양식, 즉 직관적 세계의 불변하는 형식에 의해 '아프리오리하게 결합해 있다'는 사실을 우리는 파악한다. 요컨대 세계 속에 함께 존재하는 모든 것은 보편적 인과규칙에 의해 직접적이든 간접적이든 보편적으로 함께 속해 있다는 성격―이 성격에서 세계는 단순히 전체성(Allheit)이 아니라 전체의 통일성(Alleinheit), (비록 무한하지만) 전체(Ganzes)이다―을 띤다. 또한 특수하게 결합해 있는 사실에 관해 현실적으로 경험하는 것이 아무리 사소하더라도, 이러한 사실에 관해 앞선 경험에 근거해 알고 앞으로의 경험에 대해 미리 지시하는 것이 아무리 적더라도, 그것은 아프리오리하게 명증하다.

직관적으로 주어진 환경세계의 이 보편적 인과(因果)의 양식은 그속에서 가설들을 세우고 귀납추리[12]를 하며, 현재와 과거나 미래의 알려지지 않은 것(Unbekanntheit)을 예견할 수 있게 해준다. 그런데도 우리는 학문 이전에 인식하는 삶에서 대략적인 것, 유형적인 것의 영역에 머문다. 그때그때의 관심들과 인식의 주제들이 매우 변화하는 가운데 지평으로서의 세계가 함께 의식되는 모호한 총체적 의식에 만족해 더 이상 나아가지 않으면, 세계에 관한 학문적 인식인 '철학'은 어떻게 가능할 수 있는가? 물론 우리는 앞에서 지적했듯이 이 세계 전체를 주제로 삼아 반성할 수 있고, 이 세계 전체의 인과양식을 파악할 수도 있다. 그러나 이 경우 단지 우리는 모든 장소나 모든 시간에 경험할 수 있는 모든 사건이 인과적으로 규정되어 있다는 공허

---

12) 여기서 귀납추리는 개별적 사실이나 자료에서 일반적 법칙을 이끌어내는 원리적 측면보다는, 이미 알고 있는 것들에서 경험의 지평구조에 따라 아직 알려지지 않은 것들을 예측해가는 방법적 측면을 뜻한다.

하고 보편적인 명증성만 얻을 수 있을 뿐이다.

그렇지만 모든 시간에 일어나는 모든 실제의 사건을 구체화하는 인과적 결합성에 관해 그 당시 규정되는 조직으로서 그때그때 규정된 세계의 인과성은 사정이 어떠한가? 그때그때 직접적 경험에서 그리고 단지 상대적으로만 확정될 수 있는 것이 제대로 공급되지 않는 상태에서 세계와 그 무한한 인과성들을 체계적으로 어느 정도 미리 구축하고, 〔경험이〕 무한한데도 이 구축을 필연적으로 확증시키는 방법이 발견될 수 있어야 비로소 세계를 철학적으로, 즉 진지하게 학문적으로 인식하는 일이 의미를 지닐 수 있고 가능하게 된다. 이것은 어떻게 생각될 수 있는가?

그러나 이 문제에서 수학은 우리에게 교사로서 도움이 된다. 그러므로 수학은 이미 시간공간의 형태들에 길을 터주었다. 그 첫 번째 방식은 수학이 시간공간의 형태를 취하는 것들에 물체들의 세계를 이념화해 이념적 객관성을 창조함으로써 이루어졌다. 수학은 상상할 수 있는 경험적-직관적 형태들의 다양체와 더불어 규정되지 않은 보편적 생활세계의 형식인 시간과 공간으로부터 가장 먼저 본래의 의미에서 객관적 세계를 만든다. 즉 수학은 방법적으로 그리고 전체적-보편적으로 모든 사람에게 일의적으로 규정될 수 있는 이념적 대상성들에 관한 무한한 총체성을 만든다.

이러한 사실에 의해 수학은 주관적-상대적이고 단지 모호한 보편적 표상에서만 생각된 대상성들의 무한함이 아프리오리하게 모든 것을 포괄하는 방법으로 객관적으로 규정될 수 있고 그 자체로 규정된 것으로서 실제로 생각될 수 있다는 점을 맨 처음 보여주었다. 더 정확하게 말하면 그 모든 대상에 따라, 그리고 이 대상들의 모든 속성과 관계에 따라 그 자체로 규정되고 미리 결정된 것으로 생각될 수 있다. 그것은 곧바로 그 무한함은 단순히 요청된 것이 아니라 실제로 창조된, 필증적으로 산출된 자신의 방법을 통해 객관적으로 참된 그 자체의 존재(An-sich-sein)에서 주어진 것을 통해(*ex datis*) 구축될 수 있기 때문이다.

그 두 번째 방식은 측정술과 결부되어 나타나고 그 이후로는 측정술을 주도하면서 수학—이것에 의해 이념성들의 세계에서 경험적으로 직관된 세계로 다시 내려가면서—이 다음과 같은 사실을 보여주었디는 점이다. 즉 사람들은 직관석-실제 세계의 사물들에서 게다가 형태수학으로서 그것에만 관심을 두는 측면(모든 사물이 필연적으로 나누어 갖는 측면)에 관해 완전히 새로운 종류의 객관적으로 실재적인 인식, 요컨대 접근하는 모습으로 그것 특유의 이념성에 관련된 인식을 일반적으로 획득할 수 있다는 사실이다. 경험적으로 직관될 수 있는 세계의 모든 사물은 세계의 양식에 따라 물체의 성격을 띠고, '연장실체'(*res extensae*)이며, 전체를 고찰해볼 때 개별적 물체들이 그 속에서 상대적 위치 등을 갖는, 그들의 총체적 배열을 갖는, 변화될 수 있는 배열(Kollokation) 속에 경험된다.

순수수학과 실천적 측정술에 의해 사람들은 물체세계 속에서 이러한 연장성을 지닌 모든 것에 대해 완전히 새로운 종류의 귀납적 예측을 낳을 수 있다. 즉 사람들은 그때그때 주어지거나 측정된 형태의 사건들에 근거해 알려지지 않았거나 직접적 측정으로는 결코 도달할 수 없는 형태의 사건을 이론의 여지 없는 필연성에서 계산할 수 있다. 그래서 세계와는 거리가 먼 이념적 기하학은 '응용'기하학이 되고, 또한 어떤 관점에서는 실재성에 관한 인식의 보편적 방법이 된다.

그러나 추상적으로 한정된 측면의 세계에서 앞으로 수행될 객관화하는 방식은 이미 다음과 같은 사상과 추정적 물음을 시사하는 것이 아닌가?

즉 유사한 것들이 구체적인 세계 일반에 대해 가능해야 하지 않는가? 르네상스시대가 고대철학을 되돌아봄으로써, 갈릴레이와 같이 사람은 철학의 가능성, 요컨대 세계에 관한 객관적 학문을 주도하는 객관적 인식(*Episteme*)의 가능성을 이미 확실하게 확신하지 않은가? 그리고 만약 자연에 응용된 순수수학이 참된 인식의 요청을 그 형태의 영역에서 완전히 충족시켰다는 사실이 곧바로 드러나면, 그때 갈릴레이에게는 동일한 방식으로 그것의 '**다른 모든 측면에 대해 구축해 규정할 수 있는 자연**'이라는 이념도 미리 지시되어야 하지 않은가?

그러나 이것은 접근하는 것과 구축적으로 규정하는 것에서 측정하는 방법이 직관할 수 있는 세계의 **모든** 실재적 속성과 실재적-인과적으로 서로 관련지어져 있다는 데 도달할 수 있고, 특수한 경험에서 실제로 경험할 수 있는 모든 것에 도달할 수 있다는 사실 이외에 달리 가능한가? 그러나 어떻게 이 보편적 예측을 충족시킬 수 있는가? 그리고 어떻게 이 예측은 구체적으로 자연을 인식하는 작업수행의 방법이 될 수 있는가?

여기에서 어려움은 다음과 같은 점에 있다. 즉 물체세계에 시간공간의 형태의 계기를 구체적으로 보충하는 질료적 충족들(materielle Fülle), 종적(種的) 감각성질들은 그 자신의 정도 차이에서 형태들 자체와 마찬가지로 곧바로 직접 그렇게 취급될 수 없다는 점이다. 그런데도 이러한 성질들, 즉 감각적으로 직관된 세계의 구체성을 형성하는 모든 것도 객관적 세계를 표명하는 것으로 간주해야 한다. 또는 오히려 타당하다고 간주해야 한다. 왜냐하면 동일한 하나의 세계, 즉 그 자체로 존재하는 현실에 관해 우리 모두를 구속하는 확신이 주관적 파악의 모든 변화에도 깨지지 않은 채 철저하게 펼쳐지기 때문이다(이러한 것이 새로운 물리학의 이념에 동기가 되는 사고방식이다). 요컨대 경험하는 직관의 모든 계기는 이 세계에 관한 어떤 사실을 표명해준다. 감각적 성질들과 같이 시간공간의 형식과 이것이 가능한 특수형태들의 순수수학에서 추상하는 계기들이 그 자체로는 직접 수학화되지 않지만, 그래도 간접적으로 수학화되면, 우리의 객관적 인식은 그 세계에 도달할 수 있다.

c) '질료적 충족'을 수학화할 수 있는가 하는 문제

여기에서 문제는 간접적으로 수학화하는 것은 무엇을 뜻하는가 하는 섬이다.

우선 물체의 종적 감각성질들의 측면에서 직접 수학화하는 것(또는 접근하는 모습의 구성과 유사하게)을 원리상 불가능하게 만드는 더 깊은 근거들을 고찰해보자.

또한 이 성질들은 정도의 차이로 나타나고 어떤 방식으로는 감각성질들에도 속하며, 차가움과 더움, 껄끄러움과 매끄러움, 밝음과 어둠 등의 '크기'를 '평가'하는 측정은 그 모든 정도의 차이에 속한다. 그러나 여기에는 결코 정밀한 측정이 없으며, 정밀성이나 측정하는 방법을 제고시킬 것이 전혀 없다. 오늘날 측정, 측정의 단위, 측정의 방법 또는 단적으로 크기를 말할 경우, 우리는 항상 이념성에 이미 관련된 정밀한 것을 일반적으로 뜻한다. 여기에서 매우 필요한 〔질료적〕 충족들을 추상적으로 분리하는 작업 역시 매우 어렵지만, 즉 보편적 형태의 세계를 오직 '종적 감각성질'이라는 명칭으로 존립하는 속성들의 '측면'에 따라 고찰하는 것이 매우 어렵지만, 위에서 논의한 정밀한 것을 일반적으로 뜻한다.

무엇이 '정밀성'을 형성하는가? 분명히 그것은 우리가 위에서 밝힌 것, 즉 정밀성을 제고하는 경험적 측정뿐이다. 그러나 이것은 이미 이념화하는 것과 구축하는 것으로 미리 객관화된 이념들의 세계 또는 그때그때 주어진 척도에 따를 특별한 이상적 형성물의 세계가 주도해 이루어진다. 그래서 이제 그 대조를 간단하고 명료하게 밝힐 수 있다. 우리는 세계에 대해 이중이 아니라 단 하나뿐인 보편적 형식을 가지며, 이중이 아니라 단 하나의 기하학을 가질 뿐이다. 즉 하나뿐인 형태들의 기하학을 가지며, 〔질료적〕충족의 또 다른 제2의 기하학을 갖고 있지는 않다.

따라서 경험적으로 직관할 수 있는 세계의 물체들은 이 세계에 아프리오리하게 속한 세계의 구조에 맞게 다음과 같은 성질이 부여된다. 그것은 각각의 물체가 실제로―추상적으로 말하면―그 자체의 연장성(Extension)을 갖지만, 이 모든 연장성은 세계의 총체적으로 무한한 하나의 연장성의 형태라는 점이다. 따라서 모든 물체의 보편적 배치, 즉 세계로서 이 세계는 모든 형식을 포괄하는 하나의 총체적 형식을 가지며, 이 총체적 형식은 분석된 방식으로 이념화될 수 있고 구축됨으로써 지배될 수 있다.

물론 모든 물체는 실제로 종적 감각성질을 갖는다는 사실도 세계의 배치에 속한다. 그러나 순수하게 이 감각성질에 기초가 된 질적 배치(Konfiguration)는 결코 시간공간의 형태들과 유사한 것은 아니며, 그 특유의 세계의 형식에 편입된 것도 아니다. 이러한 성질들의 극한형태는 이와 유사한 의미로 이념화될 수 있는 것도 아니고, 구축될 수 있는 세계, 즉 이미 이념성 속에 객관화된 세계에 상응하는 이념성들에 그것들의 측정('평가')을 관련지을 수도 없다. 그래서 '접근'이라는 개념에도 수학화될 수 있는 형태들의 영역에서와 같은 유비적 의미, 즉 '객관화하는 작업수행'(objektivierende Leistung)이라는 의미가 있는 것은 아니다.

그런데 이제 그 자체로서는 결코 수학화될 수 없는 세계의 형식을 갖는 세계의 측면들을 '간접적으로' 수학화하는 문제에 관해 말하면, 이 수학화는 다음과 같은 의미로만, 즉 직관된 물체들에서 경험될 수 있는 종적 감각성질들('충족들')이 본질적으로 속한 형태들과 아주 특별한 방식으로 규칙화되어 밀접히 관련된다는 의미로만 생각될 수 있다. 만약 '보편적 세계의 형식에 의해 이것이 갖는 보편적 인과성과 더불어 아프리오리하게 미리 규정된 것은 무엇인가'라 물으면, 따라서 직관된 세계가 이것이 끊임없이 변화하는 가운데도 유지되는 불변하는 보편적 존재의 양식을 심문하면, 한편으로는 모든 물체를 그 형태에 관해 포괄하는 것으로서 시간공간의 형식과 (이념화작용에 앞서) 아프리오리하게 ㄱ것에 속하는 것이 미리 규정된다. 더구나 그때그때의 실재적 물체들에서 사실적 형태들은 사실적 [질료적] 충족을 요구하고, 거꾸로 사실적 [질료적] 충족은 사실적 형태를 요구한다. 따라서 단지 추상적으로만 분리될 수 있는, 그러나 결코 실재적으로는 분리될 수 없는 구체적인 것의 계기들을 결합하는 이러한 보편적 인과성이 성립한다. 더 나아가 총체적으로 고찰해보면, 보편적-구체적 인과성이 성립한다.

직관적으로 주어진 세계는 무한히 개방된 지평 속의 세계로만 직관될 수 있으며, 따라서 특수한 인과성들의 무한한 다양체도 그 자체로 주어진 것이 아니라, 단지 지평에 따라 선취(先取)될 수 있을 뿐이라는 사실이 이 인과성에서 필연적으로 선취된다. 그러므로 우리는 결국 아프리오리하게 다음과 같은 점을 확신한다. 즉 물체세계의 형태가 지닌 측면은 모든 형태에 걸쳐 두루 펼쳐져 있는 [질료적] 충족의 측면들을 일반적으로 요구할 뿐 아니라, 형태의 계기에 관계하든 [질료적] 충족의 계기에 관계하든 모든 변화는—직접적이든 간접적이든 그러나 곧바로 그것이 있어야 하는—일정한 인과성에 따라 경과한다는 점을 확신한다. 이처럼 상술했듯이, 규정되지 않은 보편적으로 아프리오리하게 선취되는 것은 여기까지 이른다.

그러나 그것에 의해 [질료적] 충족의 성질들 변동 전체가, 변화되거나 변화되지 않거나, 세계의 이러한 추상적 측면 전체가 세계의 형태적 측면에서 인과적으로 일어남으로써 통일적으로 의존하는 방식으로 인과의 규칙에 따라 진행한다는 점을 주장하는 것은 아니다. 달리 말하면 직관된 물체들의 종적 성질에 관해 경험할 수 있는 모든 변화, 실제이거나 가능한 경험에서 생각될 수 있는 모든 변화는 형태의 추상적인 세계의 층(層)에서 일어난 사건에 인과적으로 의존할 것이라는 사실, 〔질료적〕 충족 전체에서 그때그때 일어난 변화 전체가 형태의 영역 속에 그것이 인과적으로 대응하는 상(Gegenbild)을 갖는다는 방식으로 종적 성질들의 변화가 이른바 형태의 영역 속에 그것의 대응하는 상을 갖는다는 사실이 아프리오리하게 통찰될 수는 없다.

이렇게 이론을 세우면, 이러한 사상은 곧바로 모험적인 것으로 보일 수도 있다. 이제 예로부터 익숙한 그리고 수천 년 이래 (비록 결코 완전하지는 않지만 넓은 영역에서) 수행된 시간공간의 형식을 이념화하는 것을 그것의 모든 형태와 더불어 고찰해보자. 그 속에는 우리가 알고 있듯이 단순히 측정하는 기술(技術)뿐만 아니라, 경험상 인과적으로 구축하는 기술(이 경우 모든 기술에서처럼 자명하게 연역적 추론도 함께 도움이 되었다)인 측정술을 이념화하는 것도 포함된다. 순수한 이념성들을 주제화하고 구축하는 이론적 태도는 순수기하학(그러나 여기에는 순수한 형태-수학 일반이 순수기하학에 포함된다)으로 이끌었고, 그 이후에는―쉽게 이해할 수 있게 전환되어―(우리가 기억하듯이) 응용기하학이 발생했다. 즉 이 응용기하학은 이념성들과 이들과 더불어 이념적으로 구축해 이끌린 실천적 측정술이며, 따라서 제한된 관련영역들에서는 구체적-인과적 물체들의 세계를 객관화하는 것이다.

이 모든 것을 상기하자마자 곧, 방금 위에서 제안된 사상, 즉 처음에는 거의 기이하게 여겼던 사상도 그 의아한 느낌이 사라지고 우리에게는―이전에 받은 학문적 학교교육에 의해―단적으로 **자명한**

성격을 띠게 된다. 우리가 학문 이전의 삶에서 사물 자체에 속한 색깔, 소리, 따뜻함 그리고 무게로 경험하고 주변의 물체를 따뜻하게 만드는 물체의 복사에너지로서 인과적으로 경험하는 것 등은 당연히 '물리적인 것', 즉 소리의 진동, 따뜻함의 진동 그리고 형태들의 세계에서 일어나는 순수한 사건들을 나타낸다. 따라서 이 보편적 표시(Indikation)는 오늘날 의심할 여지 없이 자명한 것으로 취급된다.

그러나 **길릴레이로** 되돌아가 보면, 하여튼 물리학을 비로소 가능하게 만든 착상의 창시자인 그에게는 그의 업적으로 비로소 자명하게 된 것이 그대로 자명한 것일 수는 없었다. 그에게 자명한 것이었던 것은 단지 순수수학과 이 수학을 적용할 예로부터 수행되었던 방식(Art)뿐이었다.

이제 갈릴레이의 사상에서 그 동기를 '그것이 어떻게 물리학의 새로운 이념에 대한 기초를 사실적으로 세웠는가'에 따라 순수하게 준수하면, 그 당시 상황에서 그의 근본적 사상 속에 놓여 있던 **의아한 점**들을 명백히 밝혀야 하고, 따라서 '어떻게 그가 이러한 사상으로 이끌어갈 수 있었는가'를 심문해야 한다. 그 사상이란 종적 감각성질들에서 실재적으로 알려진 모든 것은 항상 자명하게 이미 이념화된 것으로 생각된 형태들의 영역에서 일어난 사건들에서 그 수학적 **지표**(Index)를 가져야 한다는 것과 이것을 간접적으로 수학화하는 가능성도 그 완전한 의미로 나타난다는 것, 요컨대 그것보다 (비록 간접적이고 특별히 귀납적 방법이지만) 〔질료적〕 충족의 측면들에서 일어난 **모든 사건이 주어진 것을 통해**(*ex datis*) 구축하고, 따라서 객관적으로 규정할 수 있다는 것이다. 인간성이 **지배하는** 구체적인 우주인 무한한 자연 전체 — 이것이 의아한 착상 속에 놓여 있었다 — 는 독특한 응용수학〔의 대상〕이 되었다.

그러나 먼저 '이미 오래된 제한된 방식으로 수학화된, 앞서 미리 주어진 세계에서 무엇이 갈릴레이의 근본 사상을 고무할 수 있었는 가' 하는 물음에 답변해보자.

d) 갈릴레이가 자연을 구상한 동기부여

학문 이전의 경험 전체 안에서 다양하지만 서로 연관이 없는 경험들에서 일정한 감각성질들을 간접적으로 양화(量化)할 수 있는 것과 따라서 크기가 측정의 단위를 통해 그것들을 특징지을 수 있는 일정한 가능성을 제시했던 실마리들은, 물론 매우 부족하더라도, 이제 여기에 제공되었다.

이미 고대의 피타고라스학파[13]도 소리의 높이가 진동하는 현(絃)의 길이에 기능상 의존한다는 관찰에 고무되었다. 물론 이와 유사한 그 밖의 많은 인과관계도 매우 잘 알려졌다. 근본적으로는 친숙한 환경세계에서 구체적-직관적으로 일어난 모든 사건이 경과하는데 〔질료적〕 충족의 사건들이 형태들의 영역에서 일어난 사건들에 의거하는 것을 쉽게 알 수 있다. 그러나 일반적으로 인과적 종속성들의 연계를 분석하면서 목표로 삼는 태도를 취할 만한 동기는 없었다. 규정되지 않은 모호한 상태에서 인과적 종속성들의 연계는 전혀 관심을 일으킬 수 없었다.

하지만 그 종속성들의 연계가 그것들을 규정할 수 있는 귀납추리

---

13) Pythagoras(기원전 570~496)는 만물의 근원은 수(數), 즉 규정되지 않은 무한정자(apeiron)에 형상을 부여하는 자(peras)이며, 우주는 그 구성요소들이 일정한 비율로 질서를 이룬 조화로운 유기체 전체(Kosmos)라고 주장해 존재의 원리를 질료가 아닌 형상에서 찾았다. 그는 오르페우스(Orpheus) 종교의 영향을 받아 '육체는 영혼의 무덤'이라 주장하고, 영혼이 윤회에서 벗어나기 위한 정화(katharsis) ― 철학, 수학, 음악, 체육, 금욕 ― 를 강조했다. 정치적 이유 때문에 강제로 해산당한 이 학파는 기원전 5세기 중엽 부흥되었는데, 엄격한 금욕생활을 강조하는 종교적 흐름(Pythagorists)과 철학 · 음악 · 수학 · 천문학 · 의학 등 과학적 흐름(Pythagoreans)으로 발전했다.

(Induktion)를 적용시키는 규정성(Bestimmtheit)이라는 성격을 받아들이는 경우 사정은 다르다. 그래서 이것은 다시 〔질료적〕 충족을 측정하는 것으로 소급시킨다. 형태의 측면에서 명백히 함께 변화되는 모든 것이 고대에서부터 형성된 측정하는 방법으로 측정할 수 있는 것은 이미 아니다. 게다가 이러한 경험들에서, 특수한 성질의 모든 사건이 정확하게 상응하는 형태들의 배치와 사건을 지표로 지시하는 보편적 이념과 가설로 가는 길은 아직도 요원했다.

그러나 곳곳에서 매우 대담하게 일반화하는 경향을 띠고 이에 상응하는 극단적 가설들도 즉시 민감하게 받아들이는 대중을 발견했던 르네상스시대의 사람들에게는 그 길이 그다지 멀지 않았다. 진정한 객관적 인식의 영역인 수학(그리고 수학이 주도하는 기술), 이것이야말로 갈릴레이에게 그리고 심지어 그 이전에도 근대의 인간을 이끈 철학적 세계에 대한 인식과 합리적 실천에 대한 관심의 초점이었다. 기하학, 즉 형태수학이 그 이념성과 아프리오리 속에 포괄하는 모든 것을 측정하는 방법은 반드시 존재한다. 그리고 만약 그 개별적 경험들을 추구하고, 이것들에 응용기하학을 적용할 수 있다고 가정하는 모든 것을 실제로 측정하고, 따라서 그것들에 상응하는 측정하는 방법을 형성하면, 구체적인 세계 전체는 반드시 수학화할 수 있는 객관적인 것으로 증명된다. 만약 이것을 수행하면, 종적 성질들의 측면은 반드시 간접적으로 함께 수학화된다.

순수수학을 보편적으로 적용할 수 있다고 갈릴레이가 당연한 사실로 간주한 것을 해석하는 데 다음과 같은 점을 주목해야 한다. 즉 순수수학이 직관적으로 그것이 추상화하는 것(Abstraktion)을 포기해야 하지만, 순수수학은 여전히 형태들(공간형태 · 지속 · 운동 · 변형)이 이념화된 것에서는 형태들에 속한 감각적 〔질료적〕 충족을 함께 이념화하는 작업을 한다. 현실적으로 직관할 수 있는 모든 능력을 넘어서는 감각적으로 나타남들을 이념화함으로써 토대로 구축된 외연 또는 내포의 무한함, 즉 무한하게 분할하고 구분할 수 있는 것 그리고 수학적 연속체(Kontinuum)에 속하는 모든 것은 그 자체로 함께 토대로 구축된 [질료적] 충족의 성질들에 대해서도 무한함의 토대로 구축되는 것을 뜻한다. 그래서 구체적 물체의 세계 전체는 단지 형태들의 무한함뿐만 아니라, [질료적] 충족의 무한함도 지닌다. 그러나 그것에 의해 본래 갈릴레이가 물리학을 구상한 '간접적으로 수학화할 수 있다는 것'이 아직 주어지지 않았다는 점도 더욱 새롭게 주목되어야 한다.

이제까지 도달한 것은 우선 다음과 같은 일반적 사상, 정확하게 말하면, 일반적 가설만 얻을 수 있다. 즉 직관적으로 주어진 세계에서는 보편적 귀납성(Induktivität)이 모든 일상적 경험에서 알려지지만, 그 무한함에서는 은폐된 것을 지배할 것이라는 점이다.

물론 갈릴레이가 그 보편적 귀납성을 가설로 이해한 것은 아니다. 그 자신에게 물리학은 그때까지의 순수수학이나 응용수학과 마찬가지로 거의 확실한 것이었다. 그 물리학은 곧바로 자신의 가설을 실현할 방법적 절차도 갈릴레이에게 미리 지시했다(이것의 실현은 우리의 시각에는 필연적으로 '가설의 검증'이라는 의미를 지니는데, 이전에는 접근할 수 없었던 구체적 세계의 사실적 구조에 관해서는 결코 자명한 가설이 아니다).

따라서 그에게는 우선 다음과 같은 사실이 주요한 문제가 된다. 즉 순수 수학의 이념성 속에 이념적 가능성으로서 미리 지시된 측정하는 모든 방법을, 따라서 예를 들면 속도나 가속도를 측정하기 위한 방법을 그때까지 사실적으로 완성된 것을 초월해 실제로 완성하기 위해 더 넓은 범위까지 이르는, 그리고 더욱더 완전하게 될 방법을 획득하는 것이었다. 그러나 형태들 자체의 순수수학도 구축적으로 수

량화(數量化)하는 것이라는 점에서 더 풍부하게 완성되어야―이 과정은 그 이후 해석기하학이 이끌었다―했다. 이제야 보편적 인과성(Kausalität)을, 또는 우리가 가설 속에 전제된 경험세계의 독특한 보편적 귀납성이라고 주장할 수 있는 것을 그러한 보조수단을 통해 체계적으로 파악되어야 했다.

또한 갈릴레이의 가설 속에 놓여 있던 새로운 종류의 구체적인, 따라서 세계의 이중적 측면에서 **이념화**하는 것과 더불어 **보편적인 정밀한 인과성**이라는 자명함도 주어져 있다는 점을 주목해야 한다. 이 보편적인 정밀한 인과성은 물론 개별적인 인과성을 증명함으로써 귀납에 의해 최초로 획득될 수 있는 것은 아니고, 특수한 인과성들의 모든 귀납에 앞서고 이것들을 이끄는 것이다. 이것은 삶의 환경세계(Lebensumwelt) 속에 경험할 수 있는 특별한 개인적 인과성들에 대립해 구체적으로 직관할 수 있는 세계의 형식 자체를 형성하는 구체적이고 보편적으로 직관할 수 있는 인과성에 대해서도 실제로 타당한 것과 마찬가지이다.

보편적으로 **이념화된** 이 인과성은 이념화된 무한함에서 모든 사실적 형태와 〔질료적〕 충족을 포괄한다. 형태의 영역에서 수행되어야 할 측정들이 실제로 객관적 규정을 성취해야 하면, 〔질료적〕 충족의 측면에서 일어난 사건들도 분명히 방법적으로 문제시되어야 한다. 완전히 구체적인 그때그때의 사물들이나 사건들 또는 사실적 〔질료적〕 충족들이나 형태들이 인과성에서 존재하는 방식들은 방법에 포함되어야 한다. 실재로 주어진 형태의 〔질료적〕 충족들에 수학을 적용하는 것은 구체화되는 것으로 우선 규정되어야 할 인과적 전제들을 이미 형성한다.

'이 경우 이제 현실적으로 어떻게 수행해야 하는가?', '직관적으로 주어진 세계 안에서 철저하게 수행되어야 할 연구가 방법적으로 어떻게 규제되어야 하는가?' 즉 '가설적으로 이념화하는 것이 아직 알려지지 않은 무한함을 포함하는 세계에서 사실적으로 파악될 수 있는 물체에 주어진 것들이 어떻게 〔형태와 질료적 충족〕 양쪽 측면에 그 인과적 정당성이 주어지는가?' 그리고 '이것들에서 어떻게 은폐된 무한함이 측정하는 방법에 따라 점차 밝혀질 수 있는가?', '이 경우 형태들의 영역에서 고양되어야 할 접근으로 이념화된 물체들의 질적인 〔질료적〕 충족에 대한 항상 더 완전한 지표들이 어떻게 명백히 나타나는가?', '구체적인 것으로서 이러한 물체들 자체가 이념적으로 가능한 그 모든 사건에 따라 어떻게 접근함으로써 규정될 수 있는가?'

이 모든 문제는 발견하는 작업 중이던 물리학의 관심사항이었다. 즉 그 문제는 정열적으로 연구해 실천하는(Forschungspraxis) 관심사항이었지, 가령 원리상 가능한 것들, 즉 보편적인 것을 규정할 수 있어야 한다는 수학적으로 객관화하는 작업의 본질적 전제들을 그것에 선행해 체계적으로 고찰하는 관심사항은 아니었다.

발견(Entdeckung), 그것은 본능(Instinkt)과 방법(Methode)의 혼합물(Mischung)이다. 물론 사람들은 그 혼합물이 엄밀한 의미에서의 철학, 즉 학문인지, 그 혼합물은 궁극적 의미에서 그리고 우리에게 세계에 대한 이해와 자기 자신에 대한 이해를 도와줄 수 있다는 유일한 의미에서 세계에 대한 인식일 수 있는지를 묻지 않을 수 없다. 발견자로서 갈릴레이는 자신의 이념을 실현하고자, 일반적 경험에 가장 밀접하게 놓여 있는 주어져 있는 것들에서 측정하는 방법을 곧바로 완성하려 했다. 그리고 현실의 경험은 (물론 철저하게 해명된 방법론으로서는 아니지만) 그의 가설에 의한 예상이 그때그때 요구한 것을 증명했다. 왜냐하면 그는 수학적으로 표명될 수 있는 인과적 연관을 공식들로 실제로 발견했기 때문이다.

물론 직관된 경험에 주어진 것들을 실제로 측정하는 행위에서 획득되는 것은 단지 경험적이고 정밀하지 않은 양(量)들과 이것을 나타내는 수량에 불과하다. 그러나 측정술은 그 자체로 동시에 측정의 **정밀도**를 고양해 완전하게 만드는 방향으로 더욱더 추진시키는 기술이다. 하지만 측정술은 어떤 것을 완성하는 완결된 방법으로서의 기술이 아니라, 그것은 **동시에** 언제나 새로운 기술의 수단(예를 들면, 도구적 기술의 수단)을 발견함으로써 자신의 **방법을** 항상 다시 개선하려는 방법이다. 그러나 순수수학을 이것이 적용되는 영역인 세계에 관련지음으로써 '항상 다시'(Immer wieder)라는 것이 '무한으로' (in infinitum)라는 수학적 의미를 획득하고, 그래서 모든 측정이 결코 도달할 수는 없지만, 이념적으로는 동일한 극(極), 즉 수학적 이념성들 또는 이것들에 속하는 수(數)의 형상(形像)들이 지닌 일정한 극(Pol)으로 접근하는 것이라는 의미를 획득한다.

　그 방법 전체는, 그때그때 개별적이고 사실적인 것들을 항상 취급하더라도, 처음부터 **보편적 의미**를 지닌다. 예를 들면 사람들은 처음부터 바로 그 물체의 자유로운 경우에 주목하는 것이 아니라, 개별적인 사실적 유형 전체 속에 있는 **범례**(Exempel)이다. 이 범례에는 경험적으로 친숙하게 된 불변자(Invarianz)가 미리 함께 포함되어 있다. 그리고 이것은 갈릴레이가 이념화하고 수학화하는 태도로 당연히 이행된다. 이렇게 실제 직관적으로 주어진 세계의 방법인 객관화하는 것(Objektivierung)으로 행해지는 세계를 간접적으로 수학화하는 것은 일반적인 수의 공식들을 초래했다.

　이 수의 공식들은 일단 얻어지면, 다른 것에도 적용될 수 있는 방식으로 그것들에 포섭될 수 있는 개별적 경우들이 사실적으로 객관화되는 데 이바지할 수 있다. 공식들은 일반적인 인과적 연관, 즉 **자연법칙**, 수의 **함수적** 종속관계라는 형식으로 실재적 종속관계들의 법칙을 명백히 표현한다. 따라서 이 공식들의 본래 의미는 수들 사이의 순수한 연관(마치 순수한 산술의 의미에서 이것들이 공식인 것처럼)에 있지 않다. 오히려 이미 파악했듯이 극도로 복잡한 의미의 내용을 지닌 보편적 물리학이라는 갈릴레이의 이념이 학문적 인간성에 부과된 과제로 제시한 것 그리고 특별한 방법과 이 방법으로 각인된 수학적 공식과 이론을 완성하는 과정으로서 그 이념을 실현하는 과정이 성과를 거두는 물리학에서 밝혀지는 데 그 본래의 의미가 있다.

e) 자연과학의 근본적 가설을 검증하는 성격

앞에서 논의한 우리의 의견—이것은 물론 갈릴레이의 동기부여와 이 동기부여에서 발생하는 물리학의 이념과 과제를 단순히 해명하는 문제를 넘어선다—에 따르면, 갈릴레이의 이념은 하나의 가설이며, 더구나 극도로 주목할 만한 가설이다. 수백 년간 실제로 이것을 검증한 자연과학도 그에 필적하는 주목할 만한 검증이다. 그것이 주목할 만한 이유는 가설은 검증되는데도 여전히 그리고 언제나 가설로 남기 때문이다.[14] 〔가설을〕 검증(가설에 대해 생각할 수 있는 유일한 검증)하는 것은 검증하는 무한한 경과이다. 무한히 가설이려 하며 무한히 검증되어야 하는 것이 자연과학의 고유한 본질이며, 아프리오리한 자연과학이 존재하는 방식이다.

이 경우 검증은 모든 실제의 삶에서처럼 단지 오류의 가능성에 떠맡겨진 채 그때그때 시정할 필요가 없다. 여기에는 자연과학이 발전

---

14) 플라톤도 과학의 가설적 성격을 지적한다(*Politeia*, 제7권, 533 b~c 참조). 즉 존재하는 것(to on)의 한 측면만 파악하는 기하학은 이에 상응하는 가설을 설명하지 않기 때문에, 꿈을 꾸고 있을 뿐이지 스스로 깨어 있는 상태가 아니다. 따라서 가설에서 시작해 결론과 중간항을 엮는 일치(homologia)는 참된 인식에 이르지 못한다.

하는 각 단계에서 오류가 이미 배제된 것으로 간주되는 완전히 올바른 방법론과 이론이 있다. 정밀한 자연과학의 이상(理想)인 뉴턴은 "우리는 가설을 만들지 않는다"(*hypotheses non fingo*)고 주장했고, 이 주장에는 그가 잘못 계산하지 않으며 방법적으로 실수를 범하지 않는다는 점도 포함된다. '정밀성', 즉 이념성을 표현하는 모든 개별적인 것, 요컨대 모든 개념·명제·방법뿐 아니라 정밀한 과학의 총체적 이념에서도, 그리고 순수수학의 이념뿐 아니라 물리학의 총체적 이념에서도 기하학을 역사적 세계에 비로소 도입한 독특한 귀납성의 끊임없는 형식인 '무한히'(*in infinitum*)라는 사실이 부착되어 있다. 올바른 이론과 '그때그때 시대의 자연과학'이라는 명칭으로 총괄되는 개별적 이론이 무한히 진행되면서 모든 점에서 가설들 그리고 검증되는 가설들이 진행된다.

이러한 진행에는 [점차] 고양되는 완전하게 하는 것이 있다. 자연과학 전체를 총괄해 보면 자연과학 전체는 점점 더 본래의 자기 자신으로, 즉 자신의 궁극적으로 참된 존재에 이르고, 그것은 참된 자연의 본질에 대한 더 나은 생각을 부여한다.

그러나 참된 자연은 가령 순수한 직선의 경우와 마찬가지로 무한한 것 속에 놓여 있지 않고, 무한히 멀리 떨어진 극(極)으로서 이론들의 무한함이며, 검증으로서만 생각될 수 있다. 따라서 '접근한다'는 무한한 역사적 과정과 관련되어 있다.

이 문제는 말할 것도 없이 철학적으로 사유하는 데 좋은 주제가 될 것이다. 하지만 이것은 여기서는 아직 파악될 수 없고 우리가 이제 우선 취급해야 할 문제의 범위에는 속하지 않는 문제를 지시한다. 그러므로 실제 우리의 관심사는 근대철학을 갈릴레이식의 형태로 근원적으로 규정했던 물리학의 이념과 과제에 관해 완전히 명료하게 이해하고, 더욱 그것이 갈릴레이 자신의 동기부여에서 어떻게 나타났는가를, 또한 전통적 자명함에서 그의 동기부여 속에 유입된 것과 이것으로 인해 해명되지 않은 의미의 전제가 남아 있는 것뿐만 아니라 그 이후에 본래의 의미를 변화시키면서 추정적 자명함으로 첨부된 것을 완전히 명료하게 이해하는 것이다.

이 점에 관해 갈릴레이의 물리학이 전개한 것과 이 방법을 완성하는 최초의 실마리를 더 구체적으로 깊이 파고들어 갈 필요는 없다.

f) 자연과학의 '공식'이 지닌 의미의 문제

그러나 여기에서 다음의 사실은 우리가 해명하는 데 여전히 중요하다. 직접 경험하는 직관의 영역과 학문 이전의 생활세계를 경험적으로 인식할 수 있는 영역을 초월해 일정한 예견(Voraussicht)을 즉시 체계적으로 질서를 세울 수 있게 만드는 **결정적 작업수행**은 규정되지 않은 보편성에서 미리 가설적으로 토대가 구축된, 하지만 그들의 규정성에서 비로소 제시될 수 있는 수학적 이념성들을 실제로 정렬하는 것이다.

이 수학적 이념성들을 실제로 정렬하는 것을 그 근본적 의미에 따라 여전히 더 생생하게 깨달으면, 함수로 나열된 수량들로 (요컨대 공식들로) 나타낸 (이제부터 '접근하는 것'으로 간주한) 직관들이 점진적으로 고양되는 계열을 파악하기 위해, 또는 이 직관들의 점진적 계열을 기호(記號)에 따라 생생하게 현전화하기 위해, 이러한 의미에 단순히 주제의 초점을 향하는 것으로 충분하다. 이것은 함수의 형식으로 표현되어 나열된 관계 자체에도 마찬가지이며, 사람들은 그것에 따라 실천적 생활세계에서 기대할 수 있는 경험적 법칙성을 작성할 수 있다. 즉 일단 공식들을 얻으면, 그것으로써 사람들은 구체적인 실제의 삶—이 속에서 수학적인 것은 단지 특수한 실천의 형식이다—에 직관적으로 주어진 세계에서 경험적 확실성을 통해 기대하는 것을 실천으로 얻으려 했던 예견을 미리 지닌다. 따라서 목표가 달성된 공식들로 수학화하는 것(Mathematisierung)은 〔실천적〕 삶에 결정적인 작업수행이다.

이러한 고찰에서 다음과 같은 사실, 즉 자연과학자의 열정적 관심은 방법을 처음 구상하고 실행함으로써 위에서 상술한 전체 작업수행에서 결정적인 근본적 요점에, 따라서 공식들에 집중했으며, '자연과학적 방법', 즉 '잠된 자연을 인식하는 방법'이라는 명칭으로 공식을 획득하고 이것을 모든 사람에게 논리적 필연성으로 정초할 수 있는 기술적 방법에 집중했다는 사실이 이해된다. 게다가 이러한 공식과 그 의미 속에 자연 자체의 참된 존재를 파악하게 잘못된 길로 이끌었던 사실도 이해된다.

그런데 이제 이 '공식의 의미'는 자연을 인식하는 방법을 기술로 완성하고 수행해나감으로써 불가피하게 나타나는 의미가 외면화되는 것을 더 상세하게 설명해야 한다. 측정함에서 측정치가 생기며, 측정된 양들의 함수적 종속관계에 대한 일반적 명제에서 일정한 수 대신 〔보편자로서의〕 수 일반이 생기고, 게다가 함수적 종속관계의 법칙을 표현하는 일반적 명제로 표현된다.

이제 여기에서 비에타[15] 이래 근대, 따라서 갈릴레이 이전에 이미 확장된 대수학의 표기법과 사유방식이 어떤 방향에서는 축복으로, 다른 방향에서는 불행하게 이루어진 막대한 성과가 고려되어야 한다. 우선 이것은 고대의 원초적 형식으로 전승된 산술적 사유의 가능성이 엄청나게 확장되는 것을 뜻한다. 오늘날 산술적 사유는 직관된 모든 현실성에서 완전히 떨어져 나가 수 일반, 수들의 관계, 수들의 법

---

15) F. Vieta(1540~1603)는 프랑스의 수학자로 문자기호를 이용해 대수학을 확립하고, 2차, 3차, 4차 방정식의 새로운 해법, 방정식의 근(根)과 계수(係數)의 관계, π의 무한적(無限積) 및 삼각법에 관한 독창적 연구들을 남겼다.

칙에 관해 자유롭고도 체계적인 아프리오리한 사유가 되었다. 이 사유는 곧바로 매우 확장되어 기하학과 시간공간의 형태들의 순수수학 전체에 적용되었고, 이 시간공간의 형태들은 이제 전적으로 방법적 의도에서 대수학적으로 형식화되었다. 그래서 기하학을 산술화하는 것(Arithmetisierung der Geometrie)이 나타나고, 순수형태(이념적 직선·원·삼각형·운동·위치관계 등)의 영역 전체를 산술화하는 것이 전개된다. 이 형태들은 이념적으로 정확하게 측정할 수 있는 것으로 생각된다. 왜냐하면 그 자체로 이념적으로 측정하는 단위에 시간공간의 양이라는 의미가 있다는 것에 불과하기 때문이다.

이렇게 기하학을 산술화하는 것은 거의 자동으로 일정한 방식으로는 그 의미를 공동화(空洞化)하는 것으로 이끈다. 현실적 시간공간의 이념성은 '순수직관'이라는 일상적 명칭으로 그것들이 기하학적 사유에서 본래 제시되듯이 이른바 순수한 수의 형태들로, 대수학의 형상들로 변화된다. 대수학의 계산에서 자동으로 기하학적 의미를 뒷전으로 밀어내며, 더구나 완전히 탈락시킨다. 수들이 양을 의미해야 한다는 결론을 비로소 기억해내면서 계산한다. 물론 일상적 수의 계산에서처럼 기계적으로 계산하지는 않는다. 그래서 생각하고 고안하며 때에 따라서는 위대한 발견을 이룩한다.

그러나 사람들은 미처 깨닫지 못한 채 전위된 상징적 의미로서 발견을 이룩한다. 그래서 그 이후 완전히 의식된 방법적으로 전이(轉移)하는 것—예를 들어 기하학에서 정당하게 독자적 학문으로 취급되는 순수해석학으로 방법적으로 이행하는 것과 이 해석학에서 달성된 결과를 기하학에 적용하는 것—이 생긴다. 이러한 점을 여전히 간략하지만 더 상세하게 파고들어 가야 한다.

이론적 실천(theoretische Praxis)에서 본능적이며 반성 없이 수행되는 방법들이 이렇게 변화하는 과정은 이미 갈릴레이시대에 시작되었고, 끊임없이 계속 발전하는 운동에서 산술화하는 것의 최고단계로, 동시에 그것을 고양하는 것, 즉 완전히 보편적으로 형식화하는 것으로 이끈다. 이것은 바로 대수학의 '수'이론과 '양'이론이 계속 발전되고 확장됨으로써 보편적이고 동시에 순수한 형식적 '해석학', '다양체의 이론', '논리계산'〔기호논리〕으로 발생한다. 이러한 말들은 때에 따라 더 좁거나 더 넓은 의미로 이해될 수 있지만, 사실적으로 그리고 수학적 연구에서 실천적으로 이해될 수 있는 통일적 수학의 분야가 무엇인지에 대해서는 유감스럽게도 이제까지 명확한 표기법이 없었다.

물론 라이프니츠는 그의 시대를 훨씬 앞질러 최고형식의 대수학적 사유, 즉 그가 명명했던 '보편수학'(*mathesis universalis*)의 보편적이며 그 자체로 완결된 이념을 누구보다 먼저 통찰했고, 이것을 미래의 과제로 인식했다. 반면 이 이념은 비로소 우리 시대에 적어도 체계적으로 완성되는 데 접근되었다. 그것의 완전한 전체 의미에 따라 그 학문은 모든 측면에서 수행된 (또는 그 본질에 고유한 총체성에서 무한히 수행되어야 할) 형식논리학, 순수사유와 더구나 공허한 형식적 보편성에서 구축할 수 있는 '어떤 것 일반'이라는 의미의 형태에 관한 학문 그리고 이것에 근거해 구축한 것들의 무모순성(無矛盾性)이라는 형식적 근본 법칙들에 따라 그 자체로 아무 모순 없이 체계적으로 구축할 수 있는 '다양체'(Mannigfaltigkeit)에 관한 학문일 뿐이다. 즉 그것은 최상으로는 그렇게 생각할 수 있는 다양체 일반의 우주(Universum)에 관한 학문이다. 따라서 다양체는 단지 공허한 형식적 보편성에서 어떤 대상, 더구나 어떤 것 일반의 일정한 양상들로 정의된 대상으로 생각된 대상들 일반에 관한 그 자체로 공존할 수 있는 전체성(kompossible Allheit)이다.

이러한 전체성 가운데 이른바 '결정된'(definit) 다양체는 특이하다.

완전한 공리의 체계에 의해 그것을 정의하는 것은 그 속에 포함된 형식적 기체(基體)인 대상들에게 모든 연역적 규정으로 독특한 총체성을 부여하고, 이 총체성과 더불어 우리가 말할 수 있듯이 '세계 일반'이라는 형식-논리적 이념이 구축된다. 특수한 의미에서 '다양체 이론'은 결정된 다양체들에 관한 보편적 학문이다.[16)][17)]

g) '기술화하는 것'(Technisierung)에서 수학적 자연과학의 의미가 공동화(空洞化)됨

그 자체로도 형식적이지만 제한된 대수학의 산술을 이렇게 극단적으로 확장하는 일은 그것의 아프리오리한 성격으로 모든 구체적인 사실적 순수수학, 즉 순수직관의 수학에 즉시 적용되고, 그래서 수학화된 자연에 적용할 수 있다. 그러나 이것은 그 자체에도 적용되고, 그에 앞선 대수학의 산술에도 적용되며, 더 확장되어 그것에 고유한 형식적 다양체들에도 적용된다. 따라서 대수학의 산술은 이러한 방식으로 자기 자신으로 되돌아간다.

이와 동시에 대수학의 산술은 곧 산술과 같이 자신의 방법학을 기술적으로 형성하면서 대수학의 산술이 곧바로 자동으로 하나의 기술(Kunst)로 변화된다. 즉 그것은 기술적 규칙들에 따른 계산의 기법으로 성과를 획득하는 단순한 기술이 되는데, 그 성과에 의한 실제 진리의 의미(Wahrheitssinn)는 주제들 자체에서 또한 실제 수행된 사실적-통찰적 사유에 의해서만 획득될 수 있다. 그러나 그 사유방식

---

16) '결정된 다양체' 개념에 관해 더 상세한 것은 『이념들』 제1권, 135쪽 이하를 참조. 또한 '보편수학'의 이념에 관해서는 『논리연구』 제1권(1900년, 1913년 개정 2판) 그리고 무엇보다 『형식논리학과 선험논리학』(1930년)을 참조할 것 — 후설의 주.

17) 실제로 『형식논리학과 선험논리학』은 1930년이 아니라, 1929년에 발간되었다.

과 명증성은 오직 기술 그 자체에 필수불가결한 작용(Aktion)에만 있다. 사람들은 문자들이나 결합부호(+, ×, = 등과 같은)와 관계부호로 조작하고, 사실상 본질적으로 카드놀이나 장기놀이와 같은 방식으로, 즉 그들을 함께 질서 세우는 놀이규칙들(Spielregeln)에 따라 조작한다.

이러한 기술적 조작처리에 고유한 의미를 부여하고 합법칙적 성과들에 신뢰를 부여하는 (가령 그것 역시 형식적 보편수학에 고유한 '형식적 진리'라도) 근원적 사유는 여기에서 배제된다. 따라서 이러한 방식으로 앞에서 서술한 대수학의 '수'이론과 '양'이론에서처럼, 더구나 기술로 획득한 그 밖의 모든 적용에서처럼 형식적 '다양체'의 이론 자체에서도 본래의 학문적 의미로 되돌아가지 않으며, 근원적 사유도 배제된다. 그래서 이것들 가운데는 기하학, 즉 시간공간의 형태들을 순수수학에 적용하는 데서도 상술한 것이 포함된다.

사실적 수학에서 이것을 형식상 논리화하는 것(Logifizierung)으로 진행시키고 확장된 형식논리학을 순수해석학 또는 다양체이론으로 독립시키는 것은 그 자체로 철저하게 정당하며, 더구나 필연적이다. 그리고 기술화하는 것이 단지 기술적 사유에 일시적으로 완전히 몰두하는 것도 마찬가지로 정당하고 필연적이다. 그러나 이 모든 것은 완전히 자각된 방식으로 이해되고 수행된 방법일 수 있으며, 그러한 방법임이 틀림없다. 하지만 이와 함께 위험한 의미의 전이(轉移)를 피할 수 있게 배려하는 경우에만 가능하다. 게다가 이 방법에서 세계를 인식하는 작업이 의미를 지니게 되는 방법에 근원적 의미를 부여하는 것은 항상 실제로 마음대로 처리할 수 있는 경우에만 가능하다. 심지어 그것은 새로운 이념과 방법을 처음으로 고안하면서 이미 막연한 요소들을 그 의미에 유입시켰던 의심의 여지 없이 자명한 것으로 받아들인 모든 전통에서 더욱더 해방되어야 한다.

물론, 우리가 상세히 논의했듯이, 발견 중이었던 자연탐구자의 주된 관심은 획득된 또는 앞으로 획득되어야 할 공식들에 관한 것이다. 물리학이 환경세계에 직관적으로 주어진 자연을 실제로 수학화하면 할수록, 수학적-자연과학적 명제들을 실제로 마음대로 처리하면 할수록, 동시에 그것에 자격이 부여된 도구, 즉 **보편수학**이 실제로 더 완성되면 될수록, 수량화된 자연의 새로운 사실들에 대한 물리학의 가능한 연역적 추론들의 영역과 함께 그에 상응해 수행되어야 할 검증이 지시하는 영역도 그만큼 더 커진다. 이러한 것들은 그 자체로 직관적으로 주어진 환경세계와 그 속에서 수행되어야 할 실험과 측정에서 출발해 이념적 극(極)으로 고양되어야 할 연구 전체와 마찬가지로 **실험물리학자**들에 부과된 임무이다.

이에 반해 수학적 물리학자들은 산술화된 시간-공간-영역 또는 그것에 의해 형식화하는 **보편수학** 속에 하나로 고정되어 그들에게 부여된 수학적-물리학적 공식들을 형식적 수학의 특별한 순수형상(形像)들과 마찬가지로 취급한다. 그리고 당연히 이 특별한 순수형상들은 **사실적 자연의 함수법칙들**[의 요소들]로 그 속에 나타나는 상수(常數)들을 불변항(不變項)으로 유지한다. 수학적 물리학자들은 이미 증명되었거나 가설로 연구 중인 **자연법칙** 전체를 함께 고려하면서, 이것들을 마음대로 처리할 수 있는 수학의 이러한 형식적 법칙들 전체의 체계를 토대로 논리적 결론을 이끌어내는데, 이 결론의 성과는 실험자들이 받아들이지 않을 수 없는 것이다.

그러나 수학적 물리학자들은 그때그때 타당한 것으로 받아들인 가설들의 전체와 당연히 서로 조화됨이 틀림없는 새로운 가설을 그때그때 마음대로 처리할 수 있는 논리적 가능성을 형성한다. 그래서 그들은 관찰과 실험에 의해 경험적으로 확립되어야 할 인과규칙들을 그것에 속하는 이념적 극들, 즉 정밀한 법칙들을 목표로 해석하는 가설의 가능성으로서, 이제부터는 오직 그것만을 허용하는 가설의 형식을 준비하게 배려한다. 하지만 실험물리학자들 역시 그들의 연구에서는 항상 이념적 극, 즉 수의 크기와 보편적 공식을 목표로 삼는다. 따라서 이 이념적 극이야말로 모든 자연과학적 탐구에서 관심의 중심에 놓인다. 새로운 물리학뿐만 아니라 고대물리학이 이룩한 모든 발견은 이른바 자연에 배치된 공식들의 세계 속에 이루어진 것이다.

이러한 세계의 공식들의 의미는 이념성(Idealität) 속에 놓여 있다. 반면 이것들을 목표로 한 매우 고달픈 작업수행 전체는 목표를 향한 단순한 길(Weg)이라는 성격을 띤다. 그리고 이 경우 앞에서 성격을 부여한 형식적-수학적 사유작업을 기술화(技術化)한 영향을 고려해야 한다. 즉 그것이 경험하고 발견하는 사유, 때에 따라서는 최고의 독창성으로 구축적 이론들을 형성하는 사유가 변화된 개념들, 즉 상징적 개념들을 가진 사유로 변형되는 것을 고려해야 한다. 이것에 의해 순수기하학적 사유는, 이것이 사실적 자연에 적용되는 경우 자연과학적 사유도 마찬가지로 공동화된다. 이에 덧붙여 기술화하는 것은 자연과학에 고유한 그 밖의 모든 방법도 이어받는다. 이러한 방법들이 추후에 기계화(mechanisieren)되는 것만은 아니다. 오히려 본질적으로 모든 방법에는 기술화하는 것과 일치해 자신을 외면화(外面化)시키는 경향이 있다.

이렇게 해서 자연과학은 많은 측면에서 그 의미가 변화되고 은폐된다. 실험물리학과 수학적 물리학이 협력하는 상호작용 전체와 여기에서 항상 실제로 수행된 사유의 작업은 **변형된 의미의 지평**(Sinneshorizont) 속에 경과한다. 사람들은 어느 정도까지는 **기술과 학문의 구별**을 의식하지만, 기술적 방법으로 자연에서 획득되어야 할 본래로 되돌아가 성찰하는 일을 너무나 일찍 중단한다. 이러한 성찰은 창조적 갈릴레이의 성찰에 근거해 미리 지시된 '자연을 수학화하는' 이념의 관점까지는, 따라서 갈릴레이와 그 후계자들이 이러한 자연을 수학화함으로써 원했고 이것을 수행하는 그들의 연구에 의미를 부여했던 것까지는 여전히 도달하지 않았다.

h) 자연과학이 망각한 의미의 기반인 생활세계

그러나 이제 갈릴레이에서 이미 수행된 다음과 같은 극히 중요한 점에 주목해야 한다. 즉 유일한 실제의 세계, 지각을 통해 실제로 주어진 세계, 우리의 일상적 생활세계인 항상 경험되거나 경험할 수 있는 세계를 수학적으로 구축된 이념성들의 세계로 대체시켰다는 점에 주목해야 한다. 그리고 이러한 대체는 그 후계자들, 그 이후 여러 세기 동안 물리학자들 전체에 즉시 계승되었다.

갈릴레이 자신도 순수기하학에 관해서는 [과거의] 상속자였다. 전승된 기하학과 직관적으로 구축하는 전승된 방식은 더 이상 근원적인 기하학은 아니었고, 이미 그 자체로 이러한 직관성에서 그 의미가 공동화되었다(Sinnentleeren). 또한 그 방식에서는 고대기하학도 이미 기술(*techne*)이었는데, 이 기술은 이른바 기하학적 직관, 즉 이념성으로서 작업하는 직관이 그 원천에서 맨 처음 그 의미를 이끌어냈던 실제의 직접적 직관이나 근원적인 직관적 사고의 근본적 원천과는 거리가 먼 것이다. 오히려 이념성들의 기하학에 앞서 이념성들에 관해 아무것도 몰랐던 실천적 토지측정술이 있었다.

그렇지만 이러한 기하학 이전의 작업수행은 기하학에 의미의 기반(Sinnesfundament)이었으며, 이념화하는 위대한 발명에 기반이었다. 이 발명에는 기하학이라는 이념적 세계의 발명 또는 수학적 존재를 창조하는 구축을 통해 객관화해 규정하는 방법론의 발명도 함께 포함된다. 갈릴레이가 실천적 삶과 모든 이론적 삶의 근원적 토대, 즉 직접 직관된 세계(여기에서는 특별히 경험적으로 직관된 물체의 세계)에서 이념화하는 것으로 활동하고, 기하학의 이념적 형상들이 생기는 근원적으로 의미를 부여하는 작업수행으로 되돌아가 묻지 않은 사실은 숙명적 태만이었다.

즉 갈릴레이는 '이 세계와 그 형태들을 자유롭게 변경시켜 상상하는 것(Umphantasieren)이 왜 단지 경험적으로 직관할 수 있는 가능한 형태만 만들고, 정밀한 형태는 만들지 않는가' 그리고 '맨 처음 본래의 기하학이 이념화하는 것은 어떠한 동기부여와 새로운 작업수행이 필요한가'를 상세하게 고찰하지 않았다. 물론 전승된 기하학적 방법에서 이 작업수행들은 더 이상 생생하게 활동하는 작업도 아니었고, 정밀성의 의미를 그 안에서 성취하는 방법으로서 이론적 의식에서 반성해 고양되지도 않았다. 그래서 기하학이 자신에게 직접 명증하게 아프리오리한 직관작용과 그것을 취급하는 사유 속에 독립적인 절대적 진리를 창조한다는 사실, 또한 이 진리 자체는—자명하게—즉시 적용될 수 있다는 사실이 나타날 수 있었다.

우리가 갈릴레이의 사상 자체를 심사숙고해 해석하는 데 위에서 지적한 근본적 특성에 주목했듯이 그 자명함은 가상(Schein)이었다는 점, 또한 기하학을 적용하는 의미가 복잡한 의미의 원천을 갖는다는 점은 갈릴레이와 그 이후 시대에 은폐된 채 남았다. 따라서 학문 이전의 직관된 자연을 이념화된 자연으로 대체하는 것은 바로 갈릴레이와 더불어 시작한다.

그러므로 학문 이전의 삶과 그 환경세계에서 발생하는 자연과학—이것에서 분리할 수 없는 기하학과 더불어—이, 처음부터 헌신해야 할 궁극적 목적, 즉 어쨌든 이러한 삶 자체 속에 놓여 있고 생활세계에 틀림없이 관계되는 목적에 이르기까지의 성찰을 근본적으로 철저하게 수행하지 않고, 기술적 작업에서 그 본래의 의미로 되돌아가 그때그때 (심지어 '철학적'으로) 성찰하는 것은 모두 항상 이념화된 자연에 머물렀다. 자연을 탐구하는 인간을 포함해 이 세계 속에 살아가는 인간은 실천적이고 이론적인 모든 문제를 단지 이 세계에서만 제기할 수 있고, 이론적으로는 그의 개방된 알려지지 않은 (Unbekanntheit) 무한한 지평 속에 단지 이 세계에 관계할 수 있었다. 법칙들에 관한 모든 인식은 현실이거나 가능한 경험의 현상이 경과하는 것들이 법칙적으로 파악될 수 있는 예견에 관한 인식일 수 있을 뿐이며, 이 예견은 알려지지 않은 지평 속에 체계적으로 철저하게 관찰하고 실험함으로써 경험을 확장하는 경우 그 연구자에게 미리 지시되고 귀납(Induktion)의 방식으로 검증된다.

물론 학문적 방법에 따르는 귀납은 일상적 귀납에서 이루어졌지만, 이 사실이 모든 유의미한 귀납의 지평으로서 미리 주어진 세계의 본질적 의미를 조금도 변경시키지 않는다. 바로 이 세계를 우리는 이미 알려졌거나 알려지지 않은 모든 실재성의 세계로서 찾아낸다. 이러한 세계에 배치된 모든 물체의 형태와 더불어 시간공간의 형식은 실제로 경험하는 직관의 세계인 이 세계에 속하고 바로 이 세계 속에 우리 자신은 우리의 신체로 인격적 존재방식에 따라 살아간다. 하지만 여기에서 우리는 기하학적 이념성, 그 모든 형태의 기하학적 공간이나 수학적 시간에 관한 아무것도 찾아내지 못한다.

이러한 사실은 비록 사소하더라도 중요한 견해이다. 그러나 이 사실은 정밀한 과학으로 그리고 실로 고대의 기하학 이래 곧바로 파묻혀버렸고, 모든 이념화하는 것에서 전제된 현실성으로 직접 주어진 것, 즉 그 나름의 방식에 따라 탁월한 확증으로 주어진 것 대신 방법적으로 이념화하는 작업수행을 대체시킴으로써 곧바로 파묻혀버렸다. 우리의 삶 전체가 실천적으로 영위되는 이러한 현실로 직관된 세계, 현실적으로 경험되거나 경험할 수 있는 세계는 우리가 기술 없이

도 또는 기술로 항상 무엇을 수행하든 고유한 본질구조에서, 그 고유한 구체적인 인과의 양식 속에 변화되지 않은 채 그것이 존재하는 그대로 남아 있다. 따라서 이 세계는 우리가 오늘날 '물리학'이라 부르는 특별한 기술, 즉 기하학의 기술과 갈릴레이의 기술을 고안했다는 사실로도 변화되지 않는다.

그런데 우리는 이 기술을 통해 실제로 무엇을 수행하는가? 그것은 곧 무한히 확장된 예견이다. 모든 삶은 예견 또는 귀납에 기초한다. 모든 단적인 경험의 존재확실성도 가장 원초적인 방식으로 귀납을 한다. 보인 사물은 항상 이미 우리가 그것을 실제로 그리고 본래 보는 것 이상이다.[18] 봄(Sehen),[19] 지각작용(Wahrnehmen)은 '앞서 가짐'(Vor-haben), '앞서 생각함'(Vor-meinen)과 일치해 본질적으로 '자기 자신을 가짐'(Selbst-haben)이다. 이 '앞서 가짐'과 더불어 모든 실천(Praxis)은 귀납을 함축하며, 일상적 인식도 명백히 형식화되고 확증된 귀납적 인식(예견)은, 갈릴레이 물리학의 방법에서 그 작업수행을 무한히 고양할 능력을 지닌 기술이 풍부한 **방법론적** 귀납에 대립해, '기술이 없다'(kunstlos)는 점만을 함축한다.[19]

그래서 기하학과 자연과학이 수학화하는 것을 통해 우리는 가능한 경험들의 개방된 무한함에서 생활세계—구체적 세계에서 살아

---

18) 모든 대상은 '유형적으로 미리 알려진'(typische Vorbekanntheit) 선술어적 경험의 지향적 지평구조 속에서만 주어진다. 즉 아직 알려지지 않은 것(Nichtwissen)에는 그때그때 파악된 것 이상(plus ultra)을 함께 지닌 부수적 앎(Mitwissen)이 언제나 본질적으로 함축되어 있다. 따라서 알려지지 않은 것(Unbekanntheit)은 동시에 알려진 것(Bekanntheit)의 한 양상이다(『경험과 판단』, 24~34쪽을 참조할 것).

19) 후설의 사상에서 "직접적 봄—단순한 감각적 봄이 아니라, 원본적으로 부여하는 의식으로서 봄 일반—은 모든 이성적 주장의 권리원천"(『이념들』 제1권, 36쪽)이다. 이 봄의 고유한 본질은 "보면서 해명하는 것"(『형식논리학과 선험논리학』, 167쪽)이다.

가는 가운데 우리에게 항상 현실적인 것으로 주어지는 세계—에 이른바 객관적으로 과학적 진리의 이념의 옷, 즉 매우 잘 맞는 이념의 옷(Ideenkleid)을 맞추려고 치수를 잰다. 요컨대 우리는 (우리가 희망하듯이) 실제로 그리고 개별적인 것에 이르기까지 철저하게 수행될 수 있고 항상 검증되어야 할 방법으로 생활세계의 구체적으로 직관된 형태들의 현실이거나 가능한 감각적 충족들(sinnliche Fülle)에 대해 규정된 수의 지표(指標)들을 우선적으로 구축한다. 그리고 곧 이것으로 우리는 아직 현실에 주어지지 않거나 더 이상 현실에 주어지지 않을 구체적인, 더구나 직관적으로 주어진 생활세계에서 일어난 세계의 사건들을 예견할 가능성을 얻는다. 이 예견은 일상적 예견의 작업수행을 무한히 넘어선다.

'수학과 수학적 자연과학'이라는 이념의 옷 또는 이것에 대해 상징적-수학적 이론들의 상징의 옷(Kleid der Symbole)은 과학자들과 마찬가지로 교양인들에게 객관적으로 현실적이며 참된 자연인 생활세계를 대표하고, 생활세계를 분장시키는 모든 것을 포괄한다. 이 이념의 옷은 하나의 방법(eine Methode)에 지나지 않는 것을 참된 존재(wahres Sein)로 간주하게 한다. 게다가 그 방법도 생활세계에서 실제로 경험된 것이거나 경험할 수 있는 것 안에서 근원적으로 유일하게 가능한 조잡한 예견을 '과학적' 예견으로 무한히 진보하는 과정에서 개량하기 위한 것이다. 이념의 옷을 입힘으로써 방법·공식· '이론'의 본래 의미가 이해할 수 없는 것이 되었고, 방법이 소박하게 형성되는 경우 결코 이해할 수 없게 되었다.

그래서 다음과 같은 근본적 문제 역시 결코 의식되지 못했다. 즉 '그러한 소박함이 어떻게 생생한 역사적 사실로서 실제로 가능했고, 언제나 가능한가' 그리고 '무한한 학문적 과제를 체계적으로 해결하는 목표에 실제로 향하고 이 점에 대해 언제나 의심의 여지 없이 확실한 성과들을 거둔 방법이 어떻게 아무도 그러한 작업수행의 본래 의미와 내적 필연성을 참으로 이해하지 못하면서도 항상 성장할 수 있었고, 이 경우 수백 년간 철저하며 언제나 유익하게 기능할 수 있었는가' 하는 근본적 문제가 결코 의식되지 않았다. 그러므로 인식하고 작업을 수행하는 자가 자신의 새로운 것을 실행하고 취급하는 것에 대해서뿐만 아니라 침전되거나 전승됨으로써 폐쇄된 모든 의미가 함축된 것에 대해서도, 따라서 자신의 형성물·개념·명제·이론의 변함없는 전제들에 대해서도 스스로 답변할 수 있는 참된 명증성이 없었고, 지금도 여전히 없다.

학문과 그 방법은 그러한 작업수행의 내적 가능성과 필연성을 전혀 이해하지 못하고 모든 삶이 올바로 다룰 수 있는 기계, 즉 명백히 매우 유익한 것을 수행하고 이 점에서 신뢰할 수 있는 기계와 닮지 않았는가? 그러나 기하학과 학문은 유사한 의미에서 완전한—학문적—이해에 근거해 기계와 같이 미리 기획될 수 있지 않았는가? 그것은 '무한소급'(regressus in infinitum)으로 이끈 것이 아닌가?

결론적으로 말하면, 그것은 일상의 의미에서 본능(Instinkte)의 문제와 동일한 계열 속에 움직이는 문제가 아닌가? 그것은 명확하게 되었을 때 비로소 자기 자신을 이성으로서 인식하는 은폐된 이성의 문제가 아닌가?

물리학과 물리학의 자연을 완성한 발견자인 갈릴레이 또는 그의 선구자들에 정당성을 부여하기 위한 갈릴레이는 '발견의 천재인 동시에 은폐의 천재'(zugleich entdeckender und verdeckender Genius)이다. 그는 수학적 자연, 즉 방법적 이념을 발견하고, 무한한 물리학의 발견자들과 발견들에 길을 개척했다. 그는 (그 불변하는 형식으로서) 직관적으로 주어진 세계의 보편적 인과성에 대립해 그 이후 곧바로 인과법칙이라 부르는 것, 즉 '참된'(이념화되거나 수학화된) 세계의 '아프리오리한 형식', 따라서—이념화된—자연에서 일어난 모든 사건이 반드시 정밀한 법칙에 지배되는 정밀한 규칙성의 법칙을 발견한다. 이 모든 것은 발견인 동시에 은폐이며, 우리는 그것을 오늘날에 이르기까지 단순한 진리로 받아들인다. 이것은 최근 원자물리학의 측면에서 이루어진 고전적 인과법칙에 대한 이른바 철학을 통한 혁명적 비판에 의해서도 원리상 아무런 변화가 없다. 왜냐하면 새로운 모든 것에 대해서도 어쨌든 내가 느끼기에는 원리상 본질적인 것, 즉 그 자체로 수학적인 자연, 공식들 속에 주어진 자연, 공식들에 근거해서 비로소 해석될 수 있는 자연으로 남기 때문이다.

물론 나는 완전히 진지하게 또는 그 이후에도 갈릴레이의 이름을 근대의 가장 위대한 발견자들 가운데 최고의 지위에 놓고, 더 나아가 당연히 고전물리학과 그 이후 물리학의 위대한 발견자들을 매우 경탄하며, 결코 단순한 기계적 사유의 작업수행이 아니라 오히려 사실상 극도로 놀랄 만한 그들 사유의 작업수행에 경탄한다. 이러한 사유의 작업수행은 기술(*techne*)로서 그것에 대해 위에서 논의한 해명에 의해서, 그리고 이러한 이론들의 근원적으로 참된 본래의 의미가 물리학자들, 더구나 위대하고도 또한 가장 위대한 물리학자들에게 은폐된 채 남아 있고 은폐된 채 남아 있음이 틀림없다는 원리적 비판에 의해서도 결코 경시되지 않는다. 중요한 점은 형이상학적으로 신비함이나 사변에 빠진 의미가 아니라, 공식들로 조작하는 가운데 그리고 이것들의 실천적 적용인 기술로 조작하는 가운데 그들 자신이 이해할 방법인 의미에 대립해 가장 필연적인 명증성에서 그 이론들의 본래 의미, 즉 그 이론들의 유일한 실제 의미이다.

하지만 '어떠한 방식으로 이제까지 논의한 것이 여전히 일면적인가' 그리고 '이러한 생활세계와 그 주체인 인간에 대한 성찰을 통해서만 해명될 수 있는—새로운 차원으로 이끄는—문제들의 어떠한 지평이 충분히 다루어지지 않았는가' 하는 문제는 우리가 그것의 가장 내적인 충동력에 따라 역사적 발전을 매우 깊게 파고들어 해명할 때에만 비로소 제시될 수 있다.

i) 수학화하는 것의 의미가 막연하기 때문에 생긴 불행한 오해들

갈릴레이가 자연을 수학화하는 가운데 새롭게 해석함으로써 자연을 훨씬 뛰어넘어서까지 미치는 전도된 결과도 확정되었다. 이 결과는 그의 관점에서 보면 매우 당연한 일이었으므로 오늘날까지 세계를 고찰하는 그 이후의 모든 발전을 지배할 수 있었다. 나는 '종적 감각성질들이 단순한 주관성'이라는 갈릴레이의 유명한 학설[20]을 말하는 것인데, 이 학설은 그 이후 곧이어 홉스[21]에 의해 감각적인 직관적 자연과 세계 일반의 구체적 현상들 전체는 주관성이라는 학설로 일관되게 파악되었다. 현상들은 단지 주관 속에서만 존재한다. 왜냐하면 현상들은 참된 자연 속에 일어나는 과정, 즉 그들의 측면에서는 수학적 성질들 속에서만 현존하는 과정의 인과적 결과로서만 주관 속에 존재하기 때문이다. 만약 우리 삶에서 직관된 세계가 단지 주관적이면, 그것의 사실적 존재에 관계하는 학문 이전의 삶과 학문 이외의 삶의 진리 전체는 가치가 박탈된다. 이 진리들은 비록 틀렸더라도

---

20) 갈릴레이는 "존재하는 것(to be)은 측정할 수 있는 것(to be measurable)"이라 주장했다. 이러한 존재론적 해석과 함께 종적 감각성질들이 단지 주관적일 뿐이라는 주장은 경험을 감각주의 일원론으로 파악하는 홉스의 자연주의 유물론과 유명론으로, 심리적인 것을 자연화하는 로크의 연상심리학으로 이어졌다.

21) T. Hobbes(1588~1679)는 경험을 감각주의 일원론으로 이해해 외부 사물들이 신체의 감각기관에 작용(이것이 흐려지면 흔적만 기억 속에 남고, 보편자나 개념은 언어적 기능을 통해 흔적에 명칭을 붙인 기호일 뿐이다)으로 인식되는 과정을 자연주의 유물론과 유명론의 관점에서 피력해 영국 연상주의 심리학의 출발을 이루었다.

경험할 수 있는 세계의 배후에 놓여 있는 것, 즉 이 세계를 초월하는 그 자체의 존재(An-sich)를 모호하게나마 알려주는 한, 결코 무의미하지는 않다.

이러한 사실과 관련해 새로운 의미를 형성하는 진보된 귀결, 즉 새로운 의미를 형성하는 것에 근거해 **자명한** 것으로 성장했고 최근에 이르기까지 모든 것을 지배했던 물리학자들의 자기해석을 더 상세하게 고찰해보자.

자연은 그것의 '참된 존재 그 자체'에서 수학적이다. 시간공간성의 순수수학을 필증적 명증성의 측면에서 이들 자체의 존재(An-sich)에서부터 절대적으로 보편타당한 것으로서 법칙들의 층(層)을 인식시킨다. 즉 순수수학은 아프리오리하게 구축하는 공리의 기본적 법칙들을 직접 인식시키고, 무한한 간접성을 통해서는 그 밖의 다른 법칙들을 인식시킨다. 자연의 시간공간의 형식에 관해 우리는 참된 그 자체의 존재를 (모든 현실적 경험에 앞서) 수학적 이념성에서의 존재로 규정해 인식할 수 있는 우리의 (나중에 이것이 명명되었듯이) '타고난' 능력[22]을 곧바로 소유한다. 따라서 그 시간공간의 형식 자체는 우리 자신에 함축적으로 본유(本有)된 것이다.

더 구체적인 보편적 **자연**의 법칙성에서는, 비록 그것 역시 철두철미하게 수학적이더라도, 사정이 다르다. 그 자연의 법칙성은 사실적 경험에 주어진 것들에서 귀납적으로 접근될 수 있는 '아포스테리오리'(a posteriori)한 것이다. 시간공간의 형태의 아프리오리한 수학과—비록 순수수학을 응용한 것이더라도—귀납적 자연과학이 서로 날카롭게 구별되어 대립하는 것은 추정적으로 완전히 이해할 수 있다. 또는 원인과 결과라는 순수수학의 관계 역시 실재적 원인과 실

---

22) 이것은 데카르트의 '본유관념'(Innate Ideas)과 같은 것을 뜻한다.

재적 결과의 관계, 따라서 자연의 인과성이라는 관계에서 날카롭게 구별된다.

하지만 자연의 수학과 어쨌든 이것에 귀속된 시간공간 형식의 수학의 관계, 시간공간 형식의 수학의 '본유적' 수학과 자연의 수학의 본유적이지 않은 수학의 관계가 막연하다는 불안한 감정이 점차 본성을 드러낸다. 우리가 창조주인 신(神)이 만든 것으로 간주하는 절대적 인식과 대조해보면, 우리는 순수수학의 인식이 오직 한 가지 결함만 지닌다고 주장한다. 즉 그 결함은 순수수학의 인식이 언제나 절대적으로 명증하지만, 시간공간 형식으로 형태들에서 존재하는 것 모두를 인식할 수 있게 실현하기 위해, 따라서 명백히 수학으로 실현하기 위해 체계적 과정이 필요하다는 점이다. 그에 반해 자연 속에 구체적으로 존재하는 것에 관해 우리는 아프리오리한 명증성을 전혀 갖고 있지 않다. 왜냐하면 우리는 시간공간의 형식을 넘어서는 자연의 수학 전체를 경험적 사실에서 귀납해야 하기 때문이다.

그러나 자연은 그 자체로 철저하게 수학적이지 않은가? 자연도 통일적 수학의 체계로 생각되어야 하지 않은가? 자연과학이 언제나 오직 추구하며 형식에서 공리의 법칙체계―이 법칙체계의 공리는 언제나 가설뿐이며, 따라서 실제로 결코 도달할 수 없다―에 의해 포함된 것으로 추구하는 것은 곧 자연의 수학이다. 우리는 왜 자연에 고유한 공리의 체계를 필증적으로 명증한 진정한 공리들의 체계로 발견할 수 있는 예상은 없으며, 또 본래 없지 않은가? 그것은 우리에게는 사실적으로 이에 적절한 본유의 능력이 없기 때문인가?

물리학과 그 방법론이 외면화된, 다소간에 이미 기술화된 의미의 형태 속에는, 문제가 되는 구별이 아주 명백하게 제시되어 있다. 즉 그 구별은 (아프리오리한) 순수수학과 응용수학의 구별, (순수수학의 의미에서) 수학적 존재와 수학적으로 형태화된 실재적인 것의 존재

(따라서 이것에는 수학적 형태가 실재적인 본래의 구성요소이다)의 구별이다. 하지만 라이프니츠와 같이 탁월한 천재조차도 이 두 가지 존재, 즉 보편적으로는 순수하게 기하학적인 것으로서 시간공간 형식의 존재와 그것의 사실적-실재적 형식을 지닌 보편적인 수학적 자연의 존재를 정확한 의미에서 이해하고 양자 서로 간의 올바른 관계를 이해하려 오랫동안 노력했다.

'칸트가 아프리오리한 종합판단의 문제를 제기하고, 순수수학의 종합판단과 자연과학의 종합판단을 구별하는데 이 양자의 구별이 막연하다는 사실은 어떠한 역할을 했는가'는 추후에[23] 상세히 논의할 것이다.

그 구별이 막연하다는 사실은 순수한 형식적 수학이 발달하고 〔이 수학을〕 끊임없이 방법적으로 적용함으로써 그 이후에도 여전히 강화되고 변화되었다. 공간과 순수하게 형식적으로 정의된 '유클리드의 다양체'가 혼동되었고, 순수기하학적 사유 또는 산술적인 순수논리적 사유의 명증성에서 파악된 절대적 타당성의 이념적 규범(ideale Norm)인 참된 공리(즉 예로부터 사용된 이 말의 의미에서)와 비본래의 '공리'—이 말은 '다양체'이론 일반에서는 판단들('명제들')을 지시하는 것이 아니라, 내적으로 모순되지 않고 형식적으로 구축될 수 있는 '다양체'를 정의하는 구성요소인 명제의 형식들을 지시하는 것이다—가 혼동되었다.

k) 수학적 자연과학의 근본적 문제가 지닌 원천적 의미[24]
앞에서 지적했던 모든 막연함처럼 이 막연함 역시 근원적으로 생생

하게 형성된 의미가 변화된 결과이다. 또는 그것에서 그때그때 특별한 의미로 방법이 되는, 근원적으로 생생하게 의식된 과제가 변화된 결과이다. 그래서 과제를 점진적으로 충만하게 하며 형성된 방법은 전승되었지만, 그렇다고 그 참된 의미가 곧바로 전승되지는 않았던 방법인 기술(*techne*)이다. 그리고 바로 이 때문에 자연과학(또한 세계에 관한 학문 일반)의 과제와 작업수행처럼 이론적 과제와 작업수행은 과학자가 그 스스로 자신의 모든 의미의 형성물과 방법의 근원적 의미를, 이것들이 근원적으로 건설되는 역사적 의미 특히 이렇게 근원적으로 건설하는 것에서 검토되지 않은 채 받아들인 모든 것의 의미와 마찬가지로 그 이후에 이어받은 모든 의미를 되돌아가 물을 수 있는 능력을 형성했을 경우에만 참된 그리고 근원적으로 의미를 지닌 것일 수 있으며, 또 그러한 것으로 남아 있을 수 있다. 이 이론적 과제와 작업수행은 자신의 주제제기의 무한함을 단지 〔그것이 추구하는〕 방법의 무한함을 통해서만 지배할 수 있고, 이 방법의 무한함 역시 의미가 공동화(空洞化)된 기술적 사유와 행동을 통해서만 지배할 수 있다.

그러나 기껏해야 방법의 가장 독창적인 기술자인 수학자, 자연과학자―그는 그가 추구한 발견들을 오직 이 방법에 힘입고 있다―는 통상 곧바로 이렇게 성찰할 수 있는 능력이 전혀 없다. 그는 그의 실제 연구의 영역과 발견의 영역에서 이러한 성찰을 해명해야 할 모든 것이 하여튼 해명되어야 한다는 점, 게다가 철학, 즉 학문에 결정적인 최상의 관심을 위해, 세계 자체와 자연 자체를 실제로 인식하는 관심을 위해, 해명되어야 한다는 점을 전혀 모른다. 그리고 이것이야말로 그 관심을 근원적으로 건설하는 것에서 하여튼 결정적이었던 한, 전통으로 주어져 왔고 기술(技術)로 형성된 학문에 의해 상실된 것이다.

과학탐구자를 이러한 성찰로 이끌기 위한 수학 외적인, 자연과학 외적인 과학탐구자 단체들에서 유래하는 모든 시도는 '형이상학'으로 배척되었다. 이러한 수학이나 자연과학에 자신의 생애를 헌신했던 전문가는 그의 연구에서 그가 계획하고 수행하는 것을 어쨌든 자신이 가장 잘 알고 있음이 틀림없다는 점은 그에게는 매우 분명한 듯하다. 여전히 해명되어야 할 역사적 동기에서 또한 이러한 과학탐구자들 속에 각성된 철학적 요구('철학적-수학적' 요구, '철학적-자연과학적' 요구)는 그들을 만족시키는 방식으로 그들 자신에 의해 충족되었지만, 물론 그러므로 깊이 파고들어 문제 삼아야 할 전체의 차원은 결국 파악되지 않았고, 따라서 전혀 논의되지도 않았다.

1) 우리가 해석하는 방법적 특성

매우 뒤엉킨 이 절의 고찰에서 우리가 추구해온 방법에 관해 이 항(項)에서도 결론으로 한마디 해야겠다. 게다가 이것은 우리의 의도 전체에 이바지할 것이다. 우리의 철학적 상황에 지극히 필요한 자기이해(Selbstverständnis)에 도달할 수 있기 위해 우리가 착수했던 역사적 성찰은 근대정신의 근원, 이와 동시에 수학과 수학적 자연과학의 근원—이 학문들의 의미는 아직도 충분하게 평가되지는 않았다고 생각하기 때문에—이 명료하게 되어야 한다. 이러한 점은 자연과학들이 갖는 자연의 이념을 구상하게 이끌고, 그것에서부터 자연과학 자체가 실제로 발전하는 가운데 그 구상을 실현하는 운동으로 이끄는 근원적 동기부여와 사상운동이 명료하게 된다는 것을 뜻한다. 요컨대 지금 문제 삼는 이념은 갈릴레이에서 최초로 완결된 것으로 나타난다.

그래서 나는, 비록 더 정확한 역사적 분석이 그가 자신의 사상에서 무엇을 선구자들에게 힘입고 있는지를 충분히 만족시켰더라도, 갈릴레이의 이름에 모든 고찰(따라서 어떤 방식으로는 사태를 이념화하고 단순화하면서)을 결부시켰다(이와 유사하게 나는 그 밖의 경우들에서도 충분한 근거로 계속 다루겠다). 그가 목전에서 발견했던 상황 그리고 그 상황이 그에게 동기를 부여했음이 틀림없으며 그의 잘 알려진 진술에 따라 그에게 동기를 부여했던 방식에는 몇 가지 사실들이 매우 신속하게 확증될 수 있다.

하지만 이 경우도 이미 우리는 그 이후의 시대 그리고 가장 최근의 시대에 이루어진 의미가 전이되고 은폐된 것에 직면하게 된다. 왜냐하면 성찰을 수행하는 자인 우리는 스스로 의미가 전이되고 은폐된 것에 **사로잡혀** 있기 때문이다(내가 그 사실을 전제해도 좋듯이 독자들 역시 마찬가지이다). 우리는 의미가 전이되고 은폐된 것에 사로잡혀 처음에는 이 의미가 전이된 것을 전혀 예감하지 못한다. 즉 우리는 '수학과 자연과학이 무엇인가, 그리고 무엇을 수행하는가' 하는 점을 어쨌든 매우 잘 알고 있다고 생각한다. 도대체 누가 오늘날 이것을 학교에서 배워 알지 못하겠는가?

그러나 새로운 자연과학과 이 새로운 종류의 방법적 양식(Stil)의 근원적 의미를 최초로 해명하는 가운데 실로 그 이후에 일어난 의미의 전이에 관한 것을 감지할 수 있게 해준다. 그리고 이 의미의 전이도 동기부여를 분석하는 데 실로 명백하게 영향을 주고, 최소한 더 곤란하게 만든다.

그래서 우리는 일정한 순환론에 빠지게 된다. 단서들에 대한 이해는 오늘날의 형태로 주어진 학문에서 출발해 발전해간다는 것을 돌아봄으로써만 완전히 획득할 수 있다. 그러나 실마리들에 대한 이해 없이는 이러한 의미의 발전은 아무것도 말해줄 수 없다. 따라서 **지그재그로** 전진하거나 후퇴해야 한다는 점, 이것들은 상호작용을 통해 반드시 서로 도와준다는 점만 남는다. 한 측면의 상관적 해명이 다른 측면의 몇 가지를 해명해주고, 그런 다음 이것이 그 상대편 측면에 다시 반사된다. 그래서 갈릴레이에서 (그 이후에 곧바로 데카르트에서) 출발해 시대순서에 따라가야 했던 이 역사관찰(Geschichtsbetrachtung)과 역사비판(Geschichtskritik)에서 어쨌든 끊임없는 **역사적 비약**(historische Sprüng)을 해야 했다. 그러므로 이 역사적 비약은 탈선이 아니라, 필연적인 일이었다.

이미 말했듯이, 우리 시대의 학문적 붕괴 자체를 수반하는 우리 시대의 붕괴상황에서 일어난 자기성찰의 과제를 우리 자신의 것으로 받아들이면, 역사적 비약은 필연적인 일이다. 그러나 이 과제는 우선 새로운 학문, 특히 모든 것에 앞서 정밀한 자연과학의 근원적 의미에 대한 성찰과 관계한다. 왜냐하면 자연과학은 우리가 더욱더 추구해야 하듯이, 처음부터 그리고 그 이후에 계속해 그것의 모든 의미의 전이와 올바른 길을 벗어난 자기해석을 통해 근대 실증과학의 생성과 존재에, 근대철학의 생성과 존재에, 더구나 근대유럽 인간성의 정신 일반의 생성과 존재에 결정적인 의미를 지녀왔고, 여전히 지니기 때문이다.

따라서 다음과 같은 것 역시 방법에 속한다. 즉 독자들 특히 자연과학에 관심을 두는 독자들은 자연과학적으로 논의하는 방식이 지금까지 전혀 사용되지 않았다는 사실―이것은 그들에게 거의 아마추어(Dilletantismus)처럼 보인다―에 기분 상할 것이다. 자연과학적으로 논의하는 방식은 의식적으로 피했다. 이것은 그 자체로 어디에서나 근원적 직관을 타당하게 만들려 추구하고, 따라서 학문적 사유활동도 포함한 모든 실제의 삶을 그 자체로 파악하고 정교한 의미가 형성되는 원천으로 그것을 부양하는 학문 이전의 생활세계와 학문 이외의 생활세계를 타당하게 만들려 추구하는 사유방식의 커다란 문제들 가운데 하나이다. 이것은 삶의 소박한 논의방식을 선택해야 하지만, 이것 역시 증명된 것을 명증하게 하기 위해 요구되듯이 적절히 다루어야만 할 어려운 점들 가운데 하나라고 나는 주장한다.

전통적 객관주의 철학의 [추정된] 학문적 성격 속에 있는 철학의 소박함을 극복하기 위한 유일하게 가능한 길은 삶의 소박함으로 정당하게 되돌아가는 것, 그러나 이 삶의 소박함을 극복하는 반성으로 되돌아가는 것이라는 사실이 섬차 밝혀지고, 결국 완전히 밝혀질 것이며, 이미 반복해 예시했던 새로운 차원에 문을 열 것이다.

여기에 여전히 다음과 같은 점을 첨부해야 한다. 즉 우리의 모든 상론은, 그 의미에 적합하게 그것을 논의하는 관점의 상대성에서만 첨부된 비판(현대인인 우리, 즉 지금 성찰하는 자인 우리가 모르는 채 감출 수 없는 그 비판) 속에 싹트는 의구심에 우리가 표명하는 것은 성찰의 결과로 점차 우리 속에 형태를 띠고, 우리가 [편견과 전통에서] 해방될 수 있게 도와주어야 할 사상과 방법을 방법적 기능이 미리 준비해야 한다는 사실에 그 방법적 기능을 갖는다는 점이다. 실존적 근거에서 착수한 모든 성찰은 당연히 비판적이다. 그러나 우리는 그 이후에 우리의 성찰과 특별한 종류인 우리의 비판이 진행되는 가운데 원리적 의미도 반성하는 인식의 형태로 만드는 작업을 소홀하게 다루지 않을 것이다.

10절 자연과학을 모범으로 삼는 지배적 사유방식 속에 은폐된 이원론의 근원. '기하학적 방법'(*more geometrico*)에 의한 세계의 합리성

자연을 새롭게 고찰하는 근본적 요소가 더 밝혀져야 한다. 갈릴레이는 기하학에서, 그리고 감각적으로 나타나고 수학화될 수 있는 것에서 세계로 시선을 돌리는 데 인격적 삶을 이끌어가는 인격으로서 주체들, 총괄적 의미에서 모든 정신적인 것, 인간의 실천에서 사물들로 성장한 모든 문화적 성질을 도외시한다. 이렇게 도외시한 결과 순수한 물체의 사물들이 나타난다. 그러나 이 사물들은 구체적 실재성(Realität)과 같이 받아들여지고, 그 총체성에서 하나의 세계로서 〔연구의〕 주제가 된다. 갈릴레이에 의해 비로소 그 자체로 완결된 실재적 물체의 세계로서 자연의 이념이 명백히 나타난다는 것은 적절하다. 그것은 너무도 빨리 자명한 것이 되어버린 수학화하는 것과 일치해 모든 사건이 일의적이고 미리 결정되는 그 자체로 완결된 자연의 인과성이 생긴다. 이것에 의해 곧바로 데카르트에서 나타나는 이원론도 명백하게 미리 준비되었다.

일반적으로 이제 실재적이며 이론상 그 자체로 완결된, 캡슐 속에 포장된 물체의 세계인 '자연'이라는 새로운 이념을 파악하는 것은 즉시 세계 일반의 이념이 완전히 변화되는 것을 수반한다는 점을 명백하게 해야 한다. 세계는 자연(Natur)과 영혼의 세계(seelische Welt)라는 이른바 두 가지로 나뉘는데, 물론 영혼의 세계는 자연에 관계하는 방식 때문에 결코 독립적 세계의 성격을 띠지 않는다. 고대인은 물체에 대한 개별적 연구와 이론을 가졌지만, 하나의 보편적 자연과학의 주제로서 완결된 물체의 세계는 결코 갖지 않았다. 또한 그들은 인간의 영혼과 동물의 영혼에 관한 연구도 했지만, 근대적 의미의 심리학을 가질 수 없었다. 즉 심리학이 보편적 자연과 자연과학을 자신의 모범으로 삼음으로써 비로소 그것에 상응하는 보편성, 요컨대 그것에 귀속하고 마찬가지로 그 자체로 완결된 영역에서 보편성을 얻으려 노력할 수 있었던 심리학이 없었다.

세계가 분열되고 의미가 변화되는 것은 근대 초기에 사실상 전혀 불가피했던 자연과학적 방법, 즉 자연과학적 합리성의 모범에 따른 당연한 결과였다. 사람들이 그것을 이념과 과제로 이해했듯이 자연을 수학화하는 것에는 시간공간성에서 자연의 물체의 무한한 총체성이 공존한다는 것은, 그 자체로 고찰해보면, 수학적으로 합리적인 것으로 상정되어 있었다. 왜냐하면 귀납적인 것으로서 자연과학은 그 자체로 수학적 연관들에 곧바로 귀납적으로 접근할 수 있기 때문이다. 어쨌든 자연과학은 수학적인 것을 귀납적으로 도출하고, 순수수학이 이런 학문으로서 그 자체로 이미 최고의 합리성을 지녔다.

그렇다면 이 합리성이 모든 진정한 인식의 모범이 되면 안 되는가? 자연을 초월해 이러한 인식에 대한 진정한 학문이 성립되어야 한다면, 이러한 인식은 자연과학의 모범 또는 더 적절하게 말하면, 이와 다른 인식의 영역에서도 여전히 우리가 공리들과 연역들을 통한 필증적 명증성의 **본유적** 능력을 갖추는 한, 순수수학의 모범에 따르면 안 되는가?

우리가 데카르트에서 이미 보편수학의 이념을 발견하는 것은 전혀 놀라운 일이 아니다. 물론 이 점에서 갈릴레이와 더불어 즉시 시작된 이론이나 실천에 성과의 요점이 함께 영향을 끼쳤다. 따라서 세계와 철학도 상대적으로 완전히 새로운 모습을 띠었다. 세계는 그 자체로 수학이나 수학화된 자연에서 받아들인 합리성(Rationalität)이라는 새로운 의미에서 합리적 세계가 틀림없고, 이에 상응해 세계에 관한 보편적 학문인 철학은 '기하학적 방법'에 의한 통일적인 합리적 이론으로 구축되어야 한다.

11절 이성의 문제를 파악할 수 없게 만든 근거인 이원론, 학문이 특수화되는 전제와 자연과학적 심리학의 기초인 이원론

물론 주어진 역사적 상황에서 자명한 사실로 간주하듯이 자연과학의 합리적 자연이 그 자체로 존재하는 물체의 세계라면, 세계 그 자체는 이전에는 알려지지 않았던 의미에서 독특하게 분열된 세계, 즉 자연 그 자체와 이것과 구별된 존재방식인 심리적 존재자로 분열된 세계임이 틀림없다. 그것은 우선 그리고 이미 종교에서 등장했으나 결코 포기되지는 않은 신(神)의 이념을 고려해보면, 매우 어려운 문제들을 불러일으킬 수밖에 없었다.

신은 합리성의 원리로서 불가피하지 않았는가? 합리적 존재 심지어 자연으로서 합리적 존재도, 도대체 생각될 수 있다면, 합리적 이론과 이론을 수행하는 주관성을 전제하지 않는가? 따라서 자연과 일반적으로 세계 그 자체는 절대적으로 존재하는 이성으로서 신을 전제하지 않는가? 이 경우 심리적 존재가 그 자체로 존재하는 것(An-sich-sein) 속에 순수하게 그것에 대해 존재하는(Für sich seiend) 주관성으로서 더 우선으로 취급되어야 하지 않은가? 어쨌든 심리적 존재는, 신적이든 인간적이든, 주관성(Subjektivität)이다.

일반적으로 이성의 문제들을 민감하게 느낀 경우 심리적인 것을 분리하는 작업은 어려운 문제들을 더욱더 증가시켰다. 물론 이 어려운 문제들이 더욱 심각해져 그것들이 인간의 오성에 관한 위대한 연구, 즉 '이성비판'에서 철학의 중심과제가 된 것은 훨씬 이후에 가서야 비로소 이루어졌다. 그러나 합리주의적 동기들이 지닌 힘은 여전히 붕괴하지 않았다. 왜냐하면 곳곳에서 사람들이 합리주의 철학을 전면으로 수행할 수 있다고 완전히 신뢰해 전진해갔기 때문이다. 의심할 여지 없이 가치 있는 인식들에서 성과가 전혀 없지는 않았지만, 그 인식들은 비록 이상(理想)에 일치하지는 '아직 못했다'고 해도 곧바로 기초적 단계로 해석될 수 있었다.

이러한 사실에 의해 특수과학을 건설하려는 모든 작업은 그것에 상응하는 합리적 이론 또는 그 자체에서 합리적 영역의 이념에 의해 실제로 주도되었다. 따라서 철학이 전문과학들로 특수화되는 일은 더 깊은 의미와 오직 근대의 〔학문적〕 태도에서만 관련된 의미를 지닌다. 고대의 연구자들이 특수화하는 일은 우리의 의미에서 볼 때 어떠한 전문과학도 발생시킬 수는 없었다. 갈릴레이의 자연과학도 특수화로 발생한 것은 아니다. 다른 한편 그 이후에 나타난 새로운 과학은 새로운 자연과학이 동기를 부여한 합리적 철학이라는 이념을 한층 더 특수화했고, 이 이념에서 진보하면서 새로운 영역, 즉 우주의 합리적 총체성 안에서 합리적으로 완결된 특수영역을 획득하는 데 매우 진력했다.

물론 데카르트가 합리적 철학의 이념을 또한 자연과 정신의 분리를 선언하자마자 곧 처음부터 새로운 심리학은 데카르트의 동시대인인 홉스에서 이미 우선적으로 요구되는 것으로 나타난다. 이 심리학은 곧, 우리가 벌써 지적했듯이, 이전 시대에는 전혀 생소했던 양식의 심리학, 즉 합리주의의 정신에서 심리물리적 인간학(psychophysische Anthropologie)으로서 구체적으로 기획된 심리학이었다.

우리는 경험주의와 합리주의라는 통상의 대조 때문에 잘못 이끌리면 안 된다. 홉스와 같은 자연주의(Naturalismus)는 물리학주의(Physikalismus)가 되려면, 모든 물리학주의와 마찬가지로 곧바로 물리학의 합리성을 모범으로 삼는다.[25]

---

25) 내가 여기에서나 다른 곳에서 종종 '물리학주의'라는 표현을 사용할 때 오직

이것은 또한 근대의 그 밖의 다른 학문, 즉 생물학 등에도 타당하다. 물리학의 자연개념에 따라 이원론으로 분열된 것은 이러한 학문에서 분열된 분과들의 형식으로 완성된다. 그러므로 처음에 일면적으로 순수하게 물체적인 것에 초점을 맞춘 생물물리학의 학문은 우선 기술해 구체적인 것들을 파악하고 직관적으로 분석하고 분류해야 하지만, 자연에 관한 물리학주의의 견해는 계속 수행된 물리학이 결국 이 구체적인 것 모두를 물리학적인 합리적 방식으로 설명한다는 점을 자명하게 했다. 그래서 생물물리학으로-기술하는 학문들이 번영한 것은 특히 물리학적 인식을 그때그때 이용함으로써 항상 물리학적으로 해석된 자연과학 방법의 결과로 간주된다.

다른 한편 완결된 자연의 영역 속에 포함된 동물의 몸체와 우선 사람의 몸체가 배제된 후에도 남는 영혼적인 것(Seelisches)[26]에 관해 말하면, 물리학의 자연을 파악하고 자연과학의 방법을 모범으로 삼는 것—이것은 이미 홉스 이래 이루어졌다—은 명백히 다음과 같은 효과가 나타났다. 요컨대 자연과 마찬가지로 영혼에도 원리상 유사한 존재방식이 적용되고, 생물물리학과 마찬가지로 심리학에서도 유사하게 기술(Deskription)에서 최종적인 이론적 설명(Erklärung)으로 이론으로 상승하는 것이 적용된다는 효과가 나타났다.

우리가 연구하는 과정 자체에서만 이해될 수 있는 일반적 의미로 사용한다. 즉 이 말은 근대물리학의 참된 의미를 오해해 생긴 철학적 혼란을 나타낸다. 따라서 이 말은 여기에서 특별히 '물리학주의 운동'('빈학파', '논리화하는 경험주의')을 지시하는 것은 아니다 - 후설의 주.

26) 철학적 인간학에서는 육체와 구별되는 영혼(Seele)과 주위세계의 관계에서 자신의 위치를 결정하는 지향적 주체인 정신(Geist)을 구별한다. 그리고 일반적으로 인식주관일 뿐만 아니라 삶의 주체인 영혼(Psyche)은 단순히 헤아리는 기능보다 포괄적이다. 따라서 '영혼'과 '심리'는 그 어원상 같은 의미이지만, 여기에서는 'Psychisches'는 '심리적인 것'으로, 'Seelisches'는 다소 어색한 표현이 되더라도 '영혼적인 것'이라 옮겼다.

그러나 이 사실은 근본적으로 다른 속성들로 나뉜 물체적 실체와 영혼적 실체에 관한 데카르트의 학설[27]이 있는데도 그러하다. 이러한 심리적인 것을 자연화하는 것은 존 **로크**를 거쳐 오늘날까지 근대 전체에 전달되었다. 영혼의 자료들(Daten)이 그 위에서 생성·소멸하며, 어떻게든 자연에서 물체들의 경과와 같이 규제되는 **타블라 라사**(*tabula rasa*),[28] 즉 백지(white paper)라는 로크의 비유적 논의는 특징적이다. 로크가 물리학주의로 방향을 정한 새로운 종류의 자연주의는 아직 일관되게 형성되지 않았으며, 실증주의적 감각주의로서 극단으로까지 생각된 것도 아니다. 하지만 이 자연주의는 철학 전체의 역사적 발전에 대해 운명적으로 급속하게 영향을 주었다. 어쨌든 새로운 자연주의적 **심리학**은 처음부터 공허한 약속이었던 것은 아니며, 위대한 저술들 속에 인상 깊게 그리고 보편적 학문을 지속적으로 정초한다는 요구와 더불어 등장한다.

동일한 정신에 의해 이끌린 모든 새로운 학문은 성공한 것처럼 보이며, 〔이 학문들 가운데〕 최고의 정점에 있는 형이상학 역시 마찬가지이다. 곧바로 형이상학에서와같이 물리학주의의 합리주의가 진지하게 수행될 수 없었던 곳에서 사람들은 스콜라철학의 개념들을 변화시켜 막연하게 완화된 것에서 도움을 구했다. 또한 새로운 합리성을 이끄는 의미는 대체로, 비록 운동의 배후에 있던 원동력이더라도, 정밀하게 고안해냈던 것은 아니다. 그 의미를 정밀하게 규정해 해명하는 일 자체는 **라이프니츠**와 **크리스티안 볼프**에 이르기까지 철

---

27) 데카르트는 유한한 실체 가운데 물체적인 연장실체(res extensa)와 정신적인 사유실체(res cogitans)를 구별한 근대 이원론의 시조이다.

28) 이것은 스콜라철학의 용어로 우리의 지식을 구성하고 있는 관념은 본유적으로가 아니라 오직 감각적 경험으로만 주어지고, 인간의 마음(오성)은 경험이 이루어지기 이전에는 백지(白紙) 혹은 암실(暗室)이라는 아리스토텔레스 전통의 인식론을 나타낸다.

학의 지성적 연구의 일부였다. 새로운 자연주의의 합리주의가 어떻게 체계적 철학—이성의 문제 그러나 이것과 일치해 사실의 문제도 포함하는 최고의, 그리고 궁극적 문제에 관한 학문인 형이상학—을 기하학적 질서(*ordine geometrico*)로 창조할 수 있다고 믿었던가에 대한 고전적 범례를 스피노자의 저서『윤리학』(*Ethica ordine geometrico demonstrata*)에서 찾을 수 있다.

물론 우리는 그 역사적 의미에서 스피노자를 올바로 이해해야 한다. 만약 스피노자를 그의 기하학적으로 증명하는 방법이 표면적으로 나타내는 것에 따라 해석하면, 그것은 완전한 오해이다. 데카르트의 학도로 출발한 그가 무엇보다 자연뿐만 아니라 총체적 존재 일반도 반드시 통일적인 합리적 체계라는 확신으로 매우 충만했던 것은 당연하다. 이처럼 사실은 처음부터 자명했다. 자연의 수학적 체계는 체계의 일부분이기 때문에 독립적일 수는 없다. 따라서 우리는 물리학을 마치 그것이 참으로 완전한 체계인 것처럼 물리학자들에게 떠맡길 수 없고, 그래서 다른 한편 이원론에서 이와 대립하는 상대인 심리학 전문가들의 결정에 떠맡길 수도 없다. 합리적인 총체적 체계의 통일 속에 어쨌든 절대적 실체로서의 신(神) 역시 이론적 주제로서 반드시 그것에 속해 있다.

스피노자는 존재자에 요청된 합리적인 총체적 체계를 발견하고 우선 그것이 통일적으로 사유할 수 있는 조건을 발견해야 할 과제, 그런 다음 그것 자체를 실제로 구축해 체계적으로 실현해야 할 과제에 직면했다. 그래서 합리적 존재 전체를 실제로 사유할 수 있다는 사실이 행위(Tat)를 통해 비로소 증명된다. 이것은 바로 이전에는 이러한 태도에서 자연과학을 모범으로 삼는 것에 있던 명증성이 있음에도 불구하고 단지 하나의 요청(Postulat)에 불과하다. 왜냐하면 실제로 이 요청을 사유할 가능성은 절대적이며 가장 참된 하나의 실체를 자신 위에 갖는[29] 근본적으로 다른 [두 개의] '실체들'을 설명하는 이원론에서는 결코 분명하지 않았기 때문이다.

물론 스피노자에서는 단지 체계적으로 보편적인 것만 문제가 되었으며, 그의 저술『윤리학』은 최초의 보편적 존재론(Ontologie)이다. 이러한 존재론을 통해 그는 현실의 자연과학에 대해 그리고 이것에 병행하는 것으로서 유사한 방식으로 앞으로 구축되어야 할 심리학에 대해서도 그것의 참된 체계적 의미가 획득될 수 있다고 믿었다. 그는 이 체계적 의미 없이는 자연과학과 심리학 이 둘 모두는 이해할 수 없는 것으로 남아 있을 수밖에 없다고 생각했다.

12절 근대 물리학주의에 합리주의의 전체적 특징

철학은 고대에 발생한 이래 '학문', 즉 모호하고 상대적이며 일상적인 인식—주관적 속견(doxa)—이 아니라, 합리적 인식—객관적 인식(episteme)—이라는 존재자의 우주에 관한 보편적 인식이 되려했다. 그러나 고대의 철학은 합리성의 참된 이념과 이와 관련해 보편적 학문의 참된 이념에는 아직 도달하지 못했다는 것이 근대를 정초한 사람들의 확신이다.

그런데 새로운 이상(理想)은 새롭게 형성된 수학과 자연과학을 모범으로 삼음으로써만 가능했다. 이 새로운 이상은 그것을 실현하는 데 열광적인 템포로 자신의 가능성을 입증했다. 새로운 이념의 보편적 학문은, 이념적으로 완결된 상태에서 보면, 모든 것을 아는 것

---

29) 스피노자는 데카르트의 연장실체와 사유실체라는 물심평행 이원론을 극복하기 위해 이 두 가지를 속성으로 갖는 하나의 무한실체, 즉 자기 속에 자신의 존재근거를 갖는 자(causa sui)인 만드는 자연(natura naturans)의 범신론 관점—신은 곧 자연(Deus sive Natura)—에서 신을 주장했다.

(Allwissenheit) 이외에 무엇인가? 따라서 이것은 실제로 철학자들에게는―개인이나 그때그때의 연구공동체에 대해서가 아니라, 오히려 세대들 간의 그리고 세대들이 체계적으로 탐구하는 무한한 진행에서[30]―비록 무한히 멀리 떨어져 있더라도, 그렇게 실현할 수 있는 목표이다. 그래서 사람들은 세계가 그 자체로 모든 개별적인 것이 그 속에서 반드시 상세하게 합리적으로 결정될 수 있다는 하나의 합리적인 체계적 통일이라는 점을 필증적으로 통찰할 수 있으며, 어떻든 그것이 순수수학적인 것인 한, 실제로 우리에게 미리 준비되고 알려질 수 있다. 그 체계적 형식을 단지 그 특수성을 통해 결정해야 하지만, 이것은 유감스럽게도 귀납적 방식으로만 가능하다. 그것은 모든 것을 아는 것을 향한―물론 무한한―길이다.

그래서 사람들은 가까운 곳에서 먼 곳으로, 다소간에 알려진 것에서 알려지지 않은 것으로 계속 진행해가는 길을 인식을 확장하는 틀림없이 확실한 방법으로 믿는 행복한 확신 속에 산다. 그런데 이러한 인식을 확장하는 길에는 모든 것이 그것의 완전한 그 자체의 존재(An-sich-sein)로서 존재자의 전체에 의해―무한한 진행에서― 실제로 반드시 인식될 수 있을 것이다. 그러나 항상 그 밖의 다른 진행도 그 일부를 이룬다. 즉 그것은 삶의 환경세계 속에 감각적-직관적으로 주어진 것을 수학적 이상에 접근시키는 진행이다. 요컨대 그것은 경험적 자료들을 그것들에 배속된 이상적 개념―이것은 앞으로 완성해야 할 방법론, 측정의 정교화, 그 도구가 작업을 수행하는 능력을 제고시키는 것 등을 포함한다―아래 항상 단지 근접된 **포섭**

---

30) 후설은 무한한 학문의 이념과 과업이 결코 어느 개인에 의해 창조되고 완성되는 것이 아니라, 학문의 이상에 심취하고 현상학적 방법으로 통일된 정신을 지닌 연구자들의 공동체―그러나 일정한 학파는 아닌―가 이룩한 협동의 작업을 통해 점진적으로 접근함으로써 실현된다고 보았다.

(Subsumption)을 완전하게 만드는 것이다.

우주에 대해 계속 성장하며 항상 더 완전하게 된 인식능력과 더불어 인간도 그의 실천적 환경세계, 즉 무한히 진행하는 가운데 확장되는 환경세계에 대한 항상 더 완전한 지배권을 획득한다. 또한 이 속에는 실재적 환경세계에 속한 인간성, 따라서 자기 자신과 함께 사는 동료 인간에 대한 지배권도 포함된다. 그리고 자신의 운명을 지배하는 더 강력한 힘, 그래서 인간 일반에 대해 합리적으로 생각할 수 있는 항상 더 충만한 **지복**(至福)도 포함된다. 왜냐하면 가치들과 선(善)한 것에 대해 인간도 그 자체로 참된 것을 인식할 수 있기 때문이다.

이러한 사실 모두는 인간에 대한 합리주의의 지평 속에 놓여 있다. 그래서 인간은 실제로 '신의 모습을 닮은 형상'(Ebenbild Gottes)이다. 수학이 무한히 멀리 떨어져 있는 점, 직선 등에 관해 말하는 것과 유비적 의미에서 우리는 여기에서 비유로 신은 '무한히 멀리 떨어져 있는 인간'(der unendlich ferne Mensch)이라 말할 수 있다. 철학자는, 세계와 철학을 수학화하는 것(Mathematisierung)과 상관적으로, 곧바로 자기 자신과 동시에 신을 일정하게 수학적으로 이념화했다.

의심할 여지 없이 확실한 인식의 보편성과 합리성이라는 새로운 이상은 그 이상이 출발한 고향인 수학과 물리학의 영역에서는 강력한 진보를 의미한다. 물론 이러한 것은 그 이상이 우리가 이전에 수행한 분석에 적합하게 올바른 자기이해로 이끌리고, 모든 의미의 변화에서 자유롭다는 사실을 전제한다. 세계의 역사에서 진리의 무한한 전체성을 무한한 진행에서 순수하게 (순수수학으로) 또는 접근해 (귀납적 자연과학으로) 실현할 수 있는 것으로 발견하는, 이보다 더 가치 있는 철학적 경이(驚異)의 대상이 있는가? 그리고 거기에서 업적을 수행한 것으로 실제 이루어지고 계속 성장한 것은 기적이 아닌가? 순수하게 이론적-기술적(技術的) 작업수행은, 만약 그 의미가 변하더라도 학문 자체로 간주된다면, 하나의 기적이다. 그러나 이러한 학문을 모범으로 삼아야 한다는 것이 어느 정도까지 확장되어야 좋은가, 그리고 이 경우 새로운 세계를 구상하고 이 세계에 관한 학문을 구상하는 데 힘입은 철학적 성찰은 도대체 충분하지 않았던가 하는 문제에서는 사정이 전혀 다르다.

하지만 자연에 관해서조차도 철학적 성찰이 충분히 이루어지지 못했다는 사실은 모든 자연과학이 궁극적으로 물리학이라는 자명함—즉 모든 사실은 모든 자연과학과 마찬가지로 생물학적 자연과학의 탐구가 진행되는 가운데 언제나 더욱더 물리학으로 해소됨이 틀림없다는 자명함—이 동요되었고, 사실상 매우 동요되어 이러한 학문들이 부득이 방법을 개혁할 필요성을 발견했다는 점(비록 이것은 최근에야 비로소 나타났지만)에서 여실히 나타났다. 물론 이러한 사실은 근대자연과학을 근원적으로 건설하고 방법화하는 것(Methodisierung)에 의해 공동화(空洞化)된 사상을 원리상 재검토하는 토대 위에 발생한 것은 아니다.

13절 심리학에서 물리학주의의 자연주의가 겪는 최초의 어려운 점. 작업을 수행하는 주관성을 파악할 수 없음

그러나 세계를 수학화하는, 또는 세계를 막연하게 모방해 합리화하는 데 대한 의구심, 즉 기하학적 질서(*ordine geometrico*)에 의한 철학에 대한 의구심은 새로운 자연주의적 심리학에서는 훨씬 이전부터 대두했다. 실로 철학자, 수학자, 자연탐구자 등의 합리적 인식활동과 인식—이것에서 새로운 이론들은 그들의 정신적 형성물이 되었고, 세계의 궁극적 진리의 의미를 포함한 정신적 형성물이 되었다—도 이 새로운 자연주의적 심리학의 영역에 속한다. 이것을 버클리와 흄은 이미 이치에 어긋난 것으로 감지했지만, 올바로 〔그 의미를〕파악할 수 없었던 역설적 회의(Skepsis)의 어려움이 나타났다.

이 회의는 우선 곧바로 합리성의 표본, 즉 수학과 물리학에 대항해 쏟아졌고, 그 근본적 개념들, 더구나 그 영역(수학적 공간과 물질적 자연)의 의미조차 심리학적 허구로 평가함으로써 그 가치를 박탈하려고 했다. 그리고 이 회의는 이미 흄에게서 극단으로까지 치달았고, 철학의 이상 전체와 근거를 박탈했다. 이러한 결과는 근대의 철학적 이상뿐만 아니라 과거의 철학 전체, 즉 보편적인 객관적 학문인 철학이 제기한 과제 전체에 관련되었다는 점이 지극히 중요하다. 이것은 얼마나 역설적인 상황인가! 최대의 성과를 거두고 나날이 증대되는 작업수행들이 거대한 계열의 새로운 학문들 앞에 놓여 있었다.

새로운 학문들을 연구하는 자들 또는 주의 깊게 추종해 이해하는 자들은 그들 자신뿐만 아니라 누구도 피할 수 없었던 명증성을 체험했다. 하지만 이러한 작업수행 전체, 명증성 자체는 일정한 새로운 방식의 조망에서 그리고 작업을 수행하는 활동이 그 영역 속에 일어났던 심리학에서 완전히 이해할 수 없는 것이 되었다.

그러나 이것만 아니었다. 그 회의는 새로운 학문들의 세계가 관련되었을 뿐 아니라 일상적 세계에 대한 의식과 세계의 삶, 일상적 의미에서의 학문 이전의 세계, 세계의 존재를 자명하게 타당한 것으로 간주함으로써 학문과 아무런 관계도 없는 사람의 행동과 활동이 일어나는 세계, 따라서 결국에는 학자가 일상적 실천으로 되돌아갈 때뿐 아니라 학자의 행동과 활동이 일어나는 세계도 관련되었다.

이전의 극단적 회의조차도 이 세계를 공격했던 것은 아니고, 단지 객관적 인식과 이 인식에서 철학적으로 그 토대가 마련된 세계 그 자체를 부정할 목적으로 오직 세계의 상대성만 타당하다 주장했다. 그러한 회의의 결과 불가지론(不可知論)이 성립하게 되었다.

그래서 이전에는 결코 예감하지 못한 양식의 세계에 대한 수수 께끼들이 이제 등장하고, 그 결과 완전히 새로운 종류의 철학을 함 (Philosophieren), 즉 인식론적 철학, 이성론적 철학과 때로는 완전 히 새로운 종류의 목적설정과 방법에 대한 체계적 철학도 생긴다. 모든 혁명 가운데 가장 위대한 혁명(Revolution)은 과학적 객관주의 (wissenschaftliches Objektivismus), 즉 근대의 수천 년 이래 모든 철 학의 객관주의를 선험적 주관주의(transzendentales Subjektivismus)로 전환하는 것으로 특징지어진다.

14절 객관주의와 선험주의의 예비적 특징묘사. 근대정신 사의 의미인 이 두 가지 이념의 투쟁

객관주의의 특징은 다음과 같다. 즉 객관주의는 경험으로 자명하 게 미리 주어진 세계의 토대 위에 움직이며, 그 세계의 객관적 진리에 대해 묻고 세계에 대해, 요컨대 이성적 사람에게 무조건 타당한 것에 대해 그리고 세계는 그 자체로 무엇인가에 대해 묻는다. 이러한 물음 을 보편적으로 수행하는 것이 객관적 인식(episteme), 이성(ratio) 또 는 철학의 본분이다. 이것에 의해 사람들은 궁극적 존재자에 도달하 며, 이 궁극적 존재자를 넘어 더 이상 그 배후를 되돌아가 묻는 것은 결코 이성적 의미를 지닐 수 없을 것이다[는 점이 객관주의 주장의 특징이다].

반면 선험주의는 미리 주어진 생활세계의 존재의미가 주관적 형 성물이며 경험하는 삶의 작업수행, 학문 이전의 삶의 작업수행이라 주장한다. 이러한 삶 속에 세계의 의미(Sinn)와 존재타당성(Seins-geltung)이 구축되고, 그때그때 경험하는 사람에게 실제로 타당한 그 때그때의 바로 그 세계가 구축된다. 객관적으로 참된 세계, 즉 학문의 세계는 학문 이전의 경험작용과 사유작용 또는 그것을 타당하게 만드는 작업수행의 토대 위에 이루어진 더 높은 단계의 형성물이다. 그러한 주관성으로, 게다가 그 내용과 더불어 학문 이전이나 학문적인 모든 방식으로 세계의 모든 타당성을 **궁극적으로** 성취하는 주관성으로, 그리고 이성의 작업수행 내용(Was)과 방법(Wie)으로 되돌아가 철저하게 문제 삼는 것만이 객관적 진리를 이해시킬 수 있으며, 세계의 **궁극적 존재의미**에 도달할 수 있다.

따라서 그 자체로 제1의 것은 의심할 여지 없이 자명한 세계의 존재가 아니다. 즉 무엇이 세계에 객관적으로 속해 있는가 하는 단순한 물음을 제기하는 것이 아니라, 오히려 그 자체로 제1의 것은 주관성이다. 더구나 이것은 세계의 존재를 소박하게 미리 부여하고 그런 다음 합리화(rationalisieren) 또는 객관화(objektivieren)하는 주관성으로 이해된 주관성이다.

그러나 우리는 이미 여기에서 이치에 어긋날 위협을 받고 있다. 왜냐하면 이 주관성은 인간이며, 따라서 심리학적 주관성이라는 사실이 무엇보다 자명한 것으로 나타나기 때문이다. 그러나 충분히 성숙한 선험주의는 심리학적 관념론에 이의를 제기하고, **철학으로서의** 객관적 학문을 반박하는 가운데 선험적인 학문적 성격으로서 완전히 새로운 종류의 학문적 성격을 진행하게 요구한다. 이러한 선험적 양식의 주관주의를 과거의 철학도 전혀 생각하지 못했다. 이에 상응해 적합하게 태도를 변경시키는 효과적 동기가—비록 이렇게 태도를 변경하는 것이 고대의 회의론 그리고 곧바로 그 인간학적 상대주의(anthropologistisches Relativismus)[31]에서 생각할 수 있었더라도—

---

31) 후설은 『논리연구』 제1권에서 회의적 상대주의를 개인이 진리의 척도라 주장하는 '개인적 상대주의'와 인간 종(種)이 구성한 법칙에 근거한 모든 판단은 인간에게 참이기 때문에 인간 그 자체가 진리의 척도라 주장하는 '종

없었다.

인식론이 등장하고 선험철학을 진지하게 시도한 이래 철학의 역사 전체는 객관주의적 철학과 선험적 철학 사이의 엄청난 긴장의 역사 이다. 즉 한편으로 객관주의를 유지하고 새로운 형태로 완성하려 끊임없이 시도하는 역사이고, 다른 한편으로 선험적 주관성의 이념과 이 이념에서 요구된 방법이 수반하는 어려움을 극복하기 위해 선험주의가 시도한 역사이다.

철학의 발전에서 이러한 내적 긴장의 근원을 해명하고 철학의 이념이 이처럼 가장 근본적으로 변화되는 궁극적 동기를 분석하는 일은 극히 중요한 의의를 띤다. 그것은 이렇게 해명하고 분석해야 비로소 근대철학사가 생성되는 전체를 통일하는 가장 심오한 의의를 지닌 것, 즉 여러 세대의 철학자들을 하나로 결합하는 그 의지(意志)의 통일과 이 의지에 따라 개별적 주관과 학파 모두가 노력하는 목표에 대한 통찰이 밝혀지기 때문이다. 내가 여기에서 제시하려는 것은 선험철학의 **최종형식**(Endform) ― **현상학**으로서 ― 을 향한 목표이다. 이 현상학에는 근대심리학의 자연주의적 의미를 근절시키는, 즉 〔그것이〕 지양된 계기인 심리학의 최종형식이 놓여 있다.

15절 우리가 역사를 고찰하는 유형의 방법에 대한 반성

우리가 수행해야 할, 그리고 예비적 제안의 양식을 이미 규정한 방식의 고찰은 일상적 의미에서 역사적으로 고찰하는 방식은 아니다. 우리에게 필요한 것은 철학 특히 근대철학이 역사적으로 생성되는

적 상대주의'를 구분하고, 이들이 자신의 오류와 편견들 때문에 보편타당한 진리를 부정하는 회의주의라고 철저히 비판했다(더 상세한 것은 이 책의 '해제 2.1'을 참조할 것).

가운데 은폐된 **목적론**을 이해할 수 있게 하는 것이고, 이와 함께 그 목적론의 담지자(擔持者), 즉 우리의 개인적 의도에서 그 목적론을 함께 수행하는 자인 우리 자신에게 명료함을 제공하는 것이다. 우리는 모든 역사적 목적설정에서 서로 대립하거나 협력하는 가운데 그 변화를 지배한 **통일성**을 이끌어내 이해하려 하고, 역사의 전체적 연관을 언제나 개인적 연관으로서만 주목하는 지속적 비판을 통해 결국 역사적 과제, 즉 우리가 개인적으로 우리 자신에 고유한 유일한 것으로서 승인할 수 있는 과제를 알아차리려 한다.

이렇게 알아차리는 것은 마치 우리 자신이 그 속에 생성된 시간적 생성이 단순히 외면의 인과적 잇달아 일어남(Nacheinander)인 것처럼 외부에서, 즉 사실에서 보는 것이 아니라, 오히려 내부에서 보는 것이다. 정신적 유산을 가질 뿐만 아니라 철두철미하게 오직 역사적-정신적으로 생성된 자인 우리는 고유한 과제를 가진다. 우리는 이 과제를 근대나 고대에서 전승된 어떤 체계를 비판하거나 학문적 세계관(Weltanschauung) 또는 학문 이전의 세계관(그뿐 아니라 나중에는 중국의 세계관)을 비판하는 것이 아니라, 역사—우리의 역사—의 전체 통일성을 비판적으로 이해함으로써만 획득한다. 왜냐하면 그 과제는 역사의 사건들 속에서—서로에 대해, 그리고 초(超)시간적으로는 서로 함께 철학을 하는 자들의 사유 속에서—그것이 결국에는 완전한 통찰로 극복해나갈 때까지 막연한 단계에서 충분한 명료함[의 단계]으로 도달하려는 과제를 통일하고 추진하는 힘에서 정신적 통일성을 갖기 때문이다.

이 경우 그 과제는 단지 사실적으로 필요한 것이 아니라, 현대의 철학자인 우리에게 **부과된** 과제로 놓여 있다. 왜냐하면 우리는 근대의 철학적 인간성에 부과된 직무를 수행하는 자(Funktionär)이기 때문이다. 즉 철학적 인간성을 통해 **철저하게 수행해나가는** 의지성향

(Willensrichtung)의 계승자이자 공동의 담지자인 우리가 곧 진정한 우리 자신의 모습이다. 그러나 우리는 그리스에서 이룩한 근원적으로 건설하는 것을 본받아 추후로 건설하는 동시에, 그것을 변형시키는 근원적으로 건설하는 것에 근거해 우리 자신이 된다. 이 근원적으로 건설하는 것 속에 유럽정신 일반의 참된 탄생인 **목적론의 기원**이 놓여 있다.

나는 다음과 같은 것이야말로 철학자가 본래 **의도하는 것**—즉 [그의] 정신적 조상의 의지(Wille)로서 그리고 그 의지에 근거한 자신 속의 의지—에 대한 자신의 진정한 자기성찰(Selbstbesinnung)이라 주장한다. 유럽정신 일반의 목표들은 다가올 미래세대 속에 침전된 형식으로 계속 존속해 있지만 언제나 다시 일깨울 수 있고 새로운 생생함에서 비판할 수 있는 한, 다가올 일련의 미래세대를 결합하는 이 목표들을 근원적으로 건설하는 것으로 되돌아가 묻는(Rückfrage) 역사를 해명하는 것이 그 첫 번째이다. 그리고 이렇게 계속 존속하는 목표들이 언제나 다시 새롭게 추구된 [그 목표를 달성하려는] 노력을 수반하면서도 이것에 만족하지 않음으로써 언제나 다시 그것들을 해명하고 개선하며 다소간에 근본적으로 변형시키게 강요하는 방식들로 되돌아가 묻는 행위가 또한 철학자의 진정한 자기성찰이다.

이것은 자명한 것으로서 철학자의 개인적 그리고 비역사적 연구의 토대인 침전된 개념적인 것들을 그것의 은폐된 역사적 의미에서 다시 생생하게 만드는 것을 뜻한다. 즉 이것은 철학자 자신의 자기성찰을 통해, 동시에 [그의] 선조의 자기성찰을 계속 수행하고 그래서 일련의 사상가들, 그들 사상의 사회성(社會性), 그들 사상의 공동체를 다시 일깨우고 우리에 대해 생생한 현재(lebendige Gegenwart)로 전환할 뿐만 아니라, 이렇게 현전화된 **전체 통일성**의 토대 위에 **책임** 있게 비판하는 것을 뜻한다. 이것은 현대의 철학자가 개인적으로 자명하게 간주한 것에서가 아니라, 이러한 역사적인 개인의 목적설정들, 이것들이 상대적으로 충족되고 상호비판 속에 자신의 토대를 갖는 독특한 종류의 비판이다.

스스로 생각하는 자(Selbstdenker)가 되려는 사람, 즉 모든 편견에서 자유롭게 되려는 의지에 찬 자율적 철학자는 그가 자명한 것으로 생각하는 모든 것이 편견이라는 통찰, 모든 편견은 전통에 의한 침전물에서 발생한 막연한 것이며 가령 이 편견들은 그 진리가 아직 결정되지 않은 단순한 판단이 아니라는 통찰 그리고 이러한 점은 '철학'이라 부르는 위대한 과제와 이념에 대해서조차 타당하다는 통찰을 스스로 요구한다. 철학적으로 간주된 모든 판단은 이러한 통찰에 관계된다.

그러므로 지금 논의하듯이 역사적으로 되돌이켜 성찰하는 방식은 실제로 역사적 존재인 우리가 본래 의도하는 것의 자명함을 목표로 삼는 가장 심오한 자기성찰이다. 이 자기성찰은 결단에 이르는 데 이바지하며, 여기에서 당연히 이 결단은 현대의 우리에게 공통으로 부과된 가장 독특한 과제를 수행하는 동시에, 이제부터는 상술한 역사적 자기성찰을 통해 이해되고 해명된 과제를 계속한다.

그런데 그 역사적 과정에 부과된 〔과제인〕 최종적으로 건설하는 것은 본질적으로 모든 근원적으로 건설하는 것에 속한다. 그 과제가 완성된 명료함에 도달되고, 그럼으로써 목적을 달성하는 각각의 길에서 절대적으로 성공하는 성격, 즉 필증적 성격을 띤 새로운 발걸음의 끊임없는 통로인 필증적 방법에 도달하면, 최종적으로 건설하게 된다. 그럼으로써 무한한 과제인 철학은 그 필증적 단서에, 필증적으로 계속 수행하는 그 지평에 도달할 것이다(여기에서 시사된 필증적인 것의 원리적 의미를 전통적 수학에서 받아들인 통상적 의미로 대체시키는 것은 물론 근본적으로 전도된 것이다).

하지만 다음과 같은 오해를 경계해야 한다. 모든 역사적 철학자는 자신의 자기성찰을 하며 [그에게서] 현재나 과거의 철학자들과 나름대로 토의한다. 그는 이 모든 것에 관해 자신의 생각을 펼치고, 그러한 논쟁에서 자신의 고유한 견해를 세우고, 대체로 그가 발표한 이론들도 그가 의도했던 것을 일깨움으로써 그 자신 속에서 성장했기 때문에 그러한 자신의 활동에 대한 자기이해를 성취한다.

그러나 비록 역사적 탐구를 통해 이러한 자기해석에 대해서도 (일련의 철학자들 전체에 대해서조차) 정확하게 알게 되더라도, 우리는 이 모든 철학자를 통해 단지 역사의 통일성을 형성하는 지향적 내면성의 은폐된 통일성 속에 '그것'이 궁극적으로 의도한 것을 역사적 탐구를 통해서는 여전히 아무것도 배워서 알게 되지는 않는다. 그것은 최종적으로 건설하는 것 속에서만 계시되고, 모든 철학과 철학자를 통일적으로 방향을 제시하는 길은 이 최종적으로 건설하는 것에서부터만 열릴 수 있으며, 이것에서부터 우리가 과거의 사상가들을—그들 자신은 결코 이해할 수 없었던 방식으로—이해하고 해명하는 작업이 획득될 수 있다.

이 사실은 그와 같은 '목적론으로 역사를 고찰하는 것'이라는 특수한 종류의 진리가 이전 철학자들이 기록한 자기증명을 인용하는 것으로는 결코 결정적으로 반박될 수 없다는 사실을 명백하게 해준다. 왜냐하면 이렇게 역사를 고찰하는 것이 지닌 진리는 기록된 철학적 이론들과 이들과 뚜렷하게 대립한 이론들이나 대응하는 이론들의 역사적 사실들의 배후에서 유의미한 최종의 조화를 비춰줄 수 있는, 비판적으로 전체를 바라보는 명증성 속에서만 증명되기 때문이다.

16절 객관주의적 합리주의라는 근대이념을 근원적으로 건설했을 뿐만 아니라, 이것을 파괴하는 선험적 동기를 근원적으로 건설한 데카르트

이제 근대 철학운동의 통일적 의미를 해명하는 작업을 실제로 착수해보자. 그러면 이 해명작업 안에서 새로운 심리학의 발전에 부여된 특별한 역할이 즉시 밝혀질 것이다. 이러한 목적을 위해 우리는 근대철학 전체를 근원적으로 건설한 천재인 데카르트로 되돌아가야 한다. 갈릴레이가 새로운 자연과학을 근원적으로 건설한 다음 곧이어 '보편철학'이라는 새로운 이념, 즉 수학적이고—더 적절하게 말할 수 있다면—물리학주의적 합리주의의 의미를 지닌 '보편수학'[32]으로서의 철학을 구상했고, 즉시 체계적으로 구상한 것은 바로 데카르트였다. 또한 이 철학은 곧 강력한 영향력을 발휘했다.

그러므로 이 사실은 (바로 앞에서 상술했듯이) 데카르트가 미리 이러한 이념을 체계적으로 완전히 고안했다거나, 하물며 그의 동시대인들이나 후계자들이 학문들에서 항상 그 이념에 이끌려 그 이념을 명백한 형태로 염두에 두었다는 사실을 뜻하지는 않는다. 그러려면 보편성이라는 새로운 이념 아래 실제로 순수수학을 더 높은 체계로 완성해야 했다. 보편성이라는 새로운 이념은 라이프니츠에게서 (보편수학으로서) 최초이지만 상대적으로 성숙한 모습으로 나타났고, 결정된 다양체들의 수학으로 더 성숙한 형태로 지금도 여전히 활

---

32) 데카르트는 기하학적 공리에서 연역하는 수학적 방법을 철학적 인식의 모범으로 삼아 모든 형식과학에 대한 학문으로 보편수학을 수립하고자 했다. 이 이상을 이어받아 라이프니츠는 모든 학문에 통용되는 보편적 언어를 확립하는 보편기호학과 모든 연역추리를 수학의 형식으로 표현하는 추리계산을 개척해 현대 기호논리학을 개척했다.

발하게 탐구 중이다. 크게 발전하는 가운데 작용하는 일반적이고 역사적인 이념들과 같이 새로운 수학, 새로운 자연과학, 새로운 철학의 이념들은 그것들을 발전시키는 담지자로서의 기능을 담당하는 인격들의 의식 속에서는 매우 다른 사유작용의 양식들로 활동한다. 즉 어떤 때에는 이러한 인격들이 목표로 삼는 것에 대해 스스로 해명할 수 있는 능력을 전혀 갖추지 못한 본능들(Instinkte)과 같이 계속 노력하며, 어떤 때에는 다소간에 명확하게 해명한 결과로 소박하고 솔직하게 파악된 목표로서 때에 따라 새롭게 혁신된 숙고를 통해 항상 정밀하게 규정될 목표를 구체적으로 형성해가면서 활동한다. 다른 한편 우리는 다른 분야에서 이미 정밀화된 이념들을 받아들일 경우, 실제로 모호한 다른 방식들을 받아들인 이념을 천박하거나 막연하게 만드는 양식들도 있다. 우리는 이러한 것을 이미 배워서 알고 있다. 해석할 때에는 잘못된 해석 등에 의해 짓눌려진 단순한 단어개념들로 막연하게 된 이념, 즉 [의미가] 공동화(空洞化)된 이념이 되는 경우도 있다.

그러나 여전히 그러한 이념들은 [학문의] 발전에 추진력이다. 그래서 우리가 지금 관심을 두는 이념들 역시 수학적 사유로는 교육될 수 없는 모든 사람에게 영향을 끼친다. 우리는 데카르트에 의해 비로소 파악되었고 상대적으로 확고하게 윤곽을 설정한 이념, 즉 모든 학문과 교양에서 근대 전체를 통해 시종일관 영향력을 발휘하는 철학의 새로운 이념이 지닌 힘을 논의하는 경우 상술한 것에 매우 주의해야 한다.

그러나 단지 이러한 이념을 창시하는 데만 데카르트가 근대를 정초한 가장(家長)은 아니다. 동시에 데카르트가 그의 저서 『성찰』(Meditatationes de prima philosophia)에서 — 곧바로 새로운 합리주의와 이것에 의해 이원론을 근본적으로 기초를 세우려는 의도에서 — 그들 자신의 역사적 성과에서 볼 때 (마치 역사의 은폐된 목적론에 따르듯이) 곧바로 이 합리주의에 은폐된 이치에 어긋난 것을 드러내 밝힘으로써 그 합리주의를 운명적으로 분쇄한 사상들을 근원적으로 건설한 사람이라는 사실은 극히 주목할 만하다. 즉 이 합리주의를 곧바로 영원한 진리(*aeterna veritas*)로 정초하려 했던 사상이야말로 명백하게 드러내 보면, 그 합리주의의 근본을 완전히 뿌리째 파헤치는 깊이 은폐된 의미를 그 자체로 포함한다.

17절 데카르트의 '나는 생각한다'(*ego cogito*)로 되돌아감. 데카르트적 판단중지(*Epoche*)의 의미를 해석함

데카르트가 수행한 최초의 두 과정, 즉 나는 생각한다(*ego cogito*)를 향한 과정과 그때그때의 사유작용(*cogitationes*), 즉 자아(*ego*)를 향한 과정을 그것의 일반적 구조를 부각하는 조망으로 고찰해보자. 따라서 우리의 주제는 철학의 초보자들이 즐겨 선호하는 시험문제일 것이다.

사실 이 최초의 성찰에는, 데카르트조차 그가 이미 수중에 넣었던 위대한 발견을 다시 놓쳐버릴 정도로 어려워서 모두 밝힐 수 없었던 심오한 문제가 있다. 오늘날에도 여전히, 아니 아마 오늘날에 와서 더욱더 스스로 사유하는 모든 사람은 이러한 최초의 성찰을 매우 깊이 심사숙고해 연구해야 한다고 나는 생각한다. 이것은 겉모습 때문에 새로운 사상을 이미 잘 알려진 대로 역설적이고 근본적으로 전도된 신의 [존재]증명에 이용하거나, 그렇지 않으면 수많은 막연함이나 모호함 때문에 위협받으면 안 되며, 더구나 이 경우 자기 자신이 반박하는 것으로 너무 일찍 안심해도 안 된다.

나는 지금 데카르트가 주장한 것을 단지 반복하는 것이 아니다. 오히려 내가 그의 사유 속에 참으로 놓여 있던 것을 이끌어내 신중하게 해석하는 시도를 고찰할 경우, 그것은 충분한 근거를 가진다. 그러나 이 경우 그 자신에 의식된 것과 물론 매우 자연적이지만 자명한 어떤 사실 때문에 그에게 차단되거나 은연중에 그의 사상을 대체했던 것을 구분하는 일도 충분한 근거를 가진다. 이것들은 스콜라철학 전통의 단순한 여분이나 그 시대의 우연한 편견이 아니라, 수천 년 이래의 **자명한 사실**로서 이것을 극복하는 것은 일반적으로 데카르트의 사상 속에 있는 원본적인 것을 정화하고 끝까지 철저하게 사유함으로써만 비로소 가능할 수 있다.

데카르트에 따르면 철학적 인식은 **절대적으로 정초된** 인식이다. 왜냐하면 그것은 명증성에서 생각할 수 있는 모든 의심을 배제한 직접적인 필증적 인식의 토대에 근거해야 하기 때문이다. 간접적 인식의 각 단계는 참으로 이러한 명증성을 획득할 수 있어야 한다. 획득되거나 전수된, 이제까지 확신한 것들을 개괄해봄으로써 그는 언제 어디에서나 회의 또는 회의의 가능성이 있다는 것을 지적했다.

이러한 상황에서 데카르트뿐만 아니라 진정으로 철학자가 되려는 모든 사람이 **철저한 회의적 판단중지**와 더불어 시작하는 것은 불가피하다. 이 판단중지는 이제까지 그가 지닌 모든 확신 전체를 문제시하고, 그러한 확신에 관해 판단하는 모든 것도 미리 막으며, 그 타당성이나 부당성에 대한 어떠한 태도결정도 금지하는 것이다. 모든 철학자는 그의 생애에 한번은 이러한 절차를 밟아야 하고, 만약 그가 이러한 절차를 수행하지 않았다면, 비록 그가 이미 **자신의 철학**을 실제로 가졌더라도, 그는 그와 같은 절차를 밟아야 한다. 따라서 자신의 철학도 판단중지 앞에서는 그 밖의 다른 편견들과 마찬가지로 취급되어야 한다.

사실 이러한 '데카르트적 판단중지'야말로 일찍이 들어본 적이 없는 근본주의(Radikalismus)[33]라는 성격을 띤다. 왜냐하면 이 판단중지는 명백하게 이제까지의 모든 학문—여기에는 심지어 필증적 명증성을 요구하는 수학조차 예외가 될 수 없다—의 타당성뿐만 아니라, 더구나 학문 이전의 그리고 학문 이외의 **생활세계**—따라서 항상 아무런 문제도 없는 자명한 사실로 미리 주어져 있는 감각적 경험의 세계와 이 감각적 경험에서 양분을 얻는 모든 사유의 삶, 즉 비학문적 사유의 삶과 결국에는 학문적 사유의 삶의 세계도 포함하는 생활세계—의 타당성도 포괄한다.

여기에서 모든 객관적 인식, 즉 이제까지의 모든 학문, 이 세계에 관한 학문들이 인식하는 토대의 가장 낮은 단계가 인식비판으로 처음 문제시된다. 즉 일상적 의미의 경험, 감각적 경험과 그 상관자인 세계 자체가 문제시된다. 이 세계는 우리에게 이러한 경험 속에 그리고 이러한 경험에서 의미(Sinn)와 존재(Sein)를 지닌 것으로서, 그 세계는 개별적인 실재적 대상들에서 이러저러한 내실을 갖고 항상 의심의 여지 없이 확실하게 우리에게 단적으로 현존하는 것으로 간주하며, 단지 개별적인 것에서만 그때그때 의심스러운 것 또는 가상(假象)으로서 그 가치가 떨어진다. 그러나 이러한 점에서 경험에 기초한 모든 의미의 작업수행과 타당성의 작업수행도 함께 문제시된다. 사실상 우리가 이미 언급했듯이, 이것이 인식비판 특히 객관적 인식에 대한 철저한 비판의 역사적 출발이다.

---

33) 후설은 진정으로 철학을 하는 자(Philosophierendes)는 누구나 반드시 '생애에 한 번은' 자기 자신으로 되돌아가고[반성하고], 이제까지 그가 타당하다고 간주해왔던 모든 것을 전복시키고 자신의 통찰에 입각한 이론적 자율성(theoretische Autonomie)에 따라 새롭게 건설해야 한다고 주장하고, 이러한 근본적 자세를 데카르트가 수행한 방법적 회의의 정신에 따라 "근본주의"(『성찰』, 47쪽)라 부른다.

다음과 같은 점도 다시 기억해야 한다. 즉 프로타고라스[34]와 고르기아스[35]에서 시작된 고대의 회의주의는 객관적 인식(*episteme*), 즉 그 자체로 존재하는 것(An-sich-sciend)의 학문적 인식을 문제로 삼아 그것을 부정했다는 점, 그러나 이 회의주의는 그들의 추정적 진리를 그 자체와 더불어 합리적인 그 자체의 존재를 받아들이고 이것에 도달할 수 있다고 믿는 철학을 합리적으로 구축하는 작업을 거부하는 것과 같은 불가지론을 넘어서지는 않았다는 점이다. 〔그들에게〕 이 세계는 합리적으로 인식할 수 없는 것이고, 인간의 인식은 주관적-상대적 현상들을 넘어설 수는 없는 것이다. 이러한 점에서 근본주의를 계속 추구할 수 있는 충분한 가능성(예를 들면 "아무것도 존재하지 않는다"는 고르기아스의 두 가지 뜻을 지닌 명제와 같이)이 있었는지도 모른다.

그러나 실제로는 그러한 근본주의에 도달하지 못했다. 부정적 견해에서 실천적-윤리적(정치적) 태도를 취하는 〔고대의〕 회의주의

---

34) Protagoras(기원전 481~411)는 '인간은 만물의 척도'(homo mensura)라, 즉 "나에게는 사물이 나에게 나타나는 그대로이고, 너에게는 너에게 나타나는 그대로이다"라 주장해 보편타당한 객관적 진리를 부정했다. 이것은 인간이 진리뿐 아니라 가치·규범·법률·이념 등의 기준이라 파악하는 회의적 상대주의의 관점이다.

그러나 그는 비록 어떤 의견도 다른 의견보다 참되지는 않지만, 더 나을 수는 있다고 함으로써 진리와 윤리에 대한 전통적인 관습적 견해가 받아들여질 수 있는 여지를 마련했다. 예를 들어 황달에 걸려 모든 것을 노랗게 보는 사람의 상태를 의사가 정상적으로 바꾸어놓거나, 도둑의 도둑질에 대한 그릇된 믿음을 변화시키는 실용적 가르침에 의의를 부여했다.

35) Gorgias(기원전 485~380)은 프로타고라스의 견해에서 더 나아가 "아무것도 존재하지 않는다. 그리고 무엇이 존재한다고 하더라도 그것을 인식할 수 없다. 또한 그것을 인식할 수 있더라도 남에게 전달할 수는 없다"는 강력한 회의주의적 상대주의를 주장했다.

그러나 그의 논지에 따르면 이러한 그의 주장 역시 존재하지 않고, 인식할 수 없으며, 전달할 수 없다는 자가당착의 모순에 직면하게 된다.

에는 물론 그 이후의 모든 시대에서도 본래의 데카르트적 동기가 없다. 즉 이 동기는 더 이상 넘어설 수 없는 유사-회의주의적 판단중지 (quasi-skeptische Epoche)의 지옥을 통과해 절대적으로 합리적인 철학의 천국에 이르는 입구로 밀고 나가 이 철학 자체를 체계적으로 구축하려는 것이다.

그러면 어떻게 이 판단중지는 그 동기를 수행할 수 있는가? 어쨌든 이 판단중지가 단번에 모든 세세에 관한 인식 — 단적인 세계경험의 형태들도 포함하는 그 모든 형태에서 — 을 작용 밖에(außer Spiel) 두고 그럼으로써 세계의 존재를 파악하지 못하면, 이 판단중지에 의해 곧바로 직접적이며 필증적인 명증성들의 근원적 토대는 어떻게 여전히 제시될 수 있는가?

이에 대한 답변은 다음과 같다. 즉 내가 세계의 존재나 비존재에 관한 모든 태도결정을 중지하더라도, 내가 세계에 관련된 모든 존재의 타당성을 단념하더라도, 어쨌든 이 판단중지 안에서는 모든 존재의 타당성이 나를 방해하는 것은 아니다. 판단중지를 하는 자아(Ich) 인 나는 판단중지의 대상적 영역에는 포함되지 않고, 오히려 내가 판단중지를 철저하고도 보편적으로 하면 원리상 그 영역에서 배제된다. 자아는 판단중지를 하는 자로서 필수불가결하다. 바로 이 점에서 나는 가능한 모든 회의를 절대적으로 배제하는, 내가 추구했던 필증적 토대를 발견한다.

또한 내가 어느 정도까지 회의를 하더라도, 모든 것이 의심스럽다거나 실제로는 존재하지 않는다고 나 스스로 생각하더라도, 어쨌든 나는 의심하는 자로서, 즉 모든 것을 부정하는 자로서 존재할 것이라는 사실은 절대적으로 명증하다. 보편적 회의는 자신을 폐기한다. 따라서 보편적 판단중지를 하는 동안 '나는 존재한다'라는 절대적으로 필증적인 명증성은 나의 재량권에 맡겨져 있다.

그러나 이러한 명증성에는 매우 다양한 것도 포함된다. '나는 사유하는 존재이다'(*Sum cogitans*)라는 명증한 언표는, 더 구체적으로 말하면, '나는 사유한 것들을 사유한 것들로서 사유한다'(*ego cogito — cogitata qua cogitata*)는 것이다. 이 사실은 개별적 사유작용들뿐만 아니라 이것들의 흐름(Strom)을 하나의 사유작용의 보편적 통일로 종합하는 모든 사유작용—이 속에서 세계와 내가 그때그때 세계에 속한다고 생각한 것이 사유된 것으로 나에게 존재의 타당성을 지니며, 계속 지닐 것이다—을 포괄한다. 이것은 내가 지금 철학을 하는 자로서 이러한 [존재]타당성들을 자연적 방식에서 단적으로 성취하거나 인식에 적합하게 활용할 필요는 더 이상 없다는 점에서 그러하다. 이러한 타당성 모두에 대해 판단중지를 하는 나의 견해에서 보면, 나는 그러한 타당성을 성취하는 작업에 더 이상 참여하면 안 된다.

그래서 경험하고 사유하고 가치를 평가하며 그 밖의 행위를 하는 나의 삶 전체는 나에게 남고, 이것도 계속 경과하지만, 그 삶에서 바로 '이' 세계로서, 즉 나에게 존재하고 타당성을 갖는 세계로서 나의 눈에 분명하게 나타난 것은 단순한 현상(Phänomen)이 되었고, 게다가 이것은 세계에 속한 모든 규정에 대해서도 그러하다. 이 판단중지에서는 모든 규정과 세계 자체가 나의 관념(*ideae*)으로 변화되었고, 이것들은 곧 그것이 사유된 것들로서 나의 사유작용에서 분리할 수 없는 존립요소이다. 그러므로 여기에서 우리는 자아(*ego*)라는 명칭 아래 함께 포함된 절대적인 필증적 존재의 영역을 갖게 되며, 가령 단순히 '나는 생각한다'라는 명제 또는 '나는 생각하는 존재이다'라는 하나의 공리적 명제만 갖는다는 것은 아니다.

하지만 그밖에 특히 주목해야만 할 것을 더 첨부해야 한다. 판단중지를 통해 나는 원리상 생각할 수 있는 모든 나에 대해 존재하는 것들과 이들의 존재의 영역을 그들의 절대적인 필증적 전제로서 이끌어가는 존재의 영역으로 깊이 파고들어 가게 된다. 요컨대 데카르트에 대해서도 마찬가지로 타당한 것이지만, 자아, 즉 판단중지를 하는 자아는 유일하게 절대적으로 의심할 수 없는 것, 모든 회의의 가능성을 원리상 배제하는 것이다. 그밖에 필증적으로 나타나는 것, 예를 들면 수학적 공리들과 같은 것도 매우 분명히 회의의 가능성에 개방되어 있으며,[36] 따라서 그것들을 거짓이라고 생각할 수 있는 여지도 있다. 이러한 회의의 가능성은—이것을 상술한 것과 같은 유일하고 절대적인 근원적 명증성으로 환원하는 그리고 만약 어떤 철학이 가능해지려면 곧바로 모든 인식을 그 근원적 명증성으로 환원해야 할—간접적이지만 절대적인 필증적 정초지움(Begründung)이 성공할 때에만 비로소 배제되고 필증성의 요구가 정당화된다.

18절 데카르트의 잘못된 자기해석 : 판단중지를 통해 획득된 순수자아를 심리학주의로 왜곡한 점

여기에서 우리는 지금까지 해석하는 가운데 의도적으로 침묵했던 몇 가지 사실을 언급해야 한다. 그럼으로써 데카르트의 사상에는 은폐된 두 가지 의의가 있다는 점이 명백하게 드러날 것이다. 즉 데카르트의 사상을 파악하고 발전시키며 학문적 과제들을 제시하는 일에는 두 가지 가능성이 나타나는데, 데카르트에서는 이 두 가지 가능성 가운데 오직 하나만 처음부터 자명했다. 그러므로 그가 서술한 것의 의미는 사실상 (그 자신의 의미로서는) 일의적이다.

그러나 유감스럽게도 이 일의성은 다음과 같은 사실에서 유래한

---

36) 그 예로 비(非)유클리드기하학의 관점에서 본 유클리드기하학의 공리를 들 수 있다.

다. 즉 그가 그의 사상에서 독창적인 근본주의를 실제로 관철하지 않았다는 점, 그가 실제로 그의 모든 예측하는 생각(Vormeinung) 특히 세계를 통째로 판단중지에 예속시키지(괄호치지) 않았다는 점, 그가 자신의 목표에 사로잡혔기 때문에 판단중지를 하는 '자아'를 통해 획득한 가장 중요한 의의를—이 자아와 관련해 순수한 철학적 경탄(thaumazein)을 전개하기 위해—곧바로 이끌어내지 않았다는 점에서 유래한다.

이처럼 [철학적 경탄을] 밝히는 작업이 실로 곧바로 일어날 수 있었던 것과 비교하면, 데카르트가 새로운 사상에서 실제로 명확하게 드러냈던 모든 것은, 비록 독창적이며 광범위하게 영향을 끼쳤더라도, 어떤 의미에서는 피상적이었으며, 게다가 [그것에 대한] 그 자신의 해석 때문에 그 가치를 상실했다. 즉 데카르트는 판단중지에서 비로소 발견된 이 자아에 대해 경탄하면서 '그것은 어떤 종류의 자아인가', 가령 '그것은 인간—일상의 삶에서 감각적으로 직관할 수 있는 인간—인지 아닌지' 하는 물음을 스스로 묻고 있다.

그런데 데카르트는 신체(Leib)를 배제한다. 하지만 감각적 세계 일반과 마찬가지로 신체 역시 판단중지에 속한다. 그래서 데카르트에서 자아는 '마음, 즉 혼, 즉 지성'(mens sive animus sive intellectus)으로 규정된다.

그러나 이 점에서 우리는 몇 가지 의문을 품게 될 것이다. 판단중지는 (철학을 하고 있는) 나에게 미리 주어져 있는 모든 것에 관계되는 것은 아닌가? 따라서 판단중지는 모든 인간을 포함한 세계 전체에 그리고 인간의 단순한 육체에 관해서만이 아니라 인간 그 자체에 관계되는 것은 아닌가? 내가 자연적으로 세계를 소유하는 경우 항상 나 자신을 전체 인간으로 간주하듯이 판단중지는 전체 인간으로서 나 자신에 관계되는 것은 아닌가? 이 경우 데카르트는 단지 감각적으로 경험할 수 있는 것과 수학적인 것으로서 순수사유의 문제인 것을 구별하면서 보편적이며 절대적으로 순수한 물체의 세계에 대해 갈릴레이가 지닌 확신으로서 앞서 이미 지배되지 않았나? 감성은 그 자체로 존재하는 것[의 영역]을 지시하지만 우리를 기만할 수도 있다는 사실 그리고 이러한 기만을 해결하고 그 자체로 존재하는 것을 수학적 합리성에서 인식하는 합리적 길이 반드시 존재한다는 사실이 데카르트에게는 실로 이미 자명한 것이 아니었나? 그러나 이 모든 것은 판단중지에 의해, 즉 실로 어떤 가능성으로서조차 한꺼번에 괄호 속에 묶이는 것은 아닌가?

데카르트는 무전제성(無前提性)이라는 근본주의를 요구하지만, 이러한 자아로 돌파해가는 작업이 당연히 그 수단이 될 목표를 미리 갖고 있었다는 점은 명백하다. 데카르트는 그 목표와 이것에 이르는 수단의 가능성을 확신했기 때문에 그가 이미 근본주의를 포기했다는 사실을 파악하지 못했다. 판단중지, 즉 미리 주어진 모든 것 — 세계 속에 존재하는 것에 관한 그 모든 전제된 타당성(Vorgeltung) — 을 철저하게 억제하는 것을 단순히 결심하는 일로써 작업이 다 수행된 것은 아니다.

왜냐하면 판단중지는 진지하게 수행되어야 하며, 사실상 그렇게 수행되어야 하기 때문이다. 자아는 세계의 어떤 잔여(Residuum)가 아니라 절대적이고 필증적으로 정립된 것인데,[37] 이것은 판단중지, 즉 세계의 타당성 전체를 '괄호침'으로써만 가능하며, 또한 유일한 정립(Setzung)으로서 가능하게 된다. 그런데 영혼(Seele)은 순수한 물

---

37) 세계의 존재를 소박하게 전제하는 자연적 태도에서 정립한 타당성을 일단 괄호 치는 판단중지의 결과 드러난 순수의식은 단순한 세계의 '잔여'나 형이상학적 실체가 아니라, 판단중지와 현상학적 환원을 수행하는 자의 구체적인 체험의 흐름, 즉 '현상'이다.

체를 이전에 추상한 것의 잔여이며, 이 추상에 따라 적어도 외견상으로는 그 물체를 보충하는 부분이다. 그러나 (이 사실을 주목해야 하듯이) 이러한 추상은 판단중지에서 일어나는 것이 아니고, 미리 주어진 세계, 즉 자명하게 존재하는 세계의 자연적 토대 위에 자연과학자나 심리학자가 〔사물을〕 고찰하는 방식에서 일어난다. 우리는 여전히 이러한 추상들과 이것들이 자명하다고 주장하는 가상(假象)에 대해 논의할 것이다.

여기서는 다음과 같은 점을 명확하게 하는 것으로도 충분하다. 즉 판단중지와 이것을 하는 자아를 소개하는 성찰의 기초를 세우는 고찰에서는 자아와 순수한 영혼을 동일시함으로써 논리적 일관성이 단절된다는 점이다. 이러한 성찰의 전체 성과, 즉 그 자아의 위대한 발견은 이치에 어긋나버린 오해 때문에 그 가치를 상실한다. 요컨대 순수한 영혼은 도대체 괄호 속의 영혼, 즉 단순한 현상으로 나타나지 않는 한, 판단중지에서는 결코 어떠한 의미도 갖지 않으며, 이 점에서는 신체도 마찬가지이다. 우리는 '현상'(Phänomen)이라는 새로운 개념, 즉 데카르트적 판단중지와 더불어 비로소 처음 발생한 그 개념을 간과하면 안 된다.

하지만 철저하고 보편적인 판단중지와 같은 일찍이 들어본 적이 없는 태도변경을 유지하고 충분히 이용하는 것이 얼마나 힘든 일인지를 우리는 잘 안다. 그 어디에선가 자연적인 인간의 오성(Menschenverstand)〔상식〕이나 소박한 세계의 타당성에서 유래하는 어떤 것〔태도〕이 나타나자마자 곧 판단중지에서 가능하게 되고 또한 요구되는 새로운 종류의 사유작용을 왜곡시킨다(또한 나의 '데카르트주의'[38] 또는—내가 데카르트적 판단중지를 이렇게 서술하면서

---

38) 후설은 데카르트가 방법적 회의를 했지만 세계를 괄호 치지 않았기 때문에

준비해왔던 — '현상학적 환원'phänomenologische Reduktion에 대해 나의 동시대인들 가운데 모든 철학자가 제기한 소박한 반론들은 거의 이것에서 유래한다).

거의 근절하기 어려운 이러한 소박함도 자아와 자아가 사유하는 삶에서 외부 세계를 추론하는 가능성이 '자명하다'는 사실에 대해 수세기 동안 거의 아무도 이의를 제기하지 못했고, 이 자아론의 존재영역(egologische Seinssphäre)에 관해서 외부의 세계가 도대체 어떤 의미를 가질 수 있는가 하는 문제 — 물론 이것은 이 **자아**를 패러독스, 즉 모든 수수께끼 가운데 최대의 수수께끼로 만들었다 — 를 누구도 제기하지 않게 만들었다. 그러나 아마 많은 문제가, 아니 철학에서는 모든 것이 이러한 수수께끼에 관련되어 있다. 그리고 아마 데카르트 자신이 자아를 발견함으로써 경험했던 감동은 어쨌든 우리와 같이 더 편협한 정신을 지닌 사람에게는 모든 착오나 혼란을 벗어나 모든 진정한 철학의 '아르키메데스점'으로서 언젠가 한 번은 분명하게 드러나야 할 참으로 위대하며 가장 위대한 것이 나타났던 것을 알려주는 사실로서 중요하다.

자아로 되돌아가는 이러한 새로운 [사상의] 동기는 일단 역사 속에 나타나자마자, 그 이후로 즉시 — 왜곡되거나 모호해진데도 — 철학의 새로운 시대를 이끌었고, 철학의 새로운 시대에 새로운 목적(*Telos*)을 심었다는 점에서 그것의 내적인 강력한 힘을 계시했다.

"그가 발견한 참된 선험적 주관성의 실마리인 사유의 주체는 잃어버린 것과 같게 되었고"(『이념』, 10쪽), 그 결과 "불합리한 선험적 실재론의 시조"(『성찰』, 63쪽, 69쪽)가 되었다고 비판했다. 그러면서도 그는 순수하게 사유하는 자아(ego cogito)로 되돌아가 철학을 절대적으로 정초하려는 데카르트의 동기를 철저하게 전개하는 자신의 선험적 주관주의를 "신(新)-데카르트주의(Neu-Cartesianismus)"(『성찰』, 43쪽)라 부른다.

19절 데카르트가 자신의 발견을 잘못 해석한 근거인 객관
주의에 대한 지나친 관심

데카르트의 저술 『성찰』은 자신의 심리적 자기(Ich)를 자아(ego)로 대체하고, 심리학적 내재(Immanenz)를 자아론의 내재로, 심리적 내적 지각 또는 자기지각을 자아론의 자기지각으로 대체하는 불행한 숙명적 형식으로 결과가 나타났으며, 그것은 역사적으로도 오늘날에 이르기까지 그러한 영향을 계속 끼치고 있다. 데카르트 자신은 자신의 영혼적인 것을 초월하는 것으로 추론하는 길을 따라 (신의 초월성에 대한 첫 번째 추론으로 매개되어) 유한한 실체의 이원론을 증명할 수 있다고 실제로 믿었다.

이와 마찬가지로 데카르트는 자신의 이치에 어긋난 태도에 대해 중요한 문제―이 문제는 그 이후 칸트가 변화된 형식으로 다시 반복된다―즉 '어떻게 수학이나 수학적 자연과학의 형성물이라는 나의 이성 속에 창출된 이성의 형성물(나 자신의 '명석하고 판명한 지각')이 객관적으로 참된, 하나의 형이상학의 초월적 타당성을 요구할 수 있는가' 하는 문제를 해결할 수 있다고 생각한다.

근대에 이르러 오성 또는 이성의 이론, 즉 정확한 의미에서 이성비판이 선험적 문제제기라 부르는 것은 그 의미의 원천이 데카르트의 성찰에 있다. 고대는 이러한 것을 결코 알지 못했다. 왜냐하면 고대에는 데카르트적 판단중지와 이것을 수행하는 자아가 생소했기 때문이다. 그래서 주관적인 것 속에서 그것을 최종적으로 정초하고자 추구하는 완전히 새로운 종류의 철학을 함은 사실상 데카르트와 더불어 시작한다.

그러나 데카르트가 그것을 주관적으로 정초하면서도 순수한 객관주의를 고집하는 것은 무엇보다 판단중지에서 그 자체로 존립하며 객관적 학문들(보편적으로 말하면, 철학)을 정초하는 것에 대해 절대적 인식의 토대로 기능했던 마음(mens)이 그 밖의 주제와 함께 동시에 이러한 학문들, 즉 심리학에서도 정당한 주제로 정초된 것으로 보임으로써만 가능하게 되었다. 데카르트는 판단중지를 통해 '세계'라는 성격을 상실해버린 그의 자기인 자아, 즉 기능하는 사유-작용에서 이제까지 세계가 자신에 대해 가질 수 있었던 모든 존재 의미를 지닌 자아는 세계 속에 주제로 등장할 수 없다는 점을 스스로 명백하게 해명하지 못했다. 왜냐하면 세계 속에 존재하는 모든 것은 곧바로 이 자아의 기능에서 그것의 의미를, 따라서 자신의 영혼 존재─또한 일상적 의미에서 자기(Ich)도 포함해─를 이끌어내기 때문이다.

하물며 데카르트는 자아─이것이 판단중지에서 그 자체로 존재하는 것으로 밝혀지듯이─가 타인이나 자신을 제외한 자기와 같은 수많은 자기(Mit-Iche)를 가질 수 있는 '하나의' 자기는 아니라는 점을 당연히 고려할 수 없었다. 나와 너, 내부와 외부 같은 이 모든 구별은 절대적 자아 속에서 비로소 '구성된다'(sich konstituieren)는 점이 데카르트에서는 은폐된 채 남아 있다.

그래서 왜 데카르트가 객관주의와 정밀한 과학을 형이상학적-절대적 인식을 보장하는 학문으로 정초하려 서두른 나머지, 그 작용들이나 능력에서 자신에 고유한 것은 무엇인가, 그리고 순수자아가 이러한 작용들과 능력을 통해 지향적 작업수행으로서 성취하는 것은 무엇인가에 대해 순수자아─판단중지 속에 일관되게 남아 있는 것─를 체계적으로 물어보는 과제를 자신에게 부과하지 않았는지가 이해된다. 데카르트가 이것을 상세하게 설명하지 않았기 때문에, 그에게는 자아 속의 '현상'인 세계에서 시작해 체계적으로 되돌아가 묻는 문제, 즉 실제로 증명될 수 있는 자아의 어떠한 내재적 작업수행에서 세계는 그 존재의 의미를 유지해왔는가 하는 강력한 문제제기가 천명될 수 없었다. 마음으로서 자아에 대한 분석론은 데카르트에게는 분명히 미래의 객관적 심리학의 문젯거리였던 것이다.

20절 데카르트에서 '지향성'

그러므로 〔데카르트의〕 기초를 세우는 최초의 성찰은 본래 심리학의 한 부분이었으며, 이 심리학 가운데 여전히 가장 중요하지만 전혀 발전되지 않았던 계기, 즉 자아론에서 삶의 본질을 이루는 '지향성'(Intentionalität)[39]이라는 계기가 명백하게 드러나야 한다. 이 지향성에 다른 말은 '사유작용'(*cogitatio*), 예를 들면 경험하고 생각하고 느끼며 욕구하면서 무엇인가를 의식해 갖는 작용(Bewußthaben) 등이다. 왜냐하면 각각의 사유작용은 그 사유된 것(*cogitatum*)을 갖기 때문이다. 각각의 사유작용은 가장 넓은 의미에서 추정하는 작용(Vermeinen)이며, 따라서 어떤 양상의 확신 — 단적인 확신·추측·그럴듯한 개연적인 것으로 간주함·의심 등 — 에 속한다. 이것들과 관련해 검증(檢證)과 부인(否認) 그리고 참된 것과 거짓된 것이 구별된다.

우리는 지향성이라 부르는 문제가 그 자체 속에 오성의 문제나 이성의 문제를 불가분하게 포함하는 점을 이미 알고 있다. 물론 〔데카

---

39) 브렌타노(F. Brentano)의 영향을 받았지만 독자적으로 발전되어 현상학의 모든 문제를 포괄하는 '지향성'은 의식의 보편적 존재양식을 특징짓는 본질적 계기이다. 지향적 대상은 실재대상이 알려지는 인식의 매개수단이 아니라, 지각의 최종착점으로 '무엇을 향해'(sich richten auf~) 직접 관계를 맺고 알려진 내재적 대상, 즉 지각된 사태이다.

　이 지향성은 데카르트의 연장실체와 사유실체, 칸트의 예지계와 현상계라는 이원론을 극복할 수 있는 실마리를 제공하며, 엄밀한 학문으로서 의식을 탐구하여 대상성을 정초하는 인식인 선험철학의 가능조건이다.

르트에서〕 '지향성'이라는 주제를 실제로 제기하고 취급하는 것은 결코 문제 밖이다. 그러나 다른 한편에서 보면, 자아에서 출발한 새로운 보편적 철학을 추정적으로 기초지우는 것 전체 역시 하나의 인식론으로서, 즉 자아가 이성의 지향성 속에 (이성작용에 의해) 객관적 인식을 어떻게 성립시키는가 하는 문제에 대한 이론으로서 특징지을 수밖에 없다. 물론 데카르트에서 이것은 실제로 자아를 형이상학적으로 초월하는 인식을 뜻한다.

21절 합리론과 경험론이라는 두 가지 발전방향의 출발점인 데카르트

이제 우리가 데카르트로부터 발전해나간 방향들의 발자취를 추적해보면, 그 가운데 하나인 합리론의 발전방향은 말브랑슈[40], 스피노자, 라이프니츠를 거쳐 볼프[41]학파를 경유해 그 전환점으로서 칸트까지 이어진다. 이 합리론의 발전방향에서는 데카르트가 인식했듯이 새로운 종류의 합리주의 정신이 열렬하게 계속 활동했고, 커다란 체계들로 전개되었다. 따라서 여기에서는 '기하학적 정신'(mos geometricus)의 방법으로 초월적인 '그 자체'(An-sich)의 존재로 생각된 세계를 절대적으로 기초지우는 보편적 인식을 실현할 수 있다는 확신이 지배한다.

곧바로 이러한 확신에 반대해, 즉 초월적인 것에 충분히 도달할 수

---

40) N. Malebranche(1638~1715)는 프랑스 철학자로서, 모든 원인은 신(神)의 의지로 우연하게 결정된다는 기회원인설(Occasionalism)을 주장해 데카르트의 연장실체와 사유실체의 이원론을 관념론으로 극복하려 했다.
41) C. Wolff(1679~1754)는 라이프니츠의 제자로 그 당시 학술용어인 라틴어 대신 독일어로 철학의 다양한 용어와 체계를 정비해 이른바 '라이프니츠-볼프'학파를 형성했다.

있다는 것인 새로운 과학의 도달범위에 반대해, 아니 결국에는 초월적인 것 자체에 반대해—비록 이것 역시 데카르트가 강력하게 규정한 것이지만—영국의 경험론이 반작용으로 나타난다. 그러나 이 경험론은 고대의 회의론이 당시의 합리적 철학에 반대하는 반동과 유사한 반동(Reaktion)이다. 이 새로운 회의적 경험론은 이미 **홉스**와 더불어 시작한다. 그렇지만 우리에게 더욱 커다란 흥미를 끄는 것은 경험론이 심리학과 인식론에 계속 크나큰 영향을 끼친 결과, **로크**의 오성비판과 **버클리**와 **흄**에서 그것이 곧바로 계속 진행된 사실이다.

이러한 발전의 방향은 다음과 같은 역사적 길의 본질적 일부라는 사실 때문에 특히 중요하다. 그 길은 심리학적으로 왜곡된 데카르트의 선험주의(만약 우리가 데카르트가 독창적인 자아로 전환한 것을 이제 바로 그렇게 불러야 한다면)가 그 귀결들을 전개해감으로써 그 자신을 유지할 수 없는 이론으로 깨닫게 철저히 연구하게 시도하고, 이를 통해 그것의 참된 의미를 더욱 깨달아 더욱더 진정한 선험주의에 이르는 길이다. 이 경우 무엇보다 제1의 것 그리고 역사적으로 가장 중요한 것은 (감각주의-자연주의의 경향을 띤) 경험론적 심리학주의가 도저히 지지받을 수 없는 이치에 어긋난 것으로서 스스로 천명한 것이었다.

22절 로크의 자연주의적-인식론적 심리학

우리가 알고 있듯이 경험론이 발전하는 가운데 순수한 자연과학이 분리됨으로써 그 상관자로서 요청된 새로운 심리학이 최초로 구체적으로 실행된다. 그러므로 새로운 심리학은 그때부터는 물체성과 분리된 영혼(Seele)의 영역에서 이루어지는 내성(內省)심리학의 연구뿐만 아니라, 생리학과 심리물리학의 설명에도 전념한다.

다른 한편 이 심리학은 데카르트의 심리학과 비교하면 전혀 새롭고 매우 세분화되어 형성된 인식론의 구실을 한다. 이러한 점이 로크의 위대한 저술[『인간 오성론』]이 지닌 처음부터 본래의 의도이다. 이것은 곧 데카르트의 저술『성찰』이 의도했던 것, 즉 객관적 학문들의 객관성을 인식론으로 정초하려는 작업을 곧바로 수행하려는 새로운 시도로 나타난다. 이러한 의도가 지닌 회의적 태도는 처음부터 인간 인식의 범위, 도달한계, 그 확실성의 정도와 같은 문제를 묻는 것에서 분명히 나타난다.

그러나 데카르트적 판단중지와 자아로의 환원이 지닌 깊은 뜻에 관해 로크는 아무것도 알아채지 못했다. 로크는 자아를 단순히 영혼[마음]으로서, 즉 자신의 경험을 갖는 명증성에서 곧바로 그 내적 상태, 작용들 그리고 능력을 알게 되는 영혼[마음]으로 받아들인다. 따라서 자신의 내적 경험이 나타내는 것, 즉 우리 자신의 관념들만이 직접 명증한 것으로 주어진다. 외부의 세계에 존재하는 모든 것은 [단지] 추론될 뿐이다.

그래서 제1의 것은 순수한 내적 경험에 근거한 내성심리학의 분석이다. 그러나 이 경우 다른 사람들의 경험과 인간들 가운데 하나의 사람인 나에게 속한 것인 자신의 경험을 파악하는 것도 아주 소박하게 사용되고, 따라서 다른 사람들에 대한 추론의 객관적 타당성도 이용된다. 그런데 도대체 어떻게 연구 전체가 객관적-심리학적 연구로 나가고 — 어쨌든 이 모든 객관성이 문제가 되는데 — 그뿐 아니라 실로 생리적인 것에 의지하는가?

데카르트의 본래 문제, 즉 (내성심리학으로 해석된) 자아론의 타당성들[42] — 여기에는 외부의 세계에 존재하는 것에 대한 모든 추론방

---

42) 후설은 후기저술(예를 들면『형식논리학과 선험논리학』,『성찰』등)에서 수

식도 포함된다— 의 초월에 관한 문제, '그 자아론의 타당성들은 그 자체로 캡슐에 포장된 영혼 속의 **사유작용**(*cogitationes*)인데도 어떻게 영혼 이외의 존재를 정초할 수 있어야 하는가' 하는 문제가 로크의 경우에는 빠졌거나, 실재적으로 타당한 체험이나 이에 속한 능력에 대한 심리학적 발생(Genesis)의 문제로 전이되었다. 로크에게는 자의로 그것들이 생산해낸 것에서 추출한 감각자료들은 외부의 자극이며 외부의 세계에 존재하는 물체를 알려준다는 사실이 전혀 문제시되지 않고 자명한 것이다.

특히 미래의 심리학과 인식론에 숙명적으로 불행한 일은 로크가 데카르트가 비로소 도입한 **사유된 것들**(*cogitata*)에 관한 **사유작용**(*cogitatio*)인 사유작용, 따라서 지향성을 전혀 사용하지 않고, 이것을 (오히려 이것이 곧 기초적 연구에서 가장 본래의 주제인데도) 주제로 인식하지 못했다는 점이다. 로크는 이러한 구별 전체를 이해하려고도 하지 않았다. 〔그에게〕 영혼은 물체와 마찬가지로 그 자체만으로 완결된 실재적인 것이다. 이 소박한 자연주의에서는 이제 영혼은 마치 공간과 같이 그 자체만으로 파악된다. 즉 로크의 유명한 비유로는, 영혼〔마음〕은 그 위에 심리적 자료들이 나타나고 사라지는 서판(書板, *tabula rasa*)과 같은 것이다.

외부 감각과 내부 감각에 관한 학설과 더불어 이러한 감각자료에

학뿐 아니라 형식논리학이 다루는 객관적 사유의 구조와 범주의 타당성을 밝히려 했다. 그리고 이 타당성은 모든 객관적 타당성의 원천인 선험적 주관성이 지향적으로 구성한 것으로 파악했다. 즉 선험논리학은 사유의 아프리오리한 규범들을 단지 발견하는 것이 아니라, 그것들을 구성함으로써 확립한다. 그에게서 직관 역시 지향적이지만, 인식의 형식과 내용(질료) 모두 순수하게 아프리오리하며 내재적이고 주관적이기 때문에 단순한 의미들이 갖지 못한 필연성(그 원천은 '이성'이다)을 가진다. 즉 선험적 논리학은 모든 인식을 경험에 연결하고 인식이 발생하는 근본적 형식들을 타당하게 만드는 인식비판이다.

의한 감각론은 수백 년 동안 심리학과 인식론을 지배했고, 이상적으로 심리적 원자론에 대항한 논쟁인데도 그 근본적 의미가 전혀 변화되지 않은 채 오늘날까지도 여전히 지배한다. 물론 로크에서조차 사물들에 관한 감각, 지각, 표상 또는 무엇인가에 대한 믿음, 무엇을 욕구함 등과 같은 것이 필요하며 매우 불가피하다. 그러나 지각, 즉 의식의 체험 자체에는 그 속에서 의식된 것 그 자체가 놓여 있다는 점, 지각은 그 자체에서 무엇인가에 관한 지각, 예를 들면 '이 나무'에 관한 지각이라는 점이 고려되지 않은 채 남아 있다.

그렇다면 철두철미하게 의식의 삶인 영혼의 삶, 즉 대상들을 의식했던 자아(*ego*)의 지향적 삶이 어떻게 인식하거나 평가하면서 등 그 대상들을 다루는가? 만약 지향성을 파악하지 못하면, 자아의 지향적 삶이 어떻게 진지하게 탐구되는가? 이 경우 이성의 문제를 도대체 어떻게 포착할 수 있는가? 그리고 도대체 그 문제들이 심리학적 문제로 탐구될 수 있는가? 결국 심리학적-인식론적 문제들의 배후에는 데카르트가 언급했으나 파악하지 못한 데카르트적 판단중지를 수행하는 **자아**의 문제가 놓여 있지 않은가?

아마 이것들은 결코 하찮은 문제가 아니며, 스스로 생각하는 독자들에게 미리 어떤 방향을 제시해준다. 어떻든 이 문제들은 이 책의 후반부에서 중대한 문제가 될 것을 미리 예고하며, 실제로 **편견 없이** 앞으로 수행되어야 할 철학, 즉 그 문제제기와 방법에서, 체계적으로 성취할 연구에서 가장 철저하게 정초함에 근거한 철학에 이르는 길로 이바지할 것이다.

합리적 학문의 이상(理想)에 관해 로크가 회의한 것과 새로운 파악(이것은 그 나름대로 권리를 주장하겠지만)의 도달범위를 그가 제한한 것은 새로운 종류의 불가지론(不可知論)으로 이끈다는 사실 역시 흥미 있다. 비록 인식할 수 없는 물 자체(Ding-an-sich)가 어쨌든 다시 가정되더라도, 고대의 회의론과 같이 학문의 가능성이 총괄적으로 부정되지 않는다. 그러나 우리 인간의 학문은 오직 우리의 표상과 개념의 형성에 의지하며, 그래서 우리는 초월하는 것(Transzendentes)을 추론할 수 있다. 반면 물 자체에 관한 실제의 표상, 즉 물 자체의 참된 본질을 충전적(adäquat)으로 표현하는 표상들을 원리상으로는 스스로 획득할 수 없다. 우리는 충전적 표상과 인식을 우리 자신의 영혼적인 것에서만 가질 수 있다.

23절 버클리. 허구적 인식론인 데이비드 흄의 심리학: 철학과 과학의 '파산'

로크는 소박함과 부정합성 때문에 역설적 관념론으로 추진시키고 결국에는 완결된 이치에 어긋난 것으로 끝나버린 그의 경험론을 성급하게 전개했다. 〔이러한 그의 사상의〕 근본적 토대인 모든 인식의 의심할 수 없는 유일한 기반은 자신의 경험이며 이러한 경험의 내재적 감각자료의 영역이라는 감각주의와 외면상으로 자명한 사실로 이어진다.

이러한 점에서 버클리는 자연적 경험에서 나타나는 물체적 사물들을 사물들이 그 속에 나타나는 감각적 자료 자체의 복합으로 환원한다. 〔그에 따르면〕 추론을 통해 이 감각적 자료에서 다시 그 자료들 이외에 다른 것으로 이끌 수 있다는 추론은 결코 생각할 수 없다. 그것은 귀납적 추론, 즉 관념연상(Ideenassoziation)에서 유래하는 추론으로서만 가능할 수 있을 것이다. 그 자체로 존재하는 물질, 즉 로크에 따르면 '그것이 무엇인지 나는 알 수 없다'(*je ne sais quoi*)[43]고 일

---

43) 로크는 단순한 관념들이 복합되어 공존(co-exist)하는 여러 성질의 담지자

컫는 것을 [버클리는] 철학적으로 고안해낸 것이라 간주한다.[44] 그리고 동시에 버클리가 이러한 합리적 자연과학의 개념이 형성되는 것을 하나의 감각주의 인식비판으로 해소했다는 점 역시 중요하다.

이러한 방향에서 흄은 끝까지 철저하게 추구해간다. 객관성의 모든 범주, 즉 학문적 삶에서 객관적 세계가 사유되는 학문 이전의 범주는 모두 허구(Fiktion)이다. 무엇보다 우선 수·양·연속체·기하학적 형태 등과 같은 수학적 개념들이 그러하다. 이 개념들은 직관적으로 주어진 것을 방법에 따라 필연적으로 이념화한 것이라고 우리는 말할 수도 있을 것이다.

그러나 흄의 의미에서 이것들은 허구이며, 더 나아가 필증적이라고 추정된 수학 전체도 허구이다. 이 허구의 근원은 심리학적으로 (즉 내재적 감각론의 토대 위에서) 요컨대 관념들 사이의 연상과 관계라는 법칙성에 근거해 매우 잘 설명될 수 있다. 하지만 학문 이전의 범주들, 단적으로 직관된 세계의 범주들, 물체성(즉 직접 경험하는 직관 속에 추정적으로 놓여 있는, 언제까지나 머무는 물체의 동일성)의 범주들뿐만 아니라, 추정적으로 경험된 인격의 동일성도 마찬가지로 허구일 뿐이다. 가령 우리는 저기에 있는 '바로 그' 나무를 지적하면서, 그것이 다양하게 변화하는 가운데 나타나는 방식들을 그 나무와 구별한다. 그렇지만 내재적 영혼에는 이러한 나타남의 방식들 이외에 아무것도 존재하지 않는다. 그것은 감각자료의 복합이며, 그 때마다 매번 반복되는 다른 감각자료의 복합이다. 물론 이들은 상호

인 실체를 이렇게 표현했다.

44) 버클리는 로크가 단순관념으로 객관적인 제1성질과 주관적인 제2성질의 구분이 경험론적으로 철저하지 못하다고 비판하고, 제1성질을 제2성질로 환원해 '존재는 지각된 것'(Esse est percipi)이라 파악했다. 그래서 복합관념으로서 사물의 '실체'도 부정하고, 존재하는 것은 정신적 실체인 '신'과 관념들을 지각하는 '자아'뿐이라 주장했다.

간에 연상으로 규제되고 **결합해** 있으며, 어떤 것을 동일한 것으로 경험하는 착각은 이 연상으로 설명될 수 있다고 주장한다. 이것은 인격에 대해서도 똑같이 적용된다. 즉 동일한 자기는 결코 감각자료가 아니라, 감각자료가 끊임없이 변이하는 다발이다. 그러므로 동일성(Identität)이란 하나의 심리학적 허구이다.

또한 필연적 계기(繼起)인 인과율(Kausalität)도 이러한 허구에 속한다. 내재적 경험은 단지 '이것 다음에'(*post hoc*)라는 사실만 가리킨다. 계기의 필연성인 '이것에 의해서'(*propter hoc*)[45]라는 사실은 허구로 대체된 것이다.

이렇게 흄의 저술 『인성론』(*A Treatise on human nature*)에서는 세계 일반, 동일한 물체들의 우주인 자연, 동일한 인격들의 세계, 따라서 이것들을 그들의 객관적 진리로서 인식하는 객관적 학문 역시 허구로 변화된다. 이러한 관점의 일관된 귀결로서 우리는 이성, 인식 그리고 참된 가치들과 윤리적인 것도 포함하는 모든 종류의 순수한 이상(理想) — 이 모든 것이 '허구'라 말하지 않을 수 없게 된다.

그러므로 사실상 이것은 객관적 인식의 파산을 의미한다. 흄은 근본적으로 결국 독아론(Solipsismus)으로 끝난다. 도대체 어떻게 감각자료에서 〔다른〕 감각자료를 추론하는 것이 내재적 영역을 넘어설 수 있는가? 물론 흄은 '이러한 이론을 진리로 정초하고, 이러한 심리분석을 하고, 이러한 연상법칙을 증명했던 흄 자신의 이성인 바로 그 이성은 그 경우 사정이 어떠한가'와 같은 문제는 제기하지 않았고, 결코 한마디 언급조차 하지 않았다. 연상으로 함께 정돈하는 규칙들은 도대체 어떻게 **결합하는가**? 비록 우리가 그 규칙들에 관해 알고 있

---

45) 흄은 시간적 선후의 관계인 '이것 다음에'를 논리적 필연의 관계인 '이것에 의해서'로 파악하는 것은 허구라 지적하고, 인과관계는 인간의 연상적 습관에 의한 주관적 신념일 뿐이며 하나의 개연성이라 주장한다.

더라도, 또다시 그 앎 자체도 〔마음의〕 서판 위에 씌어진 다른 하나의 감각자료는 아닌가?

모든 회의론이나 모든 비합리주의와 마찬가지로 흄의 회의론이나 비합리주의 역시 자신을 폐기하는 자기모순이다. 흄의 천재성은 경탄할 만한 것이지만, 그에 상응하는 위대한 철학적 품성(*Ethos*)이 그 천재성과 결합하지 못한 것은 더 유감스러운 일이다. 이 사실은 흄이―비록 _그_가 (그의 저술 『인성론』 제1권의 결론 장에서) 논리적 일관성을 지닌 이론적 철학자가 빠져 들어간 엄청난 당혹감을 어쨌든 분명히 묘사하지만―그의 서술 전체에서 이치에 어긋난 결과들에 부드럽게 옷을 입히고, 해롭지 않게 다시 해석하려 무척 노력했다는 점에서 분명히 나타난다.

이치에 어긋난 것과의 투쟁을 받아들이는 것 대신, 즉 이러한 감각주의와 일반적으로 심리학주의가 그것에 기인하는 추정적으로 자명한 견해에서 일치된 자기이해와 진정한 인식론을 관철하기 위해 자신의 가면을 벗기는 것 대신, 흄은 아카데믹한〔진부한〕 회의론의 느긋한, 그리고 매우 인상 깊은 역할에 머물고 말았다. 이러한 태도 때문에 흄은 지금까지도 계속 영향력을 행사하는 허약한 실증주의의 선조가 되었는데, 이 실증주의는 실증과학들의 성과와 그 심리학주의적 설명에 만족해 철학적 심연(深淵)을 회피하거나 이것들을 표면상 은폐시킨다.

24절 흄의 회의가 지닌 이치에 어긋난 것 속에 은폐된, 객관주의를 동요시키는 진정한 철학적 동기

여기서 잠시 머물러 살펴보자. 왜 흄의 저술 『인성론』―이것과 대조해보면 그의 후기저술 『인간 오성에 관한 에세이』(*Philosophical*

Essays concerning the Human Understanding)는 논지가 매우 약화되었다[46] — 은 그토록 커다란 역사적 사건을 의미하는가?

진정한 학문적 인식을 그 타당성의 궁극적 원천으로까지 환원시키고 이것에 입각해 인식을 절대적으로 정초할 목적을 지닌 '무전제성'이라는 데카르트의 근본주의는 주관적으로 방향이 정해진 고찰을 요구했고, 자신의 내재(Immanenz) 속에 인식하는 자아로까지 되돌아갈 것을 요구했다. 우리가 데카르트의 인식론적 사유절차를 아무리 시인하지 않으려 해도 이러한 요구의 필연성을 더 이상 회피할 수는 없었다.

그러나 데카르트의 사유절차는 개선될 수 있었는가? 회의론이 논박한 이후에도 새로운 철학적 합리주의를 절대적으로 정초하려는 데카르트의 목표는 여전히 도달할 수 있었는가?

매우 빠르게 일어난 엄청난 양의 수학과 자연과학의 발견들은 미리 이러한 점을 변호했다. 그래서 이러한 학문에 스스로 탐구하거나 연구한 모든 사람은 그 학문들의 진리나 방법 자체가 궁극적으로 타당하다는 각인과 〔다른 것의〕 모범이라는 각인을 갖는다는 사실을 앞장서 확인했다. 그런데 그 이후 경험주의의 회의론은 데카르트의 근본적 고찰 속에 실로 전개되지 않은 채 남았던 것, 즉 학문적 세계에 대한 인식뿐만 아니라 학문 이전의 세계에 대한 인식 전체는 엄청난 수수께끼라는 점을 명백히 드러낸다.

사람들은 필증적 자아를 '영혼'으로 해석하고 근원적 명증성을 내적 지각의 명증성으로 파악함으로써 필증적 자아로 되돌아가는 경우 걸핏하면 데카르트를 추종했다. 그렇다면 이 경우 로크가 〔다

---

46) 흄의 첫 번째 저술 『인성론』(1739)은 미완성이었다. 그가 이것을 고쳐 쓴 것이 『인간오성에 대한 에세이』(1748)와 『도덕원리론』(1751)이다.

른 것과〕 분리된 영혼이나 이 속에서 내적으로 경과하는 역사성 (Geschichtlichkeit)의 실재성, 즉 내적 영혼이 발생시키는 실재성을 '백지'(white paper)라는 용어로 예시했고, 따라서 이러한 실재성을 자연화(自然化)했던 방식보다 더 분명한 것은 또한 무엇인가? 그러나 그 경우 버클리 또는 흄의 '관념론' 그리고 결국 그 자신의 이치에 어긋난 모든 것을 내포하는 회의주의는 피할 수 있었는가? 이러한 사실은 얼마나 역설적인가!

빠르게 성장하며 그들 자체의 업적에서 이론의 여지가 없는 정밀 과학들의 독특한 힘이나 그 진리에 대한 믿음을 위축시킬 수 있는 것은 없었다. 어쨌든 사람들이 그것은 인식하는 주관의 의식의 작업수행이라는 점을 고려하자마자 곧 그 명증성(Evidenz)과 명석함 (Klarheit)은 이해할 수 없는 이치에 어긋난 것(Widersinn)으로 변화되었다. 데카르트에서 내재적 감성이 세계상(世界像)을 산출한다는 사실은 아무런 장애도 받지 않았다. 그러나 버클리는 이러한 감성으로 물체의 세계 자체를 산출했고, 흄은 영혼 전체가 그것의 '인상들'과 '관념들'[47]을 갖게 하고 물리적인 힘들과 유사한 것으로 생각된 〔마음에〕 속한 힘들인 영혼〔마음〕의 연상법칙들(흄은 이것을 〔뉴턴의〕 중력법칙과 대등하게 병행하는 것으로 고찰했다!)로 가령 예컨대 단지 하나의 상(像)이 아니라, 세계 자체인 세계 전체를 산출했다. 그러나 이렇게 산출된 것은 물론 단지 허구에 지나지 않는 것, 즉 내적으로 정돈되고 본래는 전적으로 모호한 표상에 지나지 않았다. 그래서

---

47) 흄은 경험론적 전통에 따라 지각된 것이 관념이라 보았으나, 이것을 인상과 관념으로 구분했다. 즉 인상은 내적 감정이나 외적 감각으로 마음에 주어지는 표상으로서 관념보다 더 섬세하고 강렬하다. 그리고 관념은 사고나 반성에 의해 인상이 약화된 영상, 모사(模寫)로서 그것이 모사하는 인상을 발견할 수 있는 경우에만 신뢰할 수 있다.

이것을 모호한 경험(*experimentia vaga*)의 세계에 대해서뿐만 아니라 합리적 학문의 세계에 대해서도 마찬가지로 적용한다.

전제들의 특수한 양상에 기인할지도 모르는 이치에 어긋난 것이 있는데도 여기서는 불가피하게 은폐된 진리가 감지될 수는 없었는가? 여기에서는 세계의 객관성과 이것의 존재의미 전체 그리고 이와 관련해 객관적 학문들의 존재의미를 평가할 수 있는 완전히 새로운 방식—이것은 그 존재의미의 고유한 권리는 아니지만, 철학이나 형이상학의 요구, 즉 절대적 진리에 대한 요구를 공격한다—이 나타나지는 않았는가?

어쨌든 결국 이제 사람들이 의식의 삶(Bewußtseinsleben)은 작업을 수행하는 삶, 즉 올바르든 잘못되었든 실로 감각적으로 직관된 삶으로서, 더구나 학문적 삶으로서 존재 의미를 수행하는 삶이라는 사실—이것은 이러한 객관적 학문들에서는 전혀 고려되지 않았다[48]—을 이해할 수 있으며 깨닫게 되었음이 틀림없다. 데카르트는 감각적 세계, 즉 일상적 삶의 세계가 감각적 사유작용(*cogitationes*)이 사유된 대상(*cogitatum*)인 것과 똑같이 학문적 세계가 학문적 사유작용이 사유된 대상이라는 사실까지 깊이 고찰하지는 못했고, 그가 실로 신의 존재 증명에서 자아를 초월하는 추론의 가능성—어쨌든 이 가능성은 이러한 증명을 통해 비로소 정초될 수 있다—을 전제했을 때, 그가 빠져 들어간 순환론을 깨닫지 못했다. 세계 전체가 그 자체로 다양하게 흐르는 사유작용의 보편적 종합에 근거해 이루어진 사유된 대상일 수도 있다는 사실, 더 높은 단계에서는 그것들 위에 구축된 학문적 사유

---

48) 그래서 후설은 "이론적 작업을 수행하면서 사태와 이론, 방법에 몰두한 나머지 그 작업의 내면에 관해 아무것도 모르고, 이 작업 속에 살면서 작업을 수행하는 삶 자체를 주제로 삼지 않는 이론가의 자기망각을 극복해야 한다"(『형식논리학과 선험논리학』, 20쪽)고 강조한다.

작용이 수행한 의식의 작업이 학문적 세계에 대해 구성적일 수도 있다는 사실 — 이러한 생각에 데카르트는 전혀 이르지 못했다.

그러나 이러한 사상은 버클리와 흄에 의해 — 그 경험론의 이치에 어긋난 것이 내재적 이성을 미리 축출했던 어떠한 추정적 자명함 속에서만 놓여 있었다는 전제 아래 — 실로 더 분명하게 알 수 있었던 것은 아닌가?

우리가 비판적으로 서술한 측면에서 보면, 버클리와 흄에 의해 데카르트의 근본 문제가 다시 소생되고 철저하게 전개됨으로써 '독단적' 객관주의는 그 가장 깊은 근본에서 동요되었다. 즉 그 당시 사람들이 열중한 수학화하는 객관주의 또는 세계 자체가 본래 수학적-합리적인 그 자체의 존재(An-sich) — 우리는 이것을 이른바 다소간의 차이는 있으나 완전한 이론으로, 그리고 항상 더 개선된 이론으로 묘사한다 — 로 전가하는 객관주의뿐만 아니라, 수천 년 동안 지배해왔던 객관주의 일반이 그 가장 깊은 근본에서 동요되었다.

25절 합리론에서 '선험적' 동기. 선험철학에 대한 칸트의 구상

다 알듯이, 흄 역시 그가 칸트의 사상발전에서 일으킨 전환 때문에 역사상 특수한 지위를 차지한다. 칸트 스스로 자주 인용하는 말로 다음과 같이 주장한다. 즉 흄이 자신[칸트]을 독단의 꿈에서 일깨웠으며, 사변적 철학의 영역에 있었던 자신의 연구들을 전혀 다른 방향으로 이끌었다는 것이다.[49] 그렇다면 내가 바로 앞[제24절]에서 논의

---

49) I. Kant, *Prolegomena zu einer jeden kunftigen Metaphysik*(Hamburg, 1969) S.260.

한 객관주의가 동요하는 것을 경험하고, 그래서 자신의 선험철학에서 흄이 회피했던 과제를 떠맡아 해결하려 착수하는 것이 칸트의 역사적 사명이었는가?

이 물음에 대한 답변은 부정적일 수밖에 없다. 오히려 그 답변은 칸트와 더불어 시작되고, 독일관념론의 체계들에서 새로운 형태로 변화된 새로운 종류의 선험적 주관주의라는 것이다. 칸트는 데카르트에서 로크를 거쳐 연속으로 전개된 발전의 방향에 속하지 않으며, 그는 흄의 후계자가 결코 아니다. 흄의 회의에 대한 칸트의 해석과 그가 흄의 회의에 대립해 반론을 제기한 방식은 자신이 볼프학파 출신이라는 사실로 제약된다.[50] 흄의 자극으로 동기가 유발된 '사유방식의

---

50) 이러한 견해는 칸트사상의 형이상학과 인식론에서 살펴볼 수 있다.

　1) 형이상학 측면 : 칸트는 과거 전통철학의 경향과 동기, 용어, 문제제기 등을 이어받았으나, 이성에 대해 독단론자들처럼 무관심해서는 안 된다고 경고하고, 이성의 영원한 법칙에 따른 법정―순수이성 자체의 비판―을 설치해야 한다고 주장했다.

　따라서 그는 경험론과 결부되었지만 전통적 형이상학의 대표자이며, 경험론과 대립한다. 왜냐하면 단지 이성의 능력을 비판하지 않는 독단적 형이상학만 거부했지, '오성과 이성이 모든 경험을 떠나 무엇을 얼마만큼 인식할 수 있는가' 하는 순수이성의 과제(신, 자유, 영혼의 불사)를 해결하려 형이상학을 새롭게 건설했기 때문이다.

　2) 인식론 측면 : 그는 개념이 경험에 근거해야 한다는 경험론을 따르지만, 경험에는 필연성이나 보편타당성이 없고 단지 개연성만 지닌 단순한 신념이라 보지 않았다. 그래서 이성적 진리(veritas de raison)와 사실적 진리(veritas de fait) 이외에 아프리오리한 종합판단(synthetische Urteil apriori)을 통해 이 문제를 해결하려 했다.

　그는 감성 속에 들어오지 않는 물 자체는 알 수 없으며, 물 자체의 촉발에 의해 감성적으로 주어지는 것을 인식의 출발점으로 삼았다. 그러나 시간과 공간(감성의 형식)을 통해 수동적으로 직관된 내용은 무질서하게 잡다한 것으로서 이것은 12범주(오성의 형식)가 능동적으로 연역, 구성해야 비로소 질서 있게 정리된 인식이 성립한다. 이처럼 그는 이른바 사유방식에서 '코페르니쿠스적 전회'를 통해 합리론 전통에 서 있다.

혁명'은 경험론에 대항하는 견해가 아니라, 데카르트 이후 합리주의의 사유방식에 대항하는 견해로 방향이 정해졌다. 그 합리주의의 위대한 완성자는 라이프니츠였으며, 크리스티안 볼프가 교과서풍의 체계로 서술했고, 가장 큰 영향력을 발휘해 오랫동안 가장 설득력 있는 형태를 띠게 하였다.

무엇보다 칸트가 그 근거를 뿌리째 파헤쳐버린 '독단론'의 의미는, 아주 일반적으로 이해하면, 무엇이었나? 비록 데카르트의 저술『성찰』이 그 이후의 철학에 지속적으로 커다란 영향을 끼쳤더라도, 어쨌든 그 철학을 움직인 바로 그 열정적 근본주의가 데카르트의 후계자들에게 이어진 것은 아니었다. 데카르트가 모든 인식의 궁극적 원천을 되돌아가 물음으로써 비로소 정초하려 했으며, 또한 이것을 정초하는 작업이 극히 어렵다는 사실을 감지했던 것 ― 즉 객관적 학문의, 또는 전체로 파악하면, 하나의 객관적인 보편적 학문으로서 철학의 절대적인 형이상학적 권리, 동일한 것이지만, 인식하는 자아의 권리, 이성의 형성물을 마음(mens) 속에서 일어나는 명증성에 의해 자아를 초월한다는 의미를 지닌 자연으로 간주하는 권리 ― 을 사람들은 주저 없이 손쉽게 승인했다.

자연으로 완결된 물체의 세계라는 새로운 개념, 이와 관련된 자연과학이라는 개념, 이와 상관적으로 완결된 영혼이라는 개념과 이와 관련된 새로운 심리학의 과제 그리고 합리적 방법으로 수학을 모범으로 삼아 이 심리학을 해야 할 과제 ― 이 모든 것은 이미 확실한 지반을 구축하고 있었다. 모든 방향에서 합리적 철학이 구축되고 있었고, 그 주된 관심은 발견들, 이론들, 이것들을 추론하는 엄밀성 그리고 이에 상응해 방법의 보편성과 이 방법을 완성하는 것을 향해 있었다. 그러므로 여기에서는 인식에 관해 매우 많은 것이, 또한 학문적 보편성에서 논의되었다.

그러나 인식에 대한 이러한 반성은 선험적인 것(transzendentales)이 아니고, 인식실천적인 것(erkenntnispraktisches)이었다. 따라서 이것은 행위자가 어떤 다른 실천적 관심의 영역에서 실행하고, 기술학(技術學)이 일반적 명제들로 표현하는 반성과 유사한 것이었다. 그러므로 비록 전통적이더라도 매우 좁게 제한된 의미에서 우리가 '논리학'이라 흔히 부르는 것이 중요한 문제가 되었다. 그래서 우리는 합리적 철학을 획득하려는 목적에 필요한 가장 완전한 보편성에서 규범학 (Normenlehre)과 기술학(Kunstlehre)으로서의 논리학[51]이 중요한 문제가 된다는 사실을 (그 의미를 확장해보면) 아주 정확하게 말할 수도 있다.

따라서 주제의 방향은 이중적이다. 즉 **한편으로** 객관적으로 참일 수 있어야 할 모든 판단에 대해 규범으로 기능하는 것을 사명으로 삼는 진리들의 이론적 전체로서, 논리적 법칙들에 관한 체계 전체를 향했다. 그리고 이것에 속하는 것으로서는 고대의 형식논리학 이외에도 산술, 순수해석학적 수학 전체 따라서 라이프니츠의 **보편수학**, 일반적으로 순수하게 아프리오리한 것 모두가 있다.

다른 한편으로 그 주제의 방향이 객관적 진리를 얻으려 노력하는 사람인 판단하는 자에 대한 일반적 고찰을 향했다. 즉 판단이 객관적으로 참으로 입증되는 명증성이 나타날 수 있기 위해 판단하는 자가 그 [논리적] 법칙들을 어떻게 규범적으로 사용할 수 있었는가, 그리고 이와 동일하게 이것이 실패한 방식들과 [실패로 이끈] 유혹 등에

---

51) 후설은 『논리연구』 제1권에서 논리학의 규범적 성격과 기술적 성격을 밝힘으로써 학문을 형식상 학문으로 성립시키고 학문들의 경계설정을 규정하는 학문이론(Wissenschaftslehre)으로서의 순수 논리학을 정초했다. 논리학의 성격과 원리 및 이론학과 규범학 또는 기술학에 관한 후설의 견해에 관해 더 상세한 것은 이 책의 '해제 2.1'를 참조할 것.

대한 고찰을 향했다.

모순율에서 시작되는 더 넓은 의미에서의 모든 논리적 법칙에는 당연히 형이상학적 진리가 포함된다는 사실은 실로 명백하다. 이러한 법칙이 체계적으로 실행된 이론은 자연히 보편적 존재론의 의미를 띤다. 여기에서 학문적으로 일어난 것은 오직 인식하는 영혼에 본래 타고난 개념들로만 조작하는 순수이성의 작업이었다. 이러한 개념, 논리적 법칙 그리고 순수이성의 법칙성 일반이 형이상학적-객관적 진리를 갖는다는 점은 자명한 사실이었다. 때에 따라 사람들은 데카르트를 상기하면서 또한 신을 보증인으로 끌어들였지만, 그것도 합리적 형이상학이 맨 먼저 신의 존재를 증명해야 한다는 사실을 거의 염두에 두지 않은 채였다.

순수하게 아프리오리한 사유의 능력인 순수이성의 능력에 대립해 감성의 능력, 즉 외적 경험과 내적 경험의 능력이 있다. 외적 경험에서 '외부'에서 촉발된 주관은 물론 이것에 의해 촉발하는 객관들〔대상들〕이 존재함을 확신하지만, 이것을 진리로 인식하기 위해서는 순수이성—즉 이 이성이 객관적 세계에 관한 모든 참된 인식을 위한 '논리학'으로서 그 속에서 자신을 해명하는 규범들의 체계—이 필요하다. 이러한 것이 〔전형적인 합리론자가 파악한〕 견해이다.

그런데 이미 경험론의 심리학에 영향을 받았던 칸트는 이 경우 흄에 의해 다음과 같은 점을 통감했다. 즉 순수이성의 진리들과 형이상학의 객관성 사이에는 이해할 수 없는 심연—즉 이 이성의 진리들이 어떻게 곧바로 사물들에 관한 인식을 실제로 보증할 수 있는가 하는 문제—이 여전히 남았다는 점을 통감했다. 그 결과 수학적 자연과학이 사실상 전혀 의심할 수 없는 자신의 합리성 곧 자신의 방법을 순수논리적-수학적 이성의 규범적 아프리오리에 의거한다는 점 그리고 이러한 이성이 자신의 분과들에서 논박할 수 없는 순수합리성을 실증했다는 점은 확립되어 있었다.

물론 자연과학은 외적 경험, 즉 감성이 있어야 하는 한, 순수하게 합리적인 것은 아니다. 그러나 자연과학은 자신의 합리적인 모든 것을 순수이성과 이것을 규범화하는 것에 의거한다. 왜냐하면 순수이성과 이것을 규범화하는 것에 의해서만 합리화된 경험이 존재할 수 있기 때문이다. 다른 한편 감성은 바로 외부에서의 촉발에 의한 결과로 단순히 감각적인 감각자료들을 불러일으킨다는 사실을 일반적으로 받아들였다. 어쨌든 사람들은 마치 인간의 학문 이전인 경험세계─아직 수학에 의해 논리화되지 않은 세계─가 단순히 감정에 의해 미리 주어진 세계인 것처럼 행동해왔다.

흄은 우리가 이 세계에 인과율을 소박하게 끼워 넣는다는 사실, 필연적 결과를 직관으로 파악할 수 있다고 생각하는 사실을 지적했다. 이러한 사실은 일상적 환경세계의 물체를 동일한 성질이나 관계 등을 지닌 동일한 사물로 만드는 모든 것에 대해서도 타당하다(이 사실은 칸트가 인식하지 못한 흄의 저술 『인성론』에서 흄이 이미 실제로 수행한 것과 같다). 감각자료나 감각자료의 복합은 생기고 없어지지만, 단지 감각적으로 경험된 추정적 사물은 이러한 변화를 통해 지속하는 감각적인 것이 결코 아니다. 따라서 감각론자는 사물을 허구라 천명한다.

우리는 감각론자가 어쨌든 우리에게 사물들(일상적 사물들)을 분명하게 제시하는 지각을 단순한 감각적 자료들로 대체시킨다고 말하게 된다. 즉 감각론자는 단순한 감성이 단순한 감각자료들에 관련되어 경험의 어떠한 대상들도 보증할 수 없다는 사실을 간과했다. 따라서 감각론자는 이 경험의 대상들이 은폐된 정신의 작업수행을 참조하게 지시한다는 사실을 간과하고 '이것이 어떠한 작업수행일 수 있는가' 하는 문제를 보지 못하고 놓쳐버렸다. 이러한 작업수행은 하여튼 처음부터 학문 이전의 경험〔의 대상들〕을 논리학, 수학, 수학적 자연과학을 통해 객관적으로 타당하게, 즉 누구든지 수락할 수 있으며 구속하는 필연성에서 인식할 수 있게 능력을 갖추는 작업수행이 되어야 한다.

그러나 칸트는 다음과 같이 주장한다. 즉 사물들은 의심할 여지 없이 나타나지만, 그것은 감각적 자료들이 어떠한 방식으로 이미 은폐된 상태에서 아프리오리한 형식들을 통해 총괄되고, 이것들이 변화하는 과정에 논리화된다[52]는 사실에 의해서만 나타난다. 이 경우 논리학이나 수학으로 명백히 형성되는 이성이 문제시되거나 이 이성이 규범적 기능으로 작용할 것이라는 사실에 의해 나타나는 것은 아니다. 실로 그러한 유사(quasi)-논리적 기능이 심리학적으로 우연적인 것인가? 만약 우리가 그것을 없는 것으로 생각하면, 도대체 자연에 관한 수학이나 논리학은 단순한 감각자료들을 통해 객관〔대상〕들을 인식할 수 있는가?

만약 내가 올바로 파악했다면, 이것들이 칸트를 내적으로 이끈 사상이다. 그 이후 칸트는 사실상 소급(遡及)하는 수행절차를 통해 다음과 같은 사실을 제시하려 했다. 즉 일상의 경험이 실제로 **자연의 대상들**─존재나 비존재 그리고 이러저러한 성질들로 존재함이나 그 밖의 다른 성질들로 존재함에 관해 객관적 진리로, 따라서 학문적으

---

52) 이것은 『순수이성비판』 '순수오성개념의 연역'(A 98~119)에서 밝혀진다.

　1) 직관형식(시간·공간)을 통해 촉발된 잡다한 내용이 직관 속에 전체와의 연관 아래 통관, 총괄되고,

　2) 구상력(Einbildungskraft)에 의해 계기적 선행표상이 소멸시키지 않고 재생산시켜 현재표상과 통일되고,

　3) 선행표상과 현재표상의 동일성이 개념 속에서 재인식되는 종합으로 나타난다. 이러한 과정은 동일한 의식, 즉 선험적 통각(Ich denke, Apperzeption)을 전제한다.

로 인식할 수 있는 대상들—에 관한 경험이 되어야 하면, 그 경우 직관적으로 나타나는 세계는 이미 '순수직관'이나 '순수이성'이라는 능력이 구성한 것임이 틀림없으며, 이 능력은 수학이나 논리학에서 명백하게 해석된 사유로 자신을 표명한다.

요컨대 이성은 이중의 방식으로 기능하며 제시될 수 있다. 그 하나의 방식은 자유롭고 순수하게 수학화하는 것, 즉 순수한 수학적 학문의 작업에서 이성이 체계적으로 자신을 설명하고 자기를 드러내는 것이다. 이때 그것은 여전히 감성에 속한 '순수직관'을 형성하는 것을 전제한다. 이〔감성과 순수직관〕두 가지 능력의 객관적 성과는 이론으로서 순수수학이다.

그 밖의 다른 방식은 항상 은폐된 채 기능하는 이성의 방식으로서, 이것은 끊임없이 감각적 자료를 합리화시키고, 항상 이러한 자료를 이미 합리화된 것으로 취급하는 이성의 방식이다. 이것의 객관적 성과는 감각적–직관적 대상의 세계이다. 그리고 이것은 환경세계의 경험을 명백한 수학적 이성을 통해 의식적으로 규범화하는 사유인 모든 자연과학적 사유의 경험적 전제이다. 직관된 물체들의 세계와 마찬가지로 자연과학의 (이와 더불어 앞으로 과학적으로 인식할 이원론의) 세계 일반은 우리 지성의 주관적 형성물이다. 왜냐하면 감각적 자료의 질료는 '물 자체'에 의한 〔의식〕초월적 자극을 통해 발생하기 때문이다. 이러한 물 자체는 (객관적–과학적) 인식에는 원리상 도달할 수 없는 것이다. 왜냐하면 이 이론에 따르면 '감성'과 '이성'(또는 칸트는 이 경우 '오성'이라 부른다)이라는 주관적 능력의 협력을 통해 결합한 작업수행인 인간의 과학은 감각적 자료가 사실상 다양하게 나타나는 모습들의 근원이나 원인을 설명할 수 없기 때문이다. 객관적 인식의 가능성이나 현실성에 대한 궁극적 전제들이 객관적으로 인식될 수는 없다.

이전에는 자연과학이 철학, 즉 존재자에 관한 궁극적 학문의 한 분과로 자부했고, 철학의 합리성으로 인식하는 능력의 주관성을 초월해 그 자체로 존재하는 것을 인식할 수 있다고 믿었지만, 이제 칸트는 주관성 속에 계속 남아 있는 작업수행인 객관적 학문을 칸트 자신의 철학적 이론과 구별한다. 이 칸트의 철학적 이론은 주관성 속에 필연적으로 실행되는 작업수행의 이론으로, 또한 객관적 인식의 가능성과 도달범위에 관한 이론으로 자연 그 자체에 관한 추정적인 합리적 철학이 지닌 소박함을 드러낸다.

그런데도 칸트에게 '이러한 비판이 어떻게 오래된 의미에서 존재자의 우주(Universum)에 대한 철학, 따라서 합리적으로는 인식할 수 없는 그 자체의 존재에까지 도달하는 철학의 출발인가' 그리고 '어떻게 칸트가 그의 저술 『실천이성비판』과 『판단력〔비판〕』이라는 명칭으로 철학의 요구를 제한할 뿐만 아니라, 과학적으로 인식할 수는 없는 그 자체의 존재(An-sich)에 이르는 길을 열 수 있다고 믿었는가' 하는 점은 잘 알려져 있다.

여기에서 이러한 점을 상세히 다룰 수는 없다. 지금 우리의 관심을 끄는 것은, 형식적 보편성에서 말하면, 다음과 같다. 즉 칸트가 흄의 감각자료의 실증주의(Datenpositivismus)―칸트는 흄을 이렇게 이해한다―에 대한 반발로서 어쨌든 체계적으로 구축된 거대한, 새로운 방식으로 학문적 철학을 기획한다는 점이다. 그리고 이 철학 속에서 일어난 의식의 주관성으로서의 데카르트적 전환은 선험적 주관주의라는 형식으로 결과가 나타나게 되었다는 점이다.

칸트철학이 과연 진리인지 어떤지에 대해서는 우리가 여기에서 판단을 내릴 수 없다. 그러나 칸트가 이해한 것과 같이, 흄은 실제의 흄이 아니라는 사실을 우리는 결코 간과하면 안 된다.

칸트는 '흄의 문제'에 관해 말한다. 그렇다면 흄 자신을 움직이던 실제 문제는 무엇인가? 만약 우리가 흄의 회의적 이론, 그의 주장 전체를 흄의 문제로 되돌아가 변경시키고, 그의 이론에서는 아주 완전하게 그것들의 표현을 발견할 수 없는 귀결들로 그 문제를 확장해보면—비록 명백하게 이끌지도, 이론적으로 취급되지도 않은 그 귀결들을 흄과 같은 정신을 소유한 천재가 통찰하지 못했다고 가정하는 것은 매우 어려운 일이더라도—우리는 비로소 그의 문제를 발견하게 된다. 만약 이처럼 〔그 문제를〕 다루어가면, 우리는 다음과 같은 보편적 문제를 발견하게 된다.

우리가 살아가는 세계의 확실성이라는 소박한 자명성, 더구나 일상적 세계의 확실성뿐만 아니라 이 일상적 세계의 토대 위에 정교하게 다듬어진 이론적 구축들의 확실성까지도 어떻게 이해할 수 있게 이끌 수 있는가?

일단 우리가 흄의 관점에서 (자연에 관해서는 버클리의 관점에서조차도) '세계'는 주관성 속에, 그리고 그때그때 철학적 사색을 하는 나의 관점에서 말하면, 나의 주관성 속에서 발생한 타당성이며, 그 세계가 그때그때 항상 나에게 타당한 그것의 모든 내용을 지닌 것이라는 사실을 보편적으로 파악하면, 객관적 세계나 객관적으로 참된 존재 또는 학문의 객관적 진리는 그 의미와 타당성에 따라 보면 도대체 무엇인가?

경험하고 인식하며 실제로 구체적 작업을 수행하는 주관성을 전혀 문제 삼지 않고 '객관성'에 대해 논의하는 소박함 그리고 과학자가 객관적인 것으로 획득한 모든 진리와 자신의 공식들에서 기체(基體)인 객관적 세계 자체(일상적 경험의 세계뿐만 아니라 높은 단계에서 이루어진 개념적 인식의 세계도)는 그 자신 속에 생성된 특유한 삶의 형성물이라는 사실에 맹목적인 과학자가 자연이나 세계 일반에 대해 논의하는 소박함은, 물론 바로 그 삶이 〔관심의〕 초점으로 들어오자마자 곧 더 이상 가능하지 않게 된다. 그리고 진지하게 〔흄의 저술〕『인성론』에 빠져들고 흄의 자연주의 전제들의 정체를 폭로한 다음에, 그의 동기가 지닌 힘을 의식한 사람은 〔이러한 소박함에서〕 어찌 해방되지 않을 수 있는가?

그러나 세계 자체를 주관화하는 이러한 가장 철저한 주관주의는 어떻게 파악될 수 있는가? 가장 깊고도 궁극적인 의미에서 세계의 수수께끼, 즉 그 세계의 존재가 주관적 작업수행을 통해 이루어진 존재인 세계의 수수께끼 그리고 그 밖의 다른 세계가 결코 생각될 수는 없는 명증성을 지닌 수수께끼 ─ 이것이 다름 아닌 곧 '흄의 문제'[53]이다.

그러나 쉽게 파악할 수 있듯이, 칸트는 흄과 같은 의미에서 이러한 세계의 수수께끼 속에 포함된 그토록 많은 전제를 자명한 타당성으로 지니며, 그 수수께끼 자체를 결코 파고들어 가지 않았다. 칸트가 주제로 삼은 것은 전적으로 데카르트에서 라이프니츠를 거쳐 볼프로 이어지는 합리주의의 토대 위에 서 있다.

이러한 방식으로 우리는 칸트의 사상을 우선적으로 이끌고 규정하는 합리적 자연과학의 문제에서 그의 역사적 환경과 관련해 칸트의 위치를 어떻게 세울 것인가 하는 해석하기 어려운 점을 이해해보자. 지금 특히 우리가 관심을 두는 것은, 우선 형식적 보편성에서 이야기하면, 흄의 허구주의에서 학문으로서의 철학을 포기한 그의 감각자료의 실증주의에 대한 반발로서 실로 데카르트 이래 처음으로 체계적으로 구축된 위대한 학문적 철학, 즉 '선험적 주관주의'라 불

---

53) 후설은 흄이 본질(Wesen)과 관념(Idea)을 실증주의로 혼동하지 않고, '무엇에 대한 의식'이라는 의식의 지향성에 눈떴다면, 절대적으로 주어진 형상에서 우연적이며 사실적인 자연적 태도의 소박한 존재정립을 배제하고 괄호치는 판단중지와 순수한 선험적 의식을 파악하는 환원의 의미를 통찰해 현상학적 의미에서 본질을 탐구했다면, 위대한 회의주의자가 아니라 이성의 참된 실증적 이론을 정초할 수 있었다고 주장한다.

러야 할 철학이 나타난다는 사실이다.

26절 우리를 선도하는 '선험적인 것'이라는 개념에 대한 예비논의

나는 여기서 즉시 다음의 사실에 주목한다. 즉 '선험철학'이라는 말은 칸트 이래 관용적으로 사용되었고, 게다가 칸트와 같은 유형의 철학으로 방향이 정해진 개념인 보편적 철학에 대한 일반적 명칭으로 사용되었다.

나 자신은 이 '선험적'(transzendental)이라는 말을 가장 넓은 의미에서 데카르트가 모든 근대철학에 의미를 부여한 동기이며, 모든 철학에서 자각하게 된 동기, 즉 진정하고 순수한 그 과제의 형태와 체계적으로 발전하려는—우리가 방금 상세하게 논의한—원본적 동기(originale Motiv)에 대한 명칭으로 사용한다. 그것은 '모든 인식이 형성되는 궁극적 원천으로 되돌아가 묻는 동기이며, 인식하는 자(Erkennendes)가 자기 자신과 자신의 인식하는 삶에 대해 자신을 성찰하는(Sichbesinnen) 동기'이다.[54] 이 인식하는 삶에서는 인식하는 자에게 타당한 모든 학문적 형성물이 합목적으로 발생하고 획득물로 보존되며 자유롭게 마음대로 처리할 수 있게 되며, 또한 계속 그렇게 될 것이다. 이러한 동기를 철저하게 효과적으로 끌어가면, 그것은 이 원천에 근거해 순수하게 정초된, 따라서 궁극적으로 정초된

---

54) '선험적'에 대한 이러한 후설의 정의는 '(잡다한) 경험을 (정돈된) 경험으로 정립시키는 인식의 (형식적) 가능조건'을 문제 삼는 칸트의 견해에 따른 정태적 분석의 단계를 넘어서, 모든 인식이 성립되는 (질료적 조건을 포함한) 궁극적 근원과 인식주체의 자기성찰을 되돌아가 묻고 고찰해 선험적 주관성을 밝히려는 발생적 분석의 특징을 명백히 드러낸다.

보편철학의 동기이다. 이러한 원천은 현실이거나 가능한 인식하는 나의 삶 전체, 결국 나의 구체적인 삶 일반을 지닌 '자기-자신'(Ich-selbst)이라는 명칭을 지닌다.

선험적 문제제기 전체는 **이러한 나의 자기**(Ich) ─ **자아**(ego) ─ 와 무엇보다 자명하게 그것에 정립된 것은, 즉 **영혼**(Seele)과의 관계, 그런 다음 다시 이러한 자기나 나의 의식 삶과 세계의 관계를 에워싸고 전개된다. 그런데 이 세계는 내가 의식하며, 나는 그 세계의 참된 존재를 나 자신이 인식한 형성물들을 통해 인식한다.

물론 '선험적인 것'이라는 이러한 가장 일반적인 개념은 문헌으로 입증될 수 없다. 왜냐하면 그 개념은 개별적 체계를 내재적으로 해석하거나 이것들을 비교함으로써 획득될 수 없기 때문이다. 오히려 그것은 근대철학 전체의 통일적 역사성 속으로 깊이 파고들어 감으로써 획득되는 개념이다. 그것은 오직 이러한 방식으로만 증명할 수 있는 근대철학의 과제이며, 그 발전의 충동력으로서 근대철학에 내포된, 모호한 잠재적 상태(*Dynamis*)에서 그것의 현재적 상태(*Energeia*)를 향해 노력하는 과제의 개념이다.

이것은 여기에서 단지 예비적 시사에 불과하다. 이 시사는 이제까지 우리의 역사적 분석을 통해 이미 어느 정도 준비되었지만, 〔이 시사에 이어〕 앞으로 서술하는 것들은 우선 '**목적론으로**' 역사를 고찰하는 우리 방식의 정당성과 그것에 가장 본래의 의미를 만족하게 하는 선험철학을 궁극적으로 구축하기 위한 방법적 기능의 정당성을 증명해야 할 것이다. 물론 **철저한 선험적 주관주의**에 대한 이러한 시사는 의아한 느낌과 회의를 불러일으킬 것이다. 그러나 **만약** 이 회의가 〔선험적 주관주의를〕 거부할 결심이 섰다는 것을 미리 주장하는 것이 아니고 어떠한 판단도 자유롭게 억제하는 것을 의미하면, 나는 이것을 매우 환영할 것이다.

27절 우리를 선도하는 '선험적인 것'이라는 개념을 조망함으로써 파악한 칸트와 그 후계자들의 철학. 비판적 태도를 취해야 할 과제

다시 칸트로 되돌아가자. 그래서 칸트의 체계를―비록 철학, 즉 모든 학문의 총체성을 참으로 철저하게 정초하는 작업을 수행하는 일과는 매우 거리가 먼 것이더라도―[위에서] 정의된 일반적 의미에서 역시 '선험철학적'으로 특징지어도 좋을 것이다. 칸트는 데카르트의 근본적 고찰이 지닌 엄청난 심오함(Tiefe)에는 결코 들어서지 못했으며, 또한 그에게는 이 심오함 속에 궁극적 정초들과 결정들을 추후로 추구하는 데카르트 자신의 문제제기가 일어나지도 않았다.

내가 아래의 서술에서, 내가 바라듯이, 통찰―즉 '선험철학'이라는 것은 철저하면 할수록 더욱더 순수하며 철학으로서 지닌 사명을 더욱 충족시킨다는 통찰 그리고 만약 철학자가 근원적 원천으로 기능하는 주관성인 자기 자신에 대한 명백한 이해에 철저하게 도달하면 결국 선험철학이 일반적으로 그것의 현실적이며 참된 현존재에 우선 도달하고 그것의 현실적이며 참된 단서에 도달한다는 통찰―을 불러일으키는 데 성공하면, 어쨌든 우리는 다른 한편으로 칸트의 철학이 그것에 도달하는 길에 있다는 사실과 그것이 우리의 정의(定義)상 '선험철학'이라는 형식적-일반적 의미에 부합한다는 사실을 승인해야 한다. 선험철학은 학문 이전의 객관주의와 학문적 객관주의에 대립해 모든 객관적 의미의 형성과 존재의 타당성에 근원적 터전인 인식하는 주관성(erkennende Subjektivität)으로 되돌아가는 철학이며, 존재하는 세계를 의미의 형성물과 타당성의 형성물로 이해하고 이러한 방식으로 본질적으로 새로운 종류의 학문적 성격과 철학에 이르는 길을 개척하려는 철학이다.

만약 우리가 **흄**과 같은 부정적-회의적 철학을 함께 문제 삼지 않으면, 사실상 칸트의 체계야말로 그 정신이 고무된 학문적 진지함에서 수행된, 참으로 보편적인 선험철학을 향한 최초의 시도이다. 그리고 이 선험철학은 **엄밀한 학문**(strenge Wissenschaft)으로서, 즉 이제야 **비로소 발견되었고**, 오직 진정한 의미에서 엄밀한 학문적 성격으로 생각된 것이다.

미리 결론적으로 말하면, 이와 유사한 것은 독일관념론의 거대한 체계들에서 볼 수 있는 칸트의 선험주의가 크게 발전하고 수정된 것에 대해서도 적용된다. 물론 독일관념론의 체계들은 모두 다음과 같은 기본적 확신을 공통으로 가진다. 즉 객관적 학문들(이 학문들—특히 정밀과학—이 아무리 이론으로나 실천으로 그 업적들의 힘에 의해 그들 자신을 유일하게 참된 방법의 터전이며, 궁극적 진리들의 보고實庫로 평가하더라도)은, 하여튼 진지하게 생각해보면, 여전히 학문이 아니며, 궁극적 정초, 즉 궁극적인 이론적 자기책임에 근거한 인식은 아니라는 확신이다. 따라서 객관적 학문들은 궁극적 진리로 존재하는 것에 대한 인식도 아니라는 확신이다. 이러한 인식을 수행할 수 있는 것은 오직 선험적-주관적 방법뿐이며, 이것을 체계적으로 수행한 것이 선험철학이다.

이미 **칸트**의 경우와 유사하게 이러한 견해는 실증적-과학적 방법이 **지닌 명증성**이 일종의 착각이며, 이 방법의 작업수행들이 단지 가상(假象)에 의한 작업수행이라는 견해가 아니다. 오히려 그것은 이러한 명증성이 그 자체로 하나의 **문제**라는 견해이고, 또한 객관적-학문적 방법이 결코 물어본 적이 없는 깊이 은폐된 주관적 근거를 토대로 하고 있으며, 이 근거를 철학적으로 해명하는 것은 실증과학이 이룩한 작업수행들의 참된 의미와 이와 관련해 객관적 세계의 참된 존재 의미가—곧바로 선험적-주관적 의미로서—처음으로 명백히 밝혀진다는 견해이다.

이제 칸트와 칸트에서 출발하는 선험적 관념론의 체계들이 근대철학의 목적론 의미를 통일하는 데 차지하는 위치를 이해할 수 있기 위해, 따라서 우리가 우리 자신을 이해하는 것을 더욱 증진하기 위해, 칸트의 학문적 성격이 지닌 양식을 우리가 비판적으로 더 상세하게 검토하고, 또한 이것에 의해 그가 철학을 함에서 우리가 논박한 근본주의가 결여되어 있다는 점을 해명해야 한다.

근대역사 안에서 중요한 전환점을 이루는 칸트의 경우에 우리〔의 논의〕가 일시 머물러 있는 것에는 충분한 이유가 있다. 앞으로 수행될 칸트에 대한 비판은 칸트 이전의 철학사 전체를 소급해 조명하면서 해명할 것이다. 즉 칸트 이전의 모든 철학이 실현하려 노력했던 학문적 성격의 보편적 의미 —칸트 이전 철학들의 정신적 지평 속에 일반적으로 놓여 있었고, 또한 놓여 있을 수 있었던 유일한 의미로서— 에 관해 해명할 것이다. 바로 이 의미를 해명함으로써 '객관주의'라는 더 깊고도 가장 중요한 개념(이것은 우리가 앞에서 정의할 수 있었던 개념보다 한층 더 중요하다)은 명확하게 드러나게 되며, 동시에 객관주의와 선험주의의 대립에 관한 참으로 근본적인 의미도 명백하게 드러나게 될 것이다.

더구나 이러한 것을 넘어서 칸트의 전환이라는 사상이 형성된 것을 더 구체적이며 비판적으로 분석하고, 이것을 데카르트의 전환과 비교해보면, 이것은 점차 그리고 자연히 우리에게 궁극적 전환(letzte Wende)과 최종적 결정을 제시하는 방식으로 우리가 독자적으로 함께 사유하게 한다. 그러면 우리 스스로 내적 변화로 끌려 들어가는데, 이렇게 변화하는 가운데 우리는 오랫동안 감지되었지만 그럼에도 항상 은폐되었던 '선험적인 것'(Transzendentales)[55]의 차원에 실제로 직면하며, 〔그것은〕 직접적 경험으로 주어진다. 그래서 무한하게 개방된 경험의 토대는 즉시 방법적으로 연구를 촉진하는 철학(Arbeitsphilosophie)[56]의 비옥한 경작지가 된다. 더구나 생각할 수 있는 과거의 모든 철학적 문제와 학문적 문제가 이러한 토대에 근거해 제시되어야 하고 결정되어야 한다는 명증성에서 그러하다.

---

55) '선험성'(Transzendentalität)으로도 표현되는 이것은 소박한 자연적 태도에서의 존재정립을 판단중지함으로써 드러난 새로운 차원, 즉 선험적 환원을 통해 밝혀진 순수자아와 그 체험영역 전체의 본질적인 지향적 상관관계를 뜻한다. 따라서 그 의미상 경험적 태도에서 드러나는 '경험세계'와 대조되는 '선험세계'로 이해할 수 있다.

56) 후설은 완결된 체계가 아니라, 무한히 개방된 연구영역인 경험의 토대 위에서 그 자체로 보인 것을 기술하는, 즉 자유로운 태도변경을 통해 새로운 탐구시선을 제공하는 끊임없는 "사유실험"(『형식논리학과 선험논리학』, 167쪽)을 추구했다.

제3부

선험적 문제를 해명하는 것과
이에 관련된 심리학의 기능

"철학자가 스스로 제기하는 과제,
철학자로서 그의 생애의 목표는 세계에 관한 보편적 학문,
보편적인 궁극적 앎, 세계에 관한
진리 그 자체의 우주, 세계 그 자체의 우주이다.
그런데 이 목표와 그것에 도달할 가능성은
어떠한 상태에 있는가?
나는 진리, 궁극적 진리와 함께 출발할 수 있는가?"

A. 미리 주어진 생활세계에서 되돌아가 물음으로써 현상학적 선험철학에 이르는 길

28절 칸트가 표명하지 않았던 '전제': 자명하게 타당한 것으로 간주한 삶의 환경세계

칸트는 자신의 철학이 그 당시 지배하던 합리주의를 붕괴시킬 것이라 확신했다. 칸트는 합리주의가 자신에게 근본적 물음임이 틀림없을 물음을 다루지 않았다고 정당하게 비판한다. 즉 합리주의는 학문적 인식에 앞서 그리고 학문적 인식에서 우리의 세계에 대한 의식의 주관적 구조를 결코 깊이 파고들어 가지 않았으며, 그래서 '인간이자 학자인 우리에게 즉시 나타나는 세계가 어떻게 아프리오리하게 인식될 수 있는가' 그러므로 '어쨌든 순수수학과 그 밖의 순수한 아프리오리가 모든 객관적 인식, 즉 모든 이성인(논리적으로 사유하는 모든 사람)에게 타당한 인식의 도구로 사용되는 정밀한 자연과학이 어떻게 가능한가'라는 문제를 결코 묻지 않았다고 비난한다.

그러나 칸트 자신은 그가 철학을 함에서 심문되지 않았던 전제에 입각해 있다는 점 그리고 그의 이론들 속에 놓여 있는 위대한 발견이 그 이론 속에 은폐되었을 뿐이며, 이론 자체가 완결된 이론도 아니고 궁극적인 학문적 성격의 형식을 띠지 않듯이 여기에는 완결된 성과가 없다는 점에 전혀 생각이 미치지 못했다.

그가 제공한 것은 새로운 연구, 특히 비판적 분석을 요구한다. 위대한 발견—단순한 예비적 발견—의 한 가지 예는 자연에 관해 두 가지로 기능하는 오성(Verstand)이다. 그것은 명백한 자기성찰에서 자신을 규범적 법칙으로 해석하는 오성과 다른 한편으로 잠재적으로 지배하는 오성, 즉 '직관적 환경세계'라는 끊임없이 생성되고 활발하게 계속 생성하는 의미의 형태를 구성하는 오성으로서 지배하는 오성이다.

이러한 발견은 칸트의 단순한 소급적 방법(regressive Methode)[1]의 성과인 이론을 전개한 방식에서는 결코 실제로 정초될 수 없었고, 완전히 이해될 수조차 없었다. 『순수이성비판』 제1판(A판)의 '선험적 연역'에서 칸트는 근원적 원천까지 파 내려가는 직접적 정초를 힘껏 시도하지만, 이러한 추정적인 심리학적 측면에서 앞으로 전개되어야 할 근본적 토대의 본래 문제에 접근하지 못하고 다시 곧바로 단절되었을 뿐이다.

칸트의 이성비판이 제기한 물음이 그 물음의 의미를 함께 규정하는 전제들의 심문되지 않은 토대가 있다는 사실을 지적함으로써 고찰을 시작하자. 칸트가 그 진리, 방법에 현실적 타당성을 부여한 학문들이 문제가 되며, 따라서 이러한 학문들이 관계되는 존재영역 자체도 문제가 된다. 이것들은 인식하는 주관성을 함께 고려하는 어떤 종류의 물음에 기초한 문제가 되며, 그 물음은 선험적으로 형식을 부

---

1) 이것은 아리스토텔레스 이래의 형식논리학을 완전한 것으로 전제하고, 이것을 근거로 연역적 추론을 통해 체계를 구축하는 방법을 뜻한다.
   후설에 따르면 이러한 방법은 형식논리학의 근본적 토대인 선험논리학의 영역, 즉 생활세계를 문제 삼지 않았기 때문에 충분히 그리고 올바로 정초되지 못한 것이다.

여하는 주관성에 관한 이론, 감성이나 오성 등의 선험적 작업수행(Leistung)[2]에 관한 이론, 특히 '선험적 통각'(Apperzeption)이라는 자아의 기능에 관한 이론에서 답변을 발견한다. 수학적 자연과학과 그 논리적 방법인 (우리의 확장된 의미에서) 순수수학이 〔해명할 수 없는〕 수수께끼로 형성된 작업수행은 이러한 이론으로 이해해야 하지만, 이 이론 역시 가능한 경험과 가능한 인식의 세계인 자연의 본래 존재의미를 바꾸어 해석하고, 따라서 이와 관련된 학문의 본래 존재의미를 바꾸어 해석하기에 이르렀다.

물론 칸트가 제기한 물음과 더불어 그때그때 철학을 하는 사람인 나뿐만 아니라, 우리가 모두 의식에 따라 현존하는 일상적 삶의 환경세계가 존재하는 것으로 미리 전제되어 있다. 더구나 이러한 세계 속의 문화적 사실인 학문들이 그 학자들이나 이론들과 함께 미리 전제되어 있다. 생활세계로 말하면, 우리는 이러한 세계 속에 있는 객체들 가운데 객체(Objekt)이다. 즉 여기저기에 존재하는 것으로서, 생리학이든 심리학이든 사회학 등이든, 학문적으로 확정하는 모든 것에 앞서 단적인 경험의 확실성에서 존재하는 객체이다.

다른 한편 우리는 이러한 세계에서 주체이다. 즉 세계를 경험하고 심사숙고하고 평가하며 목적에 합당하게 활동하게 세계와 관련된 자아의 주체(Ichsubjekt)이다. 자아의 주체들에게 환경세계는 우리의 경험, 사상, 평가 등이 그때그때 그것에 부여한 존재의미를 가질 뿐이다. 그리고 이 존재의미는 타당성의 주체인 우리가 그와 동시에 현실적으로 수행하거나, 또는 이전부터 습관적 획득물로 소유하고

---

2) 이 용어는 '산출, 수행, 수행된 결과, 영향, 기능, 성취, 업적' 등을 뜻하는 것으로서, 일상적으로 은폐된 의식을 현상학적 환원을 통해 드러내 밝히는 선험적 주관성의 지향적-능동적 활동을 지칭한다. 따라서 의식의 단순한 '작용'(Akt)보다 심층구조를 뜻하는 이 용어를 '작업수행'으로 옮겼다.

임의로 다시 현실화할 수 있는 다양한 내용을 지닌 타당성으로서 우리 속에 포함된 타당성의 양상(존재의 확실성·가능성, 때에 따라 가상 등)을 가진다. 물론 이것은 많이 변화되지만, 그 경우 통일적으로 존재하는 것으로서 '그' 세계는 단지 내실에서만 교정되는 것으로 유지된다.

지각된 객체에서 그 자체로 지각된 변화나 운동인 지각된 객체의 내용상 변화는 그와 동일한 객체적인 것이 스스로 현재에 있는 것으로 제시되는, 나타나는 방식들(예를 들어 가깝거나 멀리 나타나는 원근법의 방식)의 변화와는 명증하게 확실히 구별된다. 우리는 태도의 변화에서 그것을 보게 된다. 시선을 객체와 그것에 고유한 것에 곧바로 향하면, 그 시선은 나타남들을 통해 지속적 일치 속에 지속적으로 나타나는 것─'스스로 현재에 있는' 양상의 존재타당성을 지닌 객체─에 철저히 향해 있다. 그런데 반성적 태도를 취하면, 우리는 하나가 아니라 다양한 것을 가진다. 왜냐하면 지금은 나타남들 자체의 경과가 주제이지, 나타남들 속에 나타나는 것이 주제는 아니기 때문이다.

지각이란 직관(Anschauung)의 근원적 양상이며, 지각은 근원적 원본성, 즉 스스로 현재에 있는 양상으로 제시한다. 그 밖에 우리는─이러한 '그 자체로 거기에'의 변화하는 성격을 그 자체로 의식에 적합하게 스스로 현재에 갖는─직관의 다른 양상도 가진다. 그것은 현재화된 것(Gegenwärtigung)이 변화된, 현전화된 것(Vergegenwärtigung)[3]이다. 그것들이 시간의 양상을 의식시키기 때문이다. 예를 들면 그 자체로 거기에 존재하는 것이 아니라, 그 자체

---

3) 이것은, 기억이나 상상의 경우와 같이, 시간·공간으로 현존하지 않는 것을 현존하게 하는 작용이다.

로 거기에 존재했거나 미래의 것, 즉 그 자체로 거기에 존재할 것이라는 시간의 양상을 의식시키기 때문이다. 현전화하는 직관들은— 그들에 속한 변양들에서 — 객체적인 것이 지각에 합당하게 표출되는 다양한 모든 나타남을 반복한다. 가령 회상하는 직관은 그것이 원근법으로 질서가 세워지거나 그 밖의 나타나는 방식들(그러나 기억에 합당하게 변양되어)을 반복하는 동안 객체를 그 자체로 거기에 존재했던 것으로 지시한다. 이제 회상하는 직관은 언젠가 있었던 원근법으로 질서가 세워지는 것으로, 이전의 나의 존재타당성에서 주관적인 '무엇에 관한 제시들'(Darstellungen von)이 언젠가 있었던 경과로 의식된다.

여기에서 우리는 그 권리가 매우 제약된 감각의 세계, 즉 감각적 직관의 세계, 감각적 나타남의 세계에 대한 논의를 해명할 수 있다. 자연적인 관심을 지닌 삶, 즉 생활세계 속에 순수하게 유지되는 삶의 모든 검증에서 감각적으로 경험하는 직관으로 되돌아가는 것이 탁월한 역할을 한다. 왜냐하면 구체적인 사물로 생활세계에서 표출되는 것은 모두, 비록 동물이나 문화의 대상처럼 단순한 물체가 아니기에 심리적이거나 그 밖의 정신적 속성을 갖더라도, 자명하게 물체성(Körperlichkeit)을 갖기 때문이다.

만약 우리가 사물의 물체적인 것에만 순수하게 주의하면, 그것은 봄·만짐·들음 등에서, 그러므로 시각·촉각·청각 등의 측면에서 명백히 지각에 합당하게 제시된다. 이 경우 지각의 영역에서는 결코 빼놓을 수 없는 우리의 신체(Leib)가 자명하고도 불가피하게 관여되며, 더구나 그것에 상응하는 감각기관(눈, 손, 귀 등)에 의해 관여된다. 이 기관들은 여기에서 항상 의식에 합당하게 일정한 역할을 하며, 게다가 그것들은 봄·들음 등에서 그 기관에 속한 자아의 운동성, 이른바 운동감각(Kinästhese)[4]과 일치해 기능한다. 각각의 '내가 움직인다', '내가 실행한다'와 같은 운동감각들은 모두 보편적 통일성 속에 서로 결합해 있으나, 이 경우 운동감각을 정지하는 것도 '내가 실행한다'의 한 양상이다.

그때그때 지각 속에 나타나는 물체의 측면-제시와 운동감각들은 서로 병행하는 경과가 아니라는 점은 명백하다. 오히려 이 양자가 상호작용해 다음과 같은 사실을 통해 존재의미만, 즉 물체의 측면들로서의 타당성만 가진다. 그것은 측면들이 이러저러한 특수한 운동감각을 활동시킴으로써 운동감각 전체가 활발하게 변화될 때마다 운동감각들에 관한 측면으로서 지속적으로 요구되고, 이에 상응해 그 요구를 충족시킨다는 사실이다.

그러므로 자아가 감성, 즉 신체 또는 신체기관의 기능을 활동적으로 수행하는 것은 근본적이고 본질적으로 모든 물체에 대한 경험에 속한다. 감성은, 마치 물체의 나타남들이 그 자체로 그것들만을 통한 그리고 그 융합(Verschmelzung)을 통한 물체들의 나타남이듯이, 그 나타남들의 단순한 경과로 의식에 합당하게 경과하는 것은 아니다. 오히려 그것들은 운동감각으로 기능하는 신체성(Leiblichkeit) 또는 여기에서는 고유한 활동성과 습득성 속에 기능하는 자아와 일치하는 경우에만 의식에 합당하게 그러하다.

신체는 아주 유일한 방식으로 항상 지각의 영역 속에 있으며, 아주 유일한 존재의미에서, 곧 (여기에서는 이 말의 근원적 의미로 사용된) '기관'(器官)이라는 말로 지시된 존재의미에서 전적으로 직접적이다. 이러한 사실은 수용하고 행위를 하는 자아인 내가 아주 유일한

---

4) 이 용어는 그리스어 'kinesis'(운동)와 'aisthesis'(감각)의 합성어이다. 운동감각은 직접 자유롭게 움직일 수 있는 의식주체(신체)의 의지적 기관으로서, 감각적 질료가 주어지는 지각은 이 운동감각의 체계에 의해 '만약 ……하면, ……하다'(Wenn~, So~)의 형식으로 동기를 유발한 결과이다.

방식으로―그 속에서 나는 특수한 기관에 상응하는 특수한 운동감각을 지배하거나 지배할 수 있는 특수한 기관들로 분절된 채 아주 직접적이고 운동감각으로 지배하는 것으로―존재하고 아주 직접 존재하는 경우 그러하다. 그리고 여기에서는 모든 물체에 대한 지각 속에 기능하는 것으로 제시된 〔운동감각들의〕지배작용, 즉 의식에 합당하게 자유로이 처리할 수 있는 친숙한 운동감각의 체계 전체는 그때그때 운동감각의 상황에서 현실화되고, 더 나아가 물체가 나타나는 상황, 지각영역의 상황과 결합해 있다. 어떠한 물체가 바로 그와 동일한 것으로 지각될 수 있는 다양한 나타남들은 그 물체에 속한 운동감각에 고유한 방식으로 상응한다. 그리고 일반적으로 이러한 물체들의 나타남이 물체 그 자체의 특성들을 통해 이러한 물체로 제시될 수 있으려면, 그러한 운동감각이 경과할 때 함께 요구된 그에 상응하는 나타남이 등장해야 한다.

따라서 물체와 신체는 본질상 순수하게 지각으로 구별된다. 즉 신체는 유일하게 실제로 지각되는 신체로서, 나의 신체이다. 그런데도 나의 신체가 다른 물체들 가운데 하나의 물체로서 존재타당성을 획득하는 의식은 어떻게 성립하는가? 다른 한편, 나의 지각영역 속에 있는 어떤 물체가 어떻게 신체, 즉 생소한 자아주체들의 신체로 간주되는가? 이러한 것은 실로 필연적 물음이다.

우리는 반성하는 가운데 사물들을 지각하는 의식, 즉 사물들에 대한 고유한 지각작용, 나의 지각영역에 한정하자. 그러나 이 지각영역에는 오직 나의 신체만 지각될 수 있을 뿐이지, 〔타인의〕생소한 신체는―그 신체성을 통해―결코 지각될 수 없으며 단지 물체로만 지각될 수 있다. 나의 지각영역에서 게다가 일반적으로 나는 나의 기관들 속에 나의 자아-작용이나 능력을 자아로, 나에게 속한 모든 것에 대해 자아인 것(ichlich)으로 지배하는 나 자신을 발견한다. 그러나 생활세계의 객체들은 그 고유의 존재를 가리키는 경우 필연적으로 물체성으로 자신을 가리키지만, 그렇다고 단순히 물체적인 것으로 가리키는 것은 아니다. 그래서 우리는 우리에게 존재하는 모든 객체에 항상 신체적으로〔구체적으로 생생하게〕존재하더라도, 그 경우 단순히 신체적으로만 존재하는 것은 아니다.

이렇게 지각영역의 객체들이 존재하는 경우 우리는 지각영역 속에 함께 지각하며, 마찬가지로 변양되는 가운데, 즉 모든 직관적 영역과 더 나아가 비직관적 영역 속에 지각한다. 왜냐하면 우리는 비직관적으로 우리 앞에 아른거리는 모든 것을 (단지 그것으로 많은 경우 잠시 방해되지만) 우리가 **표상**하게 만드는 능력을 자명하게 지니기 때문이다. 분명히 '신체적'이라는 말은 단순히 '물체적'이라는 말을 뜻하지 않는다. 오히려 그 말은 앞에서 언급한 운동감각적인 것을, 그리고 무엇보다 보거나 듣는 등 독자적 방식으로 자아로 기능하는 것을 지시한다. 이것에는 여전히 그 밖의 자아의 양상(예를 들면 들어 올리는 것·날라 운반하는 것·밀어내는 것 등)이 자명하게 속한다.

그러나 신체를 통한 자아성(Ichlichkeit)은 자명하게도 유일한 자아성이 아니며, 그것의 모든 방식은 그 밖의 모든 방식과 분리될 수 없다. 왜냐하면 그것들은 모든 변화에 대해서도 하나의 통일성을 형성하기 때문이다.[5] 그러므로 우리는 단지 신체적으로서가 아니라 지각의 영역 등에서 그리고 이것을 아무리 넓게 파악해도 의식의 영역에서 완전한 자아 - 주체들(Ich-Subjekte)로서, 여전히 완전한 자아인 '그 인간'(Ich-der-Mensch)으로서 구체적으로 신체적이다.

---

5) 따라서 선험적 자아는 신체적 자아를 배제하는 것이 아니라, 신체적 자아가 받아들이는 모든 것을 통일시키는 근원적 자아이다.

따라서 아무리 세계를 보편적 지평으로, 존재하는 객체들의 통일적 우주로 인식하더라도, 언제나 인간인 '나와 우리 서로'라는 '우리'는 세계 속에 함께 살아가는 자로서 곧 세계에 속한다. 이 세계는 곧바로 이렇게 '서로 함께 살아가는' 우리의 세계이고, 의식에 합당하게 존재하며 우리에게 타당한 세계이다. 세계에 대해 일깨워진 의식 속에 살아가는 자인 우리는 수동적으로 세계를 소유하는 토대 위에 항상 능동적이며, 여기서부터 우리는 의식의 영역 속에 미리 주어진 객체들에 주의를 기울이며, 다른 방식들로 그러한 객체들을 능동적으로 다룬다. 왜냐하면 그것들은 우리의 작용들에서 주제의 객체이기 때문이다. 예를 들어 내가 지각으로 나타나는 것의 특성을 관찰해 해명하는 것에 명칭을 붙인 것 또는 총괄하고 관계를 맺고 능동적으로 동일하게 확인하거나 구별하는 나의 행위나 우리의 능동적 평가작용, 우리의 계획을 기획하는 것, 예상된 방법이나 목표를 우리가 행위로 실현한다는 점에서 주제의 객체이기 때문이다.

　　우리는 작용의 주체(자아-주체)로, 1차나 2차로 그 밖에 때에 따라 여전히 그것과 나란히 시선이 향해 있는 양상으로, 주제의 객체를 향해 있다. 이 작용들 자체는 이렇게 객체를 다루는 데 주제가 아니다. 그러나 우리는 우리 자신과 그때그때 우리의 능동성을 추후에 반성할 수 있으며, 이 능동성은 새로운 행위, 즉―그 자신으로서는 지금은 주제가 아닌―생생하게 기능하는 행위에서 이제 주제의-대상이 된다.

　　그러므로 세계에 대한 의식은 부단히 움직이며, 더 나아가 세계는 다른 방식들(직관적, 비직관적, 규정적, 비규정적 등)로 변화하는 그 어떤 객체의 내실(Gehalt)을 통해 의식되지만, 자극의 영역 전체가 언제나 존재하고 그 영역에서 촉발하는 객체들이 때에 따라 주제나 주제가 아닌 방식의 자극과 작용이 변화하는 가운데 의식된다. 그러나 그것에 의해 우리는 항상 불가피하게 자극의 영역에 속하는 자인 우리 자신을 발견하며, 항상 작용〔의〕-주체로 기능하지만, 때에 따라 오직 우리 자신을 다루는 대상으로서 주제의 대상이 된다.

물론 상술한 것은 나 자신, 즉 언제나 개별적 자아에게만 타당하지 않고, 서로 함께 사는 우리는 '서로 함께'(Miteinander)라는 형태로 미리 주어진 세계를 우리에게 존재하는 것으로 타당한 세계로 가진다. 또한 우리는 '서로 함께'라는 형태로 우리 모두에 대한 세계로서의 세계, 즉 이러한 존재의미 속에 미리 주어진 세계로서 그 세계에 속한다. 그리고 일깨워진 삶 속에 항상 기능하는 자인 우리는 미리 주어진 공동의 객체들을 '서로 함께'라는 형태로 고찰하고, 서로 함께 사유하고, 서로 함께 평가하고, 기획하며 행동하는 다양한 방식들에서 서로 함께 기능한다.

그러므로 이 경우에도 어떤 방식으로 항상 기능하는 우리-주관성(Wir-Subjektivität)이 주제로 대상이 되는 주제제기의 변화가 나타난다. 또한 그 속에서 이 주관성이 기능하는 작용들도, 비록 주제가 아니며 이른바 익명으로 남아 있는 잔여, 즉 이러한 주제제기에 대해 기능하는 반성인 잔여가 항상 함께 남아 있더라도, 주제가 된다.[6)]

우리가 특히 학자인 우리―우리는 여기에서 사실상 우리 자신을

---

6) 물론 모든 능동성, 따라서 반성하는 이 능동성도 자신의 습득적 취득물을 만들어낸다. 관찰하면서 우리는 습득적 지시, 즉 처음에는 알려지지 않았던 그것의 특성들을 띠고 우리에게 존재하는 객체에 관해 익히 알고 있다는 점을 얻는다. 그러므로 우리는 자기관찰을 통해 자기인식도 획득한다. 자신을 평가하는 데 그리고 우리 자신과 우리의 동료 인간에 관련된 계획과 행위에서 우리는 마찬가지로 자신의 가치와 우리 자신에 향한 목적을 우리가 습득적으로 항속하는 타당성으로 획득한다. 그러나 모든 지식 일반, 모든 가치의 타당성이나 목적 일반은 우리의 능동성을 통해 획득되고 동시에 항속하는―자아-주체, 인격인―우리 자신의 속성들로 있으며, 반성적 태도를 통해 우리의 고유한 존재를 형성하는 것으로 미리 발견될 수 있다―후설의 주.

학자로 발견한다―를 고찰하면, 학자로서 우리의 특별한 존재방식은 학문적 사유방식, 즉 자연이나 정신세계에 관련된 물음을 제기하고 이론으로 그것에 답변하는 방식으로 우리가 현실적으로 기능하는 것에 상응한다. 그리고 무엇보다 이것은 이미 경험된 생활세계 또는 그 밖의 어떤 방식으로 학문 이전이나 학문적으로 의식되었고 실로 그러한 것으로서 타당한 생활세계의 이러저러한 측면일 뿐이다. 이 경우 우리와 함께 이론으로 공동의 작업을 하는, 동일한 진리를 획득하고 소유하거나 우리와 함께 수행하는 작용을 공동으로 작업하면, 비판적 일치를 목표로 비판적 토의의 통일된 상태에 있는 그 밖의 다른 학자들도 함께 기능한다.

다른 한편 우리는 타인에게 그리고 타인은 우리에게 단순한 객체일 수 있으며, '서로 함께'라는 형태로 현실적으로 수행하는 공동의 이론적 관심의 통일 대신 사유작용, 경험작용, 때에 따라 그 밖의 작용을 객관적 사태로, 그러나 그 작용과 함께 수행하지도 비판적으로 동의하거나 부인하지도 않는, '무관심에서'(uninteressiert) 서로 관찰하면서 알 수 있다.

물론 이러한 사실들은 가장 분명한 자명성이다. 그런데도 이러한 것을 상세하게 논의해야 하는가? 살아가는 삶에서는 확실히 그럴 필요가 없다. 그러나 과연 철학자로서도 그럴 필요가 없는가? 여기에 하나의 영역, 즉 항상 준비되어 자유로이 처리할 수 있지만, 결코 〔주제로〕 제기되지 않았던 존재타당성들의 무한한 영역이 열려 있지 않은가? 그리고 이 영역이야말로 학문적 사유, 더구나 철학적 사유의 끊임없는 전제가 아닌가? 그러나 마치 그들의 객관적 진리를 통해 이러한 존재타당성들을 충분히 이용하는 것이 문제가 되거나 언제나 문제가 될 수 있었던 것처럼 끊임없는 전제는 아니었다.

다음과 같은 점은 모든 학문적 사유와 철학적 물음의 제기에 앞서 미리 놓여 있는 자명성에 속한다. 즉 세계가 존재하며 언제나 미리 존재한다는 점, 경험하거나 그 밖의 어떤 의견을 정정하는 것은 모두 이미 존재하는 세계—그때그때 의심할 여지 없이 존재하면서 타당한 것의 지평으로서, 그리고 이 지평 속에서 때에 따라 무가치하게 된 것으로서 모순에 빠져 있는 어떤 이미 알려진 것이나 의심할 여지 없이 확실한 것이 있다—를 전제한다는 점이다. 또한 객관적 학문은 학문 이전의 삶에 언제나 이미 존재하는 세계의 토대 위에서만 물음을 제기한다.

객관적 학문은 모든 실천과 마찬가지로 세계의 존재를 전제하지만, 그 범위와 확실성에 따라 학문 이전의 불확실한 앎을 확실한 앎으로 전환한다는 목표를 제기한다. 이 경우 완전한 앎이란 그 자체로 확고하게 규정되어 존재하는 세계와 이 세계를 술어로 설명하는 진리, 즉 이상적인 학문적 진리('진리 그 자체')라는 당연히 무한히 먼 곳에 놓여 있는 상관적 이념(Korrelativ-Idee)에 따른 것이다. 완전성의 단계들을 체계적으로 거침으로써, 즉 부단히 진보할 수 있게 만드는 방법을 통해 이것을 실현하는 것, 이것이 바로 과제이다.

인간에게 그의 환경세계에는 여러 가지 방식의 실천이 있지만, 그 가운데는 '이론적 실천'(theoretische Praxis)[7]이라는 이처럼 고유한 그리고 역사적으로 뒤늦은 실천이 있다. 이 이론적 실천은 그것 고유의 전문적 방법들을 가지며, 이것은 학문 이전의 삶에는 생소한 어떤 새로운 이념적 의미, 즉 어떤 **궁극적 타당성, 보편타당성**의 진리를 발견해내고 확보하는 이론의 기술(Kunst)이다.

---

7) 전통적으로 '이론'과 '실천'은 서로 대립하지만, 후설에게는 부단히 상호작용하는 개방된 순환구조를 가진다. 그리고 '이론적 실천'은 실천적 규범을 이론적으로 정초함으로써 이론적 태도와 실천적 태도를 종합하는 보편적 태도이다.

상술한 내용으로 우리는 '자명함'을 제시하는 부분을 첨부했다. 그러나 지금은 이렇게 미리 존재하는 다양한 모든 타당성에 관해, 따라서 철학을 하는 자의 '전제'에 관해 새롭고 곧 수수께끼가 극도로 충만한 차원의 존재에 대한 물음이 제기된다는 점을 명확하게 하기 위한 것이다. 마찬가지로 이러한 물음도 자명하게 존재하는 세계, 언제나 직관적으로 미리 주어진 세계에 관련된다. 그러나 그것은 '객관적 학문'이라 부르는 전문적 실천과 기술(*techne*)에 대한 물음은 아니며, 이 환경세계에 객관적인 학문적 진리의 영역을 정초하거나 확장하기 위한 기술(Kunst)의 물음도 아니다. 오히려 그것은 '그때그때의 객체, 즉 학문 이전에, 그런 다음 학문적으로 참된 객체가 모든 주관적인 것(Subjektives)—이것은 미리 놓여 있는 모든 자명성에서 함께 논의된다—에 어떻게 관계하는가' 하는 물음이다.

29절 생활세계는 '익명으로' 머물러 있는 주관적 현상의 영역으로 해명될 수 있다

우리가 칸트와 더불어 철학을 하면서 그가 준 실마리에서 시작해 그의 길을 한 걸음씩 내딛는 것 대신, 앞에서 논의한 자명함(모든 사람의 사유와 마찬가지로 칸트의 사유도 그러한 자명함을 의심 없이 미리 준비된 자명함으로 사용한다)으로 되돌아가 묻자마자, 또 우리가 그 자명함을 전제로 깨닫고 그것에 어떤 고유하고 보편적이며 이론적인 관심으로서의 가치를 인정하자마자 곧, 그 자명함의 함축된 의미와 함축된 타당성을 시종일관 파고들어 감으로써만 명백히 알려지는 새로운 차원의, 언제나 새로운 무한한 현상들이 매우 놀랍게 우리에게 펼쳐진다.

여기서 무한하다는 것은 끊임없이 파고들어 감으로써 모든 현상이 이러한 의미로 전개되고, 무엇보다 자명하게 존재하는 것으로서 생활세계에 주어진 현상 자체가 이미 함축된 의미와 타당성을 지니며, 그런 다음 그것을 해명하는 것이 언제나 새로운 현상으로 이끈다는 점 등을 지시하기 때문이다. 이것은 철저하게 순수한 주관적 현상이지만, 가령 감각적 자료의 심리물리적 경과라는 단순한 사실성이 아니라 그 자체로 본질적 필연성에서 의미의 형태들을 구성하는 기능을 실행하는 정신적 경과이다. 그러나 이 경과는 정신적 **자료**(Material)에서 그때그때 그러한 것을 수행하며, 이 자료는 새롭게 형성된 모든 형태가 자료로 될 수 있게, 따라서 형태를 형성하는 데 기능할 수 있게 된 것처럼, 본질적 필연성에서 언제나 다시 정신적 형태로, 즉 구성된 것으로 입증된다.

어떠한 객관적 학문도, 주관적인 것(Subjektives)[8]에 관한 보편적 학문이 되려는 어떠한 심리학이나 철학도 주관적인 것에 관한 이 영역을 주제로 삼지 않았으며, 따라서 그 영역을 실제로 발견하지 못했다. 어쨌든 객관적으로 경험할 수 있고 인식할 수 있는 세계의 가능성에 관한 주관적 조건들로 되돌아가려 했던 칸트의 철학도 이 영역을 주제로 삼거나 발견하지 못했다. 이 영역은 전적으로 그 자체만으로 완결된 주관적인 것의 영역이며, 자신의 방식으로 존재하면서 모든 경험작용, 모든 사유, 모든 삶 속에 기능하고, 따라서 전혀 분리될 수 없게 거기에 있지만, 그래도 결코 주목되지 않으며, 결코 파악되거나 이해되지 않는 영역이다.

---

8) 이것은 '선험적 주관성'(transzendentale Subjektivität)의 다른 표현으로, 자아와 그 체험영역 전체를 가리킨다. 후설은 '주관과 관련된 것'을 함축할 수 있는 이러한 용어를 사용함으로써 '선험적 주관성'을 대상과 본질적 상관관계에 있지 않은, 즉 지향성으로 파악하지 않은 일반적 의미의 '주관성'으로 오해하는 경향을 방지하려 했다.

만약 철학이 이러한 영역을 그 **익명성**에 그대로 방치하면, 철학은 궁극적으로 정초하는 보편적 학문으로서의 철학을 근원적으로 건설하는 의미를 충족시킬 수 있는가? 철학은 이 일을 할 수 있는가? 철학의 한 분과가 되려던 학문, 따라서 아무도 알지 못하고 학문적으로 묻지 않았으며 그것을 인식해 자기의 것으로 만들지 못했던 존재자에 관한 어떠한 전제나 근본적 영역을 자신 속에 허용할 수 없었던 학분이 이 일을 할 수 있는가? 어쨌든 그것이 익히 아는 확신이기 때문에 객관적 학문, 실증과학은 독자적이며 그것을 추정적으로 완전히 정초하고 따라서 전형적인 방법에 스스로 만족하는 경우, 나는 학문 일반을 철학의 한 분과라 불렀다.

그러나 철학사 전체의 모든 체계적 시도를 관통하는 이 목적론적 통일성의 의미는 결국 다음과 같은 통찰을 관철하는 것이 아닌가? 즉 학문 일반은 보편적 철학으로서만 가능하며, 어쨌든 이 보편적 학문은 곧 모든 학문 가운데 유일한 학문이며, 모든 인식의 총체성으로서만 가능하다는 통찰이다. 그리고 이러한 통찰에는 학문은 모두가 하나의 유일한 근거, 즉 모든 것에 앞서 학문적으로 탐구되어야 할 하나의 근거에 기인한다는 사실이 포함된 것은 아닌가? 그리고 내가 부연하듯이, 이것이야말로 방금 앞에서 서술한 익명의 주관성(anonyme Subjektivität)이라는 근거가 아닌가? 그러나 사람이 궁극적으로 그리고 전적으로 진지하게 모든 사유, 모든 삶의 목적이나 작업수행에서 모든 삶의 활동이 전제하는 **자명한 사실**에 대해 묻고, 철저하게 그 존재의미와 타당성의미를 물으면서 모든 정신적 작업수행이 관철하는 의미연관과 타당성연관의 군건한 통일을 깨닫게 될 때 비로소, 사람은 그것을 통찰할 수 있었고 또한 통찰할 수 있다.

이러한 사실은 우리 인간이 세계 속에 개인의 관점으로 그리고 문화적 활동으로 수행하는 모든 정신적 작업수행에 우선 관계한다. 이 모든 작업수행에 앞서 언제나 이미 보편적 작업수행이 있는데, 이것은 모든 인간의 실천과 학문 이전이나 학문의 모든 삶을 이미 전제하며, 그 정신적 획득물을 끊임없는 근본적 토대로 갖고, 이 속으로 자신의 고유한 작업수행도 흘러들어 가게(einströmen) 되어 있다.

우리는 주어지는 방식들이 흘러가 변화하는 가운데 우리에게 끊임없이 존재하는 세계가 정신적 형태의 통일체로, 즉 의미의 형성물로─궁극적으로 기능하는 보편적 주관성의 형성물로─생성되었고, 동시에 계속 생성하는 것인 보편적 정신의 획득물이라는 사실을 배워서 안다. 이 경우 주관성이 자기 자신을 인간적인 것으로, 즉 세계의 존립요소로 객관화한다는 사실은 세계를 구성하는 이 작업수행에 본질적으로 속한다. 세계에 대한 모든 객관적 관찰은 '외부'에서의 관찰이며, 단지 '외적인 것', 즉 객체성들만 파악할 뿐이다. 하지만 세계에 대한 철저한 관찰은 자기 자신을 외부에서 '외화(外化) 하는' 주관성의 체계적이며 순수한 내적 관찰이다. 그것은 마치 살아있는 유기적 통일체와 같다. 물론 유기체란 외부에서 관찰하거나 분해할 수 있지만, 우리가 유기체의 은폐된 뿌리로 되돌아가 그것들 속에 그리고 그것들에서 위를 향해 노력하는 생명, 즉 내부에서 형성하는 생명을 그 모든 작업수행을 통해 체계적으로 추구할 때만 비로소 이해할 수 있다.

그러나 이것은 단순한 비유에 불과한 것이 아닌가? 그리고 생생한 내적 존재와 외적 제시함의 모든 문제가 결정되는 장소는 가장 깊은 세계의 문제성(Weltproblematik)을 지닌 우리 인간의 존재와 그 인간의 존재에 속한 의식의 삶(Bewußtseinsleben)이 아닌가?

30절 칸트의 신비적 개념을 구성하는 근거인 직관적으로 제시하는 방법의 결함

사람들은 칸트철학의 모호함, 즉 그의 소급적 방법이나 선험적-주관적 능력, 기능, 형식화가 지닌 명증성을 파악할 수 없다고 호소하고, '선험적 주관성은 본래 무엇인가', '선험적 주관성의 기능이나 작업 수행은 이렇게 이루어지는가', '이것을 통해 모든 객관적 학문이 어떻게 이해될 수 있는가' 하는 문제를 이해할 수 없다고 호소한다.

사실상 칸트는 그의 독특한 신비적 논의방식―물론 이 말의 뜻은 주관적인 것을 시사하지만, 우리가 사실적 범례들에서도 진정한 비유를 통해서도 원리상 직관할 수 없는 주관적인 것의 방식이다―속에 빠져들었다. 만약 단어들이 지시하는 직관적으로 소통할 수 있는 의미를 시험해보아도, 어쨌든 우리는 인간적으로 개인적인, 영혼의 심리학 영역 속에 존재한다. 그러나 여기에서 우리는 내적 경험의 명증성에서 지시될 수 있는 모든 것이 이미 선험적 기능에 의해, 즉 시간화하는(Zeitigung) 기능을 통해 형성된다는 칸트의 내적 감각에 관한 학설을 기억하고 있다.

하지만 만약 내적 지각에 심리학적 의미 이외에 다른 어떤 의미도 부여될 수 없으면, 만약 그것이 궁극적으로 경험의 토대(데카르트에서 '나는 생각한다'*ego cogito*와 같은 토대)를 부여하는 실제로 필증적 의미가 아니면, 그리고 만약 경험의 토대가 부여된 것이 칸트가 말하는 학문적 경험도 아니며 과학, 즉 물리학의 의미에서 객관적 존재의 확실성도 갖지 않고 오히려 실제로 필증적 확실성―보편적 토대의 필증적 확실성인 그것은 궁극적으로 모든 학문적 객관성의 필증적으로 필연적이고 궁극적인 토대로 증명될 수 있고, 학문적 객관성을 이해시킬 수 있는―인 경험을 통해 접근할 수 있는 실제로 필증적 의미가 아니면, 우리는 어떻게 '선험적으로 주관적인 것', 즉 학문적으로 참된 세계가 객관적 나타남으로 구성되는 '선험적으로 주관적인 것'에 대한 명확한 의미를 포착할 수 있기를 기대하는가? 틀림없이 여기에서만 모든 궁극적 인식이라는 개념의 원천이 있으며, 여기에서만 모든 객관적 세계가 학문적으로 이해되고 그 자체로 절대적으로 안정된 철학을 체계적으로 전개할 수 있는 본질적인 보편적 통찰의 원천이 있다.

아마 더 깊게 비판해보면, 다음과 같은 사실이 지적될 것이다. 즉 칸트는 비록 경험론에 대립해 있지만, 여전히 영혼을 해석하고 심리학의 과제영역을 해석하는 데 곧바로 그 경험론에 의존해 있으며, 그는 자연화된 영혼, 즉 자연의 시간과 시간-공간성 속에 심리-물리적 인간의 구성요소로 생각된 영혼을 영혼으로 간주한다는 사실이다. 물론 여기에서 '선험적으로 주관적인 것'은 영혼적인 것(Seelisches)이 될 수 없었다. 그러나 가령 참으로 필증적인 내적 지각(참으로 필증적인 것으로 환원될 자기지각)은 그러한 자연화된 영혼의 자기지각, 즉 '서판'(書板)과 그것에 기록된 자료들의 명증성과 동일시될 수 있는가? 더구나 이 필증적인 내적 지각은 영혼에 자연적으로 부여된 힘인 영혼의 능력과 동일시될 수 있는가?

칸트는 이 내적 지각을 이러한 경험주의-심리학주의의 의미에 따라 이해하고, 그가 흄의 회의에 주의를 받아 심리학으로 되돌아가는 모든 것을 진정한 오성의 문제제기를 이치에 어긋나게 뒤집는 것으로 두려워했기 때문에, 자신의 신비적 개념을 형성하는 데로 빠져들었다. 칸트는 그의 독자들이 자신의 소급적 수행절차의 성과를 직관적 개념들로 이전하는 것을 방해했고, 근원적으로 순수하게 명증한 직관에서 출발해 참으로 명증한 개별적 단계들을 거쳐 진보하는〔이론을〕철저하게 구축하는 모든 시도를 거부했다. 그러므로 칸트의 선험적 개념들은 요컨대 원리적 근거를 통해서만 결코 명료하게 전환될 수 없으며 또 결코 직접적 명증성을 부여하는 의미를 형성함으로써 확인될 수는 없는 아주 독특한 모호함을 지닌다.

만약 칸트가 그 시대의 아들로서 그 시대의 자연주의 심리학(자연과학을 모범으로 삼아 형성되고, 자연과학과 병행하는 것으로 생각된)에 전혀 구속되지도 않았고, 아프리오리한 인식과 그것이 합리적인 객관적 인식에 대해 갖는 방법적 기능의 문제를 실제로 철저히 파악했다면, 모든 개념과 문제제기의 명료함은 전혀 사정이 다를 것이다. 여기에 덧붙여 상술한 확실한 자명함에 기인하는 칸트의 방법과는 근본적으로 다른 소급적 방법이 필요했을 것이다. 그것은 신비하게 구축해 추론하는 방법이 아니라, 그 출발점에서나 그 방법이 해명하는 모든 것에서 직관적으로―비록 이 경우 직관성이라는 개념도 칸트의 개념에 대립해 본질적으로 확장되지 않을 수 없더라도, 그리고 이 경우 새로운 태도에 입각한 직관은 일반적으로 일상적 의미를 상실하더라도, 원본적으로 자기를 제시하는 보편적 의미만을, 즉 새로운 존재영역 속에 곧바로 받아들이더라도―철저하게 직관적으로 해명하는 방법이다.

이제야말로 상술한 자명함으로 되돌아가 아주 체계적으로 심문해야 한다. 이 자명함은 칸트뿐만 아니라, 모든 철학자나 학자에 대해서도 더 깊게 매개되어 폐쇄된 채 침묵하는 그들 인식의 작업수행의 근거를 형성하는 것이다. 그런 다음 더 나아가 이러한 근거 속에 생생하게 자유로이 지배하며, 그 속에 침전된 지향성(sedimentierte Intentionalität)을 체계적으로 해명해야 한다. 요컨대 자신의 절대적인 궁극적 독자성을 지닌 정신적 존재와 정신 속에 그리고 정신에서 생성된 것에 대한 진정한 분석, 즉 **지향적 분석**이 필요하다. 그리고 이 분석은 현재 지배하는 심리학에 의해 정신의 본질에 생소한 분석, 즉

자연적으로 생각된 영혼의 실재적 분석으로 전가되면 안 된다.[9]

31절 칸트와 그 당시 심리학의 불충분한 점. 선험적 주관성과 영혼의 구별이 명백하게 통찰되지 못한 점

여기에서 구체적으로 생각된 것을 명확하게 이해할 수 있기 위해 그리고 이러한 방식으로 그 당시 역사적 시대 전체에 독특하게 통찰될 수 없었던 상황을 해명하기 위해 고찰해보자. 물론 그 의미가 충족되기까지는 훨씬 이후의 역사적 경과를 기다릴 수밖에 없었다.

앞에서 서술한 모든 인식의 수수께끼에 대한 출구는 근대철학에서 고유한 합리주의 학문의 이상(이것은 자신의 특수과학들로 체계적으로 확장된다)에 따른 근대철학의 발전이었다. 이러한 비약적 발전은 일부는 분명히 성공했지만, 일부는 희망에 넘쳐 추구되었던 합리적 특수과학들의 비약적 발전이 갑자기 저지되었다. 그 과학들 가운데 하나인 심리학이 확충되면서 철학 전체를 문제시 삼는 수수께끼가 나타났다.

물론―뉴턴의 자연과학에 앞서는 모형으로―로크의 심리학은 나타남들의 단순히 주관적 측면(이것은 갈릴레이 이래 금지되었지만)과 또한 일반적으로 주관적 측면에서 합리성을 훼손하는 모든 것에 특별히 관심을 지닌 주제를 발견했다. 즉 개념들의 막연함, 판단

---

9) 하지만 처음부터 이러한 것은 아니다. 일상적 세계를 인간의 의식의 세계로 파악했던 칸트에게 가장 문제가 된 것은 심리학―그러나 그 심리학은 세계에 대한 의식의 주관적 체험을 그것이 체험에 합당하게 나타났듯이 실제로 말로 표명했던 것이다―을 통해 나아가는 것이었다. 만약 칸트가 사유된 것 그 자체(cogitata qua cogitata)에 대해 데카르트가 싹 틔운 시사들을 그 당시 지배했던 로크의 철학에 의해 등한시하는 대신 지향적 심리학으로 싹트게 했다면, 위에서 서술한 것도 가능할 것이다―후설의 주.

하는 사유의 모호함, 모든 형태에서 오성과 이성의 능력에 특별히 관심을 지닌 주제를 발견했다. 어쨌든 영혼의 작업수행, 게다가 진정한 학문과 따라서 진정한 실천적 이성의 삶을 창조해야 할 영혼의 작업수행에 대한 인간의 능력이 문제가 되었다. 그러므로 순수한 합리적 인식, 즉 논리적이며 수학적인 인식의 본질과 객관적 타당성의 문제 그리고 자연과학적 인식과 형이상학적 인식의 특성도 이러한 문제의 영역에 속한다.

이렇게 일반적으로 파악해보면, 이 문제는 실제로 요구된 것이 아닌가? 로크가 학문들을 영혼의 작업수행으로 간주했고 (아무리 그가 개인의 영혼 속에 발생하는 것에만 지나치게 주목했더라도) 곳곳에서 근원적 문제를 제기했던 것은 의심할 여지 없이 당연하고 정당한 일이었다. 왜냐하면 어쨌든 그 작업수행은 그것을 수행하는 행위(Tun)를 통해서만 이해될 수 있기 때문이다. 실로 로크에서 이러한 것이 피상적으로, 비(非)방법적으로 뒤죽박죽 혼동되고 더구나 흄의 허구주의의 결과로 나타난 자연주의의 형태로 일어났다.

그래서 자명하게 칸트가 즉시 로크의 심리학으로 되돌아가 그것에 의지할 수는 없었다. 그렇다고 로크의 심리학-인식론의 문제제기에서 보편적인 것을 도외시한 것은 정당한가? 흄이 제기한 모든 물음이 무엇보다 심리학의 물음으로 파악된 것은 반드시 전적으로 옳은 일인가?

합리적 학문이, 그리고 순수하게 아프리오리한 학문들의 절대적인 객관적 타당성에 관한 요구, 따라서 합리적 사실과학의 가능하거나 필연적인 방법으로서 그러한 요구가 문제시된다면, 우선 다음과 같은 사실(이미 앞에서 강조한 것이지만)을 숙고해야 했다. 즉 학문 일반은 인간의 작업수행이며, 더구나 그 자체로 세계, 즉 일반적 경험의 세계 속에 발견되는 인간에 관한 작업수행이고, 이 작업수행은

'이론적'이라 부르는 어떤 정신적 형성물을 향한 실천적 작업수행들 가운데 하나라는 사실을 숙고해야 했다. 모든 실천과 마찬가지로 행위자 자신에게 의식된 자신의 고유한 의미에서 이러한 작업수행 역시 미리 주어진 경험의 세계에 관계되고, 동시에 이 경험의 세계에 편입된다. 그러므로 정신적 작업수행이 성립하는 것이 이해될 수 없다는 점은 심리학적으로 제시됨으로써만 설명될 수 있고, 따라서 미리 주어진 세계 속에 유지된다고 사람들은 말할 것이다.

이에 반해 만약 칸트가 그의 문제제기와 소급적 방법에서도 당연히 미리 주어진 세계를 사용하지만 동시에 선험적 주관성을 구축해내고 이 주관성의 은폐된 선험적 기능에 의해 깨지지 않는 확고한 필연성에 따라 경험의 세계가 형성되면, 칸트는 다음과 같은 어려움에 빠져든다. 즉 (그 자체가 세계에 속하며, 따라서 세계와 더불어 전제된) 인간 영혼의 특별한 성질이 이 세계 전체의 형태를 만드는 형식화의 작업수행을 하고, 또 했을 것이라는 어려움에 빠져든다. 그러나 이 선험적 주관성을 영혼에서 구별하자마자 곧 우리는 이해할 수 없는 신화 속으로 빠져든다.

32절 칸트의 선험철학에서 은폐된 진리의 가능성, 즉 '새로운 차원'의 문제. '표층의 삶'과 '심층의 삶'의 적대적 관계

그런데도 어쨌든 칸트의 이론에 어떤 진리, 즉 실제로 통찰할 수 있는 진리가 내재하면, 사실상 그러한 경우와 마찬가지이지만, 그것은 다음과 같은 사실을 통해서만 가능할 것이다. 즉 객관적으로 타당한 인식의 이해할 수 없는 문제점들이 그 해명을 발견하게 될 선험적 기능은 극히 자연적으로 방해하기 때문에 인류나 심지어 과학자들에게 수천 년 동안 은폐된 채 남아 있을 수밖에 없었던 생생한 정신성(Geistigkeit)의 일정한 차원에 속한다는 사실에 의해서만 가능할 것이다. 그러나 이 차원은 그것에 적합하게 해명하는 방법에 의해 경험이나 이론에서 명증성의 영역으로서 학문적으로 도달될 수 있는 것이다.

이러한 차원이 수천 년 동안 은폐되었다는 점, 심지어 그 차원이 한 번은 감지될 수 있었더라도 결코 습득적이며 일관성을 지닌 이론적 관심을 불러일으키지 못했다는 점은 다음의 사실을 입증해 설명될 수 있다(그리고 실제로 설명될 수 있다). 즉 이러한 차원에 스스로 몰입하는 것과 자연적인 일상적 인간의 세계에서 삶을 형성하는 모든 관심(Interesse)이라는 의미로 몰두하는 것의 독특한 적대적 관계를 입증하는 것이다.

그와 동시에 모든 경험작용과 사유, 아니 인간의 세계에서 삶의 각각의 모든 활동 속에 자신의 작업수행을 하는 정신적 기능이 문제시되어야 하므로, 이 기능을 통해 경험의 세계가 존재하는 사물, 가치, 실천적 계획, 작업 등의 끊임없는 지평으로서 우리에게 일반적으로 의미와 타당성을 지닌다. 모든 객관적 학문에는 곧바로 이러한 가장 원리적인 것에 대한 앎—즉 객관적 앎 일반의 이론적 형성물에 의미와 타당성을 부여할 수 있고, 따라서 궁극적 근거에 입각해 앎의 권위를 스스로 부여할 수 있었던 것에 관한 앎—이 없었다는 사실이 매우 잘 이해될 것이다.

객관적 학문의 문제를 해명해줄 수 있는 이 도식은 헬름홀츠[10]의 잘 알려진 〔비유인〕 표층의 존재〔양식〕—그 표층의 세계가 심층의

---

10) H. Helmholtz(1821~94)는 물리학자·생물학자인 동시에 신칸트학파에 속하며, 실험심리학을 창시하고 에너지보존법칙을 완성했다.

차원에서 그 단순히 투영된 것에 지나지 않는 그 심층의 차원을 전혀 몰랐던—의 상(像)을 상기시켜준다. 인간에게 그리고 그 밖의 모든 사람과 같이 과학자에게 그의 자연적 세계의 삶에서 경험하면서, 인식하면서, 실천적으로 계획을 세우면서, 행위를 하면서 의식될 수 있는 것, 즉 외적 세계에 있는 대상들의 영역으로서 외적 세계에 관련된 목적·수단·행위의 과정·궁극적 결과로 의식될 수 있는 것, 또한 다른 한편으로 자기성찰을 함에서 그와 동시에 기능하는 정신적 삶으로 의식될 수 있는 것—이 모든 것은 **표층** 속에 머물러 있다. 그리고 어쨌든 이 표층은 비록 감지될 수 없더라도 무한히 풍부한 심층의 차원을 지닌 표층일 뿐이다. 그러나 이 상은, 일상적 의미에서 단순히 실천적 삶이 문제가 되든 이론적 삶, 즉 학문적 경험작용이나 사유·계획·행위 등이 문제가 되거나 학문적 경험에 주어진 것들·사상·사유의 목표·전제·진리를 지닌 성과가 문제가 되든〔상관없이〕보편적으로 타당하다.

물론 이 설명의 도식에는 몇 가지 절박하게 당면한 물음들이 해결되지 않은 채 남아 있다. 그것은 왜 실증과학들이 그토록 오래 커다란 성공을 거두는 동안에도 순수하게 **표층**에 나타날 수 있었는가? 방법적 작업수행들을 완전히 통찰하려는 요구에서도 너무도 뒤늦게 불만족함, 아니 막연함—이것에서는 논리적 기술(技術)을 그토록 정확하게 철저히 건설했지만 여전히 아무것도 개선되지 않았다—이 알려지게 되었는가? 사실상 이미 더 높은 차원과 관련된 **직관주의**로 심화하는 새로운 시도들과 이것을 통해 해명하려는 모든 노력은 왜 진정으로 필연적이며 학문적으로 모두가 일치하는 성과에 이르지 못했는가?

이러한 물음은 이제까지 감지되지 않았을 뿐이지만, 이론적 경험이나 경험에 대한 인식에 즉시 접근할 수 있는 영역들에서 단순한 시선의 전향이 문제가 되는 경우는 결코 아니다. 이렇게 경험할 수 있는 것은 모두 실증적으로 가능한 인식의 대상과 영역이며, 이것은 표층 속에, 즉 현실이거나 가능한 경험의 세계, 자연스러운 말의 뜻으로, 경험의 세계 속에 놓여 있다. 심층의 영역에 실제로 도달하려는 (처음에는 독특하게 경험하는 방식에서 자신의 순수한 자기파악의 가능성이지만) 방법적 노력에 어떠한 특별한 어려움―사태의 본질에 근거한 어려움―이 대치해 있는지 우리는 쉽게 이해한다.

그러므로 그것에 의해 드러난(patent) 표층의 삶과 잠재된(latent) 심층의 삶의 적대적 관계가 얼마나 큰가 하는 점도 명백해질 것이다. 물론 여기에는 역사적 편견들의 힘, 특히 근대 실증과학들의 근원에서 유래해 우리 모두를 지배하는 편견들의 힘도 끊임없는 역할을 한다. 이미 어린아이의 순진한 영혼에 침투된 그러한 편견들은 본질적으로 곧 그 편견들이 현실적으로 '영향을 끼치는' 가운데 은폐되어 있다. 편견 없게 되려는 추상적인 일반적 의지만으로는 그 편견들을 전혀 변경시키지 못한다.

그런데도 새로운 차원의 본질과 그것이 오래전부터 친숙해진 삶의 영역의 관계에 근거한 어려움들을 대조해보면, 여기에는 매우 사소한 어려움이 놓여 있을 뿐이다. 분명하지 않게 제시된 요구들에서 목적이 확실하게 규정된 계획에 이르는 길, 모호하게 물음을 제기하는 것에서 본래의 학문적 작업이 맨 처음 착수하는 최초의 학문적 작업의 문제에 이르는 길은 어디에서도 〔이 경우와 같이〕 멀리 떨어져 있지는 않다. 〔심층의 차원에〕 깊이 파고들어 가려는 자에게 오래전부터 친숙한, 오래전부터 작용하는 개념들에서 역설적 이율배반으로, 논리적으로 이치에 어긋난 것들로 형성된 암흑에서 떠오르는 논리적 유령(Gespenster)이 그토록 자주 대항한 것은 〔이 경우 이외에〕 어디에도 없다. 그러므로 논리적 난제와 논의로 빠져들고, 이와 동시에 자신의 학문적 성격을 지나치게 과시하려는 유혹이 이만큼 큰 것은 어디에도 없다. 반면에 이러한 경우에는 본래의 연구에 기체(基體)인 현상 그 자체가 영원히 사라지게 된다.

내가 칸트와의 관계를 청산하고 내가 실제로 걸어온 길 — 따라서 그 길은 실제로 걸어온 길로, 또한 항상 걸어갈 길로 제시된다 — 가운데 하나로 나를 기꺼이 뒤따르면서 이해하려는 사람들을 이끌려 하면, 상술한 모든 것은 진실로 확증된다. 그뿐 아니라 그 길은 자신의 모든 발자국에서 곧 이러한 명증성이 필증적인 것으로 재생되고 검증될 수 있게 한다. 그리고 이 명증성은 임의로 반복해 수행할 길이며, 항상 확증할 수 있는 경험과 인식에서 임의로 계속 이끌 수 있다.

33절 객관적 학문의 일반적 문제들 가운데 일부인 '생활세계'의 문제

이제까지 상론한 것을 간략하게 상기해봄으로써 여기에서 주장된 사실을 기억하기 바란다. 즉 학문은 인간의 정신적 작업수행이고, 이 작업수행은 역사적으로 그리고 배우는 모든 사람에게 존재하는 것이며 공통으로 미리 주어진 직관적 삶의 환경세계에서 출발하는 것을 전제하지만, 이 작업수행 역시 그것을 수행하고 계속 실행해나가는 가운데 학자에게 그때그때 부여되는 이 환경세계를 끊임없이 전제한다는 사실이다. 그것은 예를 들면 물리학자에게는 그가 자신의 계측기기를 보고, 박자조절기를 듣고, 파악된 양(量)을 평가하는 등의 환경세계이며, 그 속에서 그 자신도 자기의 모든 행위나 모든 이론적 사유와 더불어 자기 자신을 아는 환경세계이다.

만약 학문이 물음을 제기하고 그에 답변하면, 그것은 처음부터 또 그 이후에도 필연적으로 이 미리 주어진 세계 — 이 속에서는 그 밖의 모든 삶의 실천과 마찬가지로 학문의 실천도 유지되는 세계 — 에 존립하는 이 세계의 토대 위에 있는 물음이다. 이러한 삶의 실천에서는 학문 이전의 인식인 인식은 이미 끊임없이 역할을 하며, 그 인식이 의도하는 의미에서 또한 그 인식이 실천적 삶을 가능하게 그때그때 평균적으로 대체로 만족할 만하게 도달하는 그 자신의 목표를 지니고 끊임없이 역할을 한다.

그런데 그리스에서 발생한 새로운 인간성(철학적 인간성, 학문적 인간성)은 자연적 현존재의 '인식'과 '진리'라는 목적의 이념을 고쳐 개조하고, '객관적 진리'라는 새롭게 형성된 이념에 모든 인식에 대한 하나의 규범(Norm)이라는 더 높은 권위를 부여하는 것이 적합하다고 간주했다. 이와 관련해 결국 가능한 모든 인식을 무한하게 포괄하는 보편적 학문이라는 이념, 즉 근대를 대담하게 이끌어간 주도적 이념이 일어났다.

만약 이러한 사실을 생생하게 재현해보면, 학문의 객관적 타당성과 그 과제 전체를 명백히 해명하는 것은 우선 미리 주어진 세계를 되돌아가 물을 것을 분명하게 요구한다. 이 세계는, 우리의 동료 인간의 지평에서 인격들로, 따라서 타인들과의 생생한 모든 연결에서 '이' 세계, 즉 모두에게 공통인 세계로, 우리 모두에게 자연적으로 미리 주어져 있다. 그러므로 우리가 상세하게 논의했듯이, 이 세계는 끊임없는 타당성의 토대(Boden)이며, 우리가 실천적 인간이든 학자이든 항상 준비된 자명함의 원천(Quelle)이다.

그런데 이제 이 미리 주어진 세계가 독자적 주제가 되고 당연히 앞으로 학문적으로 책임 있게 확립하기 위한 주제가 되려면, 특히 신중한 예비고찰이 필요하다. '생활세계라는 명칭 아래 어떤 독특한 학문적 과제, 따라서 보편적 과제를 세워야 하는가?' 그리고 '여기에서 어느 정도까지 철학적으로 중요한 문제가 발생할 것인가?' 이러한 물음을 명료하게 하는 것은 쉬운 일이 아니다. 특히 때에 따라 더 좁게나 넓게 파악된 생활세계의 고유한 존재의미(Seinssinn)[11]를 해명하는 최초의 시도조차 이미 어려움을 불러일으킨다.

우리가 여기에서 학문적 주제로서 생활세계에 도달하는 방식은 이러한 주제를 객관적 학문 일반의 주제 전체에서 보조주제, 부분주제로 나타날지도 모른다. 이 객관적 학문은 일반적으로, 따라서 그것의 모든 특수한 형태(실증적 개별과학)에서 자신의 객관적 작업수행의 가능성을 이해할 수 없게 되었다. 객관적 학문이 이러한 관점에서 문제가 되면, 우리는 자신의 독자적 업무에서 빠져나와 그 학문을 초월한 견해를 받아들여야 한다. 즉 그 이론들과 결과들을 술어적 사유와 언표들의 체계적 연관을 통해 보편적으로 조망하지만, 다른 한편으로는 작업하면서 서로 함께 연구하는 학자들에 의해 수행된 삶의 작용(Aktleben), 그 목표의 수립, 그때그때 목표 그리고 그 목표에 도달하는 명증성도 조망해야 한다.

이 경우 곧바로 문제가 되는 것은 연구자도 항상 자유로이 처리할 수 있는 직관적으로 주어진 것들을 지닌 생활세계로 되돌아가서 서로 다른 보편적 방식으로 언제나 반복해 일어나는 것에 의지한다는 점이다. 이러한 점에서 우리는 학자가 그때그때 실행하는 이 생활세계에 단적으로 적응된 언표—실천적 일상의 삶 한가운데 우연적 언표들에 고유한 학문 이전의 판단방식으로 순수하게 기술된 언표—

---

11) 이처럼 후설은 '생활세계'를 더 좁은 엄격한 의미(선험세계)로도, 더 넓은 세속적 의미(경험세계)로도 사용한다. 그리고 그는 종종 '존재'와 '존재의 미'를 명확히 구분하지 않고 사용한다. 그 결과 선험적 현상학의 일관된 관심과 주제가 '경험의 대상과 이것이 주어지는 방식들 사이의 보편적 상관관계의 아프리오리'인데도, 이에 대한 존재론적 해석과 인식론적 해석의 오해가 지속된다.

와 동등하게 함께 문제 삼을 수 있다. 그러므로 생활세계의 문제 또는 생활세계가 학자에게 기능하고 기능함이 틀림없는 방식은 상술한 객관적 학문 전체 안에 있는 단지 어떠한 부분 주제에 불과하다 (즉 객관적 학문의 완전한 정초에 이바지하는 주제에 불과하다).

그러나 객관적 학문을 명증하게 정초하려는 생활세계의 기능에 대한 보편적 물음에 앞서 생활세계가 그 속에서 살아가는 인간에 지니는 고유하고 끊임없는 존재의미에 관한 물음에는 명백히 충분한 의미가 있다. 인간이 항상 학문적 관심을 둔다고 할 수 없고, 심지어 학자들도 항상 학문적 작업을 하지 않는다. 또한 역사가 가르쳐주듯이 항상 이 세계에는 오래전부터 건설된 학문적 관심 속에 습관적으로 살아온 하나의 인간성(ein Menschentum)이 존재하는 것은 아니다.

따라서 생활세계는, 학문의 시대에서도 그 존재방식을 계속 수행하듯이, 이미 학문에 앞서 언제나 인간성에 존재한다. 그러므로 우리는 생활세계의 존재방식에 관한 문제를 그 자체로 그리고 그 자체에 대해 제시할 수 있고, 그런 다음 '어떤 종류의 학문적 과제, 따라서 보편타당하게 앞으로 결정되어야 할 과제가 생활세계의 고유한 존재방식에 관해 제기되어야 하는가'라는 문제를 보편적으로 숙고하기 위해 모든 객관적-학문적 의견이나 인식을 작용 밖에 놓고 전적으로 이 단적인 직관적 세계의 토대 위에 설 수가 있다.

그렇다면 이 사실은 커다란 연구주제를 부과할 수 있지 않았는가? 우선 특수한 학문이론으로 등장하는 것과 더불어 결국에는 이미 이러한 '제3의 차원'—따라서 객관적 학문의 주제 전체(표층 속에 있는 그 밖의 다른 모든 주제와 같이)를 집어삼키는 것을 미리 자신의 소명으로 삼는—이 열려 있는 것은 아닌가?

우선은 이러한 점이 특별하거나 믿을 수 없는 것으로 나타남이 틀림없으며, 많은 역설들이 제기될 것이지만, 아무튼 해결될 것이다. 어쨌든 모든 것에 앞서 여기에서 다음과 같은 문제가 떠오르고, 그것을 고찰하지 않을 수 없다. 즉 생활세계의 본질(Wesen)을 올바로 파악하는 것과 여기에 적합하게 학문적으로 취급하는 방법(Methode)의 문제이다. 그러나 이 경우 객관적인 학문적 성격은 문제 밖에 머물러야 한다.

34절 생활세계에 관한 학문이라는 문제의 해명

a) 객관적 학문과 학문 일반의 차이

생활세계 그 자체는 가장 잘 알려진 것, 즉 모든 인간의 삶에서 항상 이미 자명한 것, 그 유형학(Typik)[12] 속에 항상 이미 경험을 통해 우리에게 친숙한 것이 아닌가? 모든 생활세계의 알려지지 않은 지평은 단지 불완전하게 알려진 것, 즉 미리 그것의 가장 보편적인 유형

---

12) 이 말은 본래 '유형(Typus, Typ)에 관한 학문'을 뜻하지만, 후설은 이들을 구별하지 않고 같은 유형에 속하는 것들을 총칭하는 데 사용한다.

본질직관으로 획득하는 '본질'(Wesen)은 순수한 보편성과 아프리오리한 필연성을 갖지만, 이전 경험을 연상적으로 일깨워 재인식할 수 있게 만드는 '유형'은 경험적 보편성과 우연적 필연성을 가진다(『경험과 판단』, 제3부 제1장 및 제2장을 참조할 것). 즉 유형은 이전 경험을 근원적으로 건립해 형성된 것으로서, 명확하게 규정되지는 않았지만 모호하게 이미 알려져 있음에 따라 새로운 경험을 예측적으로 미리 지시하고 그 내용을 풍부하게 만들거나 수정할 수 있는 경험의 가능조건, 침전된 것이 부각되는 배경지평으로서의 잠재의식이다. 예를 들어 우리는 이전에 전혀 본 적도 없는 동물을, 그것이 개와 비슷한 모양이기 때문에, 이제까지 경험했던 개의 유형에 따라 비교하면서 그 행동거지나 아직 보지 못한 이빨, 꼬리 등을 예측하고 경험한다. 물론 유형의 보편성이 극대화될 경우 그것은 본질이지만, 유형이 형성되는 과정과 본질이 획득되는 방법에는 근본적 차이가 있다. 그리고 유형을 구성하는 것은 곧 인식을 주도하는 관심(Interesse)이다.

에 관해 알고 있는 것의 지평이 아닌가?

물론 학문 이전의 삶에는 이 알려진 것과 알려지지 않은 것을 알려진 것 속으로 옮겨놓는 것으로 충분하며, 경험(그 자체로 확증되는 경험과 동시에 가상을 배제하는 경험)과 귀납(Induktion)의 토대 위에 우연적 인식을 획득하는 것으로 충분하다. 일상적 실천에서는 이 것만으로도 충분하다.

그러나 만약 그 이상의 것이 수행될 수 있고 수행되어야 하면, 만약 학문적 인식이 앞으로 성립되어야 하면, 그 경우 객관적 학문이 어쨌든 주목하고 실행하는 것 이외에 어떠한 것이 문제가 될 수 있는가? 학문적 인식 그 자체는 객관적 인식—즉 모든 사람에 대해 절대적 보편성에서 타당한 인식의 기체(Erkenntnissubstrat)를 향한 인식—이 아닌가?

그런데도 역설적으로 우리는 다음과 같은 주장을 견지하고 요구한다. 즉 우리는 모두 그 속에서 교육된 수천 년의 전통을 통해 사람들이 여기에서 객관적 학문이라는 전수된 개념을 학문 일반이라는 개념에 전가하지 않기를 요구한다.

'생활세계'라는 명칭은, 본질상 서로 관련되었더라도, 아마 서로 다른 학문적 과제들을 제기할 수 있게 하며, 그러한 일을 요구한다.[13] 이 명칭은 가령 〔그중의〕 하나인 객관적–논리적 과제(이것은 생활세계 안에서 특수한 작업수행이지만)를 그 밖의 다른 과제들을 전혀 학문적으로 고려하지 않은 채 단독으로 다루기보다, 그것들의 본질적 기초를 세우는 질서(Fundierungsordnung)에 따라 이 모든 것이 통일적으로 취급되어야 한다는 것은 아마도 곧 진정하고 완전한 학

---

13) 후설은 이처럼 '생활세계'라는 명칭을 소박한 세속적(자연적) 의미 이외에도 철저한 선험적(반성적) 의미로 사용한다.

문적 성격(Wissenschaftlichkeit)에 속한다.

따라서 '생활세계가 어떻게 끊임없이 근본적 토대로 기능하는가, 생활세계의 다양한 논리 이전의 타당성(vorlogische Geltung)이 어떻게 논리적 진리, 즉 이론적 진리의 기초를 세우는가' 하는 방식에 관해서는 결코 묻지 않았다. 그리고 생활세계 그 자체와 생활세계의 보편성에서 요구하는 학문적 성격은 아마 독특한 것이며, 단순히 객관적-논리적인 것이 아니다. 하지만 그것은 궁극적으로 정초하는 것으로서, 그 가치(Wert)가 결코 더 낮지 않고, 오히려 더 높다.[14] 그러면 지금까지 항상 객관적인 학문적 성격과 대체되었던 이 전적으로 새로운 종류의 학문적 성격은 실로 어떻게 실현될 수 있는가?

객관적 진리라는 이념은 그 전체의 의미에 따라 학문 이전의 삶과 학문 이외의 삶에서 진리의 이념과 대조함으로써 미리 규정된다. 학문 이전과 학문 이외의 삶에서 진리의 이념은 위에서 지적한 의미에서 순수한 경험 속에, 즉 지각이나 기억 등의 모든 양상으로 궁극적이며 가장 깊게 확증할 수 있는 자신의 원천을 가진다. 그러나 지각이나 기억 등과 같은 말은 실제로 학문 이전의 삶 자체가 이해하는 그대로 이해되어야 하며, 따라서 우리는 그때그때 객관적 학문에서 어떠한 심리물리적 해석이나 심리학적 해석을 학문 이전의 삶에 도입하면 안 된다. 그리고 무엇보다 우리는 중요한 점을 곧바로 처리하기 위해, 마치 추정적으로 직접 주어진 '감각자료'가 생활세계의 순수하게 직관적으로 주어진 것에 직접 성격을 부여하는 것처럼, 추정적으로 직접 주어진 감각자료에 즉시 의지하면 안 된다.

---

14) 이것은 주관적-논리 이전의 생활세계는 객관적-논리적 학문이 그 타당성 의미와 정초관계상 되돌아가야 할 궁극적 근원이자 인식의 모체이기 때문이다. 객관적 인식(Episteme)과 주관적 속견(Doxa)의 관계에 관해서는 이 책 제5절의 주 14)를 참조할 것.

실제로 최초의 것은 학문 이전에 세계의 삶에서 단순히 주관적-상대적인(subjektiv-relativ) 직관이다. 물론 우리에게 이 '단순히'(bloß)라는 말은 오래전부터 내려온 유산으로 주관적 속견(*doxa*)이라는 경멸의 색조도 띤다. 하지만 학문 이전의 삶 자체에서 직관은 당연히 이러한 경멸의 색조가 전혀 없다. 왜냐하면 단순히 주관적-상대적인 직관은 〔삶 자체에서는〕 충분히 확증할 수 있는 영역이며, 그것에 기초해 충분히 확증된 술어적 인식의 영역이고, 또한 그것의 의미를 규정하는 삶의 실천적 계획이 그것 자체를 요구하는 것과 정확히 마찬가지로 확인된 진리의 영역이기 때문이다. 모든 단순히 주관적-상대적인 것은 객관성(Objektivität)이라는 근대의 이상(理想)을 추구하는 학자들이 경멸해 취급했는데, 이 경멸감은 학자 자신이 직관적인 것의 영역에 의지하고, 또 불가피하게 의지해야 하는 모든 경우에 여전히 이 영역에 틀림없이 만족한다는 점을 전혀 변경시키지 않는 것처럼, 이 단순히 주관적-상대적인 것이 존재하는 방식을 전혀 변경시키지 않는다.

b) 주관적-상대적인 경험을 객관적 학문을 위해 사용하는 것과 이것에 '관한' 학문

학문들은 생활세계에서 그 당시 목적을 위해 그때그때 필요한 것을 이용하면서 생활세계의 자명성에 의지한다. 그러나 생활세계를 이러한 방식으로 이용하는 것이 생활세계 자체를 그 고유한 존재방식에서 학문적으로 인식한다는 것을 뜻하지는 않는다. 예를 들면 아인슈타인은 마이켈슨[15]의 실험이나 마이켈슨의 것을 모사한 실험장

---

15) A. Michelson(1852~1931)은 정밀한 간섭계를 발명하여 광파의 간섭현상을 실측했다. 그의 이 실험은 지구를 에워싼 에테르설을 부정하는 결과가 되어, 아인슈타인의 상대성이론이 탄생하는 계기를 마련했다.

치로, 동시에 일어난 것을 측정하거나 확인하는 등에 속한 모든 것으로 그 밖의 다른 탐구자들이 그것들을 추후에 시험하는 것을 이용한다. 여기에서 기능상 나타나는 모든 것, 즉 사람, 실험장치, 실험실 등은 그 자체로 다시 일상적 의미에서 객관적 물음을 제기하는 주제, 실증과학의 주제가 될 수 있다는 사실은 의심할 여지 없이 확실하다.

그러나 아인슈타인은 객관적 존재에 대한 마이켈슨의 이론적, 심리학적-심리물리학적 구조를 이용할 수 없었으며, 학문 이전의 세계 속에 있는 모든 사람과 같이 단적인 경험의 대상으로서, 그가 접근할 수 있었던 인간[마이켈슨]을 이용할 수 있을 뿐이다. 즉 공동의 생활세계 속에 이렇게 생생하고도 활동적으로 성과를 올리는 그 인간의 존재는 언제나 마이켈슨의 실험에 관련된, 아인슈타인이 제기한 모든 객관적-학문적 문제, 계획, 작업수행에 대한 전제이다. 그것은 물론 아인슈타인이나 그 밖의 모든 탐구자도 자신이 인간으로—또한 탐구하는 자신의 모든 행위 가운데—그 속에 사는 것을 아는 하나의, 모두에게 공통된 경험의 세계이다.

다른 한편 바로 이러한 세계와 그 속에서 일어나는 모든 것은 학문적 목적이나 그 밖의 다른 목적을 위한 필요에 따라 이용되겠지만, 모든 자연과학자가 주제로 삼는 초점이 그것의 객관적 진리에 맞추어진 '단순히 주관적-상대적'이라고 각인된다. 우리가 말했듯이, 이것과 대조하는 것은 객관적 과제제기라는 의미를 규정한다. 그런데 이 주관적-상대적인 것은 극복되어야 할 것이다. 왜냐하면 우리는 이 주관적-상대적인 것에 가설적인 그 자체의 존재(An-sich-sein)를, 즉 논리적-수학적 진리 그 자체에 대한 기체(Substrat)를 귀속시킬 수 있고, 귀속시키지 않을 수 없기 때문이다.

그런데 우리는 항상 새롭고 더 개선된 가설들을 세우고 경험을 확증함으로써 그것들을 정당화하는 가운데 진리 그 자체에 언제나 접근할 수 있다. 그러나 이것은 그것의 한 측면이다. 자연과학자는 이러한 객관적 방식으로 관심을 두고 활동하지만, 다른 한편 주관적-상대적인 것은 어쨌든 그 과학자에게 예컨대 하찮은 통과점(Durchgang)이 아니라 모든 객관적으로 확증하는 것에 이론적-논리적 존재타당성을 궁극적으로 정초하는 것으로 기능하며, 따라서 명증성의 원천, 확증의 원천으로 기능한다. 눈에 보이는 계량계나 눈금 등은 실제로 존재하는 것으로 사용되며, 결코 환상(Illusion)으로 사용되는 것은 아니다. 따라서 타당한 것으로 실제로 생활세계에 존재하는 것(Seiendes)은 하나의 전제(eine Prämisse)이다.

c) 주관적-상대적인 것은 심리학의 대상인가

그런데 이 주관적인 것(Subjektives)이 존재하는 방식에 관한 물음 또는 주관적인 것을 그것의 존재 전체 속에 취급해야 할 학문에 관한 물음을 자연과학자는 일상적으로 심리학과 관련해 해결할 것이다. 그러나 생활세계에 존재하는 것이 문제가 되는 경우 우리는 여기에서 다시 객관적 학문의 의미에서 존재하는 것으로 대체하면 안 된다. 왜냐하면 고대에서부터 그리고 어쨌든 세계에 대한 인식이라는 근대의 객관주의가 확립된 이래 '심리학'이라 부르는 것은 —또한 관련된 역사적 심리학에서 무엇을 우리가 받아들이더라도— '주관적인 것에 관한 객관적 학문'이라는 의미를 명백히 갖기 때문이다.

이제 이후의 고찰에서는 '객관적 심리학이 가능한가'라는 문제를 상세한 논의의 대상으로 삼지 않을 수 없다. 그러나 그에 앞서 객관성과 생활세계의 주관성 사이의 대조가 객관적 학문의 성격에 대한 근본적 의미 자체를 규정하는 것으로서 날카롭게 파악되어야 하며, 이 양자를 대체시키는 커다란 유혹에 빠져들지 않게 이러한 대조를 확증해야 한다.

d) 원리상 직관할 수 있는 우주인 생활세계. 원리상 직관할 수 없는 '논리적' 구축물인 '객관적으로 참된 세계'

정신적 세계에 관해 (따라서 자연에 관해서도) 객관적 학문의 이념을 수행하는 것 또는 그것을 수행할 가능성이 어떠하든, '객관성'이라는 이념은 근대 실증과학의 총괄적 전체를, 일반적 용어의 사용에서 '학문'이라는 말의 의미를 지배한다. 자연주의라는 개념을 갈릴레이의 자연과학에서 받아들이는 한 자연주의는 이미 이러한 점을 포함하므로, 학문적으로 참된 세계, 즉 객관적 세계는 항상 확장된 말의 의미에서 자연(Natur)[16]으로 간주되었다. 생활세계의 주관적인 것과 객관적, 참된 세계는 실로 다음과 같이 대조된다. 요컨대 객관적 세계는 원리상 결코 지각될 수 없는 것, 즉 원리상 그것의 고유한 자신의 존재에서 경험할 수 없는 이론적-논리적 구축물이지만, 생활세계에서 주관적인 것은 실제로 경험할 수 있다는 점에서 완전히 구별된다.[17]

생활세계는 근원적인 명증성의 세계이다. 명증하게 주어진 것은

---

16) 이 말은 그리스어 'Physis'(어간 phy는 '성장'을 뜻한다)에서 유래하는 것으로, 본래 직접 생성되는 실재(to on), 근본원리(arche)를 뜻한다. 이 말의 본래 의미는 스피노자까지 유지되었지만(그의 '만드는 자연'Natura naturans과 '만들어진 자연'Natura naturata 개념을 참조할 것), 근대 르네상스의 과학 이래 오늘날의 '자연', 즉 과학적 기술을 통해 관찰할 수 있는 영역에 대한 총체 개념으로 이해되기 시작했다.

17) 삶의 존재를 확증하는 것은 경험에 한정해 완전한 확신을 준다. 이 존재를 확증하는 것이 귀납적인 경우조차, 귀납적으로 선취하는 것(Antizipation)은 궁극적으로 결정하는 경험할 수 있는 것(Erfahrbarkeit)을 선취하는 것이다. 귀납(Induktion)은 귀납을 통해 서로 확증할 수 있다. 그들의 경험할 수 있는 것을 선취하는 것에서 그리고 모든 직접적인 지각 자체가 이미 귀납적인 계기들(객체에 관해서는 여전히 경험되지 않은 측면을 선취하는 것)을 포함하기 때문에, 모든 것은 '경험'이나 '귀납'이라는 더 넓은 개념들 속에 포함된다 – 후설의 주.

사정에 따라 직접적 현전(Präsenz)을 통해 '그것 자체'(es selbst)로 경험된 것으로 지각 속에 있거나, 그것 자체가 기억된 것으로 기억 속에 있다. 그 밖의 모든 직관의 방식은 그것 자체를 현전화한 것이다. 이 영역에 속하는 간접적인 모든 인식―넓게 말하면, 귀납의 모든 방식―에는 직관할 수 있는 것에 관한 귀납이라는 의미, 즉 가능한 방식으로 그것 자체를 지각할 수 있거나 지각된 것으로 기억할 수 있는 것 등에 관한 귀납이라는 의미가 있다. 생각할 수 있는 모든 확증은 이러한 명증성의 양상들이 된다. 왜냐하면 (그때그때의 양상에서) '그것 자체'는 상호주관적으로 실제로 경험할 수 있고 확증할 수 있는 것으로서, 이러한 직관들 속에 놓여 있지 결코 사유의 구축물은 아니며, 다른 한편으로 사유의 구축물이더라도 일반적으로 진리로 그 권리를 요구하는 한, 이러한 명증성으로 되돌아감으로써만 비로소 참된 진리를 가질 수 있기 때문이다.

이러한 명증성이 갖는 근원적 권리를 분명하게 주장하는 것, 게다가 그것이 객관적-논리적 명증성의 권위에 대립해 인식을 정초하는 더 높은 권위를 지닌다는 점을 분명하게 주장하는 것은 생활세계를 학문적으로 해명하는 데는 물론 그 자체로 가장 중요한 과제이다. 객관적 이론(수학이나 자연과학의 이론과 마찬가지로)이 형식과 내용상 정초된 객관적-논리적 작업수행의 모든 명증성은 어떻게 궁극적으로 작업을 수행하는 삶 속에―여기서는 생활세계에서 명증하게 주어진 것이 항상 학문 이전의 자신의 존재의미를 가지며, 획득해왔고, 또 새롭게 획득한다―그것의 은폐된 정초의 원천을 갖는가 하는 점이 완전히 해명되어야 하고, 따라서 궁극적 명증성으로 이끌어야 한다. 여기에서 〔연구는〕 객관적-논리적 명증성(가령 연구하면서 정초하는 수학자 등이 수행하는 수학적 **통찰**이나 자연과학적 **통찰**, 실증적-과학적 '**통찰**'의 명증성)에서 생활세계가 항상 미리 주어진 근원적 명증성(Urevidenz)으로 길을 되돌아가는 것이다.

여기에서 단적으로 논의된 것에 대해 우선 아무리 이상하게 느끼고 여전히 문제점을 발견하더라도, 명증성의 단계들이 대조를 이루는 일반적 사실은 오해될 수 없다. 대부분은 아니지만 종종 자연탐구자들이 경험주의로 논의하는 방식은 마치 자연과학이 객관적 자연에 관한 경험에 근거한 학문인 것처럼 들린다. 그러나 이 과학들은 경험과학이라는 것, 원리상 경험에 따른다는 것, 이들 모두는 경험에서 출발한다는 것, 그들의 모든 귀납은 결국 경험을 통해 검증되어야 한다는 것—이러한 것은 상술한 의미에서 참된 것은 아니다. 오히려 그것들은 그와 다른 의미, 즉 경험은 생활세계 속에 순수하게 수행되는 명증성이라는 의미, 그 자체로 학문을 객관적으로 확인하는 명증성의 원천이라는 의미에서 참된 것이다.

그런데 이 학문들은 그 자체로는 결코 객관적인 것(Objektives)에 관한 경험이 아니다. 객관적인 것은 그것 자체로는 결코 경험될 수 없다. 그래서 자연과학자가 자신의 혼란된 경험주의 논의방식에 대립해 객관적인 것을 특히 형이상학에서 초월적인 것으로 해석하는 경우에도, 항상 객관적인 것을 자연과학자들 스스로는 경험할 수 있는 경우로 간주한다.

하지만 객관적인 것을 경험할 수 있다는 것과 무한히 멀리 떨어져 있는 기하학적 도형을 경험할 수 있다는 것은 결코 사정이 다르지 않으며, 따라서 일반적으로 모든 무한한 이념을 경험할 수 있다는—예를 들면, 수계열의 무한함도 경험할 수 있다는—것과 결코 사정이 다르지 않다. 물론 수학 또는 자연과학의 **모형들**에 관한 방식에서 이념들과 **직관화**하는 것은 요컨대 객관적인 것 자체에 관한 직관이 아니며, 관련된 객관적 이상들(Ideale)을 쉽게 구상하게 적용된 생활세계의 직관이다. 이 경우 구상의 풍부한 간접성이 관여하는데, 이것은 직선적인 책상의 모서리가 지닌 생활세계의 명증성의 토대 위에 기하학적 직선을 구상하는 등의 경우처럼, 어디에서나 그렇게 직접 나타나고 그 나름의 방식으로 명증하게 될 수 있는 것은 아니다.

이미 우리가 파악했듯이 이 경우 일반적으로 명확하게 문제를 제기할 전제들을 획득하기 위해, 즉 학교에서 배운 객관적-학문적 사유방식이 지배하기 때문에 우리 모두를 그릇된 길로 이끄는 끊임없는 착오에서 우선 우리를 자유로이 해방시키기 위해 매우 복잡한 절차들이 필요하다.

e) 주관적 형성물인 객관적 학문들. 특수한 실천, 즉 이론적-논리적 실천의 형성물로서 이것들은 그 자체로 생활세계의 완전한 구체성에 속한다

생활세계와 객관적 학문을 명백히 대조했다면, 이제 이 양자가 본질적으로 결합한 것을 충분히 고려하지 않을 수 없다. 즉 그것의 논리적 의미 속에 뿌리를 둔 객관적 이론(보편적으로 파악하면 술어적 이론의 총체성으로서 학문, '명제 그 자체', '진리 그 자체'로서 논리적으로 생각되고 이러한 의미에서 논리적으로 결합한 언표들의 체계의 총체성인 학문)은 생활세계 속에 근거하며, 생활세계에 속한 근원적 명증성에 근거한다.

객관적 학문이 근거하기 때문에, 그것은 우리가 항상 계속해 그 속에 살고 우리가 학자로서 게다가 공동연구자의 전체 공동체 속에 사는 세계, 따라서 보편적 생활세계에 지속적인 의미와 관계를 맺는다.

그러나 이 경우 객관적 학문은 학문 이전의 사람들—개인들과 학문적 활동으로 공동의 연대감을 느끼는 사람들—의 작업수행으로 그 자체는 생활세계에 속한다. 물론 객관적 학문의 이론이나 논리적 형성물은 돌·집·나무와 같은 생활세계의 사물이 아니다. 이것들은

궁극적인 논리적 요소들에서 성립된 논리적 전체이거나 논리적 부분들이다. 볼차노[18]의 표현으로, 이것들은 '표상 그 자체', '명제 그 자체', 추론과 명증 '그 자체'이며, 그 논리적 이념성(logische Idealität)이 '진리 그 자체'라는 자신의 목적(Telos)을 규정하는 이념적 의미의 통일체이다.

하지만 모든 이념성과 같이 이 이념성은 인간이 만든 형성물이고, 인간의 현실성이나 잠재성에 본질적으로 관계되며, 그래서 어쨌든 생활세계가 지닌 구체적 통일성─따라서 이 구체성은 **사물들의 구체성**을 능가하는 것이다─에 속한다는 점을 조금도 변화시키지 않는다. 바로 이러한 점은 타당하지만, 경험의 **토대** 위에 논리적 형성물을 이룩하는 활동, 경험하는 활동, 학문적 활동에 관해서는 상관[상대]적으로 타당하다. 이러한 학문적 활동에서 논리적 형성물은 원본적인 형태로 그리고 원본적으로 변화한 양상들로 나타나며, 개별적 학자나 학자들의 상호협력을 통해 공동으로 취급된 명제나 증명 등의 근원적 상태로 나타난다.

그러나 이제 우리는 불편한 상황에 이르렀다. 만약 필수적으로 요구되는 매우 세심한 주의를 기울여 대조해보면, 우리는 전혀 다른 두 가지 세계, 즉 생활세계와 객관적-학문적 세계를 가진다. 물론 이 둘은 서로 관련된 하나의 관계 속에 있다. 객관적-학문적 세계에 관한 지식은 생활세계의 명증성에 근거한다. 생활세계는 학문적 연구자 또는 연구공동체에게 토대로 미리 주어져 있다. 하지만 이러한 토대 위

---

18) B. Bolzano(1781~1848)는 논리학을 심리학주의로 해석하는 데 반대하고, 판단작용과 판단내용을 구별해 객관적 '명제 그 자체', '진리 그 자체'를 확립하는 순수논리학을 추구했다. 이러한 관점은 후설이『산술철학』(1891)에서 수 개념과 산술의 상징적 방법을 심리학적으로 분석해 순수수학의 기초를 확립하려던 시도가 불충분함을 깨닫고, 순수논리학과 인식론으로서의 선험철학을 지속적으로 탐구해가는 데 큰 영향을 끼쳤다.

에 세워져 있더라도 그 구축물은 새로운 것, 즉 전혀 다른 것이다. 만약 우리가 학문적 사유 속으로 침잠해 들어가는 것을 중지하면, 학자인 우리 역시 인간이며 항상 우리에게 존재하고 항상 미리 주어진 생활세계의 공동의 존립요소들로서 존재한다는 사실을 깨달으면, 우리와 더불어 학문 전체는 ─ 단순히 '주관적-상대적'인 ─ 생활세계 속으로 들어간다.

그렇다면 객관적 세계 자체는 어떻게 되는가? 생활세계의 사물, 실재적 물체, 생활세계의 시간공간성 속에 있는 객체, 실재하는 동물이나 식물 그리고 인간에게도 우선적으로 관련된 그 자체의 존재(An-sich-sein) ─ 이 모든 개념은 이제 객관적 학문으로 이해되면 안 되고, 학문 이전의 삶 속에 있는 그대로 이해되어야 한다 ─ 라는 가설은 도대체 어떻게 되는가?

학문적 이론들의 이념성에도, 학문의 주체(인간으로서 학자)에 대해 현실적 타당성을 갖는 이 가설은 인간에게 언제든 항상 마음대로 처리할 수 있는 것으로 의식되어 미리 주어진 자신의 생활세계 속에 인간의 삶을 형성하는 실천적 가설 가운데 하나의 가설이며, 수많은 계획 가운데 하나의 계획이 아닌가? 그리고 모든 목표는, 비록 다른 방법으로 학문 외적인 의미에서 실천적 목표이든 '이론적'이라는 명칭으로 실천적 목표이든, 우리가 생활세계를 오직 그것의 전체적이며 완전한 구체성에서 받아들이는 한, 당연히 생활세계의 통일체에 함께 속하는 것이 아닌가?

그러나 다른 한편으로 명제들, 이론들, 즉 객관적 학문들에서 학설의 체계 전체는 그들의 공동작업 속에 함께 결합한 학자들의 활동에서 획득된 형성물이라는 사실도 명백하게 제시되었다. 더 정확하게 말하면, 그 이후의 활동은 언제나 그 이전의 활동이 거둔 성과를 전제하는 활동을 계속 구축함으로써 획득된 형성물이다. 더 나아가 이 모든 이론적 성과는 생활세계에 대해 타당하다는 성격을 띠며, 그러한 생활세계의 고유한 존립요소들을 항상 부가하면서, 심지어 그것에 앞서 발전하는 학문의 가능한 작업수행의 지평으로서 생활세계에 속한다는 사실을 우리는 명백히 파악하게 된다. 따라서 구체적 생활세계는 학문적으로 참된 세계의 기초를 세우는 토대이며, 동시에 생활세계의 독자적인 보편적 구체성에서 학문을 포괄한다.

이러한 사실이 어떻게 이해될 수 있는가? 이처럼 역설적 느낌이 드는 모든 것을 포괄하는 생활세계의 존재방식을 어떻게 체계적으로, 즉 적합한 학문적 성격으로 만족시킬 수 있는가?

우리가 제기하는 물음은 그것을 해명하는 답변이 결코 명백하지 않다. 〔생활세계와 객관적 학문을〕 대조시키고 이것들이 분리될 수 없는 결합상태에 있다는 사실을 심사숙고하면 할수록, 우리는 더욱더 고통스러운 어려움에 휩쓸리게 하는 심사숙고로 끌려들어 간다. 객관적으로 참된 세계와 생활세계가 역설적으로 상호 의존해 있다는 것은 이 양자의 존재방식을 수수께끼로 만든다. 따라서 우리의 고유한 존재를 포함해 모든 의미의 참된 세계는 이러한 존재의미상 수수께끼가 된다. 이것을 명확하게 만들려는 시도에서 우리는 갑자기 떠오르는 역설에 직면하고, 이제까지 우리가 철학을 함 전체의 지반이 상실되는 것을 갑자기 깨닫게 된다. 당장 우리는 어떻게 참다운 철학자가 될 수 있는가?

우리는 이러한 동기들이 지닌 힘을 회피할 수 없다. 이 경우 칸트나 헤겔 또는 아리스토텔레스나 토마스 아퀴나스에서 생긴 곤란한 문제(Aporia)와 그것을 논증하는 작업에 몰두함으로써 그러한 힘을 벗어나기란 불가능하다.

f) 철학의 부분적 문제가 아니라 보편적 문제인 생활세계의 문제

물론 지금 우리의 마음을 동요시키는 수수께끼를 해결하기 위해 문제가 되는 것은 새로운 학문적 성격이지, 결코 수학적인 학문적 성격이나 일반적 역사의 의미에서 논리적인 학문적 성격은 아니다. 즉 그것은 완성된 수학·논리학·논리계산을 이미 마련한 규범으로 미리 앞서 가질 수 있었던 학문적 성격은 결코 아니다. 왜냐하면 그러한 학문들은 그 자체로 여기에서 문제시되는 의미에서 객관적 학문이며, 가설과 같이 이용되는 전제가 될 수 없기 때문이다. 우선 우리가 〔생활세계와 객관적 학문을〕 단지 대조하는 한, 오직 양자의 대립에 관심을 두는 한, 우리가 일상의 실천적 삶이 특수하든 보편적이든 나름대로 이성적 성찰을 갖고, 게다가 어떠한 학문도 요구하지 않는 방식으로 객관적 학문과는 다르거나 그 이상의 것을 요구하지 않는다는 점이 나타날 수 있었을 것이다.

다음과 같은 두 가지 종류의 진리가 존재한다는 사실은 확실하므로, 근본적 사태로 형식화하거나 독자적 사유의 주제로서 숙고하는 대신, 모두에게 친숙한 사태로 주저 없이 받아들이고 있다. 즉 한편으로 일상적-실천적 상황의 진리(Situationswahrheit)가 있다. 물론 이것은 상대적이지만, 이미 강조했듯이, 실천이 그때그때 자신의 계획을 세우는 데 추구하고 요구하는 것이다. 다른 한편으로 학문적 진리(wissenschaftliche Wahrheit)가 있다.[19) 그리고 이것을 정초하는 것은 곧바로 상황의 진리로 소급하지만, 학문적 방법은 자신의 고유한

---

19) 이처럼 후설이 일상적-실천적 상황의 진리와 학문적 진리를 구분한 것은 물론 동일한 진리가 이해되고 표현되는 방식이 철학과 신학에서 각기 다르다고 주장한 중세 아베로에스(Averroes)의 '이중 진리설'과 같은 것은 아니다. 그는 이 진리들의 정초관계를 밝힘으로써 학문적 진리의 이념에 부단히 접근하려는 목적론을 추구했다.

의미에 따라 그 사실을 통해서는 조금도 손상되지 않는 방식으로 상황의 진리로 소급한다. 왜냐하면 학문적 방법도 이러한 진리를 사용하려 하며, 또한 사용해야 하기 때문이다.

그러므로 논리 외적인 것에서 논리적인 것으로 이행하는 데에서도 주저하지 않는 삶의 소박함에서 객관적-학문적 사유의 실천(Denkpraxis)으로 계속 나가게 허용하면, '생활세계'라는 명칭을 지닌 독특한 주제제기(Thematik)는 모든 것을 이론화하려는 근대적 삶에 고유한 욕망에서 발생한 주지주의(主知主義)의 작업으로 나타날 수도 있다.

어쨌든 이와 관련해 적어도 다음과 같은 사실이 명백하게 되어야 한다. 즉 소박함만으로는 그 문제가 끝날 수 있는 것이 아니라는 사실, 하여튼 인간의 이론적 실천(theoretische Praxis)으로서 단순히 주관적-상대적인 것에 속하며 그와 동시에 자신의 전제들과 자신의 명증성의 원천이 주관적-상대적인 것 속에 있음이 틀림없는 객관적-논리적 이론을 통해 단순히 주관적인 상대성들을 표면상으로 극복한다는 이해할 수 없는 역설이 여기에서 언급된다는 사실이다.

이러한 사실에서 이미 다음과 같은 사실도 마찬가지로 확실하다고 할 수 있다. 즉 모든 진리의 문제와 존재의 문제, 이것을 위해 생각할 수 있는 모든 방법, 가설, 결론─경험세계를 위한 것이든 형이상학의 초월세계를 위한 것이든─은 궁극적 명료함, 명증한 의미 또는 이치에 어긋난 것이라는 명증성도 이렇게 극도로 비대해진 추정된 주지주의에 의해서만 획득될 수 있다는 사실이다. 이 가운데는 최근 매우 우렁차고도 감각을 현혹하면서 형성된 '부활한 형이상학'이라는 작업에서 자신의 정당한 의미와 이치에 어긋난 것에 관한 궁극적인 모든 문제도 포함된다.

방금 고찰한 것에 따라 생활세계의 문제가 지닌 보편적이면서도 독자적인 의미, 그 중대함은 미리 앞서 직관하는 통찰로 이해되었다. 그에 반해 **객관적으로 참된** 세계의 문제 또는 객관적-논리적 학문의 문제—비록 이 문제가 아무리 그리고 얼마나 정당한 근거에서 몇 번이고 다시 제기되더라도—는 2차적이며, 더 특수한 관심의 문제로 나타난다. 비록 우리가 이룩한 근대의 객관적 학문의 특별한 작업수행도 이해하더라도, 이 객관적 학문은 특수한 활동에서 발생한 생활세계를 위한 타당성이며, 그 자체는 생활세계의 구체성에 속한다는 점에서는 아무것도 파괴될 수 없다.

그러므로 어쨌든 인간의 활동이 획득한 그 밖의 모든 것과 같이 이점을 해명하려면 우선 구체적 생활세계가 고찰되어야 하며, 게다가 생활세계가 인간이 자신의 공동의 삶을 위해 획득한 모든 타당성의 발판을 현실적으로 그리고 지평의 방식으로 내포하는 실제로 구체적 보편성에서, 또한 이 기반을 '추상적으로 표본화할 수 있는 세계의 핵심(Weltkern)',[20] 즉 단적으로 상호주관적 경험들의 세계에 궁극적으로는 모두 다 관계하는 실제로 구체적 보편성에서 고찰되어야 한다.

'생활세계가 어떻게 독립적이며 철저하게 독자적인 주제가 될 수 있는가' '생활세계가 비록 우리의 학문들과 다른 방식으로라도 어쨌든 그 자체로서 나름의 객관성—우리가 모두 바로 이러한 방법으로 검증할 수 있는 순수하게 방법적으로 획득할 수 있는 필연적 타당성으로서의 **객관성**—을 반드시 갖는 학문적 언표들을 어떻게 가능하게 할 수 있는가' 하는 사실을 물론 우리는 아직 모른다. 우리는 이때 절대적으로 시작하는 자이며, 여기에서 규범을 제시할 소명을 지닌

---

20) 이러한 표현은 경험의 흐름에서 그 모든 상대성에서도, 그 자체가 상대적이지는 않은 보편적 본질구조를 갖는 '선험적인 것', 즉 '선험세계'를 뜻한다.

논리학을 전혀 갖고 있지 않다.

따라서 우리는 우리 자신을 성찰하고 아직 충분히 전개되지 않은 우리의 과제가 지닌 의미에 잠기지 않을 수 없다. 또 우리는 편견 없는 상태에 대해 극도로 세심하게 주의하면서 생소한 [외부의] 간섭에 대해 그것을 순수하게 보존하는 것을 배려하지 않을 수 없다(이 점에 대해 우리는 이미 몇 가지 중요한 점들을 실행했다). 그리고 이것에서 모든 새로운 계획처럼 우리에게 반드시 방법이 나타난다. 과제의 의미를 명확히 해명하는 것은 확실히 목표 자체에 관한 명증성이며, 그것에 도달하는 가능한 '길들'의 명증성도 본질적으로 이러한 명증성에 속한다. 그리고 여전히 우리 앞에 놓여 있는 예비성찰의 번거로운 절차와 어려운 일은 그 목표의 중대함에서뿐만 아니라, 그 경우 기능을 통해 나타나는 필연적 사상에 본질적으로 [지금까지] 생소하다는 점과 위험하다는 점에서 그 자체로 정당화된다.

그래서 객관적 학문의 단순한 근본적 토대의 문제에 지나지 않는다고 추정되는 것 또는 객관적 학문의 보편적 문제에서 그 부분의 문제에 지나지 않는다고 추정되는 것은 사실상 (이미 앞에서 밝혔듯이) 바로 고유하고도 가장 보편적인 문제로 입증되었다. 또한 이 문제는 객관적-학문적 사유와 직관의 관계에 관한 물음으로서 비로소 나타났다고 말할 수 있다.

그러므로 그것은 한편으로 논리적 사상의 사유로서―예를 들면 물리학 이론의 물리학적 사유나 이론으로서의 수학, 학설의 체계로서 수학이 자리를 잡는 순수수학의 사유와 같은―논리적 사유에 관련된다. 다른 한편 우리는 이론에 앞서 생활세계에서 직관작용이나 직관된 것을 가진다.

여기에서 순수한 사유, 즉 직관에 관해서는 순수하게 무관심한 것으로서 이미 자신의 명증한 진리뿐만 아니라, 더구나 세계에 관한 진리도 갖는 순수한 사유라는 끊어버리기 어려운 가상(Schein)이 발생한다. 그리고 이 가상은 객관적 학문의 의미와 가능성, 즉 그것의 도달범위를 불확실하게 만든다. 이 경우 우리는 직관작용과 사유작용을 외견상 서로 분리해 취급하고, 일반적으로 인식론의 본성을 이중의 상관성[21]에서 수행된 학문이론으로 규정한다(이것에 의해 항상 학문은 우리가 갖는 유일한 학문의 개념, 즉 객관적이라는 학문의 개념에 합당하게 이해된다). 그러나 직관이라는 공허하고 모호한 명칭 대신 우리가 그 속에서 이미 진정한 진리를 가진다고 추정하는 가장 높은 가치를 지닌 것이 생활세계(Lebenswelt)의 문제가 되자마자 곧바로, 그리고 이러한 주제제기의 중대함과 어려움이 진지하게 추구됨으로써 강력하게 성장하자마자 곧바로 '인식론'(Erkenntnistheorie), 즉 학문이론(Wissenschaftstheorie)에서 커다란 변화가 일어난다. 이 변화에서 문제(Problem)로서 그리고 작업수행(Leistung)으로서 학문은 결국 자신의 독자성을 상실하고, 단순한 부분적 문제가 된다.

위에서 논의된 것은 물론 모든 '논리적인 것'(Logisches) — 그것에 따라 논리학이 엄밀한 객관성, 즉 객관적-논리적 진리들의 논리학인 모든 것을 지배하는 의미의 논리적인 것 — 의 아프리오리한 규범학(規範學)으로서 논리학에 관계한다. 그러나 학문 이전에 놓여 있는 술어의 표현들이나 진리들, 이러한 상대성의 영역에서 규범을 제공하는 논리학, 또한 생활세계에 순수하게 기술하기 적합한 논리적인 것을 위해 그것에 아프리오리한 규범을 부여하는 원리들의 체계를 심문하는 가능성에는 결코 생각이 미치지 못했다. 이제까지 전통이던 객관적 논리학은 즉시 이러한 주관적-상대적 진리의 영역을 위해

---

21) 이것은 인식하는 주관적 작용과 인식되는 객관적 내용의 본질적 상관관계를 뜻한다.

서도 아프리오리한 규범으로 대체되었다.

35절 선험적 판단중지의 분석론. 그 1단계: 객관적 학문에 대한 판단중지

이러한 새로운 종류의 학문의 연구영역에 접근하는 방법—이 영역에 도달함으로써 비로소 그 학문을 연구하는 주제가 주어진다—은 수많은 발전의 단계들로 분절되고, 그 각각의 단계가 새로운 방식으로 '판단중지'(Epoche)라는 성격, 즉 자연적-소박한 타당성과 어쨌든 이미 수행되는 타당성에 대해 억제하는 성격을 갖는 것은 우리에게 부과된 과제의 고유한 본성이다.

최초로 필요한 판단중지, 따라서 방법적 발전의 최초 단계는 이제까지의 예비 성찰로 이미 우리의 시선범위 안에 들어온다. 그러나 그것을 명백하고 보편적으로 정식화해야 한다. 즉 모든 것에 앞서 모든 객관적 학문에 관련된 판단중지가 명백히 요청된다. 이것은 마치 어떠한 학문도 그 속에서는 나타나지 않는 것처럼, 가령 현재 인간의 현존재를 사유를 통해 허구로 변형시키는 방식으로 객관적 학문들을 단순히 추상하는 것을 의미하지는 않는다. 오히려 그것은 객관적 학문들의 모든 인식을 함께 수행하는 것에 대한 판단중지를 의미하며, 객관적 학문의 참과 거짓에 관심을 두는 모든 비판적 태도결정, 심지어 '세계에 대한 객관적 인식'(objektives Welterkenntnis)이라는 그 주도적 이념에 대한 태도결정까지 판단중지하는 것을 의미한다. 요컨대 우리는 객관적 이론적 관심(theoretische Interesse) 전체에 대한 판단중지, 즉 객관적 학자로서뿐만 아니라 또한 단순히 지식을 열망하는 사람인 우리에게 고유한 목적을 추구하거나 행동하는 것 모두에 대한 판단중지를 한다.

그러나 이러한 판단중지에서 이것을 수행하는 자인 우리에게 학문들과 학자들이 사라지는 것은 아니다. 학문들이나 학자들은 어쨌든 이전에도 존재했던 그대로, 즉 미리 주어진 생활세계의 통일적 연관 속에 있는 사태들로 계속 존재한다. 단지 우리는 이 판단중지에 의해 이러한 관심을 함께 공유하는 자, 함께 작업을 수행하는 자 등으로 기능하지 않을 뿐이다. 우리는 어떤 종류의 직업적 태도로 어떤 특별한 **직업상 근무시간**에 속하는 어떤 특수한 습관적 관심의 방향만을 곧바로 우리 자신 속에 세운다.

이 경우 그 밖의 다른 경우와 마찬가지로 다음과 같은 사실이 입증된다. 즉 만약 우리의 습관적 관심들 가운데 어느 하나를 현실화하고 그래서 우리의 직업활동(업무수행)을 한다면, 우리는 우리 삶의 다른 관심―그러나 여전히 우리에게 고유하고 계속 지속하는 삶의 관심―에 대해 판단중지의 태도를 취하는 것이다. 모든 것은 '각자의 시간'을 가지며, 우리는 가령 '자 이제 회의하러 갈 시간이다', '지금은 투표하러 갈 시간이다' 등과 같이 활동을 변경하는 것에서 이러한 사실을 나타낸다.

특별한 의미에서 우리는 학문·예술·군복무 등을 '**직업**'이라 부르지만, 통상의 인간으로서 항상 (확장된 의미에서) 다양한 **직업**(관심의 태도) 속에 동시에 산다. 즉 가장(家長)인 동시에 시민으로 산다. 이 각각의 직업은 모두 자신이 활동하는 시간을 가진다. 따라서 이처럼 새롭게 수립된 직업에 대한 관심―이것의 보편적 주제는 '**생활세계**'이다―은 그 밖의 삶의 관심이나 직업에도 편입되고, 어떤 개인적 시간 안에서, 즉 철저하게 시행된 직업시간의 형식 안에서 그때그때 '**각자의 시간**'을 가진다.

물론 이처럼 새로운 학문을 시민의 모든 직업, 아니 심지어 객관적 학문들과 동등하게 취급하는 것은 일종의 왜소화(矮小化), 즉 학문들 가운데 일반적으로 존재할 수 있는 가장 위대한 가치들의 구별을 무시하는 것을 뜻한다. 만약 이렇게 이해되면, 〔현상학이라는〕 새로운 학문은 현대의 비합리주의 철학자에게 매우 적절하다고 환영받는 비판의 표적이 된다. 그렇게 고찰하는 방식에서는, 마치 거기에 다시 새로운 순수이론의 관심, 즉 새로운 학문이 매우 관념적으로 꾸민 주지주의의 유희로 수행되든 실증과학들에 유용하면서도 그 스스로 삶의 유용성에서 그들의 유일한 실속 있는 가치가 있는 더 높은 단계의 지적 기술로 수행되든 새로운 직업의 기술로 건설되어야 할 것처럼, 물론 바로 그렇게 보인다. 결국 듣고자 원하는 것만 듣는 경솔한 독자나 청중의 왜곡된 설명에 우리는 무기력하다.

그러나 그들 또한 철학자들에게는 어떻든 상관없는 대중적 독자에 불과하다. 우리가 변호하는 소수의 사람은, 특히 이전의 강의에서 이미 논의했듯이, 그러한 유혹을 상당히 억제할 방법을 이해하게 될 것이다. 어쨌든 그러한 사람들은 우리가 논의한 길이 그들을 어디로 이끄는지 기대할 것이다.

내가 현상학자의 태도에 대해서조차 그 직업의 성질을 그토록 날카롭게 강조한 것에는 충분한 이유가 있다. 여기에서 문제가 되는 판단중지를 기술하는 데 1차적인 것은 이 판단중지가 습관적으로 수행되는 판단중지이며, 그 밖의 다른 시간들이 어떤 다른 작업의 관심이나 유희의 관심에 쏟아지는 동안 판단중지는 그것이 작업으로 수행되는 나름의 시간을 갖는다는 점이다. 그리고 특히 이렇게 수행하는 작업을 배제하는 것이 개인적 주관성 속에 계속 형성되며 계속 타당한 관심—주관성에 그것의 타당성으로 남아 있는 목표를 습관적으로 향하는 것으로서의 관심—을 전혀 변경시키지 않으며, 곧바로 이러한 이유 때문에 이와 동일한 의미에서 그 밖의 다른 시간에서는 항상 다시 현실화될 수 있다는 점이다.

그러나 더 나가보면 이것이 결코 다음과 같은 것을 주장하는 것은 아니다. 즉 생활세계의 판단중지 ─ 여기에는 앞으로 지적할 더 이상의 중요한 계기들이 여전히 있다 ─ 가, 구두 만드는 사람이 자신의 직업에 대해 판단중지하는 것을 의미하지 않는 것처럼, 실천적이며 실존적인 인간의 현존재에 대해 판단중지하는 것을 의미하지 않는다고 주장하는 것은 아니다. 그리고 그가 구두 만드는 사람이든 현상학자이든 또한 현상학자이든 실증과학자이든 근본에서 전혀 상관없다는 것을 주장하는 것도 아니다.

따라서 다음과 같은 사실이 아마 더욱 명백해질 것이다. 즉 총체적인 현상학적 태도와 이 태도에 속한 판단중지는 우선 본질적으로 완전히 인격을 변화시킬 것을 자신의 소명(召命)으로 삼으며, 이 인격의 변화는 우선 일종의 종교적 개종(改宗)과 비교될 수 있지만, 그러나 이것을 넘어서 인간성(Menschheit)으로서 인류에 부과된 가장 위대한 실존적 변화의 의미를 내포한다.[22]

36절 어떻게 생활세계는 객관적 학문들에 대한 판단중지 이후에도 학문의 주제가 될 수 있는가. 객관적─논리적 아프리오리와 생활세계의 아프리오리의 원리적 구별

우리의 관심이 전적으로 '생활세계'를 향하면, 우리는 '도대체 생활세계는 객관적 학문에 직면해 판단중지를 통해 보편적 학문의 주

---

22) 이처럼 후설 현상학은 단순한 방법론에 그치지 않고, 철저한 선험적 판단중지를 통해 선험적 주관성을 밝힘으로써 인격적 변화를 추구한 지혜추구의 실천철학이다. 따라서 후설에서 '철학을 함'(Philosophieren)은 곧 '현상학을 함'(Phänomenologisieren)이다.

제로 이미 열린 채 나타나 있는가'라고 심문하지 않을 수 없다.[23]

이렇게 물음으로써 우리는 학문적으로 보편타당한 언표들에 대한, 즉 학문적으로 앞으로 확립될 사실들에 대한 주제를 이미 가진 것은 아닌가? 어떻게 생활세계를 이처럼 앞으로 확립할 수 있는 사실들의 영역으로, 그리고 미리 확립된 보편적 영역으로 갖는가?

생활세계는, 우리가 이것을 우리의 학문 이전의 삶과 학문 이외

---

23) 우선 다음과 같은 사실을 기억하자. 즉 우리가 학문이라 부르는 것은 우리가 항상 생활세계로 간주하는 세계 안에서 일상적 단어의미로서 모든 인간의 직업처럼 목적을 추구하는 활동과 합목적적 작업수행의 특수한 종류이며, 여전히 이것에는 직업적이 아닌 것, 즉 목적연관이나 작업수행을 일반적으로 포괄하지 않는 더 높은 단계의 실천적 지향들, 다소 개별화된 우연적 관심, 다소 일시적인 관심도 속한다는 사실이다.

인간의 처지에서 고찰해보면 이 모든 것은 인간의 삶과 인간의 습득성의 특수한 형태이며, 모든 작업수행이 그 속으로 흘러들어 가며 모든 인간 및 작업수행의 활동과 능력이 지속적으로 속하는 생활세계의 보편적 테두리 속에 놓여 있다. 자신의 고유한 존재방식에서 보편적 생활세계에 대한 새로운 이론적 관심 그리고 목적을 지닌 삶에 항상 속한 방법과 목적 그리고 목적 자체에 대한 모든 비판—우리가 그것을 사실상 관철하든 않든 그 방법을 정당한 것으로 간주해야 하는지 그렇지 않은지 등의 비판—에 관한 관심에 대해 일정한 판단중지를 요구한다.

우리에게 습관적으로 타당하다고 간주하는 우리의 목적 속에 살면서—비록 어떤 목적이 '바로 적합한 순서에 있다'(an der Reihe sind)고 하더라도—우리는 생활세계의 지평 속에 살고, 거기에서 발생했고, 또 발생할 (모든) 것은 생활세계에 존재하는 것 속에 있다. 그러나 그것에 향해 있음(Darauf-ausgerichtet-sein)이 보편적 지평에 향해 있음(Auf-den-universalen-Horizont-gerichtet-sein)은 아니며, 목적된 것을 이러한 지평의 존재자로서 주제화하는 것도 아니고, 또한 주제로서 (새롭게) 형성된 생활세계의 존재자로서 주제화하는 것도 아니다.

따라서 학문적 관심이든 그 밖의 다른 관심이든 그것을 추구하는 모든 것을 우리가 억제해야 하는 것이 1차적인 것이다. 그러나 판단중지만으로는 그것을 수행할 수 없다. 또한 모든 목적의 설정, 모든 계획은 이미 세속적인 것(Weltliches)을 전제하며, 이와 더불어 모든 목적에 앞서 미리 주어져 있는 생활세계를 전제한다.—후설의 주.

의 삶에서 경험하고 또 이 경험된 것을 넘어서 경험할 수 있는 것으로 알고 있듯이, 시간-공간적 사물들의 세계이다. 우리는 사물을 경험할 수 있는 지평으로서 하나의 세계의 지평을 가진다. 이 사물들은 돌·동물·식물 그리고 인간과 인간이 만들어낸 형성물이다.

어쨌든 이 모든 것은—비록 우리가 일상적으로 우리의 경험 속에 그리고 우리와 더불어 삶의 공동체로 결합한 사회적 집단 속에 확실한 사실에 이르며, 어떠한 범위 안에서는 그 자신에서, 즉 주목할 만한 불일치에 전혀 방해받지 않고 확실한 사실에 이르지만, 때에 따라 실천적인 것이 〔매우〕 중요한 문제가 될 경우에도 의도적 인식작용을 통해, 즉 우리의 목적에 대해 확실한 진리라는 목표를 갖고 확실한 사실에 이르더라도—거기에서는 주관적-상대적이다. 하지만 만약 콩고지방의 흑인이나 중국의 농부 등과 같이 생소한 교역의 범위로 표류해 들어간다면, 이 경우 우리는 그들의 진리, 즉 그들에게 확립되어 있고 일반적으로 보증되며 또 앞으로 보증될 사실은 결코 우리의 진리가 아니라는 점에 직면한다.

그러나 만약 일상의 유럽인, 인도인, 중국인 등이 그 모든 상대성에서도, 여전히 일치하는 것—비록 그 해석이 다르더라도 공간의 형태, 운동, 감각적 성질 등과 같이 그들이나 우리나 여전히 모두에게 공통적인 생활세계의 객체들을 동일하게 만드는 것—에서 출발해 모든 주체에 대해 절대적으로 타당한 객체에 대한 진리라는 목표를 설정하면, 여전히 우리는 객관적 학문의 길에 이른다. 이러한 객관성이라는 ('진리 그 자체'라는) 목표를 설정함으로써 우리는 순수한 생활세계를 넘어서는 일종의 가설을 세우게 된다. 우리는 이 '넘어서는 것'을 첫 번째 판단중지(객관적 학문에 대한 판단중지)를 통해 미리 배제했지만, 이제 '그 밖의 다른 어떤 것이 여기에서 단연코, 그리고 모든 사람에 대해 확립할 수 있는 것으로서 학문적으로 요구할 수 있는가' 하는 난처함에 빠진다.

그렇지만 어쨌든 생활세계가 그 모든 상대성 속에 자신의 **보편적
구조**(allgemeine Struktur)를 가진다[24]는 사실을 숙고하면, 이 난처함
은 즉시 사라진다. 모든 상대적 존재가 결합된 이 보편적 구조는 그
자체가 상대적인 것이 아니다. 이 구조를 그 보편성에 주목하면서 신
중하게 살펴보면, 단연코 모든 사람이 동일하게 접근할 수 있게 확립
할 수 있다. 생활세계로서 세계는 학문 이전에서조차 **동등한 구조**를
가진다. 이 구조는 객관적 학문들이 그 **자체로 존재하는** 세계, 즉 '진
리들 그 자체'에서 규정된 세계의 기초를 구축하는 것(이것은 수백 년
의 전통을 통해 자명한 것으로까지 형성되었다)과 통일을 이루며 아
프리오리한 구조로 전제하는 것이다.[25] 그리고 이 구조는 아프리오
리한 학문들, 이성(*Logos*) — 그 **자체로 객관적으로 존재하는** 세계에 대
한 모든 인식이 반드시 그것에 결합된 방법적 규범 — 에 관한 학문들
에서 체계적으로 전개된 것이다.

더구나 학문 이전부터 이 세계는 이미 시간공간의 세계이다. 물론
이 시간공간성에서는 이념적인 수학의 점(點), 순수한 직선이나 평
면, 일반적으로 수학의 미분연속(微分連續), 기하학적 아프리오리의
의미에 속한 '정밀성'(Exaktheit)에 관한 것은 전혀 문제가 아니다. 생
활세계에서 우리에게 매우 친숙한 물체들은 현실의 물체이지만, 물
리학의 의미에서 물체는 아니다. 인과성, 시간공간의 무한함의 경

---

24) 다양한 생활세계는 이러한 보편적 본질구조 즉 선험세계를 통해 상호주관
    적으로 이해할 수 있고 역사적 전통으로 그 의미가 풍부하게 발전해나갈 수
    있다.
25) 여기에서 '전제'와 앞 구절의 '가설'은 철저한 무전제성 원칙에 배치되는 것
    은 아니다. 생활세계의 아프리오리한 본질적 구조를 소박하게 전제하고 이
    것에서 일정한 체계를 구축하려는 것이 아니라, 지향적-선험적으로 분석한
    결과 드러내 밝힌 것이기 때문이다.

우에도 사정은 이와 아주 똑같다. 생활세계의 〔이러한〕 범주적인 것 (Kategoriale)은 〔물리학에서와〕 동일한 명칭을 갖지만, 이른바 기하학자나 물리학자가 이론으로 이념화하는 것(Idealisierung)이나 가설로 기초를 구축하는 것(Substruktion)에는 관심을 두지 않는다. 우리는 그 밖의 다른 사람들과 마찬가지로 생활세계, 즉 그 인간이 지닌 관심의 세계에서 자신을 알면서 살아가는 하나의 사람인 물리학자도 물리학이라는 명칭 아래 특별한 종류의 물음과 (넓은 의미에서) 생활세계의 사물들에 향한 실천적 계획도 가지며, 그 **이론**은 실천의 성과라는 점을 미리 알고 있다.

그 밖의 다른 계획들처럼 그들의 실천적 관심과 이것을 실현하는 일은 생활세계에 속하며, 생활세계를 토대로 전제하고 그들의 행위를 통해 생활세계를 풍요롭게 만드는 일과 같이, 이것은 인간이 계획하고 실천하는 학문에서도 타당하다. 그리고 이미 논의했듯이, 모든 객관적 아프리오리도 그에 상응하는 생활세계의 아프리오리로 되돌아가 필연적으로 관계됨으로써 생활세계에 속한다. 이렇게 생활세계로 되돌아가 관계되는 것은 타당성의 기초를 세우는 것 (Geltungsfundierung)으로 되돌아가 관계되는 것이다. 이것은 수학적 아프리오리와 모든 객관적 아프리오리의 더 높은 단계의 의미를 형성하고 존재타당성을 생활세계의 아프리오리의 토대 위에 성취하는 이념화하는 작업수행이다.

그러므로 우선 이 생활세계의 아프리오리가 고유하고 순수하게 학문의 주제가 되어야 하며, 더 나아가 '어떻게 생활세계의 아프리오리라는 토대 위에, 또한 새로운 의미를 형성하는 어떠한 방식으로 객관적 아프리오리가 간접적이고 이론적인 작업수행으로 성립하는가'라는 체계적 과제가 제기되어야 한다. 따라서 보편적인 생활세계의 아프리오리와 보편적인 객관적 아프리오리라는 두 가지 보편적 구조를 체계적으로 구별해야 한다. 그런 다음 '어떻게 객관적 아프리오리가 생활세계의 주관적-상대적인 아프리오리 속에 근거하는가' 또는 '예를 들어 어떻게 수학적 명증성이 생활세계의 명증성 속에 자신의 의미(Sinn)의 원천과 권리(Recht)의 원천을 갖는가' 하는 방식에 따른 보편적 문제제기도 구별해야 한다.

비록 우리가 생활세계에 관한 학문의 문제를 객관적 학문의 문제에서 이미 분리해냈더라도, 위에 상술한 고찰은 다음과 같은 점에서 특별한 관심을 끈다. 즉 학교[교육]에서 전통적 객관주의의 형이상학에 사로잡혀 있는 우리는 우선 보편적인 순수한 생활세계의 아프리오리의 이념에 접근할 통로가 전혀 없다는 점이다. 우리에게는 이 생활세계의 아프리오리를 우리가 즉시 대체시키는 객관적 아프리오리에서 원리상 분리해내는 것이 우선 필요하다. 모든 객관적 학문에 대한 첫 번째 판단중지는, 만약 우리가 이 판단중지 역시 모든 객관적-아프리오리한 학문들에 대한 판단중지로 이해하고 방금 철저하게 수행된 고찰을 통해 그 판단중지를 보충하면, 곧바로 이렇게 분리해내게 된다.

그러한 고찰은 더욱더 다음과 같은 통찰을 부여해준다. 즉 객관적-논리적 단계의 보편적 아프리오리—수학적 학문이나 일상적 의미에서 그 밖의 모든 아프리오리한 학문의 아프리오리—는 그 자체로 더 앞선 아프리오리, 곧 순수한 생활세계의 보편적 아프리오리에 근거한다는 통찰이다. 생활세계의 아프리오리, 즉 고유한 아프리오리한 학문으로서 앞으로 전개되어야 할 아프리오리에 의지함으로써만 우리의 아프리오리한 학문들, 즉 객관적-논리적 학문들은 이러한 사정에서 그것들이 절대적으로 요구하는 실제로 철저하며 진지하게 학문적으로 정초될 수 있다.

요컨대 근대의 [수학적] 논리학자가 더구나 참된 학문적 철학이라는 명칭 아래, 즉 모든 객관적 학문에 대한 보편적으로 아프리오리한 근본적 학문으로 형성할 수 있다고 믿는, 완전히 자립적인 것으로 추정된 논리학도 바로 소박성을 탈피하지 못한 것이다. 이러한 논리학의 명증성은 보편적인 생활세계의 아프리오리에서 학문적으로 정초되어 있지 않다. 그리고 이 논리학은 학문적으로는 결코 보편적으로 정식화될 수 없는 자명함의 형식으로, 결코 학문에 본질적 보편성을 갖지 못하게 이끈 자명한 형식으로 언제나 보편적인 생활세계의 아프리오리를 전제한다.

일단 이처럼 철저한 근본적 학문이 성립되었을 때 비로소 상술한 논리학 자체도 학문으로 형성될 수 있다. 그때까지 이 논리학은, 이제까지와 마찬가지로, 근거 없이 공중에 매달려 표류한다. 그리고 이 논리학은 너무 소박하기 때문에 모든 객관적 논리학, 즉 일상적 의미에서 모든 아프리오리한 학문에 부착된 과제조차 전혀 깨닫지 못한다. 즉 그 과제란 '어떻게 이 논리학 자체가 정초될 수 있는가', 그러므로 '단순히 논리적으로가 아니라 오히려 모든 논리적인 것과 객관적 이론을 구축하는 것 전체에서 자신의 모든 방법적 형식에 따라 객관적 이론의 정당한 의미를 증명하고, 이것을 통해 모든 논리학 자체가 비로소 규범이 부여되는 논리 이전의 보편적 아프리오리 (universale vor-logische Apriori)로 소급해감으로써 정초될 수 있는가'를 탐구하는 것이다.[26]

하지만 이러한 인식은 지금 우리를 움직이는 생활세계에 대한 관심을 넘어선다. 이 관심에 대해서는 이미 논의했듯이 객관적-논리적 아프리오리와 생활세계의 아프리오리를 원리상 구별하는 것만 중요

---

26) '선험논리학'은 논리 이전의 보편적 아프리오리를 밝힘으로써 단순히 사유 형식을 다루는 형식논리학을 세계 속에 있는 존재자에 관한 참된 논리학으로 정초하려는 것이다.

한 문제이다. 게다가 생활세계에 관한 순수본질학이라는 중대한 과제를 철저하게 고찰하려는 발걸음을 이제 내딛기 위해 이 문제는 끝까지 철저하게 다루어야 한다.

37절 생활세계의 가장 형식적-보편적인 구조: 한편으로 사물과 세계, 다른 한편으로 사물에 대한 의식

만약 자유롭게 시선을 돌려 형식적-보편적인 것, 즉 생활세계에서 상대성들이 아무리 변화해도 변하지 않는 것을 찾아내려면, 우리는 살아가는 우리에게만 세계에 관한 논의의 의미를 규정하는 것에 무심코 시선을 고정하게 된다. 그 결과 세계는 시간공간성이라는 세계의 형식에서 이중의 의미로 (공간이 위치와 시간의 위상에 따라) 장소에서 분할된 사물들, 시간공간의 존재자(Onta)인 사물들의 전체이다. 그러므로 이러한 존재자에 관한 구체적인 보편적 본질학(Wesenslehre)으로 이해된 '생활세계의 존재론'(lebensweltliche Ontologie)[27]이라는 과제가 여기에 놓여 있다.

지금 논의와 연관된 우리의 관심에 대해서는 이러한 존재론을 시사했다는 것만으로도 충분하다.

여기에서 이 문제에 머뭇거리기보다 오히려 즉시 제시될 훨씬 더 중요한 과제, 더구나 이 문제 자체를 함께 포괄하는 과제로 이끌어가자. 이 새로운 주제제기—마찬가지로 생활세계에 본질적으로 관련된, 그러나 존재론적 주제제기는 아닌—로 이르는 길을 개척하기 위해 우리는 일반적으로 고찰하고, 더구나 생활세계(따라서 실증과학

---

27) 이것은 곧 생활세계의 가장 형식적이고 보편적인 구조, 즉 한편으로는 사물과 세계, 다른 한편으로는 사물의식의 본질적 상관관계를 탐구하는 것이다.

의 성격이 혼입되는 모든 것을 억제하는 판단중지 안에서는 자명하게) 속에 일깨워진 채 살아가는 인간으로서 고찰한다.

이러한 일반적 고찰은 동시에 다음과 같이 기능한다. 그것은 우리에게 미리 주어진 세계, 존재자의 우주가 주제로 될 수 있는 여러 가지 방식들의 본질적 구별을 가능하게 만든다. 반복해 논의된 것을 재현해보면, 이 생활세계 속에 일깨워 살아가는 자인 우리에게 생활세계는 항상 그곳에 이미 존재하고, 이론적 실천이든 이론 외의 실천이든 모든 실천(*Praxis*)을 위해 미리 우리에게 존재하는 **토대**(Boden)이다.

세계는 일깨워진 주체, 항상 일정한 방식으로 실천적 관심을 가진 주체인 우리에게 때에 따라서는 한 번만이 아니라 오히려 현실이거나 가능한 모든 실천의 보편적 장(場), 지평으로서 항상 그리고 필연적으로 미리 주어져 있다. 살아가는 것(Leben)은 항상 세계에 대한 확실성 속에 사는 것(In-Weltgewißheit-leben)이다. 일깨워 살아가는 것은 세계에 대해 일깨워 있는 것이며, 세계와 그 세계 속에 살아가는 것으로서 자기 자신을 항상 그리고 현실적으로 의식하는 것으로 세계의 존재의 확실성을 실제로 체험하고, 실제로 수행하는 것이다. 더구나 세계는 어떠 상황에도 그때그때 개별적 사물들이 주어지는 방식으로 미리 주어져 있다.

그러나 세계에 대한 의식과 사물에 대한 의식, 즉 객체에 대한 의식(가장 넓은 의미이지만 순수하게 생활세계의 의미에서)의 방식에는 원칙적 차이가 있다. 반면 이 양자는 서로 분리될 수 없는 통일을 형성한다. 사물들, 객체들(언제나 순수하게 생활세계에서 이해된 객체들)은 우리에게 그때그때 (존재의 확실성에 일정한 양상들로) 타당한 것으로 **주어져** 있지만, 원리상 단지 **세계의 지평** 속에 있는 사물들, 객체들로 의식된 것으로 **주어져** 있다. 각각의 사물은 어떤 것, 즉 우리에게 끊임없이 지평으로 의식된 세계 '에서의 어떤 것'이다. 다른 한편 이 지평은 존재하는 객체들에 대한 지평으로만 의식되며, 특별히 의식된 객체들이 없다면 결코 현실적이 될 수 없다. 각각의 사물은 각기 타당하게 만드는 작용의 가능한 변화의 양상, 그 존재의 확실성이 양상화된 것(Modalisierung)을 가진다.

그런데 세계는 어떤 존재자, 어떤 객체처럼 존재하지 않고, 유일성(唯一性) — 이에 대해 복수(複數)는 무의미하다 — 에서 존재한다. 모든 복수와 이것에서 이끌어낸 단수는 세계의 지평(Welthorizont)을 전제한다.[28] 이 세계 속의 객체와 이 세계 그 자체가 존재하는 방식(Seinsweise)의 차이는 근본적으로 서로 다른 상관적인 두 가지 의식의 방식(Bewußtseinsweise)을 명백히 규정한다.

38절 생활세계를 주제화할 수 있는 두 가지 근본적 방식: 이 세계에 곧바로 향한 소박한 자연적 태도와 생활세계와 그 객체들이 어떻게 주어지는가 하는 주관적 방식들의 방법에 일관된 반성적 태도의 이념[29]

그러나 상술한 일깨운 삶의 가장 보편적 특징은 — 비록 이러한 삶이 어떤 상황에도 세계에 미리 주어져 있고, 이 지평 속에 존재하는

---

28) 후설은 '삶의 환경세계' 등과 같이 '생활세계'에 다른 용어를 첨부하거나 생활세계를 뜻하는 '환경세계' · '문화세계' · '경험세계' · '상상세계' · '기억세계' 등의 표현에서 단수와 복수를 혼용하지만, '생활세계' 자체는 결코 복수형을 사용한 적이 없다.

29) '생활세계'를 주제화하는 길에는 세계를 곧바로 향한 소박한 자연적 태도와 생활세계와 그 객체들이 주어지는 주관적 방식을 향한 반성적 태도 두 가지가 있다. 전자는 세속적 의미의 '경험세계', 후자는 선험적 의미의 '선험세계'이다. 특히 후자에 '이념'이 강조된 것은 소박한 경험적 태도를 극복하려는 후설의 일관된 선험철학의 이념을 뜻한다.

객체들에 주어져 있더라도—그 삶을 수행하는 방식을 구별할 수 있게 해주는 형식적 테두리를 만들 뿐이다. 이 경우 이것이 이처럼 서로 다른 방식들을 형성하므로, 또한 우리는 그러한 방식들로 우리가 세계에 대해 그리고 세계 속에 존재하는 객체들에 대해 일깨워 있다고 말할 수 있다. 이 첫 번째 방식, 즉 우연적 근거가 아니라 본질적 근거에서 반드시 절대적으로 선행하는 자연적이고 일상적인 방식은 곧바로 그때그때 주어진 객체들을 향한, 따라서 세계의 지평에 들어가 사는(Hineinleben) 방식이며, 이것은 중단되지 않는 일상의 안정된 삶, 즉 모든 작용을 통해 철저히 일관된 종합적으로 통일된 삶이다.

이처럼 그때그때 주어진 객체에 곧바로 향한 일상적 삶은 우리의 모든 관심이 그 목표를 객체 속에 갖는다는 점을 지적한다. 미리 주어진 세계는 곧 지향적 지평의식(Horizontbewußtsein)이 미리 함축적으로 〔모든 것을〕 포괄하는 것처럼 우리의 모든 목표, 목적—일시적이든 지속적이든—을 흐르면서도 머물러(strömend-ständig) 파악하는 지평이다. 주체인 우리는 중단되지 않는 일상의 통일적 삶에서 결코 이 지평을 초월해 도달하는 어떠한 목표도 알지 못한다. 더구나 우리는 이것과 다른 그 밖의 목표가 있을지도 모른다고 결코 생각하지 않는다. 이론적이거나 실천적인 우리의 모든 주제는 항상 '세계'라는 삶의 지평의 정상적 통일성 속에 놓여 있다고 말할 수 있다. 세계는 우리의 모든 작용, 즉 경험하고 인식하고 행위 하는 작용들이 그 속으로 향한 보편적 영역이다. 모든 감촉(Affektion)은 이러한 보편적 영역에서, 즉 그때그때 미리 주어진 객체에서 출발해 그때그때의 작용으로 전환된다.

그러나 세계를 의식해 갖는(Bewußthaben) 경우 전혀 다른 일깨운 삶(Wachleben)이 여전히 존재할 수 있다. 이것은 단지 한가하게 살아가는(Dahinleben), 정상성(Normalität)을 단절하는, 세계에 관한 주제의 의식을 변경하는 것 속에 놓여 있을 것이다.

우리는 보편적 세계 또는 객체들이 그 속성들의 기체(基體)로서 단순히 소유하는 방식으로 우리 모두에게 단지 일반적으로 미리 주어지는 것이 아니라, 이러한 세계 또는 객체들(그리고 존재자로 생각된 모든 것)이 〔다양하게〕 주관적으로 나타나는 방식이나 주어지는 방식을 통해 우리에게 의식된다는 것—사실상 우리는 이것을 특별히 주목하지도 않으며, 대부분 이것에 관한 아무것도 전혀 예상하지 않는다—에 시선을 향해보자. 그리고 주어지는 방식들(Gegebenheitsweise)이라는 방식(Wie)에 대한 또한 존재자(Onta) 자체에 대한 일관된 보편적 관심을 세워보자. 그러나 곧바로(geradehin)가 아니라 오히려 그 방식 속에 객체들로서, 곧 상대적 타당성이나 주관적 나타남들 그리고 생각들의 변화에서도 어떻게 통일적이고 보편적인 타당성으로서의 세계, 즉 '이' 세계가 우리에 대해 성립하는가에 대한 전적이며 끊임없는 관심의 방향에서 세워보자. 따라서 비록 실재적인, 실제로 존재하는 객체가 단적으로 현존재하는 것으로 특별히 의식되고 그것의 상대적 파악, 나타남의 방식, 타당성의 양상의 변화를 통해서만 의식되더라도, 그러한 객체의 보편적 현존재에 대한 또한 보편적 지평에 대한 끊임없는 의식이 어떻게 우리에게 성립하는가에 관심을 향해보자.

특별한 의지의 결단으로 수립된 새로운 정합성에서 수행된 이러한 총체적 관심을 전환함으로써 우리는 다음과 같은 사실을 깨닫게 된다. 즉 이제까지 결코 주제화되지 않았던 개별적인 것들에 관한 무한한 유형들뿐만 아니라 분리될 수 없는 종합적 총체성에서 종합에 관한 유형들도 우리에게 주어진다는 사실이다.

이 유형들은 〔그 전체를〕 지향적으로 포괄하는 지평의 타당성을 통해 존재의 증명을 확인하거나 반박하면서 소멸시키거나 그 밖에 다르게 양상화되는 형식으로 서로 영향을 주고받는다. 이 사실은—이전에는 완전히 알려지지 않은 것(Unbekanntes), 인식의 과제로서 결코 알아차리거나 포착하지도 않은 것이 우리에게 고유한 것으로 될 수 있는—종합적 총체성의 고유한 점이다. 즉 이것은 보편적 작업수행을 하는 삶이며 이 삶 속에서 항상 유동적인 그때그때 특수한 사정으로 우리에게 존재하는 것으로서의 세계, 우리에게 항상 미리 주어진 세계가 성립된다. 또는 이 종합적 총체성 속에 우리는 종합적으로 결합한 작업수행을 탐구할 수 있는 보편성의 상관자(Korrelat)로서의 세계가 그 존재적 구조(ontische Struktur)들의 총체성에서 자신의 존재의미와 그 존재타당성을 획득한다는 사실과 그 방법을 이제 비로소 처음으로 발견하게 된다.

그러나 여기에서 지금 주제가 될 수 있는 모든 것에서 더 자세한 상론으로 깊이 파고들어 갈 수는 없다. 이 경우 우리에게 본질적인 것은 두 가지 측면의 주제제기를 구별하는 것이며, 그 각각을 보편적 주제제기로 고찰하는 것이다.

자연적 삶은, 비록 학문 이전의 관심이든 학문적 관심이든 또 이론적 관심을 지닌 것이든 실천적 관심을 지닌 것이든, 주제화되지 않은 보편적 지평 속의 삶이다. 이 지평은 자연성에서 곧 존재자로서 항상 계속 미리 주어진 세계이다. 단지 한가하게 살아가는 사람은 '미리 주어져 있다'는 말을 사용할 필요가 없고, 세계는 우리에게 항상 현실이라는 사실을 지적할 필요도 없다. 모든 자연적 물음, 주제—존재자로서 아마 존재하는 것, 개연적인 것, 의문시되는 것, 가치 있는 것, 계획, 행위와 행위의 결과—로 간주된 이론이나 실천의 모든 목표는 세계의 지평 속에 있는 어떤 무엇인가에 관련된다. 어떤 존재의 양상으로 특징지어진 모든 것은 어쨌든 다시 현실적 존재에 관련되기 때문에, 상술한 사실은 가상이나 비현실적인 것에도 타당하다. 물론 세계는 현실적으로 존재하는 모든 것이라는 의미, 즉 단순히 추정되고 의심스럽고 의문시되는 현실성이 아니라, 오히려 참된 현실성의 의미를 이념적 통일성의 예견으로 미리 가진다. 물론 이러한 사실로서 정정, 타당성의 수정이라는 끊임없는 움직임을 통해서만 자신의 현실성을 우리에게 갖는다.

그러나 이처럼 '단적으로 세계 속으로 들어가 사는' 방식을 고집하기보다 여기에서 보편적 관심을 전환해보자. 이렇게 관심을 전환하면 곧 세계가 '미리 주어져 있다'는 새로운 말은 필연적이 된다. 왜냐하면 이 말은 앞에서 서술한 것과 다르게 방향이 정해지고, 게다가 다시 미리 주어진 방식이라는 보편적 주제제기의 명칭을 나타내기 위한 말이기 때문이다. 물론 우리가 관심을 두지 않을 수 없는 것은 곧 주어지는 방식들, 나타남의 방식들, 항상 경과하면서 끊임없이 그 속으로 흘러들어 가면서 종합적으로 결합된 채 세계의 단적인 '존재'라는 통일적 의식을 성립시키는 것 속에 내재하는 타당성의 양상들이 상술했듯이 주관적으로 변화하는 것뿐이다.

또한 생활세계의 객체들 가운데 우리는 인간도 발견한다. 영향을 주고 고통을 받는 모든 인간의 행동이나 활동으로서 그때그때 사회적으로 서로 결합해 공통의 세계지평 속에 삶으로써 자신을 아는 인간이다. 따라서 이 모든 것에 대해서도 이제 보편적 관심을 통일적으로 전향해야 한다. 통일적인 이론적 관심은 전적으로 주관적인 것(Subjektives)의 우주(Universum)를 향할 것이다. 이 속에서 세계는 종합적으로 결합한 작업수행들 자신의 보편성에 의해 우리에게 단적인 현존재로 성립한다. 자연적-정상의 세계 삶 속에서 이 다양한 주관적인 것은 끊임없이 경과하지만, 그러한 가운데 항상 그리고 필연적으로 은폐된 채 남아 있다.

그렇다면 어떻게 또 어떠한 방법으로 이 주관적인 것은 이론적이며 정합적인 태도를 유지하는 고유한 연구의 그 자체로 완결된 우주―이 우주는 세계, 즉 우리의 자연적 삶의 지평인 우리에게 세계의 존재를 설명할 수밖에 없는 궁극적으로 기능하고 작업을 수행하는 주관성이 전체를 포괄하는 통일체로 스스로 천명한다―로 증명될 수 있는가? 이 사실이 정당한 필연적 과제라면, 이것을 철저히 수행하는 것은 독특한 새로운 학문을 창조하는 것을 뜻한다. 이러한 학문은 이제까지 계획된 모든 객관적 학문―세계의 토대 위에 있는 학문들―에 대립해 '세계가 미리 주어진' 보편적 방식에 관한 학문이며, 따라서 무엇이 그것을 그때그때 객관성에 대한 보편적 토대로 존재하게 형성하는가에 관한 학문일 것이다. 그리고 상술한 사실과 함께 포함되지만, 그것은 모든 객관적 정초가 자신의 참된 힘―이 힘은 자신이 궁극적으로 의미를 부여하는 것에서 나온다―을 이끌어내는 궁극적 근거에 관한 학문을 창조하는 것을 뜻한다.

칸트와 흄이 서로 영향을 주는 문제제기의 해석에 관해 역사적으로 동기가 유발된 우리의 길은 모든 객관적 학문에 대해, 그리고 그 자체에서 결과로 생긴 것이지만, 모든 객관적 실천 일반에 대해 미리 주어진 세계의 보편적 '토대로 존재하는 것'(Boden-Sein)을 해명하는 요청으로까지 이끌었다. 따라서 그 길은 세계를 미리 부여하는 주관성에 관한 새로운 보편적 학문을 요청하게 이끌었다.

이제야말로 어떻게 이러한 요청을 충족시킬 수 있는가에 주목해야 할 것이다. 이 경우 우리는 처음에는 도움이 될 수 있을 것같이 보였던 맨 첫걸음, 즉 우리가 자신을 타당성의 토대로 삼아 모든 객관적 학문에서 확실하게 해방시켰던 그 판단중지가 결코 충분하지 않다는 사실을 깨닫게 된다. 이러한 판단중지를 함에서 우리는 명백히 아직도 세계의 토대 위에 서 있다. 그리고 이것은 우리가 학문들에서 유래하는 어떠한 종류의 지식도 전제로 사용하지 않고, 학문들을 그 진리에 대해 우리 자신의 고유한 태도를 취하지 않는 방식으로만 역사적 사실로 고려하는 것이 허용되는 경우에만 그러하다.

그러나 학문 이전의 직관적 세계에 관심을 두고 그것을 조망하거나 그 상대성에 주의를 기울이는 것 역시 이러한 점에 전혀 변화가 없다. 그러한 일에 몰두하는 것은 어떤 방식으로는 더구나 끊임없이 객관적 주제제기, 즉 역사가(歷史家)—어쨌든 역사가란 그들이 그때그때 취급하는 민족이나 시대에서 변천하는 삶의 환경세계를 재구성하지만—의 주제제기에 속한다. 이 모든 사실에도 미리 주어진 세계는 타당성의 토대이며, 지금 중대한 문제가 되는 고유한 보편적 연관으로서 순수한 보편적인 것의 우주에 편입되는 것은 아니다.

우리가 모든 시대나 민족 그리고 결국에는 시간공간의 세계 전체를 체계적으로 개괄하는 통일체로 주제화하면, 게다가 그때그때 인간, 민족, 시대가 지닌 단순한 사실성에서 본 삶의 환경세계의 상대성에 지속적으로 주의를 기울이는 가운데 주제화하면, 상술한 사실은 다시 반복된다. 상대적인 시간공간의 생활세계에 대해 반복된 종합의 형식으로 이러한 세계를 개괄하는 경우에도 이러한 것을 그 개별성을 통해 개괄하는 경우와 마찬가지로 타당하다는 점은 명확하다. 이 경우 하나하나가 분절되어 고찰되고, 그런 다음 더 높은 단계에서 환경세계나 시대성이 점차 고찰되며, 그 각각의 특수한 직관은 현실성의 양상으로든 가능성의 양상으로든 하나의 존재타당성이다. 이 각각의 특수한 직관은 항상 그 밖의 다른 직관을 이미 객관적 타당성에서 고려하면서 전제하고, 이것은 관찰자인 우리에게 항상 세계의 타당성의 보편적 토대를 미리 전제한다.

39절 자연적인 삶의 태도를 총체적으로 변경하는 선험적 판단중지의 특성

생활세계가 미리 주어진 것이 이제 어떻게 독특하고도 보편적인 주제가 될 수 있는가? 이것은 명백히 자연적 태도를 **총체적으로 변경**해야만 가능하다. 이렇게 변경하는 것은 그 속에서 우리가 더 이상 이제까지와 같이 자연적으로 현존하는 인간으로 미리 주어진 세계가 끊임없이 타당하다고 정립하면서 사는 것이 아니라, 오히려 이렇게 타당하다고 정립하는 것을 끊임없이 억제하는 것이다. 이렇게 함으로써만 우리는 '세계 그 자체가 미리 주어져 있다'는 변경된 새로운 주제에 도달할 수 있다. 즉 세계는 우리의 의식 삶 속에서 의미와 존재 타당성을 갖고 항상 새로운 형태로서 이것들을 획득하는 그 방식으로 그리고 그 사실로서 순수하고도 매우 독점적인 주제에 도달할 수 있다.

이렇게 함으로써만 우리는 '자연적 삶의 모든 계획이나 거동에서 이 자연적 삶의 타당성의 토대인 세계란 무엇인가? 그리고 이와 상관적으로 자연적 삶과 그 주관성은 궁극적으로 무엇인가? 즉 여기에서는 타당하다고 정립하는 것으로 기능하는 주관성은 순수하게 무엇인가?'를 연구할 수 있게 된다. 자연적 세계 속에 살아가면서 세계가 타당하다고 정립하는 삶은 세계 속에 살아가는 태도에서는 연구되지 않는다. 그러므로 총체적 태도변경, 즉 전혀 그 유례를 찾을 수 없는 유일한 판단중지가 필요하다.

40절 총체적 판단중지를 참으로 수행하는 의미를 파악하기 어려움. 이 판단중지를 단계적으로 수행할 모든 개별적 타당성의 억제로 오해하기 쉬운 유혹

전체의 자연적-정상적 삶에 관해 수행된 판단중지의 보편성은 사실상 다른 것과 비교될 수 없는 특성을 띠며, 그 자체로 우선 몇 가지 문제점을 지닌다. 그 보편성에서도 여전히 해명해야 하며 이러한 사실에 기대된 방법적 작업을 수행할 수 있으려면 '이 판단중지가 어떻게 수행될 수 있는가' 하는 점이 출발부터 명확하지 않다. 우리가 확신하게 되겠지만, 여기에서는 미로(迷路)로 유혹하는 것, 즉 목표로 확실하게 이끌지 않는—이미 분명하게 만들 수 있듯이—판단중지를 철저히 수행하는 것을 이해하는 방식들이 제공된다.

그러한 총체적 태도변경이 앞으로 어떻게 수행될 것인가에 관한 어떤 착상을 얻기 위해 또다시 자연적-정상적 삶의 방식들을 신중히 숙고해보자. 이러한 삶에서 우리는 항상 새로운 경험·판단·평가·결단의 흐름 속에 움직인다. 이 작용들 각각에서 자아는 자신의 환경세계의 대상들을 향해 있고, 환경세계의 다양한 대상들과 관련된다. 이 대상들은 그러한 작용들 자체에서 때로는 현실성으로서 단적으로, 때로는 다양한 현실성의 양상들(예를 들면 가능한 것·의심스러운 것 등)로 의식된 것이다.

그런데 자연적-정상적 삶의 작용들 가운데 어느 것도, 그 속에 포함된 타당성들 가운데 어느 것도 〔그것만으로〕 고립되어 있지 않다. 그것들을 지향하는 가운데 그 작용이나 타당성은 유동적인 움직임에서 함께 기능하는 현실적이지 않은 타당성의 무한한 지평을 필연적으로 함축한다. 더 이전의 활동적 삶이 다양하게 획득한 것은 죽은 침전물이 아니며, 또한 함께 의식된 것이지만 그 순간에는 관계없는,

완전히 주목되지 않은 채 남아 있는 배경(가령 지각의 장에 배경)은 여전히 그것의 함축된 타당성에 따라 함께 기능한다. 즉 이 모든 것은, 비록 현재의 순간에는 현실화되지 않았더라도, 직접이나 간접으로 일깨움이라는 양상이나 자아에서 감촉된 것이라는 양상으로, 때에 따라 활동적 통각으로 이행하고 작용의 연관들에서 타당한 것으로 밀접하게 관여하면서 항상 일정하게 움직인다.

그러므로 그때그때 능동적으로 의식된 것 그리고 이와 상관적으로 능동적으로 의식해 갖는 것, 그것을 향하는 것, 그것에 몰두하는 것은 항상 침묵하고 은폐되어 있지만, 함께 기능하는 타당성의 분위기에 둘러싸여 움직이며, 능동적 자아가 오래전에 획득한 것을 다시 작동시키거나 통각의 착상들을 의식적으로 파악하거나 직관들로 변형시키면서 자의로 그것을 향할 수도 있는 **생생한 지평**에 둘러싸여 움직인다. 따라서 항상 유동적인 이 **지평을 지닌** 성격에 의해 자연적 세계의 삶 속에 단적으로 수행된 각각의 타당성은 항상 타당성─〔지금은〕 모호하지만, 때에 따라 자유로이 처리할 수 있고 다시 작동시킬 수 있는 타당성이라는 필연적 근본 토대로 직접이든 간접이든 소급해 도달할 수 있고, 이 모든 것을 함께 서로 그리고 독특한 작용들을 포함하는 분리할 수 없는 유일한 삶의 연관을 형성하는 타당성─을 미리 전제한다.

이러한 고찰은 보편적 판단중지를 수행하는 방식을 해명하는 데 의미가 크다. 즉 우리는 이러한 판단중지가 개별적 발걸음에서 타당하다고 수행하는 것을 억제하는 것만으로는 결코 목표에 도달할 수 없다는 사실을 안다.

이처럼 개별적으로 타당하다고 정립하는 것을 억제하는 것(이것이 이론 또는 실천의 기대에 근거한 비판적 태도를 통해 억제되는 것과 유사하게)은 단지 각각의 타당성에 대해 자연적 세계의 토대 위에 하나의 새로운 타당성의 양상을 만들어낼 뿐이다. 그리고 우리가 타당하다고 정립하는 것을 억제하는 개별적 방식으로—이것 역시 무한히 진행되더라도—즉 이제부터 항상 우리에게 제공되는 자신의 고유한 타당성이나 생소한 타당성 모두에 미리 선취하는 보편적 결단에서 타당하다고 정립하는 것을 억제하려 해도, 이러한 사정은 전혀 개선되지 않는다.

그러나 이러한 개별적 발걸음들에서 〔판단을〕 억제하는 보편성 대신 전혀 다른 방식의 보편적 판단중지가 가능하다. 그것은 자연적인 세계 속의 삶 전체를 그리고 타당성들(비록 은폐되었든 명백하게 개방되었든)의 그물망에 의해 철저하게 관통하는 타당하다고 정립하는 작업수행 전체를 일격에 작용 밖으로 배제하는 것, 즉 통일적인 자연적 태도로서 단적으로 **단도직입적으로** 영위되는 삶을 형성하는 작업수행 전체를 일격에 작용 밖으로 배제하는 것이다. 이제까지 전혀 단절되지 않은 채 경과하는 이러한 삶의 방식을 제지해 타당하게 정립하는 실행을 억제함으로써 삶 전체의 태도를 완전히 변경하게 된다, 즉 전혀 새로운 방식의 삶이 획득된다.

이것은 세계의 타당성이 미리 주어진 것을 넘어서는, 세계의 타당성이 항상 다시 다른 타당성들 위에 근거하는 은폐된 기초를 세우는 것이 무한히 서로 뒤섞여 있음(Ineinander)을 넘어서는, 또 세계가 의미내용과 존재타당성을 그 속에 갖고 새로이 획득하는 흐름(Strom), 다양하지만 종합적으로 통일된 흐름 전체를 넘어서 초점을 맞추고 그것을 초월하는 태도에 도달한다. 요컨대 우리는 그것에 의해 보편적 의식 삶(개별적으로 주관적인 것과 상호주관적인 것)을 넘어서는 태도를 지니게 된다. 이 보편적 의식 삶에서 세계는 소박하게 삶을 영위하는 자에게 거기에(da) 존재하며, 의심할 여지 없이 현존하는 세계로, 눈앞에 현존하는 것들의 우주로, 획득되고 새롭게 수립된 모든 삶에 관심의 영역으로 존재한다. 이 모든 것은 판단중지에 의해 미리 작용 밖으로 배제되고, 따라서 바로 '그' 세계의 현실성을 향한 자연적으로 영위되는 삶 전체가 작용 밖으로 배제된다.

지금 서술한 선험적 판단중지는 자명하게 — 또 주의해야 하지만 — 우리가 단호하게 〔취하기로〕 결심한 습관적 태도로 생각된다. 따라서 이 판단중지는 〔다양하게〕 반복되는 가운데 우연적이고 개별화된 것으로 남아 있는 일시적 작용은 결코 아니다. 이것은 이전의 판단중지에 대해 그것을 직업적 태도와 비교하면서 서술한 모든 것에도 타당하다. 즉 직업적 태도는 그 작업시간에 그 밖의 모든 관심을 작용 밖에 놓지만, 우리에게 속한 것(또는 '관심을 지닌 자'인 우리의 존재방식 그 자체)으로서 그들의 존재방식을, 가령 예컨대 마치 우리가 그들의 존재방식을 포기하거나 그 이후에도 그것들을 계속 올바로 유지하는 일을 새롭게 고려하는 등과 같이, 포기하는 것은 아니라는 것에도 타당하다.

그러나 〔이 판단중지를〕 그 밖의 다른 직업들과 동등한 위치에 세움으로써 〔판단중지의〕 가치를 떨어트리는 것에 맞선 항의로 서술한 것 그리고 인간성의 철학적 심층(深層)까지 도달하는 판단중지를 통해 인간성 전체를 근본적으로 변경시킬 가능성을 이미 논의했던 것[30]도 망각하지 말아야 한다.

---

30) 이 책 35절의 주 22)를 참조할 것.

41절 진정한 선험적 판단중지는 '선험적 환원'을 가능케 해준다. 세계와 세계에 대한 의식의 선험적 상관관계를 발견하고 탐구하는 것

새롭게 철학을 하는 자인 우리가 판단중지를 하지만, 실제로 이것은 자연적 인간의 현존재의 우연적인 것이 아니라 오히려 본질적으로 선행하는 태도—따라서 이 태도는 그 역사성 전체에서 삶이나 학문에서는 결코 중단되지 않았다—에 근거한 태도변경으로서 판단중지를 하는 것을 의미한다. 그러나 이러한 판단중지에서 이제 우리는 필연적으로 의미 없는 습관적 억제에 머무는 것이 아니라, 이 판단중지와 더불어 철학자의 시선이 사실상 완전히 자유롭게 되고 무엇보다 가장 완고하고 보편적이며 동시에 가장 깊숙이 은폐된 내적 구속, 즉 세계가 미리 주어져 있다는 구속에서 자유롭게 된다는 사실을 참으로 통찰할 수 있게 된다.

이 〔구속에서〕 해방됨으로써 또한 이 해방에서 세계 자체(Welt selbst)와 세계에 대한 의식(Weltbewußtsein)의 그 자체로 절대적으로 완결되고 절대적으로 독자적인 보편적 상관관계(Korrelation)[31]가 발견된다. 세계에 대한 의식의 측면에서는 세계가 타당하다고 작업을 수행하는 주관성 또는 그것을 계속 지속하는 습득물 속에 세계를 소유하고 또한 항상 능동적으로 새롭게 〔세계를〕 형성하는 주관성의 의식 삶이 생각된다. 그리고 가장 넓은 의미로 파악해보면, 한편으로 모든 종류나 모든 의미의 존재자와 다른 한편으로 의미와 존재타당성을 이처럼 가장 넓은 방식으로 구성하는 절대적 주관성

---

31) 이 보편적 상관관계는 의식의 '지향성'(항상 무엇에 관한 의식)의 심층적 표현이다

(absolute Subjektivität)[32])과의 절대적 상관관계가 그 결과로 생긴다.

무엇보다 다음과 같은 사실을 지적하는 것이 특히 중요하다. 즉 철학을 하는 자에게는 판단중지를 통해 새로운 경험작용, 사유작용, 이론화작용이 열려 나타난다는 사실이다. 여기서 철학을 하는 자는, 그의 자연적 존재를 넘어서 그리고 자연적 세계를 넘어서 위치하면서 일반적으로 자신의 세계 속의 삶과 역사적 공동체의 삶 전체의 정신적 획득물 가운데 아무것도 상실하지 않는 것과 마찬가지로, 자신의 존재와 그 객관적 진리들 가운데 아무것도 상실하지 않는다. 단지 그는 철학자로서 자신의 독자적 관심방향으로 그의 세계 삶이 자연적으로 수행하는 것 전체를 계속 이끌어가는 것, 즉 앞에 현존하는 세계의 토대 위에 여러 가지 물음―존재·가치·실천에 대한 물음, 존재나 비존재에 대한 물음, 가치 있는 존재·유용한 존재·아름다운 존재·선한 존재에 대한 물음―을 제기하는 것을 스스로 거부할 뿐이다. 실로 모든 자연적 관심은 작용 밖에 정립된다. 하지만 세계가 이전에 나에게 존재했고 여전히 존재하는 것과 정확히 마찬가지로, 우리 인간의 세계, 즉 그것이 다양한 주관적 방식들로 타당성을 갖는 세계는 결코 사라지지 않고, 단지 세계는 판단중지가 일관되게 철저히 수행되는 가운데 세계에 존재의미를 부여하는 주관성―이것의 타당성을 통해 세계는 어쨌든 **존재한다**―의 상관자로서 순수하게 우리의 시선 속에 위치한다.

그러나 이것은 세계에 부여된 파악이나 해석이 아니다. '무엇에' 관한 각각의 파악이나 바로 '이' 세계에 대한 각각의 의견은 미리 주어진 세계 속에 그 토대가 있다. 나는 판단중지를 통해 나 자신을 곧바

---

32) 여기서 '절대적'이란 항상 궁극적으로 기능한다는 선험적 의미이지, 결코 시간공간의 실재적 의미나 초월적 형이상학의 의미가 아니다.

로 이러한 토대에서 해방했고, 나는 세계를 넘어서 있지만, 이 세계는 이제 나에게는 아주 독특한 의미에서 현상(Phänomen)으로 형성된다.

42절 선험적 환원이 실제로 철저하게 수행될 길을 구체적으로 미리 묘사하는 과제

그러나 이제 어떻게 앞에서 시사된 것, 즉 판단중지를 통해 가능케 된 작업수행—우리는 이것을 '선험적 환원'이라 부른다—과 이와 함께 밝혀진 학문적 과제가 어떻게 더 구체적으로 이해될 수 있는가? 그러한 작업수행은 바로 '이' 세계를 선험적 현상인 '세계'로 환원하고, 이와 더불어 세계의 상관자(Korrelat)인 선험적 주관성(transzendentale Subjektivität)으로 환원하는 것이다.

그런데 이 선험적 주관성의 의식 삶 속에서 그리고 의식 삶을 통해 우리에게 단적으로 소박하게 타당성을 지니는 세계는 모든 학문에 앞서 이미 그 내용 전체와 그 존재타당성을 획득하며, 항상 이미 획득한 것이 아닌가? 세계의 환원 속에 〔한 부분으로〕 함께 포함된 인간성을 '인간성'(Menschheit)이라는 현상으로 환원하는 것은 이 인간성을 선험적 주관성—이것은 항상 궁극적으로 기능하며, 따라서 '절대적' 주관성이다—이 자신을 객관화한 것(Selbstobjektivation)으로 인식할 수 있게 허용한다는 사실을 어떻게 하면 더 구체적으로 이해시킬 수 있는가? 이 판단중지에 의해 그러한 작업수행 속에 있으며 은폐된 그 근본적 토대에까지 도달하는 선험적 의식 삶 속에 있는 주관성이 세계를 그 자체의 존재의미로 성립시키듯이, 그 주관성을 일정한 방식들로 지시하는 것—이것은 그것을 발견하든지 신화적으로 〔개념을〕 구축하지 않고, 명증하게 밝힌다—이 어떻게 가능한가?

여기에 새로운 학문적 성격, 새로운 이론적 물음, 새로운 물음을 해결하는 것이 문제가 되면, 물론 이러한 물음에 대한 토대 역시 반드시 마련되어 있다. 자연적 세계에 대한 물음은 현실이거나 가능한 경험의 세계로 미리 주어진 세계로서 자신의 토대를 가진다. 그리고 판단중지에 의해 자유롭게 해방된 〔우리의〕 시선 역시 마찬가지로 자신의 방식으로 경험하는 시선임이 틀림없다.

이 '총체적 태도변경'(totale Umstellung)의 작업수행은 현실이거나 가능한 세계에 대한 경험의 무한함이 현실이거나 가능한 선험적 경험[33] ─ 이 속에서 첫 번째 단계로서 세계와 그것의 자연적 경험이 '현상'으로 경험된다 ─ 의 무한함으로 변경된다는 사실에 있다.

그러나 어떻게 그것을 시작할 수 있으며, 어떻게 앞으로 더 진행할 수 있는가? 우선 구체적으로 미리 모색해보면, 비록 계속되는 체계적 연구방법, 그러나 또한 우리의 계획 전체에서 본래의 순수한 의미와 이 새로운 학문적 성격의 아주 독특한 성격이 그 속에서 완전히 명료하게 되는 새로운 성찰에 대한 자료로서만 우선 신중하게 모색해보더라도, 어떻게 최초의 성과를 얻을 수 있는가? 만약 우리가 오랫동안 친숙한 세계-토대 위에서 더 이상 움직이지 않고 우리의 선험적 판단중지를 통해 '인식의 모체'(Mütter der Erkenntnis)[34]라는 이제껏 아무도 밟지 않은 영역의 입구에 서 있다면, 얼마나 많은 자료가 필요한가? 즉 이 경우 자신을 오해에 빠뜨리는 유혹이 얼마나 크며, 선험철학의 참된 성공은 말할 것도 없이 결국 그 궁극에까지 자신을 성찰하는 명료함에 얼마나 많이 의존하는가? 이러한 사실을 다음의 고찰이 제시해줄 것이다.

---

33) 이 경우 '선험적'은 경험의 근거에 놓여 있는 실재의 본질을 이성 속에 정초하려는 시도를 뜻하며, '경험논리의', '술어적 이전의'라는 의미를 지닌다.
34) 이 용어는 괴테의 『파우스트』, 제2부, 6216행을 참조할 것.

43절 '데카르트적 길'과 뚜렷이 대조되는 환원에 이르는 새로운 길의 특징

우리는 여기에서 우리가 자연적인 세계의 삶에서 순수하게 그리고 새롭게 출발하면서 세계가 미리 주어진 방식(Wie)에 관한 물음을 제기하는 것으로 연구를 진행하려 한다. 세계가 미리 주어져 있다는 물음을 우리는 우선 이 세계가 자연적 태도에서 모두에게 이해될 수 있게 제공된다는 것과 같이 이해한다. 즉 상대적으로 주어지는 방식들이 끊임없이 변화하는 가운데 존재하는 사물들의 세계가 미리 주어져 있다고 이해한다. 즉 세계는 그것이 자연적으로 경과하는 모든 삶에서 본질적으로 우리에게 항상 계속 자명하게 존재하듯이, 주관적 나타남들과 타당성들의 변화에도 여전히 토대가 되는 무진장 풍부한 항상 새로운 자명함 속에 존재한다.

이렇게 해서 우리는 모든 우리의 관심, 삶의 계획—이 가운데 객관적 학문들의 이론적 관심과 계획은 단지 특별한 부류를 형성할 뿐이다—의 토대로서 지금 일관된 주제로 삼는다. 그러나 객관적 학문들의 이론과 관심은 지금 결코 우선적으로 취급될 수 없으며, 따라서 결코 이것이 더 이전의 우리의 문제제기에 동기를 유발했던 것과 똑같을 수는 없다. 그러므로 이러한 방식으로 우리의 주제는 지금 단적인 세계가 아니며, 오히려 주어지는 방식들이 변화하는 가운데 우리에게 항상 미리 주어진 것으로서 유일한 세계가 될 것이다.

그런 다음 직접적 필연성으로서 우선 매우 자명하게 제공되는 보편적 판단중지 안에서 새롭고 항상 더욱더 확장되는 체계적 과제제기가 드러난다. 그런데도 이렇게 이해된 판단중지 또는 환원을 체계적으로 철저하게 하는 것은 다음과 같은 점을 명백히 제시한다. 즉 새로운 학문이 실제로 구체적이고 전혀 이치에 어긋나지 않게 철저히 수행될 수 있으려면, 결국 마찬가지이지만, 이 새로운 학문이 절대적으로 궁극적인 근거로 실제로 환원하고 자연적으로 소박한 〔판단중지〕 이전-타당성(Vorgeltung)에 주목되지 않는 이치에 어긋난 혼합을 피해야 하면, 판단중지는 그 모든 과제제기에서 의미를 해명하고 의미를 변경시켜야 한다는 사실이다. 그러므로 우리는 다시 한번 이제까지의 서술에서 이미 일반적으로 도입된 선험적 판단중지에 도달하지만, 이제는 지금까지 수행된 길에서 획득된 몇 가지 중요한 통찰들에 의해 풍부하게 되었을 뿐만 아니라, 이러한 통찰들과 판단중지 자체에 궁극적 의미와 가치를 제공하는 원리적 자기이해(Selbstverständnis)에서 선험적 판단중지에 도달하는 것이다.

이에 덧붙여 나는 나의 저술『이념들』〔제1권〕에서 서술했듯이 선험적 판단중지를 통한 〔여기에서 논의한 것보다〕 훨씬 짧은 길 — 이것을 나는 '데카르트적 길'이라 불렀다(즉 이것은『성찰』에서 데카르트의 판단중지에 단순히 반성하면서 깊이 파고들어 감으로써, 그리고 데카르트의 편견이나 혼동을 비판적으로 순화함으로써 획득한 것으로 생각된다) — 은 다음과 같은 커다란 결함을 갖는다는 사실에 주목한다. 즉 이 길은 실로 단 한 번의 비약으로 선험적 자아(ego)에 이르는 것 같지만, 그러나 선행하는 어떠한 〔예비〕설명도 분명히 없으므로 선험적 자아를 가상적인 것, 내용이 없어 공허한 것으로 보이게 만들었다. 따라서 이러한 상황에서 사람들은 우선 '그것에 의해 무엇이 획득되었는가? 게다가 이것에서 새로운 그리고 철학에 결정적 의미를 지닌 완전히 새로운 근본적 학문이 어떻게 획득되었는가' 하는 〔난처한〕 문제에 직면했다. 그러므로 나의 저술『이념들』이 이룩한 성과가 제시하듯이, 사람들은 너무도 쉽게 그리고 곧바로 최초의 출발에서부터 그렇지 않아도 매우 빠지기 쉬운 소박한-자연적 태도 속으로 다시 굴러떨어졌다.[35]

44절 이론적 관심의 주제인 생활세계. 이론적 관심은 생활세계의 사물의 현실성에 관한 보편적 판단중지로 규정된다

우리는 인간의 세계 속 삶의 보편적 **토대**인 **생활**세계에 실로 유일하고도 일관된 관심을 쏟는다. 곧바로 이러한 보편적 **토대**인 기능이 어떻게 생활세계에 고유한가 하는 방법에 관심을 기울임으로써 새로운 길을 시작해보자. 세계의 문헌들 속에 우리에게 선구적 작업으로 이바지할 수 있다는 연구들—이러한 과제를 고유한 학문(물론 이것은 학문, 즉 객관적 인식(*Episteme*)에 대한 기초로서의 가치를 갑자기 요구하는, 경시되었던 주관적 속견(*Doxa*)에 관한 색다른 학문이다)으로서 파악했다는 연구들—을 찾아보았으나 보람 없는 헛된 일이었기 때문에, 우리는 스스로 완전히 새롭게 출발해야 한다.

유비(類比)를 통해서도 전혀 이끌 수 없는 원리상 새로운 모든 과제에서처럼 이러한 출발은 어떤 불가피한 소박함에서 일어났다. '처음에 행위(Tat)가 있다.'[36) 이 행위는 아직 불확실한 계획을 더 확고하게 만들고, 그와 동시에 부분적으로 성공한 실행을 더 명확하게 만든다. 그런 다음 (이것은 두 번째 단계이지만) 방법적 반성이 필요하

---

35) 이러한 후설의 명백한 진술에서 알 수 있듯이, '생활세계'나 '심리학' 등의 길(방법)은 곧 선험적 주관성을 드러내 밝히려는 선험적 현상학의 이념(목표)을 추구한 상호 보완의 길들이다. 따라서 후설현상학에서 '생활세계'는 결코 도달점이 아니라 통과점이다.

36) 후설은 "실제적 출발은 행위 자체이고, 이것만이 가능성을 현실성 속에 완전하게 입증한다. …… 따라서 본래의 출발은 철학 자체의 출발점으로서 행위 자체"(유고 K III 29/41a. 슈만(K. Schuhmann)이 새로 편집한『이념들』제1권의 편집자 서문 61~62쪽에서 재인용)라 한다. 즉 그는 진정한 자기책임을 철저히 깨닫고 스스로 성찰하는 철학자의 의지의 결단으로 선험철학을 추구해가는 실천적 행위를 강조한다.

다. 이 반성은 그러한 계획과 〔그것을〕 달성하려 열망하는 가운데 이미 수행된 것이 충족될 수 있는 보편적 의미와 그 도달범위의 한계를 명확히 한다.

그러므로 그것의 경시된 상대성 속에 그리고 그것에 본질적으로 속한 상대성의 모든 방식에 따라 구체적으로 삶의 환경세계, 즉 그 속에서 우리가 그 실재성(Realität)들과 더불어 직관적으로 사는 세계를 고찰해보자. 그러나 이것들이 우선 단적인 경험을 통해 우리에게 주어지는 그대로 그리고 이것들이 타당성이라는 점에서 동요(존재와 가상 사이의 동요 등)하게 된 그 방식들을 통해 이것들을 고찰해보자.

따라서 우리의 유일한 과제는 곧바로 이러한 양식, 즉 곧바로 단순히 주관적이며, 겉으로는 파악할 수 없는 '헤라클레이토스적 흐름(Fluß)'[37] 전체를 파악하는 것이 될 것이다. 그렇다면 세계의 사물들이나 실재성들(성질, 관계, 결합 등에 따라 그것들이 실제로 존재하는 것Wirklichsein과 실제로 그러하게 있는 것Wirklich-Sosein)이 실제로 무엇인가? 그리고 이것들이 실제로 존재하는지 아닌지? 또한 총체성에서 고찰해볼 때, 세계는 실제로 무엇인가? 무엇이 보편성에서, 가령 아프리오리한 구조에서 법칙성으로서, 또는 사실적 자연의 법칙들로서 자연에 마땅히 귀속되는가?

우리는 이러한 물음들 가운데 어느 것에 대해서도 주제로 〔관심

---

37) Heracleitos는 "만물은 유전한다", "동일한 강물에 두 번 다시 발을 들여놓을 수 없다", "투쟁은 만물의 아버지이다" 등의 토막글을 통해 자연의 생성과 변화 속에 서로 대립하는 다양한 요소들이 변증법으로 통일과 조화를 이루는 법칙 *Logos*를 강조했다.
　　이러한 점에서 후설은 부단히 흐르면서도, 그 근원에서 수동적 종합을 형성하는 의식을 "헤라클레이토스적 흐름"으로 부르며, 그 의식 삶의 생생한 체험인 현상 전체를 통일적으로 파악하는 것을 현상학의 과제로 삼았다.

을] 갖고 있지 않다. 그러므로 참된 존재와 [또한] 행동하는 삶이 자신의 실천을 위해 그것(상황의 진리)[38]이 필요한 술어적 진리들에 관한 모든 인식, 모든 확정을 배제한다. 그러나 세계가 그 자체로 객관적 진리 속에 있는 그대로의 세계에 관한 학문의 모든 인식과 더불어 그것이 진정한 학문이든 가상의 학문이든 상관없이, 모든 학문도 배제한다. 물론 우리는 지금의 주제영역에서는 어떤 인간의 실천을 실행하는 모든 관심에도 전혀 관여하지 않는다. 더구나 인간의 실천은 이미 존재하는 세계 속에 끊임없이 확립된 토대를 갖기 때문에, 그것이 몰두하는 사물이 참으로 존재하는가에 대해서도 관심을 두지만, 이러한 관심에는 전혀 관여하지 않는다.

그러므로 여기에서 이후의 연구주제를 분리해내는 데에만 이바지하는 일종의 보편적 판단중지는 상술한 사실 속에 있지만, 그럼에도 그 연구들에서 어떠한 성과가 가능한지는 여전히 전혀 짐작할 수 없다. 본래 실증과학들의 명증한 작업수행을 해명할 필요에서 생긴 동기부여(Motivation)가 이러한 주제를 요구했다. 그러나 우리는 이미 이러한 동기부여에서 해방되었다. 따라서 '어떻게 이러한 주제가 하나의 독자적 과제로, 즉 연구문제의 영역으로 될 수 있는가' 하는 점은 더 깊은 성찰이 필요하다.

45절 감성적 직관에 주어진 것을 순수하게 그 자체로서 구체적으로 해명하는 출발

우리 주제의 공허한 보편성에 [내용상의] 충실을 부여하는 것이

---

38) 이러한 상황의 진리와 학문적 진리의 관계는 이 책 제34절 f)항의 주 19)를 참조할 것.

첫 번째 단계가 되어야 한다. 앞에서 논의한 판단중지의 의미에서 세계, 즉 그 속에서 우리의 일상적 공동체 삶 전체, 노력, 배려, 작업이 이루어지는 순수한 주관적-상대적 세계에 대해 완전히 무관심한 관찰자로서 이제 첫 번째 소박한 조망을 지속해보자. 그리고 이것은 그 세계가 존재함(Sein)과 그렇게 존재함(Sosein)[39]을 탐구하는 것이 아니라, 항상 존재하는 것으로 그리고 그러하게 존재하는 것으로 타당했고, 또한 우리에게 계속 타당한 것을 '어떻게 그것이 주관적으로 타당한가', '그것이 어떠한 모습으로 보이는가' 등의 관점에서 고찰하는 것을 항상 자신의 목표로 삼는다.

예를 들면 그때그때 경험의 [다양한] 개별적 사물들이 거기에 존재하므로 나는 그것들 가운데 어느 하나에 주목한다. 비록 완전히 변하지 않는 것으로 지각되더라도, 그것을 지각하는 것은 그것을 보거나 만지거나 냄새 맡거나 듣는 등 매우 다양하다. 그리고 그 지각에서 나는 다른 것들을 경험한다. 볼 때 보인 것은 만질 때 만져진 것과는 그 자체로 본래 다르다. 그렇지만 나는 이것을 동일한 사물—자명하게도 감각적으로 제시하는 방식들만 다른 것일 수 있다—이라 말한다. 내가 만약 봄(Sehen)의 영역 속에 순수하게 머무르면, 결국 연속적 과정인 모든 정상적 봄이 경과하는 가운데 매우 다양하게 나타나는 새로운 차이가 발견된다. 즉 각각의 국면은 그 자체로 이미 하나의 봄이지만, 그러나 본래 각각의 국면에서 보인 것은 전혀 다른 것이다.

나는 이러한 것을, 가령 다음과 같이 표현하려 한다. 순수한 시각

---

39) '존재함'(existentia, quod sit, da-sein)은 존재자가 구체적인 시간과 공간 속에 실제로 현존재하는 것을, '그렇게 존재함'(essentia, quid sit, so-sein)은 존재자가 일정한 성질이나 형상을 띤 본질을 가리키는 존재의 두 계기(契機)이다.

적 사물, 사물에 '관해' 보일 수 있는 것은 우선 그것의 표면이며, 이 표면을 나는 어떤 때는 이쪽 측면에서 그리고 어떤 때는 저쪽 측면을 언제나 다시 다른 측면에서 지속적으로 지각하면서 봄이 변화하는 가운데 본다. 그러나 이러한 것들에는 바로 그 표면이 나에게 연속적 종합으로 제시된다. 모든 측면은 의식에서 보면, 그 표면들에 관해 제시하는 하나의 방식이다.

이러한 사실에는 '그 표면이 현실적으로 부여되는 동안 나는 그것이 제공하는 것 이상을 생각한다'는 점이 포함되어 있다. 나는 실로 이러한 사물에 관해 존재를 확신하며, 이 사물에는 그것의 모든 측면이 귀속되고, 내가 그것을 최상으로 보는 양상으로 귀속된다. 각각의 측면은 나에게 시각적 사물에 관한 어떤 것을 제공해준다. 봄이 연속적으로 변화하는 가운데 곧바로 보인 측면은 물론 실제로 보이는 것을 중단할지도 모르지만, 그 측면은 유지되며, 이전부터 계속 유지되었던 측면들과 더불어 총괄되고, 그래서 나는 그 사물을 알게 된다.

유사한 관찰이 가까운 것과 먼 것을 더 충분히 상론할 수 있다.

내가 지각작용 속에 머물면 나는 확실히 최초에 그것을 바라봄에서 이미 그것을 그러한 사물로 본 것과 같은 완전한 사물에 대한 의식을 가진다. 나는 그 사물을 보면서 나에게는 전혀 주어지지 않은 모든 측면, 또한 직관적으로 미리 현전화(現前化)한 형식으로는 주어지지 않은 모든 측면을 지닌 사물을 항상 생각한다. 따라서 지각은 그때그때 의식에 합당하게 그 대상(그때그때 지각 속에 생각된)에 귀속하는 지평을 가진다.

그러나 더 정확하게 고찰해보면, 이제까지 제시된 것, 즉 내가 사물 자체에 귀속시켰던 것은, 예를 들면 방향의 멀고 가까움의 변화를 통해 그것이 보인 착색된 형태는 또다시 다양하게 제시되는 것이다. 나는 여기에서 원근법(Perspektiven)[40]의 변화에 대해 논한다. 형태가 지닌 색깔의 원근법이나 형태는 각각 다르지만, 이 각각의 것은 이러한 형태에 '관한', 색채에 '관한'이라는 새로운 방식으로 무엇에 관한 제시함이다. 이와 유사한 사실이 감각적 지각작용(만짐·들음 등) 각각의 양상에서 연구될 수 있다. 이렇게 변화하는 과정 가운데 그 지각작용의 양상들 모두는, 때로는 중단되면서 때로는 나타나면서, 물론 〔동일한 사물을〕 제시하는 자신의 역할을 한다. 그리고 이들은 제시함(Darstellung)이나 나타남(Erscheinung)의 매우 다양한 형태들—이들 각각은 곧바로 무엇에 관한 제시함으로 기능한다—을 제공해준다. 이들은 그 경과에서 〔이들의〕 동일하게 확인하는 것 또는 더 적절하게 말하면, 일치의 때로는 지속적이며 때로는 불연속적인 종합을 형성하는 방식으로 기능한다.

이러한 것은 외적 융합으로 일어나는 것이 아니라, 오히려 각각의 국면에서 '의미'를 그 자체 속에 지니는 것, 즉 무엇인가를 생각하는 것으로 일어난다. 그 지각작용의 양상들은 더욱더 의미가 풍부하게 되고, 의미가 지속적으로 형성되는 것에 결부된다. 그렇게 성성되는 것 속에서는 〔이제〕 더 이상 나타나지 않는 것도 여전히 유지되는 것으로 계속 타당하며, 또한 이 속에서 지속적 흐름을 선취하는 예측의 생각이나 생성되는 것을 미리 기대하는 것이 동시에 충족되고 상세하게 규정된다. 그래서 모든 것은 타당성의 통일 또는 일자(das Eine), 즉 바로 그 사물로 받아들여진다. 그러나 지금 우리는 이처럼 대략적으

---

40) 원근법 또는 음영(陰影)은 초월적 실재인 사물이 그 전체성에서가 아니라 우연적인 어느 한 측면을 통해 나타나는 고유한 방식을 가리킨다. 따라서 그것은 충전적이지 않으며, 새로운 경험을 통해 확인되거나 수정될 수 있으므로 필증적이 아니다. 이에 반해 내재적 존재인 의식의 체험은 지각대상이 지각작용과 동일한 체험의 흐름 속에 있기 때문에 음영으로 나타나는 연속으로서가 아니라 전체를 남김없이 한꺼번에 파악하므로 충전적이고, 그들의 '존재'와 '의식되어 있음'이 달리 있을 수 없게 일치하므로 필증적이다.

로 기술하는 출발만으로 만족할 수밖에 없다.

46절 보편적 상관관계의 아프리오리

생활세계의 사물들이나 객체들, 즉 그것들이 〔실제로〕 존재하는 그대로를 인식하는 것에 방향을 맞추는 대신 그것들이 주어지는 주관적 방식의 양상들에 관한, 따라서 어떤 객체―우리의 예로는 지각의 객체―가 어떻게 자기 자신을 존재하는 것(seiendes)으로서 그리고 그러하게 존재하는 것(soseiendes)으로서 제시하는가 하는 방식에 관해 묻는 것으로 시작하는 한, 우리는 더욱더 혼란되고 매우 주목할 만한 것〔문제〕들이 제시되는 영역에 도달한다.

우리는 대체로 사물들 '에 관한' 제시하는 방식의 모든 주관적인 것(Subjektives)에 대한 아무것도 주목하지 못한다. 그러나 이 경우 우리는 반성(Reflexion)을 통해 훨씬 더 광범위한 보편적 아프리오리의 존립요소들인 본질적 상관관계가 존재한다는 사실을 인식하고는 놀라게 된다. 그리고 매우 주목할 만한 **함축들**, 게다가 전적으로 직접 기술해 제시될 수 있는 것들이 거기에 제시되는 것을 인식하고는 놀라게 된다.

이러한 사실은 위에서 이미 다음과 같이 간략하게 언급되었다. 즉 나는 어쨌든 내가 순간마다 변화하면서 '무엇에 관한 제시함'을 체험하는 동안 현존하는 사물을 직접 의식하지만, 이 체험은 그것의 주목할 만한 '무엇에 관한'이라는 성격을 지닌 채 반성을 통해 비로소 나타난다. 그때그때 사물들의 지각 속에는 현실화된 것은 아니지만 어쨌든 함께 기능하는 나타남의 방식들과 타당성의 종합이라는 전체의 지평[41]이 함축되어 있다.

각각의 최초에 기술하는 것은 여기에서는 부득이 조잡할 수밖에 없다. 그리고 그 기술 없이는 경험의 어떠한 사물이나 세계도 전혀 우리에게 주어질 수 없는, 현실화된 것은 아닌 나타남들의 다양성에 관한 함축으로 일으킨 수수께끼에 즉시 직면하게 된다. 그리고 이러한 상관관계의 아프리오리를 전개하는 어려움에도 즉시 직면하게 된다. 이 상관관계의 아프리오리는 오직 상대성 속에서만, 즉 지평을 전개하는 가운데에서만 제시될 수 있다. 여기에서 우리는 주목되지 않았던 제한들, 감지되지 않았던 많은 지평이 이미 제시된 지평들과 불가분하게 연관된 새로운 상관관계에 관한 물음으로 밀어제치는 사실을 즉시 깨닫게 된다. 예를 들면, 우리는 본의 아니게 정지하거나 질적으로는 변화되지 않은 채 주어진 사물들을 우선적으로 취급함으로써 지각의 **지향적 분석**을 시작한다. 그러나 지각적 환경세계의 사물들은 그러한 방식으로, 하지만 단지 잠정적으로, 주어진다. 〔이렇게 함으로써〕 즉시 운동과 변화의 지향적 문제가 발생한다.

그런데 이 경우 그처럼 정지되고 변화되지 않는 사물에서 출발한

---

41) '지평'(Horizont)은 그리스어 *'horizein'*(구분하다, 경계를 정하다, 구획을 정하다)에서 유래한다. 후설은 발생적 현상학의 중심개념인 이 용어를 의식의 익명성을 밝히기 위해 제임스(W. James)가 사용한 '언저리'(Fringe) 개념에서 받아들였는데, 의식의 모든 작용에는 직접 주어진 국면은 아니지만 기억이나 예상으로 지향된 대상에 속하는 국면들이 있으며, 이것들이 그 대상의 지평을 구성해 경험이 발생하는 틀을 형성한다.

인간의 신체뿐만 아니라 정신과도 결부된 이 '지평'은 시각영역의 극한을 나타내는, 보이는 것과 보이지 않는 것을 구분 짓는 경계이다. 이것은 과학적으로 분석하면 존재하지 않지만, 단순한 환상은 결코 아니다. 우리는 세계 속에 있는 어떤 객체를 제거할 수는 있지만, 지평 자체를 제거한 세계는 생각할 수도 없다. 지평은 인간이 신체를 움직이거나 정신이 파악해나감에 따라 점차 확장되고 접근할 수 있는 문화와 역사, 사회적 조망을 지닌 무한한 영역이다. 모든 행동에 앞서 일상적 경험 속에 직접 주어지는, 인간이 자기를 항상 새롭게 이해하고 실현할 수 있는 전제조건이며 미리 지시된 잠재성이다. 따라서 인간과 세계는 서로 분리할 수 없는 지향적 통일체이다.

것은 단지 우연적인 일인가? 그리고 정지를 우선적으로 취급한다는 것 자체가 이러한 연구를 필연적으로 진행하는 데 일정한 동기를 갖는 것은 아닌가? 또는 이와 다르지만 중요한 측면에서 고찰해보면, 본의 아니게 우리는 (순수하게 지각된 것으로서) 지각의 지향적 분석에서 시작했고, 더구나 그것에 의해 직관적으로 주어진 물체(Körper)를 우선적으로 취급했다. 그렇다면 이 속에 본질적 필연성이 드러난다고 할 수 있지 않은가?

세계는 시간적인 것, 시간공간적인 것으로 이 속에 각각의 사물은 물체적 연장(延長)과 지속을 가지며, 이 점에서 다시 각각의 사물은 보편적 시간 속에 또 공간 속에 자신의 위치를 가진다. 따라서 세계는 일깨워진 의식 속에 항상 계속 의식되고, 이러한 보편적 지평으로서 타당하다. 그런데 지각은 단지 **현재**에만 관계된다. 그러나 이 지각은 그 배후에 무한한 과거를, 그 전면에 개방된 미래를 갖는다는 사실이 이미 생각된다.[42] 우리가 과거에 관한 원본적 의식의 방식으로 회상(Wiedererinnerung)의 지향적 분석이 필요하다는 사실을 즉시 파악하지만, 또한 기억(Erinnerung) 속에는 기묘하게도 지각된 것이 함축되어 있으므로, 이러한 분석이 원리상 지각에 대한 분석을 전제한다는 사실도 즉시 파악한다.

---

42) 시간의식의 끊임없는 흐름은 생생한 현재인 '지금'이 과거에서 미래로 이어지는 '가로방향의 지향성'과 '지금'이 지나가 버렸지만 흔적도 없이 사라진 것이 아니라 변양된 채 '무의식' 속에 원근법으로 침전되어 여전히 유지되는 '세로방향의 지향성'으로 이중의 연속성을 지닌다. 이 연속성 때문에 의식의 흐름은 방금 전에 체험한 것을 현재화해 지각하는 '과거지향', 지속하는 시간의 객체가 산출되는 원천인 '근원적 인상'으로서의 '지금' 그리고 미래의 계기를 현재에 직관적으로 예상하는 '미래지향'으로 연결되어 통일체를 이룬다. 이러한 통일체에 근거해 우리는 이미 알고 있는 것들(과거지향)에서 아직 알려지지 않은 것(미래지향)을 '지금'의 지평 속에 그 친숙한 유형을 통해 미리 지시하고 예측해갈 수 있다.

지각을 그 자체만으로 추상적으로 고찰하면, 우리는 지각의 지향적 작업수행인 직접적 제시(Präsentation),[43] 즉 객체가 '거기에' 있는—원본적으로 거기에 있고 현존(Präsenz)하는—것으로 자신을 부여하는 현재화(Gegenwärtigung)를 발견한다. 그러나 연장성을 띠고 지속하는 객체의 현존인 이 현존에는 여전히 의식된 것, 흘러가 버린 것, 더 이상 결코 직관적이지 않은 것의 연속성(Kontinuität), 즉 과거지향(Retention)[44]의 연속성이 놓여 있으며, 다른 방향으로는 미래지향(Protention)의 연속성이 놓여 있다. 어쨌든 이것은 직관적 회상의 일상적 의미와 같이, 이른바 객체의 통각(Apperzeption)[45]이나

---

43) '직접적 제시'는 원본적 지각이 생생한 '지금' 속에 현재 존재하는 것으로 정립하는, 즉 시간적으로 구성하는 시간화(Zeitigung)의 양상으로, '현재화'이다. 반면 '간접적 제시'(Appräsentation)는 직접적 제시와 함께 통각과 연상을 통해 예측으로 주어진다.

후설은 타자경험의 간접적 지향성, 즉 '감정이입'(Einfühlung)을 '간접적 제시'(유비적 통각)라 부른다. 즉 타인의 신체는 직접 제시되지만 그의 심리적인 것은 간접적으로 제시되는데, 이것들을 짝짓기(Paarung)로 통일함으로써 타자가 구성된다.

44) '과거지향'은 라틴어 'retentare'(굳게 유지해 보존하다)에서 유래하며, 방금 전에 나타난 것이 사라져버리는 것을 생생하게 유지하는 작용, '미래지향'은 이미 유형을 통해 친숙하게 알려진 것을 근거로 미래의 계기를 현재에 직관적으로 예상하는 작용이다. 그런데 과거지향은 방금 전에 지나가 버린 것이 그 자체로 직접 제시되는 지각된 사태로서, 1차적 기억이다. 반면 회상은 과거에 지각된 것을 상상 속에 기억하는 것으로 생생하게 지각된 현재(지금)와 직접 관련이 없고 연상적 동기부여라는 매개를 통해 나타나기 때문에 그 지속적 대상성이 재생산된 2차적 기억이다. 즉 그것은 기억된, 현재화된 과거로서 실제로 현재 지각되거나 직관된 과거는 아니다. 또한 과거지향은 직관적 재생산들의 상관관계를 해명함으로써 충족되지만, 미래지향은 현실적 지각 속에 충족된다.

45) '통각'은 라틴어 'appercipere'(덧붙여 지각한다)에서 유래하며, 직접 지각하는 것(Perzeption)에 추가해 그 이상의 것, 즉 잠재적으로 함축된 감각들도 간접적으로 지각하는 것을 뜻한다. 한편 칸트에게는 새로운 경험이나 표상을 이전의 경험이나 표상과 종합하고 통일해 대상을 인식하는 의식의 작용

세계의 통각에 대해 개방된 채 함께 역할을 하는 현상은 아니다.

그러므로 현전화(Vergegenwärtigung)[46]의 다른 양상들은 일반적으로 우리가 여기에서 몰두하는 보편적 주제제기 속에 나타난다. 이 주제제기란 세계가 주어지는 방식들, 개방적이든 함축적이든 그 세계의 지향성들의 방식(Wie)을 일관되게 철저히 묻는 것이다. 그리고 우리는 이 지향성들에 관해 그것을 제시함으로써 여전히 몇 번이고 반복해 다음과 같이 말해야 한다. 즉 이 지향성이 없다면, 객체와 세계는 우리에게 현존하지 않을 것이다. 객체는 오히려 항상 이러한 작업수행(Leistung)에서 발생하거나 발생된 의미와 존재양상을 지님으로써만 우리에게 존재한다고 말해야 한다.

47절 이후에 탐구하는 방향에 대한 시사. 운동감각, 타당성의 변경, 지평의식 그리고 경험의 공동체화라는 주관적인 근본적 현상

그러나 우선 '주관적 현상'이라는 이 알려지지 않은 영역 속으로 모색해가는 길을 계속 나아가는 것과 명백하게 여전히 조야하고 많은 점에서 여전히 불완전하게 규정된 몇 가지를 더 이상 지적해야 할 것이다.

다시 지각을 우선적으로 취급해보자. 우리는 이제까지 동일한 한 가지 사물에서 다양한 측면의 제시함과 원근법 조망의 변화에 시선을 돌려왔다. 하지만 우리는 곧 '무엇에 관해' 제시하는 이 체계가 '내

을 뜻하기도 한다.
46) 이것은 기억이나 상상과 같이, 지금 여기에 현존하지 않는 것을 다시 현재의 의식에 함께 현존하게 하는 간접적 작용으로서, 직접적인 '현재화'에 대립한 것이다.

가 행한다', '내가 움직인다'라는 독특한 성격(이 속에는 '내가 정지한다'라는 사실도 반드시 고려된다)을 띠는 이와 상관적인 다양한 운동감각의 경과들로 소급해 관계된다는 점을 깨닫게 된다. 이 운동감각들은 물체적으로 제시된 신체의 운동들과 구별되지만, 그러나 독특하게 이 신체의 운동들과 하나가 되어 이러한 이중의 측면성(내적 운동감각과 외적 물체적–실재적 운동)에서 그 자신의 신체에 귀속한다. 이렇게 귀속하는 것에 대해 심문하면, 우리는 그때마다 나의 신체에 특별히 광범위한 기술(記述)이 필요하다는 사실, 즉 나의 신체는 자신을 다양하게 제시하는 방식으로 자신의 특수한 특성을 띤다는 사실을 깨닫게 된다.

그런데 우리는 아직도 그 밖의 다른 매우 중요한 주제의 방향을 거론하지 않았다. 이것은 '타당성의 변화'라는 현상, 예를 들면 존재가 가상으로 변경되는 현상으로 특징지어진다. 연속적 지각에서는 나에게 어떤 사물이 ─ 정상적으로는 내가 부연해야 하듯이, 즉 내가 나의 운동감각을 자유자재로 움직이면서 같이 경과하는 제시함을 〔그것에〕함께 귀속하는 것으로 체험할 때 오직 이 경우에만 자기 자신을 실제적 현존 속에 다양하게 제시하는 사물로서 어떤 사물에 대한 의식이 유지된다 ─ 직접적 현존의 단적인 존재의 확실성에서 거기에 존재한다.

하지만 '사물이 제시하는 것들이 변화하는 운동감각들에 귀속한다는 사실이 자신 속에 무엇을 포함하는가'라 심문하면, 이 경우 나는 여기에 은폐된 '만약 ~하면, ~하다'(Wenn~So)라는 관계가 작용한다는 사실을 인식하게 된다. 상세히 말하면, 이렇게 제시하는 것들은 반드시 일정한 체계의 계속된 질서 속에 경과한다. 그러므로 그 제시하는 것들은 〔서로〕일치하는 것으로서 지각작용이 진행되는 가운데 기대에 맞게 미리 예고된다. 이 경우 현실적 운동감각들은 운동감각의 능력의 체계 속에 놓여 있으며, 일치하게 귀속된 〔제시하는 것들의〕 가능한 계열들의 체계는 그러한 체계와 상관관계에 놓여 있다. 따라서 이러한 사실은 직접 제시된 사물에 관한 모든 단적인 존재의 확실성에 지향적 배경이다.

그러나 종종 이 일치의 관계가 단절될 때도 있다. 즉 존재가 가상으로 변화되거나 의심스러운 것, 단지 가능한 것, 개연적인 것, '실로-어쨌든-아무것도 아닌-가상(假象)은-아닌 것' 등으로 변화된다. 더구나 가상은 그 경우 정정함으로써, 즉 우리가 그 사물을 지각해왔던 의미를 변경함으로써 해소될 때도 있다. 통각이 된 의미가 변경되는 것은 정상적인 것으로 (즉 일치해 경과하는 것으로서) 선취(先取)된 다양체들이 기대하는 지평이 변경됨으로써 일어난다는 사실은 쉽게 통찰될 수 있다. 예를 들어 어떤 사람을 보았을 때, 그 사람을 손으로 붙잡으면 그것을 하나의 (시각적으로는 사람과 같이 제시되는) 인형으로 바꾸어 해석해야 하는 경우와 같다.[47]

그렇지만 단지 개별적 사물에서뿐만 아니라 각각의 지각에는 이미 이러한 관심의 방향에서는 기대되지 않았던 다양한 것에 주목하지 않을 수 없다. 개별적 사물은—의식에서는—그 자체만으로는 무(無)이며, 사물에 대한 지각은 지각의 장(場) 속에 있는 그 사물에 대한 지각이다. 그리고 본래 지각된 것이 이것에 일치해 귀속하는 가능한 지각이 제시되는 것들의 체계적 다양체들을 지시하는 한, 개별적 사물이 '가능한 지각'이라는 개방된 지평을 통해서만 지각 속에서 의미가 있는 것처럼, 사물도 언젠가는 하나의 지평을 가진다. 즉 이 내

---

47) 후설은 『경험과 판단』에서 확실성의 양상화를 고찰하면서(21절) 이와 유사한 예, 즉 진열창 속에 있는 어떤 형체를 처음에는 사람으로 간주했지만 더 가까이 가서 주목하면 마네킹인지 아닌지 하는 회의가 해소되는 예를 들어 분석한다.

적 지각 이외에 곧 **사물의 영역**의 사물로서 **외적 지평**을 가진다. 그리고 결국 이러한 사실은 **지각의 세계로서의 세계 전체**를 지시한다.

사물은 동시에 현실적으로 지각된 사물들의 집단 전체 가운데 하나이지만, 이 집단은 우리에게 의식에 합당한 세계는 아니며, 오히려 이 집단 속에 자신을 제시한다. 순간적인 지각의 영역으로서 이러한 집단은 우리에게 항상 이미 세계'에서' 절단된 단면, 즉 가능한 지각의 사물들의 우주에서 절단된 단면이라는 성격을 띤다. 따라서 이것은 그때그때 현재의 세계이며, 이 세계는 **원본적 현존**(이 말로 의해 현실적으로 지각된 것 그 자체라는 연속적인 주관적 성격이 특징지어진다)이라는 핵(核)을 통해 자신의 내적이고도 외적인 지평의 타당성을 통해서와 마찬가지로 그때그때 나에게 제시된다.

'각자 자신의'라는 성격을 띤 우리의 일깨운 삶에서 세계는 항상 이러한 방식으로 지각된다. 이 세계는 지각하는 나의 의식 삶의 통일성 속으로 항상 흘러들어 가지만, 관련된 사물이 단적으로 현존한다는 의식을 불러일으키는 미리 묘사된 다양체들이 일치되는 경과는, 개별적으로 보면, 항상 일어나는 것은 아니라는 사실에 주목하는 방식으로만 그러하다. 지각이 계속 진행되는 가운데 그리고 운동감각을 임의로 지배함으로써 그것에 귀속된 다양체들을 일치하게 충족시킬 수 있는 경과로 이끈다는 예상에 의한 확신을 포함하는 존재확신은 종종 유지되지 않는다. 하지만 이 경우 세계의 **지각 전체에서 일치성**은 여전히 유지되고, 게다가 본래 항상 함께 기능하는 정정(訂正)을 통해 유지된다. 이것에는 예를 들면, 더 가까이에서 바라보는 모든 경우 멀리서 보인 것이 상세히 규정되고 동시에 정정된다는 사실이 고려될 수 있다(가령 먼 곳에서 보면 균일하게 빨간 것이 가까운 곳에서 보면 반점이 있는 것으로 나타나는 경우이다).

그러나 우리 자신의 직관영역에서 더 이상 탐구해 들어가는 대신 다음과 같은 사실에 주목하자. 즉 우리는 연속으로 흐르는 우리의 세계에 대한 지각작용 속에 고립된 것이 아니라, 이 지각작용 속에 동시에 다른 인간과 연계한다는 사실이다. 각자는 자신의 지각, 현전화, 일치함 그리고 그 확실성의 가치가 단순한 가능성, 의심스러운 것, 의문시되는 것, 가상으로 가치가 떨어지는 것을 겪는다. 그러나 타인과 함께 더불어 살아가는 가운데 누구나 다른 사람의 삶에 관여할 수 있다. 그러므로 일반적으로 세계는 개별화된 인간에게만 존재하는 것이 아니라 인간 공동체에게도 존재하며, 더욱이 단적으로 지각에 합당한 것을 공동체화함으로써 존재한다.

이렇게 공동체화하는 가운데 서로 정정함으로써 타당성이 변화하는 것도 끊임없이 일어난다. 서로 간의 이해에서는 나의 경험과 경험에 의한 성과가 타인의 그것과 더불어 나의 경험적 삶 또는 각자 자신의 경험적 삶 안에서 일련의 개별적 경험들 사이의 연계와 유사한 연계 속에 〔관계를 맺고〕 나타난다. 더 나아가 대체로 개별적인 점에 관해 타당성이 상호주관적으로 일치하는 것이 표준으로 부각되고, 그래서 타당성과 이것을 통해 타당한 다양체 속에 상호주관적으로 통일된다는 것, 더구나 상호주관적으로 일치하지 않는 것이 매우 자주 분명히 나타나는데, 그러나 이 경우에도—암암리에 그리고 더욱이 주목받지 못한 채이든 명백하게 드러나든—서로 토론과 비판을 통해 일치하고, 적어도 모든 사람에 대해 그것을 획득할 수 있는 것으로서 미리 확신한다는 사실이다.

이러한 사실 모두는 각자의 의식을 통해 그리고 〔사회적〕 연계 속에 성장한 포괄적 공동체의식을 통해 일부는 이미 경험된 세계로서, 일부는 모든 사람에게 가능한 경험의 개방된 지평으로서 동일한 하나의 세계가 세계, 즉 참으로 존재하는 사물들의 세계, 모든 사람에게 공통인 보편적 지평인 세계를 끊임없이 타당하게 하고 지속적으로 타당하게 남는 방식으로 일어난다.

가능한 경험의 주체인 각자는 자신의 경험, 관점, 지각의 상관관계, 타당성의 변화, 정정 등을 겪으며, 각각의 특별한 〔사회적〕 교제 집단은 다시 그들 자신의 공동의 관점을 가진다. 정확하게 말하면, 이 경우 각자는 또다시 자신이 경험한 사물을 가진다. 즉 우리가 자신이 경험한 사물을 그때그때 그에게 타당한 것, 그에게 보인 것 그리고 봄 속에 단적으로 현존하는 것(daseiend)과 그렇게 존재하는 것(soseiend)으로 경험된 것으로 이해하면 그러한 사물을 가진다. 그러나 각자는 그가 때에 따라 현실적이거나 잠재적인 연계(連繫)에서 함께 관계를 맺을 수 있는 자신의 동료 인간들의 지평 속에 산다는 것을, 그의 동료 인간들이 현실적이거나 잠재적으로 함께 더불어 살아가는 가운데 (그 역시 알고 있듯이) 그것을 실행하는 것처럼, '안다.'

각자는 그와 그의 동료가 현실적으로 연계되어 동일하게 경험된 사물에 다음과 같은 방식으로 관련된다는 사실을 안다. 즉 각자는 이처럼 동일하게 경험된 사물에 서로 다른 관점·측면·조망 등을 갖지만, 이것들은 각각의 경우 각자가 (동일한 사물을 현실적으로 경험하는 가운데) 동일한 사물로서 항상 이 사물의 가능한 경험의 지평으로서 그 자체로 의식하는 다양체들에 관한 동일한 체계 전체의 〔일부인〕 것이다.

그런데 '원본적으로 자기 자신의' 사물과 감정이입이 되어 타인에 속한 사물이 나타나는 방식(Weise)들의 방법(Wie)을 통해 구별하는 차이라는 방향에 주목하면, 더구나 자기 자신이 파악한 것과 〔타인에 의해〕 감정이입이 되어 파악한 것이 일치하지 않을 가능성에 주목하면, 각자가 실제로 원본적으로 지각하는 사물로 경험하는 것은 그 각자에서 객관적으로 존재하는 것에 '관한' 단순한 **표상**, 그것에

'관한 나타남'으로 변화된다. 이것은 종합(Synthesis)에서 곧바로 '무엇에 관한 나타남'이라는 새로운 의미를 지니게 되며, 그 이후부터 그러한 의미에서 타당한 것으로 간주된다.

그러나 바로 '그' 사물 자체는 본래 누구도 실제로 파악하지 못한 것이다. 왜냐하면 그 사물은 오히려 항상 움직이는 것이며, 더구나 각자에서는 자기 자신이나 타인의 변화하는 경험들과 경험된 사물의 개방된 무한한 다양성이 의식에 합당하게 통일된 것이기 때문이다. 이 경우 이러한 경험의 공동 주체들(Mitsubjekte)은 그 자체로 나 자신과 각자에서 아마 마주칠 수 있고, 그런 다음 나 자신과 서로 함께 현실적으로 연계되는 인간의 개방된 무한한 지평이다.

48절 주관적 상관관계의 체계에 대한 지표로서 각각의 의미와 각각의 영역에 속한 모든 존재자

세계가 우리에게 미리 주어져 있다는 주관적으로 나타나는 방식들의 다양성을 통해 오직 이처럼 몰두함으로써—비록 우리가 본래 지각의 세계만을, 게다가 이 가운데서도 지각의 세계에서 물체적인 것만을 고려해왔더라도—실로 이제 다음과 같은 통찰이 언제든 명백하게 밝혀진다. 즉 여기에서는 우연적 사실성이 문제되는 것이 아니라, 오히려 생각할 수 있는 어떠한 인간도—그 인간을 아무리 변화시켜 생각하더라도—우리에 의해 일반적으로 다시 해석되고 끊임없이 움직이는 상대성, 즉 인간의 의식 삶과 그의 동료 인간들과의 공동체 속에 그에게 미리 주어진 세계 이외에 달리 주어지는 방식으로 세계를 경험할 수는 없다는 통찰이다.

각자가 사물들과 세계 일반을 자신이 보는 그대로 본다는 소박한 자명함은, 우리가 인식하듯이, 그것의 독특함과 체계적 연관을 통해서는 결코 철학의 시야에 들어오지 않았던 주목할 만한 진리의 거대한 지평을 은폐시켰다. 아직껏 (즉 『논리연구』에서 '선험적 현상학'이 최초로 등장하기 이전에) 세계(우리가 지금까지 논의한 바로 그 세계)와 이 세계에 관한 주관적으로 주어지는 방식들 사이의 상관관계가 철학적 경이로움을 일으키지 않았다. 물론 이 상관관계는 소크라테스 이전의 철학에서 이미 나타났지만, 회의적으로 논증하는 동기로서만, 〔소피스트들의〕 궤변술에서 알려질 정도로만 언급되었다. 이러한 상관관계는 이제까지 고유한 학문적 성격의 주제가 될 수 있을 독특한 철학적 관심을 일으키지 못했다. 사람들은 각각의 사물이 각자에게 그때그때 다르게 보인다는 자명함에 사로잡혀 있다.

그러나 우리가 어떠한 사물이 현실이거나 가능한 변화를 통해 그것을 바라보는 방식을 더 정확히 추구하고, 이것 자체 속에 놓여 있는 바라봄(Aussehen)과 바라보는 것 자체(Aussehend als solch)의 상관관계에 일관되게 주의를 기울이려 시작하자마자 곧, 이 경우 우리가 이러한 변화도 자아의 주체들 속에 그리고 이것들이 공동체화되는 것 속에 경과하는 지향성이 타당성을 변경하는 것으로 고찰하자마자 곧, 언제나 더욱 분파되는 확고한 유형학(Typik)이 끈질기게 우리 마음속에 파고든다. 이러한 사실은 단지 지각작용에서만, 단지 물체에서만, 현실적 감성이 탐지할 수 있는 깊이에서만이 아니라, 시간공간의 세계 속에 포함된 존재자 어느 것이나 모두 그리고 그것이 주관적으로 주어지는 방식들에서도 적용된다.

그러므로 모든 것에는 이것에 귀속하는—결코 단순히 감각적이지 않은—가능한 경험에 주어지는 방식들의 이 상관관계에서 존립하며, 모든 것은 그 타당성의 양상들과 특별한 종합의 방식들이 있다. 경험이나 명증성은 공허한 보편성이 아니라, 존재자의 종(種)과 유(類) 등 영역적 범주에 따라 그리고 모든 시간공간의 양상에 따라

세밀하게 구분된다. 구체적이거나 추상적인 모든 존재자, 실재적이
거나 이념적인 의미의 모든 존재자에는 스스로 주어지는 자신의 방
식들이 있으며, 자아의 측면에서 보면, 타당성의 양상에서 자신이 지
향하는 방식들이 있다. 그리고 개별자의 주관적인 또는 상호주관적
인 일치나 불일치에서, 그들의 종합에서 타당성의 주관적으로 변화
하는 그 자신의 방식들은 이것에 속한다.

또한 우리는 다음과 같은 사실을 이미 예견한다(이미 최초의 검토
가 잠정적이지만, 이것을 명증하게 만든다). 즉 그것은 모든 장소에
서 언제나 다시 세밀하게 구분되는 이처럼 혼란되고 다양한 상관관
계의 유형은―비록 일반적으로 앞으로 확인될 수 있더라도―단순
한 사실은 아니며, 오히려 이 사실적인 것 속에는 적당한 방법을 통
해 본질적 보편성으로, 즉 새로운 성질의 그리고 극도로 경탄할 만한
아프리오리한 진리들의 거대한 체계로 옮겨놓을 수 있는 하나의 본
질적 필연성이 알려진다는 사실이다.

따라서 우리가 어디를 붙잡더라도 다음과 같이 말할 수밖에 없
다. 즉 나에게 그리고 생각할 수 있는 모든 주체에게 실제로 존재하
는 것으로 타당한 모든 존재자는 그 주체와 상관적이며 본질적 필연
성에서 주체에 체계적 다양성의 지표(Index)이다. 모든 존재자는 현
실이거나 가능하게 경험될 수 있는 주어지는 방식들에 대한 이념적
(ideell) 보편성을 지시한다. 경험될 수 있는 이 주어지는 방식들 각각
은 이러한 존재자의 나타남이며, 더구나 현실적으로 구체적인 각각
의 경험이 경험하는 지향을 지속적으로 충족시키는 과정, 즉 주어지
는 방식들이 일치하는 과정을 이러한 총체적 다양체에서 현실화함
으로써 그러하다.[48]

---

48) 경험의 대상과 [이것이] 주어지는 방식들의 보편적 상관관계의 아프리오리

그러나 이 주어지는 방식들의 다양성은 그 자체로는 현실인 경과에 대립하지만 여전히 앞으로 실현할 수 있는 가능한 경과의 지평으로 각각의 경험이나 이 경험 속에 작용하는 지향에 함께 속한다. 이 지향은 그때그때 주체에서 '나는 사유한다'(*cogito*)이며, 이것이 사유된 것(*cogitatum*)은 그 내용(Was)과 방식(Wie)에 따라 (가장 넓게 이해하면) 주어지는 방식들이다. 그리고 이 주어지는 방식들은 이것들의 측면에서는 그 자체로 자신의 통일체인 동일한 하나의 존재자를 '제시'한다.

가 최초로 등장한 것(대략 1898년경으로 나의 『논리연구』가 마무리되고 있던 때)은 나에게 매우 깊은 충격을 주었기 때문에, 그 이후 이루어진 나의 전 생애에 걸친 작업 전체는 이 상관관계의 아프리오리에 대한 체계적 완성이라는 과제가 지배했다. 그래서 본문의 성찰이 더 진전되면 다음과 같은 사실을 분명히 이해할 수 있을 것이다. 즉 '인간의 주관성을 이러한 상관관계의 문제제기 속으로 끌어들이는 것이 어떻게 필연적으로 그 문제제기 전체의 의미를 근본적으로 변경시키게 강요하며, 결국 절대적인 선험적 주관성을 향한 현상학적 환원으로 이끌 수밖에 없었는가' 하는 것이다.

여전히 더 해명할 필요가 있지만, 현상학적 환원이 처음 등장한 것은 『논리연구』(1900~1901)가 출간된 후 몇 년이 지나서였다. 선험적 환원을 통해 새로운 철학을 체계적으로 도입하려는 최초의 시도는 어떤 책(『이념들』제1권)에서 1913년 나타났다.

그 이후부터 수십 년 동안 동시대인들의 철학은―이른바 현상학파의 철학도―구태의연한 철학적 소박함에 곧잘 머물곤 했다. 물론 이러한 근본적 전환, 즉 삶의 자연적 방식 전체를 총체적으로 태도변경을 하는 일이 처음으로 등장하기란 매우 어려우므로 충분한 근거에 입각해 서술될 수는 없었으며, 특히 특별한 이유들(이들은 본문이 더 진행되면 이해할 수 있게 된다) 때문에 자연적 태도로 다시 굴러떨어짐으로써 일어나는 끊임없는 오해들이 발생하는 경우 더욱 그러하다. ―후설의 주.

49절 '근원적으로 의미를 형성하는' 선험적 구성이라는 잠정적 개념. 이제까지 상론된 분석은 범례로서 좁다. 더 이상 해석하는 지평에 대한 시사

이 모든 것이 어느 정도까지 이해될 수 있는가(이 경우 '존재자', '주어지는 방식', '종합' 등의 개념은 다시 상대화된다)는 다음의 사실을 통해 통찰될 수 있다. 즉 어쨌든 그때그때 주관성의 많은 단계를 지닌 지향적인 총체적 작업수행이 문제가 되는데, 그것은 개별화된 상호주관성이 아니라 작업수행 속에 공동체가 된 상호주관성(die im Leisten vergemeinschaftete Intersubjektivität)의 전체이다.

다음과 같은 사실, 즉 통일되는 다양체들이 나타나는 방식 자체는 표면적으로 보이는 것에서 시작해 더 깊이 놓여 있는 다양체들, 나타남을 통해 통일을 구성하는 다양체들의 통일이므로 우리는, 물론 방법적으로 되돌아가 물음으로써 항상 드러나지만, 어두운 지평 속으로 다시 끌려들어 간다는 사실이 항상 입증된다. 모든 단계와 층─이것에 의해 주체에서 [다른] 주체로 지향적으로 [중복되어] 덮여 있는 종합들이 얽혀 있다─은 종합되어 보편적으로 통일되고, 이 종합에 의해 대상의 우주, 즉 세계가 존재하는 그대로의 세계, 이것이 구체적이고 생생하게 주어진 그 세계(가능한 모든 실천에 미리 주어진 세계)가 성립한다.

이러한 점을 고려해 우리는 세계의 **상호주관적 구성**(intersubjektive Konstitution)[49]이라는 사실을 논하는데, 이 속에는 여전히 그렇게

---

49) 현상학적 분석은 대상을 구성하는 의식주관성의 구조분석이라 할 수 있지만, '구성'은 후설 현상학에서 가장 오해받고 있는 개념 가운데 하나이다.
칸트에게 '구성'(Konstruktion)은 감성의 직관형식인 시간과 공간을 통해 잡다하게 주어진 것을 오성의 아프리오리한 사유형식인 범주를 능동적

은폐된 주어지는 방식들의 체계 전체, 따라서 자아의(ichlich) 타당성 양상들의 체계 전체가 포함된다. 우리가 그것을 체계적으로 해명하면, 이러한 세계의 상호주관적 구성을 통해 우리에게 존재하는 세계를 이해할 수 있게 된다. 즉 기본적 지향성들에서 형성된 하나의 의미의 형성물로 이해할 수 있게 된다.

세계의 고유한 존재는 〔다른〕 의미의 형성과 더불어 기능하면서 종합됨으로써 새로운 의미를 구성하는 의미의 형성일 뿐이다. 또한 의미는 타당성의 양상들 속에 있는 의미에 불과하며, 따라서 지향하는 것 그리고 타당하게 정립하는 것으로서 자아의 주체들에 관련된다. 요컨대 '지향성'(Intentionalität)은 유일하게 실제로 또한 진정으로 설명하고 이해시키는 것의 명칭이다. 그러므로 지향적 근원들과 의미를 형성하는 통일성으로 환원하는 것이 일단 달성되면, 어떠한 의미 있는 물음도 〔대답되지 않은 채〕 남겨두지 않고(물론 이것은 이상적인 경우이지만) 이해시킨다. 그러나 '이미 완성된 모습으로 존재하는 것'에서 진지하고도 참되게 자신의 지향적 근원으로 되돌아가는 모든 작용은 이미 발견된 층들과 이 속에서 작업이 수행된 것을 해명하는 것에 관해, 비록 상대적인 것에 불과해도 그것이 달성되는 한, 어쨌든 실제로 이해시킨다.

으로 집어넣어서 질서를 부여해 인식의 형태로 구축하는 것이다.

반면 후설에서는 인식의 형식뿐만 아니라 내용도 아프리오리하다. 즉 인식될 내용이 미리 완성되어 있다. 물론 그 내용에 대한 우리의 인식도 완성된 것은 아니다. 그러므로 경험을 발생적으로 분석할 필요가 있다. 그리고 '구성'은 '순수의식의 지향적 상관자로서 이미 스스로 주어진 대상성을 실제로 현존하는 것으로서 표상하는 작용, 그 대상성에 의미를 부여해 명료하게 밝히는 것'이다. 따라서 결코 실재세계를 창조하는 형이상학의 개념이 아니라, 침전된 의식 삶의 구조와 존재의미를 역사적으로 해명하는 방법론의 개념이다. 즉 새로운 세계를 획득하는 것이 아니라, 동일한 세계를 새로운 관점에서 보고 경험할 수 있는 방식을 획득하는 것이다.

오히려 우리가 범례로(exemplarisch)⁵⁰⁾ 취급한 것은 물론 단지 하나의 출발에 불과한 것이었고, 우선은 단지 지각의 세계를 해명하는 출발에 지나지 않는 것이었다. 그리고 전체로 볼 때 지각의 세계 자체는, 실은 단지 층에 불과하다. 세계는 시간공간의 세계이며, (논리적-수학적이 아닌 생생한) 시간공간성은 생활세계로서의 이 세계의 고유한 존재의미에 속한다.

지각의 세계에 태도를 집중하는 것(이것은 결코 우연한 출발이 아니다)은 세계에 관해 단지 '현재'라는 시간의 양상을 낳지만, 이 양상 자체는 '과거'와 '미래'라는 시간의 양상을 지평적으로 지시한다. 더 깊은 지향적 분석이 밝혀주듯이 머물러 있는 '지금'(Jetzt)이 비록 다른 구조이더라도 두 가지 측면의 지평, 즉 과거지향과 미래지향의 연속이라는 지향적 명칭으로 알려진 지평을 갖는다는 사실에 의해서만 '흐르면서 머물러 있는'(strönend-stehend) 현재로서의 지각 그 자체가 구성된다는 점을 도외시하면, '과거'라는 의미를 형성하려면 무엇보다 회상(Wiedererinnerung)이 지향적 기능을 한다.

그러나 이러한 시간화(Zeitigung)와 시간(Zeit)의 최초의 이전 형태들은 전적으로 은폐된 채 유지된다. 이전 형태들에 의해 기초가 된 회상을 통해 우리는 과거—지나가 버린 현재—를 근원적으로 직관할 수 있는 것 속에서 대상으로 가진다. 또한 과거도 하나의 존재자이며, 그것이 주어지는 방식의 다양체, 즉 그때그때 지나가버린 것을 근원적으로 스스로 주어짐(Selbstgegebenheit)—직접적 명증성—으

---

50) 후설이 지향적 의식체험의 표층구조를 표상(지각, 판단), 정서, 의지의 영역으로 구분하고 이 가운데 모두에 공통으로 포함된 표상작용을 근본으로 간주해 집중적으로 분석하거나, 이념적 대상성들이 학문적 전통으로 전승되고 계속 발전해가는 역사성을 해명하면서 기하학의 공리나 원리를 우선적으로 다룬 것도 그 범례적 성격 때문이었다.

로 이끈 것으로서 그 자신의 방식을 가진다.

이와 마찬가지로 기대, 예상 그리고 다시 지각이 지향적으로 변양되는 의미를 지닌 것(따라서 미래는 '다가올 현재'를 뜻한다)은 미래의 것 그 자체의 존재의미가 그 속에서 — 더 깊고도 정확하게 해명될 수 있는 구조에서 — 일어나는 것으로서 근원적 의미형성을 뜻한다. 이러한 사실은, 존재자에 관한 각 단계의 모든 구성은 구성적 체계를 통해 존재자에 관한 각각의 독특한 의미에 그것의 시간형식을 나누어주는 시간화(時間化)이며, 그 속에서 구성된 모든 것을 포괄하는 보편적 종합에 의해 비로소 이러한 시간들 모두는 종합적으로 하나의 시간의 통일체로 성립된다는 사실에 대해서는 논의하지 않더라도(왜냐하면 여기서는 충분히 해명되지 않기 때문에),[51] '시간화' 또는 '자신의 시간의 내용을 가진 시간'이라는 새로운 차원의 실마리를 지시한다.

더구나 다음과 같은 점을 지적해야 한다. 즉 지향적 작업수행을 해명하기 위해서는 지속적으로 종합되는 작업수행(예를 들면, 흐르면서 통일적인 지각 속에 포함된 작업수행과 같이)이 불연속적인 더 높은 단계의 해명을 위한 토대로서 우선적으로 취급해야 한다. 나는 회상에 따라 이미 이전에 거기에 있던 것과 지각된 것이 동일하게 확인하는 것(Identifikation)을 [이것의] 예로 든 것이다. 재인식작용(Wiedererkennen), 지속적 회상을 통해 이것을 해석하는 것, 이러한 '자명함'을 그에 상응하게 더 깊게 분석하는 것 — 이 모든 것은 어려운 연구로 이끈다.

다른 경우처럼 여기에서도 우리는 단지 우선적으로 파악할 수 있

---

51) 시간의식의 더 상세한 분석은 『시간의식』(이종훈 옮김, 한길사, 1996)을 참조할 것.

는 것에만 관여할 뿐이다. 그러나 이제까지 상론한 것은 다음과 같은 점을 이해시켜줄 것이다. 즉 우리가 일단 '판단중지'라는 태도변경을 통해 순수하게 주관적인 것을 자신에 고유하며 자신 속에 완결되고 순수한 연관 속에 지향성으로 파악하고, 그런 다음 존재의미를 형성하는 기능으로 인식하는 한, 이론적 관심도 빠르게 증가하고, 우리는 거기에서 나타나는 연구의 문제들과 여기에서 수행되어야 할 중요한 발견들이 끝없이 풍부하든 그렇지 않든 더욱더 언제나 더 큰 경탄스러움에 빠져든다는 점이다.

물론 우리도 순수한 정신의 태도를 유지하는 극히 어려운 일에 때때로 매우 시달릴 것이다. 이 순수한 정신의 태도를 유지하는 것은 자연적 세계의 토대 위에 서 있는 모든 개념, 모든 사유방식과 학문적 방법 따라서 객관적 학문의 모든 논리적인 것에 전혀 도움을 줄 수 없는 알려지지 않은 세계에서 자신의 바른길을 찾아내고, 여기에서 요구되었지만 어쨌든 최초의 선구적 작업〔모색〕 속에 형성되는 방법을 통한 새로운—하지만 학문적—사유를 실현하는 것이다. 사실상 〔이것은〕 하나의 세계 전체이다. 그리고 우리가 헤라클레이토스의 영혼(psyche)을 이 주관성과 대등하게 취급하면, "비록 그대가 모든 길을 추적해도 영혼의 한계를 결코 발견할 수 없을 것이다. 그만큼 영혼은 깊은 근거〔의미〕를 가진다"[52]는 그의 말은 그 주관성에 타당할 것이다.

도달된 각각의 근거는 사실상 다시 근거를 지시하고, 개방된 각각의 지평은 새로운 지평을 불러일으키며, 더구나 이 무한한 전체는 무한히 움직이는 운동 속에 의미의 통일체를 향한다. 물론 이것이 우리가 의미를 즉시 전체로 파악하고 이해할 수 있다는 것은 아니다. 오

---

52) 헤라클레이토스의 토막글 45.

히려 우리가 의미가 형성되는 보편적 형식을 얼마만큼 장악하자마자 곧 이 의미 전체의 범위와 깊이는 무한한 총체성에서 가치평가의 (axiotisch) 차원을 획득한다. 즉 여기에서 총체성의 문제들이 '보편적 이성(Vernunft)'의 문제로 열린다.

그러나 이러한 사실은 초보자에게는 아득히 먼 곳에 놓여 있는 것이며, 초보자는 거의 관련 없는 것을 제시함으로써 시작하고 매우 서서히 〔수행되어야 할〕 연구의 본질적 질서를 발견하는 것 또는 같은 말이지만, 제시하고 기술해가는 과정에서 뒤늦게 〔그 밖의〕 모든 것을 규정하는 것으로 인식될 중요한 입각점을 만족시킬 일을 배우게 된다. 이 입각점은 여기에서는 단지 개괄적 시사로만 묘사될 수 있을 뿐이다.

50절 '자아(*Ego*)—사유함(*cogito*)—사유된 것(*cogitatum*)'의 명칭으로 모든 연구의 문제를 최초로 질서 세움

주관적-상대적 세계에 관심을 두면, 우선 나타남(Erscheinung)과 나타나는 것(Erscheinendes)이 자연히 우리의 시선을 붙든다. 그리고 우리는 또한 맨 먼저 직관이 가능한 영역, 즉 경험 양상들의 영역에 머물게 된다. 비직관적 의식의 방식들과 그것을 직관할 가능성으로 되돌아가 관계되는 것은 고려하지 않는다. 따라서 우리는 다양한 나타남들이 존재자를 대상 극(Gegenstandspol)으로서 그것들 자체 속에, 즉 내실적(reell)이 아니라 지향적으로(intentional)[53] 그것들 가운데 각각은 자신의 방식에서 나타남들인 존재자로서 그것들 자체에

---

53) '내실적'은 의식작용 속에 본질적으로 내재하는 것을, '지향적'은 의식과 실재대상 사이의 불가분한 상관관계를 뜻한다.

지닌 종합을 추구한다.

그러므로 예를 들어 사물은 이러한 것으로 통일하는 일치의 종합에서는 하나의 사물이지만, 그 사물은 그때그때 서로 다른 측면을 지시하며, 그것의 동일한 존재는 (서로 다른 원근법으로 제시되는) 그것이 지닌 속성들로 해석된다. 지향적으로 말하면, 곧바로 '여기에 있는'(dies da), 즉 사물로서 경험된 각각의 것은 반성하며 시선을 전향하면, 직관될 수 있는 (그리고 그 자신의 방식으로 경험할 수 있는) 이것들이 나타나는 방식들에 대한 지표(Index)이다. 여기에서 수행된 고찰에서는 자아에 관한 논의도 분명히 부차적으로 이루어진다. 그러나 자아의 문제는 결국 고유하고 게다가 매우 포괄적인 주제가 될 수 있는 권리, 즉 자신의 방식으로 모든 타당성의 동일한 수행자로서, 지향하는 자아로서, 많은 단계로 나타나는 방식들이 변화하는 가운데 바로 이 나타나는 방식들을 통해 통일 극을 향한 것, 즉 자아가 추구한 목표(자아의 계획)를 향한 자신의 권리를 요구한다. 이러한 목표는 각각의 국면에서 존재하면서 생성되어 충족되는, 즉 자아의 지향을 충족시키면서 다소간에 명석하고도 판명하게 생각되는 것이다.

동시에 이것에는 다음과 같은 사실이 포함된다. 즉 자아 극(Ichpol)으로서 자아는 자아가 대상을 자신의 속성들을 통해 (여기에는 대상이 특별하게 있는 것으로서 자신의 특별한 존재성들(Ist-heiten)을 통해) 부지런히 전개하지만, 지각작용이 계속 진행되면서 그때그때 원본적으로 전개〔해명〕된 것은 무(無) 속으로 가라앉아버리는 것이 아니라, 비록 〔지금은〕 지각되지 않았더라도 생각하면서 파악해 유지하는 방식으로 지속적으로 유지하는 것으로 기능한다는 사실이다. 모든 것은 자아 극에 집중된다. 또한 존재의 확신을 양상화하는 것, 즉 가상(假象)으로서 지워버리는 것, 불확실한 것이나 의심스러움 등을 결정하는 태도를 취하는 것도 자아 극에 집중된다. 다른 한편 **감촉**(Affektion)들도 자아 극을 향하며, 다소간에 긴박하게 감촉들이 자아를 끌어당기고 때에 따라서는 자아가 그쪽을 향하는 것이나 고유한 활동성에 동기를 유발한다. 이러한 사실이나 이와 유사한 사실은 자아 극으로서 자아의 특별한 심층적 분석에 대한 예시이다.

따라서 우리는 데카르트가 논의한 방식에서 보면, 세 가지 명칭, 즉 '자아(*Ego*)-사유작용(*cogitatio*)-사유된 것들(*cogitata*)'[54]을 가진다. 자아 극(그리고 이것에 고유한 자신의 동일성), 종합적으로 결합하여 나타나는 것으로서 주관적인 것, 대상 극들—이것들이 바로 분석하는 서로 다른 시선의 방향이고, '지향성'이라는 보편적 명칭의 서로 다른 방식이 이에 상응한다. 어떤 것을 향하는 것, 어떤 것이 나타남과 그 나타남들의 통일체이며, 이 나타남들을 통해 자아 극의 지향이 향하는 것으로서의 대상적인 어떤 것이다. 비록 이러한 명칭이 서로 분리될 수 없더라도, 우리는 때때로 그 가운데 하나만 추구해야 하고, 더구나 데카르트가 그 문제를 착수한 것과 반대의 방향에서 순서를 유지해 그 각각을 추구해야 한다.

첫 번째는 단적으로 주어진 생활세계(Lebenswelt)이며, 무엇보다 순수한 존재의 확실성에서 단절 없이 (따라서 의심할 여지 없이) 단적으로 현존하는 '정상적인 것'으로서 세계가 지각에 적합하게 주어지는 그 생활세계이다. 새로운 관심의 방향을 확정함으로써, 이와 더불어 이 관심을 엄밀하게 판단중지를 함으로써 생활세계는 1차 지향적 명칭, 즉 다양하게 나타나는 방식들과 그 지향적 구조들을 되돌아가 묻는 것(Rückfrage)에 대한 **지표**, 실마리가 된다.

---

54) 이것은 대상이 의식에 직접 주어지는 지향적 현상의 논리적 의미구조로서, 이른바 자아론(Egologie)의 총체적 탐구영역이다.

2차 반성의 단계에서 새로운 시선의 방향은 자아 극과 그 동일성에 고유한 것으로 이끈다. 여기에서는 가장 중요한 것으로 단지 그 형식의 가장 일반적인 점만 지적해보자. 즉 자신의 [여러 가지] 시간 양상들을 통해 구성되면서 지속하는 자아가 되는 그것에 고유한 시간화(Zeitigung)만 지적해보자. 요컨대 지금 현실적으로 현재에 있는 동일한 자아는 자신의 것인 각각의 과거에서 어떤 방식으로는 다른 자아이며, 존재했고 따라서 지금은 존재하지 않으며 그렇지만 그 시간의 연속성 속에 동일한 하나의 자아이고, 존재하고 존재했고 자신의 미래를 자신에 앞서 갖는 자아이다. 지금 현실적으로 존재하는 자아가 시간화된 것으로서 자신의 지나간[과거의] 자아 그리고 곧 지금 더 이상 존재하지 않는 자아와도 어쨌든 교제할 수도 있고, 이러한 자아와 대화할 수도 있으며, 타인에 대해서와 마찬가지로 그 자아를 비판할 수도 있다.

주관성(Subjektivität)은 상호주관성(Intersubjektivität) 속에서만 그 본질, 즉 구성적으로 기능하는 자아(konstitutiv fungierendes Ich)[55]라는 사실을 깊이 고려하자마자, [상술한] 모든 것이 복잡해진다. 이 사실은 자아의 관점에서 보면, 특별히 자아(Ich)와 다른 자

---

55) 만약 주관성이 상호주관적이 아니면 의사소통은 불가능할 것이고, 따라서 객관적 정신을 이어받고 전달하는 전통과 습득성 없이는 주관성을 지닐 수 없다. 심지어 혼자서 하는 사유도 상호주관성을 전제하는 언어의 기능 없이 결코 생각할 수 없다. 논리적 객관성도 "그 자체로 상호주관성이라는 의미에서 객관성"(『이념들』 제2권, 82쪽)이며, 구체적인 선험적 주관성은 "상호주관성 또는 자아의 공동체 안에 있다"(『심리학』, 323, 344쪽), "절대적 의식은 생성되는 것이 아니라, 다른 절대적 의식과 더불어 '의사소통' 속에서 드러난다"(『상호주관성』 제1권, 17쪽). 결국 선험적 주관성을 강조하는 선험적 현상학은 독아론의 자아론으로서만 가능한 것처럼 보이지만, 이 독아론(Solipsismus)은 상호주관적 세계로 나아가는 방법적 통로일 뿐이다(『성찰』, 174~176쪽 ; 『형식논리학과 선험논리학』, 243쪽 등을 참조할 것).

아(anderes Ich)―그 각각이 순수하게 자아로 간주된―에 관계하는 종합, 즉 '자아-그대-종합'(Ich-Du-Synthesis) 그리고 더 복잡하지만 마찬가지로 '우리-종합'(Wir-Synthesis)이라는 새로운 주제를 뜻한다. 일정한 방식으로 이것은 하나의 시간화, 즉 자아 극의 동시성(Simultaneität)이라는 시간화, 결국 같은 말이지만, 개인적 (순수하게 자아의) 지평―자아 각각은 자신을 이 속에 존재하는 것으로 안다―을 구성하는 시간화이다. 이것은 모든 자아주체의 '공간'으로서, 보편적 사회성(universale Sozialität)(이러한 의미에서 '인류')이다.

그러나 당연히 상호주관성의 종합은 이제까지 논의된 모든 것에 관련된다. 즉 모든 사람에 대해 상호주관적으로 동일한 생활세계는 나타남의 다양체들에 대한 지향적 '지표'로 이바지하는데, 이 나타남의 다양체들은 상호주관적 종합 속에 결합된 채 이것을 통해 모든 자아주체(그리고 가령 각각의 자아주체는 단지 그 자신에게 개체적으로 고유한 다양체들을 통한 것이 아니다)는 일반적 우리 속에 결합된 모든 활동성 등의 영역인 공동의 세계와 이 세계의 사물들을 향해 있다.

51절 '생활세계 존재론'의 과제

그러나 이제까지 논의된 모든 것에는 학문적 성격·기술(記述)·현상학적-선험적 진리를 가능케 해주는 확고한 유형학(Typik)이 지배하는데, 이것은 이미 서술했듯이 순수하게 아프리오리한 것으로서 방법적으로 파악될 본질의 유형이다.

여기에서 다음과 같은 사실은 주목할 만하며, 철학적으로도 매우 중요하다. 즉 이러한 것도 우리의 최초의 명칭, 요컨대 모든 상대성을 통해서도 어쨌든 통일체로 구성된 생활세계, 생활세계의 객체들에 관계한다는 사실이다. 이 생활세계는 선험적 관심이 없어도, 따라서 **자연적 태도**(선험철학에서 말하면, 판단중지에 앞선 소박한 태도)에서 하나의 고유한 학문적 주제—순수한 경험의 세계(즉 현실이거나 가능하게 경험하는 직관 속에 통일적으로 또 일관되게 일치해 직관할 수 있는 세계)로서 생활세계의 존재론—의 주제가 될 수 있을 것이다. 그리고 이제까지 선험적 판단중지라는 태도변경 속에 끊임없이 체계적으로 성찰한 처지에서 실로 우리는 언제나 자연적 태도를 다시 회복할 수 있으며, 이 자연적 태도 속에 생활세계의 불변적 구조(invariante Struktur)를 심문할 수 있다.

모든 실천적 형성물(더구나 그들의 관심에 관여하는 것을 억제하더라도, 문화의 사실인 객관적 학문들의 형성물도 포함해)을 즉시 그 자신 속에 받아들이는 삶의 세계도 물론 끊임없이 변화하는 상대성 속에 주관성에 관계된다. 그러나 삶의 세계가 아무리 변경되고 정정되더라도 자신의 본질법칙의 유형을 준수한다. 그리고 삶과 이와 함께 생활세계, 또한 그 '**토대**'인 모든 학문은 이 본질법칙의 유형에 결합해 있다. 그러므로 생활세계도 순수한 명증성에 근거해 앞으로 이끌어낼 수 있는 존재론을 가진다.

우리는 자연적 〔태도의〕 토대 위에, 따라서 선험적 관심의 지평 밖에 그러한 생활세계 존재론의 가능성과 의미를 이미 논의해왔고, 이에 관해 다른 연관에서 여전히 더 논의할 기회를 가질 것이다. 우리는 이 아프리오리한 학문의 존재론에 고유한 의미가 〔그러한 학문의〕 전통적 의미와는 현격히 대조된다는 사실을 마음속에 확고하게 간직해야 한다. 그리고 근대철학이 객관적 학문들 속에 그 자체로 참된 세계, 즉 적어도 자연에 관해서는 수학적 형식으로 대체된 세계라는 조립된〔추정적〕 개념으로 이끌려왔다는 사실을 결코 간과하면 안 된다. 따라서 아프리오리한 학문, 결국 보편수학(논리학, 논리계산)이라는 근대철학의 개념은 참된 명증성의 권위, 즉 직접 스스로를 부여하는 것(Selbstgebung) — 경험하는 직관—에서 이끌어낸 학문이라는 권위를 지닐 수 없다. 물론 그들은 그들 자신에 대해 기꺼이 이러한 권위를 요구할지도 모른다.

이러한 점에 유념한 다음 다시 선험적 태도, 즉 판단중지로 되돌아가면, 생활세계는 선험철학의 연관에서는 단순한 선험적 현상들로 변화된다. 이 경우 생활세계는 그 고유한 본질에서 그것이 이전에 존재했던 것으로 머물지만, 지금은 구체적인 선험적 주관성 속의 이른바 단순한 '구성요소'로 그리고 이에 상응해 생활세계의 아프리오리는 선험성(Transzendentalität)[56]의 보편적 아프리오리 속의 하나의 '층'으로 입증된다. 물론 이러한 자연적 세속성(Weltlichkeit)에서 유래하는 '구성요소'나 '층'과 같은 단어는 위험스러우며, 따라서 그 의미가 필연적으로 변경된다는 사실에 주의해야 한다.[57] 판단중지 안에

---

56) '선험성' 또는 '선험적인 것'(Transzendentales)은 경험적 세계에 대해 선험적 판단중지를 함으로써 드러난 새로운 차원(선험세계)를 뜻한다.

57) 후설은 "모든 현상학적 논의는, 자연적 언어를 사용해야 하는 한, 그 의미를 완전히 변경시킨다"(『상호주관성』 제3권, 390쪽), "자연적 태도의 일반정립을 판단중지한 잔여로 드러난 순수의식에 실재성을 요구하는 것은 이치에 어긋난 것"(『이념들』 제1권, 108쪽)이라 한다. 그렇다면 '실재적인 것이 배제된 순수의식의 영역에 환원 이전의 일상적 언어가 일관되게 적용될 수 있는가' 하는 의문이 제기된다. 상호주관적으로 의사소통할 언어가 매개되지 않거나 언어의 사용에 일관된 기준이 없다면, 환원이 제대로 수행되었는지 파악할 수 없고, 이념적 통일체인 의미를 직관할 수도 없기 때문이다. 또한 경험의 대상에 의미를 부여하는 것도 본질적으로 언어를 사용하는 객관화 작용이기 때문이다. 후설도 "언어의 표현은 …… 주관적인 것을 연구할 때 언제나 새로운 긴장이 필요하다는 난점이 본질적으로 부착되어 있다"(『경험과 판단』, 58쪽)고 지적한다. 결국 그가 어쩔 수 없이 사용하는 전통적 언어는 일상적 의미에서가 아니라, 오직 현상학의 전체 맥락 속에서만 정확히 파악할 수 있다.

서는 우리의 시선을 일관되게 오직 이 생활세계 또는 이것의 아프리오리한 본질적 형식들에 향하는 것이 자유롭게 허용된다.

다른 한편 이에 상응하는 시선의 전향에서 생활세계의 **사물들** 또는 사물의 형식들을 구성하는 상관자, 즉 주어지는 방식들의 다양성과 그 상관적인 본질적 형식들에 향하는 것이 자유롭게 허용된다. 그러나 이 경우 그 모든 것에서 기능하는 주체들과 그 공동체에 시선을 향하는 것도 자유롭게 허용된다. 이러한 서로 내부로 기초를 다진 부분적 태도의 변경에서 선험적 환원의 보편적 탐구과제들이 실현된다. 이 경우 생활세계의 현상들에 초점이 맞추어진 태도는 출발점으로, 즉 더 높은 단계의 상관적 태도들에 대한 선험적 실마리로 이바지될 수 있다.

52절 이해할 수 없는 역설의 출현. 새로운 철저한 성찰이 필요함

우리가 세계에 관한 자연적 관심 속에 있는 삶에서 **무관심한 관찰자**의 태도로 전환하게 열어준 순수한 상관관계의 문제제기를 처음 개관한 것은, 비록 어떠한 소박함에서 따라서 일시적 성격을 띠더라도, 명백하게 매우 의아한 수많은 인식을 발생시켰다. 그러나 이 인식들은 완전히 방법적으로 확증되는 경우, 우리가 세계를 고찰하는 것 전체를 철저하게 새롭게 형성하는 것을 뜻한다. 실로 이러한 확증을 목표로 궁극적 전제들의 토대를 성찰해야 한다. 그 문제제기 전체는 이 토대에 근거하고, 따라서 이 토대에서 자신의 이론적 결정은 그 궁극적 의미를 이끌어낸다.

그러나 여기에서 즉시 커다란 어려움, 즉 우리의 기도(企圖) 전체를 의문시할 만한 전혀 예상하지 않았지만 우선은 해결할 수 없는 역설에 빠져들게 된다. 그리고 이러한 사실이 제시되었고 우리가 즉시 포기할 수 없는 명증성이 있는데도 그러하다. 아마 (객관적 인식의 토대를 되돌아가 묻는 것에 대립해) 이러한 인식의 토대를 새롭게 되돌아가 묻는 것은 비로소 그것의 참된 의미를 해명하고, 더구나 이것에 상응해 그 의미의 한계를 정하는 것으로 이끈다. 이 상관관계의 주제에서 우리는 세계와 인간성을, 공동체로 만듦으로써 지향적으로 세계가 타당하다고 정립하는 주관성으로 가진다. (지금 논의하는 주제제기를 규정하는) 우리의 판단중지는 각각의 자연적 세계 속의 삶과 이것에 대한 세계적〔세속적〕관심을 차단했다.

이 판단중지는 우리에게 그러한 관심을 초월하는 태도를 부여했다. 존재, 세계가 참으로 존재함 또는 존재하지 않음에 관한 모든 관심, 따라서 세계에 대한 인식에 이론적으로 향한 모든 관심, 그러나 통상의 의미에서 실천적인 모든 관심은 그 상황의 진리에 결합한 채 거부된다. 그리고 우리(철학을 하는 자) 자신에 대해 우리의 고유한 관심의 활동뿐만 아니라, 동료 인간의 관심에 관여하는 모든 것도 거부된다. 왜냐하면 이 경우에도 우리는 존재하는 현실에 여전히 간접적으로 관심을 두게 되기 때문일 것이다. 학문 이전의 의미이든 학문적 의미이든 어떠한 객관적 진리 또는 객관적 존재에 대한 어떠한 확정도 전제로든 결론으로든 우리가 말하는 학문적 성격의 범위 안에는 결코 들어오지 않는다.

이러한 점에서 우리는 첫 번째 어려움을 발견할 수 있을 것이다. 그러나 우리는 학문을 추구하고 있지 않은가? 참된 존재자에 관한 진리를 확정하고 있지 않은가? '이중의 진리'라는 위험한 길로 빠져드는 것은 아닌가? 객관적 진리 이외에 제2의 진리, 즉 주관적 진리가 존재할 수 있는가?

이에 대한 답변은 당연히 다음과 같다. 자연적인 객관적 세계 속의 삶이 끊임없이 세계를 구성하는 삶, 선험적 삶의 특별한 방식―선험적 주관성이 이러한 방식으로 [반성하지 않고] 그 속에 살면서 구성하는 지평을 의식하지 못하고 결코 직접 깨닫게 될 수 없는 방식―에 불과하다는 사실은 판단중지에서 의아하지만, 그러나 명증하며 지금 우리의 성찰을 통해서만 궁극적으로 해명될 수 있을 탐구의 성과이다. 선험적 주관성은 그것에 본질적으로 귀속하는 구성하는 다양체들을 직접 깨닫지 않고 이른바 통일 극(Einheitspol)들에 '사로잡힌 채' 살아간다. 이러한 사실을 깨닫기 위해서는 완전한 태도변경과 반성이 필요하다.

객관적 진리는 전적으로 자연적-인간적 세계 속의 삶의 태도에 속한다. 이 진리는 근원적으로 인간의 실천적 요구로 일어난 것이며, 단적으로 존재하는 주어진 것―존재의 확실성에서 지속하는 것으로 선취된 대상 극(Gegenstandspol)―을 확실성의 가능한 양상화들에 대항해 확보하려는 의도로 일어난 것이다. 그런데 '판단중지'라는 태도변경에서는 모든 세계 속의 삶의 관심이나 목적에서 아무것도 상실되지 않으며, 따라서 인식의 목적에서 아무것도 상실되지 않는다. 다만 이 모든 것에서 그것의 본질적인 주관적 상관자가 제시되고, 이것을 통해 객관적 존재의, 따라서 모든 객관적 진리의 참된 존재의미가 명백하게 드러나게 되는 데 불과하다. 보편적인 객관적 학문인 철학―모든 전통적 고대철학은 그러했다―은 모든 객관적 학문과 더불어 결코 보편적 학문이 아니다. 이 철학은 자신의 탐구영역 안에서 구성된 대상 극들만을 취급했으며, 이 대상 극들을 선험적으로 구성하는 완전히 구체적인 존재와 삶에 대해서는 맹목적으로 남아 있다. 그러나 이미 서술했듯이 우리는 이것을 진리로 고수하지만, 우선 이 진리의 궁극적 의미를 철저히 해명해야 한다.

또한 여전히 제2의 어려움이 떠오른다. 모든 자연적인 인간적 삶의 관심에 대한 판단중지는 이러한 관심에서 완전히 등을 돌리는 것 같이 보인다(그렇더라도 이것은 선험적 판단중지에 대한 매우 통상적인 오해이다). 그러나 그 판단중지를 이렇게 생각하면, 어떠한 선험적 탐구도 존재하지 않을 것이다. 그렇다면 어떻게 우리는 지각과 지각된 것, 기억과 기억된 것, 객체적인 것과 객체적인 것에 관한 모든 검증―예술·과학·철학을 포함해―을 이러한 것들을 예증해 게다가 완전히 명증하게 몸소 체험하지 않고 선험적 주제로 삼을 수 있는가?

실제로 이러한 것은 사실 그대로이다. 따라서 어떤 방식으로는 철학자도 판단중지 속에 자연적 삶을 '자연적으로 몸소 체험해야' 하며, 더구나 판단중지는 그것이 주제제기의 방식 전체를 변경시키고 더나아가 인식의 목표를 자신의 존재의미 전체 속에서 새롭게 형성함으로써 굉장한 구별을 이루는 것이다. 단적인 자연적 삶에서 모든 목적은 바로 '이' 세계〔의 범위〕 속에 한정하며, 모든 인식은 검증을 확증하는 실제 존재자 속에 한정한다. 세계 그것은 개방된 우주이며 '한정들'의 지평이고, 모든 실천이 전제하고 이 실천의 결과들로 항상 새롭게 풍부해지는 존재자의 보편적 지평이다. 그러므로 세계는 자명하게 검증될 수 있는 것의 총체(All)이며, 목표로 삼음으로써 거기에 존재하고, 존재자, 즉 실제 존재자를 항상 새롭게 목표로 삼기 위한 토대이다. 그러나 판단중지를 통해 우리는 이전에 목표를 세우고 이것을 충족시킴으로써 이미 〔발생한〕 결과인 궁극적으로 목표로 삼는 주관성, 이미 세계를 소유하는 주관성[58]으로 되돌아가게 되며, 이 주관성이 자신의 은폐된 내적 '방법학'(Methodik)을 통해 세계를 소유

---

58) 이것은 외부세계를 포함한다는 실재적 의미가 아니라, 경험할 수 있는 세계의 지평을 소유하고 있다는 선험적 의미이다.

하고 세계를 '성립시키고' 세계의 형태를 계속 만드는 바로 그 방식들
로 되돌아가게 된다.

현상학자의 관심은 이미 완성된 세계를 목표로 삼지 않고, 이 완
성된 세계에서 외적으로 의도된 행위 — 이것 자체가 '구성된 것'
(Konstituiertes)이다 — 도 목표로 삼지 않는다. 현상학자는 현실로나
추후에 이해하는 가운데 모든 실천을 수행한다. 그러나 그에게 이 실
천이 충족시키는 '종점'은 그가 그 속에서 한정하는 종점은 아니다.
오히려 현상학자가 종점으로 존재함(Endesein) 그 자체, 즉 세계 속
의 삶에서 목표를 향해 이렇게 살아가는 것 그리고 이 목표 속에 한
정하는 것을 그 속에 지배하는 주관성에 관한 자신의 [연구]주제로
삼음으로써 그에게는 세계 일반의 소박한 존재의미가 '선험적 주관
성의 극 체계'(Polsystem)라는 의미로 변경된다. 그리고 이 주관성은
세계와 그 속에 있는 실재성들을 — 그것이 세계를 구성하면서 곧 극
(極)도 갖듯이 — '가진다'. 이러한 사실은 세계 자체 속에 머무는 '궁
극의 목적'을 '수단'이나 새로운 세계적[세속적] 목적에 대한 전제로
변경시키는 것과는 명백하게 근본적으로 다르다.

여기에서 논의된 것은 사람들이 우리의 방식, 즉 지향적 삶을 판단
중지를 통해 작업을 수행하는 삶으로서 해명하는 방식을 완전히 명
확하게 한다는 사실, 따라서 우선 다음과 같은 통찰을 획득했다는 사
실을 전제한다. 즉 가장 단적인 지각 속에 이미, 그리고 우리가 존재
자를 현존재의 타당성에서 단적으로 곧바로 갖는 각각의 의식 속에
서도 마찬가지로, 항상 새로운 존재타당성(그것들이 주어지는 방식
의 존재타당성)이 일치하는 가운데 실현되고, 직관적 존재타당성에
서 그것 자체로서 실현되는 목표로 삼는 작용이 놓여 있다는 통찰이
다. 우리가 대상들에 현실로 시선을 향한 방식을 최초로 제시해 나가
는 지향성이 어떻게 변화되더라도, 이 변화들은 모두 궁극적으로 자

아의 작업수행이 변화되는 형식이다.

제3의 어려움은 판단중지에서 구성하는 삶의 '헤라클레이토스적 흐름'이 어떻게 자신의 개체적 사실성에서 기술해 취급될 수 있었던가 하는 점을 포착할 수 없는 데 있다. 이 경우 우리는 객관적 세계에 대한 학문에서 통상으로 이루어진 구별, 즉 절대적 보편성에 관한 학문들인 법칙학(法則學)에 대립해 기술학(記述學) — 사실적 현존재를 통일한 모든 사람에 대해 그렇게 확립하기 위해, 경험의 토대 위에 사실적 현존재를 기술하고 분류하며 직관적 경험 안에서 경험 속에 놓여 있는 귀납적 보편성을 계획하는 학문 — 의 구별[59]로 이끌린다.

그러나 이러한 객관적 구별이 어떠하든, 본래의 어려운 점이 우리에게 일어나지 않는다. 왜냐하면 객관성(Objektivität)을 통해 선험성(Transzendentalität)에 대한 요구를 제기하는 것은 부당하기 때문일 것이다. 하지만 경험적 사실의 학문과 유사한 것인 선험적 존재와 삶을 '기술하는' 학문, 즉 단순한 경험에 기초한 귀납적 학문 그리고 사실적으로 나타나거나 사라지는 개체적인 선험적 상관관계들을 확립한다는 의미를 지닌 학문이 존재할 수 없다는 점은 정당하다. 심지어 판단중지를 하는 개별적 철학자조차 이처럼 파악할 수 없는 유동적 삶에 어떠한 것도 자기 혼자의 힘으로는 확정할 수 없고, 항상 동일한 내용으로 반복할 수도 없으며, 그가 이러한 삶을 확고한 언표로 기술하거나 (비록 자기 개인만이라도) 이른바 기록할 수 있게 그 내용이 이러하다는 것(Diesheit)과 그렇게 존재하는 것(Sosein)을 확신할 수도 없다.

그런데도 보편적인 선험적 주관성의 완전히 구체적인 사실성은

---

59) 이러한 구별은 신칸트학파, 특히 빈델반트(W. Windelband)의 법칙정립학(과학)과 개성기술학(역사학)을 구별한 것과 유사하다.

이와는 다른 정당한 의미에서 형상적(形相的) 방법〔환원〕을 통해 다음과 같은 중대한 과제가 실제로 제기될 수 있으며, 또한 제기되어야 한다는 사실에 의해 곧바로 학문적으로 파악할 수 있다. 그 과제란 개별적 작업수행과 상호주관적 작업수행의 모든 유형에서 선험적 작업수행의 본질적 형식을 탐구하는 것, 따라서 선험적으로 작업수행을 하는 주관성의 본질적 형식 전체를 모든 사회적 형태로 탐구하는 것이다. 이 경우 사실(Faktum)은 본질에 속한 것으로서 오직 그 본질을 통해서만 규정될 수 있으며, 객관성에서 수행된 것과 유사한 의미에서 귀납적 경험을 통해 경험적으로 기록될 수 있는 것이 결코 아니다.

53절 인간 주관성의 역설. 세계에 대해 주관으로 존재하는 것과 동시에 세계 속에 객관으로 존재하는 것

그러나 이제 참으로 중대한 어려움, 즉 우리의 과제제기 전체와 그 결과가 지닌 의미를 논박하고 사실상 이 양자를 새롭게 형성해야 할 어려움이 제기된다. 판단중지라는 이제까지 우리의 방법에 의해 모든 객관적인 것은 주관적인 것으로 변경되었다. 하지만 이러한 사실이 다음과 같이 생각될 수는 없다는 점도 분명하다. 즉 판단중지를 통해 존재하는 세계와 인간의 세계에 대한 표상이 각기 서로 대립하고, 자명하게 실제로 존재하는 세계의 토대 위에 주관적인 것을 심문하거나, 따라서 인간의 심리적 경과들─여기에서 세계에 대한 경험, 즉 세계에 관한 일상적이거나 학문적 견해를 획득하고 그때그때 감각이나 사상으로 그 '세계의 상'(Weltbild)을 획득한다─을 심문한다는 의미로 생각될 수는 없다.

우리가 다루는 학문적 성격은 심리학자의 학문적 성격이 아니다.

철저한 판단중지를 통해 세계의 현실성이나 비현실성에 대한 관심 (따라서 가능성, 사유가능성과 마찬가지로 이것들을 결정할 가능성에 대한 모든 양상의 관심)은 작용 밖에 놓인다. 그래서 어떠한 학문적 심리학이나 이것이 제기하는 물음들도 여기에서는 문제시되지 않는다. 심리학에서는 세계, 즉 심리학에 의해 자명하게 실제로 전제된 세계가 바로 그 토대이다. 그러나 판단중지는 곧바로 이러한 토대를 박탈한다. 그리고 이 판단중지가 만들어낸 상관관계에 초점을 맞춘 순수한 태도에서 세계, 즉 객관적인 것은 그 자체로 하나의 특별한 주관적인 것이 된다.

더구나 이러한 태도에서 여전히 '주관적인 것'(Subjektives)은 역설적으로, 즉 다음과 같은 방식으로 상대적인 것이 된다. 요컨대 세계(태도변경에서는 이것을 '선험적 현상'이라 부른다)는 처음부터 주관적 나타남들, 생각들, 주관적 작용들과 능력의 상관자로만 취급되고, 이것들을 통해 세계는 변화할 수 있지만, 그러나 통일적인 자신의 의미를 항상 지니며 항상 새롭게 획득한다. (이미 의미의 통일이라는 단순한 존재방식을 갖는) 세계에서 되돌아가 그 세계에 '관한 나타남들과 생각들'의 본질적 형식들을 이제 심문하면, 이것들은 세계가 '주관적으로 주어지는 방식'으로 간주된다. 그런 다음 다시 반성하고 되돌아가 물음으로써 자아 극들(Ichpole)과 특히 그것들의 자아인 것(Ichliches)에 관한 모든 것이 본질적 탐구의 주제가 되면, 이것들은 이제 새롭고 여전히 더 높은 의미에서 세계의 주관적인 것, 또한 이것이 나타나는 방식의 '주관적인 것'으로 불린다. 그러나 '주관적인 것'이라는 일반적 개념은 판단중지에서, 자아 극들과 많은 자아 극들의 우주(Universum)이든 나타남들의 다양체이든 대상 극들과 대상 극들의 우주이든, 모든 것을 포괄한다.[60]

그러나 바로 이것에 어려움이 있다. 모든 객관성, 즉 존재하는 모든 것을 해소하는 보편적 상호주관성(universale Intersubjektivität)은 어쨌든 인간성(Menschheit)일 수밖에 없다는 점은 분명하며, 이것은 의심할 여지 없이 그 자체로 세계의 부분적 존립요소이다. 그런데 세계의 부분적 존립요소인 인간의 주관성이 어떻게 세계 전체를 구성하는가? 즉 주관성의 지향적 형성물로 구성하는가? 세계는 지향적으로 작업을 수행하는 주관성에 보편적으로 연계되어 언제나 이미 생성되었고 또한 계속 생성되는 형성물이지만, 이 경우 서로 함께 작업을 수행하는 주관[주체]들이 그 자체로 총체적 작업수행의 단순한 부분적 형성물일 수 있는가?

세계의 주관적 존립요소는 이른바 세계 전체를, 따라서 자기 자신을 집어삼킨다. 이러한 사실은 얼마나 이치에 어긋난 것인가! 또는 이것은 어쨌든 자연적인 객관적 태도의 자명성이 갖는 힘(이른바 상식[61]의 힘)과 이것에 대립한 '무관심한 관찰자'의 태도 사이의 끊임없는 긴장에서 발생하는 역설, 유의미하게 해소될 수 있고 심지어 필연적인 역설[62]인가?

물론 이 무관심한 관찰자의 태도를 철저하게 수행하기는 극히 어렵다. 왜냐하면 끊임없이 오해의 위협을 받기 때문이다. 게다가 판단중지를 함으로써 현상학자가 자명하게 가능한 새로운 계획을 실현할 지평을 즉시 마음대로 처리할 수는 없다. 현상학자의 앞에 자명한

---

60) 판단중지를 통한 '주관성'(주관적인 것)이 자아극과 대상 극 모두를 포괄한다는 이러한 서술은 현상학적 환원을 통해 획득된 '선험적 주관성'과 일반적 의미에서 객관(대상)성에 대립한 '주관성'과의 차이를 분명하게 밝혀준다.

61) 후설은 이 말을 영어(common sense) 그대로 표현함으로써 영국의 경험론, 특히 논리적 실증주의(Logical Positivism)의 자연적인 소박한 객관적 태도를 지적하고 있다.

62) 이 역설은 인격이 "한편으로 미리 주어진 환경세계의 객체이며, 다른 한편으로 공동체 속에 의미를 건설하는 주체라는 이중성"(『상호주관성』 제3권, 56쪽)을 지닌 것이다.

유형으로 미리 형성된 선험적 연구의 영역이 즉시 확장되지도 않는다. 세계는 미리 주어진 자명함의 유일한 우주이다. 그러나 처음부터 현상학자는 자명한 것을 의심스러운 것, 즉 수수께끼와 같은 것으로 간주해야 하고, 그 이후부터는 오직 이러한 것 — 현상학자에게는 실로 '모든 수수께끼 가운데 최대의 수수께끼'인 세계가 존재하는 보편적 자명함을 이해할 수 있게 변경시키는 것 — 만 학문적 주제로 가질 수밖에 없다는 역설 속에 산다.

앞에서 전개된 역설을 해소할 수 없다는 것은 참으로 보편적이며 철저한 판단중지를 결코 할 수 없다는 사실, 이러한 판단중지와 엄밀하게 결부된 학문을 목표로 할 수 없다는 사실을 의미할 것이다. 만약 무관심과 판단중지가 단지 심리학자의 무관심과 판단중지에 불과하면, 세계의 토대 위에 움직이기 때문에 누구도 이것에 대해 이의를 제기하지 않으며, 이 경우 우리가 참으로 지지할 수 있는 명증성은 비록 새로운 양식이라 하더라도 객관적-심리학적 통찰로 환원될 것이다.

그러나 우리는 인간이 세계에 대한 주체(세계는 의식에서 보면, 인간에 대한 자신의 세계이다)이며 동시에 이 세계 속에 있는 객체라는 점에 안도할 수 있으며, 이 단순한 사실성에 만족할 수 있는가? 학자로서 우리는 신이 세계를 창조하고 이 세계 속에 인간을 창조했다는 사실 그리고 신이 인간에게 의식을, 이성을, 즉 인식의 능력 특히 학문적 인식의 능력을 부여했다는 사실에 안도할 수 있는가?

이러한 사실은 기존 종교의 본질적 소박함에서는, 철학자가 이 소박함을 이해할 수 없더라도, 의심할 여지 없는 영원한 진리로 남을지 모른다. 신(神) 자체와 마찬가지로 창조의 수수께끼는 기존 종교의 본질적 구성요소이다. 하지만 철학자에게는 바로 이 점에서 그리고 객체로서 세계 '속에 있는'(in) 주관성과 동시에 세계에 '대해 있는'

(für) 의식의 주체라는 사실의 공존관계(Miteinander) 속에, 즉 이것이 어떻게 가능한가를 이해해야 할 필연적 이론의 문제가 놓여 있다. 판단중지는 이것이 '세계에 함께 속하는 주체-객체-상관관계'를 초월하는 태도를 부여하고, 따라서 '선험적 주체-객체-상관관계'(transzendenale Subjekt-Objekt-Korrelation)에 향한 태도를 부여함으로써 실로 다음의 성찰을 자기성찰로 인식하게 이끈다. 우리에 의해 존재하는 세계는 〔자신의〕 그렇게 존재함〔본질〕(Sosein)과 존재함〔현존〕(Sein)에 따라 우리의 세계이며, 전적으로 우리의 지향적 삶에서 제시될 수 있는—제시될 수 있지만, 논증적으로 구성되거나 신화적 사유로 생각된 것은 아닌—아프리오리한 유형으로서 그 존재의미를 이끌어낸다는 사실을 인식하게 이끈다.

우리가 이러한 사실과 이 속에 놓여 있는 심각한 어려움을 경솔하게 간과하고 일관되게 근본적으로 되돌아가 묻고 연구하는 노력을 회피하면, 또는 과거의 철학자들 가령 아리스토텔레스나 토마스 아퀴나스가 작업한 장(場)에서 논증을 이끌어오고 실제로 논리적 논증이나 반박의 유희를 일삼으면, 그러한 사실과 사실 속에 놓여 있는 심각한 어려움을 해결할 수 없을 것이다. 판단중지에서는 논리학이나 모든 아프리오리 그리고 예로부터 존경받아온 모든 양식의 철학적 증명은 결코 유력한 무기가 될 수 없다. 오히려 그것은 객관적인 모든 학문적 성격과 같이 그 자체로 판단중지에 내맡긴 소박함이다.

다른 한편 새롭게 시작하는 현상학적-선험적 근본주의라는 철학의 본질적 특징은, 이미 앞에서 논의했듯이, 객관적 철학과 달리 자명성의 토대를 미리 마련하는 대신 (비록 다르더라도) 이와 유사한 의미의 토대를 원리상 배제하는 점이다. 따라서 이 철학은 우선 토대 없이(bodenlos) 시작해야 한다.[63] 그러나 바로 그 철학은 자기 자신의 힘으로—즉 그 철학이 원초적인 자기성찰을 통해 하나의 현상 또는 현상들의 우주로 변경된 소박한 세계를 자신의 것으로 만듦으로써─어떤 토대를 창출할 가능성을 획득한다. 그 철학의 첫 발걸음은, 앞에서 개괄적 윤곽으로 묘사한 것과 유사하게, 필연적으로 소박한 명증성에서 경험하는 사유의 발걸음이다. 이 철학은 각인된 어떠한 논리학이나 방법론도 미리 갖지 않으며, 자신의 방법과 심지어 자신의 작업수행이 지닌 진정한 의미조차 항상 새로운 자기성찰을 통해서만 획득할 수 있다. (물론 나중에 본질상 필연적인 것으로 이해될 수 있을) 이 철학의 운명은 심문되지도 않고 더구나 감지되지도 않은 채 남아 있는 지평에서 유래하고 함께 기능하지만 우선은 이해할 수 없는 것으로 알려진 역설에 몇 번이고 반복해 새롭게 휩쓸려 들게 된다.

54절 역설의 해소

a) 인간으로서 우리와, 궁극적으로 기능하는 작업수행의 주체로서 우리

지금 문제 삼고 있는 인간성─세계를 구성하는 주관성으로서의 인간성과 어쨌든 세계 자체 속에 편입된 주관성으로서의 인간성─은 실로 어떠한 사정에 놓여 있는가? 우리가 처음으로 다룬 소박함에서 우리는 언제나 다시 개방된 주목할 만한 발견들의 지평에 관심을 두었다. 게다가 자연적인 최초의 시선 방향에서는 우선 '대상 극,

---

63) 후설 현상학이 추구하는 '무전제성'(Voraussetzungslosigkeit)의 원리는 언어나 역사적 전통, 논리적 사유까지 모두 배격해 절대적 무(無)에서 출발하는 것이 아니라, 의식에 주어지지 않은 형이상학의 대상이나 충분히 검토되지 않은 단순한 가설의 개념들을 배제하고 내적 직관의 영역, 즉 순수체험에 국한하는 것이다.

즉 주어지는 방식'(가장 넓은 의미에서 나타나는 방식)이라는 최초의 반성하는 단계의 상관관계에 전적으로 고정되어 있었다. 자아는 최초로 반성하는 단계의 주체로 언급되었으나, 더 상세한 연관을 자연히 우선적으로 취급하는 신중하게 분석하고-기술해 논의하는 가운데 충분한 권리를 얻은 것이 아니다. 자아가 기능하면서 존재한다는 깊은 문제는 나중에 가서야 비로소 절실해진다.

이러한 사실과 관련해 '자아'—내가 지금 말하는 자아—에서 '다른 자아'로, 즉 그 속에서는 나도 '하나의' 자아인 수많은 '자아들'과 더불어 있는 우리인 '우리 모두'로 의미가 변경되는 현상은 없다. 따라서 이러한 우리 모두인 상호주관성을 나에게, 실로 내 '속에' 구성하는 문제가 없다. 우리가 끌어들였고 계속 추진해왔던 길 위에서 볼 때 이것은 알려지지 않았던 문제였다.

이제야말로 이 문제에 주의를 기울여야 한다. 왜냐하면 이제 정지해야 하고 자기성찰로 들어서야 할 필연성은 결국 언젠가 한 번 그리고 불가피하게 떠오르는 다음과 같은 물음으로 가장 신랄하게 느낄 것이기 때문이다. 즉 '보편적 구성이라는 의미의 작업수행과 타당하다고 작업수행을 하는 주체인 우리는 도대체 누구인가?', '극 체계(極體系)인 세계, 따라서 공동체화된 삶의 지향적 형성물인 세계를 공동체 속에 구성하는 자인 우리는 도대체 누구인가?', '우리는 자연적-객관적 의미의 인간, 따라서 세계의 실재성인 인간을 우리 인간이라 부를 수 있는가?' 그러나 이러한 실재성들은 그 자체로 현상이 아닌가? 이것들은 그 자체로 대상 극이며, 상관적 지향성들로 되돌아가 묻는 것의 주제가 아닌가? 그리고 이 실재성들은 그 상관적 지향성들의 극이며, 그것이 기능하는 것에서 자신의 존재의미를 지니고 또한 획득하는 것이 아닌가?

물론 이러한 물음에는 긍정적으로 답변해야 한다. 사실상 세계의 모든 영역적 범주에서처럼 모든 본질적 존재유형에 대해서도—이에 상응하는 물음을 제기할 방법에 충분히 익숙하면—우리는 구성적 의미가 형성되는 것을 실제로 제시할 수 있다. 이 경우 그것은 실재적 인간에서 되돌아가 그것들이 '주어지는 방식', 그것들이 '나타나는' 방식, 무엇보다 우선 지각으로 나타나는 방식을, 즉 원본적으로 스스로를 부여하는 양상으로—더 나아가 인간의 동일한 인격으로 재인식하는 작용을 통해 일치해 확인하거나 정정하는 방식으로 그리고 동일하게 확인하는 양상으로—묻는 것이다. 동일한 인격으로 재인식하는 작용은 이전부터 우리가 개인적으로 알았던 사람과 그 사람 자체를 자세히 알았던 다른 사람이 말하는 사람과 동일한 사람일 경우 등을 말한다. 따라서 '저기에 서로 잘 아는 사람들의 사회단체 속에 어떤 사람이 있다'는 자명함을 그 선험적 문제성(Fraglichkeit)으로 해소하는 것이 중요하다.

그러나 선험적 주체, 즉 세계의 구성에 대해 기능하는 주체는 인간인가? 어쨌든 판단중지가 인간을 현상으로 만들었기 때문에 판단중지를 하는 철학자는 자기 자신과 타인도 소박하게 단도직입적으로 인간으로 타당하게 간주하는 것이 아니라, 오히려 '현상', 즉 선험적으로 되돌아가 묻는 것의 극(極)으로만 타당하게 간주한다. 판단중지를 일관되게 철저하게 하는 여기에서 각자의 자아는 분명하게 그 자아의 작용(Akt)과 습득성(Habitualität)[64] 그리고 능력(Vermögen)

---

64) 이 용어는 그리스어 'echein'(가진다)의 통일체인 'Hexis'(가짐)에서 유래하며, 후설은 이것의 라틴어 'Habitus'를 사용하기도 하는데, 어원상 자아가 갖는 '경험의 축적'을 뜻한다. 그러나 반복적 경험에서 습관적으로 획득한 실재적 성향은 경험적 자아에 속하고, 단 한 번의 능동적 의식작용에서 얻는 습득성은 "선험적(순수) 자아에 속한다"(『이념들』 제2권, 111쪽). 선험적 자아는 곧 "습득성의 기체(Substrat)"(『성찰』, 100~101쪽)이다. 이 습득성은 선험적 자아가 근원적으로 건설한 것이 잠재적 의식 속으로 흘러들어가

의 자아 극으로만 순수하게 고찰되고, 이것에서 각자의 자아는 그것의 나타남, 그것이 주어지는 방식을 '통해' 존재확실성 속에 나타나는 것을 향해 있고 그때그때 대상 극들과 그 극 지평(Polhorizont), 즉 세계(Welt)를 향한 것으로 고찰된다.

이 경우 이러한 모든 방향의 반성에서 더 이상 되돌아가 묻는 것은 모두 여기에 속한다. 구체적으로 말하면 자아 각각은 단지 자아 극이 아니라, 존재하고 그러하게 존재하는 것으로 간주하는 세계를 함께 고려한, 그 작업수행과 이것에 의해 획득된 모든 것에서의 자아이다. 하지만 판단중지에서는, 기능하는 자아 극으로 순수하게 시선을 향하고 이것에서 삶과 이 삶의 지향적 중간단계의 형성물이나 궁극적 형성물의 구체적 전체에 순수하게 시선을 향하면, 당연히 인간적인 것은 아무것도 제시되지 않으며 영혼이나 영혼의 삶, 실재적인 심리물리적 인간도 제시되지 않는다. 이 모든 것은 현상(Phänomen)으로, 즉 구성된 극(konstituiertes Pol)으로 세계에 귀속된다.

b) 근원적 자아(Ur-Ich)인 자아는 세계를 구성하는 선험적 상호주 관성의 공동의 주체들인 선험적 타자(Andere)에 대한 나의 지평 을 구성한다

그런데도 우리는 아직 만족할 수 없으며, 여전히 역설에 붙잡힌 채 문제를 해소하지 못한다. 우리의 소박한 취급은 사실상 결코 정확하지 않고, 게다가 이것은 철학을 하는 자로서 우리 자신이 자신을 망각한 결과이다. 더 정확하게 말하면, 판단중지를 하는 것은 바로 자아

침전되고, 이것이 생생하게 복원됨으로써 현재의 경험을 구성한다. 따라서 습득성은 타당성과 동기부여 연관의 담지자이며, 항상 현재의 의식 삶이 쏟는 관심을 형성하는 지속적 소유물로서, 지향적 작업수행의 구체적 역사성을 밝혀준다.

이며, 더구나 거기에 더 많은 사람이 있고 이들이 나와 더불어 현실적 공동체 속에 판단중지를 하면, 판단중지를 하는 나에게 그 밖의 다른 모든 사람은 그들의 작용하는 삶(Aktleben) 전체와 함께 세계의 현상—이것은 나의 판단중지에서는 오직 나의 것이다—속에 포함된다.

그런데 판단중지는 참으로 철저한 철학에 대한 방법의 근본적 요구인 독특한 철학적 고독을 창출한다. 이러한 고독 속에 나는 어떤 이유에서—가령 이론적으로 정당화된 아집이든 (또는 난파자로서의 우연이든)—인간의 공동체에서 격리된 개별자가 아니라, 그 공동체에 여전히 속해 있다는 것도 아는 개별자이다. 나는 자아의 그대, 자아의 우리 그리고 동료 주체들의 자아공동체 전체를 자연적 타당성에서 언제나 여전히 갖는 하나의 자아는 아니다. 하지만 나의 판단중지에서는 인류 전체와 인칭대명사의 구별과 질서 전체가 현상이 되며, 그 밖의 다른 인간들 가운데 나는 인간의 우선권도 다 같이 포함해 현상이 된다.

내가 판단중지를 통해 도달하는 자아, 즉 데카르트의 개념을 비판적으로 다시 해석하고 개선함으로써 자아(ego)가 될 것은 본래 모호함 때문에 '자아'(Ich)라 부른다. 왜냐하면 이것은 본질적 모호함이지만, 내가 그것을 반성하면서 부르는 경우 다음과 같이 말할 수밖에 없기 때문이다. 즉 판단중지를 하는 자는 바로 나이며, 세계, 즉 존재함(Sein)과 그렇게 존재함(Sosein)에서 지금 나에게 타당한 세계 그리고 내가 그토록 확신하는 모든 인간을 포함한 세계를 현상으로서 심문하는 것은 바로 '나'라고 말할 수밖에 없기 때문이다.

따라서 나는 나에게 의미가 있는 모든 자연적 현존재를 넘어서 있으며, 우선은 세계가 그 속에 순수하게 세계로서 나에게 의미가 있는 그때그때 선험적 삶의 자아 극인 자아이다. 즉 완전한 구체성에서 생각해보면, 자아는 이 모든 것을 포괄하는 자아이다. 이러한 사실은 우리가 이전에 이미 '선험적인 것'으로 표명한 것이 허구였다고 주장하는 것은 아니며, 그럼에도 세계를 '모두에 대한 세계'(Welt für alle)로 구성하는 선험적 상호주관성(Intersubjektivität) — 이 속에서 내가 다시 등장하지만, 실로 이것은 그 밖의 다른 사람들 가운데 '하나의' 선험적 자아로 등장하며, 이 경우 '우리 모두'는 선험적으로 기능하는 자로 등장한다 — 을 논의해야 한다는 것이 정당화되지 않았다는 사실을 주장하는 것도 아니다.

그러나 즉시 선험적 상호주관성 속으로 뛰어들고 나의 판단중지를 하는 자아(*ego*)인 근원적 자아(Ur-Ich) — 이것은 자신의 유일성과 인칭변화가 없는 성격을 결코 상실할 수 없다 — 를 뛰어넘는 이러한 방법적 절차는 전도된 것이었다. 근원적 자아는 그 자체로 자신을 인칭변화를 시킬 수 있다 — 하지만 근원적 자아에 고유한 특별한 구성적 작업수행을 통해서만 — 는 사실, 또한 근원적 자아가 자기 자신에 그리고 자신 속에 선험적 상호주관성을 구성하고 이 경우 자신을 단순히 우연적으로 취급된 일원으로, 즉 선험적 타자(Andere)의 자아로 이 상호주관성에 계산해 넣는다는 사실은 앞에서 논의된 것에 단지 외견상으로만 모순되는 것처럼 보인다.

이러한 사실은 판단중지를 통한 철학적 자기해석을 참으로 가르쳐 준다. 이 철학적 자기해석은 '언제나 유일한 자아가 자신의 원초적이며 자신 속에 경과하는 구성하는 삶에서 어떻게 최초의 대상영역, 즉 원초적 영역을 구성하는가', '자아는 어떻게 이것에서 출발해 동기가 유발된 방식으로 구성하는 작업수행 — 이 작업수행을 통해 그 자신과 자신의 원초성(Primordialität)의 지향적 변양이 생소한 지각, 즉 나 자신과 마찬가지로 그 자신에 대해 자아인 타인의 자아에 대한 지각이라는 명칭으로 존재타당성을 지닌다 — 을 하는가'라는 것을 제시할 수 있다.

이러한 사실은 만약 회상(Wiedererinnerung)을 선험적으로 해석함으로써, 회상된 것이나 지나가 버린 과거의 것(이것에는 '지나가 버린 현재'라는 존재의미가 있다)에는 그 현재의 지나가 버린 자아가 또한 속해 있으나, 참으로 원초적 자아는 현실적 현존(Präsenz)의 자아이며 현존의 체험으로서 회상도 현재 사태의 영역으로 나타나는 것을 뛰어넘어 이 현실적 현존의 자아에 속한다는 사실을 이미 이해하면, 유비로 이해하게 될 것이다. 따라서 현실적 자아는 자신이 변경되는 양상을 존재하는 것('지나가 버린 것'의 양상에서)으로 구성하는 작업수행을 한다.

어쨌든 여기에서부터 '현실적 자아, 즉 흐르면서 끊임없이 현재에 있는 자아가 어떻게 자신을 시간화하는(Selbstzeitigung) 가운데 자신의 지나가 버린 것〔과거〕을 통해 지속하는 것으로 구성되는가' 하는 점이 추적될 수 있을 것이다. 마찬가지로 현실적 자아, 즉 지속하는 원초적 영역에서 이미 지속하는 자아는 자신 속에 타인을 타인으로 구성한다. 자신을 시간화(時間化)하는 것은 이른바 탈-현재화(Ent-Gegenwärtigung)를 통해 (회상을 통해) 나의 탈-생소화(Ent-Fremdung) (나의 근원적 현존Urpräsenz을 단지 현전화된 근원적 현존으로 더 높은 단계의 탈-현재화로서의 감정이입Einfühlung[65])에서 자신의 유비(類比)를 지닌다. 그래서 다른 자아는 함께 현존하는 것으로서, 감각적 지각을 확증하는 것과는 명백히 전적으로 다른 그

---

65) 타인의 몸(물체)은 원본적으로 주어지지만, 그 신체(Leib)는 감정이입, 즉 유비적으로 만드는 통각의 의미전이에 의해 간접적으로 제시된다. 후설은 이 용어를 의식경험을 심리학주의로 기술하려고 시도한 립스(T. Lipps, 1851~1914)에서 받아들였지만, 오히려 심리학주의를 비판하고 타자경험의 구성을 해명하는 선험적 분석에 적용했다.

명증한 확증의 방식으로 내 속에서 존재타당성을 지닌다.

방법적으로는 자아와 자아의 선험적 기능이나 작업수행에 대한 체계적 연구에서 출발해서만 선험적 상호주관성과 이것이 선험적 공동체가 된 것이 제시될 수 있다.[66] 공동체가 된 것에는 기능하는 자아극들의 체계에서 모든 사람에 대한 세계가 구성되고, 각각의 주체에 대해 모든 사람에 대한 세계로 구성된다. 이러한 방식에서만, 계속 진보해가는 본질적 체계학(體系學)에서만 다음과 같은 사실을 궁극적으로 이해할 수 있다. 즉 모든 상호주관성의 선험적 자아(이미 밝힌 방식에서 세계를 함께 구성하는 자아)는 세계 속에 있는 인간으로서 필연적으로 구성될 수밖에 없다는 사실, 따라서 모든 인간은 '그 자신 속에 선험적 자아를 지닌다'는 사실을 궁극적으로 이해할 수 있다. 하지만 이러한 사실은 실재의 부분이나 자기의 영혼에서 하나의 층(이것은 이치에 어긋날 것이다)으로서가 아니라, 오히려 인간이 현상학적으로 자신을 성찰함으로써 제시할 수 있는 관련된 선험적 자아가 자신을 객관화한 것(Selbstobjektivation)인 한에서 그러하다.[67] 그러나 판단중지를 할 어떠한 인간도 모든 행위 속에 기능하는 궁극적 자아를 확실하게 인식할 수 있을 것이다.

내가 지금 파악했듯이, 첫 번째 판단중지의 소박함은 다음과 같은 결과를 가져왔다. 그것은 내가 기능하는 자아로, 즉 선험적 작용과

---

66) 후설은 선험적 주관성을 곧잘 '모나드'(Monade)로 비유한다. 그러나 이것은 라이프니츠와 달리, 생생한 현재뿐만 아니라 과거와 미래의 지평을 지닌 습득성의 기체로서 구체적 사회성과 역사성을 지닌 상호주관적인 것, 서로 의사소통할 수 있는 '창(窓)이 있는 것'이다. 즉 그는 선험적 주관성이 독아론으로 오해되는 것을 방지하기 위해 이 용어를 사용하면서 '상호주관적' 또는 '공동체화된'이라는 수식어를 첨부하기도 한다.

67) 후설이 말하는 '인간성'(Menschentum, Menschheit)은 결국 이 선험적 자아가 스스로 객관화된 것이다.

작업수행의 자아 극으로 파악했기 때문에 철학을 하는 '자아'인 내가 기능하는 선험적 주관성으로의 동일한 변화, 나만이 나 자신 속에 수행했던 변화를 비약적으로 그리고 전혀 근거 없이 따라서 부당하게 인류―이 가운데 내가 있다―에게 돌리는 결과를 가져왔다. 방법적으로 부당하지만 어쨌든 이러한 사실에는 어떤 진리가 있다. 여하튼 더 이상 들어갈 수 없는 가장 깊은 철학적 근거에서―하지만 단지 방법적 근거에서만은 아닌―자아와 자아가 모든 구성에 대해 갖는 중심적 위치의 절대적 유일성은 충분히 고려되어야 한다.

55절 판단중지를 궁극적으로 기능하는 절대적으로 유일한 자아로 환원함으로써 우리가 최초에 착수한 판단중지를 원리상 정정함

따라서 판단중지를 최초로 착수한 것에 대립해 제2의 착수, 즉 모든 구성에 궁극적으로 유일한 기능의 중심인 절대적 자아로 환원함으로써 판단중지를 의식적으로 변형해야 한다. 이것은 앞으로 선험적 현상학의 방법 전체를 규정한다. 세계, 즉 존재의 확실성과 자신을 확증하는 것 속에 항상 미리 주어져 있고 의심할 여지 없이 확실한 세계가 앞서 주어져 있다.

만약 내가 이 세계를 토대로 전제하지 않으면, 그 세계는 사유하는 (cogito) 자아인 나에게 어쨌든 변함없이 자신을 확증함으로써 타당하고, 세계가 나에게 때에 따라 객관적으로 정당하거나 그렇지 못한 것으로 개별적 경우에 존재하는 모든 것, 즉 모든 학문과 기술, 모든 사회적 형태와 개인적 형태 및 제도들과 함께 나에게 실제 세계인 바로 그 세계인 한에서 타당하다. 실재론(Realismus)이라는 말이 "나는 이 세계 속에 사는 인간으로 존재한다는 것 등을 확신하고, 이 점에서는 조금도 의심하지 않는다"는 것만 주장하는 것이면, 따라서 〔이보다〕 더 강력한 실재론은 존재할 수 없다.[68]

그러나 이러한 **자명성**을 이해하는 것 자체가 곧 중대한 문제이다. 그런데 그 방법은 다음과 같은 것을 요구한다. 즉 자아가 자신의 구체적 세계의 현상에서 출발해 체계적으로 되돌아가 묻고, 이 경우 선험적 자아인 자기 자신을 구체적 모습에서, 즉 자신의 구성적 층들과 극도로 뒤엉킨 자신의 타당성에 기초를 세우는 체계적 연구에서 자세하게 알 것을 요구한다. 판단중지를 착수하는 데 자아는 필증적으로 주어져 있지만, **침묵한 구체성**으로 주어져 있다. 이 구체성은 해석되고 표명되어야 하며, 더구나 세계의 현상에서 출발해 되돌아가 묻는 지향적 **분석**에 의해 그렇게 되어야 한다. 이처럼 체계적으로 진행해 우리는 우선 세계와 인간성 속에 객관화된 선험적 주관성과의 상관관계를 획득한다.

하지만 이 경우 이 인간성과 관련해 새로운 물음들이 주어진다. 즉 세계를 구성하는 작업수행에 문제시되는 주체들의 객관화라는 것 역시 광기 어린 것이 아닌가? 더구나 이미 몇 가지 세계에 대한 의식을 갖는 어린아이들의 경우는 과연 어떠한가? 어쨌든 그들은 그들을 교육하는 성숙한 보통의 인간에게 비로소 모든 사람에게 존재하는 세계라는 완전한 의미의 세계, 따라서 문화의 세계를 배워서 알게 된

---

68) 후설은 "실증주의가 모든 학문을 실증적인 것, 즉 원본적으로 파악할 수 있는 것 위에 절대적으로 편견 없이 근거를 세우는 것이라면, 우리야말로 진정한 실증주의자"(『이념들』 제1권, 38쪽), "참된 실증주의"(『엄밀한 학문』, 340쪽), "선험적 실재론"(『성찰』, 121쪽)이라 주장한다. 그러나 후설 스스로 '선험적 관념론'이라 부른 선험적 현상학은 전통적 의미의 주관적 관념론이나 객관적 실재론과 전혀 관련이 없다. 의식의 '지향성'은 항상 무엇에 관한 의식이며, 후설 현상학의 일관된 과제가 대상과 이것이 의식에 주어지는 방식들 사이의 보편적 상관관계를 분석하는 작업이기 때문이다.

다. 그렇다면 동물들의 경우 사정은 어떠한가?

그러므로 다음과 같이 지향적으로 변양되는 문제가 생긴다. 즉 이렇게 지향적으로 변양됨으로써 지금까지 우리의 의미(항상 근본적 의미)에서의 세계―요컨대 이성에서 진리를 찾는 세계―에 대해 함께 기능하지 않은 이러한 모든 의식의 주체에게 곧 우리와의 '유비'로서 그들 나름의 '선험성'(Transzendentalität)이라는 방식이 귀속될 수 있으며, 귀속되어야 한다는 문제가 생긴다. 그렇다면 이러한 유비의 의미는 그 자체로 하나의 선험적 문제를 제시할 것이다. 물론 이 문제는 결국 모든 생명체―여전히 간접적이지만, 어쨌든 확증할 수 있는 것, 즉 '생명'과 같은 것, 또한 정신적 의미에서 공동체의 삶을 가질 수 있는 한에서―를 포괄하는 선험적 문제의 영역에도 파급된다.

그래서 다양한 단계에서, 우선 인간에 대한 문제로 또 마지막에는 다음과 같은 보편적 문제, 즉 발생(Generativität), 선험적 역사성(Geschichtlichkeit)과 사회성(Gesellschaftlichkeit)이나 더 높은 차원의 인격성(Personalität) 속에 사는 인간 현존재(Dasein)의 본질적 형식에서 출발해 이처럼 선험적인, 따라서 절대적 의미를 선험적으로 되돌아가 묻는 문제가 나타난다. 더 나아가 태어남과 죽음의 문제, 이것이 세계의 사건들로서 지닌 의미의 선험적 구성의 문제와 성(性)의 문제 같은 것도 나타난다. 마지막으로 요즈음 매우 많이 논의되는 '무의식'(Unbewußtes)[69]―꿈이 없는 잠·기절 그리고 그밖에 이러한 또는 이와 유사한 성질과 명칭으로 간주하는 것이면 무엇이든―의 문제에 관해 말하면, 이 경우 어쨌든 미리 주어진 세계의 사건이 중요하며, 그래서 이 문제 역시 태어남과 죽음의 문제와 아주

---

69) 이것은 문맥상 프로이트의 정신심리학적 분석을 뜻한다.

똑같이 구성의 선험적 문제제기에 자명하게 포함된다.

이러한 문제는 모두에게 공통인 세계 속에 있는 존재자로서 그 자신의 존재를 확신하는, **스스로를 부여하는** 방식들을 지닌다. 이 방식들은 아주 특별하지만 특수한 존재자에 대해 참으로 근원적인 존재의미를 창출한다. 따라서 절대적으로 보편적인 판단중지에서 〔그와〕 다른 의미를 지닌 모든 존재자와 마찬가지로 그러한 의미를 지닌 존재자에 대해 그에 적합한 문제제기가 이루어져야 한다.

이제까지 논의한 모든 것에 따라 선험적 현상학이 자신의 길에서는 결코 도달할 수 없는 문제, 즉 이제까지의 철학이 생각해낼 수 있는 어떠한 유의미한 문제나 어떠한 존재문제 일반도 없다는 사실이 분명하다. 이러한 사실에는 선험적 현상학 자체가 더 높은 차원의 반성에서 현상학자에게 제기하는 문제들도 포함된다. 즉 이것들은 현상학적 언어(Sprache) · 진리(Wahrheit) · 이성(Vernunft)의 문제이며, 단순히 자연적 세속성에서 구성된 모든 형태의 언어 · 진리 · 학문 · 이성에 관련된 문제만은 아니다.

이것을 통해 우리는 자아(*ego*) 그리고 이러한 선험적 근거에서 획득된 모든 선험적 인식의 필증성을 요구하는 의미도 이해하게 된다. 일단 자아에 도달하면, 우리는 명증성(Evidenz)의 영역 속에 있으며, 이 영역의 배후를 되돌아가 묻는 것은 무의미(Unsinn)하다는 사실을 직접 깨닫게 된다. 이에 반해 명증성에 대한 일상의 호소는 그 각각이 이러한 사실에 의해 더 이상 되돌아가 묻는 것을 단절해야 하는 한, 신이 그 자신을 계시하는 신탁(神託)에 호소하는 것보다 이론적으로 더 나을 것이 없다. 모든 자연적 명증성, 즉 모든 객관적 학문의 명증성(형식논리학과 수학의 명증성도 예외는 아니다)은 실로 그것의 배후에 이해할 수 없는 점을 갖는 **자명함**의 영역에 속한다. 각각의 명증성은 하나의 문제명칭이며, 단지 현상학적 명증성은 아니지만,

그것이 현상학적 명증성이 되는 것은 그것 자체가 반성으로 해명되고 궁극적인 것으로 증명되고 난 다음의 일이다.

비록 유감스럽게도 이미 일상적 오해이지만, 선험적 현상학을 '데카르트주의'로—마치 그들의 '사유하는 자아'(*ego cogito*)가 이것에서부터 그 밖의 인식(이 경우 사람들은 소박하게 단지 객관적 인식에 대해 논의하지만)을 절대적으로 **확증하는** 가운데 연역하기 위한 하나의 전제 또는 전체 영역이듯이—반박하려 의도하는 것은 당연히 가소로운 오해이다.[70] 필요한 것은 객관성을 확증하는 것(sichern)이 아니라, 오히려 이 객관성을 이해하는 것(verstehen)이다.

우리는 아무리 정밀한 객관적 학문도 여전히 그 어떤 것을 진정으로 해명하지 않았으며, 실로 해명할 수도 없다는 사실을 궁극적으로 통찰해야 한다. 연역하는 것(Deduzieren)이 곧 해명하는 것(Erklären)은 아니다.[71] 예측하는 것, 즉 물리적 또는 화학적 물체의 객관적 구조의 형식을 인식하고 이것에 따라 예측하는 것, 이 모든 것은 아무것도 해명하지 않으며, 오히려 해명을 요구한다. 유일하게 실제로 해명하는 것은 선험적으로 이해시키는 것이다. 모든 객관적인 것은 그것을 이해하려는 요구를 받는다. 따라서 자연에 관한 지식은 자연에 관해 참으로 해명하는 어떠한 인식도 그리고 궁극적인 어떠한 인식도 주지 않는다. 왜냐하면 이러한 인식 일반은 자연의 참된

---

70) 후설은 방법적 회의를 통해 인식의 절대적 근거와 확실성을 확보하려는 데 카르트의 '근본주의'는 받아들이지만, '나는 생각한다. 그러므로 나는 존재한다'(제1원리)에서 연역적으로 추리해 구축된 형이상학의 체계는 거부한다.

71) 후설의 문제는 객관성을 연역적으로 확증하는 것이 아니라, 이 객관성을 해명하는 것, 즉 객관성이 나타나는 의미현상을 이해하는 것이다. 따라서 "모든 파악작용은 이해작용 또는 해석작용"(『논리연구』, 제2-1권, 74쪽)이며, "진정한 의식분석은 곧 의식 삶에 대한 해석학(Hermeneutik)"(유고 F Ⅱ 1 및 M Ⅱ 1. 이것은 『상호주관성』 제3권 편집자서문, 47쪽에서 재인용)이다.

본래의 존재가 자신의 존재의미를 드러내는 절대적 연관 속에 자연을 탐구하지 않고, 따라서 이러한 존재에 주제로는 결코 접근하지 못하기 때문이다.

이러한 사실에 의해 자연을 창조한 천재의 위대함이나 그 작업수행들은 조금도 훼손되는 것이 아니며, 마찬가지로 자연적 태도에서 객관적 세계의 존재와 자연적 태도 그 자체는 절대적 존재영역—여기에서 그것은 궁극적이며 참된 것으로 존재한다—속에, 즉 되돌아가서 이해된다는 사실에 의해 아무것도 상실되지 않았다. 물론 모든 객관적-학문적 방법이 의미와 가능성을 획득하는 구성적인 내적 방법의 인식은 자연과학자나 모든 객관적 과학자에게 의미가 없을 수는 없다. 어쨌든 작업을 수행하는 주관성의 가장 철저하고 가장 깊은 자기성찰이 중요하면, 이러한 자기성찰이 어떻게 소박한-통상의 작업수행을 예를 들어 자연주의 인식론의 영향에서 그리고 자기 자신을 이해하지 못한 논리학의 우상화(Vergötzung)[72]에서 풍부하게 관찰될 수 있는 많은 오해들로부터 보호하는 데 봉사하지 못하는가?

---

72) 이것은 진리를 판단의 형식적 정합성인 무모순성(無矛盾性)에서 찾는 형식 논리학이 술어로 규정되기 이전에 판단의 기체(基體)인 대상이 선술어적으로 직접 주어지는 실질적 내용은 다루지 않고 그 자체로 완결된 것으로 간주하기 때문이다.

B. 심리학에서 현상학적 선험철학에 이르는 길

56절 물리학주의의 객관주의와 항상 다시 출현하는 '선험적 동기'의 투쟁이라는 조망으로 본 칸트 이후 철학이 발전한 특징묘사

철학은 발전하는 과정에서 철학자들이 새롭게 고찰하고, 그들이 계획한 목표의 전체 의미를 의심하게 하며, 때에 따라 그 의미를 새롭게 규정하고, 따라서 그것을 추구하는 방법을 철저하게 변경시킬 것을 결심해야 하는 중대한 결단을 해야 할 이론적 상황에 부닥친다. 이러한 상황을 조성한 이론적 사유의 창시자들은 철학사에서 아주 두드러진 지위에 있다. 즉 이들은 이들에 의해, 그리고 이들이 작성한 이론들에 미리 형성된 새로운 보편적 목표에 의해 통일적으로 의미가 부여된 발전의 대표자이다. 모든 위대한 철학자는 그 이후의 모든 역사적 시대에서 지속적으로 작용하며 영향을 끼친다. 그러나 모든 철학자가 일련의 역사적 시대에 통일성을 부여하고 때에 따라 발전의 의미를 종결짓는 동기, 추진력으로 작용하고 충족되어야 할 과제를 설정하며 이 과제를 충족시킴으로써 역사적으로 발전한 시대를 마감하는 동기를 불러일으키는 것은 아니다.

근대철학에서 다음과 같은 사람들이 중요한 대표자로 등장한다. 즉 그들은 이전 철학에 완전히 대립해 전환시킨 데카르트, 흄(정당하게 말하면, 본래 버클리도 함께 명명해야 한다) 그리고―흄에 의해 일깨워―자신의 관점에서 독일 선험철학이 발전해나간 계열을 규정한 칸트이다(그밖에 이러한 대열에서 가장 위대한, 정신적 영향력이 가장 큰 체계들 자체와 창조자들이 그 자체로 문제되지 않는다. 왜냐하면 흄과 버클리를 이러한 관점에서 칸트나 그 이후의 철학자들 가운데 헤겔과 같은 위치에 놓지는 않기 때문이다).

우리는 첫 번째 일련의 강의에서 근대의 발전 전체를 지속적으로 규정하는 데카르트가 철학을 한 동기를 더 심층적으로 분석했다. 그 동기는 한편으로 그의 『성찰』 제1장에서 진술된 것이고, 다른 한편으로 이것과 내적으로 대조되는 것으로 철학의 물리학주의의 (또는 수학화하는) 이념이라는 동기이다. 이 이념에 따르면 세계는 완전히 구체적인 '기하학적 질서'의 형태로 객관적으로 참된 존재를 포함하며, 이 주장과 관련해 (여기에서 이 점을 특히 강조해야 한다) 또 이 주장에서 세계에 전가된 형이상학적 그 자체(Ansich)〔의 존재〕는 물체와 정신의 이원론 세계이다. 이것이 계몽주의시대의 객관주의의 합리론 철학을 특징지었다. 그런 다음 흄-칸트가 부닥친 상황을 분석했다. 이 분석은 결국 그들의 전제로 파고들어 가, 여기에서 그들의 시대 자체에는 생소한 우리 자신의 문제설정을 이끌어내고, 체계적인 지속적 사유를 통해 잠정적으로 구상해 실제로 학문적 선험철학(Transzendentalphilosophie)의 양식을 명백히 밝힘으로써만 조명될 수 있다.

이 선험철학의 양식은 실제로 학문적인, 즉 밑에서부터 명증한 개별적 단계로 상승해 연구해가고, 따라서 사실상 궁극적으로 정초된 것이며 정초하는 것이다. 그래서 그러한 철학만 그리고 선험적 자아 속에 궁극적으로 생각될 수 있는 근거로까지 되돌아가 물음으로써만 철학이 근원적으로 건설된 이래 철학에 본래의 의미를 충족시킬 수 있다는 사실을 완전히 통찰하려 했다. 그러므로 선험철학은 최초의 미숙한 형태로 영국 철학자들과 **칸트**에서 나타난다. 물론 이들이 진부하게 학문을 정초한 것도 아니었고, 게다가 **흄**은 무기력하고 진부한 회의주의로 물러서고 말았지만, 전체로 볼 때 이들이 옆길로 빠진 것도 아니며, 이탈할 길들 가운데 하나였던 것도 아니다.

오히려 이들은 철학만이 실제로 학문적일 수 있고, 그 과제의 의미를 실제로 스스로 이행함으로써 궁극적으로 타당한 정신에서 연구하는 철학, 즉 철학의 토대·목적·방법에 대한 필증적 명증성에서 연구하는 철학일 수 있는 방법적으로 충족된 형태로 파고들어 가기 위해 철학의 발전이 절대적으로 취해야 할 유일한 미래의 길을 마련했다. 이렇게 충족된 형태는 최초로 출발하는 형식, 즉 해명된 과제뿐만 아니라 필증적 토대와 이것에 접근하는 방법을 최초로 획득하고, 사태 자체를 심문하는 실제로 앞에 놓여 있는 연구를 최초로 시작하는 형식으로 가장 철저한 자기성찰의 결과로서 역사적 현실 속에 나타날 수 있었다. 이것은 실로 현상학적 선험철학(오직 여기에서 지시된 의미에서)으로서만 실제로 생생하게 출발했다.

이제부터 나는 감히 다음과 같이 주장한다. 즉 항상 근대의 물리학적 자연주의뿐만 아니라 모든 객관주의 철학도, 과거의 것이든 미래의 것이든, 선험적 소박함(Naivität)[1]으로 특징지어진다.

그렇지만 이것으로 우리의 과제가 충족된 것은 아니다. 이전 시대의 사상, 즉 최종의 형태를 향한 핵심 형태로서 그들이 달성한 것이

---

1) 이것은 모든 인식의 형성에 궁극적 근원을 밝히려는 선험적 동기를 지녔지만, 여전히 '세계가 미리 주어진 것'을 문제 삼지 않고 소박하게 전제하는 관점을 뜻한다.

명증하게 되는 것에 참으로 공명하기 위해, 우리가 필연적으로 형성했을 사상들과 우리 자신—내가 말하는 '우리 자신'—은 어쨌든 동일한 역사성의 통일체에 함께 속한다. 그러므로 우리는 우리 자신에까지 이어지는 철학의 발전과 현재의 상황을 유의미하게 해명해야 할 과제도 가진다. 그러나 이것은 곧, 즉시 이해할 수 있듯이, 이 강의의 제목에서 '심리학'을 명명한 것을 시사한다. 우리의 과제를 완성하는 것이 다양한 철학들과 그 이후 시대에 전개된 특수한 흐름을 상세히 논의할 것을 요구하지는 않는다. 다만 일반적 특성묘사만 필요하며, 더구나 이것은 우리가 앞에서 다루어 획득한 역사성을 이해한 것에서 나아갈 것이다.

물리학주의 경향을 띠고 심리물리적 이원론을 지닌, 근대에 각인된 철학적 객관주의는 없어지지 않았다. 즉 많은 사람은 이 객관주의 측면에서 '독단의 꿈'에 사로잡힌 채 평온함을 느낀다. 이러한 측면에서 독단의 꿈에서 깨어난 사람들은 우선 매우 현저하게 **칸트**를 통해 일깨워졌다.[2]

그러므로 여기에서 칸트의 선험철학에서 발생한 독일 선험적 관념론의 흐름이 생긴다. 이 관념론에는 일찍이 **데카르트**에게서부터 객관주의 철학을 고무시킨 거대한 생동감의 특수한 힘이 유지되었고, 더구나 세계에 대한 선험적 고찰이라는 새로운 형태로 부흥되었다. 물론 독일 관념론에 언제나 절대적 지배권을 약속한 것처럼 보이는 헤겔의 체계가 강력한 인상을 때때로 만들었는데도, 독일 관념론이 지속할 수는 없었다. 그 영향력이 빠르게 증가하는 반작용은 곧 이러한 양식의 모든 선험철학에 대항하는 반작용의 의미를 받아들였다.

---

2) 칸트가 흄에 의해 독단의 꿈에서 깨어났다는 것은 이 책 제25절의 주 50)을 참조할 것.

그리고 이러한 양식이 완전히 없어지지는 않았더라도, 어쨌든 그 이후에 그렇게 철학을 하려는 시도들은 근원적 힘과 발전의 원동력을 잃어버리고 말았다.[3]

객관주의 철학의 생동감에 관해 말하면, 이 생동감은 어떤 방식으로는 실증과학의 발전에 따른 생동감으로 계속 유지되었다. 그러나 상세히 조사해보면, 그것은 철학적 생동감이 결코 아니다. 나는 실증과학들이 전문적 과학으로 형성됨으로써 겪었던 의미의 변화를 그리고 실증과학들이 이전에 지녔던 철학의 분과라는 중대하고 생생한 의미를 결국 완전히 잃어버렸던 의미의 변화를 기억한다.

우리가 이 점에 관해 이미 언급했지만, 여기에서는 19세기에 발생한 상황을 명백하게 하는 것이 매우 중요하므로, 이것을 다소 상세하게 고찰해보자. 유일하게 참된 의미의 과학들에서 은연중에 현저하게 새로운 기술들이 형성되었는데, 이것들은 순수미술, 건축술 그리고 더 낮은 단계의 기술과 같이, 그 밖의 다른 기술을 더 높거나 낮은 등급으로 배열한다. 이것들은 연구소·세미나·모델전시회·미술관에서 가르치고 배울 수 있었다. 예를 들면 자연현상이 경과하는 것을 예고하고 과거에는 전혀 생각할 수 없었던 범위의 귀납을 형성하기 위해 새로운 공식이나 정밀한 이론을 고안해내는 기술에서, 또는 역사적 기록을 해석해내고 언어를 문법적으로 분석하고 역사적 연관을 구축하는 등의 기술에서 우리는 기량·재능·천재성을 입증할 수 있었다. 여기에는 동료 인간들의 최상의 경탄을 받고 이것에 풍부하게 이바지하는 위대한 획기적 천재들을 곳곳에서 발견할 수 있다.

---

3) 후설은 헤겔의 철학에는 진정한 이성비판이 결여되었으며, 이에 대한 반동으로 엄밀한 철학에 대한 이념을 추구하려는 충동을 왜곡시킨 '자연주의'와 그 충동을 약화시킨 '역사주의' 및 '세계관철학'이 등장하게 되었다고 비판한다(『엄밀한 학문』, 292~293쪽을 참조할 것).

그러나 기술(Kunst)은 학문이 아니다. 학문의 기원과 결코 포기할 수 없는 학문의 지향은 궁극적 의미의 원천을 해명함으로써 실제로 존재하는 것과 그런 다음 이것을 궁극적 의미에서 이해하는 것에 대한 앎을 획득하는 것이다. 이것은 달리 표현하면, 철저한 무전제성(無前提性)으로 또한 궁극적으로 정초된 학문 또는 철학이다.

물론 이 이론적 기술은 다음과 같은 독자적 성격을 띤다. 즉 이 기술은 (비록 불완전하지만) 철학에서 형성되었기 때문에, 철학을 함에서 이루어진 모든 기술의 생산물에 속하지만, 사람들이 단순한 방법적 기술(Technik)과 그 역사를 통해 심문할 수 없고 오히려 참된 철학자만 일깨울 수 있으며, 그것의 참된 심층에서 선험철학자만 개진할 수 있는 은폐된 의미를 지닌다. 그러므로 이론적 기술에는 학문적 인식이, 하지만 매우 접근하기 어려운 인식이 실제로 은폐되어 있다.

우리는 이 점에 관해 이미 체계적으로 상론했으며, 궁극적 근거에 입각한 인식을 획득하기 위해서는 이러한 것이 결코 소박한 특수과학으로서, 게다가 근대 객관주의의 편견에서가 아니라 보편적인 연관에서만 획득되어야 한다는 점도 지적했다. 매우 애석하지만 전문화(專門化)는 그 자체로 결함이 아니다. 왜냐하면 전문화는, 모든 특수한 분과에서 기술적 방법을 형성하는 것이 필연적이듯이, 보편적 철학 안에서는 필연적이기 때문이다. 그러나 숙명적인 것은 철학에서 이론적 기술이 떨어져 나간 것이다. 그렇지만 단순한 전문가들이 단절되었더라도, 그들 가운데 그리고 그들 이외에도 철학자들은 계속 존재했다. 이 철학자들은 실증과학을 계속 철학의 분과로 다루었고, 따라서 흄과 칸트 이후에도 객관주의 철학이 없어지지 않았다는 명제는 여전히 타당하게 남아 있었다.

이에 따라 선험철학, 단지 칸트에서만 유래하지는 않은 선험철학이 발전한 계열이 생긴다. 왜냐하면 선험철학의 계열에는 그 동기가 흄의 지속적 영향 또는 독일에서처럼 새롭게 일어난 흄의 영향에 힘입은 선험철학자들의 계열도 첨부해야 하기 때문이다. 영국의 경우 나는 특히 독일 관념론의 체계철학자들에 대항한 위대한 반작용의 시대에 독일 자체에서 강력한 영향력을 행사한 존 스튜어트 밀[4]을 든다. 그러나 독일의 경우 본질적으로 영국 경험론에서 규정된 선험철학(슈페,[5] 아베나리우스[6])의 극히 진지하게 의도된 시도가 일어났는데, 그렇지만 이 선험철학은 자신의 추정적 근본주의 때문에 유일하게 도움을 줄 수 있는 진정한 근본주의에는 훨씬 미치지 못한다. 실증주의 경험론의 부흥은, 비록 주목되지 않았더라도, 더욱더 커지는 선험적 동기의 절박함을 통해 요구된 이전 철학들 특히 선험철학의 부흥과 밀접하게 관련된다.

이 선험철학으로 되돌아감으로써, 실증주의의 동기로 미리 규정된 이전 철학들을 비판적으로 개조함으로써 사람들은 독자적 철학에 다시 이를 수 있다고 기대했다. 흄과 버클리처럼 **칸트**도 다양하게 해석하는 시도들과 신칸트주의가 개조해 여러 가지 색깔을 띤 칸트

---

4) J.S. Mill(1806~73)은 정치와 사회를 개혁하려면 자연과학의 방법을 사회과학에 적용해야 한다고 파악해 귀납논리학을 완성한 『논리학체계』(1843), 자본주의의 배분관계를 수정함으로써 고전경제학을 사회철학의 한 분야로 체계화한 『정치경제학 원리』(1848), 정부권력의 각종 간섭과 강제에 대항한 개인의 기본권을 강조해 근대 시민사회와 민주주의의 원리를 수립한 『자유론』(1859), '최대다수의 최대행복'을 주창한 벤담(J. Bentham)의 공리주의에 쾌락의 질적 측면과 정신적 사회적 측면을 보완한 『공리주의』(1863)를 저술했다. 또한 자신의 성장과정을 기록한 『자서전』(1872)을 남겼다.

5) W. Schuppe(1836~1913)는 인식논리의 기초를 경험적인 것에서 찾았다.

6) R. Avenarius(1843~96)는 마흐(E. Mach)와 함께 모든 형이상학적 요소를 제거한 경험비판론을 주장했는데, '주어진 것'에 포함되어 있지 않은 모든 관념을 지식의 영역에서 배제하려는 이른바 '사유경제론'은 논리적 실증주의에 깊은 영향을 주었다.

로 다시 태어났다. 칸트도, 역사적 전통들이 뒤섞이고 모든 학자에게 유사 – 철학적 분위기, 즉 일반적으로 많이 논의되지만 결코 심오하지도 스스로 사유한 것도 아닌 인식론의 분위기를 제공하기 때문에, 경험주의로도 바뀌어 해석된다.

그와 함께 칸트 이외의 다른 모든 관념론자도 부활했고, 심지어 신-프리스[7])주의도 학파로 등장할 수 있었다. 만약 19세기에 급속하게 불어난 국제 부르주아 교양·학식·문헌을 고려하면, 일반적으로 우리는 이 경우 혼란이 얼마나 견디기 어려웠는지 알 수 있다. 학문적 철학의 이념을 고수하려는 사람들에게조차 내부에서 철학적 에너지를 위축시킨 회의주의 색조가 더욱더 퍼졌다.[8]) 철학사가 철학으로 대체되거나, 철학은 개인적 세계관이 되고, 결국 사람들은 이것을 전화위복(轉禍爲福)으로 삼으려까지 했다. 즉 철학은 개인적 교양의 총합으로서 개별성에 상응하는 세계상(世界像)을 작성하는 것 이외에 도대체 인간성 일반에서 다른 기능을 할 수 없었다.

비록 철저하게 해명하지는 못하더라도 진정한 철학의 이념은 결코 포기될 수 없다. 어쨌든 더 이상 간과될 수 없는 여러 가지 철학들은 다음과 같이 귀결된다. 즉 이 철학들은 더 이상 함께 진지하게 공동의 작업을 하며 비판과 대립한 비판 속에 서로 함께 학문적으로 토의함으로써 하나의 학문을 실현하는 길을 개척하려는 공동의 이념으로 이끄는 학문적 경향—가령 현대의 생물학이나 수학 그리고 물리학의 방향과 같이—에서 분파되지 않았다. 오히려 그 철학들은 순수미술에서의 **방향**들과 **경향**들에 유사하게 이른바 미학적 양식의 공

---

7) J. Fries(1773~1843)는 칸트철학을 심리학적으로 정초하려 했다.
8) 후설은 이미 『엄밀한 학문』(1911)에서 모호한 세계관과 상식, 지혜를 추구한 세계관철학은 학문의 반(半)제품인 역사주의의 상대주의로서 회의론이라고 비판했다.

동체에 따라 대비되었다.

과연 철학들과 그 문헌이 파열된 경우에도 도대체 학문적 저술이라는 의미로 이것을 진지하게 연구하고 비판적으로 평가하며 작업의 통일성을 여전히 유지할 수 있는가? 그 철학들은 영향을 끼치고 있다. 그러나 우리는 그 철학들이 인상적인 것으로 영향을 끼치고, 흥미를 끌며, 시(詩)와 마찬가지로 심정을 움직이고 예감을 일깨운다―그러나 이것을 (때로는 더 고상한 양식으로, 하지만 유감스럽게도 종종 고상하지 않은 양식으로) 다양한 시대의 문헌들이 유사하게 수행하지는 않는다―고 솔직히 말해야 하지 않은가? 우리는 철학자들에게 가장 고상한 의도를 인정할 수도 있고, 심지어 역사의 목적론 의미에 대한 확고한 확신으로 충족될 수도 있으며, 역사의 형성물들에 일정한 의미를 승인할 수도 있다. 그러나 그 의미라는 것은 역사적으로는 철학에 위임되고 부과된 것이 아닌가? 즉 사람들이 이러한 철학적 사유로 되돌아가 관련을 맺을 때, 오히려 다른 것, 즉 최상의 것과 가장 필요한 것을 포기하는 것은 아닌가?

우리가 비판하고 명증성을 입증함으로써 다룬 것이 이미 이러한 물음을 제기할 권리를 부여한다. 그런데 그 물음은 우리가 곧 모든 낭만주의를 책임지는 작업으로 되돌리려고 하므로 낭만주의 색조를 띠는 것이 아니라, 최상의 자기책임으로 수행되었을 때 스스로 현실적이며 최상의 진리가 되어야 할 보편적이고 철저한 성찰을 통해 우리를 일깨우는 학문적 양심으로서 제기되는 것이다.

어쨌든 르네상스의 산물이며 근대의 의미 전체를 규정했던, 자신에게 새로운 토대를 부여하고 자신을 순수이성에 근거한 인간성으로 개조하기 위해, 보편적 학문을 도구(Organ)로 마련하려던 유럽 인간성의 실존적 급박함에 대한 사실적 상황을 의미했다는 것은 이 강연의 제1부에서 상론한 것을 더 언급할 필요가 없다. 하지만 여기에서 우리에게 부과된 의무는 '영원의 철학'(*philosophia perennis*)이라는 이념, 즉 궁극적 정초에 근거한 참되고 진정한 보편적 학문의 이념을 점차 실현한다는 위대한 의도가 명백히 거부당한 사실을 이해할 수 있게 만드는 것이다.

동시에 우리는—체계적인 비판적 서술을 통해 이미 예측할 수 있듯이—학문으로 간주한 철학이 앞으로 발전하는 데 유효한 예측을 제시하게 (지금 이 시대에) 여전히 감행할 수 있는 모험을 정당화해야 한다. 계몽주의시대의 합리론은 이러한 점을 더 이상 문제 삼지 않았기 때문에, 우리는 이 시대의 철학자나 과거의 철학자를 더 이상 따를 수 없다. 그러나 가장 일반적인 의미에서 고찰하면, 이들의 의도는 우리 속에 결코 소멸되면 안 된다. 왜냐하면 나는 '참된 진정한 철학 또는 학문과 참된 진정한 합리주의는 동일한 것(einerlei)'이라 거듭 강조하기 때문이다. 은폐된 이치에 어긋난 것과 함께 부착된 계몽주의시대의 합리론에 대립해 이러한 합리주의를 실현하는 것은, 특수과학과 기술(Kunst), 즉 기법(*techne*)9)으로 몰락한 학문 또는 유행하는 철학의 변질을 궁극적으로 정초하는 보편적 학문으로서 철학에 사라지지 않는 이념을 대신하는 비합리주의의 일상사로 대체하지 않으면, 우리의 고유한 과제로 남아 있다.

57절 선험철학과 심리학의 숙명적 분리

근대의 인간과 철학자가 자기 자신과 철학을 신뢰했고, 선험적 동기에서 그리고 우리가 진정한 철학자의 모든 발언을 통해 철저히 추

---

9) 후설이 여기에서 독일어에 그리스어를 다시 부연했기에 다르게 표기했지만, '*techne*'에 어원을 둔 용어는 특별한 의미가 없는 한 앞으로 '기술'로 옮긴다.

적했던 내적으로 절대적 소명감을 지닌 책임 있는 진지함에서 새로운 철학을 얻으려 고심한 시대로 되돌아가 보자. 이 진지함은 칸트에서 규정된 발전의 계열이 정점을 이룬 이른바 헤겔 철학이 무너진 이후에도 헤겔 철학에 반발한 철학들 속에 얼마 동안 (비록 근원적 힘은 미약해졌지만) 유지되었다.

그러나 왜 선험철학은 이 모든 단절을 뚫고 통일적으로 발전하지 못했는가? 고대의 정신에 여전히 고무된 사람들에게 자기비판(Selbstkritik)과 상호비판(Wechselkritik)은 왜 세대들을 거치면서 계속 성장하는 통일성으로 이끄는 인식의 작업수행들이 통합되고 또한 부단히 새로운 비판·수정·방법적 정교화를 통해서만 완성되는 인식을 구축하지 못했는가?

이에 관해서는 우선 일반적으로 다음과 같은 점을 언급해야 한다. 선험적 학문에서처럼 결코 유비(類比)로 이끌지 않는 절대적으로 새로운 진행은 무엇보다 일종의 본능적 선취(先取)만 염두에 둘 수 있었다는 점이다. 이제까지 전체 학문을 정초하는 방식에 막연하게 만족하지 못했던 것이 새로운 문제설정으로 이끌고, 우선 주목되지 않거나 이른바 파묻혀버린 어려움이 많은데도 그것을 해결할 수 있는 일정한 명증성을 수반하는 이론으로 이끈다. 이 최초의 명증성은 더 깊이 놓여 있는—특히 추정적으로는 아주 자명한, 심문되지 않은 전제의 형식으로—막연함보다 훨씬 더 자기 자신 속에 은폐될 수 있다.

어쨌든 그러한 최초의 이론은 역사적으로 계속 도와주고, 막연함은 더 예민하게 느끼며, 추정된 자명함은 심문되고, 이에 대한 이론은 비판받는다. 그리고 이것은 새로운 시도의 추진력을 제공한다. 게다가 여기에서 선험철학은 본질적 근거(이것은 우리의 체계적 서술로 특히 분명해질 것이다)에 입각해 은연중에 기술(*techne*)로 변화된 것을 결코 경험할 수 없고, 따라서 공동화(空洞化)―이 공동화에 의해 기술에 적합하게 된 것은 여전히 은폐된 의미를 포함하는데, 이 의미의 완전한 심층은 실로 선험적으로만 드러내 밝혀질 수 있다― 로 변화된 것을 결코 경험할 수 없다.

그러므로 우리는 선험철학의 역사는 우선 선험철학 일반을 비로소 자신의 출발점으로 이끌고, 무엇보다 선험철학이 본래 추구할 수 있고 추구해야 할 것에 대한 분명하고 올바른 자기이해로 이끄는, 항상 새로운 시도의 역사가 틀림없다는 사실을 이해한다. 이것의 기원은 '코페르니쿠스적 전환',[10] 즉 소박한-객관주의로 학문을 정초하는 방식에서 원리상 벗어나는 것이다. 우리가 알고 있듯이 선험철학은, 그 근원적 형태가 필증적 자아에서 철학을 절대적으로 주관주의로 정초하려는 시도―그러나 이 시도는 명확하지 않고 모호하며 즉시 그 진정한 의미가 전도되었다―로, 데카르트의 『성찰』에서 최초로 그 싹이 등장한다. 수학적 자연과학이 지닌 정밀성의 철학적 소박함에 대항한 버클리와 흄의 반작용인 새로운 단계나, 심지어 칸트의 새로운 출발도 체계적 선험철학을 엄밀한 학문의 정신 속에 언제나 정초할 것을 요구하는 코페르니쿠스적 전환의 진정한 의미에는 이르지 못했다.

칸트도 학문이거나 학문 이전의 모든 전통을 철저히 단절함으로

---

10) 이것은 칸트 인식론의 근본적인 특징을 표현하는 말이다. 그에 따르면, 경험되지 않는 물 자체는 인식할 수 없다. 물 자체의 촉발에 의해 감성의 형식인 시간과 공간을 통해 수동적으로 직관된 내용은 잡다한 것으로서, 오성의 형식인 12범주가 능동적으로 연역·구성해야 비로소 인식이 성립한다. 즉 인식 일반이 가능한 조건이 인식의 대상 일반이 되는 인식하는 주관에서 경험이 가능한 근거를 찾는다. 따라서 경험론이나 통속적 유물론이 인식대상을 강조하는 천동설의 '프톨레마이오스' 관점이라면, 이러한 그의 인식론은 '코페르니쿠스'의 지동설과 같이 사유방식에서 전환(혁명)을 이룬 것이다.

써 획득한 실제의 출발점에 도달하지 못했다. 그는 의미와 타당성에 대해 모든 존재자를 구성하는 절대적 주관성 그리고 필증성에서 이 주관성에 도달하고 심문하며 필증적으로 해명할 방법으로 파고들어 가지 않았다. 그 이후로는 필연적으로 철학의 역사는 곧 수행되어야 할 선험적 전환과 그 연구방법의 명확하고 진정한 의미를 위한 계속된 투쟁, 곧 진정한 '선험적 환원'을 위한 투쟁이었다.

칸트에 대한 우리의 비판적 반성은 이미 인상 깊지만 여전히 막연한 명증성의 위험 또는 만약 우리가 의도하면 해명되지 않은 토대(자명함의 토대) 위에 있는 문제설정에 의해 연구하는 가운데 모호하게 선취하는 형식으로 순수한 명증성을 규명하는 위험을 분명히 밝혔다. 그리고 이렇게 반성함으로써 칸트가 신화와 같은 개념을 형성하는 것으로, 모든 진정한 학문에 적대적인 위험한 의미의 형이상학으로 빠져들 수밖에 없는 상황도 이해할 수 있다. 칸트의 모든 선험적 개념, 즉 선험적 통각의 자아, 서로 다른 선험적 능력, (영혼과 마찬가지로 물체의 근저에 놓여 있는) '물 자체'의 개념은 궁극적 해명에 원리상 거역하는 구축적인(konstruktiv) 개념이다. 이러한 점은 실로 그 이후의 관념론 체계들에도 타당하다.

여기서 사실상 이러한 체계들에 대항하는, 이처럼 철학을 함 전체에 대항하는 필연적 반작용의 근거가 놓여 있다. 스스로 그러한 체계에 몰두하는 경우, 확실히 사람들은 사상을 형성하는 힘과 중압감을 완전히 거부할 수 없었다. 더구나 그들의 궁극적으로 이해할 수 없는 점은 새로운 학문에서 교육을 받은 위대한 사람들 가운데 깊은 불만을 일으켰다.

우리가 해명하고 논의한 학문들도 단지 **기술적** 명증성만 제공하더라도, 선험철학이 결코 그러한 기술(*techne*)이 될 수 없더라도, 어쨌든 이 기술은―각 단계에서 명확하고 이해할 수 있고, 수행된 단계의 명증성과 그 토대의 명증성을 반드시 가지며 이 점에서 (형식상) 기술적으로 수행되었고 기술적으로 명증한 모든 학문(가령 수학)에 타당한 것과 같이 동일한 것이 이것에도 타당한—하나의 정신적 작업수행이다.

여기에서 우리가 선험적으로 구축하는 것의 이해할 수 없는 성격을 동일한 정신으로 계획된, 이처럼 이해할 수 없는 필연성의 구축적 이론을 통해 설명하려 하면, 그것은 전혀 도움을 줄 수 없다. 또한 우리가 선험적 이론의 무한히 깊은 의미가 이에 상응하는 이해하기 어려운 점을 수반하며, 사람들이 이 어려운 점을 극복하기에는 너무도 나태하다는 것을 시사하려 하면, 그것도 전혀 도움을 줄 수 없다. 그만큼 선험철학은 일반적으로 본질적 필연성에서 자연적 인간의 이해—'상식'(common sense)—에 특별히 어려운 점을 반드시 확장하며, 따라서 불가피하게 자연적 토대에서 선험적 영역으로 올라가야 하므로 우리 모두에게 특별히 어려운 점을 반드시 확장한다는 사실은 분명하다.

자연적 삶의 태도를 완전히 전환하는 것, 따라서 자연적이지 않은 삶의 태도로 전환하는 것은 철학적 결단과 일관성에서 생각할 수 있는 최대의 요구를 제기한다. 자연적 인간 오성 그리고 이것에 부착된 객관주의는 모든 선험철학을 터무니없이 과장된 것으로, 선험철학의 지혜를 쓸모없는 우둔함으로 느끼거나 선험철학을 철저하게 전혀 심리학이 되려 하지 않는다고 자부하는 하나의 심리학으로 해석하게 된다. 실제로 철학에 민감한 사람들 가운데 아무도 이러한 어려움에 위협받은 적은 없다. 그러나 과학에 의해 주조된 인간인 근대 인간은 통찰적인 것을 요구하는데, 이것은 시각(Sehen)의 상(像)이 올바로 제시하듯이 목적·길[방법] 그리고 이것에 이르는 각 단계에서 도중에 '봄'(Sehen)의 명증성을 요구한다. 그 길이 아무리 멀더라도 그리고 수학에서처럼 많은 세월에 걸친 힘든 연구가 필요하더라도, 이것은 수학자에게서 그의 삶의 관심을 위축시키지 않는다. 위대한 선험철학들은 그러한 명증성에 대한 학문적 요구를 만족시키지 못했고, 그러므로 선험철학들의 사유방식은 포기되었다.

우리의 주제로 되돌아가면, 이제 오해 없이 다음과 같이 말해도 될 것이다. 즉 객관적 과학으로서 계몽주의시대의 합리론 철학이 이해될 수 없는 것으로 명백히 드러난 점이 선험철학의 반작용을 불러일으켰다면, 추구된 선험철학들이 이해할 수 없게 된 것에 대한 반작용은 이 선험철학들을 넘어서야 할 것이다.

그러나 이제 다음과 같은 물음에 직면한다. 즉 위대한 철학자들 속에 그리고 이들의 철학 속에 학문에 대한 의지로 고무된 근대철학의 발전에서 그렇게 이해할 수 없게 된 양식이 어쨌든 형성되고 전파될 수 있던 사실을 어떻게 이해할 수 있는가? 이 철학자들은 결코 개념들의 시인(詩人)은 아니었다. 아무리 궁극적으로 정초하는 의미를 변화시키더라도, 이들이 철학을 궁극적으로 정초하는 학문으로 창조하려는 진지한 의지가 없는 것은 결코 아니었다(예를 들어 피히테 J.G. Fichte가 『지식학』*Wissenschaftslehre* 초안에서 강조한 설명이나, 헤겔 G.W.F. Hegel이 『정신현상학』*Phänomenologie des Geist* 「서문」에서 역설한 설명을 생각해보자). 그들이 모호하게 형이상학적으로 선취해 신화와 같은 개념들을 형성하고 세계를 해석하는 양식들에 결부된 채 남아 있고, 학문적으로 엄밀한 개념성과 방법들로 파고 들어 갈 수 없었으며, 칸트의 계열에 선 각 후계자가 항상 이러한 양식의 철학을 구상했던 경우는 어떠한가?

선험철학의 고유한 의미에는 학문적 세계뿐만 아니라 일상의-직관적 세계인 세계가 인식되거나 우리가 그 존재타당성을 지니게 되는 의식의 주관성에 대한 반성에서 발생했다는 사실 그리고 선험철학은 그 필요성을 세계를 순수하게 정신적으로 고찰하는 것에서 파악했다는 사실을 함축했다. 그러나 선험철학이 정신적인 것과 관련된다면, 왜 선험철학은 수세기 이래 그토록 열렬하게 촉진되었던 심리학으로 방향을 전환하지 않았는가? 또는 선험철학이 이 심리학에 만족하지 못했다면, 왜 선험철학은 더 나은 심리학을 형성하지 않았는가?

물론 사람들은 '심리물리적 존재인 경험적 인간이 영혼에 관해서와 마찬가지로 신체에 관해서도 스스로 구성된 세계에 속한다'고 답변할 것이다. 그러므로 인간의 주관성은 선험적 주관성이 아니며, 로크와 그 후계자들의 심리학주의 인식론은 '심리학주의'라는, 따라서 선험적 목표에 심리학을 이용한다는 경고를 항상 받았다.

그러나 이러한 점에 대해 선험철학은 항상 이해되지 못하는 시련의 짐을 떠맡았다. 경험적 주관성과 선험적 주관성의 차이는 불가피하게 남았고, 어쨌든 불가피하지만 이해할 수 없게 이들의 동일성도 남았다. 선험적 자아로서의 나 자신은 세계를 구성하고, 동시에 인간 자아의 영혼으로서 세계 속에 존재한다. 세계의 법칙을 규정하는 오성은 나의 선험적 오성이며, 이것은 이러한 법칙들에 따라 나 자신으로 형성한다. 하여튼 이 오성은 철학자인 나의 영혼의 능력이다.

그렇다면 피히테가 말하는 자기 자신을 정립하는 자아는 피히테의 자아 이외에 다른 것일 수 있는가? 만약 이것이 실제로 불합리한 것이 아니라 해결될 수 있는 수수께끼가 되면, 우리의 내적 경험을 심문하고 이 경험의 테두리 안에서 분석하는 방법 이외에 어떻게 다른 방법이 그 점을 해명하는 데 도와줄 수 있는가? 만약 선험적 '의식 일반'에 관해 논의하면, 만약 개체적인 개별적 자아인 이 자아가 자연을 구성하는 오성의 담지자가 아니면, 나는 '어떻게 내가 개체적 자기의식(自己意識)을 넘어서 보편적인, 선험적인 상호주관적 의식을 소유할 수 있는지'를 물어야 하지 않은가?

그러므로 상호주관성의 의식은 선험적 문제가 되어야 한다. 그러나 나 자신을 심문하지 않는다면, 요컨대 내적 경험에서, 즉 내가 타인과 동료 인간 일반을 획득하고 갖게 되는 의식의 방식들에서가 아니면, 어떻게 상호주관성의 의식이 선험적 문제가 될 수 있는지, 그리고 어떻게 내가 스스로 나와 타인들을 구별할 수 있고 타인들에게 '나와 동일한 사람'이라는 의미를 부여할 수 있다는 사실이 이해되는지를 다시 파악할 수 없다. 과연 이 문제에 심리학은 무관할 수 있는가? 심리학은 무엇보다 이 문제를 다루어야 하지 않은가?

이와 동일한 또는 유사한 문제가 칸트와 마찬가지로, 모호한 형이상학이나 신화 속으로 극심하게 휩쓸려 들어간 그의 모든 후계자가 착수한 문제이다. 어쨌든 우리는 인간의 이성과 인간 또는 인류의 작업수행에 관한 학문적 개념을 이끌어낸 이후에만, 따라서 진정한 심리학에서부터만, 절대적 이성과 이 이성의 작업수행에 관한 학문적 개념 자체를 획득할 수 있다는 사실을 생각해야 한다.

이러한 문제에 대한 첫 번째 답변은 '심리학주의에 빠질 우려에서 벗어난 선험철학(이와 다르게 추구된 모든 양식의 철학도 마찬가지로)이 심리학에서 어떠한 조언도 기대할 수 없다는 충분한 근거를 가진다'는 것이다. 이렇게 된 것은 심리학 자체에 기인하며, 기하학적 방법(*more geometrico*)에 의한 객관주의의 보편적 학문이라는 근대이념과 이 이념 속에 심리물리적 이원론의 특수성이 심리학에 강제한 숙명적 오류에 기인한다.

아래에서 나는 다음과 같은 점을 (여기에서 이 논제는 매우 역설적으로 보인다) 지적하려 했다. 즉 심리학에 기인하며 오늘날까지 심리학의 고유한 과제를 파악하는 데 방해되었던 의미를 왜곡하는 이러한 진행의 주된 책임은, 선험철학이 고통스러운 상황에서 벗어날 타개책을 찾지 못했고, 따라서 심리학이 그 자체로 귀중한 경험적 관찰을 해석하는 데 사용한 개념들과 구축물들이 근원적 명증성에 입각해 창조된 것이라는 성격을 전혀 지니지 못한 채 틀어박혔다는 사실에 있다. 만약 심리학이 거부되지 않았다면, 심리학은 모든 역설에서 해방된 구체적으로 착수하는 선험철학을 필연적으로 중개하는 작업을 수행했어야 한다.

그러나 심리학은, 새로운 자연과학 이외에 새로운 심리학을 근원적으로 건설하는 경우조차도 심리적 존재에 관한 보편적 학문으로서 심리학에만 본질적인 진정한 과제의 의미를 심문하는 데 소홀했기 때문에, 실패하고 말았다. 오히려 심리학은 자연과학의 전형(典型)에서, 또는 객관적이며 더구나 구체적인 보편적 학문으로서 근대철학의 주도적 이념에서 그 과제와 방법을 제기했다. 물론 이 과제는 주어진 역사적 동기에서 보면, 아주 자명한 과제일 수도 있다.

그러므로 이러한 관점에서는 19세기 말에야 비로소 철학적 사유에 동기를 이룬 모든 회의에서 멀리 떨어져 있었다. 그런 까닭에 심리학의 역사는 본래 위기의 역사일 뿐이다. 그리고 이러한 이유로 심리학은 진정한 선험철학의 발전에 전혀 도움을 줄 수 없었다. 왜냐하면 진정한 선험철학이 발전하는 것은 심리학에 본질적으로 고유한 과제와 방법이 가장 심오한 자기성찰에 입각해 명백하게 제기되는 철저한 개혁이 이루어진 이후에야 비로소 가능했기 때문이다. 그 이유는 이러한 과제를 일관되고 순수하게 관철하는 것이 당연히 그리고 필연적으로 선험적 주관성에 관한 학문으로, 따라서 심리학을 보편적 선험철학으로 변경시키는 것으로 이끌어야 하기 때문이다.

58절 심리학과 선험철학의 긴밀함과 차이점. 결단의 장 (場)인 심리학

이 모든 점은, 심리학과 선험철학의 어려운 관계, 심지어 역설적 관계를 해명하기 위해 철저하고 진정한 선험철학의 의미와 방법을 해명한 우리의 체계적 고찰을 사용하면, 이해될 것이다. **홉스와 로크** 이래 수많은 시도를 고찰하더라도, 근대에 각인된 학문적 심리학은 더 이상 이론적 작업수행에 참여할 수 없으며, 선험철학이 과제로 삼는 이론적 작업수행에 어떠한 전제도 제공할 수 없다는 사실이 이제 분명해진다. 근대심리학에 제기되었고 이 심리학에서 이어받은 과제는 심리물리적 실재성에 관한 학문, 즉 비록 두 가지 실재적 층으로 분절되더라도 통일적 존재인 사람과 동물에 관한 학문이 되려는 것이다. 이 학문에서 모든 이론적 사유는 자명하게 미리 주어진 경험적 세계의 토대, 즉 자연적 삶의 세계의 토대 위에 진행된다. 그리고 이론적 관심은 특수하게만 그것의 실재적 측면 가운데 하나인 영혼에 향했다. 반면 그 측면들 가운데 다른 하나는 정밀한 자연과학으로 그것의 객관적으로 참된 그 자체의 존재(An-sich-Sein)에 대해 알려진 것 또는 앞으로 알려질 것으로 생각되었다.

그러나 이제 선험철학자에게는 실재적 객관성 전체—즉 현실이거나 가능한 모든 학문의 학문적 객관성뿐만 아니라 상황의 진리와 존재하는 객체들의 상대성을 지닌 생활세계의 학문 이전의 객관성도—문제가 되며, 모든 수수께끼 가운데 〔최대의〕수수께끼가 된다. 이 수수께끼는 곧 모든 객관적 학문에 불가결한 무한한 자명함에 대한 명칭인 세계가 우리에게 끊임없이 그리고 학문 이전에 존재한다는 자명함이다.

철학을 하는 자인 내가 경험들과 이 경험들에서 발생한 의견이 변화하는 가운데 끊임없이 기능하는 자아로서 이 경험들에서 세계를 의식해 갖고 이 경험들을 통해 의식적으로 세계에 몰두하는 자아로서, 순수한 일관성에서 나를 반성하기 때문에, 나는 주어지는 방식들과 타당성 양상들 그리고 자아가 집중하는(Ich-Zentrierung) 방식들의 내용(Was)과 방식(Wie)에 관해 모든 측면에서 일관되게 심문하면서, 이러한 의식 삶이 철저하게 지향적으로 작업을 수행하는 삶이라는 사실을 깨닫게 된다. 변화되는 모든 표상의 내용을 지닌 생활세계는 이 의식 삶 속에서 의미와 타당성을 일부는 새롭게 획득하고, 일부는 항상 이미 획득했다. 모든 실재적인 세속적 객관성은, 인간과 동물의 객관성뿐만 아니라 영혼의 객관성도, 이러한 의미에서 구성된 작업수행이다. 따라서 심리적 존재, (인간 공동체, 문화와 같이) 모든 종류의 객관적 정신성(Geistigkeit), 마찬가지로 심리학 자체도 선험적 문제에 속한다. 이러한 문제를 소박한 객관적 토대 위에 그리고 객관적 학문의 방법으로 취급하려 하는 것은 이치에 어긋나는 순환론이 될 것이다.

그렇지만 심리학과 선험철학은 본래의 그리고 불가분한 방식으로—즉 심리학적 자아(따라서 시간공간의 세계 속에 세계에 존재하는 인간적 자아), 자아의 삶과 작업수행 그리고 선험적 자아, 자아의 삶과 작업수행의 차이와 동일함의 밀접한 관계는 우리에게 더 이상 수수께끼가 아니라 해명된 것이라는 사실에 의해—서로 밀접한 관계에 있다. 우리가 해명한 것에 따라 여기에서 다음과 같은 점이 궁극적 자명함에 입각해 언급될 수 있다. 즉 자신을 세계 속에 살아가는 것으로 아는 사람—이 사람에게는 세계가 그에게 타당하게 존재하는 전체이다—으로서 나의 소박한 자기의식에서 나는 엄청난 선험적 문제의 차원을 볼 안목이 없다. 이 차원은 은폐된 익명성 속에 있다. 나는 실제로 선험적 자아이다. 그러나 나는 이 사실을 의식하지 못한다. 이것은 내가 특수한 태도, 즉 대상 극들에 완전히 몰두되고 오직 대상 극들을 향한 관심과 과제에 속박된 자연적 태도 속에 있기 때문이다.

그러나 나는 선험적 태도로 전환―이 전환을 통해 선험적 보편성이 밝혀진다―할 수 있으며, 그런 다음 은폐된 일면적인 자연적 태도를 특수한 선험적 태도로 이해하고, 관심을 지닌 삶 전체의 어떤 습관적 일면성들 가운데 하나로 이해한다. 만약 내가 이에 상응하는 체계적 연구에 종사하면, 나는 이제 모든 상관관계에서 구성하는 삶과 작업수행 전체, 즉 새로운 무한한 학문의 영역을 새로운 관심의 지평으로 가진다. 이렇게 태도를 전환함으로써만 우리는 선험적 과제를 가진다. 즉 자연적으로 주어진 것들과 작업수행들 모두는 선험적 의미를 획득하며, 선험적 지평 속에서 이것들은 일반적으로 새로운 선험적 과제를 제기한다.

그러므로 인간이자 인간의 영혼인 나는 우선 심리물리학과 심리학의 주제가 된다. 그러나 그런 다음 더 높고 새로운 차원에서 선험적 주제가 된다. 실로 내가 나에 대한 모든 의견은 자신을 통각 하는 것〔자기통각〕(Selbstapperzeptionen)에서 발생하며, 내가 반성해서 나 자신을 향해 획득했고 다른 주체들과 연결되어 다른 주체들에서 이어받은 나의 존재에 관한 다른 통각들과 체계적으로 결합된 경험과 판단에서 발생한다는 사실을 나는 즉시 깨닫는다. 따라서 언제나 새로운 자기통각은 자신을 객관화하는 통일성 속에 경과하면서 습득적 획득물이 되거나, 항상 다시 습득적 획득물로 되어간다. 나는 이러한 작업수행 전체―이것의 궁극적 자아 극은 '자아'로서의 나 자신이다―를 선험적으로 심문할 수 있으며, 이것의 지향적 의미와 타당성이 구축되는 것을 추적할 수 있다.

이에 반해 심리학자인 나는 나 자신을 그때그때의 실재적 의미와 더불어 객관화된 자아, 즉 이미 세계 속에 있는 자아, 이른바 세속화된 자아—구체적으로는 영혼—로 인식하는 과제, 곧 객관적이고 자연적인 (가장 넓은 의미에서) 세속적으로 인식하는 방식으로 나 자신을 다른 사물들, 다른 인간들, 동물들 등 가운데 한 인간으로 인식하는 과제를 나 자신에게 부과한다. 그러므로 우리는 사실상 심리학과 선험철학 사이에 풀 수 없는 내적인 밀접한 관계가 주어져 있다는 것을 이해한다. 그러나 그래서 구체적으로 수행된 심리학을 넘어서 선험철학에 이르는 길로 이끌어야 한다는 사실이 예견될 수 있다.

어쨌든 미리 다음과 같이 말할 수 있다. 즉 나 자신이 내가 세계를 갖는다는 사실을 통해 그리고 이 사실 속에서 선험적 작업수행을 연구한다는 순수한 목적에서 모든 세계에 대한 통각과 나의 인간적인 자신에 대한 통각[자기통각]을 극복할 수 있는 방식으로서 선험적 태도를 수행하면, 아무튼 나는 이러한 작업수행을 그 이후에 심리학의 내적 분석 속에—비록 이 경우 통각 속으로 다시 빠져들고, 실재적 신체와 관련된 실재, 즉 실재적 영혼으로 통각이 되더라도[11]—반드시 다시 발견한다.

거꾸로 말하면 다음과 같다. 통각을 하는 나의 삶과 이 삶 속에 그때그때 나타남(따라서 인간의 '세계에 대한 상')의 방식으로 그때그때 나타나는 세계를 철저하게 심리학적으로 전개하는 것은, 어쨌든

---

11) 만약 '내가 어떻게 다른 인간들이 그들 자체로 인간으로서 단순히 존재하는가, 어떻게 세계는 그들에게 항상 존재하는 것으로, 즉 그들이 타인들 그리고 나와 함께 사는 세계로서 타당성을 갖는가, 또 어떻게 그들이 세계를 객관화하고 자기를 객관화하는 작업수행 속에 궁극적으로 선험적 주체인가' 하는 점을 해명하고, 이러한 점을 자아인 나 자신이 이해하는 것을 배운다면, 어쨌든 또다시 우리는 내가 타인의 선험적 자기객관화에 관해 나의 선험적 해명이 밝히는 것을 그들의 인격적 존재, 그들의 심리학적으로 평가된 존재에 적용해야 한다고 말하게 될 것이다.─후설의 주

이제 내가 더 높은 단계에서 객관적 통각에 의미를 부여하는 작업수행도 항상 고려하면, 선험적 태도로 이행함으로써 즉시 선험적 의미를 반드시 획득할 것이다. 이 의미를 부여하는 작업수행에서 세계를 표상하는 것은 실재적으로 존재하는 것이며 여기에는 인간의 영혼에 관한 의미와 나와 다른 인간의 심리적 삶의 의미가 있다. 이러한 삶에서 모든 사람은 자신의 세계에 대한 표상들을 갖고, 세계 속에 존재하며 세계 속에 표상하고 목적에 따라 행동하는 자로 자신을 발견한다.

여전히 더 깊게 정초해야 하더라도, 우리에게 매우 명백한 이러한 고찰은 물론 선험적 환원 이전에는 접근될 수 없다. 그러나 심리학과 선험철학의 밀접한 관계는 매우 막연한데도 즉시 강렬하게 느낄 수 있는 것이 아닌가? 이 밀접한 관계는 역사적 발전을 항상 함께 규정하는 동기였다. 따라서 칸트 이래의 선험철학이 로크시대 이래의 어쨌든 내적 경험에 근거한 심리학이 되려 했던 심리학에 실질적 유용성을 전혀 제공하지 않았다는 사실은 우선 뜻밖의 일로 나타난다. 그 반대로 경험주의적-회의적으로 길을 이탈하지 않은 모든 선험철학은 심리학과 아주 조금이라도 섞인 어떠한 혼합물도 자신의 참된 계획에 대한 배반으로 간주했고, 심리학주의에 대항한 끊임없는 투쟁을 전개했다. 이것은 철학자가 객관적 심리학에 전혀 관여하면 안 된다는 영향력을 가지려 했고, [실제로] 가졌던 투쟁이다.

확실히 인식론적 문제를 심리학적으로 다루려는 것은 흄과 칸트 이후에도 그들의 독단적 꿈에서 일깨우지 못했던 모든 사람에게는 커다란 유혹으로 남았다. 칸트[의 작업]가 있는데도 흄은 여전히 이해되지 않은 채 남았고, 곧 그의 회의주의에 근본을 제공한 체계적 저술 『인성론』은 거의 연구되지 않았다. 영국 경험론, 즉 로크양식의 심리학주의 인식론이 정착되었고, 게다가 풍성하게 계속 퍼졌다. 그러므로 완전히 새로운 자신의 문제설정을 지닌 선험철학은 당연히 항상 이러한 심리학주의에 대항해 투쟁해야 했다.

그러나 우리의 지금 문제에서는 이러한 점이 더 이상 중요하지 않다. 왜냐하면 이 문제는 철학적 자연주의자들을 향한 것이 아니라, 참된 선험철학자들―이 가운데는 위대한 체계 자체를 창조한 사람도 있다―을 향한 것이기 때문이다. 그렇다면 도대체 선험철학자들은 왜 심리학, 심지어 내적 경험에 근거한 분석적 심리학에 관여하면 안 되는가? 더 이상 상론하고 정초해야 하지만, 이 물음에 대해 이미 시사된 답변은 로크 이래 모든 형태의 심리학이, 비록 **내적 경험**에 근거한 분석적 심리학이 되려 했더라도, 그 자신의 고유한 과제를 잃어버렸다는 것이다.

근원적 의미에서 궁극적으로 정초된 보편적 학문인 근대철학 전체는, 우리가 서술한 것에 따르면, 적어도 **칸트**와 **흄** 이래 두 가지 학문이념, 즉 미리 주어진 세계의 토대 위에 선 객관주의 철학이라는 이념과 절대적인 선험적 주관성의 토대 위에 선 철학이라는 이념 사이의 한결같은 투쟁이다. 후자는 **버클리, 흄** 그리고 **칸트**와 더불어 돌파해나간, 역사적으로 볼 때 완전히 새롭고 기이한 이념이다.

우리가 파악했듯이, 심리학은 항상 이 위대한 발전의 과정에 있었으며, 서로 다른 기능으로 이 발전의 과정에 참여했다. 실로 심리학은 결단[12]의 참된 장이다. 이것은 심리학이, 비록 다른 태도에서 따라서 다른 과제설정에서 이루어지더라도, 어쨌든 곧 그 현실성과 가능성에서는 오직 하나인 보편적 주관성을 주제로 갖기 때문에 그러하다.

---

12) 이것은 근대심리학이 객관적 학문으로 시작했지만, 선험적 학문으로 나가야 한다는 것을 뜻한다.

59절 심리학적 태도에서 선험적 태도로 전환하는 분석. 현상학적 환원 '이전'과 '이후'의 심리학('흘러들어 감'Einströmen의 문제)

여기에서 우리는 이전에 선험적-철학적 태도로 선취했던 사유, 심리학에서 선험철학에 이르는 가능한 길의 이념을 미리 시사했던 사유를 다시 받아들여 보자. 심리학에서 자연적인 소박한 태도는, 나에게 그리고 우리에게 미리 주어진 것으로 구성된 세계의 존립요소에 본질에 필연적으로 속하는 선험적 상호주관성의 인간적 자기객관화(Selbstobjektivation)가 불가피하게 선험적으로 기능하는 지향성들의 지평 ― 이 지평은 어떠한 심리학적-학문적 반성을 통해서는 결코 열리지 않는다 ― 을 갖는다는 사실을 수반한다. '이러한 인간인 나' 그리고 마찬가지로 '다른 인간', 이들은 그들에 속한 모든 심리적인 것과 함께 선험적 획득물, 즉 소박함 속에 은폐된 선험적 기능들을 통해 자신의 그때그때 흐르면서 변화되는 획득물인 자신에 대한 통각과 타인에 대한 통각을 실로 지시한다.

우리는 소박함을 분쇄함으로써만, 즉 선험적 환원의 방법을 통해서만 궁극적으로 이러한 통각들의 의미의 작업수행과 타당성의 작업수행이 발생하는 선험적 역사성(Geschichtlichkeit)으로 되돌아갈 수 있다. 모든 심리학, 정신과학, 인간의 역사가 견지하는 깨어지지 않은 소박함 속에 나는, 끊임없이 단적으로 자신에 대한 통각과 타인에 대한 통각을 수행하는 다른 모든 사람과 마찬가지로 심리학자이다. 이 경우 물론 나는 나 자신, 나와 타인의 심리적 삶, 나와 타인의 변화하는 통각들을 주제로 반성할 수 있다. 즉 나는 나 자신을 회상할 수도 있고, 정신과학자로서 역사를 이른바 공동체 기억(Gemein-schaftserinnerung)[13]으로서 주제로 삼아 진행할 수 있고, 주제로 삼는 관심을 통해 관찰하는 자기에 대한 지각과 자기에 대한 기억을 수행하고 감정이입(Einfühlung)의 매개를 통해 타인의 자신에 대한 통각을 평가할 수도 있다. 나는 나와 타인의 발전을 심문할 수 있으며 역사, 이른바 공동체 기억을 주제로 추적할 수도 있다.

그러나 그러한 반성 모두는 선험적 소박함 속에 견지된다. 그것은 선험적인, 이른바 완성된 세계에 대한 통각을 한다. 반면 선험적 상관자, 즉 보편적이며 그때그때 특수한 통각에 대해 구성적인, 그들에게 '이러저러한 인간의 심리적 체험'에 관한 존재의미를 부여하는, (현실이거나 침전된) 기능하는 지향성은 완전히 은폐된 채 남아 있다. 세계 속의 삶의 소박한 태도에서는 세속적인 것(Weltliches), 즉 구성된 대상 극들—아무튼 이러한 것으로서 이해되지는 않더라도— 만이 존재한다.

심리학은 모든 객관적 학문과 마찬가지로 학문 이전에 미리 주어진 것의 영역, 따라서 일반적 언어로 명명·진술·기술할 수 있는 것에 결부된다. 즉 우리의 경우 우리의 (가장 넓게 파악하면, 유럽의) 언어공동체 속에 표현될 수 있는 심리적인 것에 결부된다. 왜냐하면 '우리 모두에 대한 세계'인 생활세계는 일반적으로 논의될 수 있는 세계와 동일하기 때문이다. 모든 새로운 통각은 통각이 전이(轉移)됨으로써 본질적으로 새로운 환경세계를 유형화(類型化)하고, 교류됨으로써 즉시 일반적 언어(allgemeine Sprache)로 흘러들어 가 명명(命名)된다. 그러므로 세계는 언제나 경험적이고 보편적으로 (상호주관적으로) 해석할 수 있고, 동시에 언어로 해석할 수 있는 세계이다.[14)]

---

13) 후설이 역사를 이처럼 공동체 기억으로 파악하는 점은 생활세계와 선험적 상호주관성의 역사성과 사회성을 이해하는 데 매우 중요한 실마리가 된다.
14) 후설은 생활세계를 이처럼 '언어공동체' 이외에도 "전달공동체"(『상호주관

그러나 선험적-현상학적 태도전환을 통해 소박함을 분쇄함으로써 이제 중요한 변화, 즉 심리학 자체에 중요한 변화가 일어난다. 현상학자로서 나는 항상 자연적 태도로, 나의 이론이나 그 밖의 다른 삶의 관심들을 단적으로 수행하는 것으로 되돌아갈 수 있다. 이전과 마찬가지로 다시 가족의 가장·시민·공무원·훌륭한 유럽인 등으로서 나의 인간성 속에, 나의 세계 속에 한 인간으로 활동할 수 있다.

물론 이전과 마찬가지라도, 완전히 마찬가지는 결코 아니다. 왜냐하면 나는 더 이상 이전의 소박함을 되찾을 수 없고, 오직 그 소박함을 이해할 수 있을 뿐이기 때문이다. 이 경우 나의 선험적 통찰과 목적추구는 현실적이지 않게 되지만, 계속 나의 고유한 것이다. 하지만 [실제로는] 이보다 더하다. 즉 나의 영혼 삶의 경험적인 인간적 자아로서 이전의 소박한 자기객관화는 새로운 (일상언어Volkssprache를 그 의미도 불가피하게 변경해 사용하더라도,[15] 새로운) 언어로서 오직 현상학적 환원에 결부된 새로운 모든 통각, 이전에 완전히 은폐된 것과 말할 수 없는 것 ― 이 모든 것은 이제 자신을 객관화하는 것, 즉 나의 영혼 삶(Seelenleben) 속으로 흘러들어 가고, 새롭게 드러난 그 구성적 작업수행들의 지향적 배경으로 통각이 된다.

나는 나의 현상학적 연구를 통해 소박하게 존재했던 자아인 내가 소박하게 은폐되었던 양상의 선험적 자아일 뿐이라는 사실을 알게 되고, 나는 구성하는 대립적 측면이 다시 단적으로 인간으로 통각이 된 자아인 나에게 불가분하게 속한다는 사실 그리고 이러한 사실을 통해 비로소 나를 완전히 구체화한 것이 회복된다는 사실을 알게 된다. 나는 무한하게 풍부하며 철저하게 서로 함께 밀착된 선험적 기능

성』제3권, 461쪽 이하), "감정이입 공동체"(같은 책, 같은 곳), "정상적 신체성의 공동체"(『경험과 판단』, 441쪽) 등으로 부른다.
15) 현상학의 언어와 일상언어의 관계는 이 책 제51절의 주 57)을 참조할 것.

들의 차원 전체를 알게 된다. 이전에 심리적이었던 것과 마찬가지로, 이제 이 새롭게 '흘러들어 간 것'[16]은 세계 속에 물체적 신체—본질적으로는 항상 함께 구성된 신체—를 통해 구체적으로 자리를 잡게 된다. 이제 나에게 배분된 선험적 차원을 지닌 '자아-인간'(Ich-Mensch)은 공간 속 어디엔가 그리고 세계의 시간 속 언젠가 존재한다. 그러므로 자연적 태도로 돌아감으로써 새로운 모든 선험적 발견은 나의 영혼 삶과 (통각으로 즉시) 다른 모든 사람의 영혼 삶을 풍부하게 만든다.

60절 심리학이 실패한 원인. 이원론과 물리학주의의 전제

우리의 체계적 상론에 중요한 이 보충은 한편으로는 본질적으로 제한된 주제의 지평과 다른 한편으로는 새로운 주제의 지평 사이의 본질적 차이를 해명해준다. 본질적으로 제한된 지평을 넘어서는 소박하게 세계를 소유하는 태도의 어떠한 심리학도 (따라서 선험적 현상학에까지 과거의 모든 심리학도) 원리상 생각해낼 수 없고, 이 심리학은 그 이상(plus ultra)에 대해 아무것도 전혀 알 수 없었다. 그리고 심리학은 우선 선험적 현상학에서 선험적인 것이 영혼의 존재와 삶 속으로 흘러들어 감으로써, 따라서 소박함을 극복함으로써만, 이 새로운 주제의 지평을 유지한다.

그래서 심리학과 선험철학의 밀접한 관계는 새로운 방식으로 해

---

16) 의식의 끊임없는 '흐름'(Strom, Fluß)과 관련된 '흘러들어 감'(einströmen)은 '생활세계'를 이해하는 중요한 실마리이다. 즉 생활세계는 선험적 주관이 근원적으로 건설하고 구성한 인식의 침전물이 문화와 기술, 언어의 형태로 생활세계 속으로 흘러들어 가 '습득성'으로 침전되고, 이것은 다시 상호주관적인 의사소통과 이해를 통해 자명하게 복원되며 그 의미가 더욱 풍부해지는 사회성과 발생적 역사성을 지닌다.

명되고 이해되며, 동시에 우리가 이전에 수행한 체계적 고찰에서 심리학을 평가하는 동기로 획득한 모든 것을 넘어서, 심리학의 근대역사 전체에서 심리학이 실패한 사실을 이해할 수 있는 새로운 실마리를 우리에게 암시한다.

심리학이 실패한 것은 편견에서 완전히 해방된 철저한 성찰을 통해서만 자신의 과제, 즉 구체적이고 완전한 주관성을 탐구하는 과제에 도달할 수 있고, 그런 나음 필연적으로 선험적-주관적 차원을 개시하기 때문이다. 이 점에서 우리가 칸트와 관련지었던 이전의 강의[17]에서와 유사한 미리 주어진 세계 속의 고찰과 분석이 명백히 필요할 것이다. 거기에서 우리의 시선이 우선 생활세계에 미리 주어지는 방식에서 물체들에 의해 이끌렸다면, 이제 여기에서 요구되는 분석은 그 출발점을 '어떻게 영혼들이 생활세계 속에서 미리 주어지는가' 하는 방식에서 취해야 할 것이다.

근원적으로 성찰하는 물음은 이제 다음과 같은 것을 향한다. 즉 어떠한 그리고 어떻게 영혼들―특히 인간의 영혼들―이 세계 속에, 즉 생활세계 속에 존재하는가, 따라서 어떻게 영혼들이 물체적 신체에 영혼을 불어넣는가,[18] 어떻게 영혼들이 시간공간성 속에 자리 잡는가, 어떻게 각자가 그가 살아가고 살고 있음을 의식하는 세계에 관한 의식을 가지면서 영혼으로 살아가는가를 향한다. 그리고 어떻게 각자

---

17) 이 책 제28절 이하를 참조할 것.
18) '영혼, 즉 생명(Seele)을 불어넣는다(beseelen)'는 뜻의 이 용어는 후설 현상학에서 중요한 의미를 지닌다. 구체적인 지향적 체험은 인식작용(*noesis*)이 감각적 질료(*hyle*)에 의미를 부여해 정립함으로써 인식대상(*noema*)의 완전한 상관자로 형성된다(『이념들』 제1권, 제3부 3, 4장을 참조할 것). 또한 "지각의 표상은 체험된 감각복합들이 어떤 파악작용이나 생각작용, 즉 작용의 성격에 의해 영혼을 불어넣음으로써 성립한다"(『논리연구』 제2-1권, 75쪽). 따라서 표현도 이것에 의미를 부여해 영혼을 불어넣는 의식의 체험을 통해서만 단순한 말소리가 아니라, 생생한 의미를 지닌 언어로 이해된다.

는 자신의 몸체를 단순히 일반적으로 하나의 특수한 물체가 아니라 완전히 독특한 방식으로 신체로 경험하며, 몸체를 자아로서 (이것을 지배함으로써) 움직이는 그 기관의 체계로 경험하는가, 이러한 사실을 통해 어떻게 각자는 '내가 친다', '내가 민다', '이러저러한 것 등을 내가 밀어 올린다'로서 그들에 의식된 환경세계로 관여하게 되는가를 향한다.

영혼은 물론 세계 속에 존재한다. 그러나 영혼이 물체와 마찬가지 방식으로 세계 속에 존재한다는 사실, 만약 영혼과 신체를 지닌 인간이 세계 속에 실재하는 것으로 경험되면, 이것은 '그 신체와 영혼처럼 인간의 이 실재성은 단순한 물체들의 실재성과 동일하거나 단지 유사한 의미를 지니며 지닐 수 있다'는 사실을 뜻하지 않는가? 비록 인간의 신체도 물체로 간주하더라도, 어쨌든 그것은 신체(Leib), 내가 움직이고, 그 속에 그리고 그것을 통해 내가 지배하고, 내가 영혼을 불어넣는 나의 몸체(Körper)이다. 앞으로 즉시 더 상론할 이러한 점을 근본적으로 또 실제로 편견 없이 숙고하지 않으면, 영혼(여기서 이 말은 결코 형이상학적 의미가 아니라 오히려 생활세계의 심리적인 것이 가장 근원적으로 주어진다는 의미로 순수하게 이해되어야 한다) 그 자체의 고유한 본질을 전혀 파악할 수 없고, 따라서 영혼에 관한 학문에 진정한 궁극적 기체(基體)도 파악할 수 없다.

이러한 것을 파악하는 대신 심리학은 결코 근원적으로 창조된 것이 아니라, 데카르트의 이원론에서 유래한 '영혼'의 개념에서 출발했다. 그런데 데카르트의 이원론에서 유래한 개념은 물체적 자연과 수학적 자연과학이라는 과거의 구축적 이념을 통해 이미 마련되었다. 그러므로 심리학은 〔수학적 자연과학과〕 평행하는 학문이라는 과제에 의해, 그리고 심리학의 주제인 영혼이 자연과학의 주제인 물리적 자연과 동일한 의미의 실재적인 것이라는 파악에 의해 미리 멍에가지어졌다. 여러 세기에 걸친 이러한 편견이 그 모순을 통해 밝혀지지 않는 한, 참으로 영혼에 관한 학문, 즉 생활세계—모든 객관적 학문과 유사하게 심리학은 이 생활세계에 불가피하게 결부된다—에서 근원적 의미가 있는 것에 관한 학문인 심리학은 결코 존재하지 않을 것이다.

따라서 심리학에는 심리학이 경탄할 수밖에 없는 전형인 자연과학의 끊임없이 지속한 발전이 실패했다는 사실 그리고 통찰력 있는 어떠한 정신, 어떠한 방법적 기술도 심리학이 항상 새로운 순환(循環)으로 빠져드는 것을 막을 수 없었다는 사실은 전혀 놀라운 일이 아니다. 그러므로 우리는 몇 년 전에야 비로소 국제연구재단[중심으로 탐구된] 심리학으로서 심리학이 결국에는 자연과학과 대등할 수 있다는 고무된 확신에 충만했던 심리학의 위기를 이제야 겨우 체험했다. 그렇다고 그들의 작업에 전혀 성과가 없는 것은 아니었다. 학문적 객관성을 통해 인간의 영혼 삶에 관련된 다양하고도 주목할 만한 사실들이 발견되었다.

그러나 그래서 이것이 실로 진정한 심리학, 즉 우리가 정신의 고유한 본질에 관한 것—나는 이것이 신비적 형이상학의 본질에 대한 것이 아니라, 어쨌든 이른바 내적 지각 또는 자기에 대한 지각을 통해 탐구하고 반성하는 자아에 접근할 수 있는 고유한 자신 속의 존재(In-sich-sein) 그리고 자신에 대한 존재(Für-sich-sein)에 대한 것이라고 새롭게 강조한다—을 경험한 학문인가?

61절 (객관주의적–철학적) 학문의 이념과 경험적 경과가 팽팽한 심리학. 심리학주의적 탐구의 두 방향(심리 물리적 탐구와 '내적 경험에 근거한 심리학')의 양립 불가능성

모든 학문적 경험(Empirie)은 자신의 근원적 권리와 가치를 지닌다. 그러나 그 자체만으로 고찰해보면, 모든 경험이 가장 근원적이며 불가결한 의미에서 학문―이것의 최초의 명칭은 '철학'이다―은 아니다. 따라서 그것은 르네상스시대 이래의 철학 또는 학문을 새롭게 건설한다는 의미의 학문도 아니다. 모든 학문적 경험이 그러한 학문에 참여하는 기능으로 발생하지는 않았다. 어쨌든 그 경험은 이러한 의미를 충족시킬 경우, 실제로 학문적 경험이라 부를 수 있다. 그러나 우리는 보편적 철학의 분리될 수 없는 전체 안에서 보편적 과제가 분파되는 것이 그 자체로 통일적인 특수과학―그 분과인 특수한 과제는 체계학(體系學)을 근원적으로 생생하게 정초하는 가운데 보편적 과제를 달성한다―이 생기는 곳에서만 학문 자체에 대해 논의할 수 있다. 그 자체만으로 임의로 축적된 각각의 경험은, 아무리 실천적 유용성이 많더라도, 아무리 확증된 방법적 기술이 이 속에 많이 지배하더라도, 실로 이러한 의미에서 학문은 아니다.

이제 이러한 점은―심리학이 역사적으로 철학적 학문 따라서 진정한 학문으로서 자신의 규정을 충족시키려는 끊임없는 충동에서 자신의 정당한 의미를 명확하게 파악하지 못한 것에 사로잡히고, 결국 엄밀한 방법으로 심리물리적 경험, 더 적절하게 말하면, 심리물리학주의의 경험을 완성하려는 유혹에 굴복해 자신의 방법을 확증한 믿음으로 학문으로서의 의미를 이미 충족시켰다고 믿는 한―심리학에 관련된다. 그러나 현대의 전문가적 심리학에 대립해 철학자인 우리의 관심사는 무엇보다 이 학문으로서의 의미―철학 일반의 올바른 형태를 결정하는 장소로서―를 관심의 핵심으로 되돌리고, 그것의 전체 의미와 범위에서 해명하는 것이다.

우리가 말하는 철학적 학문의 성격을 근원적으로 겨냥하는 방향에서는 데카르트가 출발한 이후 즉시 시작된 불만의 동기가 항상 잠복해 있었다. 여기에는 한편으로는 데카르트 이래 역사적으로 전수된 과제들 사이의 민감한 긴장이 형성되었다. 즉 한편으로는 영혼을 방법적으로 물체들과 아주 똑같이 취급하고 시간공간의 실재성으로서 물체들과 결합해 취급하는 과제, 따라서 생활세계 전체도 가장 넓은 의미에서 '자연'으로 물리학주의에서 탐구하려는 과제, 다른 한편으로는 영혼을 '내적 경험', 즉 자기 자신의 고유한 주관적인 것에 관한 원초적인 내적 경험의 길에서 그 자신 속의 존재 그리고 자신에 대한 존재로 탐구하려는 과제 또는 마찬가지로 내적으로 (즉 주제가 되는 다른 사람들의 내부로) 향한 감정이입의 길에서 지향적 간접성으로 탐구하려는 과제이다.

이 두 과제는 방법적으로 또 실질적으로 자명하게 결합한 것으로 보이지만, 어쨌든 일치하려 하지 않았다. 근대는 출발부터 '실체들의 이원론'과 '기하학적 방법'이라는 방법의 평행론을 가졌다. 우리는 이것을 물리학주의의 방법적 이상(理想)으로 미리 묘사할 수도 있다. 비록 이 이상이 전수되면서 모호해지고 퇴색되었더라도, 비록 이것이 명백히 수행하는 진지한 출발점에 이르지 못했더라도, 아무튼 이것은 인간을 심리물리적 실재성으로 파악하는 근본에 대해, 심리적인 것을 방법적으로 인식하기 위한 심리학을 착수하는 모든 방법에 결정적이었다.

그래서 처음부터 세계는 인과적 법칙성으로 규정된 실재적 사실들의 이중 층을 지닌 세계로 **자연주의적으로** 간주되었다. 따라서 영혼

도 정밀하게 자연과학적으로 생각된 그 물체적 신체에 결부된 실재
적 부속물로 간주되었다. 물론 영혼은 물체와 다른 구조를 지닌, 즉
연장실체(*res extensa*)는 아니지만, 물체와 유사한 의미에서 실재적이
며, 바로 이렇게 결합했기 때문에 역시 동일한 의미로 인과법칙에 따
라 탐구될 수 있었다. 즉 [학문의] 전형이며 기초를 세우는 물리학과
원리상 동일한 방식의 이론을 통해 탐구될 수 있었다.

62절 실재성인 영혼과 물체를 원리상 대등하게 다루는 모순에 대한 예비논구. 자연의 사물과 영혼에서 시간성, 인과성, 개별화의 원리적 차이에 대한 시사[19]

자연주의적 방법을 통해 물체와 영혼을 이렇게 원리상 대등하게
다루는 것은 그들이 학문 이전에, 생활세계에 경험으로 주어진 것에
서 더 근원적인, 즉 원리상 이것들을 대등하게 다루는 것을 명백하게
전제한다. 그러므로 물체와 영혼은 한 물체의 두 조각—따라서 구체
적으로는 다른 것의 외부에서, 이것과 구별된 또 이것과 단지 규제된
방식으로 결합한 것—과 유사한 동일한 의미를 지니고 내실적(reell)
으로 또 실재적(real)으로 결합한 경험세계에서 두 가지 실재적 층으
로 묘사되었다. 그러나 이렇게 형식적으로 물체와 영혼을 대등하게
다루는 것조차 이치에 어긋난다. 즉 이것은, 모든 학문적 개념에 진정
한 의미를 규정하는 생활세계의 경험 속에 실제로 주어진 것처럼, 다
시 물체와 영혼의 고유한 본질에서 이치에 어긋난다.

무엇보다 자연과학과 심리학에 공통이며 추정적으로는 같은 의미
가 있는 몇 가지 개념들을 끄집어내, 정밀한 학문을 만드는 일인 이

---

19) 이 책 부록 5의 보충자료 1을 참조할 것.

론적 발판 이전에 실제적 경험이 아주 근원적으로 의미를 규정하는 것으로 지시된 것, 따라서 단적인 생활세계의 경험 속에 물리적이며 심리적으로 주어진 것에서 이것들에 동일한 의미가 있다는 점을 검토해보자. 이제 수행해야 할 중요한 점은 자연과학과 심리학 두 측면에서 결코 진지하고 철저하게 또 일관되게 발생하지는 않은 문제이다. 즉 그것은 학문의 근본적 개념들에서 순수경험의 내용들로 되돌아가고, 정밀한 과학들의 모든 전제, 이 과학들에 본래의 것으로 생각된 모든 발판을 철저하게 제쳐놓은 것이다. 따라서 마치 이러한 학문들이 아직 현존하지 않은 것처럼, 세계가 그 모든 상대성에서도, 삶 속에 통일적 현존재를 유지하고 끊임없이 타당하게 미리 지시되는 것처럼, 세계를 곧 생활세계로 고찰하는 것이다.

우선 **시간공간성**(동시성과 계기성인 시간성)을 학문 이전의 의미에서 실재적 생활세계인 이 순수한 생활세계의 시간공간성으로 환원하자. 이렇게 파악하면 그 시간공간성은 실재적 세계의 보편적 형식이다. 이 형식 속에 또 이 형식을 통해 생활세계의 실재적인 것 모두는 형식으로 규정된다.

그러나 영혼도 본래 의미의 시간공간성, 즉 물체와 같이 이 형식으로 내재(Inexistenz)를 갖는 것이 아닌가? 영혼의 존재는 그 자체로 또 그 자체에서만 결코 공간적 연장성이나 장소성을 갖지 않는다는 사실이 항상 주목되었다. 하지만 세계의 시간(계기성의 형식)은 공간성에서 분리될 수 있지 않은가? 완전한 공간시간으로서 세계의 시간은 영혼이 단지 간접적으로만 관여하는 단순한 물체의 고유한 본질적 형식이 아닌가?

생활세계와 학문적으로 사유된 세계를 철저하게 구별하지 않았기 때문에, 심리적인 것의 공간성을 이렇게 부정하는 것은 명백히 실제적 경험의 내용에서 방향이 정해졌다. 본질적으로 세계의 모든 객체는 물체화(物體化)되어 있고, 바로 그래서 모든 객체는 물체의 공간시간에 간접적으로 '관여'한다. 따라서 그들의 비물체적인 것에 '관여'한다. 이것은 모든 종류의 정신적 객체에 적용된다. 우선 영혼에 그러나 (예술품·기술의 형성물 등) 다른 모든 종류의 정신적 객체에 적용된다. 이것들에 정신적 의미를 부여하는 것에 따르면, 이것들은 그것이 물체성을 갖는 방식을 통해 물체화된다. 그것들은 비본래의 방식으로 여기저기에 존재하며, 그 물체들과 함께 더불어 연장되어 있다. 이와 마찬가지로 그것들은 물체의 공간시간 속에 자신의 과거존재와 미래존재를 간접적으로 가진다.

모든 사람은 영혼이 물체화되는 것을 근원적 방식에서 그 자체만으로 경험한다. 본래 본질적으로 신체성을 형성하는 것을 나는 나의 신체에서만, 즉 나의 끊임없는—유일하게 몸체 속에서만—직접 지배하는 것으로만 경험한다. 신체만 기관(Organ)으로서 그리고 부분적 기관들로 분절된 것으로서 나에게 근원적으로 유의미하게 주어진다. 신체의 각 부분은 내가 그 속에서 특수하게 직접 지배할 수 있다는, 즉 눈으로 보고 손으로 만지는 등의 독자성을 가진다. 따라서 곧 그것들이 이러한 방식들 속에 놓여 있는 것처럼 그때그때 지각작용을 지배할 독자성을 가진다.

명백히 이러한 방식을 통해 나는 지각하며, 더 나아가 세계의 객체들에 관한 그 밖의 경험을 가진다. 그 밖의 지배하는 모든 작용과 일반적으로 '자아가 세계에 관련된 것' 모두가 이러한 방식으로 매개된다. 찌르고 들어 올리며 저항하는 등의 형식에서 나는 물체를 지배하는 작용(Walten)을 통해 멀리 떨어져 있는 자아로서, 우선적으로 세계 속에 있는 객체들의 물체적 측면에서 행동한다. 나는 나의 지배하는 자아의 존재만 실제로 자아 그 자체로서 고유하게 본질적으로 경험하며, 모든 사람은 자신의 것만 경험한다. 그렇게 지배하는 모든 작용은 움직이는 양상으로 경과하지만, 지배하는 작용인 '나는 움직인다'(나는 어떤 것을 만지고 찌르면서 손을 움직인다)는 그 자체에서는 다른 모든 사람이 그러한 것으로 지각할 수 있는 공간적 물체의 움직임은 아니다. 나의 몸체, 특히 가령 몸체의 부분인 '손'은 공간 속에 움직인다.

그러나 물체적 운동과 통일되어 물체화된 운동감각(Kinästhese)이 지배하는 행동은 그 자체로 공간적 움직임과 마찬가지로 공간 속에 있는 것이 아니라, 그 움직임 속에 단지 간접적으로만 함께 장소를 지닌다. 신체성 그 자체에 대해 유일하게 원본적인 경험인 나의 원본적으로 경험하는 지배하는 작용으로만 나는 다른 사람의 몸체를 신체—이 속에서 다른 사람의 자아는 지배하면서 물체화된다—로 이해할 수 있다. 따라서 이것은 또다시 그것에 기초를 놓는 비본래의 장소화(Lokalisation)와는 아주 다른 매개물을 통해 전달된다. 오직 이렇게 함으로써만 나에게 다른 자아의 주체들이 그들의 몸체에 확고하게 속하며, 공간시간 속에 여기저기에 장소가 정해진다. 따라서 그들은 물체에 비본래의 형식으로 내재하며, 순수하게 고유한 본질에서 고찰해보면, 그들 자신과 영혼 일반은 이러한 형식에서는 결코 실존을 갖지 않는다.

그러나 더 나아가 인과성도, 우리가 근원적으로 존재의미를 정초하는 생활세계를 견지하면, 문제가 자연의 인과성이든 영혼적인 것들 사이나 물체적인 것과 영혼적인 것 사이의 인과성이든, 원리상 완전히 다른 의미를 띤다. 그 본질상 이렇게 규정된 것으로서 물체는 자신의 본질 속에 공간시간에 장소가 정해진 인과적 속성들의 기체(基體)이다.[20]

---

20) 생활세계에서 보면 이것은, 그 자체로 이미 그 자신의 독자적인 본질적 속

그러므로 인과성을 제거하면, 물체는 물체로서 자신의 존재의미를, 물리적 개체성으로서 동일하게 확인될 수 있고 구별될 수 있는 성격을 상실한다. 그러나 자아는 이러한 것이고, 개체성을 자기 자신 속에 그리고 자기 자신에게서 가진다. 즉 자아는 인과성으로 개체성을 갖는 것은 아니다. 물론 물체적 신체성을 통해 자아는 자아가 비본래인 것으로서, 그리고 자신의 물체적 신체에 힘입고 있는 물체적 공간 속의 자신의 위치에서 다른 모든 사람에게, 따라서 모든 사람에게 구별될 수 있다.

하지만 이 경우 등장하는 모든 심리물리적 제약과 더불어 공간시간성 속에 모든 사람에 대해 구별할 수 있고 동일하게 확인될 수 있는 것은 그 자체의 존재(*ens per se*)로서 자아의 존재에 전혀 이바지하지 않는다. 그러한 자아는 이미 그 자체로 자신의 유일성(唯一性)을

성들 속에 자신이 경험한 의미를 통해 해명될 수 있는 물체가 그때그때의 상황에서 그것이 그렇게 존재(So-sein)할 수 있다는 점을 실로 수반한다는 사실 이외에 다른 것이 아니다. 우선 물체가 이른바 그렇게 존재하는 것 속에 존재하는 자신의 습관을 갖는다는 사실 그리고 물체는 이미 알려졌거나 그 물체가 우리에게 새로운 것일 경우 앞으로 알게 될 수 있는 유형 — 해명할 수 있는 속성들은 이 속에서 유형적 공속성(共屬性)을 가진다 — 속에 존재한다는 사실은 생활세계의 가장 일반적인 구조에 속한다.

그러나 물체들은 (무엇보다 그때그때 지각의 영역 속에) 공존과 계기 속에 유형적으로 함께 존재하며(Miteinander), 따라서 끊임없이 보편적 시간공간의 유형들을 갖는다는 사실도 생활세계의 형식 유형학(Formtypik)에 속한다. 이것은 그때그때 경험된 모든 물체가 일반적으로 다른 물체들과 더불어 필연적으로 함께 현존할 뿐만 아니라, 계기의 유형 속에 경과하는 공속성의 유형적 형식에서 유형적으로 그것에 속한 다른 물체들 가운데 이러한 유형으로 존재한다는 사실을 함축한다. 그러므로 각각의 물체는 그것이 일정한 상황에서 존재하는 것과 마찬가지로 존재한다. 즉 어떤 물체에 속성의 변화는 다른 물체들 속의 속성의 변화를 지시한다. 그러나 이것은, 그 자체가 고유하게 본질적으로 생활세계에 속하는 것처럼, 개괄적이고 상대적으로 이해되어야 한다. 여기에는 이념화하는 학문의 기초구축을 지시하는 정밀한 인과성은 전혀 문제가 되지 않는다. — 후설의 주.

가진다. 자아에서는 공간과 시간이 개체화(Individuation)의 원리가 아니며, 자아는 그 의미에 따라 시간공간성과 분리될 수 없는 자연의 인과성을 전혀 알지 못한다. 자아의 작용은 자아가 지배하는 작용이다. 이것은 자신의 신체 속에서 지배하는 작용인 자신의 운동감각을 통해 직접 일어나며, (신체 역시 몸체이기 때문에) 다른 사람들의 몸체에서 비로소 간접적으로 일어난다.

63절 '외적 경험'과 '내적 경험'이라는 개념의 불확실성. '단지 주관적인 것'의 경험인 생활세계의 물체적 사물에 대한 경험은 왜 이제까지 심리학의 주제에 속하지 않았는가

인간과 동물을 진지하게 이중의 실재성들로, 그 실재성의 의미에서 대등하게 다루려는 구별된 두 가지 실재성의 결합으로 간주하려는—따라서 영혼 역시 물체들에 관한 과학의 방법을 통해 탐구하려는, 즉 물체들과 마찬가지로 자연의 인과적으로 시간공간으로 존재하는 영혼으로 탐구하려는—원리적 불합리는 자연과학에 유비적으로 형성될 방법이라고 추정된 자명함을 산출했다. 이 자연과학적 방법과 심리학적 방법 두 가지 모두는 내적 경험과 외적 경험의 그릇된 평행론(Parallelismus)을 명백한 결과로서 조건으로 삼았다. 이 두 개념은 그 의미와 기능(물리학·심리학·심리물리학에 대한 학문적 기능)에 따라 막연하게 남았다.

경험은 두 가지 측면에서 이론적 기능으로 수행된 것, 즉 자연과학은 외적 경험에, 심리학은 내적 경험에 의거해야 한다고 생각되었다. 그래서 자연과학에는 물리적 자연을, 심리학에는 심리적 존재인 영혼의 존재를 준다. 따라서 심리학적 경험은 내적 경험과 같은 값을 지닌 표현이 되었다. 이것을 더 정확하게 말하면, 모든 철학과 이론에 앞서 단적으로 존재하는 세계·존재하는 사물·돌·동물·인간이 실제로 경험된다.

자연적으로 곧바로 들어가 사는 삶(Dahinleben)에서 이것들은 단적으로 지각에 적합하게 '거기'로 (단적으로 존재하는·존재의 확실한 현재로) 또는 마찬가지로 단적으로 기억에 적합하게 '거기에 존재했던 것' 등으로 경험된다. 가능한, 또 상황에 따라서는 필연적인 단적인 반성은 실로 이러한 자연적 삶에 속한다. 그런 다음 상대성이 시선에 등장하며, 그것이 삶 자체 속에 주어지는 방식들의 그때그때 단적으로 현존하는 것으로서 그때그때 타당한 것은 '단순히 주관적인 나타남'으로 변화된다. 게다가 이것은 그러한 나타남이 변화되는 것에 대한 시선 속에 교정되어 드러나는—그러나 그 자체로는 다시 상대성 속에—일자(一者)에 대한 나타남, 즉 '존재자 자체'로 불린다. 그리고 이것은 경험의 다른 양상들 또는 경험의 상관적 시간의 양상들에 대해서도 마찬가지이다.

만약 이미 다른 연관을 통해 세밀하게 숙고한 이러한 점을 여기에서 새롭게 생생한 명석성에서 밝히면, 하여튼 다음과 같은 물음이 생긴다. 왜 유동적인 생활세계 전체는 심리학의 출발과 더불어 즉시 심리적인 것으로, 게다가 우선적으로 접근할 수 있는 심리적인 것으로, 유형들을 통해 직접 주어진 심리적 현상을 해명할 수 있는 최초의 영역으로 형태가 만들어지지 않는가? 이와 상관적으로, 이 생활세계를 경험으로 주어진 것으로 이끌고, 이 속에서—특히 지각의 근원적 양상 속에—단순한 물체적 사물들을 직접 제시하는 경험은 왜 심리학적 경험이 아니라, 심리학적 경험과 명목상 대조되는 외적 경험으로 부르는가?

우리가 돌·강·산을 경험하든 반성하면서 이들에 대한 우리의 경험작용을 경험하고 그 밖의 다른 자아의 행동, 예를 들면 신체 속의 지배작용처럼 우리 자신이나 타인의 행동을 경험하든, 생활세계의 경험방식에서 당연히 차이가 생긴다. 이것은 심리학에 중요한 차이일 수 있고, 어려운 문제로 이끌 수도 있다. 그러나 이것은 '생활세계에 대한 모든 것이 명백히 주관적인 것(Subjektives)'이라는 사실을 변화시키는가? 보편적 학문으로서 심리학은 주관적인 것 전체 이외의 다른 주제를 가질 수 있는가? 주관적인 것 모두는 불가분한 총체성에 속한다는 사실을 더 깊은—자연주의로 맹목적이 되지 않은—성찰이 가르쳐주지 않는가?

64절 평행화의 근거인 데카르트적 이원론. 기술하는 학문과 설명하는 학문이라는 도식에서만 가장 형식적이고 일반적인 학문이 정당화된다

갈릴레이적 자연과학의 의미에서는 수학적-물리학적 자연이 객관적으로 참된 자연이다. 이 자연은 단순히 주관적인 나타남들 속에 알려지는 것이어야 한다. 따라서 정밀한 자연과학의 자연은 실제로 경험된 자연, 즉 생활세계의 자연이 아니라는 사실은 명백하며, 이 점을 우리는 이미 앞에서 지적했다.[21] 그것은 이념화하는 것에서 발생한 하나의 이념, 실제로 직관된 자연을 가설적으로 대체한 이념이다.[22] 이념화하는 사유방식은 정밀한 이론들과 공식들을 고안해내는 자연과학적 (순수하게 물체에 관한 학문적) 방법 전체에 대한, 이와 마찬가지로 실제적 경험세계 속에 작동하는 실천 안에서 그것들을

---

21) 이 책 제34절의 d)항 및 그 주 16)을 참조할 것.
22) 이 책의 제36절을 참조할 것.

소급해 평가하는 것에 대한 기초이다.

그러므로 그 속에는 다음과 같은 물음에 대한—지금의 사유가 경과하는 데 충분한—답변이 있다. 즉 '외적 경험의 단순히 주관적인 것인 생활세계의 자연이 전통 심리학에서 심리학적 경험으로 간주되지 않고〔오히려〕심리학적 경험이 어떻게 외적 경험에 대립하게 되었는가' 하는 물음이다. 데카르트적 이원론은 정신(*mens*)과 물체(*corpus*)가 평행하다고 요구하고, 이 속에 함축된 심리적 존재를 자연화하며(Naturalisierung) 이에 필요한 방법학(Methodik)도 평행하다고 요구한다. 물론 고대에 이미 완성된 기하학을 이어받는 방식에서는 그 의미를 철저하게 규정하는 이념화하는 것이 거의 망각되었다는 사실, 심리적 측면에서는 그렇게 이념화하는 것이 근원적으로 또 심리적인 것에 적합한 방식으로 실제로 실행된 작업수행으로 요구되지도 상실되지도 않았다는 사실이 함축되어 있다. 물론 그렇다면 이념화하는 것이 이러한 측면에서 사실상 아무것도 추구할 수 없었다는 사실이 지적되어야 한다. 왜냐하면 여기에는 원근법으로 조망하는 것(Perspektivierung)과 운동감각(Kinästhese)과 같은 것, 측정이나 측정과 유사한 것은 전혀 문제가 될 수 없었기 때문이다.

그와 동일한 방법에 대한 편견은 이 방법을 철저하게 변경시켜 수행함으로써 우리가 더 깊게 주관적-방법적으로 고찰하지 않아도 확고하게 이론화하는 것과 방법적 기술에 이를 것이라는 기대를 낳았다. 그러나 이것은 헛된 희망일 뿐이었다. 심리학은 결코 정밀할 수 없었고, 〔자연과학과〕평행하다는 것은—우리가 이해하듯이—본질적 근거에 입각해 실제로 수행될 수 없었다. 왜냐하면 여기서 다음과 같이 주장할 수 있기 때문이다. 즉 '오랜 기간에 걸친 근대의 이원론적 심리생리학의 (또는 심리물리학의) 심리학이 왜 목적에 합당한 방법을 수행했다는 겉모습을 지닐 수 있었으며, 심리적인 것에 관한 실제로 원천에 적합한 학문으로서 계속 성공한다는 확신을 견지할 수 있었는가'를 이해하기 위해, 또는 '철저하게 정당하며 결코 불가결한 심리물리적 경험이 왜 심리적인 것 자체의 고유한 본질을 만족시키는 진정한 심리학으로 가는 길과 그 실행으로 간주할 수 없었는가'를 이해하기 위해서도, 아무리 힘들어도 극히 필연적인 모든 측면에서 그리고 궁극적으로 명석하게 밝힐 필요가 있었다.

어쨌든 우리는 통찰한 근거에 입각해 미리 다음과 같이 주장할 수 있다. 즉 순수하게 고유한 본질에서 고찰해보면, 영혼적인 것(Seelisches)은 어떠한 자연도 갖지 않고, 자연적 의미에서 생각할 수 있는 그 자체(An-sich)―시간공간의 인과성 그 자체, 즉 이념화할 수 있고 수학화할 수 있는 그 자체―나, 자연법칙의 양식에 따른 어떠한 법칙도 갖지 않는다. 경험적-실험적 심리학이 자기 자신을 전적으로 오해하지만, 여기에는 직관적 생활세계로 동일하게 소급해 관계되는 어떠한 이론도 없고, 자연과학에 대한 것과 유사하게 이론화하는 기능에 대한 고찰이나 실험도 없다. 그러나 원리적 통찰이 결여되었기 때문에 영혼적인 것을 자연화하는 이원론의 역사적 유산은 강하게 유지되었지만, 이것은 모호하고 명확하지 않으며 이 이원론의 의미가 요구하는 정밀한 학문들의 이원론을 실행할 필요조차 양 측면에서는 결코 발생하지 않았다.

그래서 기술하는 학문과 이론으로 설명하는 학문이라는 도식도 자명하게 마련된 것처럼 남았다. 우리는 이것을 브렌타노[23]와 딜타이[24]

---

23) F. Brentano(1838~1917)는 독일관념론과 신칸트학파를 배격하고, 자연과학에 따른 경험적-기술적 심리학의 방법으로 철학을 정초하려 했고, 특히 윤리적 인식의 근원을 해명하는 가치론을 탐구했다. 그리고 물리적 현상과 구별되는 심리적 현상의 특징으로서 의식의 '지향성'을 밝혔는데, 후설은 이러한 그의 분석에 큰 영향을 받았다.
24) W. Dilthey(1833~1911)는 헤겔의 이성주의에 반대하고 체험에 기초한 생

그리고 일반적으로 19세기─이 시대는 결국 자신을 자연과학과 평행한 것으로 간주할 수 있었던 엄밀한 학문적 심리학으로 성립시키려 정열적으로 노력했다─에 심리학에 관해 날카롭게 강조된 것에서 발견한다.

그러나 우리는 그것으로 순수한 기술(記述)과 기술하는 학문이라는 개념, 더 나아가 기술하는 방법과 설명하는 방법의 차이조차 심리학에서 그 적용을 전혀 발견할 수 없었다는 것을 주장하는 것은 결코 아니다. 또한 물체에 대한 순수한 경험과 영혼적인 것, 정신적인 것에 관한 경험이 구별될 수 있다는 점을 부정하는 것도 결코 아니다. 우리의 문제는 근대심리학 전체의 자연주의적 편견, 더 정확하게 말하면, 물리학주의적 편견을 비판적으로 그 궁극적 기초에 이르기까지 명백하게 밝히는 것이다. 게다가 이것은 한편으로 기술하게 이끄는 결코 해명되지 않은 경험의 개념에 관한 것이고, 다른 한편으로 기술하는 분과와 설명하는 분과를 대조시키는 것을 평행시키고 동일하게 해석하는 방식에 관한 것이다.

물리학에 유비적인 (따라서 실재성들·방법들·학문들의 이원론적 평행론에서) 정밀한 심리학은 이치에 어긋난 것이라는 사실은 이미 분명해졌다. 그러므로 기술하는 자연과학에 유사한 기술하는 심리학은 더 이상 존재할 수 없다. 또한 '기술과 설명'이라는 도식에서조차 영혼에 관한 학문은, 자신의 주제를 고유한 본질을 통해 명백하게 제기하자마자 곧 자신의 주제만 본받을 수 있을 뿐이다. 우리는

철학을 주장했다. 그는 자연과학의 인과적 '설명'에 대립한 정신과학의 독자적 원리 및 범주를 정립하고, 삶의 구조와 유형의 작용들의 연관 속에 전체의 의미와 통일로 정신의 현상을 '이해'하는 해석학·역사주의·구조(이해)심리학·문예학 등에 큰 영향을 주었다.

단지 공허한 단어의 개념들로 모호하게 작업을 진행하면 안 되고,[25] 명석함(Klarheit), 실제로 자신을 부여하는 직관, 즉 명증성(Evidenz)에서 이끌어내야 하며, 따라서 여기에서는 근원적인 생활세계의 경험 또는 심리적인 것의 고유한 본질에서 그리고 이것에서만 이끌어내야 한다는 가장 형식적이고 일반적인 사항만 남는다.

그 결과 언제나 기술과 기술하는 학문, 더 높은 단계에서는 설명과 설명하는 학문에 적용할 수 있으며 불가결한 의미가 생긴다. 이 경우 높은 단계의 작업수행인 설명은 기술하는 영역, 실제로 경험하는 직관을 통해 실현할 수 있는 영역을 넘어서는 하나의 방법을 뜻할 뿐이다. 이 넘어서는 것은 기술하는 인식의 토대 위에 일어나며, 기술해 주어진 것 속에 최종적으로 검증될 수 있는 통찰의 수행절차를 통한 학문적 방법으로서 일어난다. 이러한 형식적이고 일반적인 의미에서 모든 학문에 '기술'의 필수적 기초단계와 높이 고양된 '설명'의 단계가 있다. 그러나 이것은 형식적 평행론으로만 간주해야 하며, 모든 학문에서 고유한 본질적 원천에 근거해 자신의 의미충족을 발견해야 한다. 그리고 궁극적 검증의 개념은 우리가 특별히 물리학적 (즉 수학적으로 이념화된) 영역의 어떤 명제들을 궁극적으로 검증하는 명제들로 간주함으로써 미리 물리학에서의 궁극적 검증이라는 개념과 동일시하는 왜곡을 피해야 한다.

---

25) 후설은 궁극적 근원에 관한 학문인 철학은 기존의 체계나 개념에서가 아니라 사태와 문제 자체에서 출발해야 하므로, '공허한 단어분석을 떨쳐버려야 한다'고 역설한다(『엄밀한 학문』 305~306, 340~341쪽을 참조할 것).

65절 심리학자와 생리학자의 사실적 수행절차에 친숙해 경험적으로 정초된 이원론의 정당성에 대한 검토[26]

따라서 기술이 이렇게 이해되면, 이것은 유일하게 근원적으로 진정한, 유일하게 가능한 심리학의 출발점을 특징짓는 것이 틀림없다. 그러나 명석함, 진정한 명증성은 일반적인 것과 마찬가지로 특히 여기에서 정당하게 획득할 수 없다는 사실이 즉시 밝혀진다.

이미 시사했듯이 무엇보다 이원론에 대항하는, 실로 순수하게 생활세계의 경험의 의미를 왜곡하는 두 개의 층에 대항하는, 가장 내적인 실재성의 의미에서 물리적 존재와 심리적 존재라는 추정적으로 동일한 (생활세계의) 실재성에 대항하는, 시간성과 개체성이 같은 종류라는 것에 대항하는, 원리적 근거가 있다. 이 근거는 매우 철학적으로 또 원리상 방향이 정해져, 우리 시대의 심리학자나 과학자 일반 심지어 철학자에게도 지속적으로 영향을 끼칠 수 없었다. 사람들은 결국 어떠한 일치로도 이끌지 못하는 원리적 논증에 지쳐버렸다. 왜냐하면 처음부터 반쪽 귀로만 듣고, 거대한 경험과학들 속에 수행되고 의심할 여지 없는 성과들의 힘·그 실제적 방법들·경험 ─ 당연히 그 각각의 영역에 고유한 경험, 즉 물리학자에게는 물리학적 경험, 생물학자에게는 생물학적 경험, 정신과학자에게는 정신과학적 경험 ─을 그들이 실제로 연구하는 힘을 더 신뢰하기 때문이다. 확실히 이것을 정당하게 '경험과학'이라 부른다.

하지만 우리가 이들이 그 방법과 연구에 대해 자신의 생각을 표명하는 ─ 따라서 (가령 학술회에서 논의하는 경우처럼) 철학을 하는 ─ 반성이 아니라 실제의 방법과 연구 자체에 주의를 기울이면, 그

---

26) 이 책의 부록 5의 보충자료 2를 참조할 것.

들이 결국 그 방법과 연구에서 끊임없이 경험에 의지한다는 사실은 확실하다. 그러나 우리가 우리 자신을 이 경험 속으로 옮겨놓으면, 어쨌든 경험 자체는 물체적인 것과 정신적인 것에 관해 다음과 같은 것―물론 사람들은 반론을 제기할 것이다―을 즉시 지시해준다. 즉 전위된 이원론의 해석은 추정적인 경험의 의미로 함께 흡수되고, 과학자들과 본래 순수하게 경험적으로 정초된 이원론을 만족시켜주는 것에, 그들이 수행하는 것과 마찬가지로 내적 경험과 외적 경험·시간성·실재성·인과성으로 작업하는 것에 권리를 부여한다. 철학자가 아무리 강렬하게 이들의 원리상 이치에 어긋난 것에 관해 논의하더라도, 그는 전통의 힘에 대항해 일어설 수가 없다.

물론 이제 우리는 우리의 반론을 결코 포기할 수 없다. 게다가 이 것은 우리의 반론이 역사적으로 전수되었고 그 근원적 의미를 결코 새롭게 심문하지 않은 개념들을 사용하는 모든 논증과는 첨예하게 구별되기 때문이며, 모든 사람이 우리가 서술한 것을 재검토해 반드시 확신하듯이, 우리의 반론은 그 자체로 가장 근원적인 원천에 입각해 이끌어냈기 때문이다. 어쨌든 작업하는 경험과학들의 수행절차, 그 정당성의 의미와 한계가 이것으로써 명백하게 해명된 것은 아니며, 특히 심리학에서 우리의 지금 주제인 그들의 부단한 심리생리학의 수행절차―그 정당성과 또한 유혹―가 해명된 것도 아니다. 이 것은 이전 시대의 모든 원초적 방법의 형식에서뿐만 아니라, 19세기 후반에 극도로 발전된 형식에서도 마찬가지이다.

물체에 대한 경험과 정신에 대한 경험을 구별할 필연성은 명백히 제시되지 않았고, 또 이것에서 미리 타당하게 간주된 정당성, 심리학자에게뿐만 아니라 다른 사람에게도 끊임없는 의미가 있는 물체에 대한 경험이 심리적인 것으로 흡수되는 것, 따라서 그 보편성이 모든 것을 포괄시키는 것도 밝혀지지 않았다. 물론 이것은 역설적인 어려

움에 관련된다. 그러나 효과적으로 수행되는 우수한 작업을 배제할
수 있는 어려움은 보편적 철학에 의해 배제되지 않는다. 오히려 이
어려움은, 철학이 곧 실천 특히 학문적 실천의 모든 맹목성을 제거하
고 참되고 고유한 목적, 학문(여기에서는 심리학)을 그 본연의 의미
로 실현해야 한다는 완전한 목적을 다시 일깨우고 실로 이 목적을 구
출하는 한, 반드시 극복될 수 있다.

그러므로 우리는 가장 보편적인 토대로 되돌아가 묻는 것을 생략
할 수 없다. 이러한 토대 위에 모든 객관적 학문과 마찬가지로 심리
학의 가능한 과제가 생긴다. 즉 이것은 경험과학들이 작업하며, 경험
과학들이 모든 형이상학을 거부하면서 경험의 침해받을 수 없는 요구
를 준수하게 요청하면, 경험과학들이 증거로 삼는 일반적 경험의 토
대이다.

66절 일반적 경험의 세계. 그 영역적 유형과 이 속에서
가능한 보편적 추상. 보편적 추상의 상관자인 '자연'.
'보완적 추상'의 문제

근원적으로 생생한 명석함에 입각해 앞에서 제기된 물음에 결정
적인 것을 여기에서 말할 수 있기 위해, 이전에 언급했던 것을 단지
반복하는, 그러나 더 심화시켜 일반적 고찰로 시작해보자. 우리는
객관적 학문의 모든 이론적 작업수행이 미리 주어진 세계—생활세
계—의 토대 위에 수행된다는 사실, 그 작업수행은 학문 이전의 인
식작용과 이것의 목적에 합당한 형태의 변화를 전제한다는 사실을
이미 안다. 생활세계가 〔우리에게〕 주어지는 단적인 경험은 모든 객
관적 인식의 궁극적 기초이다. 이와 상관적으로 말하면, 경험에서
(근원적으로) 순수하게 학문 이전에 우리에게 존재하는 것인 세계

자체는 그 불변의 본질적 유형 속에 미리 모든 가능한 학문적 주제를 부여한다.

여기에서는 우선 '우주가 **사물들**의 우주로 미리 주어져 있다'는 가장 일반적인 것을 고찰해야 한다. 이러한 가장 넓은 의미에서 **사물**은 궁극적으로 존재자, 궁극적 속성들·결합들을 '**소유하는 것**'(이 속에서 그 존재가 해명된다)에 대한 표현이다. 반면 사물 자체는 더 이상 이러한 방식으로 '**소유된 것**'이 아니라, 곧 궁극적으로 '**소유하는 것**'—요컨대 (그러나 전혀 형이상학적 의미가 아닌) 궁극적 기체이다. 사물들은 언제나 그때그때 언어의 **중요한** 말들로 주조된 구체적 유형을 가진다. 그러나 모든 특수한 유형은 모든 것의 가장 일반적인 **영역적** 유형에 포괄된다. 삶에서 이것은 자신의 끊임없는 사실적 일반성에서 실천을 규정하며, 본질에 대한 이론적 탐구의 방법을 통해 비로소 본질에 필연적인 것으로 드러난다.

나는 여기에서 생생한 사물과 생기 없는 사물의 차이를 들고 있다. 생생한 사물의 범위에는 동물적인 것, 즉 (식물과 같이) 단순히 충동적으로 살아가는 것에 대립해, 충동적으로뿐만 아니라 항상 자아의 작용 속에 살아가는 것이 포함된다. 동물적 사물 가운데는 인간이 두드러지며, 그러므로 단순한 동물은 인간에게서만 비로소 그 변화된 존재로서의 의미가 있다. 생기 없는 사물 가운데는 인간화된 사물, 인간에게 의미(예를 들어 문화의 의미)가 있는 사물이 부각된다. 더 나아가 이것이 변화된 방식으로 동물의 현존재에 유사한 방식에서 유의미하게 지시하는 그에 상응하는 사물이 이러한 의미에서 의미 없는 사물에 대립해 부각된다. 근원적 경험의 세계인 생활세계에서 이루어진 그러한 가장 일반적인 구별과 집단화하는 것은 학문적 영역들의 구별에 결정적이며, 마찬가지로 영역들의 내적 연관과 포괄[관계]에 의해 학문들의 내적 연관에도 결정적이라는 사실은 명백하다. 다른 한편 모든 구체화된 것을 포괄하는 보편적 추상도 동시에 가능한 학문들에 대한 주제를 함께 결정한다. 근대에 와서야 비로소 후자(後者)의 길이 진행되었으며, 우리가 여기에서 문제 삼고 있는 것도 곧 이 길이다.

자신을 물리학으로 확립하는 근대의 자연과학은 생활세계에서 오직 물체성만을 보려 원하는 일관된 추상작용 속에 그 뿌리를 가진다. 모든 사물은, 비록 인간이나 예술품처럼 단순히 물체적인 것이 아니라 모든 실재적인 것과 마찬가지로 단지 물체화되었더라도, 물체성을 가진다. 세계는 보편적으로 또 일관되게 그처럼 철저히 수행된 추상을 통해 순수자연과학의 주제인 추상적-보편적 자연으로 환원된다. 우선 기하학의 이념화가, 그런 다음 더 나아가 수학화하는 모든 이론화가 자신의 가능한 의미를 이끌어낸 것은 오직 여기에서뿐이다. 이것은 외적 경험의 명증성에 의거한다. 따라서 이 경험은 사실상 추상적 경험이다. 그러나 이 경험은 추상 안에서 자신을 해명하는 본질적 형식, 자신의 상대성, 이념화하는 것에 동기를 유발하는 자신의 방식 등을 가진다.

그러면 인간의 영혼에서 사정은 어떠한가? 인간은 구체적으로 경험된다. 그 물체성을 추상한—세계를 추상적인 물체의 세계로 환원시키는 보편적 추상 안에서—다음에야 비로소 대립한 측면, 따라서 보완적 추상에 관한 실로 매우 자명하게 제시된 물음이 생긴다. 일단 물체적 측면이 자연과학의 일반적 과제에 함께 속하고, 이 자연과학에서 이론적으로 이념화하는 자신의 취급방법을 발견한 다음, 심리학의 과제는 보완적 과제, 즉 정신적 측면을 상응하는 보편성에서 그에 상응하는 이론적 취급방법에 종속시키는 과제로 특징지어진다. 그와 함께 인간에 관한 이원론의 학문은 이론의 여지 없이, 즉 실제로 어떠한 형이상학적 요소도 없이 생활세계의 경험의 단순한 토대 위에 정초되고, 심리학에 자신의 근원적 의미를 할당한다는 것은 거의 확실해 보이지 않는가? 그러므로 이것은 우선 인간의 영역에, 그런 다음 명백히 동일한 방식으로 동물의 영역에도 타당하다. 더 나아가 이와 더불어 사회적 정신성과 실질화된 정신성에 관한 학문(정신과학)의 처리절차도 미리 질서 잡힌다.

이와 상관적인 추상이 가르쳐주듯이, 어쨌든 인간(모든 동물적 실재성도 마찬가지로)은 이중의 층을 지닌 실재적인 것이며, 순수한 생활세계의 경험, 즉 순수한 경험 속에 그러한 것으로 주어진다. 따라서 인간에 관한 영역적 학문에는 자명하게 우선 우리가 때로는 '사회심리학'과 대조해 '개인심리학'이라 부르는 것이 요구된다. 세계의 시간공간성 속에 구체적으로 존재하는 인간은 물체에서 분할된, 추상적으로 부각된 영혼을 가진다. 순수하게 자연적으로 물체를 고찰하면, 이 영혼은 전체에서 그 자체로 고찰될 수 있는 우주를 형성한다. 영혼 자체는 물체화됨으로써 서로 대립한 것이고, 따라서 그들의 고유한 추상적 층 속에서는 [물체에] 평행하는 전체의 우주를 형성하지 않는다.

그러므로 심리학은 개별적 영혼들만의 일반적인 것에 관한 학문일 수 있다. 이것은 그 영혼들이 고유한 본질에서 심리물리적 연관을 통해, 그들이 일반적 자연 속으로 함께 질서를 세워 규정하는 방식에서 생긴다. 그렇다면 개인심리학은 사회학의 기초가 틀림없으며, 마찬가지로 고유한 의미에서 인격으로서의 인간, 즉 영혼 삶을 지시하는 실질적으로 된 정신성(문화적 사물)에 관한 학문의 기초가 틀림없다. 이 모든 것은 또한 유비적으로—실로 유비(類比)가 도달할 수 있는 한—동물들, 동물의 사회, 특수하게 동물적 의미에서 환경세계로 전용될 수 있다.

생활세계의 경험의 토대로, 따라서 여기에서 궁극적으로 심문할 수 있는 명증성의 원천으로 소급해 숙고함으로써 물체성과 영혼의 정신성에 관한 전통적 이원론 또는 한편으로 인간의 (또한 동물의) 물체성에 관한 학문인 생리학과 다른 한편으로 인간의 **영혼** 측면에 관한 학문인 심리학의 이원론적 결합은 정당화되지 않는가? 더 나아가 경험론에도 영향을 끼친 **데카르트**의 합리론 전통에 대립해 이 이원론은 개선조차 이루지 못하지 않았는가? 즉 이원론은 경험 자체가 가르쳐주는 것의 충실한 표현에 지나지 않았다는 사실로 모든 형이상학적 기초를 구축하는 것에서 해방되지 못한 것이 아닌가?

물론 이것은 심리학자, 생리학자와 물리학자가 경험(Erfahrung)을 이해한 방식으로 완전히 그러한 경우는 아니다. 그리고 우리는 이들의 매우 일상적인 자기해석에 대립해 이들의 작업에 결정적인 경험의 의미를 개선했다. 여기에는 자연과학자들이 자연을 구체적인 것으로 간주하고 그들의 자연을 학문적 주제로 형성하는 추상화를 간과했다는 형이상학적 잔재가 함축되어 있다. 이러한 사실을 통해 영혼에도, 경험이 가르쳐주듯이 영혼적인 것은 물〔신〕체와 결합해서만 세계 속에 발생할 수 있으므로 비록 비독립적 실체성이지만, 고유한 실체성에 관한 것이 부착되어 있다.

그러나 앞으로 그리고 지금 중요한 물음을 제기할 수 있기 이전에, 이러한 단계를 밟아야 한다. 우리는 우선 경험(Empirie)이 자신을 이해하게〔자기이해〕 도와야 하며, 반성을 통해 경험의 익명적 작업수행이었던 것, 즉 우리가 기술한 **추상화하는** 것을 명백히 밝혀야 한다. 이렇게 함으로써 우리는 심리학자나 자연과학자보다 더 경험에 충실하게 된다. 추상화된 것들이 곧 **실체**가 아닌 한, 두 개의 실체에 관한 데카르트 이론의 궁극적 잔재는 무너진다.

67절 경험에 기초해 추상화하는 (홉스부터 분트까지의) 이원론. 경험주의적 실마리의 역사적인 지속적 영향. 자료경험론(Datenempirismus)에 대한 비판

그러나 이제 여기에서 이원론—추상화를 통해 새로운 권리를 획득한 인간 속에 그리고 학문들이 층화된 것(Schichtung)—에 의해 실제로 유의미하고 유의미한 것으로 남아 있는 것을 심문해야 한다. 우리는 이러한 이원론에 대한 우리의 최초의 비판, 영혼의 존재를 시간공간에 자리 잡고 개별화하는 것이 원리상 2차의 방식이라는 우리의 시사를 의도적으로 사용하지 않았다. 우리는 근원적 토대인 총체적 경험세계의 보편적 연관 속에 결단을 내리기 위해 과학자들의 심리물리적-이원론의 경험론에 완전히 익숙해지려 했다. 앞으로 살펴볼 심리학의 참된 과제를 이해하는 데 근본상 본질적인 새로운 통찰 이외에, 위에서 언급한 이전의 통찰도 다시 발견하게 될 것이다.

자신의 은폐된 어려움을 곧바로 드러낼 위에서 언급한 추상화하는 것을 실마리로 삼아보자. 이 추상화하는 것을 아주 단순하게 또 당연하게 인간의 구체적 경험의 토대로 서로 다른 시선과 관심을 향하는 것으로 간주하자. 그러면 자명하게 우리는 인간의 단순한 물〔신〕체성에 주의를 기울일 수 있고, 그것에 일관되게 한 측면에서 관심을 가질 수 있다. 이와 마찬가지로 그 반대의 측면에 주의를 기울이고, 순수하게 인간의 영혼적인 것에 관심을 가질 수 있다. 이렇게 함으로써 외적 경험과 내적 경험(우선 지각)의 차이도, 인간 자체가 두 가지 실재적 측면 또는 층으로 구별되는 것처럼, 확고부동한 권리로 즉시 명백하게 나타나는 것 같다.

'심리적 측면에 속하는 것은 무엇인가, 또한 그 심리적 측면에 관해 순수하게 내적 지각에 주어진 것은 무엇인가' 하는 물음에 사람들은 일상으로 하나의 인격, 인격적 속성들의 기체, 근원적이거나 획득된 심리적 성향들(능력·습성)이라 답변한다.

그러나 그것은 유동적인 의식 삶, 자아의 작용들의 특성이 우선 특수하게 드러나는 시간적 경과—하지만 수동적 상태의 근본적 토대—를 소급해 지시한다. 이것은 영혼적인 것에 대한 추상적 태도로 경험되는 **심리적 체험들**의 흐름이다. 어떤 인간의 심리적 체험들이 현존하는 영역은 그 자신에 의해서만 자신의 '내적 지각'으로 직접 또 본래—다른 사람들의 경험은 '감정이입'[27]이라는 간접적 경험의 방식으로만—(더구나 우리가 특별한 필증적 명증성에서 지각된 것으로 생각하듯이) 지각된다. 그러므로 적어도 우리가 이전에 일반적이고 습관적으로 행하듯이 하지만 않으면, 이러한 경험의 방식을 일종의 추리를 통해 바꾸어 해석할 수 있다.

그렇지만 이 모든 것이 수백 년 이래 상세하게 숙고되지 않고 받아들여졌듯이, 이것들은 그렇게 단순하고 자명한 것이 결코 아니다. 외적 지각에 평행한 '내적 지각'과 그 밖의 다른 심리학적 경험에 근거해 평행한 추상화에 입각한 심리학은 진지하게 의문이 제기되어야 한다. 실로 이렇게 파악된 심리학은 원리상 불가능하다. 이것은 경험하는 직관에 순수하게 의거하는 모든 이원론—인간에 관한 학문들의 이원론과 마찬가지로 두 가지 실재적 측면 또는 층의 이원론—에 해당한다.

역사적으로 우리는 경험론자의 심리학 그리고 홉스와 로크시대 이래 이 심리학 속에 지배해 형성되고 오늘날까지 심리학을 파멸시켜온 감각주의(Sensualismus)를 고찰해야 한다. 자연주의의 이 최초의 형태에서 추정적으로 경험의 토대 위에 영혼이 심리적 자료의 고

---

27) 이에 관해서는 이 책 54절 b)항의 주 65)를 참조할 것.

유한 하나의 실재적 영역으로, 그 자체만으로 의식의 공간에 완결된 통일체로 분리되었다. 심리학적 자료경험에 주어진 것을 물체에 대한 경험에 주어진 것과 소박하게 대등한 것으로 다루는 것은 심리학적 자료경험에 주어진 것을 사물화(事物化)하게 된다.

그런데 자연과학에 전형을 찾으려는 끊임없는 시선은 심리학적 자료경험에 주어진 것들을 영혼의 원자 또는 원자들의 복합으로 파악하고, 이 두 가지 자료의 과제를 평행화하는 길로 잘못 이끈다. 그 결과 영혼의 능력들—사람들은 이것을 나중에 '심리적 성향(Disposition)'이라 부르기 더 좋아한다—은 물리적 힘과 유비적인 것이 되었고, 영혼의 본질에 속한 것이든 신체와의 인과적 결합에서 발생한 것이든 실재성과 인과성에 관해 두 가지 측면에서 동일한 것으로 파악하는, 영혼의 단순히 인과적 속성들에 대한 명칭이 되었다. 물론 버클리와 흄의 이론으로 영혼을 해석하는 데 수수께끼와 같은 어려움이 즉시 나타났고, 이 어려움은 평행한 것들 가운데 한 부분[심리학적 자료경험]을 삼켜버리는 내재적 관념론(immanentes Idealismus)으로 내몰았다.

그러나 19세기를 거치면서도 추정적으로 경험을 추구하는 심리학과 생리학이 사실적으로 연구하는 방식에는 아무것도 변하지 않았다. 로크 후계자들의 철학인 내재적 철학의 **관념론적 자연주의**[28]는 쉽사리 이원론의 심리학으로 이행되었다. 흄의 허구주의가 강렬하게 감지할 수 있게 만든 인식론적 어려움을 사람들은 곧 **인식론**으로 극복했다. 그것은 흥미를 끌지만 유감스럽게도 진정한 근본주의를 회피한 반성이었는데, 이 반성은 어쨌든 사람들이 경험의 명증성을 추

---

28) 후설은 지향적 의식체험을 실증적 감각자료로 해소해 자연화(사물화)하는 로크 이래 경험론(실재론)전통의 심리학을 '내재적 관념론'이라 독특하게 비판한다.

구하는 자연스러운 노력에서 수행한 것을 추후에 정당화하기 위한 것이었다. 그러므로 명백하게 가치 있는 경험적 사실들에서 증대된 획득물이 '철학적으로 이해될 수 있는 의미'라는 겉모습을 띠게 되었다. 우리는 과학을 추종하는 그러한 인식론적-형이상학적 해석의 한 전형을 두 가지 관점에 관한 학설, 즉 이중으로 추상화하는 것을 통해 하나의 일반적 경험을 이론적으로 평가하는 학설을 주장하는 분트[29]와 그 학파의 반성에서 찾을 수 있다.

이 학설은 모든 전통적 형이상학을 극복하고, 심리학과 자연과학이 자신을 이해하게 이끄는 길에 있는 것처럼 보인다. 그러나 사실상 그 학설은 경험적 이원론의 자연주의를 두 가지 평행한 관점을 지닌 일원론의 자연주의로 바꾸어 해석한, 따라서 스피노자와 같은 평행론의 변형이다.[30] 그밖에 경험적 이원론 속에 결합한 심리학을 정당화하는 다른 방식들처럼, 이 분트의 방식은 로크의 전통에 따라 의식을 자연주의의 자료로 해석하는 데 머물렀다.

하지만 그러한 방식은 표상·의지·가치 그리고 목표설정을 의식에 주어진 것으로 논의하는 것을 방해하지 않는다. 물론 이 방식은 '그와 같은 자료와 그 심리적 인과성에서 어떻게 이성의 활동—이것은 이성의 작업수행으로 모든 심리학 이론의 전제이지만, 이성의 활동은 이론 자체에서 다른 성과들 가운데 하나의 성과로 나타난다—이 이해될 수 있는가' 하는 물음을 철저하게 제기하지 않는다.

---

29) W. Wundt(1832~1920)는 직접 경험에 주어진 심리적 현상을 감각이나 감정과 같은 단순한 요소로 분석하고, 이것을 구성함으로써 정신현상을 설명하는 감각심리학, 생리학적 심리학을 주장했다. 이러한 그의 주장은 경험과학의 한 분과로서 정신과학을 심리학적으로 정초하는 심리학주의의 한 유형을 이루었다.

30) 이에 관해 더 상세한 후설의 견해는 이 책의 제11절을 참조할 것.

68절 의식 자체를 순수하게 해명하는 과제. 지향성이라 는 보편적 문제제기(심리학을 개조하려는 브렌타노 의 시도)

우리가 여기에서 해야 할 첫 번째 일은 의식 삶―이 삶 속에서 또 이 삶을 통해 세계는 현실이거나 가능한 경험의 우주로서 그것이 존 재하는 그대로 우리에게 존재한다―을 자신의 물[신]체성과 동등한 의미에서 다음과 같은 도식에 따라 인간의 실재적 속성으로 만드는 소박함을 극복하는 것이다. 세계는 서로 다른 특성을 띤 사물들이 있 으며, 이 가운데는 그것들 이외에 존재하는 것으로서 경험하고 이성 적으로 인식하는 것도 있다. 또는 동일한 말이지만, 우리가 무엇보다 직접 반성하는 자기 경험에서 해야 할 첫 번째 일은 의식 삶을 그 자 체로 아주 직접 주어진 것으로 전혀 아무런 편견 없이 받아들이는 것 이다. 직접 주어진 것에서 우리는 색의 자료, 음의 자료 그리고 그 밖 의 감각자료 또는 촉감의 자료, 의지의 자료 등을 결코 발견하지 못하 기 때문에 전통 심리학에서 처음부터 직접 주어진 것으로 자명하게 등장한 것은 아무것도 발견하지 못한다.

그 대신 실로 데카르트가 했듯이 (당연히 우리는 그의 다른 의도를 배제한다) 사유함(*cogito*), 즉 지향성을 발견하는데, 이 지향성은 '나 는 푸른 나무를 본다. 나는 이 나뭇잎새의 싹트는 소리를 듣고, 그 꽃 의 향기를 맡는다' 또는 '나는 나의 학창시절을 기억한다', '나는 친 구가 병든 것을 우려한다' 등과 같이 환경세계의 모든 현실처럼 친숙 한 형태로 언어로 표명된다. 여기에서 우리는 '무엇에 관한 의식'―그 것의 전체 범위와 양상들을 통해 비로소 탐구될 수 있는 가장 넓은 의미의 의식―이외에 아무것도 발견하지 못한다.

여기는 브렌타노가 (물리적인 것과 대조해) 심리적인 것의 고유한 특성들을 탐구함으로써 심리학을 개조하려 시도했고 지향성을 이러한 특성들 가운데 하나로 제시했다는 사실, 즉 **심리적 현상에 관한 학문은 언제나 의식의 체험과 관계가 있다는 사실**을 통해 획득한 특별한 공로를 기억해야 할 자리이다.

그러나 유감스럽게도 그는 가장 본질적인 점에서 자연주의 전통의 편견에 사로잡혀 있었다. 그런데 이 편견은, 만약 영혼의 자료가 (외적 감각이든 내적 감각이든) 감각적으로 파악되는 대신 '지향성'이라는 주목할 만한 방식의 자료로 파악되면, 즉 심리물리적 인과성의 이원론이 계속 타당하게 남으면, 여전히 극복될 수 없다. 기술하는 자연과학과 설명하는 자연과학의 관계에 대해 예로부터 전수된 해석의 의미에서 전적으로 심리적 현상을 분류하고 기술해 분석하는 과제를 세움으로써, 평행한 절차가 지시하듯이, 기술하는 자연과학에 평행한 것으로 기술하는 심리학이라는 그 이념 또한 이러한 편견에 속한다. 만약 브렌타노가 의식 삶을 지향적인 것으로 탐구하는 과제의 참된 의미까지 파고들어 갔다면, 이 모든 일은 가능하지 않았을 것이다. 그러므로 브렌타노는 실로 형식적으로만 지향성의 심리학을 과제로 제기했지만, 그 자신에게는 그것을 착수할 어떠한 거점도 확보되지 못했다.

이것은 내가 『논리연구』에서 제시한 결정적으로 새로운 점(비록 지향적 현상의 심리학이라는 그의 요구가 이 저술에 영향을 주었지만)을 타당한 것으로 받아들이기를 일관되게 거부한 브렌타노 자신과 마찬가지로, 그의 학파 전체에도 적용된다. 『논리연구』의 새로운 점은 이 저술의 가장 내적인 의미에 반해 일면적으로 영향을 끼쳤던 단순히 존재론의 연구에 있는 것이 아니라, 최초에는 진정한 내적 경험에 주어진 것과 마찬가지로 모든 의식체험의 본질적 계기인 '사유된 것으로서 사유된 것'(*cogitatum qua cogitatum*) 자체의 권리를 얻게 되고, 그래서 즉시 지향적 분석의 방법 전체를 지배하는 주관적으로 방향이 정해진 연구(특히 1901년 출간한 제2권의 제5연구와 제6연구)에 있다.

그러므로 거기에는 우선 학문적 명증성의 우선권에서 해방되고 일반적인 원본적으로 자신을 부여하는 것으로 확장된, (이러한 경직된 논리적 우상의) **명증성**이 문제가 된다. 진정한 지향적 종합은 다수의 작용이 하나의 작용으로 종합되는 데 발견된다. 이 종합에 따르면 어떤 의미에서 다른 의미로 결합하는 독특한 종류의 방식으로 단순한 전체, 즉 결합물―그 부분들은 의미이다―이 아니라, 이 의미 자체가 포함된―그러나 유의미하게 포함된―하나의 독자적 의미이다. 이 경우에 상관관계(Korrelation)의 문제제기 역시 이미 알려졌으며, 따라서 사실상 이 저술 속에 물론 매우 불완전하더라도 '현상학'의 최초의 출발점이 있다.

69절 '현상학적―심리학적 환원'의 심리학주의적 근본의 방법(최초의 특성. 1) 지향적으로 관련된 것과 판단중지. 2) 기술하는 심리학의 단계. 3) '무관심한 방관자'의 설정)

어쨌든 자료심리학과 또한 브렌타노의 방식으로 지향성을 고려하는 심리학에 대한 이러한 비판은 이제 체계적으로 정당화되어야 한다. 이미 앞에서 제시된 자명함, 즉 이원론, 평행한 추상화, 자연과학과 심리학에 각각 부속된 추상적 경험의 방식인 외적 경험과 내적 경험을 구별하는 추정적으로 단순히 경험을 정초하는 자명함을 더 상세하게 고찰해보자. 우리가 특히 내적 경험, 즉 영혼의 경험에 주목하면, 그것은 마치 우리가 자연에 속한 모든 것을 추상해 어떤 사람의 단적인 경험 속에 실로 즉시 그의 순수한 영혼 삶을 그에게 내실적으로 고유한 지향적 체험의 층으로 발견하는 것, 따라서 그의 순수한 물체성을 주제로 제시하는 추상화의 단적인 대립물을 실제로 유지하는 것과 같지 않다. 단순한 세계경험 속에 우리는 인간을 어떤 사물·동물·집·평야 등과 지향적으로 관련된 것으로 발견한다. 즉 이것들을 능동적으로 주목하고, 일반적으로 지각하며, 능동적으로 기억하고 추후에 기억하고 계획하며 행동하면서 이것들에 의해 의식에 적합하게 촉발된 것으로 인간을 발견한다.

만약 심리학자로서 우리가 (자연과학의 주제에 속하는 것으로서) 인간의 물체적 신체를 인간에서 추상하더라도, 신체가 세계의 실재적인 것과 지향적으로 관련된 것에는 아무런 변화도 없다. 이 경우 이렇게 지향적으로 관련된 것을 수행하는 인간은 그가 몰두하는 실재적 사물들의 현실성을 확신하며, 그때그때 어떤 인간을 주제로 삼고 이 인간이 지각하고 사유하고 행동하는 것 등을 추후에 이해하는 심리학자조차 관련된 사물에 대해 확실성을 가진다.

여기에서 다음과 같은 점에 분명히 주목해야 한다. 즉 단순히 자연적으로 경험되고 표명되는 어떤 인간(이미 신체성에서 추상된 것으로 파악된 인간)의 지향성들은 그 인간과 다른 실재성들의 실재적 관계라는 의미가 있다. 물론 이 실재성들은 그 자신을 관련된 실재성들에 관계 맺게 하는 인간의 고유한 심리적 본질의 구성요소는 아니다. 반면 어쨌든 우리는 그가 지각하고 사유하고 평가하는 것 등을 그의 고유한 본질에 속하는 것으로 간주해야 한다. 그러므로 요청된 기술하는 심리학의 순수하고도 고유한 주제를 획득하기 위해서는, 내가—이와 관련해 심리학의 방법으로서 — '현상학적-심리학적 환원'이라 부르는 완전히 의식적으로 수행된 방법이 필요하다(이 환원이 '선험적 환원'과 어떠한 관계에 있는지 하는 문제는 여전히 남겨두자).

심리학자로서 나는 직관적으로 미리 주어진 세계의 토대 위에 소박하게 서 있다. 이 세계 속에서 사물들, 그 영혼을 지닌 인간과 동물이 분포되어 있다. 이제 나는 범례로, 그런 다음 보편성에서 인간의 구체적이고 고유한 본질을 순수하게 그 정신적·심리적 존재 속에 해명하겠다. 모든 지향성, 예를 들어 범례로 이바지하는 인격이 수행하는 것과 아주 정확히 같은 방식으로 '지각작용'이라 부르는 유형의 체험은 영혼의 고유한 본질에 속한다. 그리고 항상 이러하기 때문에 인격의, 영혼의 고유한 본질을 넘어서는 것은 아무것도 받아들이면 안 된다. 지각작용 속에서 인간은 지각된 것을 의식한다.

그러나 실로 지각작용이 관찰하면서 해명하는 작용의 양상을 갖든 곧바로 주목된 것의 주목되지 않은 배경을 수동적으로 의식해 갖는 양상을 갖든, 다음과 같은 점은 분명하다. 즉 지각하는 인격이 지각된 것에 기만당하든 않든, 또는 지각된 것을 즉시 함께 믿는 추후에 이해해 수행하는 심리학자인 내가 그것을 잘못 평가하든 않든, 지각된 것이 존재하는가에 관한 물음은 심리학자인 나에게는 문제 밖에 있음이 틀림없다. 그 가운데 어느 것도 지각에 대해 심리학적으로 기술되지는 않는다.

존재이든 가상이든 관련된 주체가 사실상 예를 들어 지각을 하며 사실상 '여기에 이 나무'〔라는〕 의식을 갖는다는 점에는 전혀 변화가 없다. 즉 이 경우 지각작용의 본질에 속하는 단순한 확실성, 곧 단순한 현존재의 확실성을 인간의 주체가 수행한다는 점에는 전혀 변화가 없다. 그러므로 그것들이 단순히 경험에 적합하게 주어지듯이 인격들, 자아의 주체들에 관한 실제로 직접 기술하는 모든 언표는 필연적으로 이 주체들의 순수한 본질로 이행한다. 우리는 '판단중지'라는 고유한 방법을 통해서만 이것을 수행할 수 있다. 이것은 타당성을 판단중지하는 것으로, 우리는 지각의 경우 지각하는 사람이 정립하는 타당성을 함께 수행하는 것을 억제한다. 이것은 우리의 자유(Freiheit) 안에 있다. 누구도 어떤 타당성을 즉시 또 자의로 양상화할수 없다. 즉 확실성을 의심이나 부정으로 변화시키고, 마찬가지로 즐거움을 불쾌함으로, 사랑을 미움으로, 갈망함을 싫어함으로 변화시킬 수 없다. 하지만 우리는 즉시 모든 타당성을 억제할 수 있다. 즉 어떤 목적을 위해 그 타당성을 항상 작용 밖에 놓을 수 있다.

어쨌든 이 점을 더 숙고해보자. 모든 작용은 그 작용을 하는 인격에 그때그때의 내용을 지닌 채 확실하게 존재하거나 확실함의 양상(의심스러운 것·추정적인 것·무효화된 것)이다. 동시에 이 확실하게 존재함―또는 타당하다고 할 수도 있는 것―도 본질적 차이가 있다. 예컨대 존재의 확실성은 가치의 확실성과 구별되며, 이 둘은 다시 실천적 확실성(가령 계획의 확실성)과 구별되고, 그 각각은 자신의 양상을 지닌다. 게다가 다른 작용들의 **함축**(Implikation)을 통해 작용하는 타당성의 차이, 그리고 모든 작용을 에워싼 지평의식(地平意識)을 통해 이것들에 고유하게 함축된 타당성의 차이가 있다.

다음과 같은 점은 도외시하자. 즉 '**지평**'-의식이라는 개념, 지평의 지향성 속에 이미 일상적인 말의 좁은 의미에서 무의식(Unbewußtes)[31]의, 그러나 명백히 함께 생동하며 더구나 서로 다른 방식으로 함께 기능하는 지향성의 매우 다른 양상들이 포함되고, 이 양상들에는 자신의 타당성의 양상이 있으며, 타당성의 양상들을 변화시키는 고유한 방식이 있다는 점은 도외시하자. 그런데 더 정밀한 분석을 통해

---

31) 이것은 "현상학적 무(無)가 아니라 의식의 한계양상"(『형식논리학과 선험논리학』 279~280쪽 ; 『경험과 판단』, 336쪽), "2차적 감성"(『이념들』 제2권, 332쪽, 334쪽), "꿈이 없는 잠"(『위기』, 192쪽), "침전된 지향성"(같은 책, 118쪽, 240쪽)으로서, 침전된 것이 다시 부각될 수 있는 수동적 배경, 즉 새롭게 연상으로 일깨워질 수 있는 지속적 소유물이다.

입증될 수 있듯이, 이것을 넘어서 여전히 무의식적 지향성이 존재한다. 여기에는 실로 최근의 **심층심리학**[32] (그런데도 우리는 우리 자신을 이 이론과 동일시하지 않는다)에 의해 개시된, 억압된 사랑의 욕정·굴욕감·증오심 그리고 이것으로 무의식적으로 동기가 유발된 행동의 방식들 등이 속할 것이다. 이것들 역시 그들의 타당성의 양상들(존재의 확실성·가치의 확실성, 의지에 찬 확실성과 그 양상의 변화들)을 지니며, 따라서 우리가 지각의 예에서 명백히 밝혔던 것을 이들 모두에 미리 고려해보자.

순수심리학을 추구하는 데 심리학자 자신은 아무리 다양해도 자신의 주제를 형성해가는 인격의 타당성들을 결코 함께 타당한 것으로 간주하면 안 되며, 그가 탐구하는 동안 줄곧 그것에 관한 독자적 태도를 보이면 안 된다. 그리고 이것은 그들 속에 아직 알려지지 않은, 그들 삶의 심층 속에 놓여 있고 그 자신에 대해 여전히 은폐된 모든 지향성에 대해, 물론 이것들이 인격 그 자신에 대해 특별한 의미에서 의식되든 의식되지 않든 도외시하고, 보편적으로 또 미리 수행되어야 한다. 이것은 일시로 지속하거나 삶 전체를 지배하는 모든 습득성(Habitualität), 모든 관심(Interesse)을 포함한다.

또한 미리 또 결단코 심리학자는 자신의 직업적 삶에서 그가 작업하는 시간에 그의 주제가 된 인격의 관심에 **함께 관심**을 두는 모든 것을 억제한다. 이것을 위반하면, 그는 자신의 주제에서 이탈할 것이다. 인격들이 (순수하게 영혼으로) 그 자신에서 또 그 자신에게 그가 존재하는 그대로 있게 되는 지향성을 통해, 그들에게 고유한 내재적으로 **관련 맺음**(Sichbeziehen)과 **관련됨**(Bezogensein)을 통해 즉시 이들 인격과 그 이외에 세계의 어떤 대상들 사이에 실재적으로 관련됨

---

32) 이것은 게슈탈트(Gestalt)심리학을 뜻한다.

이 생기는데, 이렇게 실재적으로 관련되어 이들은 서로 얽혀 있다.

그러나 기술하는 심리학은 순수하게 인간 자체에 고유한 본질에서 자신의 특수한 주제를 가지며, 이것은 그 자체로 오직 지향적 삶의 주제들로 특히 개별적 영혼으로서 고유하게 순수한 지향적 연관으로 고찰되어야 한다. 하지만 모든 영혼 역시 지향적으로 결합한 다른 영혼들과의 공동체 속에 있다. 즉 순수하게 지향적인, 내적으로 그리고 고유하게 본질적으로 완결된 연관, 요컨대 상호주관성의 연관 속에 있다.

이러한 점에 계속 몰두해보자. 그러나 여기에서 우리가 극히 주목할 만한 것으로 받아들여야 할 것은, 아무리 서로 다르더라도, 어쨌든 본질적으로는 상응하는 속성들을 지시할 수 있는 이중의 태도에서 주체들을 주제로 삼을 수 있는 이중의 방식이다. 즉 한편으로는 인격들이 그들에게 지향적으로 타당한 세계 안에서 그들에게 의식되고 그들에게 지향적으로 타당한 사물들과 순수하게 내적으로 관련 맺는다. 다른 한편으로는 실재적 세계 속의 실재성들로서 인격들이 세계의 사물들에 실재적으로 관련된다. 그런데 순수하게 기술하는 심리학은 판단중지의 순수한 내적 태도에서 인격들을 주제화하며, 이것은 자신의 주제, 즉 영혼을 밝힌다.

더구나 우리는 '기술하는 심리학'이라는 개념을 당연히 기술하는 다른 학문들과 마찬가지로 넓게 받아들이는데, 이 학문들은 실로 직접적 직관에 단순히 주어진 것에 결부된 것이 아니라, 실제로 경험하는 어떠한 직관을 통해서는 실제로 존재하는 것으로 실현될 수 없는 것, 유비적으로 변화된 직관 속에 반드시 재현될 수 있는 것으로 자신의 결론〔추론〕을 만드는 것이다. 그러므로 지질학과 고생물학은, 비록 귀납으로 추론된 생명체를 유비적으로 직관하는 것이 가능한 경험에 대해 원리상 재현될 수 없는 지구의 기후시대에 도달하더라도, 기술하는 학문이다. 물론 유사한 것이 기술하는 심리학에도 적용된다. 기술하는 심리학도 극히 간접적으로만 열릴 다양한 심리적 현상들의 영역을 가진다.

그러나 우선 직접 경험할 수 있는 것부터 살펴보자. 하지만 우리가 언급했듯이 기술하는 심리학은 자신의 주제 일반을 오직 보편적 타당성의 판단중지에 힙입고 있다. 기술하는 심리학이 최초로 공격한 점은 아마 자연적 태도 속에 부각되는 실재적 지향성들, 즉 인간이 행하고 허용하는 행동의 방식들이다. 그리고 기술하는 심리학은 그 가운데 우선 함께 타당하게 간주하는 것을 억제함으로써 내적인 것(Innerliches)을 파악한다. 그런데 이렇게 함으로써 그것이 아직 실제의 기술하는 심리학이 되는 것은 아니다. 즉 순수하고 그 자체로 완결된 자신이 작업하는 장(場)에 도달한 것도 아니고, 순수한 영혼―자신의 고유한 본질상 또 철저하게 지향적으로 격리된 그 자체로 완결된 순수한 영혼의 우주―에 도달한 것은 아니다.

이것에는 심리학자의 보편적 판단중지가 필요하며, 게다가 미리 필요하다. 심리학자는, 명시적이든 함축적이든, 그가 주제로 삼은 인간―이들은 모두 인격 일반이다―이 수행하는 타당성들에서 함께 타당하다고 간주한 모든 총체성을 단번에 작용 밖으로 정립해야 한다. 왜냐하면 심리학은 물체에 관한 보편적 학문에 평행한, 영혼에 관한 보편적 학문이라 할 수 있기 때문이다. 그리고 물체에 관한 보편적 학문이 처음부터 보편적 **판단중지**를 통한, 물체적인 것만을 그것의 고유한 본질적 연관에서 추상적으로 탐구하려는 미리 건설된 습득적인 직업적 태도를 통한 학문이듯이, 심리학도 마찬가지이다.

따라서 심리학도 자신의 습득적인 **추상적** 태도를 요구한다. 심리학의 판단중지는 모든 영혼, 또한 심리학자 자신의 고유한 영혼에 관련된다. 이것은―심리학자로서―자연적-일상적 삶의 방식에서 객관적 세계의 실재적인 것과의 관계에서 실행된 그 자신의 타당성들을 함께 정립하는 것에 대해 억제하는 것을 포함한다. 심리학자는 그 자신 속에 무관심한 방관자와 모든 다른 사람과 마찬가지로 자기 자신을 언제나, 즉 심리학적 연구의 모든 직업적 시간에 대해 탐구하는 자를 설립한다. 그러나 판단중지는 실제로 보편적이고도 철저하게 수행되어야 한다. 이 판단중지는, 가령 자기비판이든 타인비판이든 이론적 비판이든 실천적 비판이든, 비판적으로 이바지하는 판단중지로 간주하면 안 된다. 또한 판단중지는 일반적인 철학적 의도에서 경험에 대한 보편적 비판, 객관적으로 존재하는 세계에 대해 진리 그 자체에 관한 인식가능성으로 간주하면 안 된다. 그리고 회의적인, 불가지론적 판단중지로 간주해도 안 된다. 이 모든 것에는 태도를 취하는 것이 포함된다.

하지만 심리학자 자신은 자신의 탐구에서, 우리가 반복해 말하듯이, 어떠한 태도를 취하거나 가지면 안 된다. 즉 그는, 마치 그가 주제로 삼은 인격의 타당성을 함께 논의하듯이, 찬성하거나 거부하거나 현안의 문제로 삼는 등의 태도를 취하면 안 된다. 심리학자가 이러한 태도를 진지하고 의식적으로 수립된 것으로 획득하지 못하는 한, 그는 자신의 참된 주제에 도달하지 못할 것이며, 그가 이러한 태도를 깨뜨리는 즉시 그는 자신의 주제를 잃어버리게 될 것이다.

그런데 이러한 태도에서만 심리학자는 본질적으로 통일적인, 그 자체로 절대적으로 완결된 주체들의 내적 세계를 가지며, 지향적 삶의 보편적 전체 통일성을 자신의 연구지평으로 가진다. 이 지평은 근원적 원본성에서 자신의 고유한 삶, 그러나 이 삶에서 함께 살아가는 사람과 그의 삶이다. 이 삶에 의해 그 자신의 고유한 지향성을 지닌 삶 각각이 다른 사람 각각의 삶 속으로 지향적으로 도달하고, 이 모든 것은 더 가깝거나 먼 방식으로 삶이 공존해(Miteinander) 뒤섞여 있다. 그 가운데 있는, 그러나 무관심한 관찰자의 태도를 취하는 심리학자에게는 모든 지향적 삶─모든 주체와 모든 특수한 주체들의 공동체 자체가 살아가는 삶─즉 모든 [의식]작용의 수행들, 지각하고 그 밖의 다른 방식으로 경험하는 행동, 변화하는 존재의 생각, 의지의 생각 등이 주제로 접근될 수 있다.

그러므로 심리학자는 일반적으로 그의 가장 가깝고도 가장 근본적인 주제로서 인격들의 순수한 [의식]작용 삶(Aktleben), 따라서 좁은 의미에서 우선 의식 삶(Bewußtseinsleben)을 가진다. 즉 이것은 심리학자에게 우선 명백하게 되는 정신세계의 표층 측면이며, 더구나 점차 열리는 지향적 심층이다. 다른 한편으로 이 지향적 심층은 모색해가는 경험의 작업을 통해 비로소 사태의 방법과 체계적 연관을 연다. 물론 이것은 '이러한 철저한 태도변화와 결단의 필연성을 의식하기까지 철학과 그 학문들의 기나긴 역사 전체가 있어야 하고, 그 필연성을 의식적으로 일관되게 유지하는 것은 그렇게 기술하는 심리학을 통해서만 심리학 일반이 자신의 본래 학문적 의미를 충족시킬 수 있으며, 심리학 자신의 정당한 의미를 적절하게 한정함으로써 심리물리적 주제제기의 정당한 의미를 만족시킬 수 있다'는 통찰과 더불어 동기를 유발할 수 있었다.

70절 '심리학적 추상'의 어려움('지향적 대상'의 이율배반. '의미'의 지향적인 근원적 현상)

자연과학에서 모든 정신적인 것을 단적으로 추상하는 것이 단순하지 않듯이, 심리학도 단지 물체적인 모든 것을 단적으로 대립적으로 추상함으로써 자신의 주제에 도달할 수는 없다. 필연적인 것으로 인식된 현상학적 판단중지 이후에도 심리학이 자신을 이해하는 길은 극단적 어려움, 실로 순차적으로 해명되고 극복되어야 할 기이한 이율배반으로 제지된다. 이제 이러한 점에 몰두해보자. 지향적 대상들 자체의 이율배반적 어려움이 첨단에 놓여 있다. 다음과 같은 물음을 실마리로 삼아보자.

심리학자의 판단중지를 통해 그러한 각각의 태도를 취하는 것이 억제되어야 할 경우, 주체들의 의식 속에 서로 다른 타당성의 양상으로 의식된 대상들, 판단중지 이전에 실재적으로 존재하는 것(또는 가능한 방식으로 존재하거나 존재하지 않는 것)으로 정립된 대상들 모두에서 무엇이 일어났는가? 우리는 다음과 같이 답변한다. 곧 판단중지는 순수한 지향적 삶 속에 경과되는 지향들(지향적 체험)에 대해서뿐만 아니라, 이 지향들이 그 자체로 그들의 고유한 본질적 내용에서 그때그때 그들의 대상으로 타당하게 정립된 것에 대해서도 시선을 자유롭게 만든다. 그리고 판단중지는 그것들이 이것을 수행하는 방식에서, 타당성 양상들 또는 존재 양상들, 지각에 현존하거나 기억에 의한 과거, 즉 현존했던 것 등 주관적 시간 양상들, 어떤 의미의 내용이나 대상의 유형을 지님으로써 시선을 자유롭게 만든다. 지향과 지향적 대상 자체—하지만 '대상성이 주어지는 방식의 양상'으로—는 우선 〔의식〕작용의 영역에서 엄청난 주제가 된다. 이것은 즉시 상관적 개념들과 문제들을 조심스럽게 확장해가기에 충분하다.

그러므로 나의 『이념들』의 명제[33]—거기에서 제시된 현상학적 환원의 연관에서 이 명제가 이탈되면, 반발이 일어날 수 있다—는 완전히 정확하다. 즉 우리가 어떤 나무에 관해 그 나무가 탄다고 단적으로 진술할 수는 있으나, 지각된 나무 자체는 탈 수 없다. 즉 지각

---

33) 이 명제는 '지각의 본질에 필연적으로 속한 지각의 의미는 불에 탈 수 없고 어떠한 화학적 요소나 힘, 어떠한 실재적 속성도 갖는 않는다'는 진술을 뜻하는 것 같다. 이에 대해서는 『이념들』 제1권, 제89절을 참조할 것.

된 나무 자체에 관해 그것이 탄다고 말하는 것은 이치에 어긋난다. 왜냐하면 이 경우 사람들은 순수한 지각의 어떤 구성요소, 자아의 주체의 고유한 본질적 계기로만 생각할 수 있는 것, 어떤 목재로 된 물체에 대해서만 의미를 가질 수 있는 것을 수행하는 것으로서, 즉 탄다고 기대하기 때문이다.

심리학자는, 자신을 순수기술에 한정하는 한, 유일한 대상들 자체로서 자아의 주체들과 이 자아의 주체들 자체 속에 (물론 이 경우 그 판단중지를 통해서만) 그들 자신의 내재적인 것으로 경험할 수 있는 것을 가진다. 이렇게 해서 계속 학문적 작업의 주제가 된다. 그러나 곳곳에서 그는 지향들뿐 아니라 이 지향들 속에 상관적으로 포함하는 것, '포함된 것'의 본질적이며 완전히 독특한 방식으로 지향적 대상들까지도 발견한다. 이것들은 지향의 내실적 부분이 아니라, 지향 속에 생각된 것, 이것의 그때그때 의미, 곧 의미와 같은 것에만 의미를 두는 양상들의 의미이다. 생각에 대해 생각된 것, 의식의 체험에 대해 의식된 것, 지향에 대해 지향된 것 — 현상학적 심리학에서 불가피하게 극단적으로 확장된 의미로 사용될 수밖에 없는 단순한 말들 — 에 관해서는 단순히 논의되면 안 되고, 오히려 방법적으로 심리학의 연구주제가 되어야 한다.

그 하나는 자료심리학과 같은 것이다. 흄 자신도 (그가 어떻게 이것을 피할 수 있었는가?) 나무, 돌 등에 관한 인상·지각을 언급하며, 오늘날에도 심리학은 다음과 같이 언급한다. 곧 지향적으로 '그 속에 있는 것'(Darinnensein), '어떤 것을 의미 속에 갖는 것'(Etwas-im-Sinn-haben) — 언어상 거꾸로 된 것과 같이 — 에 맹목적이었기 때문에, 심리학은 참된 지향적 분석의 가능성을 차단했고, 그 반대의 방향에서는 지향적 종합의 주제제기, 즉 고유한 본질적 탐구, 따라서 기술하는-심리학적 탐구의 주제 전체일 뿐인 그 주제제기를 차단했다. 심리학 이외의 삶에서 때로는 인간의 행위와 고통에, 때로는 이것의 의미(우리가 '의미 속에 가진다'는 것)에 초점이 맞춰질 수 있는 것은 일상적인 일이다. 또한 학문의 영역에서 우리는 어떠한 관심을 제한해 의미를 해명하는 주제제기— '말을 사용하는 사람이 그의 논의에서 경험하고 사유하고 실천하는 등의 생각은 어떠한 것인가', '그가 의미 속에 가진 것은 무엇인가'를 주목하는 것에 관해 그가 끊임없이 반성하고 되돌아가 묻는 언어학에서와같이—를 가진다.

그러나 그것의 모든 주관적 양상에서, 의미를 부여하고 의미가 있는 삶에서, 그리고 그것이 모든 의미를 부여하고 의미의 모든 것을 포괄하는 종합에서〔이 의미 이외에〕다른 것을 보거나 추구하려 하지 않는 경우에만, 우리는 순수하게 심리학적 문제들—그러나 결코 분리된 채로는 아닌—을 가진다. 즉 보편적 판단중지 속에 살아가고 이 판단중지를 통해 순수한 내적인 삶, 지향적 삶의 보편적 지평을 '의미를 수행하고 타당성을 정립하는 삶'으로 갖는 사람만 실제로 진정한 그리고 내가 강조하듯이, 절대적으로 그 자체로 완결된 지향성의 문제제기도 가진다. 이 문제제기는 순수심리학의 문제제기로, 이 경우 심리적인 것에 몰두하는 모든 학문(심리물리적 학문·생물학적 학문)이 이에 속한다.

심리학자는 이러한 지향성의 문제제기를 자신의 원본적 영역에서 갖는데, 그러나 이 영역은 그 자신에 대해 분리될 수 있는 것은 아니다. 자신의 원본적 의식의 영역에 대한 감정이입을 통해, 그리고 이 영역에 불가결한 요소로서 이 영역에서 유래하는 것을 통해, 그는 우선은 이것에 거의 주목하지 못하더라도 이미 보편적인 상호주관적 지평도 가진다.

물론 명백한 방법에 대한 근본적 요구로서 판단중지는 이미 일정한 소박함 속에 또 역사적 상황에서 이른바 판단중지로 끌려들어 간

사람 그리고 이 새로운 내적 세계의 어떤 단편을 모호하게 미리 지시된 멀리 떨어진 지평(Fernhorizont)과 더불어 이 내적 세계에서 어느 정도까지 가까운 장(Nahfeld)을 자신의 것으로 만들었던 사람만 수행할 수 있는 반성의 일일 수 있었다. 그러므로『논리연구』가 완결된 후 4년이 지나서야 비로소 나는 명백하지만 여전히 불완전하게 그 방법을 스스로 의식하게 되었다.[34] 그러나 이것에 의해 극단적으로 어려운 문제들이 발생하게 되었는데, 이 문제들은 그 방법 자체에, 판단중지와 환원 및 이들에 고유한 현상학적 이해와 이들의 특별한 철학적 의미에 관련된 것이다.

내가 여기서 이러한 어려움을 다루고 이렇게 함으로써 심리학적 판단중지와 환원의 의미를 완전히 전개해가기 전에, 이 두 가지 용어를 사용하는 데 이제까지 서술한 것 전체에 따라 자명한 차이로 명백히 더 파고들어 가자. 순수한, 즉 참된 의미의 기술하는 심리학에서 판단중지는 자연적 세계 속의 삶에서 세계의 실재적 대상들과 지향적-실재적 관계에 있는 것으로 경험되고 자기 자신을 경험하는 주체들을 그 고유한 본질적 순수성에서 경험할 수 있고 주제화할 수 있게 만드는 수단이다. 그래서 주체들은 절대적으로 무관심한 심리학적 관찰자에게는 본래의 새로운 의미에서 현상이 된다. 그리고 이 태도 변경을 여기서는 '현상학적-심리학적 환원'이라 부른다.

---

34) 후설이 1905년 여름 알프스 휴양지 제펠트에서 뮌헨의 젊은 현상학자들, 특히 펜더(A. Pfänder)와 다우베르트(J. Daubert) 등과 모여 연구해 '제펠더 블레터'(Seefelder Blätter)로 불리는 이 자료(유고 'A VII 25')에서 다룬 '현상학적 환원'과 '대상의 구성'이라는 문제의식은 곧 1907년 수행한 5개의 강의『이념』으로 이어진다.

71절 현상학적−심리학적 판단중지의 '보편성'을 오해하는 위험. 정당하게 이해하는 것의 결정적 의의

이제 판단중지와 환원의 더 깊은 의미에서 서로 다른 측면에서 그리고 더 나아가 순수심리학 자체를 명백히 드러내기 위해 몇 가지 근본적으로 본질적인 점들을 언급해보자.

사실상 순수심리학은 심층을 가지며, 이것은 영혼에 관한 객관적 학문만 목표로 삼는 심리학자가 결코 파악할 수 없었던 이율배반으로 몰아댄다. 어쨌든 우리의 서술은 심리학자가 자연주의적 감각주의에 입각해 자신의 의식심리학을 재검토하고, 참된 심리학에는 보편적 판단중지가 필요하다는 사실을 깨닫게 유도할 것이다. 하지만 그는 우선, 보편적 판단중지를 방법으로서 명백히 표명하지 않고 암암리에 이미 수행했으며, 인격의 내재적이고 고유한 것에 초점을 맞추어 내적 지각, 내적 경험 또는 감정이입(Einfühlung)을 통한 기술(記述)이라는 명칭으로 그것의 참된 존재나 비존재의 관점에서 인격의 외적 실재성을 배제했다고 생각할 것이다. 그러나 그는 아마 인간의 내적 존재로 향한, 결코 학문 이전의 삶에서조차 생소하지 않은, 이 자연적이고 소박한 방식이 충분하지 않다는 점, 보편적 판단중지라는 의식적 방법을 통해서만 주체의 순수한 그 자체로서의 존재 그리고 그 자체를 위한 존재가 완전히 구체적으로 주제의 영역이 될 수 있다는 점을 인정할 것이다.

그러므로 그는 다음과 같이 파악하고 다짐해야 한다. 즉 내가 심리적인 것 이외의 모든 것, 심리적 삶에서 타당하게 간주한 세계를 배제해 순수한 심리적 우주가 나에게 완결된 세계가 되어야 비로소 심리적인 것 자체의 고유한 본질에는 '그것이 대상을 생각한다는 등이 포함된다'는 사실이 나에게 분명하게 되며, 명증하게 확실하게 된다.

이 경우 보편적으로 나는 흐르는 다양한 지향성과 이 속에서 유동적으로 타당한 세계 자체를 가진다. 그러나 이렇게 함으로써 심리적이지 않은 것이 세계로 실제로 정립되는 것은 아니다. 여기서 더 첨부하면, 아마 심리학자도 지금까지 심리학자가 감각자료에 우선권을 부여했고, 지향적 연관 속에 이 자료를 기술하는 장소에 관해 또 이러한 연관에서만 비로소 규정될 수 있는 자료의 의미를 심문할 수 없게 만들었던 심리물리석 인과성 또는 조건의 발견에 우선적 목표를 둔 것은 심리생리학적 태도였다는 것에 동의할 것이다.

따라서 심리학자는 결국 여기에 사실상 중요한 점, 즉 지향성, 더구나 상관적 명칭으로서 지향성의 문제제기가 놓여 있다는 점을 승인할 것이다. 그리고 사실상 이것은 우리가 서술한 것 전체에 중요한 의미에서, 도대체 출발할 수 있으려면 완전히 확신해야 하는 것이다. 보편적 판단중지를 통해 비로소 우리는 순수한 자아의 삶에 고유한 것을 독자적 주제의 장(場)으로 본다. 즉 이 지향적 삶 속에 나타나는 타당한 지향적 대상들에 의해 지향성 속에 촉발된 것, 다양한 방식으로 이 대상들을 향해 있고 몰두해 있는 지향적 삶으로 본다. 이렇게 몰두하는 그것 모두는 자체로 순수한 내재에 속하고, 그것의 순수한 주관적 양상으로, 그 속에 포함된 지향적인 모든 간접성과 더불어 그 함축들 속에 기술(記述)로 반드시 파악된다.

그러나 수백 년간 내려온 전통적 사유의 습관을 이렇게 쉽게 극복할 수 없으며, 사람들이 이 습관을 명백히 버리더라도, 여전히 타당한 것으로 간주한다. 어쨌든 내적으로 심리학자는 '이 기술하는 심리학 전체는 물체에 관한 학문인 자연과학을 전제하는 비독립적 분과이며, 동시에 심리생리학 또는 심리물리학으로 설명하는 자연과학의 이전단계'라는 점을 고집한다. 그리고 그들 스스로 순수하게 기술하는 심리학으로서 독자적 현존을 승인하더라도, 어쨌든 그들은 기술하는 심리학 이외에 **설명**하는 심리학을 요구한다(이것은 실로 지난 세기말 브렌타노와 딜타이가 여전히 지닌 견해이었다).

하지만 시작하는 사람(전문적인 모든 심리학자는 그들의 교육상 여기에서는 시작하는 사람이다)은 우선 순수심리학에 관해 제한된 복합적 과제, 즉 유용하지만 아무튼 2차적 보조분과만 중요하다는 점을 생각할 것이다. 이러한 견해는 부분적으로는 인간의 행동방식들에서 출발해야 한다는 필연성과 실재적 관계로서 이 행동방식들은 그들에게 내적 영혼으로 환원해야 한다는 고려에 근거한다. 그러므로 '필연적인 보편적 환원은 미리 세계에 대한 경험 속에 항상 개별적으로 일어나는 인간의 모든 행동방식을 환원하고, 그래서 일상적 언어를 통해 이미 명백해진 심리적인 것, 인간의 행동과 고뇌—대략 말하면, 경험적 유형에서〔의식〕작용의 영역의 심리적인 것과 이것의 의미에서 심리물리적 인과성이 항상 함께 문제가 된다—를 때에 따라서는 실험의 도움을 받아 과학적으로 기술하는 결단의 의미를 곧바로 갖는다는 것'은 자명한 것처럼 보인다.

그러나 이것은 더 나아가 전적으로 자연과학의 방식에 따라 귀납적 추론을 할 수 있고, 이러한 추론을 통해 본래 경험할 수 있는〔의식〕작용들에 유비적인 것과 변양들을 표현하는 새로운 개념을 형성함으로써 '무의식'이라는 어두운 영역으로 파고들어 갈 목적으로 수행된다. 따라서 이것은 심리적 측면에 관한 것이다. 물리적인 것 (*Physis*)이라는 대립 측면에 관해서는 순수한 심리학적인 것과 뒤섞여 있는 심리물리적 문제가 발생한다. 이 점에서 논쟁할 것이 있는가? 여기에서 '**행동방식**'이라는 명칭으로 어쨌든 모든 표상·지각·기억·기대, 더구나 모든 감정이입, 더 나아가 모든 연상, 또한 그것이 모호해지고 침전되는 가운데 사실상 기술해 추구할 수 있는〔의식〕작용의 변양들, **지평들**에 관해서는 전혀 말할 필요조차 없이 모든 본능과 충동을 포함한다는 사실에 주목하면, 우리는 어떤 방식으로든 동요하게 될 것이 아닌가?

아무튼 보편적 환원은 내재적으로 기술하려 자발적으로 수행해도 개별적 환원의 보편성으로 이해될 것이다. 게다가 여기에서 더 중요한 점을 주목해야 한다. 심리학자의 길은 외적 고찰에서 내적 고찰로 이르는 길이다. 그러므로 곧 자연과학적 세계의 보편성과 평행한 의미를 심리학적 보편성에 부여하기 위해 가장 가까운 것은, 보편적 환원이 경험과 귀납을 통해 접근할 수 있는 모든 개별적 주체에서 개별적으로 수행될 수 있고, 그런 다음 개별적 체험들에 관해 각각의 주체에서 수행될 수 있는 방식으로 보편적 환원을 하는 것을 생각하는 것이다. 그밖에 달리 어떻게 가능할 수 있는가?

인간들은 서로 대립해 있으며, 서로 분리된 실재성이다. 따라서 인간 영혼의 내부도 분리되어 있다. 그러므로 내적 심리학은 개체적 심리학, 개별적 영혼의 심리학일 수밖에 없고, 그 밖의 모든 것은 심리물리적 탐구의 일이다. 그리고 이것은 동물의 영역에서도 마찬가지이며, 결국 모든 유기체 존재가 일반적으로 자신의 심리적 측면을 지닌다고 말하는 것이 근거를 갖는다면, 유기체 존재의 모든 계열도 마찬가지이다. 이 모든 것은 곧바로 자명한 것으로 보인다. 그럼으로써 우리는 내가 미리 다음과 같이 말하면, 일부는 지나친 과장으로 또한 일부는 불합리한 것으로 받아들인다. 즉 올바로 이해된 판단중지는 우리가 일찍이 심리학의 과제에 관해 만들 수 있었던 모든 표상을 총체적으로 변경시키고, 방금 전에 자명한 것으로 제기된 모든 것을 하나의 소박함으로 밝혀준다. 판단중지와 환원이 실제로 또 그들의 완전한 의미에서 이해되고 수행되면 이 소박함은 곧 필연적으로 그리고 항상 불가능하게 된다.

현상학적 심리학은 현상학적 환원 자체―이것은 그 본질에 포함된다―가 자신의 의미, 내적인 필연적 요구, 그 범위를 단지 단계적으로만 드러낼 수 있으므로, 그 의미에 따라 서로 다른 단계로 자신을 드러낸다. 모든 단계는 새로운 반성을 요구하고, 그들의 측면에서는 자신에 대한 이해와 다른 단계에서 실행된 작업수행을 통해서만 가능했던 새로운 성찰을 요구한다. 내가 항상 표현하듯이, 현상학적 환원은 자신의 총체적 지평을 획득하기 위해 '현상학적 환원의 현상학'이 필요하다.

그러나 개별적 주체들에 초점을 맞추고 심리물리적 또는 생물학적 학문의 작업수행을 개방된[해명되지 않은] 물음의 상태로 유지해야 할 그 첫 번째 단계에서도 우리는 그 의미를 힘들어도 스스로 획득해야 하며, 우리가 필연적으로 출발해야 했던 행동주의적 환원[35]에서 거침없이 당장 그 의미를 획득하면 안 된다.[36]

이 첫 번째 환원으로 우리가 아직 영혼의 고유한 본질에 도달한 것은 아니다. 그러므로 진정한 현상학적-심리학적 판단중지는 자연적 삶 전체뿐만 아니라 과거의 심리학자에게 완전히 생소하고 인위적인 태도이다. 그런 까닭에 자아의 주체들의 고유한 본질과 그 영혼적인 것 일반을 학문적으로 기술하는 데 필연적인 경험의 장(場)이, 또한 반복해야만 비로소 발생할 수 있는 '이미 알려진 것의 유형학'(Bekanntheitstypik)이 없다. 그들의 고유하고 순수한 존재에 따라 영혼에 관한 경험으로 이해된 참된 심리학과 심리학적 경험 일반이라

---

35) 이것은 의식심리학의 내성적 방법에 반대하고 파블로프(I. Pavlov)의 조건반사설을 받아들여, 객관적으로 관찰될 수 있는 모든 행동을 자극들의 함수관계로 파악하기 위해 자연과학의 방법으로 분석하는 환원을 뜻한다.

36) 물론 나는 여기서 마치 행동이 그렇게 함으로써 자신의 의미, 곧 행동에 '감정이입', 즉 표현의 이해를 부여하는 의미를 상실하지 않는 것처럼, 일반적으로 행동의 외부 측면만을 갖고 조작하는 행동주의자들의 과장은 도외시한다. ―후설의 주.

는 의미에서 내적 지각은 직접적이고 일상적인 것과는 거리가 멀며, 최초에 출발한 단적인 **판단중지**를 통해 이미 획득된 것으로, 그것은 현상학적 판단중지라는 본래의 방법이 소개되기 이전에는 결코 가능하지 않았다.

따라서 현상학적 태도를 취한 사람만 보는 것을 배우고, 이렇게 수행하며 그럼으로써 우선은 대략적이고 불확실하지만, 점차 더 규정될 자신과 타인의 고유한 본질에 관한 개념성을 획득하게 된다. 이렇게 함으로써 비로소 기술하는 현상들의 참된 무한성은 점차 명백하게 되고, 게다가 가장 강력하고 절대적인 모든 명증성, 이 오직 참된 **내적 경험**의 명증성에서 명백하게 된다.

물론 이것은 잘못된 과장처럼 보인다. 하지만 전통에 속박되어 출발하는―외적 태도(자연스러운 인간학주의의 '주체-객체-태도', '심리적-세속적 태도')의 경험에서 시작하는―사람에게는 우선 실재적 전제들에 부착된 것을 자명하게 단순히 순화하는 것이 문제이지만, 영혼의 경험내용은 본질적으로 이미 알려졌고 일상의 언어로도 표현할 수 있다고 생각한다.

그러나 이것은 근본적 오류이다. 만약 이것이 옳다면, 우리는 일반적 경험에서 획득된 인간―사유하고 느끼며 행동하는 주체, 즐거움과 괴로움 등을 체험하는 주체―의 경험이라는 개념을 분석적으로 해명하는 것만 필요할 것이다. 하지만 이것은, 즉 단지 외적인 측면, 외부세계에서 객관화된 것인 심리적 표층이다. 이것은 사물들에 관해 사물로 경험하지만, 그의 사물에 대한 통각에는 여전히 없는 내적 구조에 대한 예상도 갖지 않는 어린아이의 경우와 유사하다. 그러므로 참된 판단중지를 가능케 하는 현상학적 의미에서 표층 자체를 이해하고, 그것의 엄청난 심층적 차원에 관해 심문하는 것을 배우지 않은 심리학자에게는 본래의 모든 심리학적 통각이 없고, 따라서 미리 지시된 의미의 지평을 이미 가져야 할 연구의 물음인 본래의 심리학적 물음을 제기할 가능성이 전혀 없다.

그러므로 자칭 순수화하는 것 또는, 우리가 종종 말하듯이, 심리학적 **개념들을 해명하는 것은**—외면화된 지향성을 통해 이것들을 지향적으로 구성하는 내적 지향성으로 파고 들어가면—때로는 일반적으로 최초로 심리적인 것에 접근할 수 있게 만들고, 심리적인 것의 존재 일반과 이 속에 **포함된** 모든 것을 최초로 명백하게 만든다. 이렇게 함으로써 우리는 일반적으로 심리학적 분석과 그 반대로 심리학적 종합이 본래 주장하는 것을, 그리고 이들과 우리가 외적 태도의 학문들에서 분석하고 종합해 이해할 수 있었던 것을 분리하는 의미의 심연을 비로소 이해하게 배운다.

물론 이 최초의 판단중지는 순수한 영혼의 경험을 위한 필연적 출발이다. 그러나 이제 순수하게 영혼적인 것을 조망하고 깊이 파고들어 가는 것에 대해 논의해보고, 엄중한 일관성에서 이것의 고유한 본질에 몰두해야 한다. 만약 경험론이 순수한 경험에 그렇게 결부됨으로써 자신의 이름에 더 큰 명예를 부여했다면, 경험론은 현상학적 환원을 놓쳐버릴 수 없었을 것이고, 그래서 경험론이 기술한 것이 결코 자신을 자료과 자료복합으로 이끌지 않았을 것이며, 자신의 독자성과 무한한 총체성 속에 있는 정신세계가 은폐된 채 남아 있지도 않았을 것이다.

전통이나 오늘날의 어떤 심리학도 지각에 대한 실제 해명조차, 물체에 대한 지각이나 기억·기대·감정이입 또는 현전화하는 그 밖의 방식들의 특수한 유형조차 부여할 수 없었다는 것은 이율배반이 아닌가? 더 나아가 판단의 지향적 본질과 [의식]작용들의 그 밖의 유형의 지향적 본질을 기술할 수도 없었고, 일치와 불일치(서로 다른 양상화에서)의 종합이라는 지향적 해명도 할 수 없었다는 것은 이율배반이 아닌가? 이러한 명칭들 각각에 포함된 다양하고 어려운 연구의 문제에서 전혀 예상하지도 못했다는 것은 이율배반이 아닌가?

우리는 경험의 영역을 갖지 못하며, 특수한 심리학적 사태들이 기술될 수 있는 영역도 획득하지 못했다. 우리는 심리적인 것을 우선 분석되지 않은 채 미리 부여하고, 자신의 내적인 또 외적인 경험의 지평을 통해 지향적으로 제시될 수 있는 것을 규정되지 않은 채 미리 지시하는 실제의 심리학적 경험 속에 결코 놓지 않았다. 그렇다면 도대체 우리가 기술하고 지향적으로 분석하는 기체(基體)와 함께 연구의 영역을 비로소 획득할 수 있는 보편적 판단중지와 환원이 필요함을 인식하지 못하는 한, 때때로 자주 또한 매우 강력하게 제기된 기술하는 심리학의 요구는 무슨 소용이 있는가?

나는 이제까지의 심리학이 본래 심리학의 토대에 발을 들여놓았다는 것을 부정할 수밖에 없다. 그러한 심리학이 현존해야 비로소 다양하고 의심할 여지 없이 매우 가치 있는 심리물리학과 이것에 의존하는 심리학의 사태를 실제의 그 심리학적 내실에 따라 평가하고, 이두 가지 측면에서 경험적 규칙들의 〔관련된〕 관계항들이 실제로 무엇인가를 해명할 수 있다.

편견의 힘이 매우 강력하므로 실로 수십 년 동안 선험적 판단중지와 환원은 서로 다른 발전단계를 거쳐 서술되었고, 진정하게 지향적으로 기술하는 최초의 성과를 고대의 심리학에 의미가 전도되어 적용하는 것보다 더 성취할 수 없었다. 앞으로 우리의 고찰은 그렇게 적용하는 데 의미가 전도되었다는 말이 얼마나 진지하게 받아들여야 하는지 보여줄 것이다. 궁극적으로 성숙한 자기성찰에서 유래하는 이러한 고찰이 그에 상응하는 더 깊은 투철함과 명석함을 가능하게 만들기 바란다. 이에 덧붙여 그러한 『방법서설』─데카르트가 여기에서 계획했듯이─즉 그 배후에 있는 수십 년간의 구체적 연구가 구체적 토대로 함께 이바지할 수 없었고, 특히 출판된 저술조차 실제의, 물론 항상 이해하기 매우 어려운 환원에 대한 그 진정한 영향력을 행사할 수 있는 어려움이 제거된다. 비록 그 저술에서 환원이 선험철학의 환원으로 소개되었더라도, '왜 여기에서 이것이 언급되어야 하는가'는 우리가 더 논의해감으로써 즉시 명백해질 것이다.

판단중지의 진정한 의미를 해명하는 데 매우 절실한, 지금 우리의 다음 과제는 판단중지되어야 할 보편성을 가장 가깝게 해석하는 자명함이 사실상 자신을 오해한 것임을 명증하게 밝히는 것이다. 인간의 행동방식들에서 실재적 환경세계로 나가는 것에 따라 이 행동방식들이 개별적으로 심리적인 것으로 환원하는 것, 결국 보편적 환원은 일어나는 모든 개별적 지향성을 보편적으로 환원해 순수화하고 그런 다음 이 개별성에 몰두하는 태도 속에 존립한다고 일반적으로 생각하는 것은 근본적으로 전도된 것이다. 확실히 자기의식 속에 나자신을 반성해보면, 나는 개별적 사물들에 의해 촉발되고 개별적 사물들에 몰두하는 방식으로 세계 속에 살아가는 나 자신을 발견한다. 그래서 환원은 언제나 개별적 표상·감정·[의식]작용을 산출한다.

그러나 나는 '의식 서판(書板) 위의 자료'의 심리학과 같이, 이 서판 자체가 서판으로서 의식을 가지며, 세계 속에 있고, 세계를 의식해 갖는다는 점을 간과하면 안 된다. 나는 항상 내가 관심을 두고, 움직이며, 신경을 쓰는 것으로서 세계의 개별적 사물들을 의식해 가진다. 하지만 이 경우 나는 나 자신이, 비록 어떤 사물과 같이 현존하지 않고 사물들과 마찬가지로 나를 촉발하거나 이와 유사한 의미에서 몰두하는 대상이 아니라도, 그 속에 존재하는 것으로서 세계 자체에 대한 의식을 언제나 가진다. 만약 세계가 세계로 의식되지 않으면, 세계가 어떤 객체와 같이 대상이 될 수 없으면, 어떻게 나는 세계를 반성해 조망할 수 있으며, 세계에 대한 인식에 관여할 수 있고, 이것에 의해 항상 사물들에 관계하는 단순한 곧바른 삶(Geradehin-leben)을 넘어서 나를 끌어올릴 수 있는가? 어떻게 나나 우리는 모두 항상 세계에 대한 의식을 갖는가?

우리가 경험하며 언제나 관계하는 각각의 사물—우리가 우리 자신을 반성하면, 이것은 우리 자신을 포함한다—은 그것에 주목하든 않든 세계 속에 있는 사물로서, 그때그때 지각의 영역—하지만 세계에서 단순히 지각에 직합한 단면(斷面)으로서—속에 있는 사물로서 자기 자신을 부여한다. 우리는 이 점에 주목할 수 있고, 이 끊임없는 세계의 지평을 심문할 수 있으며, 이 심문을 항상 할 수 있다.

그러므로 심리학적 환원은 단번에 개별적 사물과 그 세계의 지평에 관한 의식을 환원해야 하며, 따라서 모든 환원은 '세계에 보편적'(weltuniversal)[37]이다.

이것은 심리학에 대해 아프리오리(Apriori)이다. 즉 심리학적인 것을 심문하는 어떠한 심리학자도 이미 자신의 세계에 대한 의식을 갖지 않을 수 없으며, 필연적으로 자신의 세계의 지평을 수반하는 객체들과 일깨워진 방식으로 관계를 맺지 않을 수 없다. 그리고 다른 사람들을 표상하면서 심리학자는 자기 자신과 비슷한 것—세계에 대한 의식과 동시에 자기에 대한 의식, 즉 세계 속에 존재하는 것으로서 자기 자신에 대한 의식을 지닌 인간으로서—이외에 도대체 달리 표상할 수 없다.

따라서 이것은 또 아마 무수히 많은 유사한 본성은 심리학의 출발, 최초의 설립에 속한다. 이러한 점을 간과하는 것은, 마치 물체에 관한 학설에 착수하는 물리학자가 연장성(延長性)이 물체의 본질이라는 사실을 간과하는 것처럼, 전도된 것이다. 물론 물리학적 방법을

---

37) 이것은 의식의 총체성뿐만 아니라 세계의 총체성도 받아들이는 것을 뜻한다.

정초하는 데 평탄하게 진행되는 모든 것 — 아프리오리한 구조를 주목하고, 이 구조에서 이끌어가고, 고유한 학문적 규범의 체계, 즉 수학으로서 이것을 방법적 기초로 만드는 것 — 은, 하나의 심리학이려면, 물리학과 겉모습에서 매우 유사한데도 특별하고 특유한 어려움을 겪는다. 자연을 보편적으로 추상하고 이념화함으로써 자연을 수학적으로 포착하는 물리학적 방법에서 상대적으로 쉬운 점은 대립한 추상화를 설정해야 하고, 가장 깊은 근거에 입각해 어려운 방법적 예비성찰을 통해 세계에 대한 의식(Weltbewußtsein)과 자기에 대한 의식(Selbstbewußtsein)을 보편적 주제로 삼아야 하는 우리의 논의에서 관련된다.

순수한 영혼 일반에 관한 보편적 학문 — 영혼을 추상화하는 것을 포함해 — 인 심리학은 판단중지가 필요하며, 모든 영혼에서 그 세계에 대한 의식 각각을 그 특수성, 그때그때 요소들과 양상들로 미리 환원해야 한다. 이것에는 각자 자기 자신에 그때그때 부여한 타당성·습득성·관심·성향 등의 의미를 지닌 각자 자기에 대한 통각과 그가 그때그때 수행하는 등 그 당시 경험과 판단, 그가 자기 자신을 나타내고 생각하지만 동시에 세계 속에 존재하는 것으로 생각하는 방식 각각이 속한다. 즉 이 모든 것은 환원되어야 한다.

그러나 다음과 같은 물음을 단념하면 안 된다. 즉 그가 자기에 대한 통각을 이러한 인간으로서 갖는 동안 각자는 더 상세한 세계에 대한 의식을 어떻게 갖는가? 여기에서 우리는 즉시 자기에 대한 의식과 타인에 대한 의식이 분리될 수 없다는 사실을 하나의 아프리오리로 보게 된다. 나는 내가 하나의 인간이지 않고 세계 속에 존재하는 인간이라는 것은 생각할 수 없으며, 가령 〔있을 수 있는〕 단순한 사실이 아니다. 나의 지각의 영역에서는 어떠한 사람도 존재할 필요가 없지만, 동료 인간은 실제이고 이미 잘 알려진 것으로서, 언제든 마주칠 수도 있는 개방된 지평으로서 필요하다. 사실상 나는 동료 인간의 현재 속에 그리고 인간성의 개방된 지평 속에 존재한다. 나는 발생적 연관으로 이러한 현재가 인간성의 현재이며, 그것이 의식하는 세계는 역사적 과거와 역사적 미래를 지닌 역사적 현재인 역사성의 통일적 흐름 속에 나 자신을 사실적으로 안다.

물론 나는 세계에 대한 의식을 허구로 또 자유롭게 변형시킬 수 있지만, 발생성(Generativität)과 역사성(Geschichtlichkeit)의 형식은 파괴될 수 없다. 마찬가지로 개별적 자아인 나에게 속하는 기억된 과거와 예견되는 미래의 현재로서 나의 원본적인 지각의 현재형식이 파괴될 수 없다. 물론 '어느 범위까지 이 아프리오리가 내용상 도달하는가', '어떻게 그것이 엄밀하고 확고한 법칙들로서, 이른바 세계에 대한 의식과 자기에 대한 의식의 존재론으로 정식화될 수 있는가' 하는 것은 중대하지만 해명되지 않은 물음이다. 어쨌든 이것은 보편적 판단중지의 의미에 관련되고, 이 판단중지를 통해 내적 심리학의 환원된 현상으로 획득될 수 있는 것, 따라서 처음부터 심리학의 주제로 주목해 파악될 수 있는 것에 해당하는 물음이다.

아무튼 여기에서 더 상세하게 논의해야 한다. 심리학자는 당연히 판단중지와 환원을 자기 자신에서부터 또 우선 자신에서 수행해야 한다. 그는 자신의 원본적인 자기에 대한 경험과 자기 자신에 원본적으로 고유한 세계에 대한 의식에서 착수해야 한다. 즉 그가 그때그때 승인한 모든 것을 승인하는 인간—선량한 사람으로 존재하든 그가 추정한 그 밖의 모든 것과 더불어 죄인으로 존재하든—으로서의 자기 자신에 대한 자신의 통각에서 출발해야 한다. 심리학자가 자신에 대해 무관심한 관찰자가 됨으로써 이 모든 것은 함께 작용하는 모든 타당성을 상실한다.

반면 이러한 타당성 자체는 타당하게 만드는 모든 〔의식〕작용이나 타당한 것 자체와 더불어 현상이 되는데, 이렇게 함으로써 어떠한 것도 상실될 수 없다.[38] 단지 그는 이 모든 것에 관해 그가 최초의 것으로 환원한 원본적 의식을 가질 뿐이다. 이 의식 속에는 그가 시간공간성과 내용에 따라 세계에 기인하는 것으로 간주한 모든 것과 더불어 그때그때 흐르면서 자신의 역사성 속에 있는 그의 세계에 대한 의식이 포함되어 있다. 환원을 통해 이 세계—그는 그에게 타당한 것만 갖는다(그 밖의 다른 것은 그에게 아무런 의미도 없을 것이다)—는 그에게서 '단순한 현상'이 된다.

그러나 그는 자기에 대한 경험에서처럼 타인에 대한 경험에서 그리고 미리 가능한 타인 각각에 대한 경험에서 판단중지를 해야 한다. 즉 모든 인간은 순수한 영혼이 되며, 타당하게 만드는 〔의식〕작용과 타당한 것의 상관관계에 따라 순수하게 주제로 될 수 있는 자기에 대한 통각과 세계에 대한 통각의 자아 주체가 된다.

하지만 이제 다음과 같은 점을 고찰하자. 즉 세계에 대한 의식 속에 다른 사람과 교제하는 각자는 동시에 타인에 관한 의식을 타인의 '그때그때'(Jeweiligkeit)라는 형식으로 갖는다는 점, 그의 지향성은 놀라운 방식으로 다른 사람의 지향성에 도달하며 거꾸로도 마찬가지라는 점,[39] 이 경우 자신의 또 타인의 존재타당성은 일치나 불일치의 양상 속에 결합해 있다는 점, 상호 교정을 통해 동일한 사물들을

---

38) 판단중지는 "소피스트처럼 이 세계를 부정하거나, 회의주의자처럼 세계의 현존재를 의심하는 것이 아니다"(『이념들』 제1권, 56쪽). 즉 매우 회의적이지만 미리 부정적 태도를 취하는 것이 아니라, 이미 정립한 것을 포기하거나 그 확신을 변경하지 않기 때문에 아무것도 잃어버리지 않는다. 다만 소박하게 존재를 정립한 타당성을 일시 중지해 '경험의 새로운 영역을 열어 새로운 방식의 봄(Sehen)'일 뿐이다.

39) 이러한 점은 선험적 주관성이 개방된 사회성을 지닌 것을, 즉 궁극적으로 선험적 상호주관성이라는 것을 지시한다.

지닌 동일한 공통의 세계에 관한 일치하는 의식은 항상 그리고 필연적으로 결국 어떤 사람은 이렇게 파악하고 다른 사람은 다르게 파악하는 동일한 사물들, 즉 타당성에 이르게 된다는 점이다.

각자의 세계에 대한 의식 하나하나는 처음부터 이미 의식이며, 게다가 존재 확실성의 양상에서 의식, 알려졌거나 알려지지 않은 모든 사람에 대해 그들 모두가 미리 그 자체로 세계 속에 존재해야 할 주제들, 즉 언제든 마주칠 수 있는 모든 주체에 대해 하나의 동일한 세계라는 양상에서 의식이다. 나는 나 자신에게 그리고 각자의 다른 사람은 자기 자신에게 자신의 방향이 정해진 세계를 갖는데, 이 세계는 그들 스스로 각자에 따라 다른 사람들—그 자체로 다시 타인들을 갖는—을 갖는 타인들을 전제하며, 이들은 지향적 연쇄의 간접성을 통해 공통의 세계에 대한 통각에 주체들로 전제되어 있다.

반면 각자는 자신의 자기에 대한 통각 속에 그 자신의 세계에 대한 통각을 가진다. 이것은 끊임없이 흐르는 변화 속에 있으며, 이 변화는 또한 항상 상호 교정의 변화이다. 즉 우리 각자는 우리 모두에 대한 세계로 생각된 자신의 생활세계를 가진다. 각자는 주관에 상대적으로 생각된 세계들의 극(極)의 통일체라는 의미를 지닌 자신의 생활세계를 갖는데, 이 세계는 교정의 변화를 통해 '그' 세계의 단순한 현상으로 변경된다. 이 세계는 모두에 대한 생활세계, 항상 유지되는 지향적 통일체, 그 자체로 개별적인 것들, 즉 사물들의 우주이다. 이것이 곧 세계이며, 다른 세계는 우리에게 전혀 의미가 없다. 그리고 판단중지를 통해 이 세계는 현상이 된다.

이제 남아 있는 것은 각자가 자신의 순수한 내면으로 환원된 분리된 다수의 영혼이 아니다. 오히려 그 자체로 완결된 통일체의 연관으로서 유일한 보편적 자연이 존재하듯이, 유일한 영혼의 연관, 모든 영혼의 전체 연관만 존재하는데, 이것은 외적이 아니라 내적으로, 즉 그 〔영혼〕삶을 공동체화하는 지향적 뒤섞임(Ineinander)을 통해 일치해 있다. 그의 순수한 내면으로 환원된 각자의 영혼은 자신의 그 자체에 대한 존재(Für-sich-sein)와 그 자체로의 존재(In-sich-sein)를 가지며, 자신의 원본적으로 고유한 삶을 가진다. 어쨌든 원본적으로 고유한 방식에서 그때그때 세계에 대한 의식을 갖는다는, 게다가 그것이 감정이입의 경험을 갖는다는 사실을 통해 세계를 소유하며, 이 세계를 소유하는, 즉 자신의 통각을 통해 각자가 통각 하는 것으로서 타인에 관해 경험하는 의식을 갖는다는 것은 각각의 영혼에 속한다.

각각의 자아 주체가 자유로운 활동으로 열 수 있는 지평 — 이것은 항상 새로운, 언제나 다시 '규정되고-규정되지 않은 것'으로 미리 지시된 지각의 장(場)들로 이끈다 — 속에 원본적인 지각의 영역을 갖듯이, 각각의 자아 주체는 자신의 감정이입의 지평을 가진다. 이것은 각자가 서로에 대해 타인인 항상 다시 타인을 가질 수 있는 등 타인과의 연쇄를 지닌, 직접적 또는 간접적 교류를 통해 열 수 있는 공동주관성(Mitsubjektivität)의 지평이다. 그러나 이것은 각자가 상대적으로 원본적으로 주어진 것의 핵심을, 게다가 지평의 핵심으로 갖는 방식으로 방향이 정해진 세계를 갖는다는 사실을 뜻한다. 이 지평은 복잡한 그리고 알려지지 않은 모든 것에도, 어쨌든 함께 타당하며 선취하는 지향성의 명칭이다.

하지만 이것은 동시에 어떤 자아 주체의 삶이 존재하는 생생하게 흐르는 지향성 속에 각자의 다른 자아는 감정이입이나 감정이입의 지평이라는 방식으로 이미 지향적으로 함축되어 있다는 사실을 뜻한다. 영혼들에서는 그 고유한 본질에 따라 결코 대립한 분리가 존재하지 않는다는 점은 실제로 그 자신을 이해하는 보편적 판단중지를 통해 밝혀진다. 영혼이 신체에 위치가 정해짐으로써 판단중지 이전에 세계 속의 삶의 자연적-세속적 태도에서 대립한 것은, 판단중지로 순수한 지향적 뒤섞임으로 변경된다. 이와 함께 세계, 단적으로 존재하는 세계 그리고 이 속에 존재하는 자연은 공동체 모두의 현상인 '세계', 현실이거나 가능한 모든 주체에 대한 세계로 변경된다. 이 주체들 가운데 어느 것도 각 주체의 지평 속에 미리 포함되는 것에 따라 지향적 함축을 피할 수 없다.

그러므로 우리는 놀랍게도 영혼의 순수한 본질을 제시하려는 기술하는 심리학의 이념을 순수하게 성취함으로써 '현상학적-심리학적 판단중지와 환원이 필연적으로 선험적 판단중지와 환원으로 변혁되어야 한다'는 사실을 파악하게 된다고 나는 생각한다. 그리고 우리는 앞에서 완전히 다른 관심에서—실증과학으로서의 심리학에 대한 관심이 아니라, 보편적 철학 그런 다음 선험적 철학으로서의 관심에서—고찰해야 했던 근본적 특성을 반복했을 뿐이며 이럴 수밖에 없었다는 사실을 파악하게 된다.

그러나 이렇게 함으로써 실제로 가장 가까이 놓여 있는 이〔심리학적〕 판단중지와 환원의 방식을 교정해야 한다고 생각하는 요구도 반복된다. 객관적 학문의 성격을 심리학 속에 얻으려 하면서 우리는 인간을 곧 세계 속의 그 밖의 다른 사물들과 마찬가지로 고찰하고, 심리학에 대해서도 객관성이 단지 주관적인 것 모두를 배제하는 것, 따라서 기능하는 주관성(fungierende Subjektivität)—이 기능을 통해 '세계 일반'이라는 존재의미가 실제로 발생한다—인 우리 자신을 배제하는 것을 뜻한다. 그러므로 심리학자인 나는 심지어 세계를 지향적으로 구축하는 것에 이미 향한 고찰에서조차, 내가 나 자신을 단순히 공동체화된 것으로 알게 되는 현존하는 현실성으로서 '감정이입'이라는 경험의 방식을 통해 내가 타인들을 갖는다는 사실에 빠져들게 된다.

그렇지만 내가 나와 나의 세계에 대한 의식에서 환원하는 판단중지를 하면, 이렇게 함으로써 다른 인간―세계 일반과 마찬가지로―은 판단중지에 놓이고, 따라서 그것은 나에게 단지 지향적 현상이 된다. 이렇게 해서 철저하고 완전한 환원은 그 결과 우선 절대적으로 고립된 순수한 심리학자의 절대적으로 유일한 자아로 이끈다. 이때 순수한 심리학자는 더 이상 인간으로서 그리고 세계 속에 실재적으로 존재하는 것으로서 자신의 타당성을 갖는 것이 아니다. 오히려 순수한 주체는 철저한 환원을 통해 자신의 모든 지향적 함축을 지닌 보편적이며 순수한 자신의 지향성이다. 이것은 필증적 자아, 그 자신 속에 필증적으로 포함되고 해명될 수 있는 그의 지향성 속에 필증적으로 존재하는 자아이다.

만약 다른 주체들―하지만 함축된 것으로서 다른 자아들―의 공존(Mitsein), 따라서 나와 타인의 근원적 구별이 이러한 지향성 속에 그리고 이 경우 본질적으로 입증될 수 있다면, 순수한 지향적 심리학의 주요 과제들 가운데 하나는 세계의 타당성에 대해 전진적 환원의 과정에서 주관적이고 순수한 기능을 이해할 수 있게 하는 것이다. 이 기능을 통해 '우리 모두에 대한 세계'인 세계는 자아인 나에게 〔구성된〕 모두에 대한 세계 그리고 그때그때의 내용을 지닌 세계가 된다. 판단중지의 공허한 일반성은 아무것도 해명하지 못하며, 이것을 관통해나감으로써 순수한 주관성의 새로운 세계가 발견될 수 있는 출입구일 뿐이다. 실제로 발견하는 것은 극도로 까다롭고 분화된 구체적 작업의 일이다.

이제 중요한 결과를 한마디로 더 강조한다. 우리의 고찰은 개별적 영혼 안에서 개별적 환원으로서 판단중지를 놓쳐버릴 뿐 아니라, 영혼에서 영혼으로 계속 이어지는 개별적 환원으로서도 판단중지를 놓쳐버린다는 점을 입증했다. 모든 영혼은 개별적 주체들의 삶의 흐름에서 상호 함축 속에 현상학을 통해 체계적으로 전개될 수 있는 지향성의 유일한 통일체를 형성한다. 즉 소박한 실증성 또는 객관성 속에 '대립한 것'(Außereinander)은, 내적으로 보면, '지향적으로 뒤섞인 것'(intentionales Ineinander)이다.

72절 순수한 사기인식에 이르는 본래 통로인 선험적 현상학과 선험적 심리학의 관계. 객관주의의 이상을 영혼에 관한 학문에서 궁극적으로 배제하는 것

우리가 연구한 놀라운 성과는 다음과 같이 표명될 수도 있다. 즉 실증과학으로서 순수한 심리학, 다른 실증과학이나 자연과학, 정신과학과 마찬가지로 세계 속에 살아가는 인간을 세계 속의 실재적 사태들로 탐구하려는 심리학은 존재하지 않는다. 선험적 철학과 동일한 선험적 심리학만 존재할 뿐이다.

우리는 지금 이러한 주장이 어떤 의미에서 교정될 수 있는지를 고찰해야 한다. 미리 주어진 세계의 토대 위에 선 학문으로서, 따라서 단적으로 세계 속에 있는 인간(그런 다음 동물)에 관한 학문으로서 심리학이 존재할 수 없다는 것은 물론 전도된 말일 것이다. 영혼의 존재에 순수하고 고유한 본질을 심문하지 않고는, 이러한 의미의 심리학이 결코 가능하지 않다는 것은 확실하다. 마찬가지로 그러한 본질은 그냥 얻어질 수 있는 것, 단지 그것에 주시하면—비록 주목되지 않은 채이지만—이미 거기에 현존하는 것이 아니라는 것도 확실하다. 이렇게 현존하는 모든 것은 그것을 그렇게 보는 자에게 통각이 된 것으로 세계에 속하며, 환원될 수 있는 영역에 속한다. 그러나 세계에 대한 의식을 소유하는 모든 것을 포괄하는 보편적 판단중지가 필요하면, 심리학자는 이 판단중지를 하는 가운데 객관적 세계의 토대를 상실한다. 그러므로 순수심리학 자체는 선험적 주관성에 관한 학문인 선험철학(Transzendentalphilosophie)과 동일하다. 이 점에서는 어떠한 동요도 없다.

그러나 이제 우리가 앞에서 자연적인 세속적 태도에서 전환하는 현상학적 환원에 대해 인식한 것을 기억해보자. 이 전환을 통해 우리는 자연적 태도로 다시 되돌아갈 수 있으며, 순수한 심리학은 모든 학문과 직업이나 마찬가지로 자신의 작업시간과 그 작업시간에 대해 판단중지를 한다고 우리는 앞에서 말했다. 내가 선험적 또는 순수한 심리학자로 존재하는 시간에 나는 오직 선험적 자기의식에 존재하며, 나는 그 속에 지향적으로 함축된 모든 것에 따라 오직 선험적 자아로서 나의 주제가 된다. 여기에서는 '객관성 그 자체'와 같은 것은 결코 없으며, 객관성·사물들·세계 그리고 세계에 관한 학문들(따라서 모든 실증과학과 철학을 포함해)은 선험적 자아인 나의 현상으로서만 존재한다. 내가 선험적 학자로 수행할 수 있고, 수행하려 하는 모든 존재타당성은 나 자신에 관련된다.

하지만 이렇게 됨으로써 그것들도 나의 원본적 지향성들 가운데 나타나는 현실이거나 가능한 감정이입, 타인들에 관한 지각에 관련된다. 환원에 의해 타인들은 '나에게 존재하는 인간'에서 '나에게 존재하는 다른 자아', '나의 원본적인 지향적 삶의 지향적 함축들에 관한 존재의미를 지닌 다른 자아'가 된다. 게다가 거꾸로도 마찬가지이다. 즉 나는 나의 모든 원본적 삶과 더불어 그들 속에 함축되어 있고, 그들도 마찬가지로 모두 뒤섞여 있다. 내가 여기에서 학문적으로 주장하는 것은 내가 나에 관해 그리고 나에게 말하지만, 이렇게 함으로써 역설적으로 또한 내 속에서 그리고 서로 뒤섞여 선험적으로 함축된 것으로서 모든 다른 사람에게 말하는 것이다.

순수심리학은 곧 주관적인 것(Subjektives) 이외에 다른 것을 알지 못하며, 그 속에 객관적인 것을 존재하는 것으로 받아들이는 일을 이미 포기했다. 선험적으로 순수한 탐구인 무한한 심리학적 탐구는 주체들과 이들의 선험적 삶이 지향적으로 뒤섞인 것에 관련되며, 필연적으로 나를 중심으로 방향이 정해진 형태로 수행된다.

그러나 이것은 내가 자아론(自我論)으로 자기성찰을 통해 나의 원본적 영역(원초성Primordialität의 영역)으로 한정하고, 그 그물망 안에서 그들이 지향적으로 변양되는 단계로 지향적 종합과 함축을 드러내 밝히는 방식으로 수행된다. 내가 모든 나의 감정이입을 방법적으로, 즉 판단중지 안에서 일종의 판단중지를 통해 타당성 밖에 정립하고 그 감정이입을 나의 체험으로만 간주하는 동안, 나는 원본적 삶의 본질적 구조를 획득한다. 만약 내가 ('함께 수행함'Mitvollzug을 통해 드러나는 지향적 타당성의 상관자에 따라) 감정이입을 타당성 속에 정립하면, 그것들은 내가 생각할 수 있는 각각 다른 자아의 본질적 구조가 될 것이며, 그렇게 되면 감정이입을 통해 제기된 모든 공동체와 이들의 본질적인 특수한 형식들의 문제가 등장한다. 이 형식들은 자연적 세계를 고찰함으로써 객관화된 것으로 등장하는, 즉 가족·민족·민족공동체 그리고 이것에서 인간 역사성의 본질적 구조로 등장하는 것이다.

하지만 여기에서 그것들은 환원된 형식으로 절대적 역사성의 본질적 구조를 산출한다. 즉 이것들은 선험적 주체들의 공동체의 본질적 구조 그리고 가장 일반적이며 또한 특수화된 아프리오리한 형식 속에 지향적으로 공동체화되어 살아가면서 지향적 타당성의 상관자로서 세계를 그 자체로 갖고, 문화세계의 항상 새로운 형식과 단계로서 언제나 계속 창조하는 본질적 구조이다. 생각할 수 있는 모든 방법—곧 자기 자신을 필증적으로 성찰하고 필증적으로 해명하는 선험적 주관성의 방법—을 가장 엄밀하게 체계적으로 진행해보면, 그것이 곧 선험철학이다. 순수심리학도 철학적 목표에서 미리 절대적으로 정초된 철학으로 추구되었고 현상학적 선험철학으로만 충족될 수 있는 것일뿐이며, 다른 것일 수도 없다.

그러나 순수심리학자 또는 선험철학자인 나는 그것에 의해 인간으로 존재하기를 그만두는 것은 아니며, 더구나 세계와 모든 인간의 실제 존재 또한 그밖에 세계의 존재들이 변화되는 것은 결코 아니다. 그리고 나는 개별적이든 사회적이든 그 영혼의 존재와 관련해 인간에 관한 보편적 학문이라는 명칭을 띤 이 특별한 세속적 관심을 지니기를 그만두는 것도 아니다.

그러므로 나는 직업을 바꿈으로써 심리학자로서 세계의 토대 위에 연구를 착수하는 자연적 태도로 다시 되돌아간다. 곧 심리학자인 나는 순수심리학을 완성하려 결심하게 강요받았다. 따라서 자연과학자의 관심이 ─이전에는 아직 순수수학이 자신의 이론적 관심의 성과가 되지 못했을 때도─ 순수수학을 완성하게 요구하고 요구했던 것과 유사한 것이 명백히 문제가 된다. 사실상 진정한 심리학과 이 심리학에 고유한 본질적 정밀성에 대해 선험철학은 자신의 실제로 심리학적인 모든 인식에서 의지해야 할 아프리오리한 학문의 역할을 한다. 이 학문의 아프리오리한 구조의 개념들을 심리학은 자신의 세속적 경험(Empirie)에 이용해야 한다.

물론 심리학과 자연과학의 진정한 평행관계를 이렇게 제시함으로써 실로 심리학과 모든 실증과학 일반의 엄청난 차이가 드러난다. 실제적으로 함께 타당함(Mitgeltung) 모두를 작용 밖에 정립해야 할 절대적으로 불가피한 강요에서 순수한 영혼적인 것을 추구하는 심리학자는 판단중지를 하고, 그런 다음 다시 불가피하게 어려운 성찰을 통해 방법적으로 판단중지를 하면서, 그는 모든 세계 속의 삶과 모든 객관적 세계에 대한 학문에 무의식적으로 부착된 소박함에서 자신을 해방한다. 자연적 삶의 학문 이하의 일상성에서 모든 사람은 자기와 인간에 대해 인식하고 있다고 믿으며, 비록 이러한 인식의 완전성을 겸손하게 평가하더라도, 종종 실수한다는 것을 확신하지만, 그는 이러한 인식이 개선될 것이라는 점을 안다. 그리고 모든 사람은 이와 유사한 방식으로 세계에 대해, 적어도 그의 주변에 가까운 세계에 대해 인식한다고 믿는다.

그런데 실증과학은 '그것은 소박함이며, 실증과학은 자신의 과학적 방법을 통해 참된 세계에 대한 인식을 산출한다'고 주장한다. 따라서 심리학자는 자신의 학문이 이미 그 목표가 성취된 다른 실증과학들과 같은 것이려 하며, 일상적인 자기에 대한 인식과 인간에 대한 인식을 간과하는 실증적 과학성의 방법만을 추구한다. 하지만 심리학자는 현상학적 환원의 방법을 형성하게 강요되는 것을 파악하는 가운데, 다음과 같은 점을 발견한다. 즉 본래 어떠한 사람도 실제로 자신의 자기에 대한 인식에서는 자신의 참된 실제의 자기(Selbst), 자아의 주체로서 또 그의 모든 세계에 대한 인식과 세속적 작업수행의 주체로서 자기 자신에 고유한 존재에 도달하지 못한다는 점, 오히려 이것은 환원을 통해 비로소 제시된다는 점 그리고 순수심리학은 참된 순수한 자기에 대한 인식에 이르는 무한하고 지극히 어려운 길일 뿐이라는 점이다.

그러나 이 자기에 대한 인식에는 자신의 자아 또는 영혼의 참된 존재와 삶의 인식으로서 인간에 대한 인식이 포함되고, 더 나아가 세계에 대한 인식도 포함되는데, 이것은 모든 실증과학이 ─여전히 매우 성공적이더라도─ 원리상 결코 도달할 수 없는 세계의 참된 존재에 대한 인식을 포함한다. 이것을 세계에 대한 인식이라 부르는 것은 세계의 사물들, 그 유(類)와 종(種), 결합과 분리, 변화와 불변, 변화의 과정에 이것들이 지속하는 존재의 법칙, 모든 것을 포괄하는 이것들의 구조, 사물들의 모든 존재가 결합한 형식들과 그 법칙성에 관한 인식이기 때문이다. 하지만 실증과학의 모든 인식, 모든 물음과 답변, 모든 전제와 확증은 미리 주어진 세계의 토대 위에 있거나 이 토대 위에 움직인다.

즉 세계는 끊임없는 전제이며, '세계가 무엇인가', '이미 알려진 것에서 알려지지 않은 것으로 이행하는 가운데 세계에 무엇이 나타나는가' 하는 것만 문제이다. 세계는, 가령 은하계의 구조에 대한 가설로서 실증과학에만 의미가 있는 것과 같은 의미에서 하나의 가설(Hypothese)은 아니다. 실증성에서 모든 가설은 세계라는 가설의 토대 위에 있는 가설이며, 이 '세계'라는 가설에 대해 실증과학과 동일한 의미에서 정초하려 추구하는 것은 이치에 어긋날 것이다. 사실상 선험적 심리학 또는 철학에서만 비로소 우리는 '세계'라는 가설을 심문하는 여기에 무엇이 결여되어 있는지, 이 가설에 대한 물음을 제기하는 것은 무엇이며, 무엇을 요구하는지 파악하고 이해할 수 있다. 기능하는 주체—이 주체가 기능하는 것 속에 또 이 기능하는 것에서 세계는 우리에게 존재한다—인 우리는 모두 완전히 주제가 아니며, 어느 정도 망각되었고, 우리 안에서 의미를 획득하고 의미를 부여하는 그때그때의 내용과 더불어 타당성 밖에 있다.

우리는 로크 이래의 경험주의 인식론의 형식으로 기능하는 주관성이 오래전에 발견되었다고 말하면 안 된다. 왜냐하면 이것은 실증성에 입각한 심리학이었고, 인간을 기능하는 주체로 논의했으며, 그런 다음 세계의 토대를 전제했고 따라서 순환론에 빠졌기 때문이다. 또는 그 심리학이 흄과 같이 실제로 이 토대를 문제 삼았고—이러한 점에서 흄은 칸트보다 더 철저했다—그런 다음 우리를 이율배반의 독아론과 회의론으로 떨어뜨렸고, 어쨌든 세계의 존재를 이해할 수 없게 만드는 무서운 상황으로 떨어뜨렸기 때문이다. 이에 대한 근거는 우리에게 명백해졌다. 현실이거나 가능한 인식에 입각해, 현실이거나 가능하게 기능하는 주관성에 입각해 존재하는 그대로인 세계의 토대로서 타당성에 관한 문제가 대체로 표명되었기 때문이다. 그러나 판단중지와 환원의 방법을 시작할 뿐만 아니라, 그들의 완전한 자기에 대한 인식에 도달하고 이렇게 함으로써 우선 절대적으로 기능하는 주관성―인간적 주관성이 아니라, 인간적 주관성 속에 또는 우선 인간적 주관성 속에 자기 자신을 객관화하는 주관성―을 발견하기 위해서도 매우 어려운 점을 극복해야 했다.

그럼으로써 우리는 인간학적으로 세속적 '주체-객체-상관관계'에 멈추는 것과 나의 최초 저술들이 현상학적으로 제시한 것을 이러한 상관관계를 제시하는 것으로 오해하는 것은 소박하다는 사실을 인식하게 된다. 이것은 곧 인간 그리고 공동체 안의 인류가 세계에 대한 주관성인 동시에 세계 속에 객관적이고 세속적으로 존재해야 하는 이율배반의 커다란 문제에 맹목적임을 뜻한다. 우리에게 존재하는 세계는 우리의 인간적 삶 속에 의미를 소유하고 우리에게 항상 새로운 의미―의미와 타당성―를 획득하는 세계이다. 인식에 따라 보면, 인간인 우리에게 우리의 고유한 존재가 세계의 존재에 선행하지만, 이것이 존재의 현실성에서 보아도 그러하다는 것이 아니라는 점은 참이며 또한 분명하다.

하지만 선험적 삶 속에 구성하는 주관성의 세계와 극(極) 이념으로서 선험적 상호주관성의 삶의 공동체 속에 끊임없이 미리 지시되고 확증되는 세계인 세계 자체의 선험적 상관관계는 세계 자체 속에 경과하는 수수께끼와 같은 상관관계는 아니다. 선험적 상호주관성을 구체화함으로써, 이들의 보편적 삶이 결합되는 가운데 '극 또는 세계'라 부르는 개별적 극들의 체계는, 어떤 지향 속에 그것들이 상대적으로 구체화되는 것 자체에서 분리될 수 없는 그 대상성을 포함하는 것과 정확히 마찬가지로, 지향적 대상성으로서 포함된다. 관념론과 실재론에 관한 이제까지의 모든 논의는 모든 인식론의 배후에서 추구되었지만 발견되지 않은 채 놓여 있는 참된 문제의식으로까지는 아직 밀고 들어가지 않았다. 하물며 그것들은 '참된 자기에 대한 인식과 세계에 대한 인식에 이르는 입구'라는 그것의 미묘한 의미에서 선험적 환원[40]을 파악하지도 못했다.

어쨌든 지금 '선험적 주관성과 더불어 세계의 토대를 내던진 순수 심리학이 바로 이 토대 위에서 본래 실증적 연구를 하는 심리학자에게 어떻게 이바지할 수 있는가' 하는 물음을 여전히 제기한다. 심리학자가 관심을 두는 것은 선험적 내면이 아니라 세계 속에 존재하는 내면이며, 세계 속에 나타나는 인간과 인간의 공동체에 관심을 둔다. 그가 영혼 삶을 논의하고 인격의 속성들과 공동체에서 유사한 물음들을 제기하고 제기하게 되면, 그는 실재적으로 세계 속에 나타나는 것만 논의하며, 실재적 인간 속에 일어나는 것과 편견 없는 자기에 대한 경험을 통해 그리고 타인에 관해서는 타인에 대한 경험을 통해 자신의 인간적인 자기에 대한 인식 속에 경험할 수 있는 것을 논의한다.

이것에는 판단중지와 환원의 첫 번째 단계만으로 충분하다. 즉 본래의 선험적 판단중지와 환원 또는 높은 단계의 자기성찰에서는 첫 번째 판단중지와 환원으로 아직 승인하지 않은 단계만으로 충분하다. 인간은 자신의 행동과 자제 속에 자신에 타당한 실재성들에 관련되며, 심리학자는 이들이 실재적인 것으로 간주하는 것을 함께 타당한 것 등으로 간주하면 안 된다. 이 경우 그것이 선험적으로 무엇을 뜻하든, 심리물리적 또는 심리생리학적 이원론은 세계에 대해 자신

---

40) 전통적인 관념론과 실재론을 넘어서는 선험적 주관성의 보편적 본질구조를 밝히는 선험적 현상학에서 선험적 환원은 곧 참된 자기에 대한 인식과 세계에 대한 인식을 성취해 진정한 자기에 대한 이해에 도달하는 입구이다.

이 경험한 정당성을 가지며, 자연과학의 과제설정과 유비적인 인간과 동물에 관한 심리학의 과제를 설정하지 않는가?

오래된 유혹으로 되돌아가, 장소가 정해지는 것과 인과성에 관한 일에서 시작한 원리적 반론들은 도외시하고, 우선 여기서는 다음과 같이 주장해야 한다. 즉 완전한 선험적 판단중지라는 불가피한 근본주의로 획득된 절대적으로 '편견이 없음'을 통해 비로소 전통적 유혹에서 실제로 해방된다. 즉 인간, 지향적-내적으로 결합한 인간 공동체와 이들이 사는 세계가 그 자체로 지향적으로 대상적으로 포함된 주관적인 것의 총체성을 소유함으로써만 비로소 우리는 '주어지는 양식들의 방식'(Wie der Gegebenheitsweise)으로 묘사했던 것을 파악할 수 있고, 체계적으로 탐구할 수 있다. 곧 이렇게 함으로써 비로소 우리는 세계에서 주어진 모든 것은 어떤 지평의 방식 속에 주어진 것이라는 점, 지평들 속에는 결국 더 이상의 지평들이 함축되어 있고, 결국 세계에서 주어진 것으로서 모든 것은 세계의 지평을 수반하며, 이 세계의 지평을 통해 세계에 있는 것으로 의식된다는 점을 발견할 수 있다.

내가 아는 한, 제임스는 '언저리'(Fringe)[41]라는 명칭으로 지평현상에 주목한 유일한 사람이다. 그러나 현상학적으로 획득된 지향적 대상성과 그 함축을 이해하지 않고 어떻게 그가 그 지평 현상을 심문할 수 있는가? 이렇게 심문되면, 세계에 대한 의식이 익명성에서 해

---

41) W. James(1842~1910)는 분트(W. Wundt)식의 요소심리학에 반대하고, 직접 경험에 주어지는 '사유(의식)의 흐름', 주관과 객관이 미처 나뉘기 이전의 '순수경험'을 강조하는 '근본적 경험론'을 주장했다. 이러한 제임스의 심리학은 후설의 지향적 의식의 분석에, 특히 '순수경험'은 선술어적인 주관적 속견(Doxa)의 '생활세계의 경험'에, 의식의 '언저리'는 발생적 분석의 핵심개념인 '지평'(Horizont)에 깊은 영향을 주었다.

방되면, 선험적인 것(Transzendentales)[42]으로 파고들어 가는 작업이 이미 수행되었을 것이다. 그렇지만 이렇게 심문되고 총체적인 보편적 주관성이 작업하는 장(場)인 선험적 작업의 장이 도달되면, 지금은 더 이상 소박하지 않더라도 자연적 태도로 되돌아감으로써 현상학적 탐구가 발전하면서 인간 영혼은 그들에 고유한 영혼의 내용들이 주목할 만한 운동으로 빠져드는 주목할 만한 일이 발생했을 것이다. 왜냐하면 새로운 선험적 인식은 모두 본질적 필연성에 의해 인간 영혼의 풍부한 내용으로 변경되기 때문이다.

결국 선험적 자아로서 나는 세속성(Weltlichkeit)[43]에서 인간적 자아인 나와 동일하다. 인간성 속에 나에게 은폐된 것을 나는 선험적 탐구를 통해 드러내 밝힌다. 이것은 새로운 학문을 풍부하게 하는 것일 뿐만 아니라, 그 각각의 모두에서 세계의 내용을 풍부하게 하는 세계 자체를 구성하는 역사를 풍부하게 하는 한, 그 자체로 세계역사의 과정이다. 세계의 모든 것은 자신의 선험적 상관자가 있으며, 이것들은 인간에 관한 탐구자인 심리학자에게 새롭게 모든 것을 드러내 밝힘으로써 세계 속의 인간을 새롭게 규정한다. 이미 진행 중인 선험적 심리학에 대해 아무것도 처리할 수 없는 실증적 심리학은 결코 인간과 세계에 관한 그러한 규정을 발견할 수 없다.

이 모든 것은 명백하며, 어쨌든 수백 년간 또 일부는 수천 년간 오래된 사유관습 속에 교육받은 우리 모두에 대해 이율배반이기도 하다. 이것은 수학, 즉 세계에 관한 모든 아프리오리한 학문과 아프리오리한 심리학, 즉 선험적 주관성의 본질학인 현상학 사이의 매우 깊은 차이를 새로운 방식으로 제시한다. 자연의 아프리오리는 세계의

---

42) '선험적인 것' 또는 '선험성'에 관해서는 이 책 제27절의 주 55)를 참조할 것.
43) 칸트나 신칸트학파에서 '선험적'에 대립된 것은 '경험적'이지만, 후설에서 그것은 '세속적'(weltlich, mundane)이다.

존재에 선행한다. 그러나 이것은 수학적 아프리오리를 통한 인식의 진보가 자연 자체의 존재에 영향을 끼칠 수 있는 방식으로 선행하는 것은 아니다. 자연은 존재하는 그 자체로 존재하며, 우리가 수학에 관해 알든 모르든 그 자체로 수학적이다. 이 모든 것은 순수수학으로 그리고 자연 자체로 미리 결정되어 있다. 이러한 것이 수백 년 동안 자연과학을 이끌어왔던 지배적 가설이다.

그러나 정신적 존재도 포함하는 세계로서 세계에 이렇게 미리 존재하는 것은 이치에 어긋난다. 이에 대해 라플라스[44]와 같은 정신을 소유한 사람은 생각할 수도 없었다. 세계의 존재론에 대한 이념, 그 배후에 보편적 아프리오리—이 아프리오리에 따라 가능한 모든 사실적 세계는 기하학적 방법(more geomtrico)으로 인식할 수 있다—를 가졌다는 세계에 관한 객관적인 보편적 학문이라는 이념은 난센스이다. 영혼의 영역에는 원리상 그러한 존재론이 없으며, 비록 영혼적 존재가 선험적 보편성에서 그리고 아프리오리한 학문의 형식으로 원리상 본질적 일반성에서 완전히 체계적으로 탐구될 수 있더라도, 물리학적-수학적 이상(理想)의 유형에 관한 학문은 전혀 없다.

현상학은 예로부터 전승된 과학적 체계, 수학적 자연과학 이론의 객관주의 이상에서 우리를 해방하고, 따라서 물리학과 유사할 수 있는 영혼에 관한 존재론의 이념에서 우리를 해방한다. 오직 현상학적 환원을 통해서만 경험할 수 있고 인식할 수 있는 것으로서 '선험적인 것'에 맹목적이 되어야만 우리 시대에 물리학주의가 부활할 수 있었다. 요컨대 역사가 우리에게 부과한 철학의 과제, 즉 심문되지 않

---

44) P. Laplace(1749~1827)는 뉴턴의 고전역학을 천문학, 유체역학, 열역학 등에 적용해 우주를 뉴턴의 운동법칙에 따라 움직이는 거대한 역학적 체계로 파악했다. 이것은 근대 객관주의적 정밀한 자연과학에 입각한 인과론적 기계론적 사유의 전형이다.

은 어떠한 물음이나 이해되지 않은 어떠한 자명함도 존재할 수 없는 궁극적 통찰과 절대적 보편성에 입각한 철학의 과제를 포기한, 논리주의의 수학주의[45]라는 변형된 형식으로 부활할 수 있었다. 하지만 물리학주의를 '철학'이라 부르는 것은, 흄 이래 부닥친 인식의 어려움에서 벗어나기 위한 것으로, 모호함을 일으킬 뿐이다. 우리는 자연을 유한한 다양체(definite Mannigfaltigkeit)[46]로 생각할 수 있고, 이러한 이념을 가정해 기초로 삼을 수 있다. 그러나 세계가 인식의 세계, 의식의 세계, 인간과 더불어 존재하는 세계인 한, 이 세계에 대해 이러한 이념은 극복될 수 없을 정도로 이치에 어긋난다.

73절 결론 : 인간의 자기성찰, 이성의 자기실현인 철학[47]

철학자가 스스로 제기하는 과제, 철학자로서 그의 생애의 목표는 세계에 관한 보편적 학문, 보편적인 궁극적 앎, 세계에 관한 진리 그

---

45) 이것은 실증적 자연과학의 방법으로 '통일과학'(Unified Science)을 추구한 논리적 실증주의를 뜻한다.

46) '다양체'에 관해서는 이 책 제9절의 주 5)를, 그 상세한 논의는 그 절의 f)항을 참조할 것.

47) 본래 유고는 제72절에서 끝난다. 이 제73절은 『후설전집』 제6권의 편집자 비멜(W. Biemel)이 이 유고를 작성할 당시 후설의 조교였던 핑크(E. Fink)가 밝힌 내용—후설은 본래 이 저술을 5부로 계획했으나, 4부와 5부는 미처 작성하지 못했다—을 토대로 제3부 B의 결론으로 붙였다(이에 관한 보충자료는 이 책의 부록 6을 참조할 것).

한편 이 책의 영역자 카(D. Carr)는, 이 절이 문체나 내용이 앞의 절들과 비교해 거칠며, 본래 후설이 출판을 염두에 두고 작성하지 않은 연구수고라고 부록으로 실었다.

옮긴이는 그 주제가 선험철학의 이념을 다루기 때문에 '결론'이라는 명칭에 벗어나지 않고, 출판을 염두에 두고 작성한 원고나 단순히 연구한 수고를 구별하는 것이 후설 철학을 이해하는 데 중요하지 않다고 생각해 비멜의 방침에 따랐다.

자체의 우주, 세계 그 자체의 우주이다.

그런데 이 목표와 그것에 도달할 가능성은 어떠한 상태에 있는가? 나는 진리, 궁극적 진리와 함께 출발할 수 있는가? 궁극적 진리에서 내가 궁극적으로 의심할 여지 없이 확실한 그 자체로 존재하는 그 어떤 것을 표명할 수 있는가? 만약 내가 이미 이렇게 **직접적으로 명증한** 진리를 가지면, 나는 아마 간접적으로 새로운 진리를 이끌어낼 수 있을 것이다. 그러나 어디에서 나는 이 진리를 갖는가? 어떤 존재자 자체가 직접적 경험을 통해 나에게 의심할 여지 없이 확실해, 따라서 내가 경험과 경험의 내용에 직접 적합하게 기술하는 개념들로 직접적인 진리 자체를 표명할 수 있는가? 그런데 세계에 존재하는 모든 것, 내가 직접 시간공간에 존재하는 것으로 확신했던 것에 관한 각각의 모든 경험에서 사정은 어떠한가?

이러한 것은 확실하다. 그러나 이 확실성은 그 자체로 양상화될 수 있고, 의심스러운 것이 될 수 있으며, 경험이 경과됨으로써 가상(假象)으로 해소될 수도 있다. 어떠한 직접적 경험의 언표도 그 자체로 존재하는 그 존재자를 나에게 부여하지 못하며, 확실성 속에 생각된 것―나의 경험하는 삶이 경과하는 가운데 확증되어야 하는 것―을 부여할 뿐이다. 하지만 실제 경험의 일치 속에 놓여 있는 단순한 확증은 가상으로 드러날 가능성을 피할 수 없다.

경험하면서, 일반적으로 자아로 살아가면서 (생각하고·평가하고·행동하면서) 나는 인칭대명사의 자아인 '그대'·'우리'·'당신'을 갖는, 필연적으로 자아이다. 이렇게 필연적으로 나는 또 우리는 우리가 세계 속에 존재하는 것으로 제시하는 것, 우리가 제시하고 논의하며 인식하면서 정초하는 것 속에 공통으로 경험할 수 있는 것으로 언제나 전제하는 것 모두의―자아의 공동체 속에 있는―상관자들이다. 그리고 개별적으로 고립된 것이 아니라, 내적으로 공동체화된 의식 삶의 공동체 속에 있는 것으로 우리에게 현존하는 것은 실제로 존재하며, 우리에게 타당하다. 그러나 이것은 세계가 우리에게 공통이며, 필연적으로 존재타당성 속에 있다는 점에서 항상 그러하다. 그렇지만 개별적으로 나는 나 자신에 대해서와 마찬가지로 나의 다른 사람에 대해서도 유사하게 반대할 수 있으며, 의심·존재의 부정으로 빠져들 수도 있다.

어떻게 그리고 어디에서 나는 실로 그 자체로 궁극적인 존재자를 갖는가? 공동체의 경험과 상호교정이든 고유한 개인의 경험과 자기교정이든 경험은 경험의 상대성을 변화시키지 못하며, 공동체의 경험으로서 경험도 상대적이고, 그래서 기술하는 모든 언표도 필연적으로 상대적이고, 연역이나 귀납으로 생각할 수 있는 모든 추론도 상대적이다.

그렇다면 사유는 어떻게 상대적 진리 이외에 다른 것을 이끌어낼 수 있는가? 어쨌든 일상적 삶의 인간은 이성이 없는 것은 아니다. 인간은 생각하는 존재이고, 그는 동물과 대립해 보편자(*katholou*)[48]를 가졌다. 그런 까닭에 인간은 언어와 묘사할 수 있는 능력을 갖추며, 추론하고 진리의 물음을 제기하고 확증하고 논증하며 이성적으로 결단을 내린다. 그러나 그 자체에서 '진리 그 자체'라는 전체의 이념은 어떠한 의미가 있는가? 이것은 그리고 이와 상관적으로 그 자체로 존재하는 것은 철학적으로 고안해낸 것이 아닌가? 하지만 어쨌든 이것은 허구나, 없어도 되는 의미 없는 고안물이 아니다. 오히려 그것은 인간을 새로운 단계로 고양하는 또는 새로운 역사성(Historizität) 속에 인간성의 삶을 고양하게 소명을 받은 것인데, 이 역사성의 목적

---

48) 이것은 아리스토텔레스의 용어로, 개체에 대립해서 전체에 걸친 '보편자'를 뜻한다.

(Entelechie)은 이러한 새로운 이념이며, 이 이념에 속하는 철학적 또는 학문적 실천으로 새로운 학문적 사유의 방법학이다.

'그 자체'(An-sich)는 적어도 정밀과학에서 '객관적인 것'이 단순히 주관적인 것에 대립하고, '단순히 주관적인 것'이 단지 객관적인 것을 지시해야 하거나, 그 속에서 객관적인 것을 단지 나타나야 할 것으로 간주하는 것처럼, '객관적'(objektiv)과 똑같은 것을 주장한다. 그것은 객관적인 것에 관한 단순한 현상이며, 현상에서 객관적인 것을 이끌어내 인식하고, 객관적 개념들과 진리를 통해 규정하는 것—이것이 곧 과제이다.

그러나 이러한 과제설정과 그 전제의 의미, 따라서 모든 방법의 전제는 결코 진지하게 숙고되지 않았으며, 심지어 궁극적으로 책임을 지는 학문적 방식으로 탐구되지도 않았다. 그래서 우리는 자연과학의 객관성 의미 또는 자연과학의 과제와 방법의 의미가 정신과학의 객관성이나 과제와 방법의 의미와 근본상 본질적으로 다르다는 사실을 한 번도 해명하지 못했다. 이것은 심리학에서와 마찬가지로 이른바 구체적 정신과학들에서도 타당하다. 사람들은 물리학에서처럼 심리학에서도 동일한 객관성을 기대했다. 그리고 이렇게 함으로써 곧 심리학은 완전한 본래의 의미에서 아주 불가능하게 되었다. 왜냐하면 영혼에 대해, 개별적 인간이나 개별적 삶으로서 개별적인 것이든 가장 넓은 의미에서 공동체의 역사적이고 사회적인 것이든, 주관성에 대해 자연과학적 방식에 따른 객관성을 적용하는 것은 곧바로 이치에 어긋나기 때문이다.

우리가 모든 시대의 철학—물론 방법을 놓쳐버린 관념론 철학은 제외하고—을 비난하는 궁극적 의미는 '그 철학이 출발부터 매우 자연적인 유혹에 빠졌고, 항상 이러한 유혹에 머물던 자연주의의 객관주의를 극복할 수 없다'는 점이다. 이미 언급했듯이 관념론만, 자신의 모든 형식을 통해 주관성으로서 주관성을 포착하려 시도했고, 다음과 같은 사실에 정당성을 부여하려 시도했다. 즉 세계는 그때그때 경험의 내용을 지니고 그들에게 주관적-상대적으로 타당한 것으로서만, 주관성 속에 또 주관성에서 항상 새로운 의미의 변경을 받아들이는 세계로서만 주체와 그 공동체에 주어진다는 사실, 변화하는 방식으로 주관적으로 스스로 제시되는 세계인 동일한 하나의 세계에 대한 필증적으로 항속하는 확신도 순수하게 주관성 속에 동기가 유발된 것이며, 세계 자체, 실제로 존재하는 세계의 의미는 그것이 발생하는 주관성을 결코 벗어날 수 없다는 사실이다.

그러나 관념론은 자신의 이론에 너무 성급했으며, 대부분 은폐된 객관주의의 전제에서 자신을 해방할 수 없었다. 즉 관념론은, 사변적 관념론으로서, 현실적 현상의 세계를 직관성 속에 타당하게 갖는 현실적 주관성을 구체적으로 분석해 심문하는 과제를 빠트렸다. 이 과제는, 정당하게 이해하면, 현상학적 환원을 하고 '선험적 현상학을 실행하는 것'(transzendentale Phänomenologie ins Spiel setzen)[49] 일 뿐이다. 그러므로 내가 형성한 현상학을 왜 '선험적'이라 부르는지, 현상학에서 왜 선험적 주관성을 논의하는지가 설명된다. 왜냐하면 칸트가 그의 이성비판을 통해 오래된 말에 새로운 의미를 부여했을 때, 정확히 검토해보면 사람들은 버클리와 흄의 전적으로 다른 관념론 그리고 모든 관념론 일반이 동일한 주제의 장(場)을 가지며, 동일한 장 속에 단지 서로 다르게 방향이 정해진 물음을 제기한다는 사실을 즉시 확신할 수 있기 때문이다.

---

49) 후설은 이러한 점을 유고에서 '현상학을 함'(Phänomenologisieren)으로 표현한다. 이것은 선험적 현상학이 단순한 이론에 그치지 않고, 철저한 자기성찰을 통해 참된 인간성을 이해하고 새로운 차원으로 고양하는 '철학을 함'(Philosophieren)의 실천을 뜻한다.

이성(Vernunft)은 인격적 활동이나 습득성 속에 살아가는 존재인 인간의 종적(種的) 특성이다. 이러한 인격적 삶은 발전의 끊임없는 지향성 속에 끊임없이 생성된다(Werden)[50]. 이러한 삶 속에 생성되는 것은 인격 자신이다. 인격의 존재는 항상 생성되며, 이것은 개별적 인격의 존재와 공동체의 인격의 상관관계에서 이 둘 모두에, 인간과 통일적 인간성에 타당하다.

그런데 인간의 인격적 삶은 자기성찰(Selbstbesinnung)과 자기책임(Selbstverantwortung)[51]의 단계들로 경과하는데, 이 단계들은 이러한 형식의 개별화된, 그때그때 [의식]작용들에서 보편적 자기성찰과 자기책임의 단계로, 그리고 자율성(Autonomie)의 이념, 즉 그의 인격적 삶 전체를 보편적 자기책임 속에 삶의 종합적 통일체로 형성하려는 의지가 결단하는 이념을 의식적으로 파악하는 단계로까지 이어진다. 이와 상관적으로 그 단계들은 자기 자신을 참된 자아로, 그에 타고난 이성, 즉 자기 자신에 충실하려 하고 이성인 자아로서 자기 자신과 동일하게 남아 있을 수 있게 노력하는 것을 자유롭고 자율적으로 형성하고, 실현하려 추구하는 단계에까지 이른다. 그러나 이것은 일치와 대립 속에 결합한 모든 관심에서 또한 개별적 인격의 이성을 오직 공동체적 인격의 이성으로서 — 거꾸로도 마찬가지로 — 항상 더 완전하게 실현시킬 수 있는 필연성에서, 그들이 내적으로 직접적이든 간접적이든 결합함으로써, 개별적 인격과 공동체에 대해 불가분한 상관관계에 있다.

---

50) 의식 역시 끊임없는 흐름이며, 선험적 주관성도 고정된 형태로 주어지는 것이 아니라 끊임없이 구성되고 풍부하게 계속 형성되는 것이다.
51) 이 철저한 '자기성찰'과 '자기책임'은 궁극적 근원을 부단히 되돌아가 물음으로써 이론적 앎뿐만 아니라 실천적 삶을 엄밀하게 정초하려는 선험적 현상학에 고유한 특징이다.

필증적으로 정초되었거나 정초하는 보편적 학문은 이제 필연적으로 최상의 인간성의 기능으로 발생하며, 이 기능은, 내가 말했듯이, 인간을 인격적 자율성과 모든 것을 포괄하는 인간성의 자율성으로 발전시킬 수 있게 한다. 이 자율성은 최상의 인간성의 단계를 위한 삶의 충동력을 형성하는 이념이다.

그러므로 철학은 철두철미하게 이성주의(Rationalismus)일 뿐이다.[52] 그러나 그것은 지향되고 충족되는 운동의 서로 다른 단계에 따라 구별되는 이성주의이다. 그것은 인간성의 타고난 본래의 이성이 이전에는 완전히 은폐되고 어둡고 모호한 상태에 있던 인간성에서 철학이 최초로 출현함으로써 시작된, 자신을 해명하려 끊임없이 운동하는 이성(ratio)이다.

출발단계의 그리스철학은 우주, 존재자의 세계로서 존재자를 최초로 인식하는 구성을 통해 최초로 해명하는 여명(黎明)의 상(像)을 묘사했다. 그리고 곧이어 주관적 시선의 방향에서 세계의 주체로서 예전부터 알려진 인간—이러한 주체, 하지만 자신의 이성을 통해 존재 전체와 자기 자신에 관련된 인간성 속의 인간—을 상관적으로 발견했다. 철학의 역사는, 그 시선의 방향을 세계 속에 존재하는 인간과 이론적 형성물(명제들의 체계)로서의 철학에 맞추어 외적으로 퇴색된 생성의 계열에서는 (역사적 관점에서는 이것을 '분명하지 않은 것에서 분명한 것[빛]'lucus a non lucendo의 발전[53]이라 부른다) 세계

---

52) 후설은 철학을 '이성이 자기 자신을 실현해가는 장소', '은폐된 이성을 드러내 밝히는 가장 깊고도 보편적 자기이해', '인간성 자체의 타고난 이성이 계시되는 역사적 운동' 등으로 정의한다(후설의 '이성' 개념에 관해서는 이 책 제3절의 주 9)를 참조할 것). 그리고 이 속에서만 진정한 인간성의 자기책임이 수행된다고 파악한다.
53) 이것은 결국 '부조리한 논증이나 설명'을 뜻하는데, 후설은 버클리나 흄의 심리학주의를 '조악한 관념론'이라고 비판하면서 이렇게 말한다(『형식논리

속에, 이 세계의 시간공간성 속에 경과하는 하나의 인과적 과정이다.

그러나 내적으로 보면, 철학의 역사는 정신적 공동체 속에 살며 계속 살아가는 철학자의 세대들―이들은 이러한 정신의 발전에 담지자이다―의 투쟁이다. 이들은 일깨워진 이성의 끊임없는 투쟁을 통해 자기 자신에, 자신의 자기에 대한 이해에 도달하려 하며, 게다가 존재하는 세계로서, 즉 완전한 보편적 진리 속에 존재하는 세계로서 구체적인 자기 자신으로 이해하는 이성이다. 그 모든 형태를 지닌 학문인 철학은 이성적이며, 이 말은 동어반복(同語反覆)이다. 하지만 철학은 그 모두가 더 높은 합리성에 이르는 길에 있으며, 그것은 자신의 불충분한 상대성을 언제나 발견하고, 참되고 완전한 합리성을 획득하려 노력하고 추진해가는 합리성이다.[54] 결국 철학은 이 합리성이 무한히 멀리 놓여 있는 하나의 이념이며, 사실상 필연적으로 그 길에 있을 뿐임을 발견한다. 그런데 여기에는 최종형태―이것은 동시에 새로운 무한함과 상대성을 지닌 출발형태이다―가 존재한다는 점도 발견한다. 그러나 이것은 역사적으로 출발과 진행이라는 두 시기(時期)를 지시하는 발견의 이중 의미에서 그러하다.

그 첫 번째 시기는 필증성의 요구가 발견되고, 역사적으로 개별화

학과 선험논리학』, 178쪽을 참조할 것).

54) 보편적 이성인 선험적 주관성을 해명하려 후설이 시종일관 철저하게 추구한 선험적 현상학은 곧 현상학적 이성비판이다. 그는 현대가 부딪친 위기의 근원은 이성 자체가 아니라, 이성의 좌절에 있다고 파악했다. 즉 거부되어야 할 것은 이성이 아니라, 이성이 추구한 잘못된 방법일 뿐이다. 이성은 결코 죽지 않았다.

따라서 다양한 경험세계들을 분석하면서도 이들의 근저에 놓여 있는 하나의 통일적인 보편적 구조를 지닌 선험세계를 확보한 점에서, 인격적 주체의 자기동일성과 자기책임을 강조한 점에서, 선험적 현상학은 이성을 해체하고 다양성만 추구하는 '포스트모더니즘'(Post-Modernism)을 넘어서는 '트랜스모더니즘'(Trans-Modernism)이다.

된 철학자의 인격성―즉 근대역사에 획기적 창시자인 데카르트―에 의해 최초로 명백하게 의지가 관철된 시기이다. 발견이 때로는 가라 앉고 오해로 전락하지만, 그러한 오해가 있는데도 아프리오리하거 나 경험적 합리주의의 학문들 속에 영향력을 발휘하면서 상대적으 로 성과를 거두었다. 이러한 철학이 충분하지 않다는 의식은 반발을 일으키기도 했는데, 그 반발로 나타난 것이 감각주의적이고 결국 회 의적인 철학(흄)을 도외시한 칸트와 그 후계자들의 선험철학이다. 그러나 이 선험철학에는 필증성의 요구에 입각해 발생한 선험적인 근원적 동기가 아직 눈뜨지 못했다.

재무장된 경험론의 감각주의와 회의주의, 재무장된 낡은 학문적 성격의 합리론, 독일관념론과 이에 대한 반발로 이어지는 역사적 운 동의 부침―이 모든 것이 한결같이 첫 번째 시기인 근대 전체의 시기 를 특징짓는다.

그 두 번째 시기는 데카르트의 발견, 필증성에 대한 근본적 요구를 다시 받아들이는 재생된 출발이다. 이 출발에는 변화된 역사적 상황 (이것에는 첫 번째 시기의 숙명적 발전과 철학 전체가 속한다)을 통 해 필증성(근본적 문제로서의 필증성)의 소멸하지 않은 진정한 의미 를 철저히 숙고하고, 필증적으로 근거지우고 진보하는 철학의 참된 방법을 제시하려는 동기의 힘이 생겨났다. 이러한 동기에는 '일상적 으로 필증적 인식이라 부르는 것'과 '선험적 이해를 통해 모든 철학 의 근본적 토대와 근본적 방법을 미리 지시하는 것'을 철저하게 대조 하는 일도 포함된다. 이것에 의해 곧 자기 자신으로 되어가는 절대적 이성의 담지자로서 철학을 하는 자아, 자신의 필증적인 자기 자신에 대해 존재하는 것(Für-sich-selbst-sein) 속에 자신의 동료 주체들과 가능한 모든 동료 철학자를 함축하는 것으로서 철학을 하는 자아가 가장 깊고도 보편적으로 자기를 이해하는 철학이 시작된다.

이러한 철학은 그 이성을 통해 모호하게 되는 가운데, 드러내 밝히는 가운데 자기를 이해하는 명백한 운동 속에 무한한 과정인 절대적 상호주관성(이것은 전체 인간성으로서 세계 속에 객관화된 것이다)을 발견하는 것이다. 즉 끊임없이 세계를 구성하는 선험적 삶 속에 '절대적'(궁극적 의미에서 '선험적') 주관성의 필연적인 구체적으로 존재하는 방식을 발견하는 것이며, 이와 더불어 상관적으로 존재하는 세계를 새롭게 발견하는 것인데, 선험적으로 구성된 것으로서 이 세계의 존재의미는 이전단계에서 '세계'와 '세계의 진리', '세계에 대한 인식'으로 불렸던 것에 새로운 의미를 밝혀준다.

그러나 이러한 세계 속에는 새로운 의미가 인간의 현존재에, 즉 선험적 주관성의 자기객관화(Selbstobjektivation)로서 시간공간에 미리 주어진 세계 속의 인간의 현존재와 선험적 주관성의 존재, 선험적 주관성의 구성하는 삶에 주어진다. 더 나아가 자신의 인간적 존재에 대해 책임을 지는 것으로서 인간의 궁극적인 자기에 대한 이해, 단지 추상적인 통상의 의미에서 필증적 학문을 수행하는 것이 아니라 필증적 자유를 통해 자신의 구체적 존재 전체를 필증적 존재, 이성— 이성 속에서 그것은 인간성이다— 의 활동적인 모든 삶 속의 존재로 실현되는 필증성 속에 살아가는 것으로 소명을 받은 존재인 자신의 자기에 대한 이해에 주어진다.

이미 말했듯이, 자신을 이성적인 것으로 이해하는 인간은 그가 이성적으로 존재하려 하는 것을 통해 '이성적'이라는 사실을 이해한다. 이것은 이성을 향한 삶과 노력의 무한함을 뜻하고, 이성은 곧 인간 그 자체가 자신의 가장 깊은 내면에서 자신을 오직 만족시킬 수 있고, 축복받게 만들 수 있는 것을 목표로 삼는 것을 주장하며, 이성은 '이론적'·'실천적'·'미학적' 등 어떤 구별도 허용하지 않고, '인간으로 존재함'(Menschsein)은 '목적론으로 존재함'(Teleologischsein)이고 '존재해야 함'(Sein-sollen)이며, 이 목적론[55)]은 각각의 모든 자아의 행동과 계획 속에 지배하며, 인간은 자기를 이해하는 모든 것에서 필증적 목적을 인식할 수 있고, 궁극적으로 자신을 이해하는 이 인식작용은 아프리오리한 원리에 따른, 철학적 형식을 통한 자기 자신을 이해하는 것 이외의 다른 형태를 취할 수 없다.

---

55) 후설의 목적론은 아리스토텔레스처럼 모든 실체의 변화가 방향이 정해진 순수형상이 미리 설정된 것도, 헤겔처럼 의식이 변증법의 자기발전으로 파악한 절대정신이 이미 드러나 있는 것도 아니다. 그것은 정상의 모든 인간에게 동일하게 기능하는 '이성'과 '신체'에 근거해 사태 자체로 부단히 되돌아가 경험의 지향적 지평구조를 해명하고, 경험이 발생하는 원천인 선험적 주관성의 자기구성을 되돌아가 물음으로써 궁극적으로 자기 자신과 세계를 이해하려는 인간성의 자기책임, 즉 '의지의 결단'을 표명한다.

부록

유럽 인간성의 위기와 철학[1]

I

나는 이 강연에서 유럽 인간성(Menschentum)이 지닌 역사철학의 이념(또는 목적론의 의미)을 전개함으로써 자주 논의된 주제인 '유럽의 위기'에 새로운 관심을 불러일으키려 한다. 더구나 이 경우 내가 우리의 학문인 철학과 그 분과들이 이러한 의미에서 수행해야 할 본질적 기능을 제기하면, '유럽의 위기'도 새롭게 조명될 것이다.

잘 알려진 사실, 즉 자연과학의 의술(Medizin)과 이른바 [민간의] 자연치료법(Naturheilkunde)의 차이를 실마리로 삼아보자. 민간의 자

---

1) 이 논문은 1935년 5월 7일 빈 문화협회에서 '유럽 인간성의 위기에서 철학' (Die Philosophie in der Krisis der europäischen Menschheit)이라는 제목으로 이루어진 강연이다. 그 앙코르 강연은 10일에 있었다.

여기서 후설은 유럽 인간성의 위기는 유럽 학문의 위기에서 유래하며, 이러한 '유럽의 위기'가 발생한 근원이 길을 잘못 들어선 합리주의인 물리학적 객관주의에 있음을 밝힌다. 그래서 철학의 출발점인 그리스정신의 참된 합리주의를 역사적-목적론으로 고찰하고, 이성을 복원함으로써『엄밀한 학문』 (1911)에서 밝힌 철학의 이상(理想)을 선험적 현상학으로 계속 추구한다. 따라서 이 논문은 '선험적 현상학 입문' ─ 이것은 이 책의 부제이다 ─ 에 대한 입문의 역할을 한다.

연치료법이 민중의 일상적 삶 속에 소박한 경험이나 전통에서 발생하면, 자연과학적 의술은 인간의 신체에 관한 학문인 순수이론적 과학, 특히 해부학이나 생리학의 통찰을 활용해 발생한다. 그러나 이 해부학이나 생리학은 그 자체로 다시 자연 일반을 보편적으로 해명하는 기초과학인 물리학과 화학에 의거한다.

이제 시선을 인간의 신체성(Leiblichkeit)에서 정신성(Geistigkeit)으로 옮겨 이른바 정신과학(Geisteswissenschaft)[2]의 주제로 향하자. 이 정신과학에서 이론적 관심은 오직 인격으로서의 인간과 그 인격적 삶이나 작업수행 그리고 이와 관련해 그 작업수행의 결과로 생긴 형성물을 향한다. 인격적으로 산다는 것은 하나의 공동체 지평(Gemeinschaftshorizont)[3] 속에 나나 우리로 일체가 되어 살아가는 것을 뜻한다. 게다가 이 공동체에는 가족·민족·국제사회와 같이 단순하거나 여러 계층으로 형성된 다른 형태도 있다. 이 경우 '살아간다'(Leben)는 말은 생리학적 의미를 띠는 것이 아니라, 정신의 형성물을 수행할 목적으로 작업하는 삶, 즉 가장 넓은 의미로 역사적 발전의 통일 속에 문화를 창조하는 삶을 뜻한다. 이 모든 것이 다양한 정신과학들의 주제이다.

그런데 공동체·민족·국가에 대해 건강이나 질병을 논의할 수 있는 것처럼, 활기차게 번영하는 것과 쇠퇴하는 것은 명백하게 차이가 있다. 따라서 이에 관해 '국가나 국제사회라는 공동체의〔건강을 진단하는〕의술인 과학적 의술이 어떻게 나타나지 않았는가' 하는 물

---

2) '학문'과 '과학' 및 '정신과학'에 대해서는 이 책 제1절의 주 2)를 참조할 것.
3) 의식의 모든 작용에는 그 대상이 직접은 아니지만 회상이나 예상에 의해 지향된 국면들이 있으며, 이것들이 그 대상의 지평을 구성한다. 여기서 '공동체의 지평'은 경험의 조건을 세우며, 의식의 어느 한 작용을 통해서는 직접 지향되지 않지만 대상성의 다양한 국면들을 제공하는, 사회성과 역사성을 통해 상호주관적 경험이 발생하는 틀이다.

음은 전혀 관련 없는 문제가 아니다. 유럽 국가들은 병들어 있다. 왜냐하면 유럽 자체가 위기에 빠져 있다고 일컫기 때문이다. 그러나 이 경우에도 자연치료법과 같은 것이 결코 없지는 않다. 사실 소박하고도 극단적인 막대한 개혁안(改革案)들이 넘쳐날 정도로 제시되고 있다. 그러나 풍성하게 발전된 정신과학들은 자연과학들이 그들의 영역에서 탁월하게 이룩한 공헌을 이 경우에는 왜 거부하는가?

근대과학의 정신에 정통한 사람이라면 이 물음에 답변하는 데 당황하지 않을 것이다. 자연과학의 위대한 점은 '자연과학에서 자연에 관해 기술하는 모든 것은 정밀한 설명, 즉 궁극적으로 물리-화학적인 설명에 이르는 단순한 방법적 과정이 되려 하므로, 자연과학이 직관적 경험에 만족하지 않는다'는 사실에 있다. 자연과학은 '단순히 기술하는' 학문이 이 지구의 유한한 환경세계(Umwelt)[4]에 우리를 한정하는 데 그친다고 생각한다. 그러나 수학적으로 정밀한 자연과학은 자연의 방법으로서 그 현실성이나 실재적 가능성 속에 포함된 무한함을 포괄한다.

이러한 자연과학은 직관적으로 주어진 것을 단지 주관에 상대적으로 나타나는 현상으로 이해하고, 초(超)주관적인('객관적인') 자연 자체에 체계적으로 접근(Approximation)함으로써 절대적인 보편적 원리와 법칙에 근거해 탐구하는 방식을 가르친다. 동시에 자연과학은, 인간이든 동물이든 천체이든, 직관적으로 미리 주어진 모든 구체적인 것을 궁극적 존재자에 기초해 설명하는 방식, 즉 그때그때 사실적으로 주어진 현상에서 출발해 직관적으로 제한된 모든 경험을 넘어서 미래의 가능성과 개연성을 정밀하게 도출해내는 방식을 가르

---

4) 환경세계는 주관에 의해 구성된(sich konstituieren) 것이지만, 그 구성이 궁극적으로 상호주관적인 것(intersubjektiv)이기 때문에 결코 사적(私的)인 세계가 아니다.

친다. 근대에 정밀한 과학들이 일관되게 발전한 결과는 자연을 기술 (技術)로 지배함으로써 이룩한 참된 혁명이었다.

그러나 유감스럽게도 (우리가 이미 그 견해를 완전히 이해해 파악한 의미에서) 정신과학의 방법에서 그 상태는 〔자연과학과〕 전혀 다르며, 게다가 내적 근거에 입각해 전혀 다르다. 인간의 정신성은 그의 몸(Physis)에 근거하며, 각 개인의 영혼 삶(Seelenleben)은 육체성 (Körperlichkeit)에 기초하고, 따라서 각각의 공동체도 그 구성원인 개인의 육체성에 기초한다. 그러므로 정신과학에서 취급하는 현상을 자연의 영역에서처럼 실제로 정밀하게 설명할 수 있고, 따라서 이와 유사하게 광범위하게 학문적으로 실천〔적용〕할 수 있으려면, 정신과학의 연구자는 정신을 정신으로 고찰할 뿐만 아니라, 〔정신의〕육체적 근본 토대로 되돌아가 정밀한 물리학과 화학으로 철저하게 설명해야 한다.

그런데 이러한 시도는, 거대한 역사적 공동체는 물론 개인의 경우에도 심리-물리적으로 정밀한 필수적 탐구가 뒤섞여버림으로써 실패하고 말았다(이 사실은 예측할 수 있는 가까운 미래에도 결코 변화될 수 없다). 만약 세계가 '자연'과 '정신'이라는 이른바 동등한 권리가 부여된 두 가지 실재성의 영역, 즉 어느 것도 방법적으로나 사실적으로 특권이 부여되지 않은 실재성의 영역으로 구성된 것이라면, 사정은 달라질 것이다.

하지만 오직 자연만 그 자체로 하나의 완결된 세계로 취급될 수 있다. 왜냐하면 자연과학만 중단 없는 일관성으로 모든 정신적인 것을 추상화할 수 있고, 자연을 순수하게 자연으로 탐구할 수 있기 때문이다. 다른 한편 이와 반대로 정신적인 것에 순수하게 관심을 쏟는 정신과학의 탐구자에게는 자연을 그렇게 일관되게 추상하는 것은 그자체로 완결된 세계, 즉 순수하게 정신적으로 상호 연관된 — 순수한 자연과학에 평행한 것으로서 순수한 보편적 정신과학의 주제가 될 수 있을―세계로 이끌지 못한다. 왜냐하면 생기 있는[동물적][5] 정신성, 즉 그 밖의 모든 정신성이 유래하는 인간이나 동물의 영혼(Seele)의 정신성은 개별적으로 물체성[육체] 속에 인과적으로 기초놓여 있기 때문이다.

그러므로 정신적인 것 그 자체에만 관심을 둔 정신과학의 탐구자가 기술하는 것, 즉 정신의 역사(Geisteshistorie)를 이탈하지 않고, 따라서 직관의 유한함에 구속된다는 사실이 이해된다. 그리고 각각의 사례는 이러한 사실을 명백히 보여준다. 예를 들어 어떤 역사가(歷史家)도 고대그리스 영토의 자연적 지리를 고려하지 않고는 결코 고대그리스 역사를 취급할 수 없으며, [고대그리스] 건축물을 세운 소재를 함께 다루지 않고는 고대그리스 건축을 취급할 수 없다. 그 밖의 것들도 마찬가지이다. 이러한 사실은 매우 분명한 것처럼 보인다.

그러나 만약 이렇게 서술함으로써 드러난 사유방식 전체가 숙명적 편견에서 유래했고 그래서 스스로 '유럽의 질병'에 공동의 책임이 있다면, 어떠한가? 나는 실제로 사정이 이렇다고 확신하며, 그와 동시에 다음과 같은 사실이 이해되기 바란다. 즉 현대의 과학자가 그 자체로 완결된 순수한 보편적 정신에 관한 학문을 이것을 정초할 가능성조차 음미해볼 가치 없는 것으로 간주하고, 따라서 그 가능성을 단호하게 부정하게 되는 자명함의 본질적 원천도 여기에 놓여 있다는 사실이 이해되기 바란다.

이 점을 더 깊게 파고들어 일단 개괄적으로 이해해 위에서 상술한

---

5) 이 말(animalisch)의 어원은 라틴어 'anima'(공기·호흡·마음·심리적인 것 등)을 뜻한다. 그런데 후설은, 그가 '동물적 영혼'으로 표현하듯이, 이 말로 동물의 일반적 속성을 가리키기보다 인간을 포함한 고등동물의 심리 또는 영혼을 뜻한다.

논의를 〔철저히 해명해〕뿌리 뽑는 것이 우리가 다룰 '유럽-문제〔위기〕'의 관심사이다. 물론 역사가(歷史家) 또는 어떤 영역이든 정신과학자나 문화과학자가 관심을 두는 현상 속에 물질적 자연―우리가 든 예에서는 고대그리스의 자연―을 지속적으로 가진다. 하지만이 자연은 자연과학적 의미의 자연이 아니라, 고대그리스인들이 자연으로 간주한 것, 즉 자연의 실제성으로서 그들을 에워싼 환경세계에서 직면한 것이다.[6] 요컨대 그리스인의 역사적 환경세계는 우리가 말하는 의미의 객관적 세계가 아니라, 그들의 세계에 대한 **표상**, 즉 그들의 환경세계 속에 그들이 타당하다고 간주한 모든 실제성―가령 신들·정령(精靈)들 등을 포함해―을 지닌 그들 자신이 주관적으로 타당하다고 간주한 것이다.

그런데 환경세계는 오직 정신적 영역에서만 자신의 지위를 갖는 개념이다. 우리가 모든 관심과 노력을 기울이는 현장인 그때그때의 환경세계 속에 살아가는 것은 순수하게 정신적인 것에서 일어나는 사실(Tatsache)을 나타낸다. 우리의 환경세계는 우리 속에, 즉 우리의 역사적 삶 속에 이루어진 정신의 형성물이다. 따라서 여기에는 정신 그 자체를 주제로 삼는 사람이 그 환경세계를 순수하게 정신적으로 해명하는 것 이외에 다른 것을 요구할 근거는 전혀 없다. 그리고 환경세계의 자연을 그 자체로 정신에 생소한 것(in sich Geistesfremdes)으로 간주하고, 그 결과 정신과학을 자연과학으로 기초지우며, 그렇게 함으로써 〔정신과학을〕추정적으로 정밀하게 만들려는 것이 이치에 어긋난다는 사실은 일반적으로 타당하다.

그러나 모든 자연과학은 (일반적으로 모든 학문도) 정신의 작업수

---

6) 근대과학에서 '자연' 개념이 변형된 점은 이 책 제34절 d)항의 주 16)을 참조할 것.

행, 즉 공동으로 연구하는 자연과학자들의 정신의 작업수행을 나타
내는 명칭이라는 사실이 명백하게 전적으로 망각되었다. 왜냐하면
그러한 사실로서, 모든 정신적 사건과 마찬가지로, 자연과학의 작업
수행은 정신과학으로 설명되어야 할 범위에 함께 속하기 때문이다.
그런데 '자연과학'이라는 역사적 산물을 자연과학의 방법으로 설명
하려 하고, 그것 자체가 정신의 작업수행으로서 〔설명되어야 할〕 문
제에 속하는 자연과학과 그 사연법칙들을 끌어들여 설명하려는 것
은 실로 이치에 어긋나며 하나의 순환논증이 아닌가?[7]

정신과학의 연구자들은 자연주의(Naturalismus)에 (아무리 그들
스스로 자연주의를 말로는 논박하더라도) 맹목적이 되었기에 보편
적인 순수한 정신과학의 문제를 제기하는 일뿐만 아니라, 정신적인
것의 절대적으로 보편적인 것을 그 요소들과 법칙들에 따라 추구하
는 본질학(Wesenslehre), 즉 정신을 순수하게 정신으로서 탐구하는
본질학에 관해 심문하는 일조차 철두철미하게 소홀히 방치해왔다.
그렇지만 이 정신의 본질학에 관해 심문하는 일은 절대적으로 확정
하는 의미에서 그 본질학에서 학문적으로 해명하기 위한 목적으로
수행되어야 한다.

이제까지 서술한 정신철학에 관한 고찰은 '그 정신에서 유럽'이라
는 우리의 주제를 순수하게 정신과학에 속하는 문제로, 따라서 무엇
보다 정신사(精神史)의 관점에서 파악하고 취급하는 올바른 태도를

---

7) 후설은 자연과학이 모든 전통과 권위에 대항해 자율적 이성만을 받아들이는
올바른 동기로 출발했으나, 과학적 실험으로 증명되지 않는 모든 것을 부정
하는 소박한 자연적 태도에서 방법론적 편견에 빠졌고, 결론에서부터 역으
로 논증해가기 때문에 보편타당한 규범을 정초할 수 없다고 비판한다. 그의
비판에 의하면 자연과학이 발생적 사실을 통해 이념들을 확인하거나 반박하
고 정초하려 시도하면 할수록 그 모순은 더 심화되는 희망 없는 시도이며, 자
기파괴적이다(더 상세한 논의는 『엄밀한 학문』을 참조할 것).

우리에게 부여한다. 이미 앞에서 예고했듯이 주목할 만한 목적론, 즉 본래 우리 유럽에만 타고난 목적론(Teleologie)은 이러한 고찰이 진행되면서 명백하게 드러날 것이며, 게다가 고대그리스의 정신에서 철학이나 그 분과들인 과학들이 발생하고 출현한 일과 내적으로 매우 밀접하게 관련된 것으로서 뚜렷이 드러날 것이다. 우리는 이 경우 숙명적인 자연주의의 기원 또는―똑같은 뜻이지만―세계를 해석하는 근대 이원론의 기원에 대해 그 가장 깊은 근거를 해명하는 일이 중요한 문제라는 사실을 이미 예감한다. 결국 그 근거를 해명함으로써 '유럽 인간성의 위기'의 본래 의미도 분명하게 밝혀질 것이다.

우리는 '유럽의 정신에서 그 형태는 어떻게 특징을 나타내는가' 하는 물음을 제기하고 있다. 따라서 이 물음은 마치 지리(地理)나 지도(地圖)에 따라 그 [유럽의] 영토 속에 함께 살아가는 사람들의 범위가 유럽 인간성으로 한정될 수 있듯이, 유럽을 지리나 지도에 따라 이해하면 안 된다는 사실을 뜻한다.[8] 정신적 의미에서 영국의 자치령들이나 미국 등은 분명히 유럽에 속하지만, 장날 구경거리로 등장하는 에스키모인이나 인디언 부족 또는 유럽에서 여기저기 계속 유랑하며 떠도는 집시 부족은 유럽에 속하지 않는다. 여기에서 '유럽'이라는 명칭으로 문제가 되는 것은 명백히 정신적 삶·활동·창작―이것의 모든 목적·관심·배려와 노력을 수반하며, 이러한 목적으로 만든 생산물·제도·기구(機構)도 수반한다―의 통일체이다. 이 속에서 개인은 가족이나 종족, 국가, 즉 그 정신에서 내적으로 서로 결합한 모든 것이 서로 다른 단계를 이루는 다양한 사회의 조직 속에

---

8) 후설이 분석한 '유럽 학문'은 지리상의 영역에 국한된 것이 아니라 근대 이래 실증적 자연과학주의에 물든 현대학문 일반을 뜻하며, '유럽 인간성'도 역사상 특정한 지역에 거주하는 서양인에 국한된 것이 아니라 보편적 인간성이 나아갈 바람직한 목적을 뜻한다.

활동하고, 내가 언급했듯이, 정신적 형태의 통일체 속에 활동한다. 그와 동시에 인격, 인격들의 단체, 이들의 모든 문화적 작업수행에 이들 모두가 결합한 특성이 부여되어야 한다.

그렇다면 '유럽의 정신적 형태', 이것은 도대체 무엇인가? 그것은 유럽의 역사(정신적 유럽의 역사) 속에 내재하는 철학의 이념을 제시하는 것이다. 요컨대 보편적 인류 일반이라는 관점에서 고찰해보면, 새로운 인류의 시대, 즉 이제부터는 이성(Vernunft)의 이념과 무한한 과제를 통해 오직 인간의 현존재나 역사적 삶의 자유로운 형태로만 살아가려 하고, 그렇게 살 수 있는 인류의 시대가 출현하며, 그 발전의 출발점이라고 자신을 표명하는 유럽의 역사 속에 있는 목적론을 제시하는 것이다.

각각의 정신적 형태는 본질상 보편적인 역사적 공간 속에, 또는 공존(共存)과 계기(繼起)로 역사적 시간의 특별한 통일성 속에 존재하며, 그 자신의 역사를 가진다. 그러므로 우리가 우리와 우리의 국가에서 시작해―이것은 필연적인 순서 같다―역사적 연관을 추구해보면, 역사적 연속성은 우리를 끊임없이 우리의 국가에서 인접한 다른 국가들, 따라서 국가에서 다른 국가들, 시대에서 다른 시대들로 이끌어간다. 물론 고대에서는 로마인에서 그리스인, 더 나아가 이집트인, 페르시아인 등으로 이끌어간다. 그리고 이러한 일에는 분명히 끝이 없다. 그래서 우리는 원시시대로 빠져들고, 멩긴의 중요하고도 시사하는 것이 많은 저술 『석기시대의 세계사』[9]에 부득이 호소하지 않을 수 없다.

이렇게 연구를 진행해감으로써 인류는 수많은 인간의 유형과 문화의 유형을 지니고―그러나 혼란스럽게 서로 뒤섞여 흐르는―오

---

9) O. Menghin, *Weltgeschichte der Steinzeit*(Wien, 1931).

직 정신적 관계로 결합한 개인의 삶이나 민족의 삶으로 부각된다. 이
것은 인간이나 민족이 일부는 더 풍부하고 더 복잡하게, 일부는 더
단조롭게 파문을 일으키며 변화하고 또다시 사라져버리는 파도들,
즉 덧없이 형성되는 파도들인 커다란 바다와 같다.

그렇지만 그 내부를 철저히 고찰해보면, 우리는 새롭고 독특한 결
합관계와 차이를 알게 된다. 아무리 유럽 국가들이 여전히 서로 적대
적이더라도, 그들은 어쨌든 유럽 국가들 모두를 관통하고 국가적 차
이를 넘어서는 그 정신 속에 특별한 내적 근친(近親)관계를 가진다.
그것은 이 정신의 영역 속에 고향(故鄉)의식을 불러일으키는 동포성
(同胞性)과 같은 것이다. 이러한 사실은, 예를 들어 수많은 부족과 문
화적 산물을 지닌 인도의 역사성[역사적 영역] 속에 감정을 이입시
켜보면, 곧바로 뚜렷이 나타난다. 그런데 이 인도의 정신적 영역에
서는 가족적 유사성(類似性)이라는 근친관계의 통일성도 존재하지
만, 그것은 [유럽인인] 우리에게는 생소한 것이다. 다른 한편 인도인
은 우리를 이방인으로 체험하며, 오직 인도인들 사이에만 같은 고향
의 동포로 체험한다. 그렇지만 많은 단계에서 상대화된 고향과 같은
친숙함과 그렇지 못한 생소함―이것은 모든 역사성의 기본 범주이
다―의 이러한 본질적 차이가 결코 충분할 수 없다.

그러나 역사적 인류가 항상 이렇게 그러한 범주에 따라 분류되
지는 않는다. 우리는 곧바로 이러한 사실을 우리 유럽에서 감지한
다. 유럽에는―다른 모든 인간 집단도―유용성을 전혀 도외시하더
라도, 어쨌든 정신적으로 자신을 보존하려는 불굴의 의지가 있는데
도, 그들 자신을 끊임없이 유럽화(europäisieren)하려는 독특한 동기
(Motiv)를 느낄 수 있다.

반면 우리[유럽인]는, 우리 자신을 올바로 이해하면, 예를 들어 우
리 자신을 결코 인도화(印度化)하지는 않을 것이다. 나는 우리가 '유

럽 인간성에는 본래 타고난 일정한 완전한 모습(*Entelechie*)이 있으며, 이 모습은 유럽의 형태들이 변화하는 것을 철저히 지배하고 이 형태들이 변화하는 것에 어떤 영원한 극(極)으로서 이상적 삶의 형태나 존재의 형태로 발전하는 의미를 부여한다'는 사실을 느낀다(이러한 느낌은 매우 모호한데도 충분히 정당성을 가진다)고 생각한다. 이것은 마치 유기체적 존재들의 자연[물리]적 영역에 자신들의 특성을 부여하는 목적으로 노력하는 이미 잘 알려진 유형들 가운데 하나가 여기서 중요한 문제가 되는 경우와 같은 것은 아니다.

따라서 종자(種子)가 여러 단계를 거쳐 성숙한 나무가 되고 〔그런 다음〕 말라죽어가는 생물학의 발전과 같은 것, 가령 민족에 관한 동물학은 결코 존재하지 않는다. 민족은 정신적 통일체이다. 민족들 특히 유럽이라는 초(超)국가적 통일체는 규칙적으로 반복되는 형태로서 이미 도달했거나 앞으로 도달할 수 있는 어떤 성숙한 형태도 결코 없다. 영혼을 지닌 인간성은 결코 완성된 채로 존재하지 않으며, 그 자신은 결코 완성될 수 없고, 결코 반복될 수도 없다. 각각의 국가나 개인의 특수한 목적이 포함된 유럽 인간성의 정신적 목적(*Telos*)은 무한하고, 정신적 생성작용 전체가 이른바 은밀하게 목표로 삼아 나아가려는 무한한 이념이다.[10] 그것이 발전해가는 과정에서 일단 목

---

10) 후설의 목적론은 정상으로 기능하는 보편적 이성(Vernunft)과 신체(Leib)에 기초해 엄밀하게 정초된 명증성을 부여해 스스로 책임을 지는 이론적 앎을 추구하고, 이러한 자율적 이성에 근거해 세계와 자기를 이해하고 새롭게 형성하고 개혁함으로써 진정한 인간성의 실천적 삶을 실현하려는 '철학의 근원적 건설'이라는 목적에 부단히 접근해야 할 필연성과 의지의 결단을 강조하는 것이다(이 책 제73절의 주 55)를 참조할 것).

따라서 그의 목적론은 경험의 지향적 지평구조를 분석함으로써 '사태 자체로' 접근해가는 미시적 방향과 선험적 상호주관성이 구성되고 해명되는 역사성의 구조를 밝힘으로써 철학을 통한 '인간성의 완성'이라는 이념에 접근해가는 거시적 방향으로 전개된다.

적으로 의식되자마자 곧바로 그 정신적 목적도 필연적으로 의지의 목적으로 실천적이 되며, 이것에 의해 규범이나 규범적 이념이 이끄는 더 높은 새로운 발전의 단계가 도입된다.

그러나 이제까지 논의한 모든 것은 우리의 역사성〔역사적 발전〕에 대한 사변적 해석이 아니라, 편견 없는 반성을 통해 떠오르는 생생한 예감의 표현일 것이다. 그렇지만 이 예감은 유럽의 역사에서 가장 중요한 연관—이것을 추구하면서 예감된 것은 확증된 확실성이 된다—을 파악할 지향적 길잡이(intentionale Leitung)를 부여해준다. 예감이야말로 모든 발견을 직감하는 실마리이다.[11]

이러한 사실을 상세히 논의해보자. 유럽은 그 정신이 출생한 터가 있다. 그러나 이 말은 어떤 지방의 지리적인 것—비록 이것 역시 틀림없는 사실이더라도—이 아니라 어떤 국가나 그 구성원인 개인들과 인간 집단이 정신적으로 출생한 터를 뜻한다. 그런데 기원전 7세기와 6세기 고대그리스의 도시국가에서 그들의 환경세계를 대하는 독자적으로 새로운 종류의 태도가 생겼다. 그리고 이 태도를 시종일관 수행한 결과 체계적으로 완결된 문화의 형태로 빠르게 성장한 완전히 새로운 유형의 정신적 산물이 출현했는데, 그들은 이것을 '철학'(Philosophie)이라 불렀다. 이 말을 근원적 의미는 '보편적 학문', 세계 전체(Weltall)에 관한 학문, 즉 모든 존재자의 전체 통일성(Alleinheit)에 관한 학문을 뜻한다. 그 이후 곧바로 전체(All)에 관한 관심 그리고 이와 동시에 모든 것을 포괄하는 생성작용(Werden)과

---

11) 후설은 "발견을 본능과 방법의 혼합물"(이 책 제9절의 d)항)이라고 파악한다. 또한 이미 알고 있는 것들(과거지향)에 근거한 친숙한 유형학(Typik)을 통해 아직 알려지지 않은 것(미래지향)을 생생한 '지금'의 지평 속에 미리 지시하고 해석해 예측해나가는 의식을 "예언가적 의식"(『시간의식』, 56쪽)이라고도 부른다.

이 생성작용 속에서 존재(Sein)에 관한 물음은 곧 존재의 보편적 형식들과 영역들에 따라 특수하게 구분되었고, 그래서 하나의 학문인 철학은 다양한 개별과학들로 분파되었다.

그러므로 모든 학문이 함께 포함되었다는 이러한 의미에서 철학이 출현한 사실에서 나는, 아무리 역설적으로 들리더라도, 정신적 유럽의 근원적 현상을 본다. 앞으로 더 상세하게 설명하면, 물론 이러한 설명도 매우 불충분한 것으로 간주되겠지만, 외견상 역설로 보이는 것은 즉시 제거될 것이다.

학문으로서의 철학은 문화형성물에 관한 특수한 부류의 명칭이다. 초(超)국가적 성격을 띤 양식의 형태를 취해왔던 유럽의 역사적 운동은 무한한 차원에 놓여 있는 규범의 형태를 추구했지만, 형태들이 계속 변화하는 가운데 단지 형태학에서 외면으로 고찰할 수 있는 규범의 형태를 추구한 것은 아니다. 끊임없이 규범을 추구해나간다는 사실은 개인들의 지향적 삶에, 그리고 이것에 입각해 국가나 그 각각의 사회, 결국 유럽으로 결합한 국가 조직체에 내적으로 깃들어 있다. 물론 끊임없이 규범을 추구해간다는 사실은 모든 인간에 내적으로 깃들어 있는 것이 아니며, 따라서 상호주관적 작용들을 통해 구성된 더 높은 단계의 인격체들 속에 완전히 전개된 것도 아니다. 오히려 그 사실은 보편타당한 규범을 추구하는 정신이 전개되고 확대되는 필연적 과정의 형식으로서 어쨌든 그러한 인격성에 내적으로 깃들어 있다.

그런데 이러한 사실은 동시에 작은 사회, 심지어 아주 작은 범위에서 효력을 발휘하게 된 이념이 형성됨으로써 인간성 전체가 전진해 변형되는 의미가 있다. 개인들 속에 산출된 경탄할 만한 새로운 의미 형성물인 ― 지향적으로 무한함을 자체 속에 간직한 ― 이념들은 인간의 경험 장(場)에서 마주치는, 그러나 바로 그렇다고 인격으로서의 인간에게 어떤 것도 의미하지는 않는, 공간 속에 있는 실재적 사물들과 같은 것은 아니다.

이념들을 최초로 구상함으로써 비로소 인간은 점차 새로운 인간으로 형성된다. 그래서 이념들을 구상한 인간의 정신적 존재는 전진해 새롭게 형성해가는 운동(Neubildung) 속에 발을 들여놓게 된다. 이 운동은 처음부터 서로 의사를 소통하는 방식으로 진행해가고, 자기 삶의 범위에서 인격적 현존재의 새로운 양식을 불러일으키며, 이것을 추후에 이해함(Nachverstehen)으로써 〔그에〕 상응하는 새로운 생성작용을 일깨운다. 이러한 형성운동에서는 우선 (그 이후에는 그 형성해가는 운동을 넘어서) 유한함 속에 살면서도 무한함이라는 극(極)을 목표로 삼고 살아가는 특별한 인간성이 확대된다.

바로 이러한 사실에 의해 새로운 방식으로 공동체의 것으로 만드는 일과 새로운 형태를 지속하는 공동체가 생긴다. 이 경우 이념을 사랑하고 산출하며 이 이념에 의해 삶을 규범화함으로써 공동체의 것이 된 공동체의 정신적 삶은 그 자신 속에 무한한 미래지평(未來地平)을 포함한다. 즉 그러한 이념에 입각한 정신을 통해 새롭게 된 세대들의 무한한 미래지평을 포함한다. 그러므로 이러한 일은 무엇보다 그리스의 도시국가라는 독자적인 국가의 정신적 공간 속에 철학과 그 철학의 공동체가 발전하는 것으로 수행된다. 이러한 사실과 더불어 인간성 전체를 매혹해 사로잡는 보편적인 문화의 정신이 우선 그 도시국가에서 일어난다. 그래서 이 정신은 새로운 역사성(Historizität)의 형식으로 전진해나간 하나의 변형이다.

만약 철학적 인간성이나 학문적 인간성의 역사적 기원을 추구하고 여기에서부터 시작해 유럽의 의미를 해명하며 〔앞에서 상술한〕 그것이 발전한 방식을 통해 보편적 역사에서 뚜렷하게 부각되는 새로운 역사성(Geschichtlichkeit)을 그러한 의미에 입각해 해명하면, 이 개괄적 윤곽은 충실해지고, 더 완전하게 이해될 것이다.

우선 끊임없이 새로운 특수〔개별〕과학들로 전개된 철학의 주목할 만한 특성을 밝혀보자. 학문 이전의 인류에도 이미 있었던 그 밖의 다른 문화형태들, 즉 수공업이나 농경, 건축술 등과 철학을 대조해보자. 이것들 모두는 확실하게 성공을 거둘 수 있게 생산하는 적절한 방법을 지닌 문화적 성과의 부류를 나타낸다. 더구나 이것들은 ㄱ 〔방법들〕 밖에도 환경세계 속에 일시적 현존재를 가진다.

다른 한편 학문적 성과는 확실하게 성공할 생산방법이 일단 획득되면, 전혀 다른 존재방식(Seinsart), 즉 아주 다른 시간성(Zeitlichkeit)을 지닌다. 요컨대 학문적 성과를 사용한다고 소모되거나 소멸하지 않는다. 반복된 〔학문적〕 생산작용은 동등한 것을 생산하거나, 기껏해야 동등하게 사용할 수 있는 것을 생산하는 것이 아니다. 오히려 그것은, 생산한 바로 그 사람이나 임의의 수많은 사람이 임의의 수많은 생산물 속에 동일하게(identisch) 같은 것(das Selbe), 즉 그 의미나 타당성〔가치〕에서 동일한 것을 생산하는 것이다. 실제로 서로 의사소통해 결합한 사람들은 오직 자신들이 생산한 것과 전적으로 동일한 방식으로 그때그때 동료들이 동등하게 생산하는 작업 속에 생산한 것을 경험할 수 있을 뿐이다. 즉 학문적 활동이 성취한 것은 실재적인 것(Reales)이 아니라, 이념적인 것(Ideales)이다.[12]

그러나 더 중요한 점은, 타당한 것으로, 즉 진리로 획득된 것은 더 높은 단계의 이념성을 산출할 수 있는 소재가 되는 데 더 유용하다는 것이며, 이러한 점은 언제나 새롭게 그러하다. 이론적 관심이 전개되

---

12) 전통적으로 이념성과 실재성은 '의식'을 기준으로 그 '안과 밖'으로 구분해 왔다. 그러나 후설은 '시간성'을 기준으로 삼기 때문에, 시간 속에 일어나는 의식의 다양한 작용들도 실재적인 것이다. 따라서 이념적인 것은 '어디에나 있지만 아무 데도 없는'(überall und nirgends) 초(超)시간적인 것이다.

면, 실제로 각각의 관심은 단순히 상대적인 최종목표의 의미만을 미리 받아들이지만, 그것은 보편적 연구의 장(場)으로, 즉 학문의 영역으로 미리 지시된 무한함 속에서 항상 더 높은 단계의 새로운 목표에 이르는 통로가 된다. 그러므로 학문은 과제들의 무한한 이념을 지시한다. 그리고 이 과제들의 무한함 가운데는 항상 일정한 과제들이 이미 해결되었고, 그래서 존속하는 타당성으로 보존된다. 이와 동시에 이 해결된 과제는 모든 것을 포괄하는 과제의 통일성으로서 과제들의 무한한 지평에 대한 전제들의 바탕을 이룬다.

그렇지만 여전히 다음의 중요한 사실을 여기에서 보충해 진술해야 한다. 학문에서 개별적 연구성과의 이념성, 즉 진리의 이념성은 〔이전에 산출된 것과〕 동일하게 되고 검증된 의미에 기초해 단순히 반복할 수 있다는 것만 뜻하지는 않는다. 왜냐하면 학문의 의미에서 진리의 이념은 학문 이전의 삶이 지닌 진리와 뚜렷하게 대조되어 부각되기 때문이다(이 사실에 관해 앞으로 논의해야 할 것이다). 이러한 진리의 이념은 절대적 진리이려 한다. 이 속에는 각각의 사실적 검증이나 진리에 단지 상대적인 성격, 진리 그 자체가 이른바 무한히 멀리 떨어져 있는 점(點)으로 간주되는 곧바로 무한한 지평을 향해 단순히 가깝게 접근하는 성격을 부여하는 무한함이 놓여 있다. 게다가 이와 상관적으로 그 무한함도 학문적 의미에서의 **참된 존재자** 속에 놓여 있으며, 또한 언젠가는 수행될 수 있을 정초하는 작업의 주체인 '각자'(jedermann)에 대한 **보편-타당성** 속에도 놓여 있다. 왜냐하면 이미 이 각자는 학문 이전의 삶이라는 유한한 의미에서 각자는 아니기 때문이다.

학문의 특유한 이념성을 그 학문의 의미 속에 다양하게 함축된 이념적 무한함과 함께 이렇게 특징지은 다음, 역사적으로 조망해보면 다음과 같은 명제로 표현되는 대조가 뚜렷이 부각된다. 즉 철학 이전의 역사적 지평에서 [철학 이외의] 다른 어떤 문화의 형태도 위에서 언급한 의미에서 이념의 문화는 결코 아니며, 그것은 무한한 과제를 알지도 못하고 전체로서 그리고 그 세부적인 것들 모두뿐만 아니라 그것을 생산하는 방식들에 관해서도 그 의미에 적합한 무한함을 내포하는 이념성들의 우주들(Universa)도 알지 못한다는 사실이다.

어쨌든 학문 이외의 문화, 즉 아직 학문이 다루지 않은 문화는 유한한 인산이 수행해야 할 과제이자 작업이다. 인간이 사는 끝없이 열린 지평은 [아직] 개척되어 있지 않다. 인간의 목적이나 활동, 그의 상거래, 그의 개인적·사회적·국가적 그리고 신화적 동기부여—이 모든 것은 전망할 수 있는 유한한 환경세계의 영역 속에 진행된다. 이 환경세계에는 어떠한 무한한 과제도, 그 무한함 자체가 연구의 장인 어떠한 이념적 성과도 존재하지 않는다. 게다가 그래서 이 연구의 장은 [그 속에서] 연구하는 자에 대해 이러한 무한한 과제가 갖는 장이 존재하는 방식을 의식에 적합하게 가진다.

그러나 그리스철학이 등장하고 그 새로운 무한함의 의미를 일관되게 이념화(理念化)함으로써 비로소 그리스철학이 완성되는 가운데 이러한 관점으로 계속 진행된 변화가 일어났다. 이러한 변화는 결국 유한한 모든 이념과 동시에 정신의 문화 전체가 속한 인간성을 자신의 영향권으로 끌어들인다. 그런 까닭에 우리 유럽인에는 철학적-학문적 영역 이외에도 여전히 수많은 무한한 이념(이러한 표현이 허용된다면)이 존재한다. 하지만 이 이념들이 지닌 무한함에 유사한 특성(무한한 과제·목표·검증·진리·참된 가치·진정한 선善·절대적으로 타당한 규범)은 무엇보다 철학이나 그 이념성을 통한 인간성(Menschentum)의 개조(Umbildung)에 힘입고 있음이 틀림없다. 따라서 무한한 이념에 이끌리는 학문적 문화는 문화 전체를 혁명시키는 것(Revolutionierung), 즉 문화를 창조하는 자인 인간성의 [존재]

방식 전체에 걸쳐 작용하는 혁명시키는 것을 뜻한다. 이러한 학문적 문화도 실로 무한한 과제를 지닌 인간성으로 생성되는(Werden) 과정에서 유한한 인간성이 생성되는 것이 중단되는(Entwerden) 역사인 역사성〔역사적 발전〕을 혁명시키는 것도 뜻한다.

여기에서 우리는 다음과 같은 명백한 반론에 직면하게 된다. 즉 그리스학문인 철학은 아무튼 그들에게만 특별히 부각된 것이 아니며, 그들과 더불어 비로소 세상에 출현하지도 않았다는 반론이다. 어쨌든 그리스인 자신도 현명한 이집트인이나 바빌로니아인 등에 관해 이야기하고, 실제로 이들에게서 많은 것을 배웠다. 오늘날 인도철학이나 중국철학 등에 관한 수많은 연구저작들이 있지만, 이 경우 그 연구저작들은 인도나 중국 등의 철학을 그리스철학과 동등한 수준에 배치하고 동일한 하나의 문화가 추구하는 이념 안에서 단순히 서로 다른 역사적 형태로 파악한다. 물론 〔이들 사이에〕 일정한 공통점이 결코 없지는 않다. 그렇지만 우리는 단지 형태학의 일반성 때문에 지향적으로 깊이 놓여 있는 심연을 은폐하게 허용하면 안 되며, 〔이들 사이에〕 무엇보다 가장 본질적인 원리에서 차이점에 맹목적이 되어도 안 된다.

우선 동양과 서양의 철학자가 취하는 태도나 보편적 관심의 방향은 확실히 근본적으로 다르다. 우리는 서양이든 동양이든 세계를 포괄적으로 이해하려는 관심을 여기저기에서 확인할 수 있는데, 이러한 관심은 양측에서, 따라서 인도철학이나 중국철학 그리고 이와 유사한 〔동양〕 철학에서도—어떤 종류의 직업에 따라 살아가는 관심의 방식에서 작용하는 곳이거나, 일반적 성과가 세대 간에 이어져 전승되거나 명백한 동기부여로 계속 발전되는 직업공동체로 이끄는 곳 어디에서나—세계에 관한 보편적 인식으로 이끈다.

그러나 우리는 오직 그리스인에게서만 순수한 **이론적 태도**라는 본질적으로 새로운 형태에 관한 보편적(우주론적)인 삶의 관심을 발견한다. 그런데 이 태도는 내적 근거에 기초해 그 관심이 작용하는 공동의 형식으로서 철학자나 과학자(수학자·천문학자 등)에 상응하는 본질적으로 새로운 형태이다. 그들은 따로 고립되지 않고 서로 함께 또한 서로를 위한, 따라서 개인들 상호 간에 결합한 공동의 연구에서 이론(*Theoria*)을, 그리고 오직 이론만을 추구하고 성취했다. 그리고 이 이론이 성상하고 끊임없이 개선되는 가운데 공동으로 연구하는 자들의 단체가 확대되거나 탐구자들이 여러 세대에 걸쳐 계속 노력함으로써 궁극적으로 무한하고 모두에게 공통인 과제라는 의미를 지닌 의지(意志)로까지 수용되었다. 따라서 이론적 태도는 그리스인에서 그 역사적 기원이 있다.

일반적으로 태도(Einstellung)란 이 태도에 의해 미리 지시된 의지의 방향(Willensrichtung)이나 관심(Interesse)에서, 또는 이 태도로 규정되는 궁극적 목적, 문화적 작업수행 곧 그 양식(Stil) 전체에서 습득적으로 확립된 의지에 찬 삶(Willensleben)의 양식을 뜻한다. 그 때그때 규정된 삶은 규범의 형식으로 지속하는 이러한 양식으로 영위된다. 그리고 구체적인 문화의 내용은 상대적으로 완결된 역사성(Geschichtlichkeit) 속에 변화된다. 인류(또는 국가나 종족 등과 같이 완결된 사회)는 그의 역사적 상황 속에 항상 일정한 태도를 취하며 살아간다. 결국 인류의 삶은 항상 일정한 규범양식을 지니며, 이러한 규범의 양식으로 끊임없는 역사성(Historizität)과 발전을 이룩한다.

그러므로 이론적 태도가 새로운 유형으로 그에 앞서는 이전의 규범적 태도로 소급해 관계하면, 이것은 태도변경(Umstellung)[13]으로

---

13) 후설이 밝히듯이, 현상학적 환원의 교육적 의의는 상상 속의 자유로운 변경

특징지어진다. 인간 현존재의 역사성(Geschichtlichkeit)을 그 모든 사회의 양식과 역사적 단계에서 보편적으로 고찰해보면, 다음과 같은 점이 분명하게 나타난다. 즉 본질적으로는 일정한 태도가 그 자체로 최초의 것이라는 점 또는 인간 현존재의 일정한 규범의 양식은 (형식적 보편성에서 말하면) 최초의 역사성(Historizität)[14]을 지시하며, 이 역사성 안에서 문화를 창조하는 현존재의 그때그때 사실적 규범의 양식은, 그것이 발전하든 몰락하거나 정체하든 모든 경우에도, 형식적으로는 동일한 것으로 남아 있다.

이러한 관점에서 우리는 본래 타고난 자연적 태도, 즉 근원적인 자연적 삶의 태도를 그리고—고급이든 저급이든 줄곧 발전되었든 정체되었든—문화에 관한 최초의 근원적인 자연적 형식에 관해 이야기한다. 따라서 그 밖의 모든 태도는 [이것들의] 태도변경으로서 이 자연적 태도로 소급해 관계한다. 더 구체적으로 말하면, 역사적으로 사실적인 인류의 자연적 태도로 어떤 특정한 시점에 구체적으로 생성된 내적이거나 외적인 상황에서 [변화의] 동기—최초의 자연적 태도에서 개인이나 인간 집단을 어떤 태도변경으로 이끌려고 동기를 부여하는 것—가 반드시 발생한다.

그런데 인간 현존재의 역사적 근본방식인 본질상 근원적인 태도는 어떻게 특징지을 수 있는가? 이 물음에 대해 우리는 이렇게 답변한다. 즉 인간은 태어나면서 당연히 발생적 근거에 기초해 항상 사회

(freie Variation im Phantasie)에서 태도변경이 어떻게 가능한지 그 근거와 실제로 태도변경이 어떻게 이루어지는지 구체적으로 제시한 데 있다(『이념들』제2권, 179쪽을 참조할 것).

14) 'Historizität'은 개인과 사회, 민족에 일어난 사건이나 그 변천과 흥망의 사실 및 과정에 대한 총체적 기록을, 'Geschichtlichkeit'는 이러한 사실 및 과정의 의미연관에 대한 성찰과 해명을 뜻한다. 하지만 후설이 이들을 엄격하게 구별해 사용하지는 않는다.

속에, 즉 가족·종족·국가 속에 살며, 이들 공동체는 다시 그 자체로 더 풍부하든 빈약하든 특수한 사회집단으로 다양하게 나누어진다. 자연적 삶은 실로 소박하게 곧바로 세계—즉 보편적 지평으로서 항상 일정한 방식으로 현존하는 것으로 의식되지만 이때 곧바로 주제가 되지는 않은 세계—속에 깊이 파묻혀 살아가는 것(Hineinleben)으로 특징지어진다. 인간이 [관심을] 향한 것은 [모두] 주제가 된다. 일깨워진 삶은 항상 이러저러한 것—즉 중요하거나 사소한 일, 어떤 목적이나 수단, 관심을 쏟거나 외면한 일, 사적이거나 공적인 일, 일상적으로 필요하거나 돌발적으로 일어난 새로운 일—에 관심을 향한 것을 뜻한다. 이 모든 것은 세계의 지평 속에 놓여 있지만, 그러한 세계 속의 삶(Weltleben)에 사로잡힌 사람이 태도를 변경하고, 세계그 자체를 어떠한 방식으로든 주제로 삼고, 그 세계에 지속적으로 관심을 품게 이끌려면 특별한 동기가 필요하다.

　　그러나 이 점에 관해서는 더 상세한 설명이 필요하다. 태도를 변경하는 개인들도 자신들의 보편적인 삶의 공동체(그들의 국가)에 속한 인간으로서 계속 자신들의 자연적 관심, 즉 각자 나름의 개별적 관심을 둔다. 개인들은 어떠한 태도변경을 하더라도 그 관심을 간단히 잃어버릴 수 없다. 왜냐하면 이것은 각자가 출생한 이후부터 계속 형성되어왔던 그 자신으로 존재하기를 중지해야 한다는 사실을 뜻하기 때문이다. 따라서 어떠한 사정에서도 태도변경은 단지 일시적일 수밖에 없다. 즉 태도변경은 무조건의 의지의 결단이라는 형식으로서만 그 이후의 삶 전체에 대해 습득적으로 계속 지속하는 타당성의 성격을 지닐 수 있다.[15] 그리고 이 무조건의 의지의 결단은 주기적이지

---

15) 항상 어떤 태도를 취하는 경험적 자아의 모든 정립작용은, 의식의 흐름 속에 생성되고 소멸하지만, 흔적도 없이 사라지는 것이 아니라 과거지향으로 변경되어 무의식 속에 침전된다. 그리고 이렇게 형성된 습득성은 그때그때의

만, 내적으로 통일된 일시적 시간 속에 항상 동일한 태도를 다시 받아들이고, 별도로 분리된 것을 지향적으로 연결한 연속성에 의해 그 자신의 새로운 관심을 타당하면서도 앞으로 실행할 수 있는 관심으로서 시종일관 지켜가며, 이것을 〔그에〕 상응하는 문화의 형성물들 속에 실현한다.

우리는 이와 유사한 것을 자연적이며 근원적인 문화의 삶—〔직업 이외〕 그 밖의 삶과 그 자신의 구체적 시간성을 가로막는 그의 주기적 직업에 바친 시간성(예를 들어 공무원의 근무시간 등)을 지닌 삶—속에 등장하는 직업에서 익히 잘 알고 있다.

그런데 여기에 두 가지 경우가 가능하다. 그 가운데 하나는 새로운 태도가 관심을 두는 자연적인 삶의 관심에 이바지하는 것과 다른 하나는 본질적으로 동일한 것이지만, 자연적 실천에 이바지하는 것이다. 이때 새로운 태도는 그 자체가 하나의 실천적 태도이다. 실로 이 실천적 태도는 국가공무원으로서 공공복지에 마음을 쓰고, 따라서 실천을 통해 모든 사람(또한 간접적으로는 자신)의 실천에 이바지하려는 정치가(政治家)의 실천적 태도와 유사한 의미가 있다. 물론 이러한 사실은 자연적 태도의 영역에도 관련된다. 더구나 이 자연적 태도는 서로 다른 유형의 공동체 구성원에 따라 본질적으로 분화되고, 사실상 공동체를 지배하는 통치자(統治者)에 대한 것과 그〔공동체〕 시민—이 두 가지는 물론 가장 넓은 의미로 파악된 것이다—에 대한 것은 서로 다르다. 그러나 어느 경우이든 이러한 유비는 '실천적 태도가 지닌 보편성, 즉 이 경우 세계 전체에 관련된 태도가 지닌 보편성은 세계 안에 있는 모든 개별적인 것이나 특수한 것 전체에 관심을

생생한 경험을 규정하고 일정한 방향으로 관심을 유도하는 순수자아의 소유물로서, 다른 동기를 지닌 의식작용으로 폐기되거나 수정되지 않는 한, 지속적 타당성을 지닌다.

쏟고 몰두하는 것을 뜻할 필요는 결코 없으며, 물론 이러한 것은 생각할 수도 없을 것'이라는 사실을 이해시켜준다.

그러나 더 높은 단계의 실천적 태도에 대립해 이와 다른 태도인 일반적인 자연적 태도를 변경시킬 본질적 가능성은 여전히 존재한다(우리는 이것을 종교적-신화적 태도의 유형에서 즉시 알게 된다). 그것은 이론적 태도이다. 물론 이것은, 이론적 태도 속에 필연적으로 발전함으로써 철학적 관조(*Theoria*)가 일어나고 본래의 목적이나 관심의 장(場)이 되기 때문에, 단지 잠정적인 명칭이다. 이 이론적 태도는, 이것도 직업적 태도이지만, 전적으로 비(非)실천적이다. 따라서 이 이론적 태도는 자신의 직업적 삶의 테두리 안에서 모든 자연적 실천과 더불어 자연적으로 필요한 것에도 이바지하는 더 높은 단계의 실천을 자발적으로 행한 판단중지(Epoche)[16]에 기초한다.

어쨌든 판단중지에 의해 이론적 삶을 실천적 삶에서 결정적으로 '분리해내는 것'은 결코 문제가 되지 않으며, 이론가(理論家)의 구체적인 삶을 서로 아무 연관도 없이 지속하는 삶의 두 연속성으로 나누는 것—따라서 사회적으로 말하면, 정신적으로 어떤 연관도 없는 두 문화의 영역이 성립한다는 의미가 있는 것—도 전혀 문제가 되지 않는다. 왜냐하면 (한편으로 자연적 태도 속에 기초한 종교적-신화적 태도와 다른 한편으로 이론적 태도에 대립해) 제3의 형식인 보편적 태도—이것은 이론적 태도에서 실천적 태도로 이행할 때 수행되는 [서로 대립하는] 양 측면이 지닌 관심을 종합한 것이다—가 여전히 가능하기 때문이다. 그것은 이러한 방식으로 완결된 통일성 속에 그리고 모든 실천을 판단중지함으로써 일어나는 관조, 즉 보편적 학문

---

16) 이것은 소피스트와 같이 세계를 부정하거나 회의주의자처럼 세계의 존재를 의심하는 것이 아니라, 소박한 자연적 태도에서 정립한 것의 타당성을 일시 중지해(괄호 속에 묶어) 경험의 새로운 영역을 새롭게 보려는 것이다.

이 무엇보다 구체적인 현존재로 살아가며 또한 항상 자연적으로 살아가는 새로운 방식의 인류에 이바지하게 요청된 (이론적 통찰 자체를 통해 그 자신의 사명도 입증하는) 종합이다.

이 종합은 새로운 종류의 실천(Praxis)[17]이라는 형식으로, 즉 모든 삶과 그 목표에 대한 보편적 비판, 인류의 삶에 근거해 이미 발생한 모든 문화형성물과 문화체계에 대한 보편적 비판의 형식으로 일어나며, 동시에 인류(Menschheit) 자체를 비판하고, 명시적이든 은연중에 내포된 것이든, 인류를 이끌어가는 가치를 비판하는 형식으로 일어난다. 그 결과 이러한 비판에 근거해 이루어진 실천, 즉 보편적인 학문적 이성을 통해 모든 형식의 진리의 규범에 따라 인류를 향상시키고 인류를 철저하게 새로운 인간성(Menschentum)으로 변형시키는 실천은 절대적인 이론적 통찰에 기초해 절대적으로 스스로 책임을 지는(Selbstverantwortung) 능력을 부여한다.

아무튼 이론적 보편성과 보편적 관심을 지닌 이 실천을 종합하는 것에 앞서 이론과 실천을 이와 다르게 종합하는 것이 분명히 있다. 그것은 이론의 제한된 성과를 활용하는 종합이며, 이론적 관심의 보편성을 특수화함으로써 포기하고 자연적 삶의 실천에 입각해 특수〔개별〕과학들의 제한된 성과를 활용하는 종합이다. 따라서 이러한 종합에서 근원적-자연적 태도와 이론적 태도는 유한하게 만드는 과정으로 서로 결합한다.

그리스-유럽의 학문(보편적으로 말하면 '철학') — 이것은 이와 동등하게 평가된 동양의 철학들과 원리상 구별된다—을 더 깊게 이해하기 위해서는 유럽의 학문에 앞서 그러한 철학을 창조했던 실천

---

17) 이것은 '이론적 실천'을 뜻한다. 후설에서 '이론'과 '실천' 그리고 '이론적 실천'에 관해서는 이 책 제9절 a)항 주 8) 및 제28절 주 6)을 참조할 것.

적-보편적 태도를 더 상세하게 고찰하고, 이 태도를 종교적-신화적 태도로서 해명하는 일이 실제로 필요하다. 종교적-신화적 동기와 종교적-신화적 실천은 자연적으로 살아가는 모든 인간성에 ─ 그리스 철학과 이와 동시에 학문적으로 세계를 고찰하는 것이 출현하고 발전하기 이전에 ─ 함께 속한다는 점은 이미 잘 알려진 사실이지만, 또한 본질적으로 통찰할 수 있는 필연성이다.

신화석-송교적 태도는 실제로 총체성(Totalität)으로서 세계를 주제로, 게다가 실천의 주제로 삼을 때 존재한다. 그 세계는 이 경우 당연히 문제가 되는 인간성(가령 민족)에서 구체적-전통적으로 타당한 세계, 따라서 신화적으로 포착된 세계이다. 여기에는 미리 또 무엇보다 인간이나 동물과 그 밖의 인간 이하의 존재나 동물 이하의 존재뿐만 아니라 초(超)인간적 존재도 신화적-자연적 태도〔의 세계〕에 속한다. 그리고 이것들을 전체성(Allheit)으로 포괄하는 시선은 실천적이다. 그러나 이 시선은 마치 자연적으로 그럭저럭 살아가는 가운데 어쨌든 특별한 실재성에만 실제로 관심을 두는 인간이 언제나 그에게 모든 것이 동등한 방식으로 갑자기 또 함께 실천적으로 중요한 일이나 되듯이 나타날 수도 있다는 것은 아니다. 하지만 세계 전체를 신화적 힘들에 의해 철저하게 지배된 것으로 간주하고, 이 경우 인간의 운명을 직접적이든 간접적이든 이 힘들이 지배하는 방식에 의존하는 한, 보편적-신화적으로 세계를 고찰하는 것은 실천에 의해 최대한 고무되고 그런 다음 그 자체가 실천적인 것에 관심을 두고 세계를 고찰하는 것이 된다.

종교적-신화적 관심과 그 전통을 통일적으로 주재하는 승려계급의 통치에서 승려들은 당연히 이러한 종교적-신화적 태도를 취할 동기를 지녔다. 이 승려계급의 통치에서 신화적 힘들(가장 넓은 의미에서는 인격적으로 간주한 힘들)에 관해 언어로 확고하게 각인된 **앎**

(Wissen)이 생성되고 유포되었다.[18] 그런데 이러한 앎은 소박하게 확신할 수 있는 해석으로 나타나면서 신화 자체를 변형시키는 신비적 사변의 형식을 띠게 되었다. 이와 동시에 〔관심의〕 시선은 신화의 힘들이 지배한 그 밖의 다른 세계와 이 세계에 속한 인간이나 인간 이하의 존재(더구나 그 고유한 본질적 존재 속에 고정되어 있지 않기 때문에 신화의 계기契機들이 흘러들어와Einströmen 영향을 받는 것에도 개방된 존재)를, 신화의 힘들이 이 세계의 사건들을 지배하는 방식—즉 신화의 힘들 자체가 통일적으로 최상의 힘의 질서에 분명히 수렴되어야 할 방식, 신화의 힘들이 개별적 기능이나 이 기능을 수행하는 자 속에 만들어내고 〔이러한 일을〕 수행하며 〔자신들의〕 운명을 심판하면서 〔세계에〕 관여하는 방식—을 언제나 자명하게 함께 겨냥했다.

그러나 이러한 사변적 앎은 모두 인간이 그가 세계에서 살아가는 것을 가능한 한 행복하게 만들고 삶을 질병이나 모든 종류의 불행, 고난이나 죽음에서 보호할 수 있는 그 인간의 목적에 이바지하는 것을 목표로 삼는다. 이러한 신화적-실천적 세계에 대한 고찰과 세계를 인식하는 것에서 학문적으로 경험을 인식함으로써 알려진 사실적 세계에 관한—나중에 학문적으로 평가된—다양한 인식들도 분

---

18) 신화는 초자연적인 힘들의 역사, 즉 막연한 신령들(numina)부터 호머의 서사시에 등장하는 완전한 인간의 모습을 닮은 신들까지의 역사를 엮어냄으로써 보이지 않는 단편적 요소들을 더욱 구체화해 합리적으로 설명한 것이다. 그리고 일상적 경험을 통해 얻은 자연에 관한 지식과 달리 초자연적인 것에 관한 지식은 마술사와 제사장, 시인과 예언자같이 영감을 받은 신들린 사람(enthusiasm)만 이해할 수 있는 계시였기 때문에, 승려계급의 통치권은 이를 근거로 확보되었다.

　그러나 그리스에서 학문은 이 지식의 두 차원, 즉 경험과 계시의 구별과 이에 상응하는 존재의 두 차원, 즉 자연적인 것과 초자연적인 것의 구별이 해소됨으로써 탄생했다.

명히 나타날 수 있다. 그러나 이 인식들은 그 고유한 의미의 연관 속에 있으며, 신화적-실천적인 것으로 남아 있다. 그리고 만약 그리스에서 창조되었고 근대에도 계속 형성된 학문적 사유의 방식으로 교육받은 사람이 참으로 인도나 중국의 철학과 과학(천문학·수학)을 논의하고, 따라서 인도나 바빌로니아, 중국을 유럽식으로 해석하면, 그것은 전도(顚倒)된 것이고 또 다른 의미의 왜곡(歪曲)이다.

어쨌든 부편적이지만 신화적-실전적 태도와 이제까지 논의한 모든 의미에서 비(非)실천적인 이론적 태도는 날카롭게 대조되는데, 이것은 그리스철학에서 최초로 절정을 이룬 시기의 위대한 철학자인 플라톤과 아리스토텔레스가 철학의 근원으로 되돌아가 밝혀낸 경탄하는(*thaumazein*) 태도이다. 모든 실천적 관심을 외면하고, 그 자신이 인식하는 활동의 폐쇄된 범위에서 또 이것에 전념한 시간에서 순수한 관조(*Theoria*)에만 몰두해 성취하려고 세계를 고찰해 인식하려는 열정이 인간의 마음을 사로잡았다. 즉 인간은 세계에 관계하지 않는 방관자(Zuschauer), 세계를 조망하는 자(Überschauer)가 되었고, 비로소 철학자(Philosoph)가 되었다. 오히려 그때 이후 인간의 삶은 이러한 태도에서만 얻어질 수 있는 동기를 받아들이는 감수성과 그것을 통해 결국 철학이 생기고 인간 스스로 철학자가 될 수 있을 새롭게 사유하는 목표와 방법을 받아들이는 감수성도 획득했다.

물론 이론적 태도가 출현한 것은, 역사적으로 생성된 모든 것과 마찬가지로, 그 사실적 동기부여를 역사적 사건들의 구체적 연관 속에 가진다. 따라서 이러한 관점에서 '기원전 7세기 그리스 인간성이 위대하고도 이미 고도의 문화를 갖춘 그 환경세계의 민족들[19]과 교류

---

19) 나일 강의 범람으로 인한 토지측정술, 태양력, 10진법을 이용한 피라미드, 고도의 기하학적 엄숙함과 단순함을 지닌 회화와 조각을 발전시킨 이집트, 그리고 10진법과 60진법을 병용해 시간과 방위를 정립하고 천문학의 기초

하면서 삶의 방식과 삶의 지평에서 어떻게 이렇게 경탄할 수 있었고, 무엇보다 개인들에게 습득될 수 있었는가' 하는 문제를 해명하는 것이 중요하다. 이 점에 대해 더 상세히 논의하지는 않겠다. 왜냐하면 우리에게 더 중요한 일은 단순한 태도변경 또는 단순한 경탄함에서 관조로 이끌어간 동기부여의 길, 즉 그 의미를 부여하고 창조한 동기부여의 길을 이해하는 것이기 때문이다. 이것은 그 속에 자신의 본질적 요소를 반드시 갖는 역사적 사실(Faktum)이다.

그러므로 근원적 관조(觀照)에서, 즉 완전히 무관심하게—모든 실천적 관심을 판단중지해 생긴—세계를 바라보는 것(단순히 바라보는 것에 기초해 세계를 인식하는 것)에서 학문의 고유한 관조로 변경된 것을 해명하는 일이 중요하다. 그리고 이 양자는 '주관적 속견'(doxa)과 '객관적 인식'(episteme)을 대조해봄으로써 매개된다. 그렇게 경탄함으로써 일어나기 시작한 이론적 관심은 명백히 호기심이 변형된 것인데, 이 호기심은 진지하게 살아가는 과정이 중단된 것으로서, 즉 근원적으로 형성된 삶의 관심이 마무리된 것으로서, 직접 실제의 삶에 필요한 것이 만족되거나 업무시간이 지난 다음 한가한 시간에 두루 조망하는 것으로서 자연적 삶 속에 그 근원적 위치가 있다. 이 호기심(여기에서는 습득적 '악덕'으로 이해된 것이 아닌)도 하나의 변경이며, 삶의 관심에서 벗어나 해방된 관심이다.

이러한 태도로 사람들은 우선, 자기 민족이든 낯선 민족이든, 다양한 여러 민족을 고찰한다. 각각의 민족은 그들의 전통·신들·정령(精靈)들·신화적 힘들을 갖고 그들에게 단적으로 자명한 실제의 세계로 간주한 그들 고유의 환경세계를 가진다. 이 경탄할 만한 대조를 통해 세계에 대한 표상과 실제 세계의 차이가 밝혀지고, 진리에 관한

를 다진 바빌로니아가 있다.

새로운 물음이 발생한다. 따라서 그것은 전통적으로 결합한 일상적 진리에 관한 물음이 아니라, 전통에 더 이상 맹목적이지 않은 모든 사람에게 모두 동일하게 타당한 진리, 즉 진리 그 자체에 관한 물음이다. 그래서 인간이 자신의 미래 삶에 이바지하고 보편적 삶의 의미에서 관조하는 과제에 이바지하며, 이론적 인식의 토대 위에 이론적 인식을 무한히 구축하게 끊임없이 또 앞서 미리 결심하는 사실은 철학자의 이론적 태도에 속한다.

그와 동시에 탈레스(Thales)[20] 등과 같이 개별화된 인격에서 새로운 인간성, 즉 철학적 삶과 새로운 문화형태인 철학을 직업적으로 창조해내는 인간이 생겼다. 그리고 당연히 이에 상응해 [철학을] 사회에 보급하는 새로운 직업도 즉시 생겼다. 이처럼 이념적으로 관조해 형성한 것은 [다른 사람들이] 추후에 다시 이해하고 추후에 다시 생산함으로써 손쉽게 즉시 함께 존속되고 함께 이어졌다. 그래서 이렇게 이념적으로 형성한 것은 곧바로 공동의 연구로 이끌고, 비판을 통해 서로의 협력으로 이끈다. 따라서 철학자가 아닌 국외자(局外者)도 특별한 행동이나 활동에 주의를 기울이게 되었다. 이러한 사실을 추후에 이해함으로써 그들은 실로 그들 자신이 철학자가 되거나, 그렇지 않으면 그들이 직업에 너무 강력하게 구속된 경우에는 함께 [철학을] 배우는 사람이 되었다. 그 결과 철학은 철학자들의 직업적 공동체가 확장되고, 또한 [철학을] 교육하려는 공동체의 운동이 함께 확장되는 이중의 방식으로 확대되었다.

---

20) 탈레스를 비롯한 자연철학자들은 초(超)자연적인 힘들이 지배하는 미지(未知)의 세계를 구체적인 인간과 인간사(人間事)의 모습으로 묘사하고 마법과 주술적 계시를 통해 설명하던 신화시대의 모호한 아지랑이를 과감히 걷어버리고, 합리적이고 객관적인 과학적 지식의 형태로 자연(nature)이 생성되는 원리이자 근원(arche)을 탐구하기 시작했다.

그러나 민족의 통일성이 나중에 〔철학의〕 교육을 받은 사람과 교육을 받지 않은 사람으로 내적으로 분열되는 극히 운명적인 사건의 근원도 여기에 놓여 있다. 하지만 이렇게 확장되는 경향이 철학이 발생한 그리스민족에서 제한되는 것은 분명히 아니다. 철학은 그 밖의 다른 모든 문화적 산물과 달리 민족적 전통의 토대에 결합한 관심의 운동은 결코 아니다. 〔철학에〕 생소한 민족도 〔철학을〕 추후에 이해해 배우고, 철학에 의해 전파된 거대한 문화적 변혁에 일반적으로 관여한다. 바로 이러한 사실의 특성도 분명하게 묘사되어야 한다.

탐구하는 것과 교육하는 것이라는 형식으로 확장된 철학에 의해 정신적으로 이중의 효과가 나타났다. 즉 한편으로 철학적 인간이 취한 이론적 태도의 가장 본질적인 것은 비판적 자세에 고유한 보편성(Universalität)이다. 이것은 곧 전통적으로 미리 주어진 세계(Universum) 전체에 대해 그 자체로 참된 것, 즉 이념성(Idealität)을 심문하기 위해 미리 주어진 어떠한 의견이나 전통도 의심하지 않고는 결코 받아들이지 않게 결심하는 자세이다. 그러나 이것은 단순히 하나의 새로운 인식하는 자세는 아니다. 총체적 경험을 이념적 규범, 즉 절대적 진리의 규범에 종속시키려는 요구에 의해 인간 현존재의 총체적 실천과 문화의 삶 전체에 걸친 모든 실천에서 광범위한 변화가 그러한 자세에서 즉시 나타난다. 그래서 이러한 실천은 더 이상 소박한 일상의 경험이나 전통에서가 아니라, 객관적 진리에서 그 규범을 이끌어내야 했다. 따라서 이념적 진리는 교육하는 활동에서 그리고 어린이교육에 끊임없이 적용하는 가운데 보편적으로 변형된 실천을 수반하는 하나의 절대적 가치가 된다.

이렇게 변형되는 방식을 더 상세하게 고찰해보면, 다음과 같은 점을 불가피한 일로 즉시 이해하게 된다. 즉 진리 그 자체의 일반적 이념이 인간 삶 속에 나타나는 모든 상대적 진리―실제 상황의 진리이든 추정적 상황의 진리이든—의 보편적 규범이 되면, 그 사실은 법률·미(美)·합목적성·지배적 인격의 가치·인격의 품성에 관한 가치 등 모든 전통적 규범에도 영향을 끼친다는 점이다.

그러므로 새로운 문화의 작업수행과 상관적으로 특별한 인간성이 생기고 또한 그 삶에서 특별한 직업이 생긴다. 철학적으로 세계를 인식하는 것은 단순히 이처럼 특별한 성과만 산출해낸 것이 아니라, 역사적 전통—이 속에 깊이 파묻혀 사람들은 교육을 받고, 이것에서 그 타당성을 받아들인다—의 목적인 그것의 모든 요구나 목적을 지니고 그[철학] 밖의 실천적 삶 전체에 즉시 관여하는 인간적 자세도 산출해낸다. 그래서 순수한 이념적 관심을 지닌 새롭고 친밀한 공동체가 그 인간들—모든 사람에 유용할 뿐만 아니라 동일하게 소속된 자산인 이념에 몰두해 결합한 인간들—사이에 설립된다고 말할 수도 있다.

따라서 특별한 공동체활동, 즉 서로 도움이 되는 비판을 하면서 서로를 위해 공동으로 연구하는 활동이 필연적으로 형성되며, 이 활동에서 순수하고 절대적인 진리의 타당성이 공동의 재산으로 생긴다. 게다가 이 공동체활동에서 추구되고 수행된 것을 추후에 이해함(Nachverstehen)으로써 그러한 관심이 계속 전파되는 필연적 경향이 발생한다. 그래서 철학을 하는 사람의 공동체 속에 아직 철학적이지 않은 사람들을 점차 끌어들이려는 경향도 발생한다. 그리고 이러한 경향은 무엇보다 먼저 [철학이 발생한] 본고장의 민족 안에서 발생했다. 또한 그 확장은 오직 직업적인 사회의 범위를 훨씬 넘어서 포괄적으로 전개되어 교육[교양]운동으로 일어났다.

그런데 이 교육운동이 점차 민족의 범위로 확대되고, 자연스럽게 생활이 비교적 넉넉한 상류사회와 지배계급에 확대되면, 어떠한 결과가 나타나겠는가? 명백히 그 결과는 전체적으로 만족하던 정상적인 민족국가의 삶을 단순히 동질적으로 변화시키게 이끄는 것이 아니라, 아마 민족국가의 삶과 민족문화 전체가 근본적으로 대변혁을 겪는 커다란 내적 분열을 초래할 것이다. 전통에 만족하는 보수적인 사람들과 〔이들에 비판적인〕 철학자 집단은 서로 대항해 싸울 것이고, 확실히 그 투쟁은 정치권력의 장(場)에서 진행될 것이다. 그리고 이미 철학의 출발부터 박해는 시작되었다.[21] 결국 철학의 이념에 헌신해 살아가는 사람들은 배척되었다. 그럼에도 그 이념은 어떠한 경험에 근거한 〔현실의〕 권력보다 더 강했다.

또한 여기에서 어떠한 민족적 제약에서 전통적으로 주어진 모든 것에 대항해 보편적인 비판적 태도에 입각해 성장한 철학이 확장되는 일은 결코 저지되지 않는다는 사실을 더 고려해야 한다. 물론 철학에는 학문 이전의 문화의 일정한 수준 속에 자신의 전제를 갖는 보편적인 비판적 태도를 취할 수 있는 능력만 현존한다. 그래서 진보해 나가는 보편적 학문이 우선 서로 생소한 민족들에게 하나의 공동재산이 되고, 학문공동체와 교육공동체의 통일체가 많은 민족에 의해 수행됨으로써 민족문화의 근본적 대개혁은 계속 전파된다.

그래서 전통과 관련해 철학이 태도를 취하는 중요한 점을 여전히 언급해야 한다. 결국 여기에서 두 가지 가능성이 주목되어야 한다. 그것은 전통적으로 타당하게 간주된 것이 〔철학에 의해〕 완전히 배척되는 가능성 또는 그 내용이 철학적으로 이어지고 이것에 의해 철학적 이념성의 정신 속에 새롭게 형성되는 가능성이다.

여기에서 특히 현저한 특성은 종교의 경우이다. 그러나 나는 이것에서 다신교(多神敎)의 종교를 배제하겠다. 다신교의 신들, 모든 종류의 신화의 힘들은 동물이나 인간과 같은 동일한 실제성을 지닌 환경

---

21) 이것은 영혼을 발견하고 완성하라는 소크라테스의 도덕혁명을 기존의 도덕 체제와 사회질서를 위협하는 정치혁명으로 간주해 소크라테스를 고소해 처형한 사건을 뜻한다.

세계의 객체이다. 개념상 신(神)은 본질적으로 단수(單數)이다. 하지만 인간의 관점에서 보면, 신의 존재와 그 가치의 타당성이 절대적으로 내적으로 결합한 것으로 경험된다는 사실은 신의 개념에 속한다. 이러한 점에서 실로 그 절대성과 철학적 이념이 지닌 절대성은 서로 밀접하게 융합되어 나타난다. 철학에서 출발하는 보편적으로 이념화하는(Idealisierung) 가운데 신은, 요컨대 논리화(論理化)되고, 더구나 설대석 이성(Logos)의 담지자(擔持者)가 된다. 그 밖에 나는 종교가 참된 존재를 정초하는 본래의 또한 가장 심오한 방식으로서 신앙의 명증성을 신학적 증거로 삼는다는 사실에서 이미 그 논리적인 것을 파악했다. 그러나 민족적 신들은 환경세계의 실재적 사실로서 의심할 여지 없이 현존한다. 하지만 철학에 앞서 누구도 [이에 관해] 인식비판의 물음이나 명증성의 물음을 결코 제기하지 않았다.

나는 비록 도식적이지만 본질적으로 한 쌍의 그리스의 특수한 사례에서 '인간 현존재와 문화의 삶 전체의 변화가 우선 자기 민족에서, 그런 다음 가장 인접한 민족들에서 어떻게 진행될 수 있었는가'를 이해할 수 있게 해주는 역사적 동기부여를 실제로 이미 묘사했다. 아무튼 이러한 사실에서 완전히 새로운 초(超)민족성(Übernationalität)이 발생할 수 있었다는 사실도 명백하다.

물론 나는 유럽이라는 정신적 형태를 언급하고 있다. 실로 이것은 단지 무역전쟁이나 주도권 쟁탈전을 통해서만 서로 영향을 주는 서로 다른 민족이 공존한다는 것이 결코 아니다. 오히려 그것은 철학과 그 개별과학들에서 유래하는 새로운 정신, 즉 무한한 과제를 향해 자유롭게 비판하고 규범화(規範化)하는 정신이 새로운 무한한 이상(理想)을 창조하는 인간성을 철저하게 지배한다는 사실을 나타낼 뿐이다! 이것은 그 민족에 속한 개인을 위한 이상이고, 민족 자체를 위한 이상이다.

그러나 결국 이 이상은 여러 민족 사이에 광범위하게 확장된 종합에서 각각의 민족이 곧바로 무한한 정신 속에 그들 고유의 이상적 과제를 추구함으로써만, 그들이 함께 통합된 민족에 자신들의 최선을 다한다. 이렇게 이바지하고 그것을 받아들이는 가운데 민족을 초월하는 전체성이 그 모든 단계의 사회성과 함께 떠오르고, 여러 가지로 무한히 나누어졌지만 어쨌든 유일한 무한한 과제를 추구하는 정신으로 충만해진다. 이념적으로 방향이 정해진 이러한 사회성 전체에서 철학 자체는 자신의 주도적 기능 속에 또 자신의 특별한 무한한 과제 속에 계속 머물게 된다.

요컨대 철학 자체는 모든 이상과 총체적 이상, 따라서 모든 규범의 우주도 함께 포괄하는 자유롭고도 보편적인 이론적 성찰의 기능 속에 계속 머물게 된다. 따라서 철학은 유럽 인간성 속에 인류 전체의 근원적으로 존재하는(archontisch) 기능인 자신의 기능을 끊임없이 실행해야 한다.

II

그러나 이제 확실히 매우 끈질기게 달라붙는 오해와 의심에 관해 언급해야 하겠다. 그런데 이것들은 유행에 편승한 선입견과 상투적 어법(語法)에서 자신들이 시사하는 힘을 얻는 것으로 보인다.

지금 이 강연에서 주장한 내용은 곧 우리 시대에는 거의 적절치 않은 것, 즉 공허한 교양추구(敎養追求)나 주지주의(主知主義)의 속물근성(俗物根性)에 필연적으로 빠진 합리주의(合理主義)나 〔천박한〕 계몽주의(啓蒙主義), 세계에서 소외된 이론으로 자신의 모습이 은폐된 주지주의의 명예를 회복하려 시도하는 것은 아닌가? 그것은 학문이 인간을 현명하게 만든다거나, 운명을 극복해 이에 만족하는 진정한 인간성을 창조하게 요청되었다는 숙명적 오류로 지금 다시 되돌아가려는 것을 의미하지 않는가? 이러한 [나의] 생각을 오늘날 누가 진지하게 받아들일 것인가?

이러한 반론은 17세기부터 19세기 말까지 유럽이 발전해온 상태와 관련해 확실히 상대적 정당성을 지닌다. 그러나 이 반론은 내가 [이제까지] 서술한 본래의 의미에 일치하지 않는다. 나는 추정적으로 보면 반동가(反動家)인 내가 오늘날 말로만 매우 급진적인 태도를 취하는 사람들보다 훨씬 더 급진적(radikal)이고 훨씬 더 혁명적(revolutionär)이라고 생각한다.[22]

어쨌든 나 역시 '유럽의 위기'에 원인은 곧 길을 잘못 들어선 합리주의(sich verirrende Rationalismus)라 확신한다. 그러나 그것은 마치 합리성 자체가 악(惡)이라든가, 인류의 실존(Existenz) 전체에서 단지 부차적인 사소한 의미라는 견해를 뜻하지 않는다. 우리가 일관되게 논의한 높은 [차원의] 진정한 의미의 합리성은 그리스철학의 고전(古典)을 이룬 시대에 이상(理想)이었던, 본원적으로 그리스적인 의미의 합리성이다. 물론 이 합리성은 여전히 스스로 성찰하는 수많은 해명을 요구하지만, 성숙한 방식으로 발전하게 요청한다. 다른 한편 우리는 계몽주의시대의 합리론으로서 이성(*ratio*)이 발전해나간

---

22) 후설이 "내가 본 것을 단지 제시하고 기술할 뿐이지 결코 가르치려고 시도하지 않는다"(이 책 제7절의 마지막 구절)고 하면서도 이처럼 과감한 주장을 한다. 그 근거는 "나는 선험적 환원을 통해 완전히 충족된 그 존재와 삶 속에 궁극적 의미의 구체적인 실재적 주관성과 이 주관성 속에 (단지 이론적으로 구성하는 삶이 아니라) 보편적으로 구성하는 삶, 즉 그 역사성 속에 절대적 주관성을 획득했다고 확신했기"(후설의 1930. 11. 16. 편지. J. Derrida, *Edmund Husserl's Origin of Geometry*, Nicolas Hays, 1978, 144~145쪽 주 173에서 재인용한 것) 때문이다. 요컨대 후설은 선험적 주관성의 자기구성과 자기해명을 통해 인간성의 진정한 삶을 "현상학적으로 개혁"(『심리학』, 252쪽)할 수 있다고 강조한다(이 책의 제35절의 주 22)를 참조할 것).

형태는, 비록 이해할 수 있는 이탈이었더라도, 어쨌든 하나의 이탈이라는 사실을 기꺼이 승인한다(물론 독일 관념론은 이러한 통찰에서 우리보다 훨씬 오래전에 앞서 나갔다).

'이성'(Vernunft)은 폭넓은 표제(表題)이다. 오래됐지만 훌륭한 정의(定義)에 따르면, 인간은 이성적으로 살아가는 존재이며, 이러한 넓은 의미에서 심지어 파푸아인도 사람이지 동물은 아니다. 인간은 자신의 목적을 갖고 실천적 가능성을 숙고하면서 자신을 성찰하면서 행동한다. 그 결과 이룩된 성과와 방법은 전통에 편입되고, 그 합리성을 통해 몇 번이고 반복해〔다른 사람들에 의해〕이해된다.

그러나 인간 심지어 파푸아인이, 즉 동물(Tier)에 대립해, 동물성(Animalität)의 새로운 단계를 제시하듯이, 철학적 이성은 인류와 그의 이성에 새로운 단계를 제시한다. 그런데 무한한 과제에 대한 이상적 규범을 지닌 인간 현존재(Dasein), 즉 '영원의 상(相) 아래'(*sub specie aeterni*)[23] 현존재의 단계는 —본래 철학의 이념에 포함된— 절대적 보편성 속에서만 가능하다. 보편적 철학은〔이에 근거한〕모든 개별과학과 함께 유럽 문화현상의 부분을 이루지만, 이 부분이 이른바 '기능하는 뇌수(腦髓)' —참된 건전한 유럽의 정신성은 바로 이것의 정상적 기능에 의존한다— 라는 사실은 내가 서술한 전체의 의미 속에 밝혀져 있다. 따라서 더 높은 인류(Menschlichkeit)의 인간성(Menschentum) 또는 이성을 지닌 인간성은 진정한 철학(echte Philosophie)을 요구한다.

그런데 실로 여기에 위험이 도사리고 있다! 왜냐하면 '철학'에서〔한편으로〕그때그때 시대의 역사적 사실로서의 철학과〔다른 한편

---

23) 이것은 스피노자의 용어로서, '영원의 상(相) 아래에서' 인식하는 것은 사물을 우연히 고립된 것으로 보지 않고, 초시간적인 필연적 인과관계로 직관하는 것을 뜻한다.

으로〕무한한 과제를 지닌 이념으로서의 철학을 충분히 구별해야 하기 때문이다. 그때그때 역사상 실제로 존재하는 철학은 무한함이라는 주도적 이념을 실현하고, 동시에 진리의 총체성(Allheit)도 실현하는 데 많든 적든 성공한 시도이다. 실천적 이념, 곧 영원한 극(極)으로 파악된 이념―사람은 그의 생애 전체에 걸쳐 후회 없이, 즉 자기 자신에 충실하지 못해 매우 불행해지지 않는다면 결코 이 이념에서 벗어날 수 없다―은 이제까지 조망해본 사실에서 결코 참으로 명확하게 규정되어 있지 않다. 그것은 단지 모호한 일반성의 모습으로 예견될 뿐이다. 〔이념이〕규정된 것(Bestimmtheit)은 구체적으로 작업이 착수되고, 적어도 상대적으로는 성공한 실행을 통해 비로소 생긴다. 하지만 여기에는 곧 뒤따르는 모순으로 그 보복이 돌아오는 일면성과 성급하게 만족함에 빠지는 위협이 끊임없이 도사리고 있다. 따라서 〔여기에〕아무튼 서로 양립할 수 없는 철학적 체계의 거대한 주장들이 대조를 이룬다. 더구나 전문화(專門化)의 필연성과 또 그 위험이 초래된다.

그래서 일면적 합리성은 물론 악이 될 수도 있다. 또한 철학자가 자신의 무한한 과제를 무엇보다 절대적인 필연적 일면성에서만 이해하고 다룰 수 있다는 사실은 이성의 본질이다. 이러한 주장 자체에는 불합리한 점이나 오류가 전혀 없다. 오히려 이미 서술했듯이, 이성에 대한 직접적인 필연적 길은 철학자가 우선 그 과제의 한 측면을 파악하게 하며, 바로 존재자의 총체성을 이론적으로 인식하는 무한한 과제 전체가 여전히 〔그가 파악한 것과〕다른 측면을 갖는다는 사실을 주목하지 않은 채 그 과제의 한 측면만을 파악하게 한다. 만약 불충분한 사실이 막연함과 모순을 통해 드러나면, 이것은 곧 보편적 성찰을 향한 실마리의 동기를 부여해주는 것이다.

그러므로 철학자는 철학의 참되고 완전한 의미, 즉 철학의 무한한 지평의 총체성에 충분히 정통하도록 항상 겨냥해야 한다. 어떠한 인식의 계열이나 개별적 진리도 절대화되거나 고립되면 안 된다. 스스로 무한한 과제의 한 분과가 되는 이 최고의 자기의식(自己意識) 속에서만 철학은 자기 자신을 실현하고 이것을 통해 진정한 인간성을 실현하는 길로 진행해나가는 자신의 기능을 충족시킬 수 있다. 어쨌든 이러한 사실을 인식하는 일도 자신을 성찰하는[자기성찰의] 최고 단계에 있는 철학이 인식하는 영역에 함께 속한다. 이렇게 끊임없이 반성함(Reflexivität)으로써만 철학은 보편적 인식이다.

나는 앞에서 철학의 길은 소박함을 넘어서는 것이라 말했다. 그런데 이제 여기에서는 오늘날 매우 찬양을 받는 비합리주의(非合理主義)[24]를 비판할 차례이다. 즉 철학적 합리성 자체로 간주하지만, 물론 르네상스시대 이래 근대철학 전체의 특징인 자신을 실제의 합리주의, 따라서 보편적 합리주의로 간주한 합리주의의 소박함이라는 가면을 벗겨내야 한다. 따라서 모든 학문, 심지어 고대에서도 발전하면서 출발했던 학문들은 그것이 출발한 이래 불가피하게 이러한 소박함에 빠졌다. 더 정확하게 말하면, 이 합리주의의 소박함에 가장 일반적인 명칭은 '정신(Geist)을 자연화(自然化)한 자연주의(Naturalismus)[25]의 서로 다른 유형들로 형성된 객관주의(Objektivismus)'이다. 고대철학이나 근대철학은 곧 [이러한 의미

---

24) 이것은 후설 현상학에서 직관의 방법을 적극적으로 수용하지만 선험적 자아를 추상적이라 거부한 셸러나 하이데거의 철학을 뜻한다. 후설은 이들의 철학이 여전히 소박한 자연적 태도를 벗어나지 못한 경험적 인간학주의(Anthropologismus)이며, 실재론의 또 다른 형태로 객관주의이며 자연주의일 뿐이라고 비판한다(『이념들』 제3권, 140쪽을 참조할 것).

25) 후설은 유물론에서 감각일원론과 에너지론에 이르는 극단적이고 철저한 '자연주의'를 "의식에 지향적-내재적으로 주어진 것을 포함하는 순수의식을 자연화하는 것, 절대적 이상들과 규범들, 즉 이념을 자연화하는 것"(『엄밀한 학문』, 295쪽)으로 특징짓는다.

의〕 소박한 객관주의였으며, 지금도 그러하다.

그러나 더 정당하게 평가하려면, 칸트에게서 시작한 독일 관념론은 그 당시 이미 미묘하게 형성된 소박함을 극복하는 데 상당히 열정적으로 노력했다는 점, 그 관념론은 실제로 철학과 유럽 인간성의 새로운 형태를 결정할 더 높은 단계의 반성에는 도달할 수 없었다는 점을 부가해야 한다.

나는 개괄적 암시를 통해서만 나의 주장을 알기 쉽게 설명할 수 있을 것이다. (철학 이전의 시대를 가정해보면) 자연적 인간은 그가 염려하고 행위 하는 모든 것에서 〔관심을〕 세계로 향한다. 그의 삶이나 활동의 장(場)은 시간공간으로 그를 에워싸고 확장되는—그가 자신을 이것의 한 부분으로 간주하는—환경세계이다. 이러한 사실은 이론적 태도에서도 유지되는데, 이 이론적 태도는 무엇보다 탈신화화(脫神話化)된 세계에 관여하지 않는 방관자의 태도일 뿐이다.

또한 철학은 세계 속에서 존재자의 우주(Universum)를 고찰하며, 세계는 세계에 대한 표상—민족이든 개인이든 주관적으로 변화되는 세계에 대한 표상—에 대립해 객관적 세계가 되고, 따라서 진리는 객관적 진리가 된다. 그래서 철학은 우주론(Kosmologie)으로 출발했으며, 자명하게 그 이론적 관심에서 우선 물질적 자연을 향했다. 왜냐하면 시간공간으로 주어진 모든 것은 실로 어느 경우든 적어도 그 기반에 따라 물체성이 현존재하는 양식을 갖기 때문이다. 인간이나 동물은 단순한 물체는 아니지만, 환경세계를 향한 시선의 방향에서 보면 물체적으로 존재하는 것, 따라서 보편적 시간공간성 속에 배치된 실재성으로 나타난다. 따라서 모든 영혼의 사건, 즉 경험하고 사유하고 욕구하는 등 그때그때 자아의 사건들은 일정한 객체성(Objektivität)을 지닌다. 이 경우 가족이나 종족 등 공동체의 삶은 심리물리적 객체인 개인들의 삶으로 해소되는 것으로 보인다. 왜냐하면 심리물리적 인과성에 비추어 정신적 결합에는 순수한 정신적 지속성이 없고, 언제나 물리적 자연이 개입하기 때문이다.

역사적으로 발전해나간 길은 환경세계에 대한 이러한 태도로 확실하게 미리 지시된다. 따라서 환경세계에서 발견할 수 있는 물체성을 아주 잠시만 바라보아도, 실로 자연은 완전히 동질적으로 결합한 하나의 전체라는 사실, 즉 자연은 동질적 시간공간성에 의해 둘러싸여 있고 개별적 사물들로 구분되며, 이 모든 것이 연장(延長)실체(res extensae)로서 서로 동등하게 또 서로 인과적으로 규정되어 그 자체로 존재하는 하나의 세계(eine Welt)라는 사실이 분명해진다.

그래서 최초의 또 가장 위대한 발견의 첫걸음을 매우 신속하게 내딛게 된다. 그것은 객관적으로 그 자체로 존재하는 것(An-sich)으로 이미 생각된 자연의 유한함—자연이 무한히 개방되었는데도 일정한 유한함—을 극복하는 것이다. 무한함은 우선 크기·양·수·형태·직선·극(極)·평면 등 이념화(理念化)하는 형식으로 발견된다. 그 결과 자연·시간·공간은 무한히 이념적으로 펼쳐질 수도 분할될 수도 있게 된다. 토지측정술에서 기하학이, 계산술에서 산술이, 일상적 역학(力學)에서 수학적 역학 등이 생긴다. 그리고 이러한 사실에서 결코 어떠한 가설도 형성하지 않고, 직관적으로 주어진 자연과 세계는 실로 수학적 세계—수학적 자연과학의 세계—로 변화된다. 고대는 [이렇게] 앞장서 이끌어갔으며, 고대의 수학으로 무한한 이상과 무한한 과제를 동시에 최초로 발견했다. 그리고 이 사실은 그 이후 모든 시대에 학문들을 인도하는 별[지침]이 되었다.

그렇다면 물질적 무한함을 이렇게 발견해 이룩한 놀라운 성과는 정신의 영역에서 학문에 몰두한 연구에 어떤 영향을 끼쳤는가? 환경세계의 태도, 즉 끊임없는 객관주의 태도에서 모든 정신적인 것은 물리적 물체성에 기초한 것으로 나타났다. 그래서 자연과학적으로 사유하는 방식을 적용해 전달하는 일은 당연하다고 생각했다. 그런 까닭에 우리는 〔철학이〕 출발한 단계에서 이미 데모크리토스[26]와같은 유물론이나 결정론을 발견한다.

그러나 지극히 위대한 정신의 소유자는 어쨌든 이러한 이론에 반발해 배격했으며, 더 새로운 양식의 모든 심리물리학(Psychophysik)에서도 물러섰다. 소크라테스 이래 특수한 인류를 통해 인간, 즉 정신적 공동체의 삶을 영위하는 인간은 인격(人格)으로서 주제가 되었다. 인간은 여전히 객관적 세계의 질서 속에 배치되었지만, 이 세계는 플라톤과 아리스토텔레스에서 실로 중대한 주제가 되었다. 그런데 여기에서 주목할 만한 균열을 뚜렷이 감지할 수 있다. 그것은 인간이 객관적 사태들의 우주에 속하지만, 인격, 즉 자아로서 인간은 목적과 목표를 지니며, 영원한 규범인 전통과 진리의 규범을 지닌다는 점이다.[27] 〔이 점에서〕 고대는, 비록 주춤거렸지만, 어쨌든 〔그 규범을〕 상실하지 않고 발전해나갔다.

이제 우리의 논의를 이른바 근대로 넘어가 보자. 〔근대에는〕 수학적으로 자연을 인식하는 무한한 과제와 일반적으로 세계를 인식하는 무한한 과제가 강렬한 열정으로 수용된다. 또한 자연을 인식하는 데 도달한 엄청난 성과가 이제 정신을 인식하는 데에도 주어진다. 이렇게 이성은 자신의 힘을 자연 속에서 입증했다. "태양이 모든 것

---

26) Democritos(기원전 460~370)는 만물의 근원을 무한한 수의 원자(Atoma)라고 주장한다. 그에 따르면 원자는 질적 차이는 없으나 모양과 크기가 다양한 기하학적 형태를 취하며, 사물의 모든 성질도 이 원자가 운동해 그 결합 방법에 따르기 때문에, 변화란 원자의 재편성에 불과하다. 또한 사유도 원자들의 물리적 운동과정이며, 사물의 원자가 감각기관으로 흘러들어 가 정교한 혼(魂)의 원자와 마주침으로써 지각이 발생한다.

27) 그래서 인간이 미리 주어진 환경세계의 객체(Objekt)인 동시에, 이 세계에 대해 의미를 부여하는 주체(Subjekt)로 존재하는 역설적 이중성을 지닌다.

을 비춰 따뜻하게 만드는 유일한 태양이듯이, 이성 역시 유일한 것이다"(데카르트).[28] 그래서 자연과학적 방법도 정신의 비밀을 해명해야 한다고, 또한 정신은 실재적이며, 세계 속에 객관적으로 존재하고, 이러한 것으로서 신체성(Leiblichkeit)에 기초한다고 주장한다. 따라서 세계에 대한 파악은 즉시 또 압도적으로 이원론의 형태, 게다가 심리물리적 형태를 취하게 된다. 단지 두 가지 요소로 분열된 동일한 인과성이 유일한 하나의 세계를 포괄하며, 합리적으로 설명하는 의미는 어디에서나 동일하다고 주장한다.

결국 정신에 대한 모든 설명은, 만약 유일하며 동시에 보편적으로 철학적이어야 하면, 물리적인 것으로 이끈다. 여기에는 순수하고 그 자체로 완결되어 설명하는 정신에 관한 탐구, 즉 자아나 스스로 체험된 심리적인 것에서 타인의 심리(Psyche)에까지 이르는 순수하게 내부를 향한 심리학이나 정신에 관한 학설은 결코 존재할 수 없으며, 물리학이나 화학의 방법이 추구해나간 외부의 길만 존재할 뿐이다. 공동의 정신, 민족의 의지, 국가의 이념이나 정치의 목표 등에 관해 줄곧 논의된 모든 것은 그 본래의 의미를 개별적 인격의 영역에서만 갖는 개념들을 단지 유비로 전용함으로써 발생하는 낭만주의(浪漫主義)나 신화(神話)일 뿐이라 주장한다. 그래서 정신적 존재는 단편적인 것이 된다.

이 모든 어려움의 원천에 관한 물음에 나는 이제 다음과 같이 답변한다. 즉 이러한 객관주의나 심리물리적으로 세계를 파악하는 것이

---

28) 데카르트의 『방법서설』(*Discours de la Methode*) 제2부 '방법의 주요규칙' 가운데 첫째 규칙 '명증하게 참되다고 안 것 이외에 어떤 것도 참된 것으로 받아들이지 않을 것, 속단과 편견을 조심해 피하고 의심할 여지가 조금도 없을 정도로 아주 명석하고 판명하게 내 정신에 나타나는 것 이외에 아무것도 내 판단에 넣지 않을 것'을 뜻한다.

얼핏 겉으로 보기에는 자명한 사실이더라도, 결국 그 자체로 이해될 수는 없는 소박한 일면적인 것이라는 점이다. 정신은 추정적으로 물체에 실재적으로 부과된 것이기 때문에 실재성을 갖는다는 주장이나, 자연 안에서 추정적으로 시간공간의 존재이기 때문에 실재성을 갖는다는 주장은 이치에 어긋난 것이다.

그러나 여기에서 '위기'의 문제를 논의하려면 '수백 년 동안 그 이론과 실천에서 이룩한 성과를 그토록 뽐내며 자랑한 근대가 결국 증대되기만 하는 불만스러운 상태로 스스로 빠져들었고, 더구나 근대가 부닥친 상황이 긴급한 상태로 자각해야 하는 사실이 어떻게 일어났는가' 하는 점을 해명해야 한다. 모든 학문에서 급박함이 내습하고 그것도 결국 방법의 급박함으로서 침투된다. 하지만 우리 유럽의 급박함은, 비록 이해되지 못하더라도, 수많은 사람과 관련된다.

이것은 객관주의의 학문이 객관적 세계라 부르는 것을 모든 존재자의 우주로 간주하고, 학문을 수행하는 주관성은 객관적 학문 어디에서도 자신의 정당한 권리를 얻을 수 없다는 사실을 간과한 소박함에서만 유래하는 문제이다. 자연과학적으로 교육을 받은 사람은 단지 주관적인 것(Subjektives)이 모두 배제되어야 한다는 점 그리고 자연과학의 방법은 주관적으로 표상하는 방식으로 제시되면서 객관적으로 규정한다는 점을 자명한 사실로 인정한다. 따라서 그러한 사람은 심리적인 것에 대해서도 객관적으로 참된 것을 추구한다. 그렇다면 이와 동시에 물리학자가 배제했던 주관적인 것은 곧바로 심리학—이 경우 당연히 심리물리적 심리학—에서 심리적인 것으로 탐구되어야 한다는 점도 가정된다. 그러나 자연과학자는 어쨌든 주관적으로 자신이 사유하는 작업에서 끊임없는 기초가 삶의 환경세계라는 사실 그리고 이 삶의 환경세계는 자신이 심문하는 문제나 사유하는 방법이 의미있게 되는 토대이자 연구의 장(場)으로서 끊임없이

전제되어 있다는 사실을 스스로 해명하지는 못한다.[29]

그런데 직관적으로 주어진 환경세계에서 수학을 이념화하게 이끌고 이것을 객관적으로 해석하게 이끄는 단편적인 강력한 방법은 도대체 어디에서 비판받고 해명되는가? 아인슈타인이 이룩한 〔사유의〕 혁명은 이념화되고 소박하게 객관화된 자연(*Physis*)이 다루어진 공식들에 관계한다. 그렇지만 '공식들 일반이나 수학적으로 객관화하는 것 일반이 어떻게 삶의 근본적 토대와 직관적으로 주어진 환경세계의 근본적 토대 위에서 의미를 부여받는가' 하는 문제에 대해 우리는 아무것도 경험하지 못한다. 따라서 아인슈타인은 우리의 생생한 삶이 영위되는 시간이나 공간을 개조한 것이 결코 아니다.

수학적 자연과학은 이전에는 전혀 예상조차 할 수 없었던 작업을 수행하는 〔높은〕 능률성·개연성·정확성·계산가능성을 지닌 귀납법(歸納法)을 완성하기 위한 매우 경탄할 만한 기술(技術)이다. 그것은 인간의 정신이 이룩한 승리이자 업적이다. 그러나 그 방법과 이론의 합리성은 철저하게 상대적인 하나의 학문일 뿐이며 심지어 그 자체로 실제의 합리성을 완전히 결여한 근본적 토대의 발단을 이미 전제한다. 이렇게 단지 주관적인 것으로서 직관적으로 주어진 환경세계가 학문의 주제가 되는 가운데 망각되었기 때문에, 연구하는 주관 자체도 망각되었고, 과학자 자신도 〔연구의〕 주제가 되지 못한다[30] (따라서 이러한 관점에서 보면, 정밀한 학문이 지닌 합리성은 이집트의 피라미드가 지닌 합리성과 동등할 뿐이다).

---

29) 후설에 따르면, 소박한 자연적 태도로는 '세계가 미리 주어져 있는 것' 자체를 학문의 주제로 삼을 수 없으므로 이것마저 문제로 삼기 위해 그 근원을 되돌아가 묻는 철저한 선험적(반성적) 태도에서 판단중지를 해야 한다.
30) 이것이 곧 후설이 거듭 강조하는 자신의 삶 자체를 주제로 삼지 않는 이론가(理論家)의 자기망각(自己忘却)을 극복해야 할 과제이다.

물론 우리는 칸트 이래 특유한 인식론을 갖고 있으며, 다른 한편 자연과학의 정밀성을 요구하면서 정신에 관한 보편적 근본학문이 되려 하는 심리학도 어쨌든 확실히 존재한다. 그러나 실제의 합리성, 즉 실제의 통찰에 대한 우리의 기대는 다른 곳에서와 마찬가지로 심리학에서도 실패로 끝나고 말았다.[31] 심리학자들은 그들 자신도 작업을 수행하는 학자로서 자신들과 자신들이 살아가는 환경세계를 자신들의〔학문적〕주제 속으로 끌어들이지 못한다는 사실에 전혀 주목하지 못한다. 그들은 그들 자신이 공동체화(共同體化)된 인간으로서 — 심지어 자신들이 모든 사람에게 일반적으로 타당한 것으로서의 진리 그 자체를 목표로 추구하고 있다는 사실에 의해서도 — 자신들의 환경세계와 역사적 시대를 필연적으로 전제하고 있다는 점을 주목하지 못한다.

따라서 이 심리학은 자신의 객관주의 때문에 영혼(Seele), 즉 행위를 주고받는 자아(Ich)를 그 본질적 의미에서 주제로 삼을 수 없다.[32] 심리학은 평가하는 체험, 의지를 지닌 체험을 물체〔물질〕적 삶에 연관지어 객관화하고 귀납적으로 취급할 수 있지만, 그러한 체험을 목적·가치·규범에 대해서도 그렇게 취급할 수 있는가? 심리학은 이성을, 가령 성향(Disposition)으로서 주제로 삼을 수 있는가? 객관주의는 참된 규범을 목표로 삼는 탐구자의 진정한 작업수행으로서 곧 이러한 규범을 전제한다는 점, 따라서 객관주의는 사실에서 도출될 수 없다는 점 — 왜냐하면 이 경우 사실은 진리로 생각된 것이지, 결코 구

---

31) 하이젠베르크(W. Heisenberg)와 보어(N. Boer)의 '불확정성원리' 같은 현대의 양자역학과 원자물리학의 주장은 후설이 여기서 제기한 문제, 즉 자연을 기계론적 결정론과 정확한 인과법칙에 따라 객관적으로 기술하는 고전 물리학의 합리성의 한계를 입증한다.

32) 후설에 따르면, 이러한 것은 "영혼(Seele), 즉 심리(Psyche)가 빠진 심리학(Psychologie)"(『이념들』제1권, 175쪽)일 뿐이다.

상해낸 것으로 생각된 것이 아니기 때문이다— 을 완전히 간과한다. 물론 사람들은 여기에 놓여 있는 어려운 문제에 직면했고, 그래서 심리학주의(Psychologismus)에 대한 논쟁이 활발히 일어났다.

그러나 규범들, 특히 진리 그 자체에 대한 규범들을 심리학주의로 정초하는 작업을 거부하는 것만으로는 전혀 소용이 없다. 그래서 일반적으로 근대심리학 전체를 근본적으로 개혁할 필요를 더욱더 느낄 수 있다. 하지만 심리학은 자신의 객관주의 때문에〔스스로〕거부되었다는 점, 심리학은 일반적으로 정신(Geist)의 고유한 본질에 접근하지 못했다는 점, 심리학이 객관적으로 생각된 '영혼'(Seele)을 고립시키고 '공동체 속에 존재하는 것'(In-Gemeinschaft-sein)을 심리물리적으로 바꾸어 해석한 일은 불합리하게 전도된 것이라는 점—이러한 점을 사람들은 아직 이해하지 못한다. 확실히 심리학은 공허하게 끝난 연구가 아니었으며, 실천적으로 매우 귀중한 수많은 경험적 규칙을 입증했다. 그렇다고 이 심리학은, 결코 적지 않은 귀중한 인식을 지닌 도덕 통계학(Moralstatistik)이 도덕학(Moralwissenschaft)은 아니듯이, 결코 참된 심리학은 아니다.

오늘날 곳곳에서 정신을 이해하려는 강렬한 필요성이 제기되고, 더구나 자연과학과 정신과학의 방법적 연관이나 실질적 연관이 혼동된 상태는〔더 이상〕견딜 수 없게 되었다. 가장 위대한 정신과학자 가운데 한 사람인 딜타이는 그의 삶의 모든 에너지를 자연과 정신의 관계, 즉 심리물리적 심리학의 작업수행을 해명하는 데 쏟았는데, 그는 이 심리물리적 심리학이 기술하고 분석하는 새로운 심리학으로 보완될 수 있다고 생각했다.[33] 그런데도 빈델반트[34]와 리

---

33) 후설은 딜타이의 경험적 정신과학이 역사주의의 회의적 상대주의를 배척하지만, 상대주의에서 회의론으로 넘어갈 수 없는 결정적 근거를 제시할 수 없는 "내적 동요"(『엄밀한 학문』, 325쪽)로 파악한다. 그것은 가치평가의 원리

케르트[35)]의 노력도 유감스럽게 기대할 만한 통찰을 이끌어내지 못
했다. 그것은 다른 모든 사람과 마찬가지로 이들 역시 객관주의에
사로잡혀 있기 때문이다. 그리고 새롭게 혁신된 심리학자도 더욱
더 심리학주의에 사로잡혀, 모든 잘못의 책임이 오랫동안 널리 지배
해왔던 원자론(原子論)의 편견이고, 새로운 시대는 전체성 심리학
(Ganzheitspsychologie)[36)]과 더불어 도래한다고 실제로 믿고 있다.

  그러나 환경세계에 대한 자연적 태도에 기초했던 객관주의가 소
박하기 때문에 충분히 파악되지 못했고, 자연과 정신이 실재성으로
서 동일한 종류의 의미로 간주할 수 있는—비록 이것들이 인과적으
로 서로 의존해 구축되었더라도—이원론으로 세계를 파악하는 것
은 불합리하게 전도되었다는 인식이 철저하게 밝혀지지 않는 한, 이
러한 사정은 결코 개선될 수 없다. 정신(Geist)에 관한 객관적 학문,

는 역사가가 단지 전제할 뿐 정초할 수는 없는 이념적 영역에 놓여 있으므
로, 사실적 영역의 경험적 정신과학은 학문의 절대적 타당성에 대해 찬성하
거나 반대할 수 없기 때문이다. 따라서 그는 딜타이를 "천재적 직관을 지녔
지만, 궁극적 근원에 대한 해명인 엄밀한 학문적 이론화가 없다"(『이념들』
제2권, 173쪽; 『심리학』, 16쪽)고 비판하고, 사실적-경험적 태도가 현상학
적 본질태도로 전환되어야만 정신의 철학을 정초할 수 있다고 한다.
34) W. Windelband(1848~1915)는 신칸트학파 가운데 서남(西南)학파, 즉 바
덴학파의 창시자이다. 그는 심리적-발생적 관점을 배척하고 비판적-선험
적 태도로 인식의 권리문제와 사실문제의 구별을 역사·도덕·법·예술·종
교 등의 체험영역으로 확장해, 사실들의 특성을 인식할 수 있는 가치와 존
재의 당위규범을 밝히는 것이 철학이라 주장했다. 또한 칸트인식론의 수학
적-자연과학적 영역의 한계를 넘어 과학을 법칙을 정립하는 법칙학, 역사
학을 개성을 기술하는 사건학으로 규정해 역사학의 기초를 확립했다.
35) H. Rickert(1863~1936)는 빈델반트의 영향 아래 실증적 유물론과 심리학
주의를 배격하고 보편타당한 이념적 가치의 연관성을 문화와 역사의 영역
에 적용했다. 즉 그는 과학을 개념구성의 방법에 의해 분류하고, 이것을 기
초로 자연과학의 보편화방법과 문화과학의 개별화방법을 구별해 선험적 관
념론과 가치론을 확립했다.
36) 이것은 게슈탈트(구조)심리학을 가리킨다.

즉 영혼(Seele)에 관한―영혼이나 인격적 공동체에 시간공간성의 형식으로 내재(Inexistenz)를 부여한다는 의미에서 객관적인―객관적 학설은 결코 존재하지 않았으며, 앞으로도 결코 존재하지 않을 것이라고 나는 매우 진지하게 생각한다.

　정신, 아니 이 정신만 그 자체로 그리고 그 자체에 대해 스스로 존재하며 자립적이다.[37] 그리고 이 자립성에서 아니 오직 이 자립성에서만 정신은 참으로 합리적으로, 즉 참되며 그 근본에서 학문적으로 취급될 수 있다. 그러나 자연과학적 진리라는 의미에서 자연은 단지 겉으로만 자립적이며 자연과학을 통해 단지 겉으로만 그 자체에 대해 합리적인 인식으로 이끈다. 왜냐하면 자연과학의 의미에서 참된 자연은 자연을 탐구하는 정신의 산물이며, 따라서 정신에 관한 학문을 전제하기 때문이다. 정신은 본질적으로 자기인식(自己認識)을 수행하고, 학문적 정신으로서 학문적 자기인식을 수행하며, 이러한 것을 반복할 수 있는 능력을 지닌다. 그래서 순수한 정신과학적 인식을 통해서만 과학자는 자신의 작업수행이 자신을 은폐했다는 반론을 피할 수 있다.[38] 그러므로 정신과학이 자연과학과 동등한 권리를 지녔다고 격론을 벌이는 것은 불합리하게 전도된 것이다. 정신과학이 자연과학의 객관성을 자립적인 것으로 승인하자마자 곧 정신과학 자체는 객관주의에 빠져든다.

---

37) 후설은 칸트가 이원론에 빠졌다고 비판하지만, 일원론을 물질과 정신(또는 실재적인 것과 이념적인 것) 모두가 속한 오직 한 가지 실재만 받아들이는 이론으로 규정하면, 그 역시 이원론자이다. 그러나 후설은 지향적 상관관계를 분석한 본질상 일원론자이다.

38) 참된 학문의 기능이 본질을 파악하는 것이면, 자연과학은 이러한 기능을 수행하지도, 수행하려고도 않는다는 점에서 참된 학문일 수 없다. 그리고 본질이 의식(궁극적으로는 정신) 속에 구성되는 한 존재한다면, 오직 정신에 관한 학문만이 참된 학문이다.

그러나 오늘날처럼 다양한 분과들과 함께 발전된 정신과학은 정신적 세계관(Weltanschauung)에 의해 가능케 된 궁극적 실제의 합리성(Rationalität)을 갖지 않는다. 실로 모든 측면에 걸쳐 진정한 합리성이 결여되었다는 점은 인간의 고유한 실존과 무한한 과제에 대해 인간이 더 이상 견딜 수 없게 된 막연함이 그 원천이다. 인간의 고유한 실존과 그의 무한한 과제는 다음과 같은 무한한 과제와 불가분하게 일치한다. 그것은 '정신이 소박하게 외부를 향한 것에서 자기 자신으로 되돌아가고, 자기 자신에, 즉 순수하게 자기 자신에 머무는 경우에만 정신은 자신을 만족하게 할 수 있다'는 과제이다.

하지만 이렇게 자신을 성찰하는 것〔자기성찰〕은 어떻게 출발했는가? 그것은 감각주의(Sensualismus), 더 적절하게 표현하면, 감각 자료의 심리학주의(Datenpsychologismus), 〔인간의 마음은〕'백지'(*tabula rasa*)라는 심리학이 연구의 장(場)을 지배하는 한 결코 일어날 수 없었다. 브렌타노에 이르러 비로소 심리학은 지향적 체험에 관한 학문으로 요구되었고, 비록 브렌타노 자신도 여전히 객관주의와 심리학주의의 자연주의를 극복하지 못했더라도,[39] 그 이후의 연구가 계속될 수 있는 자극제가 되었다. 그래서 정신의 근본적 본질을 지향성(Intentionalität) 속에 파악하고, 이것으로 무한히 일관되게 정신분석을 구축할 참된 방법을 형성하는 작업은 선험적 현상학(transzendentale Phänomenologie)으로 이끌었다.

요컨대 선험적 현상학은 유일하게 가능한 방식, 즉 철학을 하는 자(Philosophierende)가 자신의 자아(Ich)에서, 게다가 자신이 모

---

39) 후설은 브렌타노가 '지향성' 개념을 통해 물리적 현상과 심리적 현상을 구별했지만, 의식과 실재의 관계를 인과적으로 파악하는 자연주의적 편견에 빠졌기 때문에, 인식론적으로는 실재론자이면서도 심리학적으로는 관념론자가 되었다고 비판한다.

든 것을 타당하게 정립하는 자에서 출발해 순수한 이론적 방관자
(Zuschauer)가 됨으로써 자연주의의 객관주의와 모든 객관주의 일
반을 극복했다. 이러한 태도에서 절대적으로 자립적인 정신과학은
정신의 작업수행으로서 일관되게 자신과 세계를 이해하는 형식으
로 성공적으로 구축될 수 있다. 이 정신과학에서 정신은 자연 속에
(in) 또는 자연과 나란히(neben) 존재하는 것이 아니라, 오히려 자
연 그 자체가 정신의 영역 속으로 옮겨진다. 이 경우, 자아도 미리 주
어진 세계 속에 다른 사물들과 나란히 존재하는 하나의 고립된 사물
이 결코 아니며, 일반적으로 자아의 인격이 지닌 진지한 외적 상호관
계(Außereinander)와 병렬적 상호관계(Nebeneinander)가 중지되고,
'내적으로 서로 뒤섞여 상호관계로 존재하는 것'(Ineinandersein)과
'서로를 위한 상호관계로 존재하는 것'(Füreinandersein)이 된다.

어쨌든 여기에서 이 문제를 논의할 수는 없으며, 어떠한 강연도 이
문제를 [충분히] 논의할 수는 없을 것이다. 그러나 나는 불합리한 자
연주의뿐만 아니라 우리와 가장 가까운 관계에 있는 정신의 문제를
파악할 수 없었던 진부한 합리주의가 여기에서 새롭게 개혁되지는
않았다는 사실이 분명하게 밝혀지기를 희망한다. 지금 문제로 삼는
이성(*ratio*)은 보편적으로 책임을 지는 학문의 형식으로 실제로 보편
적이며 참으로 철저한 정신이 자신을 이해하는 자기이해(自己理解)
이외에 다른 것이 아니다. 그리고 그러한 학문 속에서 완전히 새로운
양상의 학문적 성격이 진행되며, 생각할 수 있는 모든 문제—즉 존
재의 문제, 규범의 문제, 이른바 실존(Existenz)[40]의 문제—는 자신
의 위치를 발견하게 된다.

---

40) 후설은 비합리주의의 색채가 농후한 실존주의에 결코 공감하지 않았다. 즉
합리적 학문인 철학은 본질주의일 수밖에 없고, 이 속에서 실존은 단지 가능
한 존재일 뿐이다.

나는 지향적 현상학(intentionale Phänomenologie)이 처음으로 정신 그 자체를 체계적인 경험과 학문의 장(場)으로 만들고, 이렇게 함으로써 인식의 과제를 총체적으로 변형시켰다고 확신한다. 절대적 정신의 보편성은 자연이 정신의 형성물로 통합되는 절대적 역사성(Historizität) 속에 모든 존재자를 포괄한다. 지향적 현상학 게다가 선험적 현상학만 비로소 그 [탁월한] 출발점과 방법을 통해 이 문제를 해결힐 빛을 비춰준다. 선험적 현상학에서 비로소 그리고 가장 깊은 근거에 입각해 비로소 자연주의의 객관주의가 지닌 참모습, 특히 그 심리학은 자연주의 일반 때문에 정신적 삶이 작업을 수행하는 것과 이것의 근본적인 본래의 문제를 보지 못하고 놓쳐버릴 수밖에 없었다는 점이 이해된다.

III

우리가 이제까지 상론한 것의 근본 사항을 요약해보자.

오늘날 그토록 자주 논의되며, 삶이 무너지는 수많은 징후 속에 드러난 유럽 현존재의 위기는 결코 암울한 운명이나 예측하기 어려운 재난이 아니라, 오히려 철학적으로 해명될 수 있는 유럽 역사의 목적론(Teleologie)의 배경에서 이해되고 통찰될 수 있다.

그러나 이러한 사실을 이해하는 데 필요한 전제는 무엇보다 '유럽'이라는 현상이 그 중심의 본질적 핵심 속에 파악되어야 한다는 점이다. 현대의 '위기'라는 혼란된 모습을 포착할 수 있으려면 '유럽이라는 개념이 이성의 무한한 목표로 이루어진 역사적 목적론'으로 전개되어야 한다. 왜냐하면 '유럽의 세계가 이성의 개념, 즉 철학의 정신에서 어떻게 태어났는가' 하는 점이 분명하게 밝혀져야 하기 때문이다. 그러면 '위기'(危機)란 합리주의(合理主義)가 외견상 좌초한 사실로 명백하게 이해될 수 있을 것이다. 하지만 이제까지 말했듯이, 이성에 따른 문화가 좌절된 근거는 합리주의 자체의 본질에 있는 것이 아니라, 오히려 오직 합리주의가 외면화(外面化)된 것, 즉 합리주의가 자연주의와 객관주의 속에 매몰된 것에 있다.

그러므로 유럽 현존재(Dasein)의 위기에는 오직 다음의 두 가지 타개책만 있을 뿐이다. 요컨대 그 자신이 본래의 이성적 삶의 의미에 대립해 소외된 채 유럽이 몰락(Untergang)하고 정신을 적대시해 야만성으로 전락하는(Verfall in Geistfeindschaft und Barbarei) 길 또는 자연주의를 궁극적으로 극복하는 이성의 영웅주의(Heroismus der Vernunft)[41]를 통한 철학의 정신에 기초해 유럽을 재생시키는 (Wiedergeburt) 길이다.

그런데 유럽의 가장 커다란 위험은 권태감(倦怠感)이다. 만약 우리가 **훌륭**한 유럽인으로서 또한 무한히 계속되는 투쟁을 두려워해 회피하지 않는 용기를 갖고 많은 위험 가운데 〔가장 커다란〕 이 위험에 과감히 맞서 투쟁해가면, 불신(不信)이라는 파멸의 화염에서, 유럽 인간성이 지닌 사명에 대해 절망해 타오르는 포화(砲火)에서, 커다란 권태감으로 무너진 폐허에서 새로운 삶의 내면으로 정신화(精神化)된 불사조(Phoenix)가 위대하고 무궁한 인간의 미래에 대한 보증인(保證人)으로 다시 살아난다. 왜냐하면 정신(Geist)만이 불멸(不滅)하기 때문이다.

---

41) 결국 후설이 제시한 현대의 학문과 인간성의 위기를 극복할 수 있는 유일한 길은 곧 인간성에 주어진 '이성'이었다(이 책 73절의 주 54를 참조할 것).

실재성에 관한 학문과 이념화. 자연의 수학화[1]

학문은 그 기원이 이념과 이 이념으로 규정하는 정밀과학(exakte Wissenschaft)을 발견한 그리스철학에 있다. 과학은 순수한 이념의 학문, 즉 이념에 의해 규정된 대상인 가능한 대상 일반에 관한 학문인 순수수학을 형성시킨다. 그때그때 인식하는 주체에 속한 주관적으로 주어지는 방식들의 다양체에 대립해 그 자체로 존재하는 학문은 그 자체로 존재하는 실재적인 것(Reales)인 존재자의 문제에 직면한다. 요컨대 생성되고 있는 존재의 흐름에 관한 문제 그리고 생성되고 있는 존재의 동일성이 가능한 조건들과 연속체들을 수학화함으로써 직관적 연속성을 규정할 수 있는 존재하는 실재적인 것을 동일하게 규정할 수 있는 조건들에 관한 문제에 직면한다. 그러나 이것은 우연적인 주관성에, 무엇보다 〔그것을 느끼는〕 그때그때 감각의 우연성에 독립적이어야 한다.

---

1) 이 논문은 후설이 1928년 은퇴하기 이전에 작성한 것으로, 1924년경 작성한 「플라톤과 이념적 수학의 정초」(Platon und die Begründung der Ideen-mathematik)―이것은 『제일철학』 제1권의 부록 7로 수록되었다―에서 수행한, 이념화와 극(極)으로 접근함으로써 플라톤철학과 순수수학의 관계를 역사적으로 조망해보려는 시도를 계속 이어간다. 그래서 이 자료는 『위기』와 『형식논리학과 선험논리학』 사이의 관심주제를 연결시켜준다.

이러한 문제를 해결하려는 과제에 직면하면, 〔그 과정은〕 실재성 더구나 자연의 실재성에 관한 논리학인 존재의 논리학이 형성되고, 술어로 규정하는 형식논리학인 진술논리가 형성되게 발전한다.

후자에 관해 말하면, 그것은 동일한 규정들의 동일한 기체(基體)인 존재자 일반을 다루어야 한다. 더 나아가 판단의 형식들의 다양체, 규정된 것으로서 기체의 형식들, 규정하는 것에서 술어들의 형식 그리고 가언(假言)이나 선언(選言)으로 규정하는 방식과 그 양상의 변화 등 규정하는 작용의 가능성을 다루어야 한다. 동일한 것 (Identisches)은 동일하게 확인하는 작용(Identifizieren)의 상관자이다. 왜냐하면 규정하는 작용은 판단하는 작용이며, 규정된 것 그 자체는 판단하는 작용의 상관자이기 때문이다.

여기에는 추론하는 연역, 진리에서 진리를 이끌어냄(진리를 간접적으로 산출하는 것) 또는 간접적으로 설정된 발판에서 가설적 진리 (조건이 설정된 진리·가설)를 획득할 수 있는 방식들의 규범인 진리가 될 수 있는 가능한 판단들의 규범도 포함된다. 더 나아가 사유의 형식, 즉 사유 속에 가능한 산출물들의 형식을 고찰하고, 산출하는 방식들의 가능한 형식 또는 연역적 산출물에서 이끌어낸 사유를 고찰하며, 참된 사유의 가능한 형식에 따라 사유를 비판하는 것도 포함된다. 또한 명증하게 확인된 **생각된 것**, 즉 대상의 동일성이라는 문제도 포함된다. 그리고 동일한 것은 자신의 동일성을 유지하는 변화만 경험하지만, 동일성을 유지할 수 있는 것에 속한 필연성은 자명함에서 일반적으로 알려진다. 여기서 우리는 모든 규정에 걸쳐 관통하며, 규정된 대상들의 동일성을 파괴하지 않는 사유의 형식들의 동일성으로 이끌린다.

학문이 발전하는 최초의 싹에 대항해 학문에 대한 그리고 객관적 타당성을 주장하는 모든 실천적 규범에 대한 회의적 비판이 일어났다. 소크라테스가 명증성으로 되돌아간 것은 〔이에 대한〕 반발이었다. 게다가 이것은 규정하는 것의 기체(Substrat)로서 대상의 동일성인 의미의 동일성을 유지하는 자유로운 변화, 즉 순수 가능성의 영역을 범례에 의해 스스로 해명하며, 동일성을 파악할 수 있게 한다. 동일성을 파괴하는 그 밖의 다른 것들은 이 변화에 대립한다. 변화는 순수한 일반자(Überhaupt)—가능성들의 보편적 형식과 이것에 속한 본질적 가능성이나 불가능성—로 이행됨으로써 수행된다. 그 결과 선(善)·미(美)·참으로 훌륭한 정치가·진정한 재판관·참된 명예·참된 용기와 정의(正義)라는 규범적 개념과 정당함·부당함·참됨·거짓됨 등 비판 자체의 근본적 개념도 생긴다.

그래서 회의(懷疑)는 회의적 비판에 대한 비판을 강요하며, 이러한 비판이 진리와 인식할 수 있는 존재의 가능성에 일반적으로 관계하기 때문에, 가능한 진리와 존재의 조건에 대한 철저한 고찰을 강요한다. 그리고 그것은 모호한 사유나 논의가 아니라, 가능한 존재를 명증성에서 수행해 궁극적으로 제시하는 것을 향한 철저한 사유만 우리에게 진리와 존재를 확신시키는 명증성을 도울 수 있다는 인식을 강요한다.

따라서 나는 모호하게 함부로 논의하면 안 되며 전통에 의한 모호한 개념이나 이 침전물이 수동적으로 축적된 경험의 잔여물, 유추 등을 추구해도 안 된다. 오히려 나는 순수한 직관을 통한 자발적 사유로 나의 개념을 새롭게 창조해야 한다. 그런 다음 나는 규범의 자격이 주어진 순수한 진리를 획득할 것이다. 순수한 명증성에 근거해 이끌어낸 모든 진리는 진정한 진리이고 규범이다. 다른 한편 이 진리 자체는 그 자체 속에 규범에 관한 개념을 포함할 필요가 전혀 없다. 즉 '진정함', '올바름'과 같은 변화의 형태에 관한 개념을 포함할 필요가 전혀 없다. 이것들은 그 자체로 사유에 의해 파악된 개념과 진정함과 진리에 대해 술어화한다. 왜냐하면 이 술어화는 그 자체로 명증성에 기초해 이끌어낸 것이 틀림없고, 그 자체로 참이거나 거짓일 수 있기 때문이다.

학문은 이론적 관심에서 소박한 인식이 아니라, 오히려 이제부터는 확실한 비판이 그 본질에 속한다. 그것은 원리에 입각한 비판, 즉 원리를 통해 인식하는 행위를 그 각각의 단계에서 정당화하는 비판, 일반적으로 그러한 형식의 어떠한 단계도 필연적으로 정당한 단계라는 의식 그리고 이렇게 인식해 정초하는 길로 근거 삼는 것이나 그 것에 근거를 둔 것이 계속 진행된 길은 목적을 향한 정당한 길이며, 이렇게 생긴 인식은 진정한 인식이고, 그 정당성을 입증하는 적확한 의미에서 인식된 참된 존재 자체라는 의식을 그 각각의 단계에서 수반하는 인식이다.

이것은 무엇보다 철저하게 명증하게 나아간 현실의 인식에도 적용된다. 그러나 학문은 이전의 인식에 기초해 인식된 결과를 활용한다. 그러한 인식이 수반하는 규범에 대한 의식은 이 경우 이전에 정초한 것으로 되돌아가게 지시하는 실재적 능력의 의식, 즉 〔이전에〕 정초한 것을 다시 세우고, 그 정당성에 대한 〔현재의〕 확신을 근원으로 소급해 밝히며, 이것을 새롭게 정당화하는 의식을 뜻한다.

이러한 문제에 고대는 무엇을 제공했는가? 따라서 고대는 이러한 길을 열었는가? 그것은 일부는 학문의 싹을 지닌 발단과 추진력을 제공해왔고, 또 일부는 실제로 진행된 학문의 단편을 제공해왔다.

학문이 제시하는 길은 일반적이며 원리에 입각한 명증성의 원리를 형성해가는 길이다.

개별적 현존재의 경험인 단칭적(單稱的) 경험은 객관적으로 정당화될 수 있는 어떠한 언명도 만들지 못한다. 그렇다면 사태에 관한 단칭적 판단은 도대체 어떻게 타당할 수 있는가? 심지어 **경험된 세계**

가 어떻게 진리로 존재할 수 있는가? 존재는 명증하게 주어진 의미의 음영(측면·나타남)을 지닌 추정적 명증성의 무한함에 대한 이념적 극(極)으로서 자신을 드러낸다. 이러한 의미의 음영을 통해 동일한 것은 명증하게 그림자지어 나타나지만, 유일한 일련의 음영 각각에서는 비록 정당한 추정이더라도 추정적일 뿐이다.[2]

실재적 진리는 실재적 존재의 상관자(Korrelat)이며, 또한 실재적 존재가 무한히 멀리 떨어진 이념, 즉 나타남과 끊임없이 정당하게 추론되고 있는 경험의 체계적 무한성에 대한 하나의 극(Pol)으로서 이 념인 것처럼, 실재적 진리는 무한히 멀리 떨어진 이념이고, 경험적 판단들—이 각각에서 진리는 **나타나며**, 정당하게 주관적으로 주어진다—이 일치하는 동일자(Identisches)이다. 이 무한히 멀리 떨어진 이념은 모든 가능성을 그 자체 속에 포함하는 순수한 형식에 따라 아프리오리하게 규정될 수 있고, 이 형식에 일치해 유한하게 폐쇄된 경험 전체에서 (즉 그것의 상대적으로 **완결된 나타남들**에서, 규정된 감각적 사물들의 영역에서, 감각적 경험의 술어들에서) 이 경험에 의해 요구되고 이 경험 속에 놓여 있는 적합한 이념을 선취(先取)하는 것이 구성될 수 있다.

존재자를 규정하는 완전한 진리(그것을 그 자체로 규정하는, 그것에 다가서는 술어들의 총괄)에는 개별적으로 술어가 될 수 있는 규정들의 다양체, 즉 다른 방향에서 보면 여전히 규정되지 않은 채 존재자를 남겨두는 개별적 진리들의 다양체가 있듯이, 실재적인 것의 이념의 형식 속에는 일면적인 부분적 이념들이 포함되어 있다. 각각

---

2) 그러나 여기에서 그것은 언제나 단순한 자연에 주목된 것이고, 이것에 의해 실재성의 이념이 세계에 전제되어 있다. 이것의 상관자는 진리 그 자체의 이념, 즉 비록 이것도 임의의 접근(beliebige Approximation)으로 주어지더라도, 수학적으로 구성할 수 있는 진리의 이념이다 – 후설의 주.

의 경험이 더 이상의 경험과 그것의 종합 속에 분리되는 일치하지 않는 요소들을 아프리오리하게 포함할 수 있는 한, 그 경험에서 획득될 수 있는 이념을 규정하는 것은 비록 이제까지의 경험에 의해 어쨌든 진리에 적합하게 요구되었더라도 일면적일 수 있을 뿐만 아니라, 일부는 거짓일 수도 있다.

따라서 순수하게 일치하는 체계를 (일치하는 그러한 것을 채택함으로써 일치하지 않는 것으로 경험된 것을 끊임없이 배제해) 확립하고 자신의 특징을 경험된 것으로 여기는 경험들의 무한한 체계는 상관적으로 실재적인 것 자체의 이념과 순수형식으로서 이 이념에 속한다. 게다가 그 경험에 속하지만 결코 최종의 이념이 아니라 최초의 이념, 즉 어떤 방식으로는 모든 출발점을 구축하는 데 절대적인 규범인 형식만 주어진 무한히 멀리 떨어져 있어 도달할 수 없는 이념을 제시하는 것은 각각의 경험 또는 적절하게 한계가 정해진 경험에 아프리오리하게 속한다.

이 모든 것을 명백하게 해명하고 자연에서 그 자체로 참된 것을 규정할 수 있는, 즉 상대적으로 참되며 경험 각각의 단계에서 상대적으로 필연적으로 규정할 수 있는 형식을 아프리오리하게 묘사하는 것—이것이 방법으로서 자연과학의 이론이다. 즉 자연과학적 방법의 이론이다. 어쨌든 여기에 다음과 같은 두 가지를 구분해야 한다.

1. 자연 '그 자체'의 존재론(Ontologie)

자연 일반에 대해 필연적인 것과 자연의 필연적 형식, 자연의 이념적 본질 그리고 이념적이며 '그 자체로' 자연에 속할 수 있는 각각의 개별자를 규정하는 필연적 형식. 순수이념에 대한 이러한 고찰은 자연에 대한 순수수학의 학문을 수행한다.

2. 진리 그 자체를 통해 자연 그 자체를 인식할 수 있는 아프리오리한 방법론(Methodologie)

우리가 이념(수학적 이념·초감각적 이념)으로서 순수자연 대신 경험하는 존재에 의해 **경험된 자연 그 자체**를 생각하면, 또는 수학적 자연을 자연에서 경험하는 것들(존재적으로 말하면, 감각적으로 직관된 자연들)에 속한 이념적 그 자체의 존재(An-sich)로 취급하면, 이 경우 우리는 그와 **다른 순수이념**을 가진다. 그러면 우리는 자연을 경험함으로써 자연 그 자체를 인식할 수 있는 학문을 얻는다. 이것은 수학적 자연과학의 가능성에 대한 아프리오리한 학문 또는 경험으로 주어진 것들을 통해 자연을 자연과학으로 규정하는 방법에 관한 학문이다.

더 제한된 의미로 말하면, 우리는 **정상적 경험**만 경험, 즉 정상적 오성과 관련해 정상적 감성으로 간주하게 허용한다. 그러면 수학적으로 참된 자연이 정상적으로 나타남으로써 어떻게 규정될 수 있는가? 그것은 연속체들을 정확하게 만드는 방법, 감각적 인과성이 수학적 인과성으로 변화되는 것 등을 통해 일어난다. 그런 다음에야 비로소 심리물리적으로 비정상적인 것이 고려된다.

그러나 이러한 방식으로 자연에 대한 아프리오리한 **존재론**과 자연에 관한 경험들로 자연 그 자체를 규정할 수 있는 아프리오리한 **방법론**을 실제로 구분할 수 있는가? 인식하는 자인 나는 어떻게 자연에 대한 아프리오리한 존재론적 인식을 얻는가? 게다가 나는 가능한 경험, 가능한 지각과 지각적 판단 속에 산다. 감각적 나타남의 방식들—비록 이것들이 그 밖의 다른 것이더라도—이 곧바로 동일성에 일치할 수 있고 동일하게 규정할 수 있는 한, 감각적 나타남의 방식들이 변화되는 가운데 동일한 것 자체에 속하는 것은 무엇인가?

감각적 특징들의 내용이 아무리 **변화**하더라도 동일성(Identität)을 교란시키지 못하며, 그것이 아무리 변화하더라도 대상들이 **변화된** 것이라는 명칭으로 동일성을 유지하지는 못한다. 나타남의 비정상적인 변화들은 〔대상들이〕 변화된 것으로 통각 되지도 않지만, 그럴 필요도 없다. 만약 이것들이 그렇게 통각 되면, 그것들은 나중에 '환상'이라는 명칭으로 폐기될 것이다. 만약 내가 경험하면서 (이 경험에 대해 통각—이것을 통해 나는 감각적으로 직관된 실재성인 경험을 가진다—하면서) 살고 일련의 일치하는 것을 확보하면, 모든 이례적인 것은 제거되고 직관적으로 주어진 모든 변화는 나 자신의 경험들을 종합하는 테두리 속에 나에게 실재적 변화이다. 이제 내가 다른 사람과 관계를 맺으면, 우리가 동일한 것을 경험하는 가운데 나는 아마 그가 (그의 일상성에서, 하지만 그는 색맹이다) 동일성·차이성 등에 대해 내린 판단이 나와 다르다는 사실을 발견할 수도 있다.(그 역시 나보다 섬세한 감각을 지닐 수 있다. 즉 그는 시력이 좋고 나는 시력이 나쁜 경우 등일 수 있다. 그리고 이 관계는 항상 새로운 사람의 경우 〔각자의 감각에 따라〕 변화된다.)

이러한 점에서 가능성에 따라 매우 다양하고 이념적으로 무한히 많은 차이가, 하지만 모순도 열려 있다. 그렇다면 무엇이 여기에서 도움이 될 수 있는가?

발전된 자연과학에 주목해보면, 그 대답은 다음과 같다.

단칭의 주체가 경험한 모든 감각적 차이는 진정한 차이를 표시하며, 참된 것은 공통적인 것(*koina*)의 영역에서 측량함으로써 규정된다. 양적 차이는 대체로 일정한 방식으로 질적 차이와 긴밀하게 제휴해 진행된다. 양적 영역에서, 연장(延長)의 범위에서, 참된 모든 것은 자신을 제시한다.

다른 한편 크기와 크기에 의존하는 것에서 양적으로 입증될 수 있는 모든 것이 나나 누구에게나 동일한 방식으로 명확한 것은 아니다. 나는 측량하는 방법을 통해 그 방법을 사용하기 전에는 내가 감각과 지각의 판단에 의존하지만, 어떤 양적 관계나 법칙—이것을 나는 곧바로 그 방법을 통해서만 지속적으로 존립하는 것으로, 즉 타당한 것으로 안다―이 타당하다는 사실을 이해할 수 있다.

자연과학은 '나타남들에 상대성이 있는데도 그것들로 나타나는 참된 것을 어떻게 이끌어내 규정할 수 있는가' 그리고 무엇보다 그것에 대해 '나타남들의 변화에서 참된 존재가 어떻게 밝혀질 수 있고 알려질 수 있는가' 하는 방법을 일반적으로 고찰하는 것 이외에 다른 어떤 방식으로 그러한 견해에 도달할 수 있는가? 그러나 명확하게 그러한 고찰이 형상적으로(eidetisch) 순수하게 수행되면 자연에 관한 존재론에 도달한다.

그러므로 이렇게 말할 수도 있다. 즉 내가 〔다음과 같은 것을〕 명증하게 만들지 않고 어떻게 나는 아프리오리한 존재론에 도달하는가?

1. 만약 내가 일치된 것으로 경험된 자연을 가지면, 만약 이 일치하는 테두리 속에 특히 일치된 것으로 경험된 어떤 사물이나 과정에 머문다면, 만약 임의의 다른 경우에 동일한 사물을 경험하면, 또는 어떤 다른 사람이 (의견일치를 통해 나 스스로 확신하게 되듯이) 동일한 사물을 경험하면, 그 두 가지 측면의 경험을 통해 동일한 것〔사물이나 사건〕을 인식할 가능성은 필연적으로 연장실체(*res extensa*), 두 가지 측면에서 지각된 성질을 부여하는 시간공간의 골격, 형태를 공통의 시간에 부과하는 동일성, 시간의 계기(繼起)의 동일성, 따라서 이에 상응하는 형태들이 인과적으로 종속되는 동일성도 전제한다.

이에 비해 지각된 성질을 부여하는 것과 이것에 대한 판단이 변화하는 것은 우연적이다. 즉 이러한 의미에서 그것들은, 비록 모순이 발생하더라도, 동일성을 훼손하지 않는다(심지어 고립된 경험에서도 서로 다른 감각의 양상으로 경험된 것의 동일성은 필연적으로 시간공간의 골격의 동일성이다. 그것은 필연적으로 동일한 것, 감각적 **나타남**의 방식이 아무리 차이가 나더라도 필연적으로 동일한 규정의 내용이다). 본질적으로, 즉 필연적으로 동일한 대상에 속하는 것을 처음 이끌어내 추출하는 것은 기하학·운동이론(Phoronomie)[3]으로 이끌며, 또한 변화하는 가운데 함수적으로 종속되는 가능한 형식에 관한 분과 또는 가능한 양적 인과성과 이것의 가능한 인과법칙의 형식에 관한 분과로, 아프리오리한 역학으로 이끌 수도 있을 것이다. 실재적인 것은, 기하학적 형식뿐만 아니라 형식에서 가능한 변화들과 관련해서도 법칙으로 (따라서 인과법칙으로) 고정되면, 그 자체로 규정된다. 실재적인 것은 실재적 속성, 즉 경험적인 인과적 속성을 가진다. 그 자체로 동일한 것이 될 수 있기 위해 그것은 경험적으로 인식할 수 있는 양적-인과적 속성을 가져야 한다.

그래서 새로운 자연과학은 (정당한) 감각적 나타남의 변화에 대립해 일정한 의미에서 필연적인 것을 무엇보다 고찰의 초점에 올려놓았다는 사실 그리고 양적-인과법칙이 이러한 필연적 요소에 속한다는 점을 인식했다는 사실에 의해 구별된다.

2. 〔아프리오리한 존재론의 발전에서〕 두 번째 요소는 다음과 같은 관찰이다. 나는 어떤 음을 듣는다. 그리고 〔현이〕 떨리는 파동을 본다. 그 음은 색이나 감각적 성질과 독립적이지만 질적으로 동일한 것이다. 그러나 그것은 팽팽함의 강도와 〔현의〕 굵기 등─이것들은 실제로 측정할 수 있는 요소이다─에 의존한다. 양적인 것은 나타나는 외연적 경과에서만 발견되는 것이 아니라, 그 속에서 단지 질적인 것으로 표시된 것이다. 그리고 〔이러한 의미에서〕 양적인 것은 감각할 수 있는 나타남의 방식들(어떤 방법이든 질적으로 덮여 쌓인 방식들)로 그 이후에 상황에 따라 감각적으로 제시될 수도 있다.

---

3) 이것은 아프리오리한 개념들에서 연역할 수 있는 것에 관한 이론으로서, 운동의 양상들(가속도나 속도)을 양이나 질을 고찰하지 않고 취급하는 역학의 한 분과인 (응용)운동학과 대조를 이룬다.

거꾸로 말해보자. 각각의 질적인 변화나 질적으로 그렇게 존재하는 것(Sosein)은, 질이 정상적 나타남에 속하면 실재적인 것 자체의 속성이어야 한다. 그러나 '질'(2차적 질)이 대상 그 자체에 귀속될 수는 없다. 아마 그것은 주관적으로 변화하는 질이며, 게다가 〔경험하는〕 주체들—각 주체는 관련된 실재성을 그 자체만으로 일치하게 경험한다—사이에서 달라지는 질이다. 만약 경험된 각각의 질이 객관〔내상〕성으로서 자신의 권리를 지니면, 이것은 경험된 각각의 질이 수학적인 것을 표시하고 어느 한 사람뿐만 아니라 다른 사람에게도 오직 서로 다른 완전성의 정도로서 표시하는 경우에만 가능하다. 즉 방법적으로 누구나 표시를 근거로, 상황에 따라서는 다른 사람의 도움을 받아, 양적인 것을 획득할 수 있어야 한다. 그러나 그는 스스로 질적인 것을 규정할 수 있다. 그러므로 모든 '그 자체의 존재'(An-sich)는 수학적인 그 자체의 존재이며, 그리고 모든 인과법칙은 수학적 법칙임이 틀림없다. 실재적 속성들은 인과법칙을 토대로 규정되는 인과적 속성이다.

어쨌든 우리는 여기에서 다음의 두 가지를 구별해야 할 것이다.

1) 우연적인 것과 필연적인 것, 즉 감각할 수 있는 모든 경험에 걸쳐 필연적으로 관통하는 근본적 특징과 특별히 감각할 수 있는 2차적 특징을 일치된 경험에서 (감각할 수 있는 나타남의 방식들로서) 구별해야 한다는 앞에서 상세하게 논의한 인식이 그 첫 번째이다. 즉 **공통적인** 감각의 특징은 우연적인 것이 아니라 필연적으로 공통적인 것이라는 인식이다.

2) 지각된 것, 경험된 것 그 자체는 철저하게 **모호하다**. 일치된 경험에서 보면, 그것은 언제나 이념적 가능성으로 존재하는 완전성이 어떤 단계로 증가하는 본질법칙 아래 항상 놓여 있다. 따라서 나는 다소간에 **명석하게** 주어지는 동일한 특징을 가질 수 있다. 그리고 아무

리 명석하더라도 어쨌든 그것은 〔완전성의 단계가〕 증가하는 것으로 여전히 생각할 수 있다. 내가 구별되지 않은 것을 통해 명석하게 아는 것이 더 명석하게, 게다가 나에게 그리고 상호주관적으로 차이를 뚜렷이 드러낼 것이라는 점은 항상 생각할 수 있다. 절대적으로 완전한 것, 즉 참된 그 자체(Selbst)—물론 이것은 언제나 뒤로 물러나게 된다—에 접근할 수 있는 자유로운 능력의 가능성은 상관적으로 완전성의 〔단계에 의한〕 구별에 속한다.

그러므로 동일한 것이 '나타나는 방식들'에 대한 논의는 명석함의 등급에 관련해서도 적용된다. 그러나 그 배후에는 동일한 그 자체, 즉 자체로서 존재하는 것의 이념이 놓여 있다. 참된 특징은 〔완전함의 단계가〕 증가할 수 있는 극한점(極限點)이다. 하지만 수학적 특징만이 '참된' 특징이기 때문에, 참된 수학적 특징은 수학적 극한이다.

더 알기 쉽게 상론해보자.

계속 진행되는 경험을 종합하는 데 2차적 특징뿐만 아니라 근본〔1차〕적 특징도 완전성에서 차이가 난다. 이에 상응해 근본적 특징의 경우 측량의 완전함의 등급과 측량을 통한 접근 그리고 이것에서 진행되거나 이것과 결부된 양화하는 것(Quantifizierung) 즉 기하학적 개념이나 이와 유사한 개념을 통해 양화하는 것이 있다. 이것은 자신의 사유를 규정함으로써 자연을 정밀한 수학으로 극한까지 이념화(Limesidealisierung)한다. 일치해 동일하게 확인하는 것이 조금이라도 발생할 수 있으면 근본적 특징은 상호주관적이며 〔위에서 언급한〕 완전함과 접근함(그리고 내적 실재적 인과성)의 상대성만 지니지만, 2차적 특징은 이와 다른 방식으로, 즉 정상적이거나 비정상적인 경험에 그리고 이것에 의해 주체들에게 우연적으로 관련되어 주체들과 더불어 변화하는 방식으로 여전히 상대적이다.[4] 그밖에 2차적 특징의 완전함의 극한은 측정될 수 없다. 대체로 그것은 단지 **직관될**

수 있을 뿐이다. 그러나 그 완전함의 극한은 상호주관적으로 규정되고, 근본적 특징의 수학적 극한과 관련지어 규정될 수 있다.

3) 규정하는 것은 술어화하는 것이고, 근원적으로 자명하게 규정하는 것은 지각의 판단을 형성하는 것이며, 간접적으로 규정하는 것은 경험적인 일반적 판단(귀납적인 경험적 판단)과 경험적인 인과적 판단 등을 형성하는 것이다. 본래 경험의 영역에서 수행되는 규정하는 사유작용—판단하는 것·추론하는 것·일반화하는 것·특수화하는 것—은 나타나는 사물·특징·규칙성을 참된 것으로 간주한다. 그러나 이 진리는 상대적이며 주관적으로 조건을 세운 진리이다. 그것은 여기에서 결과로 생긴 것(낮은 단계의 실천적 목적을 충족시키는 것)을 그 객관성[5]에 관련시키기 위해, 즉 이것에서 진리 그 자체와 참된 실재성 그 자체를 정교하게 추출하기 위해, 새로운 유형의 사유작용 또는 특유한 방법이 우선 필요하다. 흐르며 주관적으로 변화하는 나타남의 방식들로 자신을 드러내는[6] (또한 일치되어 드러내는) 동일한 것(Identisches)이 가능할 수 있는 원리적 조건에 대한 고찰은, 나타남들에 기초해 동일한 것과 이것의 동일한 규정을 구성하기 위해[7] 나타남들 속에 내재하는 필연성인 나타남들을 수학화하는 것 또는 구성적 방법의 필연성으로 이끈다.

그러나 서로 다른 의미의 나타남들은 동일한 것을 포함할 수 있는가? 그리고 어떤 의미에서 그것들은 동일한 것을 포함할 수 있는가? 일치해서 함께 전체의 일부를 이루는 동일한 것을 구성하는 나타남

---

4) 우리는 두 가지 종류의 정상성을 가진다. 1) 공동체의 본성인 의사소통의 전제. 여기서 필연적인 것은 양적인 것이다. 2) 이에 대립해 우연적인 것. 즉 2차적 특성들의 일치는 우연적이다 - 후설의 주.
5) 이 객관성은 비상대적 진리 그 자체의 이념이다. - 후설의 주.
6) 그러나 그것 역시 원리상으로는 이러한 방식으로만 드러난다 - 후설의 주.
7) 이 동일자는 필연적으로 토대를 구축(Substruktion)한다 - 후설의 주.

들의 다양체(Mannigfaltigkeit)[8]는 동일한(참된) 대상성이 가능한 조건에 상응해야 하며, 실재적인 것에 적용된 수학의 모든 법칙은 형식적 존재론의 법칙, 즉 형식적 수학(다양체이론)의 법칙이 특수화된 것이어야 한다. 형식적 수학이 대상들과 대상들의 무한함에 관한 무한히 많은 형식, 요컨대 가능한 모든 형식을 구성하고 구성적으로 규정하는 방법을 우리에게 가르쳐주기 때문에, 그리고 나타남들의 주어진 모든 체계나 경험의 모든 통일이 대상의 총체성, 즉 자연을 그 형식에 따라 묘사해주기 때문에, 그것들은 특수화된 것이다.

고대철학은 관심의 초점을 우선 이성의 당연한 필연성에 둔다. 이것을 거부하는 것은 곧바로 이치에 어긋나고(Wiedersinn) 부조리(Absurdität)하다. 이성의 이 필연성은 기하학적이고 산술적 필연성인 수학적 영역에서 순수하게 처음 등장했다. 양적 크기와 공간적 크기의 이 영역에서—무엇보다 우선적으로 다루어진 경우(직선·한정된 평면도형과 이에 상응하는 공간적 크기의 경우)의 부류에서, 무엇보다 양적 크기가 동등한 부분들로 나누어지고 동등한 부분들에서 다시 구성되는, 또는 부분적 집합들로 분해되고 요소들이나 그 요소들의 집합을 첨가함으로써 새로운 집합으로 확장될 수 있는 동등한 요소들의 집합에서 다시 구성되는 경험적 직관 속에—수(數)의 비교로 환원된 양적 크기를 정밀하게(exakt) 비교하는 일이 발생했다. 모호하게 더 큰 것·더 작은 것·더 많은 것·더 적은 것 그리고 모호하게 동등한 것에다 '정밀하게 그만큼 많거나 적은 것', '정밀하게 몇 배로 더 크거나 작은 것' 또는 '정밀하게 동등한 것'[이라는 표현]이 결정적으로 부과될 수 있었다.

이처럼 정밀한 모든 고찰은 더 큰 것이나 더 작은 것이 배제된 동

---

8) '다양체'에 관해서는 이 책 제9절의 주 5)를 참조할 것.

등함을 정하는 가능성 그리고 서로 단순히 대체될 수 있고 양적 크기로 동일한, 즉 양적 크기의 동일한 개념이나 본질에 놓여 있는 양적 크기의 단위를 정하는 가능성을 전제했다. 우리가 경험적 직관의 대상에 더 가까이 다가서 그것을 더 **정확하게** 고찰할 수 있다는 사실은 경험적 직관의 대상인 공간적 크기[의 본질]에 속한다. 정밀한 것, 정확한 것은 실천적 삶에서 [관심을 두는 특별한] 목적에 의해 규정되고, **동등한 것**(Gleiches)은 이러한 목적에 아무런 상관이나 관련도 없는 사소한 차이가 존재할 수도 있다. 여기서 모든 실천적 한계를 배제하면, 절대적으로 동등한 것, 즉 수학적으로 정밀하게 동등한 것에 대한 이념이 형성될 수 있다.

그러므로 여기에서 우선적으로 이념화하는 개념을 형성하는—즉 **엄밀한**(streng)[9] 진리, 논리적 진리를 가능케 하는 논리화(論理化)하는 것 또한 이러한 논리적 영역에 대해 각각의 부정(否定)에 이치에 어긋난 부호를 부착할 수 있고 더구나 분명하게 부착할 수 있는 엄밀한 필연성과 보편타당성을 통한 사유—사유의 과정이 시작되었다. 자연적으로 발생한 단어의 의미는 모호하고 유동적이다. 그래서 그것은 보편적 의미인 **개념**으로 분류되는 것을 확고하게 규정하는 것이 아니다. 반면 논리적 의미는 정밀하다. 개념, 즉 논리적 보편자는 자기 자신과 절대적으로 동일하며, 그것에 포섭[된 내용]은 절대로 모호하지 않다. 그러나 논리적 개념은 곧바로 직관적인 것에서 단순히 받아들인 개념이 결코 아니다. 그것은 그것에 고유한 이성의 활동, 즉 이념을 형성함으로써, **정밀한 개념**을 형성함으로써, 예를 들면 경험적으로 모호한 직선이나 곡선에 대립해 기하학적 직선이나 기하학적 원을 산출하는 이념화(理念化)함으로써 발생한다.

---

9) '엄밀성'과 '정밀성'의 차이에 관해서는 이 책 제1절의 주 3)을 참조할 것.

토지를 측량하려는 요구가 우선 단지 모호하게, 즉 감각적 유형에 따라 (그때그때 실천적 요구에 대해) 유형적으로 동등하게 간주한 것과 그렇지 않은 것을 구별하게 한다. 어떤 종류의 실천적 목적을 위해 동등하게 간주하는 것은 동등한 것으로 정립되었으며, 동등함 속에 특징들의 차이는 사소한 차이였다. 즉 그것들은 사소한 것, 따라서 무시될 수 있는 것으로 간주되었다. 그래서 사람들은 실로 측량하고 계산하는 방식을 확립할 수 있었고, 기하학적 명제로 진술하고, 심지어 어떤 유보조항들에서도 당연히 증명까지 할 수 있었다. 왜냐하면 1,000개의 동등한 길이들이 줄지어 놓여 있을 때, 그 각각이 그다음 것과 단지 손가락 넓이만큼만(사소한) 차이가 났다면, 그 측정은 1,000 엘렌=1,001 엘렌[10]이라는 결과로 나타날 수도 있다. 즉 동일한 척도로 잰 서로 다른 측정이 서로 다른 결과, 즉 결코 사소하지 않은 서로 다른 결과를 제공할 수도 있다.

이념적 규범인 순수수학의 이념을 구상하고 이에 접근하는 적용의 방법을 형성함으로써 비로소 순수한 실질적 수학과 수학적 기술(技術)이 이끌렸다. 경험에서 [사물들을] 비교할 때 우리가 동등함에서 완전함에 대한 가능한 차이를 인식해야 했던 점은 바로 공간적 경험의 본성이었다. 예를 들면, 어느 정도 떨어진 거리에서는 완전히 동등하게 보였던 것이 더 가까이 다가갔을 때 결국에는 다르게 보일 수 있으며, 여전히 동등한 것으로 남아 있는 것을 다시 더 가까이서 관찰해보면 동등하지 않은 것으로 나타날 수 있다.

그래서 어떤 부분 자체가 절대적으로 확고한 것, 즉 크기에서 그 자체와 절대적으로 동일한 것으로 생각되면, 우리는 이념적으로 수렴하는 과정을 생각할 수 있다. 이 과정을 통해 절대적으로 동등한

---

10) 엘렌(Ellen)은 독일의 옛 측정단위이다.(1 Elle=55~85cm)

것은 끊임없이 동등하게 되는 극한으로서 이념상 구성될 수 있었다. 이념을 이렇게 정확하게 사유함에서 사람들은 '불변·정지 그리고 질적으로 변화 없음'이라는 이상적 개념들, 즉 동등성 그리고 보편자(양적 크기·형태) — 이것은 이념적으로 변화되지 않고, 그래서 질적으로 동일한 임의의 수많은 범례에서 절대적 동등성을 이룬다 — 라는 인상적 개념으로 조작했다. 그리고 자신의 정밀한 양적 크기 등을 지니고 순간적으로 정밀한 불변하는 것으로 고찰된 국면에 기초해 각각의 변화를 구축했다.

플라톤적 관념론은 '이데아'와 〔이에 대한〕 접근이라는 완전히 의도된 발견을 통해 논리적 사유와 논리적 학문, 즉 합리적 학문의 길을 열어나갔다. 여기서 이데아는 원형(Urbild)으로 파악되었다. 모든 개별자는 이 원형에 이념적으로 다소간 관여하고, 개별자들은 그 원형에 접근되며, 이것을 다소간 실현한다.[11] 그리고 이데아에 속한 순수 이념의 진리는 모든 경험적 진리에 대한 절대적 규범으로 간주되었다. 만약 모든 이성적 인식작용이 합리적이어야 한다는 확신을 '합리주의'라 부르면, 비록 그것이 순수한 합리적 개념의 본질적 관계를 탐구하는 사유에서 (또는 오히려 그것이 순수하게 합리적 이념에 지배되고 정밀하게 규정되어 사유되는 한, 가능한 모든 것을 법칙적으로 탐구하는 사유에서) 순수하게 합리적이든 또는 접근하는 방법을 통하거나 경험적인 것을 이에 상응하는 이념에 따라 평가하는 그 밖의 다른 규범을 통해 경험적인 것을 순수하게 이념적인 것으로 측정하는 것이든, 근대 전체의 확신은 합리주의적이다.

논리학의 의미에서 참된 대상은 자기 자신과 절대적으로 동일한 대상, 즉 절대적으로 동일하게 그 대상의 본질로 있는 것이다. 달리

---

11) 이에 대해서는 이 책 제9절의 주 3)을 참조할 것.

표현하면 어떤 대상은 그것의 규정, 무엇임〔본질〕(Washeit), 술어를 통해 존재한다. 그리고 그 대상은, 무엇임〔본질〕이 그 대상에 속한 것으로서 동일한 것이거나, 그것에 속해 있는 것이 그렇지 않은 것을 절대적으로 배제하는 경우, 동일한 것이다. 그러나 이념적인 것 (Ideales)만 엄밀한 동일성을 가진다. 왜냐하면 만약 어떤 개별자가 보편적인 절대적 이념에 대해 이념적으로 동일한 기체(基體)라면, 그 개별자는 참된 동일자(Identisches), 따라서 존재자(Seiendes)가 될 수도 있다는 결과가 되기 때문이다.

그러나 어떻게 개별자가 단지 대략적으로가 아니라 정밀하게 보편자에 관여할 수 있는가? 그리고 어떻게 그 포섭의 관계가 정밀할 수 있는가?

순수한 수학적 사유작용은 가능한 대상들에 관련된다. 이 대상들은 이념적으로 정밀한 수학적 개념(한계개념)을 통해, 예를 들면 경험된 것으로서 모호한 방식으로 형태의 개념들 아래 놓여 있고, 그래서 형태의 규정을 갖는 자연의 대상들의 공간적 형태로 규정되어 사유된다. 그러나 일치된 경험에서 현존하는 것으로 증명된 동일한 대상〔적인 것〕에는 모든 규정에 따라 이념적인, 즉 이념적으로 동일한 것이 있을 수 있으며, 당연히 있음이 틀림없다는 사실은 이러한 경험에 주어진 것의 본성이다. 왜냐하면 〔그것의〕 모든 규정은 정밀하고, 즉 그것들의 보편성에 속하는 모든 것은 동등하고, 이 동등성은 비(非)동등성을 배제하기 때문이다. 또는 동일한 것, 즉 어떤 대상에 속하는 정밀한 규정은 이 규정이 동일한 대상에 속하지 않는다는 사실〔가능성〕을 배제하기 때문이다. 그리고 대상의 보편적 본성에 의해 제한된, 따라서 예를 들면 자연의 대상들에서 공간적 형태와 같이 〔일정한〕 영역 안에서 제한된 모든 특별한 종류의 규정에서 어떤 규정은 대상에 속하고, 그 밖의 다른 모든 규정은 속하지 않는다(배중률

背中律).

대상은 일반적으로 공간적 형태를 가진다. 경험적으로 경험된 공간적 형태들은 서로 다른 경험적 유형(Typus)[12]을 가진다. 그러나 어떤 대상이 (가장 낮은 단계의) 일정한 유형을 가진다는 사실, 즉 나는 그 대상이 이러한 특별한 형태가 있다는 것을 경험한다는 사실 그리고 그 대상은 그러한 형태가 없다는 사실, 즉 나는 그 이후의 경험을 통해 그 대상이 그러한 형태가 없다는 것을 파악한다는 사실이 일어날 수 있다(경험의 영역에서는 배중률이 적용되지 않는다). 나는 어떠한 경험적 규정도 실제로 대상에 속하는 것으로 받아들일 수 없다. 오히려 나는 대상이 이러한 규정을 통해 경험된다고 말할 수 있을 뿐이다. 또한 나는 사유함에서 절대적으로 동일하게 그 규정을 고수할 수도 없다. 나는 경험된 대상에 접근함에서 내가 지금 경험하는 규정이 내가 〔전에〕 경험했던 규정과 절대적으로 동일한 것이라 말할 수조차 없다.

그러나 나는 내가 경험하는 각각의 공간적 형태 밑에 순수한 공간적 형태의 이념―보인 〔감각적〕 형태는 이것에 **관여한다**―을 놓을 수 있다. 그리고 공간적 형태 일반은 그 배후에 순수하게 정밀한 공간적 형태들의 유개념(Gattung)을 갖는 경험적 유개념이 된다. 모든 경험적 대상은 경험적으로 형태가 정해져 있다(그것은 필연적으로 경험될 수 있고, 경험적 대상은 경험적으로 형태가 정해져 있다). 그러나 그 대상은 또한 일정한 참된 형태, 즉 정밀한 형태도 가진다. 정밀한 형태들의 이념은 절대적으로 구별된다. 왜냐하면 만약 어떤 대상이 이러한 일정한 형태를 개별화한 것이라면, 이것에 의해 이와 다른 서로 구별된 모든 것이 배제되기 때문이다. 두 개의 정밀한 형

12) 이에 관해서는 이 책 제34절의 주 8)을 참조할 것.

태(공간적 형태들의 가장 미세한 차이)에서 그 하나의 형태가 어떤 대상에 속한다면, 그 밖의 다른 형태는 그 대상에 속하지 않는다(배중률).

자연과학적 태도와 정신과학적 태도. 자연주의, 이원론 그리고 심리물리적 심리학[1]

자연주의적 태도.[2] 서로에 대해 외부에 있는 형식의 실재성들의 전체(All)인 세계(Welt). 순수한 연장실체(*res extensa*)의 영역인 자연(Natur).

모든 실재적인 것은 물체이거나 어떤 물체를 가진다. 그러나 오직 물체만 시간공간에 통일적으로 이해되어 실제로 본래 함께-연장된다(*co-extensio*). 지속의 통일성 속에 변화되지 않거나 (변화할 수 있는) 변화된 형태의 통일체, 즉 형태와 연장의 형식은 질적 규정들에 의해 충족된다. 모든 물체는 보편적 인과성의 규칙에 지배되고, 보편적 자연은 인과성의 아프리오리(Apriori)에 지배된다. 이 아프리오리는 귀납을 통해 발견될 수 있는 규정된 인과법칙에 따라 진리 그 자체로 규정되고 구축될 수 있다.

그러므로 물체적 존재는 연장되어 공존하는 존재이며, 함께 존재

---

1) 이 논문은 후설이 1930년 이전에 작성한 것이다. 그리고 여기서 다루는 주제는 1913년 그 초고가 이미 완성된 『이념들』 제2권에도 상세히 나타난다.
2) '자연주의적 태도'는 결코 자연적 세계에 대한 파악에 속하는 구성적으로 미리 묘사된 보편적 시선의 방향이 아니라, 자연주의적 편견이다 – 후설의 주.

하고 자연의 통일성 속에 공존하는 물체라는 상황에 — 자연이 '자신을 자신에게 위임하는〔자족한〕 자연'이라면 — 일의적으로 규정된 존재이다. 자연주의는 인간을 충족된 연장(延長)으로 관찰하며, 그래서 세계 일반을 하나의 확장된 자연으로만 관찰한다. 인간 정신의 지속은 하나의 객관적 지속으로 간주된다. 그리고 영혼은 지속의 각 국면에서, 비록 물체의 형태와 평행하게 실제로 공간적으로 형태가 정해진 것으로는 아니더라도, 어쨌든 영혼의 자료가 공존하는 것으로서, 즉 공간적 연장 속에 공존하는 것과 일반적으로 공간적으로 공존하는 것의 형식에서 어떤 방식으로 동시성에 부가되는 동시적 존재로 간주된다.

게다가 인간 영혼의 삶은 내재적 시간의 형식 속에 경과하며 우리는 모든 순간적 현재를 다양한 **자료**가 공존하는 통일성으로 발견한다는 점은 실로 정당한 사실이다. 그러나 여기에서는 〔한편으로〕 이러한 내재적 시간의 구조에 대한, 다른 한편으로 '어떻게 객관적 시간이 영혼의 내재적 시간들이 객관적으로 시간화(時間化)되고 곧 이와 함께 영혼들도 **시간화되는** 초월적 자연이 존재하는 형식으로서 구성되는 의미를 유지하는가'에 대한 근본상 본질적 통찰이 우선 획득되어야 한다.

자연주의는 본질적으로 전체 세계가 자연과 유비적으로 생각될 수 있으므로 세계의 '그 자체의 존재'(An-sich-sein)는 (자기 자신에게 위임하는) 자연과 정확히 마찬가지로 진리 그 자체, 게다가 구축할 수 있는 그 자체의 상관자로서 생각될 수 있다고 주저 없이 가정한다.[3] 세계는 보편적인 귀납적 세계학문의 주제이며, 경험적 귀납

---

3) 자연은 이념화(理念化)된 것으로 구축될 수 있고, 이러한 사실을 통해 존재론적인 게다가 수학적인 절대적 보편성의 사실적 현실성이다. 이 경우 그것은 또 경험적 질(質)을 경험적으로 질서 세우는 이념화이다. 그러나 구체적

은 정밀한 세계의 법칙(자연의 법칙을 포함해)을 발견하기 위해 또는 심리물리적 존재인 인간과 동물, 그 영혼, 그 물〔몸〕체뿐만 아니라 그 인격적 존재와 행위에 대한 법칙을 획득하기 위해 이념화하는 수학적 방법을 위한 토대이다. 그러므로 극단적으로 말하면, 신(神)은 세계에 관한 보편적 수학을 가지며, 세계에 존재하는 모든 것에 대해 그리고 모든 규정에 따라 타당한 세계의 법칙을 알고, 따라서 시간공간의 일반적 존재자와 그렇게 존재하는 것(Soseiend)이 공존하는 정밀한 법칙도 안다. 왜냐하면 이것들은 곧 정신의 영역에도 이르는 단지 복잡하고 다양한 인과법칙이기 때문이다.

의심할 여지 없이 경험적으로 확증된 심리물리학의 문제는 곧 '심리물리적 질서에 편입될 수 있는 것은 무엇인가'이다.

(자연과학에서와 같은) 객관적 인식을 향한 학문적 태도, 게다가 그 자체로 존재하는 실재성들의 전체인 세계에 대한 객관적 인식으로서 보편적인 학문적 태도는 진리 그 자체 속에 그 자체의 존재를 인식하려는 의도를 지닌 태도일 것이다. 그러나 이것은 학문 일반의 과제가 아닌가? 자연·동물·인간·인간 공동체·문화의 객체, 인간성의 보편적 문화에서 그 자체(An-sich)는 무엇을 의미하는가?

그런데 우리는 (학문의 주제로) '객관적' 세계를 향한 주제의 태도와 세계가 경험되고 나타나며 판단되고 평가되는 등 주관성과 그 주관적인 것(Subjektives)으로 이해된 보편적 주관성을 향해 주제로 세운 태도를 구별할 수 있는가? 이것은 인격적 태도[4]가 아닌가?

인 사실적 세계, 즉 경험의 세계가 이념화될 수 있고 구축될 수 있으려면, 그것이 세계를 포괄하는 수학을 가져야 한다고 요구할 것이다 – 후설의 주.

4) 후설은 소박하게 존재에 대한 믿음을 전제하는 '자연적 태도'와 이러한 태도를 판단중지하는 '반성적 태도'를 나눈다. '자연적 태도'에는 일상적 경험에서 주관과 객관의 외적 상관관계를 자연스럽게 고찰하는 '인격주의적 태도'와 주관을 인위적으로 배제하고 객관적 자연을 관찰하는 '자연주의적 태도'

그렇다면 인격적 태도란 무엇인가? 동물과 같이 인간은 공간 속에 존재한다. 실재성의 세계는 항상 인간과 더불어 미리 주어져 있다. 관심은 인격으로서의 인간을 향하는데, 인간은 인격적 행위와 열정 속에 '그' 세계에 관련되고, 서로 함께 살고, 인격적으로 교제하고, 행동하며, 다른 어떤 방식으로 세계에 관한 것을 규정하고, 세계에 관한 것에 태도를 취하며, 동일한 하나의 환경세계를 갖고 게다가 그들이 그러한 것으로 또한 동일한 것으로 의식하는 환경세계를 가진다.

인간이 [일정한] 태도를 취하고 동기를 부여하며 끊임없이 관계를 맺는 세계는 물론 존재하는 세계인 바로 '그' 세계이지만, 인격적 태도에서 관심은 인격들과 그들이 세계에 대해 [일정한] 태도를 취하는 것에, 주제가 되는 인격들이 그들에 대한 존재자로 의식했던 것, 게다가 어떤 특별한 대상적 의미를 지니고 의식했던 것을 의식하는 방식들(Weisen)을 향한다. 이러한 점에서 문제가 되는 것은 실제로 존재하는 세계가 아니라, 인격들에 그때그때 타당한 세계, 즉 인격들에 나타나고 일정한 성질을 띤 것으로 인격들에 나타나는 세계이다. 왜냐하면 문제는 인격인 인간이 행동과 고난 속에 태도를 취하는 방식, 즉 그들이 지각하고·기억하며·사유하고·가치를 평가하며·계획을 수립하고·깜짝 놀라 멈칫 물러서고·저항하며·반격하는 등 그들의 특별한 인격적 작용으로 동기를 부여하는 방식이기 때문이다. 인격은 오직 그가 의식하는 것 그리고 그 의식의 대상이 어떠한가의 방식에 의해, 그것이 그에게 어떻게 타당한지 부당한지를 의식하는 의미에 의해서만 동기가 부여된다.

가 있다. 그리고 '반성적 태도'에는 의식의 활동을 경험과학에 입각해 고찰하기 때문에 여전히 소박하고 자연적인 '심리학적 태도'와 자연적 태도를 총체적으로 판단중지해 주관과 객관의 본질적 상관관계를 선험적으로 고찰하는 '현상학적 태도'가 있다.

따라서 인격에 대한 관심은 그가 태도를 취하는 방식이나 그 동기에 관한 단순한 관심이 아니라, '무엇이 그를 동일한 인격으로 만드는가'에 관한 관심이다. 이것은 인격적 습득성(Habitualität)과 특성에 관한 관심일 것이다. 그러나 이것은 무엇보다 그가 자신을 (우선 현실적으로 이러한 자아 - 주체로서) 드러내는 그리고 이것들이 발생하는 태도를 취하는 방식을 지시한다.[5)]

어떻게 정신과학들 그리고 언젠가는 정초되어야 할 보편적 정신과학의 주제제기가 인간학, (객관적 실재성, 즉 자연으로서 인간과 동물에 관한 학문이라는 의미에서) 동물학 그리고 실재적 인간과 동물의 객관적-실재적 존립요소들, 요컨대 영혼·영혼 삶·영혼의 고유한 성질에 관한 학문인 심리학에 관련을 맺을 수 있는가?

정신과학은 인간 의식이 그에 대해 나타나고 그를 행동과 고난 속에 동기를 부여하는 것으로서 세계와 맺는 관계에서 인간 주관성에 관한 학문이며, 거꾸로 인격의 환경세계로서 세계 또는 인격에 나타나고 타당한 세계에 관한 학문이다. 나타나는 방식들의 변화에서, 인간은 내적인 삶 속에 개별적으로나 상호이해를 통해 공통으로 겪는 통각들의 변화에서 그에게 동기를 유발하고 그에게 환경세계에서 주제가 되는 인격이나 인격들의 단체 등과 마찬가지로 '그' 사물·관계를 의식한다. 그리고 그들은 때에 따라 이러저러하게 그에게 또는 서로 다른 인격에게 나타나고 그들에게 타당한 것으로 때에 따라서는 언젠가 확실한 것으로 타당하게 존재하는 것 등과 동일한 것으로 그것들을 의식한다.

---

5) 그러나 인격적 학문들의 학문적인 것은 곧 상관적으로 인격들을 동기부여하는, 따라서 그들에게 의식된 환경세계, 즉 나타나는 방식들의 그 양식 속에 그들에 대해 실제로 현존하고, 실제로 경험되며 경험할 수 있는 환경세계에 관계된다 - 후설의 주.

그러나 일반적으로 인격적 삶에서 이 동일한 사물들은 학문이 주제로 삼는 관심이 아니다. 인격적 삶은 일반적으로 이론적 삶이 아니며, 따라서 사물들은 일반적으로 인격에 대해 그것들이 '객관적 진리로' '그 자체로' 어떻게 존재하는가 하는 학문의 주제가 아니다. 오히려 사물은 그에게 곧바로 타당한 것, 그 밖에 그에게 동기를 유발하는 것, 이론 이외의 행동과 열정으로 그를 규정하는 것으로 제시된다. 만약 사물·자연·동물의 세계나 인간의 세계·신체나 영혼을, 이것들이 그 자체로 스스로 (객관적으로) 존재하듯이, 학문의 주제로 삼으면, 우리는 자연과학자·동물학자·인류학자 특히 심리학자(여기서는 자연과학적 동물학에 평행한 의미에서)이다.

이 경우 우리는 '관련된 실재성'을 '나타나는 실재성'으로서 언제나 다시 가진다. 하지만 궁극적으로 완전한 보편성에서 이해된 이론적 실재성에 대한 관심인 그 실재성에 대한 우리의 객관적 관심은 나타남들, 즉 주관적으로 주어지는 방식들을 통해 그것들이 나타나는 것을 향해 있고, 절대적 보편적으로 타당한 학문적 판단을 통해 그것들의 정밀한 객관적으로 참된 존재—즉 이 실재성들의 존재 자체인, 그것들이 다양하게 동기를 유발하는 것으로서 곧바로 우리에 대한 또는 이러저러한 인격들의 단체에 대한 존재는 아닌, 참된 존재—속에 규정될 수 있다.[6]

여기에는 객관적인 실재적 존재에 대한 이론적 관심의 표현이 지시하는 특별한 방식의 동기부여가 우선적이다. 〔학문의〕 주제인 객관적 자연, 즉 그것의 객관적으로 참된 '그 자체의 존재'는 하나의 인격적 작업수행이다. 또는 오히려 이러한 작업수행의 이념, 무한한 이

---

6) 이것은 학문에 관한 보편적 의미이다. 이것은 물론 소박하게 시작하지만 완전한 세계에 도달하지는 않은 의미, 오히려 우선은 전통으로 구속되어 주목되지 않은 채 사로잡혀 있는 의미이다-후설의 주.

넘을 그 자체 속에 지니는, 완전하게 만드는 무한한 이념, 즉 자연과학적 방법을 통해 이념적으로 줄곧 규정되거나 항상 더 완전하게 규정되는 자연의 실재적인 그 자체(An-sich)로서 방법의 작업수행이다. 하지만 그것은 무한한 작업수행의 상관자, 여기에서는 '자연과학자들의 공동체'라 부르는 그러한 인격적 공동체의 특수한 작업수행의 상관자이다. 정신세계에 관한 모든 것을 포괄하는 학문인 정신과학이 모든 인격—노는 종류의 인격이나 인격적 작업수행, 즉 여기에서는 '문화형성물'이라 부르는 모든 종류의 인격적 형성물—을 주제로 갖는 한, 그것은 자연과학과 자연과학적 자연 그 자체, 즉 실재성으로서의 자연도 포괄한다.

그러나 줄곧 의식에 적합하게 수립된 경험된 것의 동일성을 지닌 자연적 경험은 모든 인격적 삶에 의해 끊임없이 관통해간다. 그런데 (단지 자연과학자의 삶은 제외하고) 인격적 삶을 규정하는 관심은 '그 자체로 존재하고' 뚜렷하게 부각된 (뚜렷하게 부각될 수 있는) 자연이 아니라, 인간성의 인격적 삶 속에 곧바로 등장하고 그때그때의 실천으로 이러한 삶을 규정하는 것같이 모든 이론에서 해방되어 나타나고 그때그때 이러저러하게 생각되는 자연이다. 모든 인간에 대해 그들이 논의하는 자연 그리고 그 속에 그들이 살고 함께 살아가는 것으로 아는 세계는 그들을 규정하는 자연과 세계, 즉 교류를 통해 동일하게 확인되고 교정된 하나의 세계이며, 이 세계는 객관적 과학자가 자신의 인격적 활동의 특수한 양식에서 주제로 갖는 세계로서 동일하게 확인된다. 이러한 한에서 인격적 세계는 객관적 세계일 뿐이다. 하지만 모든 인격 속에 미리 주어진 세계, 각 시대의 모든 문화인류와 모든 개인에게 자신의 그때그때 실천을 통해 실제로 정립된 것으로서 타당한 세계는 바로 그때그때 나타나는 방식들, 상황에 따라 존재가 비존재(가상)로 변화되는 계속 변형되는 변화—이 변화를 통해, 비록 교정되지만 어쨌든 존재하는 것으로 계속 타당한 세계의 통일성이 수립되고, 이후의 규정들에 대해 상황에 따라서는 실재성으로서 학문적 이론에 대해 언제나 개방되어 있다―에 개방된 그때그때의 통각 속에 있는 세계이다.

세계는 이렇게 개방되어 있다. 그리고 사실적 인간·민족·〔역사적〕 시대 속에 주제를 갖는 정신과학, 즉 이들 속에 생각된 세계―이들에게 구체적으로 직관적으로 그렇게 나타나고 그렇게 신화적으로나 그 밖의 다른 방식으로 통각이 된 세계―로서 이들이 생각한 사물, 이들이 경험한 자연, 이들에게 현존하고 동기를 유발하는 문화 속에 주제를 갖는 정신과학은 필연적으로 또 전적으로 그것들을 주제로 삼는 인격성의 **주관적 방식**(Wie)에서 세계에 주제의 초점을 맞춘다. 이 세계는 단순히 개별적-주관적인 그리고 시간적으로 끊임없이 변화하는 양상들로 나누어지지 않는다. 공동체의 환경세계는 이러한 양상들을 통해 역사적 공동체에 구성된다. 그 삶의 공동체 속에 공동체 또는 그 인격들의 삶은 그들에 대해 공동체의 환경세계(인격적 세계)에 관련되고, 이 환경세계는 그들에게 상대적인 현실성을 가진다. 그리고 서로 다른 인격적 공동체들과 그 인격적 시대들에서 변화하는 현실성을 가진다.

그런데 이러한 사실이 '각기 인격적 환경세계를 갖는 인격적 공동체들이 서로 관련되어 등장하거나 이미 관련되어 있으면서 포괄적인 공동의 환경세계도 갖거나 획득할 수 있다'는 점 또는 '그들이 단지 각각의 공동체는 세계를 전적으로 달리 파악하며 그 세계에 완전히 다른 현실성을 제공한다는 점만을 발견하면서 교섭을 통해 동일한 실재적 세계와 관련되어 있다는 것을 안다'는 점을 배제하지 않는다. 하지만 필연적으로 일정하게 공동체화하는 것에까지 폭넓게 미치는 이 공통의 실재성은 자신의 동일성을 통해 의식하지만, 인격들 상호 간에 제기되는 동일하게 확인함, 즉 공동체 삶 속에 확립될 수 있는 확증의 통일성일 뿐이다. 그것은 실재성의 학문이 바로 자신의 특수한 인격적 작용들과 남아 있는 작업수행에서 그것을 규정할 때 그 자체로 존재하는 것같이, 학문을 통해 비로소 객관적, 즉 학문적 진리 속에 있는 실재성이 된다.[7]

정신과학적 태도를 위한 출발점은 모든 사람이 또한 마찬가지로 초보적 정신과학자가 모든 학문적 의도나 행동에 앞서 일깨워진 삶 속에 있고 그러한 삶으로서 자신을 발견할 수 있는 **자연적 태도**이다. 그는 자신을 에워싼 세계, 때에 따라 이러저러하게 나타나고 그에게 동기를 유발하는 세계, 그가 들여다보고 귀 기울여 듣는 세계 속에 자신을 발견한다. 즉 일반적으로 말하면 그는 이 세계에서 서로 다른 방식으로 실천해 규정되고, 이러한 실천에서 항상 새로운 면모를 세계에 부여한다. 그리고 그 자신도 동료 인간들과 마찬가지로 이 세계에 속한다. 왜냐하면 이에 따라 동료 인간들은 그에게 실천의 객체들, 함께 행동하지만 동시에 함께 보고 함께 들으며 자연히 동일한 환경세계의 사물들과 특히 공동체화된 실천적 〔관심의〕 방향에서 그들에게 **문제가 되는** 실천 속에 포함된 사물들을 함께 보고 함께 듣는 공동의 주체이기 때문이다.

자연적 태도에서 현실이거나 가능하고 주관적이며 상호주관적으로 결합한 나타남·생각·관심의 변화에도 일관되게 동일한 세계는, 일반적으로 말하면, 어떠한 학문적 주제도 아니다. 오히려 그것은 넓은 의미에서 순간적으로 그에게 영향을 끼치거나 그가 지속적으로,

---

7) '객관성', 즉 학문의 목적은, 경험되고 경험 속에 입증될 수 있듯이, **특정한 인격이나 인간성에 의해 경험되고 확증된** 존재자가 아니라, 동일한 것을 경험하는 것으로 받아들이는 **생각할 수 있는 모든 인간성**(파푸아인도 포함해), 경험, 즉 환경세계에 대한 존재자이다. – 후설의 주.

또 때에 따라서는 확고한 습득성(가령 직업상)에서 ─ **진지함**이나 장난으로, 가치가 있거나 없는 것, 지나가 버리거나 오랫동안 남아 있는 것에 영향을 끼치고, 창조하며, 이기주의적 관심이나 공동체의 관심에서 작업수행을 하면서 개별적 주체나 공동체의 담당자로서 공동체의 작업에서 ─ 몰두하는 인간에 대한 모든 주제이다. 왜냐하면 그 자신의 기억과 발생적 기억은 그를 과거의 공동체 삶으로 이끌기 때문이다.

방금 언급한 것은 그 자체로 정신과학자가 출발할 수 있고 출발해야 할 보편적 성찰이다. 왜냐하면 그는 '자신이 유럽인으로서 이미 학문을, 보편적인 이론적 태도를 알고, 이를 위해 교육받았고, 이제 이러한 조망을 통해 자신의 주제를 획득할 수 있다'는 사실을 성찰할 수 있기 때문이다. 따라서 인간, 공동체 속의 인간, 그 삶과 활동 속의 공동체 자체는 작업을 수행하는 행동과 작업수행의 형성물을 통해 작업수행 자체와 상관관계에 있는 정신과학의 학문적 주제이다. 그러나 또한 자신의 나태한 시기에는 수동적 인간, 때때로 잠자고 다시 일어나는 인간, 행동하고 고뇌하는 '나', '우리'로서, 즉 인격적 삶으로서 자기 삶의 통일성 속에 있는 전체적 인간이다.

인격이 행동하고 고뇌하는 것, 그 인격 속에 일어나는 것, 그 인격이 자신의 환경세계에 위치하는 방식, 그 인격을 분노시켜 슬프게 만드는 것, 기분 좋거나 나쁘게 만드는 것 ─ 이 모든 것은 인격에 관한 문제이다. 그래서 결혼·우정·단체·시민 공동체·민족 공동체 등 우선은 역사적 사실성에서 그런 다음 보편성에서[8] 모든 단계의 공동체

---

8) 이 경우 보편성이 무엇을 뜻하는지 ─ 자연의 역사적, 형태학적인지 또는 정밀한 자연과학에 유비적인 절대적 보편성으로서인지는 숙고되어야 한다. 정밀한 자연과학에만 속하는 객관성은 경험의 모든 가능성을 무한히 동일한 것에 관한 경험으로서 그것의 이념화를 통해, 즉 '그 자체로 존재하는 것'의 개

에 유사한 문제이다. 그렇다면 여기에서 제기해야 할 보편적 학문은 개체심리학과 사회심리학인 심리물리적 심리학이 아닌가?

인격으로서 인간, 그는 심리물리적 인간이 아닌가? 사실상 그는 자신이 세계 속에 신체와 영혼을 갖는 것을 아는 인간, 공간 속에 움직이고 자신의 손으로 수공업자로서 또는 그밖에 다른 방식으로 자신의 신체로 움직이는 인간, 싸우는 전투에서 신체로도 싸우며 이 신체를 통해 자신의 외부세계로 들어가 작용하거나 신체에서 접촉·충격·부상을 겪으면서 자연히 끊임없이 자신의 신체를 함께 의식하는 인간이다. 물론 인간은 자연과학적-생물학적 인간학에서처럼 인격적 학문에서도 동일하다. 어떤 학문에서 다른 학문으로 이행하는 데 동일하게 확인하는 것은 즉시 수행된다. 하지만 아무튼 주제의 방향은 근본에서 본질적으로 다르다. 정신과학에서 인간은 '그 자체의 존재'가 객관적으로 규정될 수 있다는 동일한 실재성으로서의 주제가 아니라, 인간이 자신의 환경세계 속에 주관적으로 처리하고 지배하는 한 역사적 인간이 주제이다.

나는 앞에서 **자연과학적-심리학적 탐구와 정신과학적 탐구의 대립**은 자연과학과 정신과학에서 영혼(Seele)인 정신적인 것(Geistiges)이 각기 서로 다른 태도에서 주제가 된다는 점에 있다고 말했다. 즉 자연과학에서는 장소가 정해진 주체, 현존재하는 물〔육〕체의 부속물,[9] 물〔육〕체와 함께 존재하고 귀납적으로 통일된 (데카르트의 이

넘인 이념적 개념과 진리 그 자체인 이념적 진리를 통해 이론적으로 포괄할 수 있는 이념화인 기하학화에 기인한다. 그렇다면 모든 본질적 보편성에 따라 정신, 역사의 영역을 포괄할 수 있고 이를 통해 이 영역에 정밀한 진리를 정밀한 개념으로 제공할 방법이 존재하는가? – 후설의 주.

9) 우리는 '부속물'이라 말하면 안 된다. '부속물'이라는 파악은 이미 변조되었다. 경험된 타자의 신체는 경험 속에 주관적으로 신체적 자료가 경험된 복합 (따라서 이 경험된 것 자체)을 통해 영혼적인 것과 자아를 지시한다. 그러므

원론의 의미에서) '심리물리적'이다. 반면 정신과학적 태도는 곧 인격—자연과학이 추상화로 나타나듯이 순수한 것과 유사한 의미에서—을 순수하게 향한 인격적 태도이다. 인격에서 신체는 그 인격이 직접 지배하고 마음대로 처리하는 등 크게 부각된 환경세계의 객체이다. 그러나 이 객체는 귀납적으로 통각이 되고, 이러한 통각은 하나의 객관적 통각이다.

물론 인격은 장소가 정해져 있고, 더구나 자신의 물체적 신체를 통해 자연적 공간과 자연적 시간성 속에 장소가 정해져 있다. 우리가 정밀한 공간성 속에 있다면, 그것은 구체적으로 장소가 정해지는 것이다. 우리는 자명하게 주제의 관심을 순수하게 자연과 이 속에 있는 물체적 신체에 향할 수 있고, 그런 다음 경험적 자연이든 정밀한 자연이든 자연 속에 함께 있는 것으로서 또는 관계된 시간공간의 위치에 있는 것으로서 주체, 즉 영혼을 발견할 수 있다.

그러나 우선 우리가 이 '함께 현존하는 것'에 무엇을 기대할 수 있는지, 동물이나 인간의 이러한 실재적 통일체의 통일적 의미를 형성하는 것은 무엇인지, 어느 정도까지 우리는 신체와 영혼의 결합을 논의하고 게다가 이러한 결합을 자연적-인과적 결합과 유사한 인과적 결합으로 간주할 수 있고 왜 그래야 하는지 하는 문제가 심문되어야 한다. 경험의 순수한 세계로서, 따라서 나와 우리의 환경세계로서 세계의 구성에는 처음부터 다음과 같은 사실이 포함된다. 즉 세계에는

로 여기에 연상이 존재하는데, 이것은 모든 통각에도 마찬가지이다.

미리 주어진 세계에서 자연은 구성적으로는 서로 대립한 것들 속에 있는 하나의 인과적 통일체이다. 자연 속에 있는 정신, 이것은 사물들, 사물들의 실재적 계기들이 공존하는 것과 동일한 의미에서 장소가 정해진 것이 공간적인 공존재와 현실적으로 시간공간에 공존하는 것으로 쉽게 대체될 때 일어난다. 그러나 물〔육〕체의 경우 정신은 어떠한가? 우리는 이 문제를 심문해야 한다. 지배하는 것으로서 이 문제는 통각 속에 비로소 등장한다. —후설의 주.

여기저기에 단순한 사물·인간·동물·예술품·도구·수공업자·군인 등이 경험되고, 변화할 수 있는 방식으로, 그러나 곧 인간(나 자신도 인간으로서)이 나타나는 것이 필연적으로 포함되는 가장 보편적인 본질적 유형에서 그렇게 미리 주어지고 통각이 된다. 이러한 세계에서 우리는 어디에서나 귀납적 물음을 제기할 수 있다. 즉 항상 규칙적 공존이 있는 곳에는 또한 귀납적 문제제기도 있다. 모든 단적인 통사에는 규칙적 공존이 밝혀질 수 있게 포함되어 있고, 따라서 그 공존은 모든 통각의 유형에 속할 뿐만 아니라, 보편적 통각, 즉 세계의 보편적 통각 그리고 가까운 세계나 고향세계의 통각, 개별적으로 가깝거나 먼 사물의 통각과 마찬가지로 먼 세계에도 속한다.

그러므로 우리는 물[몸]체의 신체적 **자료**와 영혼의 **자료**가 잇달아 관련된, 그러나 자연의 인과성과 자연에 유비적인 전체가 결합한 것에 관해 아직 아무것도 언급하지 않은 함축적으로 지시된 귀납적 규칙성을 발견할 수 있고 발견하게 될 것이다. 물론 이러한 구별은 전통적 감각주의에 근거한 전통적 '인간학'으로 간주한 일종의 심리물리학을 특징지운다.

정신(영혼, 구체적인 인격적 존재)은 시간공간성 속에 그 신체가 존재하는 그곳에 있고, 이곳에서 그는 시간공간에 존재하는 것의 우주인 세계에 살아가며 활동한다. 그는 그것에 관한 의식을 갖기 때문에 정신·인격·자신의 환경세계의 (따라서 일정한 세계의) 자아이다. 그가 세계에서 활동하는 가능성은 그가 일정하게 질서가 정해진 방식으로 세계에 관한 경험 등을 갖고, 세계와 더불어 경험하면서 존재하고, 가깝거나 멀게 존재할 수 있는 등의 사실에 기인한다. 그리고 여기에는 그가 끊임없이 자신의 신체에 관한 두드러지게 부각된 경험의 의식을 가지며, 따라서 이 객체에서 아주 직접 존재하고 촉발되거나 지배하는 자아의 방식으로 이 객체 속에 끊임없이 살고, [그렇게) 할 수 있다는 사실이 속한다. 이러한 관계, 인격적으로 경험되고 이를 통해 직관적으로 거기에 존재하는 등 각각의 방식은 곧 인격적인 것으로서 정신과학적 사태이다.

정신과학은 정신과 관계를 맺어야 한다. 여기에서 우선 좁은 의미의 자연과학과 정신과학이 구분된다. 한편으로 물리적 사물들에 관한 학문과 다른 한편으로 인격으로서 인간, 즉 지배함으로써 자신의 신체를 갖는 것, 지각의 신체로서 이 신체를 통해 다른 모든 실재성과 관련되는 것 등으로서 인간에 관한 학문이 구분된다.[10]

하지만 이제 '자연도 정신과학이 주제이고 객관적 자연과학이 주제가 아닌 한, 곧 객관적 자연이 주제가 아닌 한, 고대의 의미에서 자연의 역사를 (비록 이렇게 주관과 관련된 것도 명백히 표명되지 않거나 탐구자 자체에게 주목되지 않은 채 주제가 아니더라도) 형성하는 환경세계에 구속되어 있는 한, 환경세계—오늘날 우리의 환경세계, 인도인의 가설적 환경세계, 석기시대의 환경세계 등—속에 있다'는 점이 주목되어야 한다. (우리의) 목표가 객관성, 즉 존재론적 의미에서 그런 다음 수학적 의미에서 자연의 존재 그 자체에 그리고 그것이 우리에게 스스로 경험적으로 제시되는 자연의 존재가 아닌 것을 향하는 경우에만, 우리는 (역사적 환경세계로서 보편적 인간 (성)의 역사 속에 함께 귀속된) 자연의 역사 대신 자연과학적 생물학[11]을 갖게 된다.

---

10) 그렇다면 정신과학은 다음과 같이 이중으로 이해되어야 한다. 1) 시간공간에 물체성과 더불어 존재하는 것으로서, 공간 속에 함께, 공간시간 속에 함께 존재하는 것으로서 정신(에 관한 학문). '이와 함께 더 넓은 의미에서 정밀한 자연과학, 즉 이원론의 정밀한 심리물리학의 학문적 목적이 유의미한 것으로서, 가능한 것으로서 미리 지시되어 있는지' 하는 중대한 물음을 지닌 보편적인 귀납적 세계에 관한 학문의 주제로서 정신(에 관한 학문). 2) 다른 한편 순수한 인격적 학문으로서 정신과학 – 후설의 주.

그러나 만약 사실이 이렇다면, '영혼적인 것·정신·인격에 대해 어느 정도까지 동일한 구별이 이루어지면 안 되는가' 또는 '객관적 정신과학도 역사적 정신과학과 구별되면 안 되는가' 하는 문제가 생긴다. 더 정확하게 말하면, 경험적 실재성의 우주인 세계에 대한 태도에는 다음과 같은 두 가지가 있다. 즉

1) 존재론적-수학적 구축을 통한 정밀한 자연, 그런 다음 물체적 신체와 영혼이 경험적으로 함께 존재하는 것(인격적인 것)에 대립한 정밀한 심리물리학 그리고

2) 처음부터 정신적 태도, 즉 역사적 태도이다.

우리가 우리 자신에게, 때로는 내가 나에게 '내가 또는 중국인이 언급하는 세계, 솔론[12]시대 그리스인이나 파푸아인이 언급하는 세계는 항상 주관적으로 타당한 세계이며, 이러한 그리스-유럽인으로서 학자의 세계'라 말하는 경우 모든 것이 완전히 명백해진다.

실천적 삶에서 나는—그 전통이 어디에서 유래하든, 때에 따라 전달된 학문적 획득물에 의한 전통이든, 심지어 내가 신문이나 학교에서 얻은 위조된 것이든 나의 동기부여나 우연적으로 나에게 영향을 끼치는 동료들의 동기부여 속에 내가 언제나 계속 변화시켜가는 것이든—전통적 세계로서 세계를 가진다. 그래서 나는 이제 나 자신을 조망해볼 수 있고, 내가 곧바로 전통에서 타당하게 갖거나 학문 이전의 고대그리스로 나 자신을 옮겨놓는 그 세계에 대한 이론적 관심을 취할 수 있다.

최초의 보편적인 이론적 관심, 즉 출발의 관심은 '객관적 세계를 인식하려는 것은 세계 그 자체를 인식하려는 것이다'와 같은 종류였

---

11) 여기에는 이념화의 가설이 개입되어 있다 – 후설의 주.
12) Solon(기원전 638?~559?)은 아테네의 정치가로서, 귀족과 평민을 조정한 제도개혁을 통해 민주정치의 기초를 세운 그리스 7현인 가운데 한 사람이다.

다. 그것은 전통에 근거한 세계이지만, 이러한 점은 은폐되고 어쨌든 완전히 문제에서 제외될 수밖에 없었다. 그 결과 이제 객관적 학문은 자연과학적 사유방식의 의미에서 이해되면 안 될 것이다. 객관적 학문은 세계를 곧바로 주제로 삼으며, 정신과학은 그 자신에게 기능하는 주관성의 세계로서의 세계, 즉 그것이 주관과 관련된 한에서의 세계(오직 주체들만 주제로 다루고 이 주체들 속에 시간공간성을 지니고 **표상된** 세계)를 주제로 삼는다. 한편으로 자연뿐만 아니라 인간·인간성·민족 등을 단적으로 객관적으로 주제로 삼는 것과 다른 한편으로 인간·인간성·자연을 주관에 상관적으로 주제로 삼는 것이 가능하다. 이 상관관계는 반복된다.

모든 존재자는 주관적으로 주어지는 방식으로 존재자이고, 모든 것은 곧바로 주제가 될 수 있으며 주관에 상관적이다. 이 경우 '주관적'은 주체를 객관적 자연에 관한 물음 없이 곧바로 주제로 삼는 것을 뜻한다. 그렇다면 우리는 '추상적으로 주제로 삼는다'고 말할 것이다. 처음부터 그리고 이론적으로 태도를 취하면 세계는 존재자의 우주이며, 어떤 단계의 반성에서 정신과학적 존재자를 포함한 모든 존재자는 다시 세계에 편입되며, 이처럼 무한히 계속된다.

그러나 이제 나는 선험적 환원을 통해 〔이러한 과정을〕 뒤집는다. 그리고 이것은 이제 세계를 미리 갖는 것이 아니라, 세계를 언제나 유지하는 정신과학이 된다.

만약 생명체에 관한 자연의 역사적 진리를 추구하면, 이미 '생명체가 일치하는 경험을 통해 (그 생명체의 물체적이고 영혼적인 두 가지가 통일적 경험 속에 주어진 존재에 따라) 관찰되고 이러한 경험을 통해 충실하게 적합한 경험의 (기술하는) 개념으로 서술된다'는 사실이 전제된다. 그러므로 나는 다른 사람을, 상황에 따라서는 나 자신을 기만할 수도 있다. 그러나 경험이 확증되고 내가 그것이 일치함을 추구하는 한, 나는 경험적 진리를 획득하고 인격을 알게 된다. 자연의 객체들인 물체적 신체들에 관해 '그것들에 관련된 경험이 끝이 없다'는 것은 영혼의 경우에도 (우리가 이러한 유비를 갖는한) 마찬가지이다.

하지만 이것은 자연의 사물들의 의미와 같은 객관적으로 (정밀한 존재론적) '그 자체'와 유사한 의미를 영혼에게 미리 규정하는 (순수하게 수립될 수 있는) 본질의 구조에 관한 것이 아닌가? 이제 정신의 일정한 본질형식이 이끌어내 인식될 수 있다는 점은, 비록 영혼적 주관성의 본질과 사물의 본질에 크나큰 차이가 있다는 점이 마찬가지로 명백하더라도, 처음부터 명백하다. 처음부터 우리는 모든 잘못된 유비화(類比化)하는 것과 함께 신체에 의해 〔이러한 차이를〕 억압하는 것을 자제해야 한다. 다른 한편 우리가 사실적 정신을 그 역사성 속에 탐구하는 일을 정신의 본질에 대한 인식(그리고 정신들이 사는 공동체) 위에 근거를 세우려 추구하고, 이것에서 **정밀한 개념**을 만들어내고 모든 정신적 사실성에 대한 이념적 극(極)인 정밀하고 절대적으로 타당한 진리를 만들어내는 것은 자명하게 올바르고 필연적으로 이끄는 사상이 아닌가?[13]

자연스러운(natural) 태도는 자연주의적(naturalistisch)이지 않은 태도이다. 우리가 이제 자연적(natürlich) 세계의 토대 위에 서로 다른 경험의 태도를 언급하면, 다음과 같이 구분해야 한다. 즉

1) 자연에 대한 태도. 더구나 경험된 자연으로서 단순한 사물이나 추상적으로 동물의 몸체 또는 단순한 사물인 문화의 객체에 대한 태도.

---

13) 하지만 여기에서 역사적 앎의 본질에 대한 인식은 사정이 어떠한가? ─ 후설의 주.

2) 인격이나 인격으로서의 인간에 관한 태도인 인격주의적 태도.

여기에는 어떤 것이 있는가? 지속하는 통일체인 인격인 것, 그 '삶'을 형성하는 것, 그의 인격으로 행동하고 겪는 것, 그 자신의 환경세계에 관해 서로 다른 삶의 상황 속에 태도를 취하는 방식, 그의 환경세계에서 인격적으로 영향을 받고 환경세계에 인격적으로 반응하는 방식, 마지막으로 그에게 존재하고 타당하며 그를 규정하는 그의 환경세계 자체이다.

그러나 여기에는 '그의 환경세계가 어떻게 변화되는가', '객체들에 관한 어떠한 유형이 그의 환경세계에 속하고 따라서 일반성에서 속하는가', '인격적 환경세계는 어떤 본질구조가 있는가' 특히 '인격적 세계 속의 삶 자체에서 형태를 취하고 언제나 새롭게 취하는 하나의 환경세계로서 특수하게 어떠한 일반적 구조를 갖는가', '문화의 객체들에 관한 어떠한 유형을 갖는가' 하는 물음이 제기된다.

인격적 환경세계의 구조는 세계 속의 삶으로서 환경세계에 나타나는 대상들에 그리고 그 환경세계의 특성들에 태도를 취하는 인격적 삶의 구조(인격적 습득성과 함께)에 본질적으로 관련된다.

환경세계에서 특별한 특징은 환경세계의 인격들을 갖는 것이다. 그러나 여기에서는 다음과 같은 주제의 구별이 중요한 역할을 한다. 즉 [한편으로] 인격들(다른 인격들뿐만 아니라 때에 따라서는 나 자신도)은 객체로서, 가장 넓은 의미에서 실천적, 즉 구체적 자아—일깨워져 세계에 들어가 사는 자아—인 실천적 자아에 실로 미리 주어진 환경세계의 대상들로서 (적확한 의미에서는 '환경세계에') 주제가 된다. 그리고 어떤 것이 일어나는 대상들, 즉 우리가 환경세계 속에 존재하는 것으로 발견하며 아무런 관련도 없고 공통적인 것도 갖지 않는 것을 파악하게 되는 대상들로서 주제가 된다. 이것들은 단순한 사물들과 마찬가지로 여기저기에 존재한다. 아마 여기에서 특히 문제가 되는 것은 내적으로 다른 사람에 친숙하게 되거나 그와 더불어 살아가지 않고서 외적으로 그를 보고 이해하는 것이다.

다른 한편 우리가 경험하고 사유하며 행동하는 가운데 함께 공동체화되고, 비록 각자도 다시 자신의 고유한 환경세계에서 실천하더라도, 하나의 공통적 환경세계에서 실천하는 동료 주체인 다른 주체들도 주제가 된다. 우리는 환경세계 속에 서로(나의 환경세계 속의 타인)에 대해 상호 간에 현존하는 경우 이미 일정한 **공동체**를 가진다. 이것은 언제나 '신체적-물체적으로 현존한다'는 점을 포함한다. 우리는 우리에게 존재하는 세계인 동일한 세계에서 동일한 대상이나 부분적으로 동일한 대상을 보는 것으로 상호 경험한다. 이것은 대부분 이러한 공통의 봄(Sehen)과 관련해 타인들이 공허하게 이해하는 것과 이들이 경험하는 상황에 있는 비본래의 경험이다.

그러나 인격적 삶의 공동체로서 또한 때에 따라서는 지속하는 인격적 결속으로서 인격들의 공동체는 특별한 것이다. 첫 번째 단계는 타인의 경험·삶의 상황·행동 등을 직관적으로 이해하는 가운데 타인과 더불어 명백히 '생생하게-통일적으로-존재하는 것'이다. 이것에서 이미 자아에 결속된 표현과 언어를 통해 전달하는 일이 생긴다. 물론 모든 종류의 의사소통은 실로 우리가 서로에 대해 인격이 되자마자 곧바로 수립된—이것은 완전히 공허할 수도 비현실적일 수도 있다—환경세계의 공통성을 전제한다. 하지만 그들을 공동체 삶 속에 있는 동료로 갖는 것, 그들과 더불어 논의하고 염려하며 노력하는 것, 그들과 더불어 우정이나 적개심, 사랑이나 증오로 결속되는 것은 다른 것이다. 이러한 것들을 통해 비로소 우리는 **사회적-역사적** 세계의 영역에 들어서게 된다.

선험적이지 않은 자연적 태도 속에 살면 서로 다른 주제의 방향, 따라서 우리의 공동체 환경세계로 우리에게 주어지고 이 환경세계를 관통해 객관적 세계에서 주어지는 미리 주어진 세계의 구조에 따라 이론적 관심의 방향이 우리에게 열린다. '환경세계를 관통해'라는 말은 환경세계가 변화할 수 있다는 점, 우리가 살면서 환경세계에서 [다른] 환경세계로 계속 나아가고 이러한 변화 가운데도 어쨌든 동일한 세계가 지속적으로 경험되지만, 환경세계는 이러한 세계가 나타나는 방식들이 된다는 점을 뜻한다.

본질을 향한 태도로 사실적 공동의 세계에서 출발하는 우리는 인간의 환경세계와 환경세계가 변화하는 가운데 생소한 인간성에 파고들어 감으로써 언제나 다시 구성되는 새로운 환경세계의 본질형식을 탐구할 수 있고, 이러한 과정이 무한히 열려 계속되는 것을 받아들일 수 있으면서 경험할 수 있는 세계로, 즉 통과할 수 있는 환경세계에서 수정이 계속됨으로써 수립되는 세계로 존재하는 세계의 구조를 탐구할 수 있다. 이것은 순수한 그 자체로서 경험세계의 존재론의 이념일 것이다.

이론적 태도는 단순한 자연을 향해 나갈 수 있고, 그런 다음 우리는 자연주의적이지는 않은 자연적 태도를 가진다. 다른 한편 우리는 인격과 인격적 공동체에 태도를 취할 수 있고, 가능한 구체적 환경세계와 이 속에서 미리 지시된 참된 세계에 태도를 취할 수 있다.

자연을 향한 태도는 서로 다른 의미를 가질 수 있다. 일반적으로 자연적 태도에서 우리는 탐구하는 인격으로 존재한다. 그러므로 그 이전에 이미 우리는 서로 함께 그리고 서로 나란히 사는 '우리'이다. 그러나 세계에 대한 주체인 우리는 이 경우, 우리가 우리 자신을 주제로 삼지 않는 한, 우리의 삶과 더불어 익명으로 남아 있다. 따라서 자연을 향한 태도는 곧 자연 이외에 아무것도 주제로 삼지 않는다. 그래서 주제화하는 것은 어떤 방식으로는 동시에 도외시하는 것이다. 이것은 우선은 그리고 따라서 필연적으로는 적극 나서 '어떤 것을 도외시하는 것'으로 이해되면 안 되고, 일상과 같이 오직 '어떤 것에만 주목하는 것', 그러므로 다른 어떤 것에도 주목하지 않는 것이다. 물론 자연을 향한 학문적 태도에는 자연을 의도적으로 주제로 삼으려는 것, 게다가 순수한 자연을 의식적으로 배제하고 단순히 주관적인 것 모두를 배제하려는 것이 궁극적으로 그 근저에 놓여 있다.

이제 이렇게 주제가 된 자연은, 미리 주어진 것처럼 그리고 현실이거나 가능한 경험의 지각 속에 스스로 주어지고 경험들이 일치함으로써 우리의 경험하는 삶이 진행되는 가운데 실제로 존재하는 것으로 입증된 것처럼, 환경세계의 자연이 될 수 있다. 〔자연이〕 '주제가 된다'는 것은 경험을 앎, 일관된 경험을 통해 — 자신의 것이든 타인의 것이든 간접적 귀납을 경험하는 선취에 의해 보충된 — 기술함으로써 확정하는 것이다. 또한 기술하는 학문을 추구하면서 보편적으로 기술하는 자연과학, 즉 가능한 자연의 경험의 우주 — 감각적 지각·기억, 이를 통해 현실적으로 확증될 수 있는 귀납 — 를 전(全)시간적으로 포괄하면서 확정하는 것이다. 이러한 것의 기저에는, 비록 현실적으로 형성되지는 않았더라도, '가능한 경험세계'의 존재론이 놓여 있다. 그러므로 우리는 경험할 수 없는 먼 것을 가까운 것과 동질화(同質化)함으로써 귀납을 확장하는 것과 이것에서 무한함의 이념화(理念化)를 구별할 수 있다.

정밀한 자연과학의 목적은 이와 다른 것, 즉 직관적 자연, 환경세계의 상대적 자연의 상대성을 넘어서 모든 상대성 속에 동일한 '그 자체'로서의 자연 '그 자체'를 '진리 그 자체'로 규정하는 것이다. 기술하는 자연은 인격적-인간적으로 상대적이다. 즉 우리, 우리의 국가, 우리의 유럽 인간성, 우리의 역사적 시대에 지구상에 존재하는 인간인 우리에게 상대적이다. 그러나 우리 자신은 이 경우 주제가 되지 않았고, 이러한 관계도 주제가 되지 않았다. 그 관계는 어쨌든 우리가 세대들을 거치면서 항상 이 통일적 역사의 시대나 시간의 영역에 동일한 지구상의 인간성인 한, 그리고 학문적으로 확정하는 것이 세대들을 거치면서 우리에게 이렇게 이해할 수 있는 것으로 계속 타당한 한, 결코 주제화될 필요가 없다.[14]

단지 이러한 상대성에 주제의 시선을 향하는 방향이 필요할 뿐이다. 그리고 우리는 이 자연과학이 지구상의 인간성 일반에 관한 인격적 학문의 더 넓은 존립요소에 속하고, 게다가 그때그때의 탐구자인 우리에서 자신의 시간의 지평을 획득하고 자신의 상대적 시간성, 즉더 넓은 의미에서 역사적 시간성을 획득하는 인간성을 '우리 인간'으로 이해한다는 사실을 인식한다. 이러한 사실을 깊이 파고 들어가면 우선 철학을 하는 그리스인에서 발원된 유럽 인간이 도달할 수 있는 가장 먼 환경세계에 대한 이론적 태도를 취했고 획득할 수 있었다는 사실을 파악하게 된다.

환경세계는 이에 대해 기능하는 주관성에 상대적이다. 그리고 기능하는 주관성들의 유형은 그 자체로 역사적이다.[15] 즉 인간은 발생적 공동체에 필연적인 분절[구성원]이며, 따라서 이러한 점에서 보편적 역사성이 지배하는 그들의 환경세계와 마찬가지로 각각의 공

---

14) 신의 보편성에서 미리 주어져 있는 세계에 관한 학문인 기술하는 보편적 학문은 현실이거나 가능할 수 있는 경험, 즉 직접적이거나 간접적인 경험의 영역에 머문다. 따라서 그 학문은 현재(Gegenwart)로서 지평적으로 미리 주어진 세계에서 함께 공존하는 현재(Mitgegenwart)를 열어감으로써, 개방된 보편적 현재를 기술하는 학문으로, 그런 다음 과거와 미래를 지속적으로 열어가는 가운데 과거에 관한 학문(고생물학적으로)으로 자신을 형성해가면서 필연적으로 진보해간다. 물론 그 학문은 유형적 보편성, 유형들이 변화되는 유형적 방식들, 이러한 규칙들에 따라 개별적 사실들을 해명하는 일에 [관심의 방향을] 향한다 – 후설의 주.

15) 따라서 생활세계뿐만 아니라 선험적 주관성도 그 자체 속에 상호주관적 역사성과 사회성을 지닌다.

동체 환경세계 속에 필연적으로 산다. 그러나 이것이 각각의 공동체 환경세계에는 일정하게 가능한 이론적 태도가 속한다는 것을 뜻하지는 않는다. 이 이론적 태도 역시 그런 다음 우선 기술하는 학문적 태도도 본질적으로 역사적이다. 만약 이러한 태도가 형성되면, 역사가 진행되는 가운데 순수한 자연스러운 기술(記述)에서 심리물리적 기술로 발전하는 것이 미리 지시된다.

그러므로 인간과 동물을 향한 태도는 새로운 태도이다. 이것은 순수한 자연적 태도에서 일관되게 기술해 탐구할 수 있는 물체가 아니라, 그 물〔몸〕체를 자신의 신체로 갖고 언제나 자신의 인격적 환경세계를 신체적으로 방향이 정해진 '가깝고-먼-세계'로 가지며 동시에 '오른쪽-왼쪽'·'위-아래'로 나타나는 방식들에서 보이는 인간(또는 동물)을 향한 태도이다. 나타나는 이 모든 방식은 자의로 실현할 수 있는 운동감각들의 체계 속에 '나는 나의 신체를 움직인다'는 주관적 방식들에 의존해 경과하는 관계에 있다. 인간을 주제로 삼는 것에는 그에게 환경세계로서 또 환경세계—공동체의 환경세계뿐만 아니라 자신의 개인적 환경세계—에서 타당한 것이 있으며, 각 개인뿐 아니라 공동체에 대해서도 반성해 파악될 수 있는 이 환경세계가 나타나는 방식도 있다. 즉 어떻게 서로 의사소통하는 개인의 나타나는 방식들이 상응하는가, 어떻게 각 개인은 자신이 '인간으로 존재하는 것'에 경험되는 통각 속에 방향이 정해진 환경세계의 영점(零點)-객체로 환경세계의 공간 속에 위치를 부여하는가, 어떻게 인격들이 위치를 바꾸면 예를 들어 〔두 사람이〕 자신의 위치를 바꾸면 각자의 장소가 정해지고 동일한 객체들이 변화될 수밖에 없는가 또는 나타나는 방식들이 바뀔 수밖에 없는가 하는 방식도 있다.

기술하는 자연이 모든 인간의 인격적 환경세계 또는 모든 '유럽' 인간의 환경세계에 속하고 따라서 인간학에 함께 속하지만, 정밀한 학문적 자연은 명백히 이것에 속하지 않고, 정밀한 자연과학자(또는 자연과학을 이해하는 자)인 인간의 환경세계에만 속한다. 물론 학문적 자연의 역사는, 그것이 자신의 보편적 환경세계를 탐구해 받아들이고 다시 학자들을 위한 것 이외에 '가능한 환경세계가 현재와 달랐거나 다른 것이 될 수 있었는지'를 명백히 드러내 밝힐 수 있는 한, 각 인간의 환경세계에 속하는 것은 아니다. 자연과학은 하나의 문화이지만, 이 문화를 형성하고 그 안에서 개인들이 이 문화를 추후에 이해할 수 있는 가능한 길들이 현존하는 인간성의 문화에만 속한다.

더 나아가 직접적이거나 간접적인 공동체의 삶이 도달하는 그만큼 그리고 이와 상관적으로 (나타나는 방식들과 파악하는 방식들의 '상황'Wie에서) 환경세계의 공동체 특히 문화의 공동체가 도달하는 그만큼, '인간성'의 보편적 통일성도 주제가 될 수 있다. 이것은 자신의 시간적 삶의 통일성, 즉 이러한 삶 자체의 형식인 시간성의 통일성 속에 주제가 될 수 있다. 이 시간성은 가령 정밀한 자연과학적 자연의 시간성은 아니다. 자연과학적 자연의 시간성은 그 의미상 어떤 특수한 인간성이라도 모든 환경세계의 자연을 넘어서 절대적으로 동일한 자연의 동일한 시간이고, 결코 상대적 시간은 아니다. 이것은 본질적으로 어쨌든 현재의 인간에서 자신의 미래, 즉 인간성의 미래로서 의미가 있는 자신의 모든 과거와 개방된 미래에서 그때그때 공동체로 살아가면서 존재하는 특수한 인간성에 속한다.

그러나 서로 느슨한 관계에 있는 인간성들, 어떻게 인간성들이 공동체가 되고 역사적으로 하나의 인간성으로 형성되는가 또는 형성되었는가—이 가운데 중요한 부분으로 그 자신의 인간성의 역사, 이전의 인간성이나 문화 등에서 그에게 역사적으로 형성된 것—의 방식들도 주제가 될 수 있다. 이 경우 우리는 자연과학으로 기술하는 탐구를 포기하고, 정신과학의 문제 속으로 파고들어 간다. 또는 기술하는 자연을 역사적 정신과학 속에 편입시킨다.

이 모든 것은 여전히 피상적이다. 그것은 인간성과 그 문화의 규범적 이념 또는 개별적일 뿐만 아니라 서로 다르게 공동체가 인간의 삶을 '당연히 해야 할 것'으로 그리고 그에 대한 삶의 결단에서 (때에 따라서는 결단코 자신의 삶과 공동체의 삶을 보편적으로 규제하는 의지의 결단과 의지가 이미 결단을 내린 것에서) 규정하는 이념들이 아직 고려되지 않았다. 그러므로 이것은 역사에 내재하는 '의미'로 이끈다. 즉 '발전의 목적론'의 문제, 새로운 종류의 인간성에 방향을 부여하는 것으로서 '보편적 이념의 발전'의 문제로 이끈다. 따라서 그 이념은 '세계에 관한 학문'이라는 이념의 상관자인 무한하고 참된 세계의 이념, 참되고 진정한 인격적 개별자의 삶과 진정한 공동체의 이념, 결국 진정한 인간성의 이념과 이 인간성에 속한 '윤리적' 이념, 단순한 세계에 관한 것이 아니라—이념으로 존재하든 이념적 규범 등으로 존재하든—일반적으로 존재하는 모든 것에 관한 보편적 학문의 이념이다.[16)]

결국 보편적인 인격적 학문 자체는 '모든 것을 포괄하는 학문'(Allwissenschaft)으로, 보편적 철학 그리고 형상적으로는 '보편적 존재론'으로 해소되는 것처럼 보인다. 왜냐하면 모든 것이 이론적 문제를 제기하는 생생한 인간인 우리에서 유래하고, 우리 자신은 인격이며 모든 주제, 가능한 모든 문제설정, 따라서 인간의 최상의 궁극적 문제에 대한 주제를 우리 공통의 세계 속에 갖기 때문이다.

그래서 이러한 보편적인, 그 종류에서 역사적인, 인격적으로 관련된—미리 주어진 세계의 토대 위에 움직이는—세계에 대한 고

---

16) 그러나 이것은 정신과학을 일관되게 인도하는 것, 즉 자연적 태도 속에 있다―후설의 주.

찰에서 절대적 토대, 즉 선험적 주관성의 토대로 되돌아가는 것
(Rückgang)〔이 필요하다〕.

여기에 실마리가 있다. 보편적 인격을 고찰하고 이 속에 환경세
계 등을 보편적으로 고찰하는 것을 편입시키는 우리는 그 자체로 인
간, 즉 유럽 인간이며, 그 자체로 역사적으로 형성되었다. 역사가(歷
史家)로서 우리 자신은 모든 의미에서 세계의 역사와 세계에 관한 학
문을 산출했고, 우리가 그 속에 위치하는 유럽 역사의 동기부여 속에
역사적 문화의 형성물을 산출했다. 우리에게 존재하는 세계는 그 자
체로 우리 자신이 우리의 존재에서 역사적 형성물인 우리에 의한 역
사적 형성물이다. 그렇다면 이러한 상대성에도, 이것 자체에 의해 전
제된 상대적이지 않은 것(Irrelatives)은 무엇인가? 바로 선험적 주관
성으로서의 주관성이다.

또 다른 실마리는 형상적으로 보편적인 인격에 관한 학문, 즉 '심
리학'이다. 보편적 심리학. 이것은 곧 선험철학으로 되돌아오는 것
(Rückschlag)〔이다〕.

기하학의 기원[1]

이 저술이 촉진하는 관심은 우선 확실히 갈릴레이의 생각에서는 결코 떠오르지 않았던 반성과 필연적으로 관계된다. 따라서 우리는 〔관심의〕 시선을 단지 이미 완성되어 전승된 기하학과 그의 사유 속에 이 기하학이 지녔던 존재방식에 맞추면 안 된다. 왜냐하면 그가 사유한 것은 고대기하학의 지혜를 이어받은 이후의 모든 유산─순수기하학으로 착수되었든 기하학에서 실천적으로 적용되었든─속

---

1) 이 논문은 본래 타이프친 필사본으로 아무 제목도 없었는데, 후설이 죽은 다음해(1939년) 핑크(E. Fink)가 벨기에의 브뤼셀에서 발간한『국제철학』(*Revue Internationale de Philosophie*) 제1권 제2호에「지향적-역사적 문제인 기하학의 기원」(Die Frage nach dem Ursprung der Geometrie als intentional-histoische Problem)으로 발표했다.『후설전집』제6권에는 이 책 제9절 a)항의 관련 자료로 편집되었다.

　여기서 후설은 학문이나 철학에 무관심한 기술자(技術者)로 전락한 객관주의뿐만 아니라 사실만 숭배하는 경험론과 인과론의 전제에 의해 맹목적이 된 역사주의를 비판하고, 역사성의 의미를 전혀 새로운 유형으로 해명한다. 이것은 생활세계의 감각적이고도 유한한 학문 이전의 소재에서 출발해 이념화와 극(極)으로 접근해 정밀성을 구성한 학문의 이념적 대상성들이 지닌 지위를 논함으로써, 이념적 대상성들의 기원과 전통인 역사성을 역사적으로 되돌아가 묻는 선험적 시도이다.

에 있는 사유와 전혀 다르지 않기 때문이다. 오히려 전승된 기하학과 곧 이러한 의미로 더욱 계속 타당한 것으로 인정된 기하학—계속 타당하며, 동시에 그것의 모든 형태에서도 '바로 그' 기하학으로 계속 발전된—의 근원적 의미를 되돌아가 묻는 것(zurückfragen)도 무엇보다 필요하다. 그래서 우리의 고찰은 필연적으로 가장 심오한 의미의 문제, 학문과 학문의 역사 일반의 문제, 더구나 결국에는 보편적 역사 일반의 문제에 접근할 것이다. 그 결과 갈릴레이의 기하학과 관련된 우리의 문제와 그 해설은 하나의 범례적(exemplarisch)[2] 의미를 띠게 된다.

다음과 같은 점을 미리 주목해야 할 것이다. 그것은 우리가 근대 철학을 역사적으로 성찰하는 가운데 갈릴레이의 경우에서 기하학의 의미근원과 이 기하학 속에 근거한 그의 새로운 물리학이 지닌 심오한 문제를 드러냄으로써, 우리가 시도하는 작업 전체, 즉 역사적으로 고찰하는 형식으로 우선 자신의 현대철학이 부닥친 상황에 대한 자기성찰을 철저히 수행하려 하고 게다가 이러한 자기성찰을 통해 우리의 삶이 추구하려 전념해야 할 유일한 철학의 의미와 방법 그리고 그 실마리를 결국 우리가 소유하게 될 것이라는 희망을 품고 시도하는 작업 전체를 해명하는 서광이 여기에서 처음으로 비친다는 점이다. 왜냐하면 여기에서 우선 하나의 예를 통해 명백하게 되겠지만, 우리의 연구는 친숙하지 않은 의미에서, 즉 일상적 역사에는 전혀 생소한 심오한 문제—물론 그 방식에서 보면, 이것도 의심할 여지 없이 역사적 문제이다—를 열어주는 주제의 방향이라는 이유로 역사

---

2) 후설에서 수학적 대상은 이념적 대상성들 가운데 가장 우선적으로 다루어지며, 그의 생애 전체에 걸쳐 지속된 관심사이다. 따라서 이 논문 역시 그의 다른 저술들이나 논문들과 마찬가지로, 선험적 현상학을 전반적으로 소개하는 범례적 성격을 띤다.

적이기 때문이다. 이렇게 심오한 문제를 일관되게 추구해나가는 곳에서는 당연히 그 실마리조차도 간과할 수 없다.

기하학의 기원에 관한 물음(간결함 때문에 우리는 순수한 시간공간성 속에 수학적으로 존재하는 형태들을 다루는 모든 분과를 이러한 제목으로 포괄한다)은 여기에서 철학적–역사적 물음으로 간주하면 안 되며, 따라서 실제로 기하학의 명제·증명·이론을 진술한 최초의 기하학자나 그가 발견했던 특정한 명제 등을 탐색하는 것도 아니다. 오히려 우리의 관심은 일찍이 기하학이 형성되고, 그 이후 수천 년간 전통으로 현존했고, 여전히 우리에게 현존하며, 생생하게 계속 연구 중인[3] 그 가장 근원적인 의미로 되돌아가 묻는 것일 것이다.

우리는 기하학이 역사상 처음 등장한 의미—비록 그 최초의 창조자에 대해 아무것도 알지 못하고 또한 그것에 관해 전혀 묻지 않더라도—를 묻는다. 우리가 아는 것에서, 즉 우리의 기하학 또는 (유클리드기하학과 같이) 전승된 고대의 형태에서 '어떻게 그것이 근원적으로 건설하는 기능으로 필연적으로 존재했는가' 하는 기하학의 토대에 깔린 근원적 실마리를 되돌아가 물을 수 있다. 이렇게 되돌아가 묻는 것은 불가피하게 일반성의 영역에 머물지만, 곧 밝혀지듯이 이것은 특수한 물음과 이에 대한 답변으로서 명증하게 확증할 수 있는 미리 예시된 가능성을 통해 풍부하게 해석될 수 있는 일반성이다. 되돌아가 물음이 시작되는 이른바 완성된 기하학은 하나의 전통이다. 따라서 우리 인간의 현존재는 무수한 전통 속에 진행된다.

문화의 세계 전체는 모든 형태에 따라 전통에 근거해 현존한다. 이 형태들은 단지 인과적으로는 그렇게 형성되지 않는다. 또한 우리는

___

3) 그래서 갈릴레이와 르네상스 이래 그 시대 전체에서 이것도 지속적으로 생생하게 계속 연구되었고, 어쨌든 그와 동시에 전통이 되었다 – 후설의 주.

전통이 인간의 활동을 통한 우리 인간성(Menschheit)의 공간 안에
서, 따라서 정신적으로 형성된—비록 그 특정한 출처나 이것을 성취
한 사실적 정신성에 관해 일반적으로 아무것도 알지 못하거나 거의
알지 못한 것과 다름없더라도—바로 그 전통이라는 점도 이미 안다.

그런데도 이 알지 못함(Nichtwissen) 속에는 어디에서나 또 본질
적으로 함축적인, 따라서 명백히 해명될 수도 있는 앎, 즉 논란의 여
지 없는 명증한 앎(Wissen)이 놓여 있다.[4] 그 앎은 모든 전통적인 것
이 인간의 작업수행(Leistung)에서 형성되든가, 그에 따라 과거의 인
간이나 현존하는 인간성은 그들 가운데 자연 그대로의 것이든 이미
정신적으로 형성된 것이든 존재하는 물질에서 새로운 것을 만든 그
것을 처음으로 고안한 자를 갖든가 등 표면적으로 자명한 사실들에
서 출발한다. 그러나 우리는 표층부에서 심층부로 이끌린다. 전통은
이러한 일반적인 것으로 끊임없이 심문하게 하며, 이 물음의 방향을
일관되게 준수하면, 그 의미에 적합하게 일정한 답변으로 이끄는 무
한한 물음이 열린다. 실로 우리가 파악했듯이 그것이 지닌 일반성,
즉 절대적 보편타당성은, 비록 포섭관계를 통해 파악할 수 있는 것만
개별적인 것에서 규정하지만, 자연히 개별적으로 규정된 특수한 경
우에 적용하는 것도 허용한다.

그러므로 되돌아가 묻는 것의 의미를 예시하기 위해 이미 위에서
표명한 기하학에 관한 가장 뚜렷한 자명한 사실에서 출발하자. 우리
는 전통을 통해 우리가 사용할 수 있게 된 현재의 기하학(우리뿐 아
니라 우리의 선생님들도 이 기하학을 배워왔다)을 새로운 정신의 작
용 속에 계속 연구해감으로써, 새로운 획득물로 확장되는 정신적 작
업수행의 전체 획득물로 이해한다. 우리는 그 기하학이 이렇게 형성

---

4) 이러한 경험의 지향적 지평구조는 이 책 제9절 h)항의 주 18)을 참조할 것.

된 것으로서 기하학의 전승된 더 앞선 형태를 안다. 그러나 각각의 형태에서 더 앞선 형태를 참조하는 것은 반복된다. 따라서 명백히 기하학도 반드시 **최초의** 획득물, 즉 최초의 창조적 활동에서 발생했다.

그래서 우리는 그것의 지속적 존재방식을 이해한다. 그 존재방식은 어떤 획득물에서 다른 획득물로 단지 활발하게 진행하는 것이 아니라, 모든 획득물이 계속 타당성을 지니고, 각각의 현재에서 총체적 획득물이 이른바 새로운 단계의 획득물에 대한 총체적 전제가 되는 방식으로 총체성을 형성하는 지속적 종합이다. 기하학도 필연적으로 이렇게 활발하게 진행하고, 곧바로 이러한 양식의 기하학의 미래 지평을 지닌다. 왜냐하면 그것은 이 지평 속에 구축된 인식의 과정으로 이해된 진보하는 의식(끊임없는 함축적 앎)을 지닌 모든 기하학자에게 타당하기 때문이다.

이러한 사실은 모든 학문에도 타당하다. 이와 마찬가지로 모든 학문은 서로 함께(miteinander) 그리고 서로를 위해(füreinander) 연구하는 자들—잘 알려진 탐구자이든 그렇지 않은 탐구자이든 생생한 학문 전체에 대해 작업을 수행하는 주관성들—의 연쇄인 개방된 세대들에 관련된다. 따라서 학문 특히 이러한 존재의미를 지닌 기하학은 반드시 역사적 출발점을 가지며, 이 의미 자체는 맨 처음에는 계획으로서, 그런 다음에는 성공적으로 실행하는 작업수행 속에 기원을 가진다.

그 밖의 다른 모든 고안(考案)처럼 명백히 여기에서도 사정은 그러하다. 최초의 계획에서 실행에 이르는 모든 정신적 작업수행은 실제 성공한 명증성 속에 현존한다. 그렇지만 수학이 전제로서의 획득물에서 새로운 획득물—이것의 존재의미 속에 전제의 존재의미가 함께 포함된다(그리고 그렇게 계속 진행된다)—로 생생하게 계속 움직이는 존재방식을 지닌 사실에 주목하면, 이 경우 (발전된 학문으로 또 모든 학문의 경우처럼) 기하학의 총체적 의미는 이미 처음에 계획으로 존재할 수 없었고, 더구나 활발하게 충족되어 존재할 수도 없었다는 사실은 분명하다. 그 이전 단계로서 더 원초적인 의미를 형성하는 것이 필연적으로 선행되었고, 그 결과 의심할 여지 없이 그것은 성공적으로 실현된 명증성 속에 처음으로 등장했다.

하지만 이러한 표현방식은 실로 과장된 것이다. 명증성이란 존재자를 그것이 원본적으로 그 자체로 거기에 현존한다(Selbst-da)는 의식 속에 파악하는 작용을 뜻할 뿐이다. 어떤 계획을 성공적으로 실현하는 것은 이것을 실행하는 주관에 대한 명증성이며, 이 명증성 속에 성취된 것은 본래 그 자체로서 거기에 있는 것이다.

이제 다음과 같은 문제가 제기된다. 어쨌든 이러한 계획을 세우고 실현하는 것은 고안하는 자의 주관 속에 순수하게 일어나며, 이 경우 그 내용 전체를 지닌 원본적으로 현존하는 의미도 전적으로 이른바 그의 정신적 영역 속에 있다. 그런데 기하학의 존재는 심리적 존재가 아니다. 왜냐하면 그것은 개인의 의식 영역 속에 있는 개인적 존재가 아니기 때문이다. 그것은 모든 사람(실제의 기하학자이든 가능한 기하학자이든 기하학을 이해하는 사람이든)에 객관적으로 현존하는 것의 존재이다.

실로 기하학의 존재는 근원적으로 건설되었을 때부터, 우리가 확신하듯이, 독특한 종류의 초(超)시간적 존재를 지녔으며, 모든 사람—우선 모든 민족이나 시대에 실제의 수학자이든 가능한 수학자이든—이 쉽게 접근할 수 있는 존재를 지녔다. 게다가 이것은 그것의 모든 특수한 형태에서도 마찬가지이다. 그리고 미리 주어진 형태에 기초해 어떤 사람이 새롭게 산출한 형태도 곧바로 동일한 객관성을 띠게 된다. 우리가 주목하듯이, 그것은 이념적 객관성이다. 그것은 문화의 세계에서 모든 부류의 정신적 산출물—이것에는 모든 학문적 형성물과 학문 자체뿐만 아니라, 예를 들면 문학[5]의 형성물도 속한다—에도 적합하다.

이러한 부류의 작품들은, 도구(망치·집게) 또는 건축술이나 그 밖의 이러한 산출물과 같이, 서로 유사한 수많은 범례 속에 반복할 수 있는 성격을 지니지 않는다. 피타고라스의 공리나 기하학 전체는, 아무리 자주 언급되거나 심지어 어떤 언어로 항상 표현되더라도, 오직 한 번만 존재한다. 그것은 유클리드가 작성한 원어에서나 이것을 어떻게 번역한 것에서나 동일한 하나이며, 본래의 발음과 원고에서 수없이 구두로 발표되거나 문자와 그 밖의 다른 것으로 문서화되어 감각적으로 자주 표명되더라도, 각각의 언어에서도 마찬가지로 동일한 것이다. 감각적으로 표명된 것들은, 모든 물체적 사건이나 물체 속에 구체화된 것 자체와 같이, 세계 속에 시간공간에 따라 개체화된다.

그러나 바로 이 이념적 대상성(ideale Gegenständlichkeit)이라 부르는 정신적 형태 자체는 그렇지 않다. 어쨌든 일정한 방식으로 이념적 대상성은 세계 속에 객관적으로 존재하지만, 이중의 층(層)으로 이루어진 반복(Wiederholung)[6] 그리고 결국 감각적으로 구체화하는 반복에 의해서만 그러하다. 왜냐하면 언어 자체는 단어·문장·담론

---

5) 그러나 문학의 가장 넓은 개념은 다음과 같은 것을 포괄한다. 즉 언어로 표현되었고, 언제나 다시 표현될 수 있는 것은 그들의 객관적 존재에 속한다. 더 명확하게 말하면, 그것은 오직 의미, 즉 말의 의미로서 객관성을 지니며, '모든 사람에 대한 현존재'(Für-jedermann-Dasein)의 성격을 띤다. 더욱이 그것은 객관적 학문들에 대해서도 그 학문들에서 저술이 작성한 원어와 이것을 다른 언어로 번역한 것의 차이가 그[본래의 뜻]에 동일하게 접근할 수 있는 것을 제지하지 못하거나, 단지 본래의 것이 아닌 간접적으로 접근할 수 있게 만든다는 특수한 방식으로 그러하다. -후설의 주.

6) 이렇게 반복해 생생하게 복원할 수 있으므로, 이념적 대상성들, 즉 학문은 객관성을 지닌 역사적 전통으로 계속 이어질 수 있다.

에 따른 그 특수화에서—문법적 관점에서 보면 쉽게 파악할 수 있듯이—철저하게 이념적 대상성에 기초해 구축되었기 때문이다.

예를 들어 독일어에서 '사자'(Löwe)라는 단어는 오직 한 경우에만 언급되며, 임의의 개인이 그것을 무수히 표명하더라도 동일한 것이다. 그러나 순수하게 언어적 구성물로 고찰된 기하학의 단어·공리·이론은 기하학에서 표명되었거나, 진리로 타당하게 간주된 이념성—이념적인 기하학의 대상·사태 등—은 아니다. 어떤 것이 주장되는 어디에서나 그것이 논의되는 것(그것의 의미)에 대한 주제와 그것이 진술되는 가운데 그것 자체가 결코 주제는 아니며 주제가 될 수도 없는 주장은 구별된다. 그리고 여기에서 주제는 곧바로 이념적 대상성이며, '언어'라는 개념으로 분류되는 것과는 전혀 다른 것이다.

이제 우리의 문제는 곧바로 기하학에서 주제가 되는 이념적 대상성에 관계한다. 그 문제는 '어떻게 (모든 학문의 이념성과 똑같이) 기하학의 이념성이 개인의 마음에 생기는 그것 본래의 근원—이것에서 기하학의 이념성은 그것을 처음 고안한 자의 정신인 의식의 영역 속에서 이룩된 형성물이다—에서 이념적 대상[객관]성(Objektivität)으로 나가는가' 하는 것이다. 미리 우리는 기하학의 이념성이 이른바 그 언어적 신체(Sprachleib)를 받아들이게 되는 언어를 통해 이 문제가 발생한다는 점을 파악한다. 그러나 언어적으로 신체화하는 것이 어떻게 단지 주관의 마음에 생기는 형성물에 기초해 객관적 형성물을 이루는가? 이 형성물은 가령 기하학의 개념이나 사태로서 사실상 모든 사람이 이해할 수 있는 것으로 현존하고, 기하학의 논의나 명제로 언어로 표현된 것에서도 이미 이념적인 기하학의 의미에 따라 모든 미래에 대해 타당하다.

물론 우리는 이념적 존재에서 그리고 표명하거나 문서로 작성함으로써 정초된 실재적 세계 속의 존재에서 언어의 기원에 관한 여기에서도 발생하는 일반적 문제를 다루지는 않겠다. 하지만 인간성(Menschheit)에서 인간의 기능인 언어와 인간 현존재의 지평인 세계와의 관계에 대한 몇 가지를 여기에서 언급해야 한다.

세계 속에 일깨워진 삶을 영위하는 우리는, 그것을 유념하든 그렇지 않든 끊임없이 세계를 의식하며 우리 삶의 지평으로서, **사물들**(실재적 대상들)의 지평으로서, 그리고 현실이든 가능하든 우리의 관심과 활동의 지평으로서 그 세계를 의식한다. 우리 동료 인간들의 지평은, 어떤 사람이 현존하든 그렇지 않든, 세계의 지평 속에 항상 현저하게 드러난다.

우리는 심지어 그 점에 조금이라도 유념하기 전에 적어도 우리에게 알려진 우리 이웃 사람들의 제한된 중요한 핵심과 더불어 우리 동료 인간성의 개방된 지평을 의식한다. 이렇게 해서 인간은 우리의 외적 지평을 그때그때 '다른 사람'으로서 함께 의식한다. 즉 그때그때 '나의' 다른 사람들로서, 내가 이들과 더불어 현실이거나 잠재적인 그리고 직접적이거나 간접적인 감정이입(感情移入)[7]의 관계 ─ 다른 사람들과 더불어 서로 이해되어 연결되는 것 ─ 를 맺을 수 있는 것으로서 '나'를 의식한다. 그리고 이러한 관계에 기초해 나는 그들과 교제하며, 그들과 함께 일정한 특별한 방식의 공동체에 참여하고, 그런 다음 습관적으로 이 공동체의 구성원으로 존재하는 것을 알게 된다. 나와 마찬가지로 각각의 인간은 ─ 이것은 각각의 인간이 나나 그 밖의 다른 모든 사람에 의해 이해되는 것과 같다 ─ 그의 동료 인간들을 가지며, 항상 자기 자신을 그가 그 속에 사는 것으로 자신을 파악하는 인간성 일반으로 간주한다.

일반적 언어는 곧바로 이러한 인간성의 지평에 속한다. 인간성은

---

7) 이에 관해서는 이 책 제54절 b)항의 주 65)를 참조할 것.

처음부터 직접적이든 간접적이든 언어공동체(Sprachgemeinschaft)[8] 로 의식된다. 명백히 언어와 이 언어가 의사소통될 수 있게 광범위하게 문서화된 것을 통해서만, 인간성의 지평은 인간에게 항상 존재하는 끝없이 개방된 지평일 수 있다. 인간성의 지평으로 또한 언어공동체로 성숙한 정상의 인간성(비정상인이나 어린이의 세계는 제외하고)이 우선적으로 취급된다.

이러한 의미로 각각의 인간에서 인간성—각각의 인간에게 이 인간성은 그의 '우리-지평'(Wir-Horizont)이다—은 정상으로 서로 완전히 이해할 수 있게 '표명할 수 있는' 공동체이며, 이 공동체 속에서 모든 사람은 그 인간성의 환경세계에 현존하는 모든 것을 객관적으로 존재하는 것으로 논할 수도 있다. 모든 것은 이름이 있다. 또는 가장 넓은 의미에서 명명할 수 있고, 즉 언어로 표현할 수 있다.

객관적 세계는 원래부터 모든 것에 대한 세계이며, 각자가 세계의 지평으로 갖는 세계이다. 세계의 객관적 존재는 공통의 언어를 지닌 인간으로 이해된 인간을 전제한다. 언어는 그것이 기능하고 그것을 구사하는 능력이라는 측면에서 보면, 세계, 즉 그 존재(Sein)와 그렇게 존재함(Sosein)으로 언어로 표현할 수 있는 대상들의 우주에 상관적으로 관련된다. 그러므로 인간 자체·동료 인간성, 〔한편으로〕 세계—인간이 또 우리가 언제나 논의하고 논의할 수 있는 세계—그리고 다른 한편으로 언어는 서로 불가분하게 얽혀 있고, 일상적으로는 단지 함축적일지라도, 우리는 지평의 방식으로 이것들의 불가분한 관계의 통일성을 항상 확신한다.

이러한 사실이 전제되었기 때문에 근원적으로 건설하는 기하학자도 그의 내적 형성물을 자명하게 표명할 수 있다. 그러나 '이념성 속

---

8) 이에 관해서는 이 책 제59절의 주 14)를 참조할 것.

에 있는 기하학자의 내적 형성물이 그러한 사실에 의해 어떻게 객관적이 되는가' 하는 물음이 다시 반복된다. 물론 다른 사람에 의해 추후에 이해될 수 있고 의사소통될 수 있는 심리적인 것은 이 인간이 속한 심리적인 것으로서, 구체적 인간으로서 그 자신이 다른 모든 사람에 의해 사물들 일반의 세계 속에 존재하는 실재적 사물로 경험되고 명명될 수 있듯이, 그 자체로 객관적이다. 사람들은 이러한 사실에 대해 서로 의견을 교환할 수도 있고, 공동의 경험에 기초해 공통으로 경험할 수 있는 주장 등을 펼 수도 있다. 하지만 마음 안에서 구성된 형성물이 어떻게 하나의 이념적 대상성—어쨌든 심리적으로 발생했더라도 곧 기하학적인 것이지 결코 심리적으로 실재적인 것은 아닌—인 본래의 상호주관적 존재(intersubjektives Sein)에 이를 수 있는가?

이 문제를 고찰해보자. 그것을 처음으로 산출한 현실[직접]성, 따라서 근원적 **명증성**에서 그 자체의 원본적 현존재는 객관적 존재를 본래 가질 수 있었던 지속적 획득물을 결코 만들어내지 못한다. 그래서 생생한 명증성은 사라지는데, 이것은 물론 그 능동성(Aktivität)이 '방금 전에 존재했음'이라는 흘러가 버려 희미해지는 의식의 수동성(Passivität)으로 즉시 변화되는 방식으로 그러하다. 결국 이 '**과거지향**'(Retention)은 사라지지만, 그러나 이 **사라져버려** 소멸한 것과 소멸해 존재하는 것은 이것을 문제 삼는 주관에 아무것도 형성하지 않는 것은 아니다. 왜냐하면 그것은 다시 일깨워질 수 있기 때문이다.[9]

과거에 경험한 것이 그와 유사하게 새롭고 능동적으로 유지되는 회상(回想)을 할 수 있는 활동은 처음에는 모호하게 일깨워진 것, 상

---

9) 원본적으로 산출된 의미형성물의 생생한 명증성은 시간이 흐름에 따라 희미하게 사라지지만 완전히 소멸되지 않고, 연상(Assoziation)을 통해 일깨워지고 임의로 반복해 복원(Reaktivierung)할 수 있는 습득적 소유물이 된다.

황에 따라서는 더 명확하게 떠오르는 것의 수동성에 속한다. 만약 그 지향이 순수하게 충족된 근원적으로 명증하게 산출된 것인 새롭게 된 것(회상된 것)이면, 함께 일어나는 실제의 산출하는 활동은 과거의 것을 능동적으로 회상하는 것과 더불어 필연적으로 일어나며, 이것에 의해 바로 원본적으로 실현된 것은 이전에 자명하게 존재했던 것과 같다는 동일함의 명증성이 근원적 합치(Deckung)를 통해 발생한다. 또한 반복의 연쇄에서 형성물의 동일성(동일성의 합치)이라는 명증성 아래 임의로 반복할 수 있는 능력도 함께 수립된다. 그렇지만 이러한 사실에도 우리는 주관과 이 주관의 명증한 능력을 넘어서지 못했으며, 따라서 여전히 어떠한 객관성도 부여하지 못했다. 그러나 감정이입(Einfühlung)의 기능과 '감정이입의 공동체'[10]이며 언어공동체인 동료 인간성을 고려해보면 곧바로, 그 객관성은 명백하게 — 이전의 단계에서 — 발생한다.

서로 언어로 이해하는 관계에서는 어느 주관이 원본적으로 산출하는 것과 그 산출물은 다른 사람에 의해 **능동적으로** 추후에 이해될 수 있다. 회상의 경우와 같이 다른 사람에 의해 산출된 것을 이처럼 추후에 완전히 이해할 수 있으므로, 생생하게 나타났던 활동을 그 자신이 현재 함께 수행하는 것은 필연적으로 일어난다. 그러나 이와 동시에 의사를 전달받는 사람과 의사를 전달하는 사람이 이루어낸 산출—그런 다음 이것은 서로 일어난다—에는 정신적 형성물의 동일성이라는 자명한 의식이 있다. 이렇게 산출된 것은 개인에서 그의 동료 개인에게 유사하게 전파될 수 있으며, 이러한 반복을 연쇄적으로

---

10) 후설이 '선험적 상호주관성'이나 '생활세계'를 "감정이입의 공동체"(『상호주관성』 제3권, 461쪽 이하)로 파악하는 데는 정상으로 기능하는 이성과 신체에 의한 경험의 '정상성'(Normalität)에 근거한다. 그래서 이것을 "정상적 신체성의 공동체"(『경험과 판단』, 441쪽)라 부른다.

이해함으로써 명증한 것은 다른 사람의 의식 속에 동일한 것으로 나타난다. 다수의 개인 가운데 의사소통이 이루어지는 통일적 공동체에서 반복해 산출된 형성물은 유사한 것으로서가 아니라, 모두에게 공통인 하나의 것으로 의식된다.

이제 이념적 형성물이 그것을 원본적으로 산출한 어떤 사람에게서 그것을 원본적으로 추후에 산출하는 다른 사람에게 실제로 전달되어도 여전히 완전하게 구성되지는 않는다는 점을 더 고려해야 한다. 따라서 그것을 고안한 사람과 그의 동료들이 그러한 관계로 깨닫지 못하거나, 심지어 그들이 더 이상 살고 있지 않은 시대에서도 이념적 대상들이 항속하는 현존재(verharrendes Dasein)는 없다. 누구도 이것을 명증하게 실현하지 못했더라도, 이것이 '끊임없이-존재함'(Immerfort-Sein)은 없다.

문서나 기록된 언어의 표현이 갖는 중요한 기능은 그 표현이 직접이든 간접이든 개인의 연설 없이도 의사소통[전달](Mitteilung)을 가능케 한다는 점, 즉 잠재적으로 형성된 의사소통[전달]이라는 점이다. 이러한 점을 통해 인간성을 공동체의 것으로 만드는 일은 새로운 단계로 고양된다. 문서의 기호들은, 순수하게 물체적으로 고찰해보면, 단순히 감각적으로 경험될 수 있으며, [그것들을] 상호주관적으로 공통으로 경험할 수 있는 끊임없는 가능성 속에 있다. 그러나 언어의 기호들처럼 그것들은, 언어의 소리와 마찬가지로, 그것들의 친숙한 의미를 불러일으킨다. 이렇게 불러일으키는 것은 수동적이다.

따라서 모호함 속으로 가라앉은 그 밖의 다른 모든 능동성이 일단 연상으로 일깨워지면 그 일깨워진 의미는 다소간에 명백한 기억으로, 우선 **수동적으로** 나타나는 방식과 유사하게 수동적으로 주어진다. 기억의 경우처럼 여기서 문제가 되는 수동성의 경우에도 수동적으로 일깨워진 것은 이른바 그에 상응하는 능동성으로 되돌아가 변화

11)될 수 있다. 이것은 말하는 존재인 모든 인간에 근원적으로 고유한 복원할 수 있는(Reaktivierung) 능력이다. 이에 따라 의미형성물의 근원적 존재양상의 변화, 즉 논의된 기하학적 형성물이 명증성을 지닌 기하학의 영역에서의 변화는 기록함으로써 일어난다. 즉 그것은 침전된다. 그러나 그것을 읽는 사람은 그것을 다시 명증하게 만들 수 있고, 그 명증성을 복원할 수 있다.12)

그러므로 표현을 수동적으로 이해하는 것과 그 의미를 복원함으로써 표현을 명증하게 만드는 것은 구별된다. 그러나 실로 단지 수용적 태도로 파악된 수동성에서 사유하는 방식─근원적 능동성의 명증성이 없어도 수동적으로 이해되고 받아들여진 의미만으로 처리하는 사유─의 능동성이 존재할 가능성도 있다. 수동성 일반은, 발생하는 모든 의미가 수동적으로 함께 형성되는 영역, 즉 연상으로 결합하고 융합하는13) 영역이다. 이와 함께 외견상 통일적으로 가능한 의미, 즉 복원할 능력이 있음을 통해 명증하게 만들 수 있는 의미가 종종 발생한다. 반면 실제로 복원하는 시도는 단지 개별적 결합의 부분들만 복원할 수 있다. 그렇지만 그것들이 충족되는 대신, 하나의 전

---

11) 이것은 그 자체로 [수동적으로 일깨워진 것에 따라] 추후에 형성된 것으로, 자신을 의식하는 변화이다 - 후설의 주.

12) 그러나 이것은 결코 필연적이 아니며, 또한 사실적으로도 정상적인 것은 아니다. 심지어 이것이 없어도 그는 이해할 수 있으며, 그 자신의 능동성이 없어도 이해된 것을 즉시 함께 타당한 것으로 받아들일 수 있다. 이 경우 그는 순수하게 수동적이며 수용적 태도로 행동하는 것이다 - 후설의 주.

13) 후설 현상학에서 '융합'이라는 용어가 종종 등장하는데(가령 『성찰』, 147쪽; 『시간의식』, 35, 86쪽 ; 『경험과 판단』, 76~80, 209, 387, 469쪽 등), 사실상 생활세계뿐만 아니라 선험적 주관성의 이해에 매우 중요하다.
그런데 이것은 가다머(H.G. Gadamer)의 영향사(影響史) 해석학에서 핵심개념인 '지평융합'(Horizontverschmelzung)(*Wahrheit und Methode*, Tübingen, 1972. 289, 356, 375쪽)을 연상시킨다. 그런데 이들은 단순히 용어상 유사한 것이 아니라, 그 의미와 내용상 본질적으로 동일한 것이다.

체로 통일시키려는 의도는 수포로 돌아간다. 즉 그 존재의 타당성은 공허함(Nichtigkeit)이라는 근원적 의식 속에 파괴된다.

심지어 〔일상적〕 인간의 삶에서 그리고 무엇보다 어린 시절부터 성장기에 이르는 모든 개인의 삶에서 감각적 경험에 기초한 능동성을 통해 근원적으로 명증한 형성물들을 창조하는 근원적인 직관적 삶은, 매우 신속하게 또 점차 증가해 언어의 매혹에 빠져 포로가 된다는 점을 쉽게 파악할 수 있다. 이러한 삶의 더욱더 커다란 부분들은 순수하게 연상에 의해 지배된 말하기와 읽기로 빠져들고, 그에 따라 이렇게 획득된 타당성에서 그것은 뒤따르는 경험 때문에 매우 자주 실망을 느끼게 된다.

이제 여기에서 우리의 관심인 학문의 영역, 즉 진리를 획득하고 거짓을 피하는 것을 향한 사유의 영역에서 연상적 구조의 자유로운 작용을 방해하는 것이 처음부터 명백하게 커다란 염려가 된다는 점을 논의할 것이다. 우선 단지 수동적으로 다시 파악될 수 있고 임의의 다른 사람에 의해 받아들여질 수 있는 항속적인 언어의 획득물이라는 형식으로 정신의 산출물들이 불가피하게 침전되기 때문에, 그 구조는 끊임없이 위험에 처하게 된다. 사람들은 그가 추후에 〔특수한 구조가〕 실제 복원할 수 있는 능력과 이를 지속적으로 유지하는 능력을 확신함으로써, 이 위험에 마주친다.

이것은 우리가 언어적 표현의 일의성(一意性)을 고려하고 관련된 단어·명제·명제복합을 극히 주의 깊게 형성함으로써 일의적으로 표현할 산출물을 확신한다는 점을 고려하면 일어난다. 이것은 개별적 학자, 즉 새로 고안한 자뿐만 아니라 다른 사람이 받아들여야 할 것을 받아들이는 학문공동체의 동료인 모든 학자에게도 그러하다. 그러므로 이것은 공동으로 책임을 지는 통일체 속에 살아가는 인식의 공동체인 이에 상응하는 학자들의 공동체 안에서 학문적 전통의 특수한 사항에 속한다. 따라서 학문의 본질에 따라 학문의 기능을 수행하는 자들은 그들의 견해에서 학문적으로 진술하는 모든 것을 '최종적'(ein für allemal)이라 주장하고, 이것은 그 본래 의미의 동일성 때문에 의심의 여지 없이 복원할 수 있는 것으로서[14) 15)] 명증하게 그리고 이론적이든 실천적이든 더 나아간 목적에 활용할 수 있으므로 언제나 동일하게 반복할 수 있게 '확정되어 있다'는 지속적 요구 또는 개인적 확신이 필요하다.

그런데도 여기서는 여전히 두 가지 점이 중요하다. 첫째 우리는 학문적 사유가 이미 획득된 결과를 토대로 새로운 것을 획득한다는 점, 둘째 이 새로운 것은 의미가 전승되어 전파되는 통일체로서 다시 새로운 것의 기초가 된다는 점 등을 아직 고려하지 않았다.

결국 학문이 기하학처럼 엄청나게 성장하면, '복원할 수 있음'에 대한 요구와 능력은 사정이 어떠한가? 모든 탐구자가 자신이 구성한 관점에서 연구하면, 여기서 간과될 수 없는 〔그가〕 휴직하거나 쉴 경우 사정이 어떠한가? 만약 그가 실제로 계속 연구하는 작업에 되돌아오면, 맨 먼저 그는 기초로 삼은 것들의 엄청난 연쇄 전체를 근원적 전제로까지 〔소급해〕 철저히 살펴야 하며, 참으로 이 전체를 복원해야 하는가?

---

14) 물론 무엇보다 학자가 복원할 수 있는 확실한 능력을 목표로 그 자체로 건설하는 확고한 의지의 방향(Willensrichtung)이 중요하다. 만약 '복원할 수 있음'이 추구하는 목적이 단지 상대적으로만 충족되면, 이 경우 '획득될 수 있음'이라는 의식에서 유래하는 요구 역시 자신을 부각하고 추진하는 상대성을 갖게 된다. 결국 객관적이며 절대적으로 확증된 진리의 인식은 하나의 무한한 이념이다. ─ 후설의 주.

15) 후설은 "존재자가 완전히 주어지는 것은 (칸트적 의미에서) 하나의 이념"(『이념들』제1권, 297쪽)이라 파악한다. 따라서 '사태 자체'뿐만 아니라 학문적 인식의 '근원적 건설'로 되돌아가 부단히 해석하고 생생하게 복원해 이해하는 작업(목적론)이 요구된다.

만약 그렇다면, 우리의 근대기하학과 같은 학문은 명백히 전혀 불가능할 것이다. 어쨌든 결과의 이념적 존재의미는 사실상 [처음 결과] 이후의 것이라는 점뿐만 아니라, 의미가 [이전의] 의미를 기초로 삼았기 때문에 이전 의미는 이후 의미에 일정한 것을 타당하게 부여하며, 더구나 어떤 방식으로 이전 의미가 이후 의미에 들어가 그 일부가 된다는 점은 각각의 단계에서 이루어진 결과의 본질이다. 그러므로 정신적 구조 속에는 구조의 어떠한 부분도 독립적이지 못하며, 또한 [그 자체로] 직접 복원할 수 있는 것도 아니다.

특히 이러한 사실은 기하학과 같이 자신의 주제영역을 이념적 산출물, 즉 더 높은 단계의 이념성이 계속 산출되는 [근원적] 이념성 속에 갖는 학문에 타당하다. 이론적 관심이 분류하고 기술하면서 감각적 직관의 영역 ─ 그 학문들은 이 영역에서 명증성을 주장한다 ─ 속에 머무는 이른바 기술하는 학문의 경우 사정은 전혀 다르다. 여기에서는 적어도 일반적으로 모든 새로운 명제가 그 자체만으로 명증하게 상환될 수 있다.

이와 대조적으로 기하학과 같은 학문은 어떻게 가능한가? 끝없이 계속 성장하는 체계적으로 단계지어진 이념성들의 구조인 그 학문은, 만약 그것이 인식하는 사유가 가장 밑바닥에까지 이전 단계의 인식을 복원할 수 없어도 새로운 것을 산출하게 되어 있다면, 생생하게 복원할 수 있음으로써 그것의 근원적 유의미성을 어떻게 유지할 수 있는가? 비록 이것이 기하학의 원초적 상태에서도 성공할 수 있었더라도, 결국 명증하게 만들려는 노력에 힘을 지나치게 소모했고 [그 결과] 더 높은 생산성은 거부되었다.

여기에서 우리는 특히 언어뿐만 아니라, 이 언어 속에 발생하는 이념적 인식의 형성물에도 결부된 독특한 논리적 활동을 고려해야 한다. '판명하게 한다'(Verdeutlichung)는 단어가 가장 잘 지시하는 특유의 활동은 본질적으로 단지 수동적으로 이해하는 가운데 나타나는 일정한 명제의 형성물에 속한다. 수동적으로 (상황에 따라서는 기억에) 나타나는 명제 또는 들어서 수동적으로 이해된 명제는 우선 타당한 것으로 파악된 수동적으로 자아가 관여해(Ichbeteiligung) 단지 수용되며, 이러한 형태로 그 명제는 이미 우리의 의견이다. 이것에서 우리는 우리의 의견을 판명하게 하는 독특하고도 중요한 활동을 구별한다. 이것은 그 최초의 형식에서 통일적으로 파악되고 분리되지 않은 의미, 단적으로 타당한 의미―구체적으로 말하면, 단적으로 타당한 진술명제―였다면, 이제 그 자체로 구별되지 않은 모호한 이 명제는 능동적으로 해명된다. 예를 들어 우리가 대충 신문을 읽으면서 이해하고 새로운 사건을 단순히 수용하는 방식을 고찰해보면, 이 경우 읽는 것이 즉시 우리의 의견이 되는 존재타당성을 수동적으로 받아들이는 일이 일어난다.

이미 논의했듯이 읽은 것(또는 이것 때문에 관심을 끄는 명제)을 모호하고 수동적이며 통일적으로 수용된 것에서 분리해 그 의미의 요소들을 하나씩 나누어 명확하게 표현하고, 새로운 방식으로 전체의 타당성을 개별적 타당성에 기초해 능동적으로 정립하는 해명의 의도와 활동에 이제 특히 주목해야 한다. 실로 수동적인 의미의 형태에서 능동적으로 산출해 형성된 의미의 형태가 이루어진다. 그러므로 이 활동은 독특한 명증성이며, 이 명증성 속에 발생하는 형성물은 '원본적으로 산출되는' 양태이다. 이러한 명증성에 대해〔그가〕 '공동체의 것으로 만드는 것'(Vergemeinschaftung)도 있다. 해명된 판단, 즉 판명하게 된 판단은 전승될 수 있는 이념적 대상성이 된다. 명제나 판단이 논의되는 곳인 논리학이 오직 의도하는 것은 바로 이러한 대상성이다. 그리고 일반적으로 논리학의 영역은 이것으로 표시되고, 논리학이 명제 일반에 관한 형식적 이론인 한, 이것은 일반적으로 논리학이 관련되는 존재영역이다.

실로 이러한 활동을 통해 더 이상의 활동이 가능하게 되며, 우리에게 이미 타당한 것을 기초로 새로운 판단이 명증하게 형성된다. 이것은 논리적 사유와 순수하게 논리적인 이 사유가 지닌 명증성의 독특한 모습이다. 또한 이 모든 것은 스스로 진술하거나 판단하는 대신, 우리가 진술하거나 판단하는 것을 곰곰이 생각해보면, 판단이 가정으로 변화되는 경우에도 유지된다.

여기에서 우리에게 수동적으로 입수되고 단순하게 수용된 언어의 명제에 집중하자. 이와 관련해 명제는 실제의 근원적 활동에서 산출된 근원적 의미를 재생산하는 변화로 그들 자신을 의식에 적합하게 부여한다는 점, 따라서 그들 자체로 이러한 발생을 지시한다는 점도 주목해야 한다. 논리적 명증성의 영역에서는 연역, 즉 일관성의 형식으로 추론하는 것은 끊임없이 본질적 역할을 한다. 다른 한편 **판명**하게 하는, 그러나 근원적 명증성으로 이끌지는 못하는 기하학적 이념성으로 조작하는 구성적 활동도 주목해야 한다(근원적 명증성은 공리의 명증성과 혼동하면 안 된다. 왜냐하면 공리는 원리에 따라 이미 근원적으로 의미를 형성한 결과이며, 항상 그 배후에 이 결과를 갖기 때문이다).

이른바 기하학이나 **연역적 학문들**―이것들이 결코 단순히 연역하지는 않더라도―이 이룩한 거대한 인식구축물의 경우 근원적 명증성으로 환원함으로써 완전한 근원성에서 완벽하고 진정으로 복원할 가능성의 사정은 어떠한가? 여기에도 절대적인 보편적 명증성을 지닌 근본적 법칙이 있다. 만약 전제가 가장 근원적인 명증성까지 실제로 복원할 수 있다면, 그 명증한 귀결도 존재한다. 따라서 근원적 명증성에서 시작해 근원적 진정함은, 논리적 추론의 연쇄가 아무리 길더라도, 이 연쇄를 통해서만 전파되어야 할 것 같다. 그런데도 수세기에 걸친 논리적 연쇄를 실로 하나의 실행이라는 통일성에서 근원적으로 진정한 명증성의 연쇄로 변화시킬 수 있는 공동체뿐만 아니라 개인이 지닌 능력의 명백한 유한성을 고려해보면, 우리는 〔앞에서 언급한〕 법칙이 그 자체 속에 이념화(Idealisierung), 즉 우리 능력의 한계를 철폐하고 어떤 방식으로는 무한하게 만드는 것을 포함한다는 점에 주목하게 된다.

그러므로 이것들은 **연역적** 학문의 방법적 발생과 더불어 그것들에 본질적 존재방식을 천명하는 보편적 본질에 대한 통찰이다.

이러한 학문들은 문서로 작성된 명제의 형식으로 완성된 유산이 아니라, 언제나 문서로 작성된 것, 즉 이전에 생산한 것의 침전물을 논리적으로 다루는 가운데 마음대로 처리하는 생생하고도 생산적으로 진보하는 의미를 형성하는 것을 포함한다. 그러나 논리적 처리는 침전된 의미를 지닌 명제에서만 동일한 성격을 지닌 명제를 다시 만들어낸다. 모든 새로운 획득물이 실제로 기하학적 진리를 표현한다는 사실은 실제로 연역적 구조의 토대가 근원적 명증성 속에 산출되고 객관화되며, 따라서 보편적으로 입수할 수 있는 획득물이 된다는 가정 아래 아프리오리하게 확실하다. 개인에서 〔다른〕 개인으로, 어느 시대에서 〔다른〕 시대로 이어지는 연속성은 반드시 수행될 수 있다. 학문 이전의 문화세계에서 주어진 것에서 근원적 이념성을 산출하는 방법은 기하학이 현존하기에 앞서 확고한 명제로 기록되었으며, 반드시 고정되었다. 게다가 모호한 언어적 이해에서 이 명제를 이것의 자명한 의미로 복원하는 명증성으로 옮겨놓을 수 있는 능력은 그 자신의 방식으로 전수되었으며, 반드시 전수될 수 있다.

오직 이러한 조건이 만족되는 한에만, 또는 오직 이러한 조건이 충족되는 것이 모든 미래에 완전히 확보되는 때에만, 기하학은 논리적 형성물이 진보하는 데 연역적 학문으로서 자신의 진정한 근원적 의미를 보존할 수 있다. 요컨대 그러한 경우에만 모든 기하학자는 각각의 명제가 단지 침전된 (논리적) 명제의 의미로서가 아니라, 그것의 실제 의미, 즉 진리의 의미로서 그 자체 속에 지닌 것을 간접적 명증성으로 이끌 자격이 부여될 수 있다. 그리고 이렇게 [실제로] 이루어진 것이 기하학 전체이다.

연역(演繹)은 전개되면서 형식논리의 명증성을 따른다. 그러나 그 근본적 개념 속에 포함된 근원적 명증성을 복원하는 실제로 형성된 능력이 없다면, 따라서 학문 이전 소재의 내용(Was)과 방법(Wie)을 복원할 능력이 없다면, 기하학은 의미가 공동화(空洞化)된 전통일 것이다. 그리고 우리 자신이 이러한 능력을 갖추지 않았다면, 기하학에 관해 그 기하학이 진정한 의미, 즉 실제로 상환될 수 있는 의미를 가졌는지 또는 가진 적이 있는지 결코 알 수 없을 것이다.

유감스럽게도 이것이 우리의 상황이며, 근대 전체의 상황이다.[16]

앞에서 언급한 전제는 사실상 결코 충족되지는 않는다. '기본적 개념의 의미를 형성하는 생생한 전통이 실제로 어떻게 수행되었는가' 하는 점을 우리는 기초기하학에 관한 수업과 그 교과서에서 파악할 수 있다. 왜냐하면 우리가 거기서 배운 것은 '엄밀한 방법론을 통해 어떻게 완성된 개념과 명제를 다루는가' 하는 것이다. 그려진 도형에서 개념을 감각적으로 직관할 수 있게 만드는 것은 근원적 이념성을 실제로 산출하는 것으로 대체된다. 그리고 그 밖의 다른 것은 논리적 방법의 특유한 명증성을 넘어 실제 통찰의 성과가 아니라, 응용기하학의 실천적 성과, 즉 비록 이해되지는 않았더라도 엄청난 실천적 유용성을 통해 그 성과가 이루어졌다. 역사적 수학을 논구하는 여기서

---

16) 후설은 이처럼 근대 이래 실증적 자연과학이 객관적 인식만을 추구하고 자신의 의미기반이자 고향을 망각해 본래의 의미가 소외된 상황을 현대 학문이 근본적으로 부닥친 '위기'로 파악했다.

더 명백히 되어야 할 것, 즉 논리적 활동에 전적으로 몰두한 학문적 삶의 위험도 발생한다. 이 위험은 그러한 학문적 성격이 세차게 밀어제치며 진보하는 의미의 변화[17] 속에 놓여 있다.

기하학과 같은 학문의 근원적으로 진정한 전통이 역사적으로 가능하게 된 본질적 전제를 밝힘으로써 '어떻게 그러한 학문이 여러 세기에 걸쳐 계속 발전할 수 있었으며, 그런데도 [여전히] 참될 수 없었는가'하는 점이 이해된다. 명제들을 이어받고, 항상 새로운 명제나 이념성을 논리적으로 구성할 방법을 이어받는 것은 근원적 출발로 복원할 수 있는 능력, 따라서 그 이후에 오는 모든 것에 대한 의미의 원천이 계승되지 않아도, 어느 시대에서 즉시 그다음 시대로 중단 없이 계속될 수 있다. 그러므로 곧바로 모든 명제와 이론에서 언제나 다시 명증하게 만들 수 있는 근원적 원천에 입각한 의미를 부여했고, 틀림없이 부여했다.

물론 문법적으로 일관된 명제나 명제의 형성물—비록 이것들이 단순한 연상을 통해 발생했고 타당성을 지니게 되었더라도—은 모든 경우에서 그 자신의 논리적 의미, 즉 판명하게 함으로써 명증하게 만들 수 있는 의미가 있다. 이 경우 그 의미는, 논리적으로 일치된 것이든 일치되지 못한 것이든, 동일한 명제로서 언제나 다시 동일하게 확인될 수 있다. 그리고 논리적으로 일치되지 못한 명제의 경우, 실제 판단이 통일될 수는 없다. 어느 영역에 함께 속한 명제들에서 그리고 이 명제들에서 연역적으로 획득할 수 있는 체계에서 우리는 이념적 동일성의 영역을 가진다. 그리고 이 이념적 동일성에는 지속적으로 전통이 될 가능성이 있다는 것을 잘 이해할 수 있다.

---

17) 이것들은 논리적 방법에 도움이 되지만 근원들에서 더 멀리 벗어나게 되며, 근원의 문제 따라서 학문 전체의 고유한 존재의 의미와 진리의 의미에 무감각하게 만든다 — 후설의 주.

그러나 그 밖의 다른 문화형성물 자체와 마찬가지로, 명제들은 전통[의 형식]으로 나타난다. 왜냐하면 그 명제들은 이른바 근원에 따라 명증하게 만들 수 있는 진리의 의미침전물이려는 요구를 제기하기 때문이다. 반면 그것들은 어쨌든, 예를 들어 연상적으로 발생한 허위의 경우처럼, 그러한 의미를 가질 필요는 결코 없다. 그러므로 미리 주어진 연역적 학문 전체, 타당성의 통일 속에 있는 명제들의 총체적 체계는 무엇보다 복원할 수 있는 실제 능력을 통해서만 잠칭된 진리의 의미표현으로서 정당화될 수 있는 요구뿐이다.

근대에 확대되어 결국 보편적으로 침투된 이른바 학문을 인식론적으로 정초하는 것 ― 비록 매우 경탄해 하는 학문들에 본래 없다는 명석함이 어쨌든 전혀 성취되지 않았더라도 ― 을 요구하는 그것의 더 깊은 이유는 이러한 사태를 통해 이해될 수 있다.[18]

그런데 더 상세하게 근원적으로 진정한 전통 ― 따라서 원본적 명증성을 지닌 그 전통이 실제 처음으로 시작된 경우 ― 의 단절에 관해 우리는 가능하면서도 매우 잘 이해할 수 있는 근거를 제시할 수 있다. 아주 초보적인 기하학자가 처음 구두(口頭)로 공동의 연구를 하는 데 학문 이전의 근원적 소재와 이 소재와 관련된 기하학적 이념성, 게다가 이 이념성에서 최초의 공리적 명제들이 발생한 방식의 서술을 정확하게 확정할 필요는 명백히 없었다. 더 나아가 고도의 논리적 형성물들은 아직 대단한 단계에까지 이르지 못했기 때문에 사람들이 언제나 다시 근원적 의미로 되돌아갈 수는 없었다.

다른 한편 근원적으로 형성된 것이 추론된 법칙을 실천적으로 적용할 실제로 자명한 가능성은 실천의 영역에서, 필요에 따라서는 수

---

18) 바로 흄이 수행한 것은 형성된 관념들과 일반적으로 학문적 관념들의 근원적 인상들을 되돌아가 묻고자 애쓴 것이다 ― 후설의 주.

학을 사용해, 유용한 것을 성취하는 습관적으로 수행된 방법으로 신속하게 이끌었다. 물론 이러한 방법은 근원적 명증성의 자격이 없어도 계승될 수 있었다. 그러므로 의미가 공동화(空洞化)된 수학은 끊임없이 논리적으로 계속 구축되는 가운데, 다른 한편에서 〔이것을〕 기술적으로 이용하는 방법학도 전파될 수 있었듯이, 일반적으로 전파될 수 있었다. 특별히 광범위한 실천적 유용성은 자연히 이러한 학문이 촉진되고 평가되는 주요한 동기가 되었다. 따라서 상실된 근원적 진리의 의미가 거의 감지될 수 없었던 점, 더구나 이에 상응한 되돌아가 물을 필요가 비로소 다시 일깨워졌다는 점, 그뿐 아니라 그러한 물음의 참된 의미를 비로소 발견해야 했다는 점도 이해된다.

원리에 입각한 우리의 성과는 이른바 모든 연역적 학문에 미치며, 더구나 모든 학문에서 유사한 문제와 연구를 미리 지시하는 일반성에 관한 것이다. 그뿐 아니라 그 성과 모두에는 언제나 다시 새로운 의미형성물을 산출하면서 〔이를〕 계승하는 능동성이 작용하는 침전된 전통이 활발하게 움직인다. 이러한 존재방식에서 그 성과는 시대를 통해 지속적으로 펼쳐진다. 왜냐하면 모든 새로운 획득물은 다시 침전되며, 다시 작업의 소재가 되기 때문이다. 곳곳에서 문제, 해명하는 연구, 원리적 통찰은 역사적이다. 우리는 우리 자신이 지금 사는 유일한 인간성인 바로 그 인간성의 지평 속에 있다. 우리는 이 지평을 끊임없이 생생하게 의식하며, 게다가 그때그때 우리의 현재의 지평 속에 함축된 시간의 지평으로서 의식한다. 자신의 〔독특한〕 존재방식을 지닌 삶의 환경세계(Lebensumwelt) ― 이것은 모든 역사적 시대와 인간성에서 그때그때 삶의 환경세계이며, 곧바로 전통이다 ― 인 하나의 문화세계는 본질적으로 하나의 인간성에 상응한다.

그러므로 우리는 비록 그것에 관해 명확하게 규정된 것을 조금밖에 알지 못하더라도, 그 속에는 모든 것이 역사적인 역사적 지평 속에 있다. 그러나 이 지평은 방법적으로 물어봄으로써 드러나게 될 자신의 본질구조(Wesensstruktur)를 가진다.[19] 이러한 물음은 그 역사적 존재방식을 통해 근원을 되돌아가 묻는 그들의 특유한 물음인 일반적으로 가능한 특수한 물음을 미리 지시한다. 여기에서 우리는 최초로 의미가 형성되는 근원적 소재, 즉 학문 이전의 문화세계 속에 놓여 있는, 요컨대 근원적 전제로 소급된다. 물론 이 문화세계는 처음에 묻지 않고 남겨진 그 자신의 근원에 관한 물음을 다시 가진다.

당연히 이러한 특별한 우리의 문제는 인간성과 문화세계의 상관적 존재방식을 지닌 보편적 역사성(Historizität)의 총체적 문제와 이 역사성 속에 놓여 있는 아프리오리한 구조〔에 대한 관심〕를 즉시 일깨웠다. 그런데도 기하학의 기원을 해명하는 것과 같은 물음은 학문 이전의 소재를 넘어서 물어볼 필요가 없다는 폐쇄성을 띤다.

우리의 철학적-역사적 상황과 밀접한 두 가지 반론에 대한 보충적 해명을 언급해보자.

첫째, 기하학의 기원에 관한 물음을 기하학을 발견하기 어려운, 전설로도 결코 알 수 없었던 탈레스와 같은 사람에게까지 철저하게 소급하려는 것은 어떠한 종류의 특별한 완고함인가? 기하학은 그 명제들, 즉 그 이론들 속에 있다. 물론 우리는 명증성을 통해 이 기하학의 논리적 구조를 상세하게 답변해야 하며, 또한 할 수 있다. 여기에서 확실히 우리는 최초의 공리에 도달하며, 이 공리에서 근본적 개념들을 가능케 만드는 근원적 명증성에 이른다. 인식론이 아닌 이것 — 이 경우 특별히 기하학적 인식에 관한 이론 — 은 무엇인가? 누구도

---

19) 이것은 철저한 선험적 판단중지를 통해 드러난 새로운 차원, 즉 보편적 본질의 구조를 갖는 '선험적인 것(선험성)'을 뜻한다(더 상세한 것은 이 책 제51절, 제27절의 주 55), 제34절 f)항의 주 20), 제41절의 주 31)을 참조할 것).

인식론의 관점에서 생각된 탈레스의 인식론적 문제[20]로 소급하는 것—어쨌든 이것은 필요 없는 일이다—에 골몰하지는 않을 것이다. 현재 사용하는 개념들이나 명제들 자체에는 그 자체의 의미, 우선 명증하지 않은 의견으로서 그러나 생각되었지만 여전히 우리가 명제 자체에서 명증하게 만듦으로써 자명하게 밝혀낼 수 있는 은폐된 진리를 지닌 참된 명제로서의 의미가 있다.

이에 대한 우리의 답변은 다음과 같다. 확실히 역사적으로 되돌아가 관계하는 것은 누구도 생각하지 못했으며, 실로 인식론은 결코 고유한 역사적 과제로 간주하지도 않았다. 그러나 우리가 과거를 비난하는 것은 바로 이러한 점이다. 인식론적 해명과 역사적, 심지어 정신과학적–심리학적 해명, 인식론적 근원과 발생적 근원을 원리상 분리하려는 지배적 독단(Dogma)은 우리가 '역사', '역사적 해명' 그리고 '발생'이라는 개념을 일상적으로 허용할 수 없는 방식으로 제한하지 않는 한, 근본적으로 전도된 것 또는 오히려 근본적으로 전도되어 제한하는 것이다. 이렇게 제한함으로써 역사의 가장 심오하고도 본래의 문제가 은폐되어 있다.

우리의 설명(물론 이것은 여전히 조야하지만, 차후에는 필연적으로 우리를 새로운 심오한 차원으로 이끈다)을 숙고해보면, 다음과 같은 점을 곧바로 명백하게 해준다. 그것은 우리의 앎, 즉 현재 생생한 문화형태인 기하학은 '전통'이라는 앎 그리고 이것은 동시에 전승되었다는 앎이 가령 역사적 형태들이 잇달아 일어난 외적 인과성에 관한 앎이 결코 아니다. 요컨대 마치 귀납에 근거한 앎처럼, 그리고 여기서 이러한 앎을 전제하는 것은 곧 모순일 것이다. 오히려 기하학이나 미리 주어진 문화적 사실 일반을 이해하는 것은 비록 **함축적이더**

---

20) 탈레스와 자연철학자에 관해서는 부록 1의 주 20)를 참조할 것.

라도 그 역사성(Geschichtlichkeit)을 이미 의식한다는 것을 뜻한다. 그러나 이것은 공허한 말이 아니다. 왜냐하면 '문화'라는 명칭으로 주어진 모든 사태—필수불가결한 가장 낮은 단계의 문화가 문제이든 가장 높은 단계의 문화(학문·국가·교회·경제기구 등)가 문제이든—에 대해 경험의 사실로서 그것을 단적으로 이해하는 모든 것에는 이미 그것이 인간의 형성작용에서 이루어진 형성물이라는 점을 함께 의식한다는 사실이 아주 일반적으로 타당하기 때문이다.

이러한 의미가 아무리 은폐되고 단지 **함축적으로** 함께 내포되었더라도, '판명하게 하고' 명석하게 하는 해명(Explikation)의 명증한 가능성은 그 의미에 속한다. 해명하는 모든 것과 판명하게 하는 것에서 명증하게 만드는 것으로 이행하는 모든 것(아마 너무 빨리 정지하는 경우라도)은 역사적으로 드러내 밝힐 뿐이다. 왜냐하면 그것은 그 자체로 본질적으로 역사적인 것이며, 이러한 것으로서 본질적 필연성에서 그 자신 속에 역사의 지평을 지니기 때문이다.

물론 이와 더불어 다음과 같이 말할 수 있다. 즉 총체성으로 이해된 현대의 문화 전체는 규정되지 않은, 그러나 구조적으로는 규정된, 보편성에서 과거의 문화 전체를 **함축한다.** 더 정확하게 말하면, 그것은 그 각각이 과거에는 현재였던 문화인 서로를 함축하는 과거의 연속성을 함축한다. 그리고 이 전체의 연속성은 현재—우리의 현재이며, 흐르면서 머물러 있는(strömend-stehend) 생생함에서 그 자체로 전통이 된 것—까지 전통으로 만드는 **통일성**이다. 이미 언급했듯이, 이것은 규정되지 않은 일반성이지만, 원리에 따라 이렇게 예시된 것에 입각해 여전히 훨씬 더 넓게 해석될 수 있는 구조를 가진다. 따라서 사실적인 구체적 사태들을 추구하고 규정하는 모든 가능성은 이 구조 속에 근거를 두고, **함축되어** 있다.

그러므로 기하학을 명증하게 만드는 것은, 우리가 이것을 명백하게 하든 그렇지 못하든, 그 역사적 전통을 드러내 밝히는 것이다. 이러한 인식이 공허한 말이나 구별되지 못한 일반성에 머물지 않으려면, 현재에서 수행되고 현재 속에 탐구하면서 수행된 방법적 제시, 즉 위에서(요컨대 그러한 앎에 속한 것의 몇 가지 부분들에서) 밝혀진 종류의 구별된 명증성들을 방법적으로 제시하는 것만 필요하다. 만약 체계적으로 수행되면, 그 명증성들이 밝혀낸 결과는 그 구성요소들이 극도로 풍부한 역사의 보편적 아프리오리(Apriori)[21] 이외에 결코 다른 것이 아니다.

이제 우리는 '역사란 처음부터 근원적으로 의미가 형성되는 것(Sinnbildung)과 의미가 침전된 것(Sinnsedimentierung)이 서로 공존하고 서로 뒤섞인 생생한 운동(lebendige Bewegung)일 뿐'이라 말할 수 있다.

현재의 경험을 통한 역사적 사실로서 또는 역사가(歷史家)가 과거의 사실로 언제나 증명한 것은 필연적으로 그것의 내적인 의미의 구조를 가진다. 그러나 이 경우 동기부여(Motivation)[22]의 연관들에서 일상적으로 이해할 수 있게 제시된 것은 심문되어야 하고 드러내 밝혀져야 할 자신의 심오한 함축, 더욱더 멀리 미치는 함축을 더욱더 지닌다. 모든 사실적 역사는 이해할 수 없는 상태로 남아 있다. 왜냐하면 언제나 사실들에서부터만 소박하고 곧바로 〔결론을〕 추론해가는

---

21) 이것은 역사적 사실이나 과정에 대한 총체적 기록들이 아니라, 역사 속에 지속적으로 침전되고 축적된 의미, 따라서 함축적으로 포함된 통일적 의미, 즉 역사성이 현재의 경험에 구체적으로 주어지는 모든 것을 뜻한다.

22) '동기부여'는 동질성과 이질성에 따른 연상적 일깨움에 근거해서 분리된 기억들이 서로 짝지어 관련지어지고, 하나의 시간적 상관관계 속에 질서가 정해지는 내재적 체험발생의 법칙이다. 이것은 자연의 정신물리적 인과법칙과는 명백하게 구별되는 정신적 세계를 지배하고 구성하는 법칙이다(더 상세한 것은 『이념들』 제2권, 제56절을 참조할 것).

사실적 역사는 그 추론이 총체적으로 의거하는 일반적 의미의 토대를 결코 주제로 삼지 않았으며, 그것에 고유하고 거대한 구조적 아프리오리를 탐구한 적이 없기 때문이다.

우리의 현재와 그런 다음 과거나 미래의 모든 현재 그 자체 속에 놓여 있는 본질적인 일반적 구조[23]를 드러내 밝히는 것 그리고 우리가 살고 우리의 모든 인간성이 사는 구체적인 역사적 시대를 본질에 일반직인 그 총제석 구조를 총체성 속에 드러내 밝히는 것 — 바로 이렇게 드러내 밝히는 것만 역사를 참으로 이해하는 일을 통찰하고, 그 본래의 의미에서 학문적으로 만들 수 있다. 이것은 역사적으로 생성된 것이나 생성과정 속에 또는 그것의 본질적 존재 속에 전통이나 전통으로 계승된 것으로 모든 존재자를 포함하는 구체적인 역사적 아프리오리이다.

지금 논의한 것은 '역사적 현재 일반', 역사적 시대 일반이라는 총체적 형식에 관련된다. 그러나 그 통일적인 역사적 존재 속에 전통으로서, 그리고 생생하게 전통으로 계승된 것으로서 자신의 위치를 갖는 문화의 특수한 형태들은 이러한 총체성을 통해 전통성 속에 단지 상대적인 독자적 존재만, 즉 독자적이지 못한 구성요소들의 존재만 가진다. 더구나 총체성을 통해 기능하면서 문화를 형성하는 개인들인 역사성의 주체, 즉 작업을 수행하는 개인적 인간성이 이와 상관적으로 고려되어야 한다.[24]

---

23) 이것은 인간성의 사회적-역사적 본질의 구조 속에 외적으로 완성된 표면적 구조이지만, 관여된 개인들의 내적 역사성을 드러내 밝히는 더 심오한 구조이기도 하다 – 후설의 주.

24) 물론 역사적 세계는 무엇보다 우선 사회적-역사적 세계로 미리 주어져 있다. 그러나 그 세계는 그들의 내적 역사성 속에 다른 사람들과 공동체를 이루는 개인들인 모든 개별자의 내적 역사성을 통해서만 역사적이다. 우리가 다소 빈약하지만 이 논문을 시작할 때 몇 가지 상론한 것에서 기억들에 관

기하학에 관해 우리가 접근할 수 없게 된 근본 개념들의 은폐성을 지적하고 그것들을 최초의 특성에 따라 그러한 것으로 이해할 수 있게 만든 다음, 이제 기하학의 역사적 기원(역사성 일반의 아프리오리라는 총체적 문제 안에서)을 밝히는 과제를 의식적으로 제기하는 것만 근원적으로 참되며 동시에 보편적-역사적으로 이해할 수 있는 기하학의 방법을, 그뿐 아니라 모든 학문과 철학에 대해서도 타당한 방법을 마련할 수 있다는 사실을 우리는 인식했다.

그러므로 철학의 역사, 즉 일상적 사실의 역사라는 양식에서 개별 과학의 역사는 원리에 따라 그 주제에 관한 어떠한 것도 실제로 이해할 수 있게 만들지 못한다. 왜냐하면 철학의 진정한 역사, 즉 개별과학의 진정한 역사는 현재 속에 주어진 역사적 형성물 또는 그 명증성을—역사적으로 되돌아 본 일련의 기록된 지시에 따라—그 근저에 놓여 있는 근원적 명증성[25]의 은폐된 차원으로까지 소급해 밝히는 것이기 때문이다. 심지어 이 경우 본래의 문제는 생각할 수 있는 모든 이해의 문제들에 보편적 원천인 역사적 아프리오리에 의거해서만 이해할 수 있게 하는 것이다. 진정으로 역사적으로 해명하는 문제는 학문의 경우 '인식론으로' 정초하거나 해명하는 것과 일치한다.

그 밖의 두 번째 그리고 매우 중대한 반론을 예상해야 한다. 서로 다른 형식들로 널리 유포된 역사주의(Historismus)[26] 때문에 나는

한 것과 이것들 속에 놓여 있는 끊임없는 역사성을 생각해보자 - 후설의 주.
25) 그러나 교양인 또는 새로운 물음들, 즉 새로운 역사적 물음인 사회적-역사적 세계에서 외적 역사성에 관한 물음뿐만 아니라 심오한 차원의 내적 역사성에 관한 물음도 제기하는 교양인의 계층은 학문들에서 근원적 명증성으로 간주된 것을 규정한다 - 후설의 주.
26) 후설은 이미 『엄밀한 학문』(1911)에서 역사주의가 결국 회의적 상대주의에 빠질 수밖에 없다는 점을 상세히 비판했다(이 책의 '해제' 2.3을 참조할 것).

일상의 사실적 역사를 넘어서는 심오한 탐구―이것이 바로 이 논문에서 계획된 것이다―가 받아들여진다는 것을 거의 기대할 수 없다. 특히 '아프리오리'라는 표현이 이미 예시하듯이, 그러한 탐구는 단적인 절대적 명증성, 즉 모든 역사적 사실성을 넘어서까지 도달하는 명증성인 참된 필증적 명증성을 요구한다.

〔이에 대해〕 사람들은 '우리가 모든 역사적인 것의 상대성, 역사적으로 형성된 세계에 관한 보는 통각―원시적 부족들이 갖는 세계에 관한 통각에 이르기까지―의 상대성에 대한 매우 풍부한 증거를 획득한 다음 역사적 아프리오리, 절대적 초(超)시간성을 제시하려 의도하고 추정적으로 제시한 것은 어떠한 소박함인가'라고 반론할 것이다. 모든 민족이나 작은 부족은 신화적-주술적인 것이든 유럽식의 합리적인 것이든, 그들에게 모든 것이 잘 조화를 이루며 모든 것이 완전하게 해명될 수 있는 그들 자신의 세계를 가진다. 모든 민족은 그들 자신의 논리를 가지며, 따라서 이 논리가 명제로 설명되면, 그들 자신의 아프리오리를 가진다.

그렇지만 이제 역사적 사실 일반을 확립하고, 따라서 이에 대한 반론의 기초를 마련하는 사실을 확립하는 방법론을 숙고해보자. 더구나 이 방법론이 전제하는 것을 숙고해보자. '그것이 실제로 어떻게 존재했는가' 하는 정신과학의 과제설정에 결코 주목되지 않았고, 주제가 된 적조차 없는 타당성의 토대, 즉 논란의 여지 없는 단적인 명증성이 지닌 타당성의 토대―이것이 없다면, 역사〔적 탐구〕란 의미 없는 시도일 것이다―가 이미 놓여 있는 것이 아닌가? 일상적 의미에서 역사적으로 물음을 제기하고 제시하는 모든 것은 보편적 물음의 지평(Fragehorizont)으로서, 즉 명백하게는 아니지만 어쨌든 함축된 확실성의 지평인 역사(Geschichte)를 이미 전제한다. 이 지평은, 그 배경에서 모호하고 규정되지 않은 모든 것에도, 규정된 사실을 추구하고 확정하려는 모든 규정성 또는 모든 의도에 포함된 전제이다.

그런데 역사적으로 그 자체로 제1의 것은 우리의 현재이다. 언제나 우리는 이미 우리의 현재 세계에 관해 알고, 우리가 그 세계 속에 살며, 알려지지 않은 현실성의 어떤 개방된 끝없는 지평에 항상 둘러싸여 있다는 사실을 안다. 지평적 확신인 이러한 앎은 결코 배워서 익힌 것이나 언젠가 실제로 존재했던 것이 아니라, 단지 뒤로 가라앉아 배경이 된 앎이다. 왜냐하면 지평적 확신은 주제로서 해명될 수 있기 위해 이미 존재해야 하며, 우리가 아직 알지 못한 것을 알려 추구할 수 있기 위해서 이미 전제되어 있기 때문이다. 모든 알지 못한 것(Nichtwissen)은 어쨌든 우리에게 미리 세계로서, 현재의 모든 물음의 지평으로서, 따라서 특수하게 역사적인 모든 물음의 지평으로서 존재하는 알려지지 않은 세계에 관계한다. 이것은 세계 속에 공동체로 공존하면서 활동하고 창조하는 인간, 세계의 일정한 문화양상을 항상 새롭게 변화시키는 인간에 관한 물음이다.[27]

우리는 이러한 역사적으로 현재가 그 배후에 자신의 역사적으로 과거를 갖는다는 점, 역사적으로 현재는 역사적으로 과거에서 형성되었다는 점 그리고 역사적으로 과거는 서로 분리되어 진행되는 과거—지나가 버린 현재인 각각의 과거는 전통이며, 그 자신으로 전통을 만들어낸다—의 연속성이라는 점(우리는 이 점을 논의할 기회가 있었다)[28]을 더 이상 알지 못하는가? 우리는 현재와 이 현재 속에 함축된 역사상의 시대 전체가 역사상 통일적으로—공동작업에 의한

---

27) '물음'(Fragen)은 이미 알려진 것을 교두보로 아직 알려지지 않은 것을 물을 수 있는 경험의 지향적 지평구조 속에서만 가능하다. 그리고 이 묻는 작용은 그 자체로 대상을 인식하려는 실천적 행동으로서 의지의 영역에 속한다 (『경험과 판단』, 232, 235, 372~373쪽을 참조할 것).

28) 이에 관해서는 『시간의식』(이종훈 옮김, 한길사, 1996)을 참조할 것.

것이든 서로 고려함 등에 의한 것이든, 이전에 이미 연마한 것에 기초해 연마하는 가운데 자신을 발생적으로 결합하고 끊임없이 공동체화함으로써 통일적으로—결합한 인간성이라는 점을 알지 못하는가? 이 모든 것은 보편적인 지평적 '앎', 그 본질구조에 따라 체계적으로 해석될 수 있는 함축적 앎을 암시하지 않는가? 여기에서 중대한 문제가 되는 것은 모든 물음이 향하고, 따라서 이 물음들 모두 속에 전제된 지평이 아닌가?

그러므로 처음에 우리는 역사주의가 주장하는 사실을 어떤 비판적 방식으로 숙고할 필요는 없다. 왜냐하면 이미 역사주의가 주장하는 사실은, 만약 그 주장이 어떤 의미를 지녀야 하면, 역사적 아프리오리를 전제한다는 것으로 충분하기 때문이다.

그런데도 어떤 의혹이 떠오른다. 우리가 의지했던 지평을 해명하는 것은 어쨌든 모호한 피상적 논의에 머무를 필요는 없으며, 그 자체로 일종의 학문적 성격에 도달해야 한다. 그것이 진술하는 명제들은 확고해야 하며, 언제나 다시 명증하게 될 수 있어야 한다. 그렇다면 우리는 어떤 방법으로 역사적 세계의 보편적인, 더구나 확고하며 언제나 근원적으로 참된 아프리오리를 획득하는가?

우리가 그것을 생각할 때마다 우리는 반성할 수 있는 명증한 능력, 즉 지평을 기대할 수 있고 지평 속에 설명하면서 파고들어 갈 수 있는 능력을 지닌 우리 자신을 발견한다. 그러나 우리는 우리 인간의 역사적 현존재와 이 경우 그의 생활세계로 설명되는 것을 바꾸어 생각하고 바꾸어 상상할 수 있는 완전히 자유로운 능력을 지니며, 또한 그러한 능력을 안다. 그리고 생활세계에서 생각해낼 수 있는 것을 이렇게 변경하고 관철하는 작용 속에는 곧바로 변경된 모든 것을 통과해가는 본질에서 일반적 구성요소가 필증적 명증성을 지니고 나타난다. 이것은, 우리가 확신할 수 있듯이, 실제로 명증적 확실성을 지니고 나타난다.

이렇게 해서 우리는 사실적으로 타당한 역사적 세계에 속박된 모든 것을 해방했고, 그 세계를 사유에서 가능한 것들 가운데 하나로 간주했다. 이러한 자유 그리고 필증적으로 불변하는 것을 향한 시선의 방향은 본래 언제나 명증하게 만들 수 있는 것이며, 일의적 언어로 확정될 수 있는 동일자(Identisches)로서, 즉 유동적으로 생생한 지평 속에 부단히 함축된 본질로서—불변하는 형태를 임의로 반복할 수 있는 명증성에서—그것을 언제나 다시 만들어낸다.

우리가 이전에 제시한 형식적 일반성을 넘어서까지 도달하는 방법을 통해 우리는 필증적인 것—기하학을 근원적으로 건설한 자가 학문 이전의 세계에 관한 필증적인 것을 마음대로 처리할 수 있었으며, 이것은 그에게 이념화하는 것의 소재로 반드시 이바지했다—도 주제로 삼을 수 있다.

기하학이나 이와 가장 밀접한 관계에 있는 학문들은 시간-공간성 그리고 이 속에서 특히 측정할 수 있는 크기로서의 가능한 형태·도형, 또한 운동의 형태, 형태가 없어지는 변화 등과 관계한다. 우리가 최초의 기하학자의 환경세계에 대해 여전히 거의 모르더라도 어쨌든 이것은 불변적인 본질적 구성요소로서 확실하다는 점, 그것은 **사물들**의 세계(이 가운데는 이 세계의 주체인 인간 자신도 포함된다)였다는 점, 모든 사물은, 필연적으로 함께 현존하는 인간이 단순한 물체로 생각될 수 없으며 구조에 따라 함께 속하는 문화적 대상들과 같이 물체적 존재로 소진되지는 않기 때문에 단순한 물체일 수는 없더라도, 필연적으로 물체성을 지닐 수밖에 없다는 점은 분명하다.

또한 이러한 순수한 물체들은 시간-공간적 형태를 지녔고, 이것들에 관련된 **질료적** 성질(색깔·온도·무게·강도 등)을 지녔다는 점도 분명하며, 적어도 본질적 핵심에서 주의 깊은 아프리오리한 해설을 통해 확실하게 될 수 있다. 더 나아가 실천적으로 필요하다고 느끼는 삶에서 어떤 특수화하는 것들은 형태들 속에 두드러진다는 점, 기술적 실천은 어떤 정도의 방향에 따라 그때그때 우선적으로 취급된 그 형태들과 이 형태들을 고쳐서 바로잡는 것을 언제나 목표로 삼는다는 점도 분명하다.

무엇보다 사물들의 형태에서 표면—다소 평탄한 표면, 다소 완전한 표면, 다소 껄끄럽거나 그 방식에서 평평한 모서리, 요컨대 다소간 순수한 직선·각(角)·다소 완전한 점(點)—이 두드러진다. 그런 다음 다시, 예를 들어 선 가운데 직선이, 표면 가운데 평평한 표면이 매우 특별히 우선 취급되며, 가령 실천적 이유에서 평면·직선·점으로 한정된 평판(平板)이 우선 취급된다. 반면에 전체로 또는 일부에서 굽은 표면은 여러 가지 실천적 관심에 바람직하지 않다.

그러므로 평면을 만들어내고 이 평면을 완성하는 것(매끄럽게 마무리 짓는 것)은 실천에 따라 항상 그 자신의 역할이다. 이것은 분배의 공정성을 목표로 삼는 경우에도 그러하다. 이 경우 조야한 크기평가는 동등한 부분들을 셈함으로써 크기평가로 변화된다(이것을 통해 사실적인 것에 기초한 본질적 형식은 변경하는 방법으로 인식될 수도 있다). 측정은 원시적 완전함에서 고도의 완전함에 이르는 각 단계에 따라서만 변화하는 각각의 문화에 속한다. 우리는 본질적으로 가능하며 이 때 역사적 사태의 사실로 확증된 문화가 계속 형성되는 가운데 저급한 기술이든 상황에 따라 고도의 기술이든 어떤 것을 측정하는 기술—따라서 건축물의 약도를 작성하고, 들이나 도로를 측량하는 기술 등—도 항상 전제할 수 있다. 왜냐하면 그러한 기술은 기하학을 아직 알지 못했지만, 기하학을 고안한 자로 생각될 수 있을 철학자에게는 언제나 이미 그곳에 있으며, 이미 풍부하게 그 모습을 갖추었기 때문이다.

철학자가 실천적으로 유한한 환경세계(방·도시·교외 등의 환경세계와 시간상으로는 하루, 한 달 등 주기적으로 경과하는 환경세계)에서 이론적 세계관과 세계에 대한 인식으로 이행함으로써 그는 개방된 무한한 지평 속에 있는 알려졌든 아니든 유한함인 유한한 시간과 공간을 가진다. 이와 더불어 그는 기하학적 공간, 수학적 시간 그리고 소재로 쓰이는 이 유한한 요소들에서 만든 새로운 종류의 정신적 생산물이 될 수 있는 그 밖의 모든 것을 아직 갖고 있지 않으며, 그 시간공간성 속에 있는 매우 다양하고 유한한 형태들과 더불어 그는 기하학적 형태, 운동이론의 형태를 아직 갖고 있지 않다. 왜냐하면 그것들은 명백히 실천에서 이루어졌고, 완전하게 만들려 했던 형성물로서 새로운 종류의 실천—이 실천에서 유사하게 명명된 새로운 종류의 구성물이 생긴다—에 대한 근본적 토대일 뿐이기 때문이다.

이러한 새로운 종류의 구성물은 이념화하는 정신적 행위, 순수한 사유작용에서 일어나는 생산물, 즉 이러한 사실적 인간성과 인간의 환경세계의 [이미] 지적된 일반적으로 미리 주어진 것에서 자신의 소재를 가지며 이러한 것에서 **이념적 대상성을 창조하는** 생산물이 된다는 점은 이미 명백하다.

이제 문제는 역사의 본질적인 것에 근거해 기하학의 생성 전체에 그 항속적인 진리의 의미를 필연적으로 부여할 수 있었고, 부여했던 역사적인 근원적 의미를 발견하는 것이다.

결국 특히 중요한 것은 다음과 같은 통찰을 드러내 밝히고 확립하는 것이다. 즉 필증적인 일반적 내용, 시간공간의 형태들의 영역에서 생각할 수 있는 모든 변화에 걸쳐서도 불변적인 내용이 이념화되는 경우에 고찰되는 한에서만, 모든 미래에 그리고 다가오는 인류의 모든 세대가 추후에 이해할 수 있고 따라서 전승될 수 있으며 상호주관적인(intersubjektiv) 동일한 의미로 추후에 생산할 수 있는 이념적 형성물이 발생할 수 있다는 통찰이다. 이러한 조건은 기하학을 넘어서 절대적이며 일반적으로 전승될 수 있는 모든 정신적 형성물에 이르기까지도 타당하다. 학자가 사유함에서 **시간과 결부된** 것, 즉 그의 현재에 관해 단지 사실적으로 결부된 것 또는 그에게 단지 사실적 전통으로 타당한 것을 그의 사유활동이 끌어들이면, 그의 형성물에도 단지 시간과 결부된 존재의미가 있게 될 것이다. 왜냐하면 이러한 의미는 단지 사실적으로 동일하게 이해하는 전제를 공유하는 사람에 의해서만 추후에 이해될 수 있기 때문일 것이다.

그것의 모든 진리와 더불어 기하학은 절대적 일반성에서 모든 인간·시대·민족, 단지 역사적으로 사실적인 모든 것뿐만 아니라 일반적으로 생각할 수 있는 모든 것에도 타당하다는 사실은 일반적 확신이다. 이러한 확신은, 원리적 전제들이 결코 진지하게 문제가 된 적이 없으므로, 결코 그 근본이 규명되지 않았다. 그러나 절대적 객관성에 대한 요구를 제기하는 역사적 사실을 확립하는 모든 것 역시 이러한 불변적인 또는 절대적인 아프리오리를 전제한다는 점도 우리에게는 분명하게 된다.

오직 〔그 아프리오리를 천명함으로써만〕 모든 역사적 사실성, 모든 역사적 환경세계·민족·시대·인간성을 넘어서까지 도달하는 아프리오리한 학문이 존재할 수 있고, 오직 그렇게 함으로써만 '영원한 진리'(aeterna veritas)인 학문이 등장할 수 있다. 때때로 공동화(空洞化)된 학문의 명증성에서 되돌아가 물을 수 있는 확고한 가능성은 오직 이러한 토대에만 그 기초를 둔다.

여기에서 우리는 이성, 아무리 원시적 인간이라도 '이성적 동물'(animal rationale)인 모든 인간 속에 기능하는 동일한 이성의 거대하고도 심오한 문제의 지평 앞에 서 있는 것은 아닌가?

그러나 이곳은 그 심오함 속에 깊이 파고들어 갈 장소는 아니다.

어쨌든 이 모든 것에서 이제 다음과 같은 점을 인식할 수 있다. 즉 주술적 상황의 측면에서 또는 그 밖의 시간과 결부된 인간성이 통각을 하는 방식에서 수학의 역사적이거나 인식론적인 본질을 해명하려는 역사주의는, 원리에 따라 매우 전도된 것이라는 점이다. 낭만주의의 기질을 지닌 사람은 수학의 역사적 국면과 역사 이전의 국면에서 신화적-주술적 요소에 특히 매력을 느낄지도 모른다. 그러나 수학의 단지 역사적인 이 사실적 국면에 집착하는 것은 곧 일종의 낭만주의 속으로 휩쓸리고, 본래의 문제인 내적-역사적 문제, 즉 인식론적 문제를 보지 못하고 놓쳐버리는 것을 뜻한다.

따라서 모든 것이 그러하듯이 〔역사주의의〕 반론 속에 내포된 유형과 마찬가지로, 모든 유형의 사실성은 일반적으로 인간적인 것— 이것을 통해 역사성 전체를 관통해가는 목적론의 이성이 알려지게 된다—의 본질적 구성요소 속에 뿌리가 있다는 사실을 이 경우 우리의 시선이 자유롭게 인식할 수도 없다. 이와 더불어 역사의 총체성에 관계하고, 이것에 궁극적으로 통일성을 부여하는 전체 의미에 관계하는 특유한 문제제기가 드러난다.

만약 일상적인 사실적 역사 일반과 특히 최근 인간성 전체에 걸쳐 실제로 보편적으로 확장된 것이 도대체 어떤 의미가 있다면, 그 의미는 우리가 여기서 '내적인 역사'라 부를 수 있는 것 속에서만 정초될 수 있으며, 그러한 것으로서 보편적인 역사적 아프리오리의 토대 위에 정초될 수 있다. 곧 그 의미는 '이성의 보편적 목적론'(universale Teleologie der Vernunft)이라는 예시된 최고의 물음으로 이끌어간다.

매우 일반적이며 많은 측면을 지닌 문제의 지평을 해명한 이렇게 상론한 다음 우리가 완전히 확증된 것으로서 '인간의 환경세계는 오늘이나 그 언제라도, 따라서 근원적으로 건설한 자나 지속하는 전통이 문제가 되는 관계에서도 본질에 따라 동일한 것이다'라는 점을 기초로 삼으면, 우리는 우리 자신의 환경세계에서 '기하학'이라는 의미형성물을 이념화하는 근원적으로 건설하는 문제에 대해 더 상세하게 고찰해야 할 것을 몇 가지 단계에서 단지 미리 탐사하는 방식으로 표명할 수 있다.

현상학과 심리학

보충자료 1.[1]

심리물리적 연관은 사정이 어떠한가? 이것은 두 가지 실재성의 연관인가?

실재성의 개념과 실재성들이 존재하는 양식 그리고 진행되는 경험의 완전함에서 이 실재성들을 입증할 가능성에 근거해 앞으로 수행될 수 있는 학문적 자연에 대한 인식은 보편적이고 순수한 자연에서 획득될 것이라 전제되어 있다. 따라서 우리는 동물적 존재에 관해 '그것이, 심리적 존재를 배제하면, 자연적 실재성이고 보편적 자연과학의 주제에 포함된다'고 말하며, 그렇게 미리 안다. 일반적으로 우리는 '시간공간성 속에 존재자들의 우주인 세계는 어쨌든 이러한 점에서 이미 실재성들의 우주'라는 점, '따라서 시간공간에 존재하는 모든 것은 결코 단순한 물체가 아니어도 아무튼 필연적으로 〔그 구성요소로〕 일정한 물체를 가진다'는 점을 미리 안다.

그래서 세계 일반은 시간공간성의 장소체계(Lokalsystem) 속에 일

---

1) 제62절의 부록인 이것은 1935년 10월 작성되었다.

회적으로 현존하는 것, 즉 마치 장소성(Lokalität)을 통해 일회성으로 판단되고 단지 동등한 것이라는 형식으로 시간공간성 속에 반복해 등장할 수 있는 구체적으로 규정하는 내용들을 지니고 일정한 장소와 일정한 시간에 존재한다. 만약 추상적으로 세계(Welt)를 자연(Natur)으로 환원하면, 우리는 이미 일정한 장소와 (그때그때의 장소 속에) 일정한 시간의 존재, 따라서 '공간과 시간'(더 적절하게 말하면, '공간시간성')을 뜻하는 전체의 위치체계를 가진다. 그러면 '장소성은 (동시성과 계기繼起라는 이중의 의미로) 세계에 현존하는 모든 것(일정한 장소와 일정한 시간에 실재적으로 존재하는 것)에 대한 하나의 규정이며, 이 규정은 물리적 자연의 물체적 우주 속에 있는 물체로서 그때그때의 물체를 통해서만 확정되고, 현존하는 것에 관한 일상적 경험뿐만 아니라 물리학 자체에 순수하게 집착하는 방법을 통해 과학적으로 확정될 수 있다'는 점은 명백하다. 현재의 우리에게 우리가 교육을 받고 과학적 도구들―시계·온도계, 과학에서 전승되고 올바른 사용법이 마련된 모든 종류의 측정기구―을 다루는 방식에서 모든 장소를 규정하고 시간을 규정하는 것 역시, 비록 실천적 인간에게는 대개 은폐되어 있더라도, 자연과학적 방법―어쨌든 의미에 적합하게 순수한 자연에 고착된 방법―을 통해 규정하는 것이다.

그러나 단순한 물체가 아니라 가령 인간, 동물, 인간이나 동물의 집단 그리고 명백히 다른 방식이더라도 문화의 형성물·서적·도구·공구, 서로 다른 언어의 단어와 문장과 같은 실재성 그리고 이들의 시간공간의 장소성의 경우 사정은 어떠한가? 물리적인 것을 넘어서 이것들에 고유하게 속하는 모든 것에 따라 그 실재성은 어떠한 사정에 있으며, 그 시간공간의 장소성 그리고 이러한 상태로 일정한 공간과 시간에 존재해야 할 존재의미는 사정이 어떠한가?

우리가 인간과 동물적 존재를 충분한 근거에서 우선적인 것으로 받아들이면, 동물적 존재의 심리물리적 통일성은 가령 두 가지 실재성이 결합한 통일성이다. 이것은 (통일적인 물리적 유기체의 소멸을 뜻하는) 물체성이 변화하는 방식에서 함께 결합한 정신적 실재성, 가령 시간공간의 세계의 정신적 실재성이 사라져버리는 한, 주목할 만한 결합이다. 동시에 이처럼 변화하는 형식들을 통일하는 성질의 물체가 **생생한 유기체를 형성하듯이** 정신적 실재성을 수반한다는 것은 실로 기묘하고도 이해할 수 없는 사실성으로 나타난다. 생생한 물리적 유기체가 정신적 의미에서 죽지 않고, '정신적 측면' 없이 현존할 수 없다는 것은 어떠한 세계의 법칙인가? 어쨌든 경험의 세계에는 단순한 물체인 물체들이 충만해 있다.

그 부분이 그 자체로 고찰되고, 현실적으로 자연의 우주 속에 있는 실재적인 것이며, 그 자체로 보편적 학문, 즉 정신적인 것이 주제에서 배제된 완결된 학문에서 무한히 취급될 수 있고 취급되는 **전체**는 어떠하며, 어떤 종류인가? 그 다른 **부분**인 영혼, 즉 인간이나 동물의 주체—이것은 어쨌든 인간의 경우 정상으로는 자기 자신을 자아로 명하는 '인격'으로 명명된다—는 이제 [정신적인 것을 추상하는 것에] 대립한 추상, 즉 물체적 실재성을 추상함으로써 자신의 독자적 존재를 형성하는 모든 것과 함께, 따라서 구체적으로 파악해보면, 자신의 관점에서 하나의 실재성으로 주어지는가? 그런 다음에는 동시적이고 계기적인 자신의 시간성, 즉 일회적으로 직관적이고 가변적인 내용이 인과적 규정을 통해 항상 다시 동일하게 규정할 수 있는 곧 실재적 대상성이 되는 **개체화하는** 형식으로서, 현존성의 형식으로서 시간성과 함께 하나의 실재성으로 주어지는가?

그러면 자아 주체의 통일성은 물체의 통일성의 유비물(Analogon)로서 동시성의 형식인 정신적 공간, 정신적 시간 그리고 정신적 상호주관적 인과성과 함께, 추상적 순수함에서 자신의 독자적 세계로 생각된 자아 주체들의 우주 속에 실존할 것이다. 그렇다면 실제로 물체와 영혼은 평행관계에 있을 것이고, '어떻게 이 양자가 결합해 있는가, 따라서 이 두 세계가 하나의 세계, 즉 하나의 시간공간의 세계—어쨌든 이 세계에는 어떤 인간의 공간적 장소성과 그가 다른 인간이나 동물, 사물들과 함께하는 동시성이 유일한 공간과 유일한 계기적 시간을 통해 현실이거나 가능한 모든 물체를 포괄하는 자연의 통일성 속에서만 그 자신으로 존재하는 그 물체성 자체를 통해 항상 규정된다—에 결합할 수 있는가' 하는 물음이 제기될 것이다.

주체들이 독자적 시간공간성을 가지면, 이 시간공간성은 반드시 자연의 시간공간성과 합치한다. 어쨌든 주체들은 순수한 주관성 속에 어떠한 연장(延長)도 어떠한 형태도 서로 간의 거리나 상대적인 장소의 이동으로서 운동도 없는데, 이 모두는 명백히 본질적인 것이다. 그렇다면 우리는 이제 정신의 실재성과 그것이 세계—명백히 실재적 자연 위에 배치된 세계, 즉 완전히 독자적인 의미에서 실재적으로 존재하며 이것에서 분리할 수 없는 의미에서 자연의 인과성이 배치되고 신체로 이바지하는 자연의 물체를 통해 직접 장소가 정해지는 우주—속에 현존해 있음(Vorhandensein)을 어떻게 이해할 것인가?

주체들은 물체들이 존재하는 그곳, 즉 자연적 시간공간 속에 존재하며, 신체가 생생한 신체로 존재하는 동안 존재하지만, 독자적으로 간격이 정해진 어떠한 동시성이나 독자적 시간성도—어느 곳이나 언제라는 어떠한 독자적 위치의 체계도—갖지 않는 것 같다.

그러나 어떤 주체의 고유한 존재가 지시되는 경험에 따르면, 모든 주체는 그 자체로 하나의 시간성을 갖지 않는가? 어떤 영혼에 내재적이며 영혼의 경험 속에 명백히 지시되는 시간성은 곧 모든 심리물리적 심리학, 모든 자연적 심리학, 즉 영혼을 주제로 파악하지만 물체의 구성요소로 파악하며 영혼과 신체에서 구성된 구체적 실재성의 통일체로서만 주목하는 모든 심리학에서 문제 삼는 시간성이다.

하지만 어떻게 이 시간, 이 독자적 영혼이 계기하고 공존하는 질서가 자연의 실재적 시간과 합일되어 인간이 세계 속에 실존하는 시간의 간격으로 타당하게 되는가? 여기에는 '내적-시간적으로 일어난 일, 생성되고 변화되는 것은 물체 속에 일어난 일, 따라서 물체의 또 그 실재적 부분들의 변화와 불변—이 속에서 물체와 그 부분의 물체는 자신의 항속적 존재, 자신의 실재적 인과적 존재를 가진다—과 같은 다른 사건들과 마찬가지로 하나의 시간적 사건'이라는 사실이 이미 함축되었을 것이다. 그러나 우리가 어떤 영혼 속에 일어난 일이나 사건에서 수행되는 것을 고찰하면, 사람들은 자연 속에 인과적 사건으로 적용한 것과 같은 '변화'라는 개념의 전체 의미를 포기했다는 사실이 명백하다. 실재적 변화는 항속하는 어떤 것의 변화이며, 이 항속하는 것의 의미에는 시간공간성의 형식 속에 바로 이러한 의미의 동류-실재성들(Mit-Realitäten) 아래 인과적 양식으로 항속하는 것(Verharren)[2]이 분리될 수 없게 속해 있다.

그 의미를 근원적으로 물체적 실재성에서 획득한 모든 실재성에 대한 파악은 어떤 영혼에서 구별할 수 있는 것, 어떤 영혼이 경험으로 주어지는 것 속에 자신의 영혼 삶 자체로 지시되는 것, 게다가 현실적으로 흐르는 삶을 넘어서 ('흐름'이라는 이 단어가 표현하는 시

---

2) 이것은 어떤 현상이 그 질이나 강도, 연장 등이 변하지 않고 지속하는 기체 (Substrat)가 존재하는 방식으로, 이 성질들의 통일체인 시간의 객체 그 자체는 '항속하는 것'이다. 실체의 항속성(Beharrlichkeit)에 관해서는 칸트의『순수이성비판』제2장 '원칙의 분석론' 3항 '경험의 첫 번째 유추'(B 224 이하)를 참조할 것.

간공간성 속에) 남아 있는 그리고 아무튼 일시적으로 남아 있는 영혼 자체, 즉 동일한 인격의 속성으로 입증되는 것을 배제한다. 즉 시간 공간의 존재와 시간공간의 실재성 및 인과성—이것들을 이념화하 는 것은 수학화하는 것을 이룬다—과의 현실적 평행관계를 배제한 다. 이러한 파악의 구분 또는 어떤 영혼의 개별적 '자료' 게다가 체험 흐름의 자료로 전이하는 것은 '영혼이 그 자체로서 지시되는 경험이 완전히 자신을 입증하고 확증하는 경험의 통일성 속에 진지하게 성 취되지 않았다'는 사실을 통해서만 가능하다. 이미 자연의 측면에서 도 자연과학의 의미와 자연과학에서 실재적인 것의 고유한 본질에 서 요청되는 알려지지 않은 인과성을 탐색하는 작업수행의 의미가 진지하게 숙고되지 못했으며, 따라서 '어떻게 모든 자연의 실재적인 것이 미리부터 단지 직접 또 계속되는 간접성을 통해서만 인과적으 로 조건을 갖추는 시간공간의 실재성들의 우주 속에 있는 존재자라 는 의미만을 갖는가' 하는 점이 진지하게 숙고되지 못했다.

물리적 영역에서 자연에 대해 설명한 것을〔심리적 영역에서도〕 설명하기 위해 어떤 인간의 정신적 특성에 대해 필수적인, 게다가 유 일하게 학문적으로 필수적인 것으로서 심리물리적인 인과적 설명을 요구해야 한다는 것은 무의미하다. 이것은 물체적 존재에 관여하는 경험의 길에서 어떤 인간을 알려는 것을 뜻하며, 심리학의 또한 일반 적으로 (가장 넓은 의미에서) 생물물리학의 길에서 인간을 과학적으 로 인식하려는 것을 뜻한다. 물론 사람들은 어떤 인간을 우리가 '어 떤 인간의 지각'으로도 부르는 직접적 경험을 통해 자신에게 대립하 는 인격으로 다룰 수도 있고, 그래서 사람들이 그의 신체를 보거나 일반적으로 자신의 지각영역 속에 있는 감각적으로 나타나는 방식 들을 통해 이러한 지각영역 속에 있는 그 밖의 다른 물체와 같이 그 의 신체를 다룰 수도 있다.

〔인격을〕물체로 파악하는 것은 현존한다. 그러나 이러한 파악에는 '그 인격을 경험하면서 알기 위해 나는 경험으로서, 경험하면서 앎으로써 물체를 파악해야 한다는, 즉 물체가 원본적으로 자신을 부여하는 것과 스스로를 확증하는 것으로서 지각을 진행해야 한다'는 사실이 아직 함축되어 있지는 않다. 내가 인격으로서 그 사람의 본질을 경험하게 되면, 나는 곧바로 그렇게 사물로 지각하면 결코 안 된다. 경험작용은 자아의 과정(행사Aktus)이며, 이 속에서 나는 대상적인 것의 의미와 함께 이미 나에게 의식된 것을 그것의 본질로서 원본적으로 자기 자신을 지시하는 것으로 활동시킨다. 그러면 대상은 주제, 즉 인식의 주제가 되며, 눈앞에 아른거리거나 때에 따라서는 이미 생각된 주관적 방식에서부터 그것의 존재를 자신의 모든 그렇게 존재하는 것(So-sein) 자체에서 원본적으로 해석하는 주관적 방식으로 변경되어야 할 것이다.

　만약 물체적 신체를 탐구하면, 게다가 그 존재의 상대성을 미리 생각하는 무한성을 고려하면, 나는 물체적 규정들이나 다른 물체들과 물체적 인과성들의 관계와 다른 것에 결코 이르지 못할 것이다.

　지각영역 속에 나타나는 물체는 **표현**(Ausdruck)으로서 나에게 이바지한다. 왜냐하면 물체는 그 자체로 하나의 표현의 체계로서 나에게 주어지기 때문이다. 물체가 주목되지 못한 채 지각영역에 배경인 물체가 아니라 표현으로서 매우 주목되는 방식은 주제의 물체에 대한 경험과 혼동되면 안 된다. 자연에서는 표정의 움직임·주변의 사물들에 향한 시선·얼굴 붉힘·**두려운 충돌** 등과 같은 것이 결코 일어나지 않는다. 어떤 인간의 관상이나 관상학(觀相學)은 그 자체 속에 극복할 수 없는 폐쇄된 물체에 대한 과학인 자연과학과는 아무런 관계도 없다.[3]

　표현을 이해함에서 나는 어떤 인간을 인격으로 경험하며, 이 인격 속에는 자연적 경험이 아니라 정신적 경험인 경험의 고유한 주제가 포함되어 있다. 나는 그를, 인격 일반을 그의 고유한 존재 속에 숙지할 수 있고, 그러기 위해서는 결코 자연에 대한 인식이 필요하지 않으며, 학문적 인식의 경우에도 결코 자연과학이 필요하지 않다.

이러한 점을 가장 단순하게 파악할 수 있는 경우는 우리가 학문 이전의 인간에 대한 경험에서 어떤 인격에 관해 획득하는 지식은, 아무리 불충분하고 불완전하더라도, 어쨌든 그 인격을 향한 순수한 주제의 경험을 통해 그 인격이 '알려진 것'(Bekanntheit)으로 이끌기 때문에, 우리가 언제 어디서 그를 만나더라도 바로 이 알려진 것이 동일한 개체적 인격을 다시 알아보게 해준다는 사실이다. 여기에는 우리가 동등한 인격을 그 인격 자체로 간주하지 못하지 않는가 하는 염려가 전혀 없다. 그들은 아프리오리하게 어떠한 동등한 인격을 갖지 않고, 직접 경험할 수 있는 개체성을 가진다. 그러나 물리적 물체는 오직 자신의 시간공간의 주변 속에서만 개체적으로 규정된다. 왜냐하면 객관적 개체를 규정하는 것은 전체 자연과학, 물리학을 추가로 부담시키기 때문이다.

인격은―자신의 신체성을 통해서만―시간공간성 속의 위치, 즉 오직 자신의 고유한 양식을 통해 비로소 설명할 본래 아니게 장소가 정해지지만, 현실적으로 또 본래 시간공간성 속에 있지 않으며, 시간공간성의 위치의 체계를 통해 이 체계 속의 일회적인 것이 아니다. 인격은 그 일회성을 인격인 자기 자신 속에 가지며, 이 일회성은 그

---

3) 이해작용(Verstehen)은 기초가 되는 토대로서 지각작용(Wahrnehmen)을 가지며, 현존하는 물체는 파악되고, 현존재의 타당성은 현실적이지만, 지각된 것을 지속적으로 체계적으로 진행하는 지각작용 속에 현실화시키고 숙지하려는 의도에서 현실적인 것은 아니다. 지각은 실제로 '경험작용'이라는 단어가 의미하는 것이 아니며, 완전한 그 자체(Es selbst)로까지 숙지하는 것이나 숙지하려는 것이 아니다 - 후설의 주.

인격이 지닌 신체의 일회성과 결합해 있다. 인격을 그 본질로, 자신의 인격적 세계 속에 있는 인격으로 그리고 자신의 세계 속의 삶의 방식에서 주제로 삼는 것, 보편적 방식으로 학문적 주제로 삼는 것 — 이것은 자연의 인과성에 관해 묻는 것이 아니라, 오직 정신 속에 정신적으로 연출되는 것에 관해 또 동기부여의 통일성을 제공하는 동기부여(Motivation)에 관해 묻는 것이다. 동기부여를 일종의 인과성으로 간주하는 것 그리고 '자연의 인과성이 영혼 속으로 침투되고 우리가 아직 스스로 주어지지 않거나 알려지지 않은 것을 영혼으로 구축할 수 있게 해주는 자연법칙이 반드시 존재한다'고 생각하려는 것 — 이 모든 것은 자연과학의 사유방식에서 이해된 것으로, 이치에 어긋난다. 또한 전달하는 것(Mitteilung)을 통해 인격들을 간접적으로 숙지하는 것과 언어와 표현 일반을 통해 인격들이 전체로 결합한 것은 여기에서 확실히 발생할 물체적 자연의 경과에 자연과학의 방식으로 관여하라는 요구를 아마 내포하지 않는다는 사실도 주목되어야 한다.

그러나 '심리물리학이 본래 수행하는 것은 무엇인가, 즉 어떻게 모든 실재적인 것, 경험의 객관적인 것을 그것의 상관관계 속에 관찰할 수 있고, 이와 함께 작업을 수행하는 정신성(Geistigkeit)을 모든 실재적인 것에 곧바로 상관적으로 귀속하는 것으로서 독자적으로 탐구할 수 있는가' 하는 문제는 여전히 남아 있다.

보충자료 2.[4]

생물학은 인간의 경우 인간의 실제로 원본적으로 경험할 수 있는

---

4) 제65절 부록인 이것은 1936년 6월에 작성되었다.

인간성에서 본질적으로 이끌어진다. 왜냐하면 어쨌든 여기에서만 삶이 생물학적인 것 자체를 스스로 이해하는 가운데 원본적이고 가장 고유한 방식으로 주어지기 때문이다. 이것은 생물학 전체를 이끄는 지침이며, 더구나 동물이 그것을 통해서만 일정한 의미를 가질 수 있는 감정이입(Einfühlung)이 변화하는 형식들 모두를 이끄는 지침이다. 그러나 이 주관적인 것(Subjektives)은 세계 속에 '유기체적 삶'이라 부르는 것에 대한 지침이기도 하다. 물론 유기체적 삶이란 실제로는 아직 유비적으로 이해할 수 있는 **영혼**(*anima*)에서 유래하는 것이 아니며, 따라서 아직은 이해할 수 있는 자아성(Ichlichkeit)에서 '삶'을 갖는 것이 아니다.

그런데도 궁극적으로 하나의 자아로 그리고 여기에서는 탐구하는 자인 나 자신의 근원적 양상으로 소급되는 변화의 형식들에 대해 그것은 무엇인가? 오직 거기에서부터만 일반적으로 '유기체'라는 개념도 궁극적 의미가 있게 되고, 자유롭고 독자적으로 그 자신에 대해 기능하는 것이 아니라 오히려 곧 단순하고 필수적인 구축의 요소들인 유기체의 부분들로 이루어진 유기체를 구축하는 것에도 궁극적 의미가 있게 된다.[5]

---

5) 물론 우리는 인간에서 어떤 생물학적 아프리오리를 미리 가진다. 즉 인간에서 신체적 본능, 근원적 충동의 아프리오리를 가진다. 이것들의 충족(식욕·성욕 등)은 궁극적으로 아프리오리를 수반한다. 물론 감정이입을 통해 동물성이 실제로 경험되는 한, 동물에 대한 아프리오리도 가진다. 이와 함께 발생〔생식〕적 아프리오리를 가진다. 더 나아가 각각의 동물이 그 종(種)의 사회적 지평을—가령 개의 세계에서는 가능한 개들의 연계(連繫)에서 개방된 다수의 개의 지평을—갖는 동물적 환경세계의 구조를 가진다.

이러한 아프리오리는 '다른 동물'이라는 가설 안에서 가설로 예견되는데 이 가설은 동물로 직접 경험될 수 있는 것이 아니라 식물의 경우에야 비로소 경험될 수 있다. 물론 우리는 동물의 경우에도 동물의 공동세계(Mitwelt)의 구조를 가지며, (종뿐만 아니라 다른 동물들과 그 종의 사회성에 대한 이해도 가지며) 동물이 아닌 세계, 즉 사물 등의 〔동물과〕 대립한 구조를 가진다.

생물학은 자신의 소박하고 기술(技術)에 적합하게 수행된 방법으로 개체발생(個體發生)과 계통발생(系統發生)에 대한 생물학의 탐구[6] 그리고 개별적 동물 속(屬)과 동물 종(種)에 대한 생물학적 탐구의 '서로 떨어져 있는 것'(Außereinander) 배후에 있는 지향적으로 '서로 뒤섞여 있는 것'(Ineinander)을 반영한다. 생물학의 커다란 보편성에는 본질적 법칙들이 알려졌으며, 생물학은 직관적으로 주어진 것들을 간단하고 명시적으로 알아차릴 수는 없는 존재론을 내포한다. 그것은 자연의 존재론, 즉 자연의 수학과 유비적인 것일 뿐이다. 즉 미리 그 자체로 완결된 그리고 이 완결된 상태에서 인식에 접근할 수 있는 존재론일 뿐이다.

더구나 생물학도─모든 실증과학과 마찬가지로─소박한 학문이며, 수공예품의 더 높은 유비적인 것으로 이해된 말인 '기술품'이다. '더 높다'는 것은 생물학이 어떤 감추어진 의미, 즉 생물학이 인식으로서 기술에 적합하게 얻을 수 있게 의도하면서도 자신의 방식으로는 결코 도달할 수 없는 것의 참되고 본래의 존재의미를 내포한다는 점에 있다. 그러나 특히 생물학은 구체적인 생활세계의 이론으로서, 기술적 학문으로서, 수학과 마찬가지 방식으로 전혀 뿌리 없이, 소박한 명증성, 즉 직관의 원천에서 전적으로 차단된 단순한 기술품이 될 수는 없었다. 그 대신 생물학의 경탄할 만한 건축물은, 비록 학문 전

따라서 이미 현실적인 그리고 전혀 빈약하지 않은 동물의 존재론, 즉 안과 밖에서 동물의 존재론에 대한 실마리를 가진다. 그러나 우리가 가진 것은 무한히 미리 지시된 것으로서 〔아직〕 알려지지 않은 존재론의 무한 지평 속에 놓여 있다. 〔이 점을〕 목적론과 비교해보자 - 후설의 주.

6) '개체발생'과 '계통발생'은 생물 상호 간의 형상과 성질 등 유(類)와 종(種)에서 유사한 관계를 밝혀주는 데 중요하다. 후설은 궁극적 근원을 부단히 되돌아가 묻는 현상학적 분석을 통해 인간의 삶과 죽음의 의미문제가 여기에 있음을 파악해 다른 저술(가령 『성찰』, 제61절)에서도 언급하지만, 더 이상의 상세한 논의는 아직 밝혀져 있지 않다.

체가 어쨌든 학문적 작업수행의 강력한 존재이지만, 수학의 건축물과 같이 매우 현기증이 날 정도로 ─ 무수한 계단과 충계로 ─ 하늘로 치솟는 건축물은 아니다.

그러므로 생물학이 명증성의 원천에 가깝다는 점은 생물학이 사태 그 자체의 심연(深淵)에 그렇게 가깝게 다가설 수 있기에 선험철학에 이르는 길이 생물학에 가장 손쉬운 것이고, 참된 아프리오리, 즉 생명체의 세계가 거대하고 끊임없는, 하지만 즉시 아프리오리로 (절대적으로 보편적이며 필연적인 것으로) 파악될 수는 없는 보편성으로 지시하는 아프리오리에 이르는 길도 가장 손쉬운 것이다. 생물학이 외부에서 볼 수 있고 유의미하게 방법적으로 결부된 보편성을 보편적이며 체계적으로 해명함으로써 발견하는 것은 언제나 다시 선험적 문제설정을 낳는다.

그래서 외견상 수학과 물리학에 뒤떨어지는 ─ 그토록 오랫동안 물리학주의가 '미래의 물리학적 설명의 불완전한, 단순히 기술하는 이전 단계'로 거의 동정해 간주한 ─ 생물학은 처음부터 철학과 참된 인식에 더 가까이 남아 있을 수 있던 것으로 나는 본다. 왜냐하면 생물학은 그 진리와 이론을 논리적으로 구축하는 놀랄 만한 상징〔기호〕적 기술(技術)에 결코 위협받지 않았기 때문이다. 그 논리적 구축작업은 수학과 물리학을 사실적 작업수행에서 사실상 하나의 기적으로 만들었고, 하나의 기적과 같이 이해할 수 없게 만들기도 했다. 물리학주의의 편견은 오직 제한된 한계에서 생물학에 속하는 물리학주의의 문제와 연구가 과대평가되는 한에서만, 기술하는 것 ─ 생물학의 본질적인 것 ─ 이 많은 생물학자를 이끌지 못하는 한에서만, 생물학에서 방해가 될 수 있었다.

실제로 생물학에 대해서는 그 본질에 고유하게 유일한 연구형식은 순수한 객관성에서 기술하는 성격(Deskriptivität)이다. 이 기술하는 성격은 존재론적이지만 해명되지는 않은 보편성에서 그 자체로 소박한 지침을 지닌다. 그에 따라 생물학은 그것을 넘어서 생활세계와 그 구성에 관한 선험적 고찰방식 또는 우리가 원하면, 선험적-심리학적 고찰방식으로 생물학에 제공된 과제 이외에 다른 어떠한 설명하는 과제를 갖지 않는다. 생물학은 그것을 통해 곧바로 궁극적 명증성의 원천에 입각한 이해라는 의미에서 설명의 단계에 도달했지만, 물리학자의 **설명**은 그 설명이 세계에 관해 인식하는 것을 모든 실제의 인식에서 단절되어 '이해할 수 없게' 인식한다.

데카르트 이래 수백 년은 수학의 기적에 의해 현혹되었다. 여기에는 〔올바로〕 이해할 원천으로 환원시킬 고유한 길이 필요하다. 수학과 물리학이 직관과 상징적 표현을 실천적으로 결합한 상징적-기술적 방법학과 그 실험기술 가운데 '기술(技術)에 적합한 것'에서 완전히 해방되고 선험적으로 의미를 부여하는 것을 되돌아가 물어야 할 필연성을 통찰하는 것이 매우 어렵고 비교할 수 없을 정도로 어렵다는 사실은 수학과 물리학의 본성이다.

생물학은 구체적이고 진정한 심리물리학이다. 생물학은 곳곳에서 그리고 필연적으로 보편적 과제를 가지며, 이러한 점에서 천문학적 무한함에 이르고 (비록 가설적으로 포장되었지만) 어쨌든 절대적 보편성이라는 의미를 충족시키려는 법칙들에 도달하는 물리학보다 불리한 처지인 것처럼 보인다. 그러나 단지 그렇게 보일 뿐이다. 생물학은 단지 외견상으로만 우리의 작고 하찮은 지구에 한정되고, 인간학으로서는 지구에서 '인간'이라 부르는 지구의 이 미미한 생명체에 한정된다.

세계 일반이 그 의미와 존재에 따라 그것이 의미하는 것을 우리에게 의미하는 궁극적 명증성의 원천으로 되돌아감으로써 그리고 여기에서 결과로 발생하는 생각할 수 있는 모든 본질의 필연성으로 되돌아감으로써 다음과 같은 사실이 밝혀진다. 즉 생물학은 '독일 동물학'이나 '바덴[지방] 식물계의 식물학'처럼 보잘것없는 지구에 하나의 우연적 분과가 아니라, 보편적 생물학은 물리학과 같이 동일한 세계의 보편성을 갖는다는 사실이다. 우리가 가능성으로 이야기할 수도 있는 '금성(Venus)-생물학'이 가질 수도 있는 모든 의미를 생물학은 우리 생활세계의 근원적 의미형성에 힘입고 있으며, 이로써 우리의 생물학을 통해 이러한 의미형성을 이론적으로 계속 형성하는 것에 힘입고 있다.

물론 생물학은 자신의 보편적 과제와 함께 무한한 지평을 갖는데, 그 자체로 다시 지평들로 분절되는 이 지평은 동일한 의미에서 여기에서부터 모든 무한함 속에 포함되어 포괄하며 도달하는 법칙에 대한 인식을 생각할 수 있는 목표로서 생물학에 맡기지는 않는다. 그러나 이에 대해 생물학은 단순히 추상적인 세계구조에 관련된 수학이나 물리학과 같이 단순히 형식적인 것은 아니다. 오히려 실제로 보편적 생물학으로서 그것은 이 경우 물리학도 포함해 전체의 구체적 세계를 포괄하며, [이것들의] 상관관계를 고찰함으로써 전적으로 보편적 철학이 된다.

■부록 6

'결론'(제73절)과 '속편'에 관한 보충자료[1]

'결론' 보충 1.

자아가 자기 자신에 제기하는 자기성찰(Selbstbesinnung)의 문제
는, 자아가 노력하는 것의 전체로서 그리고 개별적으로 활동하면서
실현하는 것의 전체로서 이 전체 삶 속에 목표로 삼는 문제이다. 이
러한 성찰의 가능성, 더 적절하게 말하면, 능력은― '인간'이라는 말
이 활동적 삶에서 항상 이해되고 있듯이―자기 자신을 '자아'라 주
장하는 '인격'으로서 인간의 근본적 본질에 속한다.

자기성찰의 성과는 미래에 행동하는 삶 일반을 궁극적으로 조화
시키는 충족의 양식에 관해 일정한 통일성을 선취(先取)하는 표상이
다. 이것은 가능성으로서, 능력으로서, 모든 노력하는 것을 통해 그
리고 모든 특수한 행위를 통해 목표를 관철하려는 통일적 충동이 이
렇게 노력하는 것과 특수한 행위에서는―자연적-감각적 삶의 경우

---

1) 이 보충자료들은 '유고 K III 6'로서『후설전집』제6권의 편집자인 비멜이 부
록 24부터 28까지로 실었다. 그에 따르면 '보충자료 1'은 1934년 9월, '보충
자료 2'는 가을경, '보충자료 3'은 늦은 가을, '보충자료 4'와 '보충자료 5'는
1935년 여름에 작성된 것이다.

가 그러하듯이—어떠한 충족이나 비상대적인 결말도 찾지 못하거나, 개별적인 실제의 충족(물론 이 속에는 높은 가치가 있다)에 이르지만 낮은 단계의 감각적 충족과 혼합되었다는 점에서 성립하는 고정된〔흔히 있는〕다른 가능성과 구별된다. 자아는 낮은 단계나 높은 단계의 가치 있는 삶을 위해 투쟁하면서 '자아는 궁극적으로 자신에게 불리한 것을, 자아가 자기 자신과 투쟁하게 하는 (감정으로 표현하면, 불행에 빠트리는) 삶과 노력하는 방식을 얻으려 추구한다'는 사실을 가장 깊은 불만의 형식으로 의식하지 않을 수 없는 상태에 언제나 이른다.

자신의 '삶의 의미', 자신이 '본래 목표를 관철하려는 것'을 충족시키는 것으로서 현존재를 가능케 만드는 양식을 선취하는 것은 필연적으로 이 선취를, 과거의 삶에 관해 과거의 개별적 의욕과 행동을 확증하거나 말살하는 것으로서, 즉 인격성의 궁극적 근거에 입각한 의지의 비판(Willenskritik)[2]으로서 미래의 삶을 지배하는 것으로, 그에 상응하는 보편적 의지로 변경시키는 결과를 낳는다. 인격적 존재의 양상을 자신을 지배하는 형식으로 근원적으로 설립하는 의지는 습득적이 된다. 그리고 직접, 즉시 '미리 갖는 것'(Vorhabe)〔추구하려는 목표〕의 생생한 명증성에서 실현될 수 없는 모든 의지는 형편이 좋은 경우, 자신의 시기가 오면, 동의를 이끌어내 해소하는 방식으로 충동의 특수한 형식으로 변경된다.

이 경우 '미리 갖는 것'의 명석함이 결여되었기 때문에 왜곡과 기

---

2) 칸트뿐만 아니라 후설도 '이성비판'이라는 용어는 자주 사용하지만, '의지의 비판'이라는 용어는 다소 생소하다. 그러나 이 점에서 후설 현상학을 '주지주의'로 파악하는 것은 왜곡된 오해이다. 그에 따르면 대상을 인식하려고 "묻는 작용도 ……실천적 행동으로서 의지의 영역에 속한다"(『경험과 판단』, 372~373쪽). 결국 그의 '이성'은 인식과 실천, 가치의 영역을 포괄하는, 근원적으로 통일시키는 인간성이 지닌 끊임없는 의식의 흐름이다.

만, 따라서 착오가 일어날 수 있다. 따라서 모든 '미리 갖는 것', 특히 다양한 매개를 지향적으로 함축하는 '미리 갖는 것'은 반복적 성찰, 즉 근원성을 새롭게 하는 반복, 그 본래 의미의 명증성을 요구한다. 이것은 현존재의 총체성에서 궁극적 의미를 향한 의지에 최고도로 타당하다. 왜냐하면 자신의 하나의 보편적 의미, 즉 보편성 속에 있는 동일한 의미를 충족시키고, 자아가 현존재 속에 자신이 노력하고 작업함으로써 목표를 관철하려는, 이 속에서 자아가 자신의 동일한 의미의 자아로서 목적론으로 일관되게 충실히 남는 것을 일관되게 욕구하고 활동적으로 실현하는 자아로서 존재의 순수한 동일성의 양식으로 있는 현존재가 보편적으로 '미리 갖는 것'은 자기성찰을 새롭게 함으로써, 즉 흐르면서 변경되는 전체 상황을 비판적으로 투시하고 직접 실천해 접근할 수 있는 환경세계로서 그때그때 가까운 상황에 집중하는 조망을 새롭게 하고, 자기비판으로서 성찰로 반복해 명백하게 해야 하기 때문이다.

그러므로 우리는 인격적 현존재에 두 가지 인간적 단계를 가진다. 하나는 아직 궁극적 자기성찰을 수행하지 못했고 자신 속에 자신을 지배하는 근원적 건설을 수행하지 못한 한, 아직 완전한 의미에서 인격은 아닌 인간의 단계이다. 다른 하나는 그러한 것을 이미 수행한 인간의 단계이다. 자기성찰은 완전한 인간으로 되고 완전한 인간성을 실현하는 끊임없는 기능으로 남아 있다.

사람들은 '자기성찰이 시간공간의 사실의 세계 속에 있는 하나의 실재적 사실(Tatsache)로서 인간이, 즉 보편적 자연 속에 있는 자연의 객체로서 인간이 겪는 조망이나 판단에 적합한 해석이 아니다'라는 점을 안다. 이러한 숙고와 이론적 작업수행은 심리물리학자의 것, 즉 자연과학적 동물학자나 식물학자의 것이다. 그러한 이론적 태도는, 계속 지배하는 생물학주의가 생각하듯이, 학문적으로 가능한 유

일한 태도가 아니며, 그 자체로 최초의 그리고 그 자체만으로 관철될
수 있는 태도도 아니다.

오히려 그것은 내가 자아로서 수행하며 그 속에서만 내가 나의 궁
극적 의미―나의 목적론적 고유한 본질―를 가능성으로 성찰할 수
있는 자기성찰의 근거에 놓여 있는 인격적 태도의 가능성을 항상 곁
에 두고 있다. 나의 심리물리적 존재에 대한 또 그 속에서 나의 신체
에 영혼을 불어넣는 것(beseelen)³⁾으로서 나의 존재에 대한 자기경험
인 자연적 자기경험은 내가 나의 애정·노력·의욕·행위의 자아로서
나를―결국 나의 목적론적 본질에 대한 목적론적 비판을 통해 나의
삶의 의미를 추동해가면서 ― 파악하고 고찰하는 자아(에 대한)반성
과 날카롭게 구별되어야 한다. 자아를 자아로서 스스로 고찰하는 것
은 이러한 자아를 물체적 신체에 영혼을 불어넣는 자아로, 이 신체와
더불어 보편적인 시간공간의 자연에 편입된 것으로, 물체가 있는 바
로 그곳에 함께 현존하면서 물체적 신체에 속한 것 등으로 통각 하기
위한 전제이다. 그런 다음에야 비로소 장소가 정해진 자아, 자연화된
자아인 자아는 전체 자연의 귀납적 연관 속에 등장하고, 물리적-자
연법칙적인 것을 넘어서 심리물리적인 전체 그리고 이 속에서 등장
하고 사라지는 영혼의 사실들을 규제하는 귀납적 규정에 관해 심문
할 수 있게 된다.⁴⁾

내가 자아로서 수행하는 순수한 자기성찰은 인격들 가운데 (하나
의) 인격으로서 나에게 이끌고, 나의 의식 속에 의식된 것으로, 나에

---

3) 이에 관해서는 이 책 제60절의 주 18)을 참조할 것.
4) 실존적 자기성찰, 높은 단계의 비판적 활동 속에 나의 자아의 모든 작용과 이
   것이 획득하는 것은 더 낮거나 높은, 올바르거나 바람직하지 못한 의미를 비
   판적으로 드러내 밝힌다. 그 결과 사실을 인식하려는 이론적 태도와 (이를
   통해) 수립된 사실들 자체의 목적(Wozu)은 나에게 명백해진다 – 후설의 주.

게 나타나는 것으로, 나에게 타당한 것으로 나에게 속하는 나의 자아와 관련된 환경세계의 자아로 나에게 이끈다. 그리고 감정이입을 통해 동료 인격들에게 이끈다. 이 동료 인격들은 그들 자신을 자아로 의식하고 성찰할 수 있으며, 환경세계를 그들의 환경세계로 경험한다. 이들을 나는, 마치 그들 자신이 그들의 환경세계를 감정이입의 연쇄 속에 서로 함께 또 나와 함께 동일한 환경세계, 즉 단지 나타남의 서로 다른 방식을 통해서만 모두에게 제시되는 환경세계로 경험하는 것처럼, 그 안에서 모든 자아 주체가 신체적으로 현존재하고 심리물리적으로 자신의 위치를 자연으로서의 환경세계 속에 갖는 환경세계로서 경험하는 것처럼, 감정이입을 통해 동일한 환경세계의 주체로 의식한다.

나에 대해 반성하면서 나는 나를 나의 삶의 주체, 우선 나의 '세계-의식-삶'(Welt-Bewußtsein-Leben)의 주체로 발견한다. 왜냐하면 이 속에서 나는 나에게 존재하는 모든 것, 나에게 이미 타당성을 획득하려 해서 획득된 것과 여전히 획득되어야 할 모든 것을 갖기 때문이다. 그리고 그 속에 그러한 보편적 획득물로서 나에게 존재하는 세계, 이 세계 속에 자연적으로 존재하는 동료 주체들과 동시에 세계에 대해 공동 주체로서 나에게 존재하는 공동 주체들을 갖기 때문이다. 즉 나의 발생적 자아-주변(Ich-Umgebung), 어쨌든 나를 둘러싸는 것으로서 나의 의식 속에 타당하게 된 인격들의 주변, 즉 나의 자아가 에워싸면서도 아무튼 동료 주체들로서 에워싸는, 나를 에워싸고 그들에게 함께 존재하는 모든 주체를 에워싸는 등 인격들의 주변을 갖기 때문이다.

인간은 단순히 심리물리적 실재성으로서 사실의 세계 속의 사실들로서 존재할 뿐만 아니라, 다른 존재, 즉 외적으로 결부된 것이 아니라 어떤 것에 의무를 지닌 것으로서 일정한 인격적 전체 속에 인격으로서 존재한다. 우리는 이미 정상적 국가에 결속된 어떤 민족 속에, 지배와 예속의 관계에 따른 의지의 질서를 갖는 일정한 국가의 질서 속에 존재하는 현존재보다 높은 〔차원의〕 형식의 인간적 현존재의 정상성을 전제한다. 이러한 정상성에서 성숙한 모든 인격은 자신의 기능을 지니고, 각자는 자신의 과제를 가지며, 이 과제를 행동하면서 충족시키며 산다. 그리고 모든 과제와 이 과제를 충족시키는 것은 각 인격 자체에서, 비록 명시적으로 의식되지도 않고 전체로서 주제가 되지도 않지만, 의식의 지평으로 현전하는 그들 나름의 종합적 통일성을 지닌다. 이것은 오히려 모든 특수한 주제, 특수한 목적에 이러한 주제의 지평 속의 주제로 있다는 의미를 부여하는 끊임없는 지평이며, 그 과제를 충족시킬 의무를 진 그때그때 인격에 부과된 과제 전체 가운데 일부 과제를 충족시키는 것이다.

따라서 이러는 가운데 우리는 '철학'도 과제로, 인격적 직업(Beruf)으로 발견한다. 그러나 거기에서 우리는 정상적 국가-민족-전체(공동체 전체) 속에 있는 모든 직업과 마찬가지로 이 직업의 고유한 특성을 발견한다. 기업의 경영으로 공동체화된 직업의 일에서 직공·장인·노동자·국가에 봉사하는 공무원—물론 때에 따라 그는 자기 직업생활의 의미를 성찰하지만—은 그에 대해 어떠한 역사적 성찰도 해야 할 필요가 없다. 그러나 철학자는 다르다. 철학자로서 자신의 현존재는 그 밖의 민족이나 국가의 현존재 구조에 속하는 각각의 직업과 그 직업들 전체와는 다른, 아주 특별한 의미에서 '역사적'이다.

인격으로서의 모든 인간은, 인격으로 정신적으로 이해할 경우, 역사적 통일성 속에 있는 자신의 발생적 연관 속에 있다. 이 역사성은 과거의 사실성들의 귀결일 뿐만 아니라, 모든 현재 속에, 즉 그 사실성 속에 은폐된 정신적 유산으로서, 지금의 인격이 형성했던 과거와 그 인격의 형성물로서 자신 속에 지향적으로 함축된 과거로 함축되어 있다. 모든 인간이 자신의 존재와 자신의 발생성(Generativität)에 관해 모호하게 일반적으로 아는 지식은 이러한 사실에 관련된다. 그러나 이 발생성은 그에게 일반적으로 현재의 인격과 오래전에 죽은 인격들의 연쇄로 존재하는 것은 아니다. 오래전에 죽은 인격들은, 비록 죽었지만, 어쨌든 지금도 여전히 (추후에 이해함으로써 여전히 추후에 산출할 수 있고 임의로 자주 반복할 수 있는 그들의 사상이나 저술과 함께) 현실적으로 현존하며, 현재에 사는 사람들의 사상을 언제나 다시 풍요롭게 하고, 촉진하거나 때에 따라 방해하면서 어떻든 그들의 직업에 적합한 현존재에서 그들에 동기를 부여한다.

다른 한편 그것은 역사철학자와 관련해 마찬가지로 명백하다. 철학적 과거는 현재의 철학자에게 현실적으로 동기를 부여한다. 이것이 철학자의 지평―세대들과 그들의 저술·사상―이 지닌 고유한 양상이다. 각각의 철학자는 철학적으로 공존하는 가운데 자신의 사상을 형성했고 이렇게 공존하는 가운데 새롭게 등장하는 새로운 철학자에게 영향을 끼쳤던 모든 철학자를 포괄하는 자신의 역사적 지평을 가진다. 이러한 영향은, 과거 사람들의 영향이 (아직 살아 있는 사람들도 마찬가지로) 반복해 새롭게 삽입될 수도 있고 새로운 동기 부여를 통해 새로운 것을 성취할 수도 있으며 다양하게 변형시키고 또 변형시키면서 영향을 끼칠 수 있는 한, 단 한 번으로 지나가는 것이 아니다. 살아 있는 사람과 죽은 사람은 결코 궁극적으로 단절되지 않고 공존해, 즉 철학을 할 수 있게 공존해 있다.

물론 이렇게 공존하는 것은 때때로 단절될 수 있고, 특수한 철학적 발생성은 때때로 생생한 번식력을 상실하기도 한다. 그러나 기록된, 이러한 기록의 형식으로 침전된 사상은 (어떠한 상황이 문제가 되더라도) 다시 소생할 수 있으며, 따라서 철학적 인격성도 구체적 인간으로가 아니라 그들의 개념·이론·체계를 사색해 구성하는 주체로 다시 소생할 수 있고, 그러면 새로운 정신적, 즉 철학적 발생성이 이와 함께 삽입되는 동시에 비철학적 시간들이 단절된 것을 이어준다.

현재 인간의 세계 속에, 그 국가의 현재 속에 그리고 국가 자체와 더불어 현재 유럽에 사는 철학자는 이 현재 속에 자신이 받는 영향―현재 속으로 직접 파고들어 오는 영향―의 현실성을 가진다.

그러나 철학자로서, 사상가로서 그에게는 철학적 현재가 철학적으로 공존하는 총체적 총괄이며, 철학 자체의 역사로 그리고 역사적으로 동기가 부여된 자인 철학자들의 역사로 잘 이해된 철학사(哲學史) 전체이다. 자신의 필생의 과제에 매달리고 이 과제에서 그의 환경세계를 통해 촉발되고 그에 상응해 동기가 부여된 자인 철학자는 무엇보다 또 어떤 경우든 철학자들과 가장 먼 과거까지 철학적으로 작용하는 그의 환경세계를 통해 동기가 부여된다. 철학과 철학의 발생을 근원적으로 건립하는 것에까지 소급되는 이 환경세계는 철학자의 생생한 현재이다. 이러한 범위 안에서 철학자는 자신의 공동작업자, 동참자를 가지며, 아리스토텔레스·플라톤·데카르트·칸트 등과 교제한다. 단지 후계자들이 그들의 철학적 실존에서 죽은 사람들에 의해 변형되듯이, 죽은 사람들은 그들의 철학적 실존에서 후계자들에 의해 변형될 수는 없다. 미래의 발전은 살아 있는 자들의 몫[일]이며, 그것을 계속 형성하는 것은 미래를 창조하는 것이다. 그러나 미래는 죽은 사람들의 정신을 다시 생생하게 만든다는 성격을 지닌 끊임없는 활동을 통해 그들의 근원적 의미에서, 즉 인간으로서는 지나가 버렸지만 현재의 새로운 것으로 또 언제나 새롭게 철학적으로 작용하는 것으로 지나가 버린 것이 아닌 과거 사상가들이 의미를 형성하는 것을 통해 추후에 이해함으로써 생성된다.

환경세계의 현재 속에 아직 소명을 받았다는 확실성, 즉 자신의 과제에 소명을 받았다는 확실성에 살지만 철학이 이러한 확실성으로 위협을 받는다고 인식하는 현재의 철학자에게 이제 어떠한 역사적 성찰이 요구되는가? 그 성찰은 명백히 철저한 자기책임의 성격을 가져야 하며, 더구나 자신의 인격 속에 일어나면서도 어쨌든 현재의 철학적 공동체 전체의 공동체 책임이라는 성격을 띤 철저한 자기책임의 성격을 가져야 한다.

철학적 발생성에서 현존재로서 '철학자의 현존재'라는 의미에는 이러한 발생성 자체에 대한, 따라서 생생한 불꽃이 아직 타오르지 않는 것을 점화할 수 있듯이 소명이 또 다른 소명을 일깨우는 방식으로 소명을 받은 자들이 계속 이어지는 고유한 전통에 대해 '역사적으로 되돌아가 묻는 것'(Rückfrage)이 놓여 있다. 그러나 위태롭게 하는 회의주의는 역사적 조망 속에 자신의 발판이 있으며, 끊임없이 거부하는 사실과 이렇게 거부하는 데 아무런 성과가 없다고 입증할 수 있기를 의도하며, 철학의 목적의미가 공상(空想)이라는 점을 추론할 수 있을 것으로 믿는다.

아직도 소명 속에 살아가는 철학자의 근본적 성찰은 다음과 같은 것을 목표로 설정해야 할 것이다. 즉 철학자는 위대한 본질적 의미를 형성하는 것—이렇게 의미를 형성함으로써 철학은 자신의 최초의 모호한 근원적으로 건설하는 것에서부터 점차 세분화된 과제들의 체계, 즉 근원적으로 모호한 의미들의 명증한 해명항(解明項)으로서 자신을 제시하고 체계들을 통해 충족시키는 형태를 스스로 마련하는 과제들의 체계로 이행한다—을 추구하는 가운데 자신의 역사성에 입각해 자신의 소명이 지닌 의미를 정당화하는 것을 목표로 설정해야 할 것이다.

'결론' 보충 2.

철학은 미리 주어진, 역사적으로 미리 주어진 세계에 이성(*Logos*)의 윤곽을 드러낸다. 그 세계는 신화적 인간성(구체적으로는 이러한 신화적 인간성)의 역사적 상황 속에 자신을 확증함으로써 자신의 신화적 실제성을 갖는 삶의 환경세계(Lebensumwelt)로서 학문 이전의 신화적 세계이다.

일정한 시대의 학자세대는 학문 이전에 인간이 자신의 민족과 그 공통의견(*communis opinio*)에 관계하는 것과 유사하게 그 시대의 학문(이러한 세대의 공통의견, 즉 보편적으로 승인된 진리, 보편적 방법으로 정초해 획득된 진리)에 관계한다. 모두에 타당한 이러한 것은 확장되고, 어느 정도는 그 시대에 교양을 갖춘 인간성 속에 확장된다. 그러나 학자세대가 계속 진행됨으로써 보편의견(*allgemeine opinio*)이 역사적으로 남아 있으면서도 변경되는 것과 유사한 것은 없다. 왜냐하면 학문적 세대인 철학적 세대는 철학적-역사적 연계, 여기에서는 특히 이전 세대들과 의식적으로 연계되어 살기 때문이다. 즉 문서로 증명해 비판하면서, 수정하고, 일면성을 드러내 밝히고, 함께 포함되었지만 이전에는 주목되지 않았던 문제의 지평들을 개시하며, 이러한 모든 작업에도 (가령 단순한 말이 아닐) '규정되지 않음·막연함·모호함'을 드러내 밝히고, 이에 상응해 새롭고 더 정확한 개념과 새로운 연구의 문제를 계획하면서 살기 때문이다.

명백하고도 학문적으로 책임을 지는 역사적으로 되돌이켜 고찰함으로써 이렇게 고찰하는 자에게는 과거의 학문(그 당시에도 보편적으로 타당했던 이론·문제·방법)의 사실성과 학문의 진보 또는 정당한 학문적 성격의 단계가 구별된다.[5] 그런 다음 역사는 항상 더 완전한 진리로 발전하는 목적론을 부여한다. 이후의 것은, 지금, 즉 자신의 현재에 보편적으로 타당하므로, 이전의 것에 대한 척도가 아니다. 오히려 이후의 명증성은 이전의 명증성 등을 비판하는 데에서 유래하는 것으로 이전의 명증성도 함축적으로 포함하고, 그것의 상대적 권리로 또 동시에 이후에 부당한 것으로서 논리적으로 통찰할 수 있는 것으로 환원한다.

모든 현대의 학문은 '논리적'이라 자처하고, 현재에 미리 주어진 이 세계를 비록 근원성으로 최대한 복원할 수 있는 타당성이더라도 진술에 적합하게 공동화(空洞化)된 것으로서 침전된 미리 주어진 학문적 타당성과 더불어 계속 진보하는 통찰로 이끈 학문, 비록 전승된 것을 비판적으로 정교하게 만들었지만 개념들과 문제들이 넘치는 등 개선되어 풍족한 학문이라 자처한다. 그러나 특수과학의 과제는 철학적 과제의 한 부분이며, 추상적 세계의 영역이고, 특별한 관심에 의해 우선적으로 다루어진 영역으로, 보편적 영역의 한 부분이다. 모든 직관할 수 있는 것과 그 의견들, 또한 그 학문들과 논리적으로 통찰할 수 있는 토대, 즉 침전된 이성도 속하는 미리 주어진 것의 토대 위에 논리적으로 통찰할 수 있는 토대와 함께 미리 주어진 전체의 세계가 속하는 세계의 한 부분이다.

학문의 역사가 함께 등장하면 사태는 더 복잡해지는데, 사실적 과거, 사실적 철학을 타당한 것으로 밝히는 이 학문도 사실성의 진리에 관해 자신의 이성을 지녀야 하기 때문이다. 게다가 역사적 시대에 역사가(歷史家)의 비판적 평가를 통해 자신의 현재에서 타당한 학문적 진리에 이르기까지 진리의 단계가 구성되는 역사(Geschichte)의 역사(Historie)[6]도 지녀야 하기 때문이다.

---

5) 이것은 『엄밀한 학문』에서 문화의 현상으로서의 학문과 타당한 이론의 체계로서의 학문, 세계에 관한 경험과 지식인 '세계관'과 무한한 진리의 이념을 지닌 엄밀한 학문으로서의 '철학'을 구별했던 것과 같은 맥락이다.

이제 다음과 같은 사실을 숙고해보자. 즉 모든 학문과 철학과 관련해 모든 것을 숙고하는 자인 나는 모든 학문에 의식에 적합하게 내재하는 역사성(Geschichtlichkeit)과 이 학문의 명백한 학문적 역사가 형성되는 동기부여를 해명하고, 관여하는 학자로서, 관여하는 철학자로서 논의한다는 사실이다. 이와 함께 나는 나에게 일과가 있으며, 그것을 해결하기 위해 곧바로 작업해야 할 문제가 있다는 사실을 스스로 깨닫는다. 상황에 따라 나는 학문 전체에서 내가 나 자신을 한정한 무한한 부분의 영역을 취급하는 것으로 파악된 필생의 과제로 일정하게 무한한 주제제기도 가진다.

그러나 나는 그렇게 함으로써 전체에 대한 책임을 면제받는가? 어떤 부분은 그것을 넘어서 도달하는 의미연관과 존재연관에 무관심한 채 그것의 존재가 독자적으로 존재하는 그 자체만의 어떤 사물인가? 고유한 전문가가 추구한 전문과학 자체도 세계에 관한 총체적 학문, 즉 근원적으로 성장한 과제의 의미에서 철학의 단순한 부분이 아닌가?

이러한 점을 고려하면, 나는 나 자신과 모든 학자 그리고 철학자를 위해 일정하게 구별하지 않을 수 없다.

1) 나는 내가—교육과 학설을 통해 성장해간—이 시대의 보편타당한 학문의 토대 위에 학문적 공통의견으로서, 이 학문적 시대상황이 동기를 부여하는 가운데, 바로 이렇게 교육받은 모든 사람을 위해, 공동체를 이루는 우리 모두를 위해 가르치고 그 속에서 연구한다는 의미에서 나의 시대, 즉 현재의 철학자이다. '의심할 수 없는 것'은 방법에 관계하고, 단적으로 철저하게 잘 정초된 진리로서 타당한 것에 관계하며, 따라서 정초들 그 자체에 관계한다. 왜냐하면 방법적

---

6) 이 두 용어의 구별에 관해서는 이 책 부록 1의 주 14)를 참조할 것.

정초가 결과에서 일정한—우리의 시대상황에서는 어쩔 수 없이 명백한—개연성을 갖더라도, 그 '의심할 수 없는 것'은 일찍이 또는 이전에 구상되었고 지금은 이미 해결된 것인 학문적 문제설정으로 타당한 것에 관계한다. 그것은 그 시대의 어려움, 해명되지 않은 문제, 수수께끼 등으로 간주하는 것에도 적용된다. 그것은 그 시대의 소유물이고, 그 시대를 위해 존재하는 연구분야이며, 특히 그 시대에 처리된 것과 (이미 근거에 입각해 정초하는 방식을 통해) 체계적으로 관련된 것의 영역이다.

명백히 그것은 각각의 현재에 대해 전체 연구, 즉 학자공동체가 연구하는 주요한 특징을 밝혀준다. 마치 부자(富者)가 보통 지금까지 획득한 (때에 따라 일해서 벌고 조상에게 받은) 재산 전체를 앞으로 계속 증식시킬 밑천으로 갖듯이, 인식의 부자는 우선 학자로서 계속 활용할 (밑천으로) 그의 완성된 획득물을 갖는다. 이렇게 완성된 획득물은 그때그때의 '시대'나 '현재'에서 학문의 공통의견이다. 이러한 장(場)에서 각자는 자기의 자리에서, 그 자신의 부분 문제와 부분 영역에서 연구한다. 이러한 장에서는, 그것이 미치는 한, 당연히 각자가 고려해야 할 일정한 내적인 의미연관이 지배하기 때문에, 서로 다른 과제와 영역에서 연구하는 자도 전체 영역을 연구하는 자들이 추구하는 것을 간과하면 안 된다.

그러나 이 모든 것, 공통의견으로서 시대적 학문의 총체적 장(場)도 세계 자체에서 절단된 단지 하나의 단편이다. 세계 자체는 현재뿐만 아니라 계속될 현재를 통해, 즉 시대를 관통해 학문—최상에는 철학—의 끊임없이 무한한 주제이고, 주제로 남아 있다. 모든 학자는, 이 점에 관해 명백하게 생각하지 않거나 그 시대 속에 살면서 잠시 이 점을 망각했더라도, 이 점을 안다.

이러한 학문과 관련된 일정한 지향, 일정한 과제(이 과제를 연구하지 않은 자도 이 과제를 요청된 것으로, 이 시대에서 탐구하는 모든 사람에게 동기를 유발한 것으로 인정하는 한, 보편적으로 타당한)를 포함해 내가 말하는 이 일시적으로 완성된 학문은 그의 시대와 모든 시대에서 심문되지 않은 물음, 즉 적어도 막연한 미성숙으로는 포착할 수 없는 어설픈 물음의 개방된 규정되지 않은 지평을 지닌다. 그리고 이러한 물음과 관련해 학문이 미래에 진보할 지평을 지닌다. 이 지평은 학문의 실제 연구와 해결된 진리를 통해 새로운 물음을 규정해 제기하고 이렇게 함으로써 지금은 아직 완전히 공허한 예견인 진리의 새로운 영역을 규정해 제기하려는 동기부여를 제공한다.

2) 시대의 학문은 물론 개방되어 무한하고 결국 무한하게 생각된 학자 세대의 계열에 관련된 미래지평뿐만 아니라, 모든 것의 배후에서 현재 연구가 연속되는 역사성의 지평으로서 무한하지 않지만 일정한 과거지평도 지닌다.

모든 현재의 유한함도 그 현재가 처음부터 그 문제·방법·성과에서 무한한 지평 속에 놓여 있다는 데 있다. 이 지평은 시대 또는 그것을 학문적으로 획득('공통의견'이라는 앞에 서술한 의미에서)하는 경과에서 진보노선에 포함하고 싶으며, 이렇게 함으로써 과제를 지니고 그런 다음 성과를 거둔 공허한 지평(Leerhorizont)[7]을 점유하고 싶지만, 앞에서 상술했듯이, 이미 일깨워진 문제도 그 문제를 추구했던 동기부여가 무력해짐으로써 실패하게 된다.

그래서 다음과 같은 결과가 생기는 것처럼 보인다. 우선 무한한 과제로서의 학문은 고유한 의미에서 하나의 전체학문(Allwissenschaft)이라는 '철학'의 부분과제이다. 철학은 세계 전체, 즉 세계를 인식하

---

7) 이것은 미리 예측해 아는 것이 내용에 따라 규정되어 있지는 않았지만, 친숙한 유형을 통해 앞으로 상세하게 규정될 가능성들의 활동공간을 뜻한다.

는 과제를 스스로 제기한다. 세계는 그때그때 현재의 세계이다. 현재의 세계는 지속적으로 현재의 세계로서, 지속적 현재로서 지속적으로 과거로 변경되고 미래의 현재를 포함한다. 그러나 흐르는 현재는 보편적으로 흐르는 그 세계의 과거와 세계의 미래에서 현재이다. 세계의 존재는 시간양상에서 존재이다.

이제 다음과 같은 물음이 제기된다. 즉 세계는 끊임없이 우리 모두에게 그리고 철학을 하는 자인 우리에게 그 속에 우리가 사는 세계로서 주어지기 때문에, 우리가 철학적 과제, 즉 전체 학문의 과제를 제기하기 이전에 이미 우리에게 존재하고, 오히려 실천적 주체나 그 밖의 다른 관심을 지닌 주체로서 의심할 여지 없이 또 그것이 존재를 확증하는 것에 실천을 요구하는 그대로 세계를 갖기 때문에, 주제로서 세계를 향한 철학의 과제에는 어떠한 의미가 있는가?

더 나아가 명백히 각각의 특수한 것은 세계에 내재해 존재하는 것으로서 특수한 것 속에 자신의 시간양상이 있으며, 이 시간양상을 통해 유한함을 넘어서는 무한함과 모든 작업이 그 속에서 움직이는 유한함도 있기 때문에, '특수과학에 유의미한 과제를 부여하는 그 의미를 제한하는 것이 어떻게 가능하며, 특수과제는 시간양상의 지평에 어떻게 관계되는가' 하는 물음이 제기된다.

학자들의 사회성(Sozialität) 속에 철학자의 실천(Praxis)으로서 철학은 이 인간[철학자]의 특수한 실천 또는 특별하고 무한한 부(富)를 획득하는 것과 일정하게 동기부여된 것으로서의 일정한 문제를 획득하는 것이다. 이것은 그 밖의 모든 실천과 마찬가지로 실천적으로 노력하는 인간과 인간의 사회성과 더불어 세계 속에 존재한다. 이것은 흐르는 세계를 충족시키는 시간양상들의 부분(Zweig)으로서 세계 속에 존재한다. 그러나 자신 속에 고유한 역사적 시간성을 가지며, 어쨌든 그것이 자신의 방법으로 다시 함께 속하는 세계에 관련된 이른바 고유한 이성(*Logos*)의 세계를 형성한다.

이것은 특별하고도 해명되어야 할 방식으로 특수과학에도 적용된다. 이 경우 우리는 이제 현재 세계에서 철학자·과학자 그리고 그러한 사람들이 자신의 현재 삶을 살고, 세계에 대한 의식을 갖고, 이 세계에 대한 의식과 관련된 주제의 삶, 의식에 적합한 자신의 세계에 이러한 논리적〔이성적〕의미를 부여하고 그 세계에 이러한 의미를 집합시키면서 이성을 산출하는 삶으로서 학문적 과제를 계속 갖고 유지하는 삶을 가진다. 그러나 두드러진 방식으로 그 자체로 통일적인 이러한 삶은 동시에 다른 철학자들의 삶과 공동체를 형성하는데, 이것은 그에게 끊임없이 의식에 적합하게 개방된 철학자들의 단체가 두드러진 방식으로 사회적으로 통일을 이루는 학문적으로 공동으로 활동하는 삶을 영위하고, 이 단체에는 '학문'이라는 공동의 과제와 공통의 의견을 지닌 학문이 근원적으로 속해 형성된다.

역사에 이러한 시간적 삶은 공동의 의식인 역사적 시간성의 의식을 갖는데, 이것은 동시에 이해할 수 있는 방식으로 모든 개별적 철학자에서 개인적 의식이다. 그리고 그가 연구하는 위치나 문제, 고유한 획득물에서부터 전체에서 그 자신에게 핵심으로 제시하면서ㅡ동료 학자의 더 넓은 지평에 힘입어ㅡ현대의 학문적 삶과 학문이 존재하는 것을 그 사회에서 생생하게 제시한다. 사회적이거나 개별적인 이러한 삶은 '철학'이라는 목적의 의미에 상응해 일부는 현실적 현재의 연구에, 일부는 이차적 방식으로 현재 속에 동기를 유발해 현실이 되면서, 학문의 역사적 과거, 즉 과거의 철학들과 그 담지자(擔持者)를 다음과 같은 질문으로 되돌아 본다. 즉 '이전에 그들에게 타당한 것은 무엇인가, 그들이 의도한 것은 무엇인가, 무엇이 그들에게 동기를 유발했는가, 그들에게 공통의 의견·계속된 연구·새로운 획득물은 무엇인가, 무엇이 그들에게 그토록 타당한가'라는 질문이다.

이러한 질문은 미래의 관심에서, 즉 현재가 미래를 갖게 될 만큼 획득하고 진보하며 인식을 풍부하게 하는 미래인 현재의 관심에서 평가해 비판하기 위한 것이다.

그러므로 여기에는 다음과 같은 질문에 답변해야 한다.

왜 철학자에게 철학사(哲學史)가 필요한가?

여기에서 사람들은 확고한, 잘 정초된 공통의 의견을 지닌 가장 진보된 학문에 이의를 제기할 것이다. 즉 이처럼 엄밀한 학문에서 현재의 학문의 힘이 이룬 획득물 전체는 모든 측면에서 체계적으로 숙고되고, 교재들에서 서술되고, 모든 서술자와 마찬가지로 이용하는 모든 사람이 또 학설에 적용하는 모든 사람이 근원적으로 논리적으로 검토하는 이러한 것은 반드시 학문의 역사가 다시 소생되지 않고서 그리고 학문의 역사에 대해, 과거의 저술들에 계획을 비판하지 않고서 현재에 수행된다.

이러한 것이 오늘날도 여전히 엄밀한 학문에 대한 학자의 지배적 확신(방법적 공통의 의견)이다. 그들이 어디에서 어려움에 직면하더라도 심지어 근본적 토대에서 어려움에 직면하더라도, 현대 철학자 또는 현대 과학자인 그들은 역사적인 것(Historisches)으로 소급하지 않아도 모든 어려움을 논리적으로 사유하면서 극복할 수 있다고 확신한다. 그러나 이에 대해 결정적으로 중요한 많은 점이 논의될 수 있으며, 여기에는 더 깊은 통찰이 필요하다.

첫째, 현재 학문의 자기비판으로서 그 존립요소를 검토하는 모든 것은, 현재에 정초되지 않은 것 그리고 이러한 정초를 통해 통찰되지 않은 것이 아무리 전통적으로 타당성을 요구하더라도, 어떤 것도 타당하게 간주하지 않는다. 그러한 타당성을 요구하는 것은 이전의 정초하는 작업수행을 지시하지만, 이렇게 정초하는 작업수행은 이전의 것이든 새롭게 수행된 것이든 지금 작업이 수행될 수 있고 그래서 현재에 반복하는 각자가 그것을 함께 통찰할 수 있다면, 여전히 그리고 학문적으로 현재에 타당하다. 이것은 곳곳에서 타당성의 전제, 하나의 보편적 타당성을 구축하는 것, 결국에는 최초의 학문적 타당성—의심할 수 없는 자명함에서 존재하는 논리적으로 최초의 진술—으로 이끈다.

여기에서 이 의심할 수 없는 자명함의 배후에 마각(馬脚)이 도사리고 있다는 사실을 숙고해야 한다. 학자들의 세대가 경과하면서 엄밀한 학문이 방법적으로 그리고 소명(召命)에 적합하게 학습되고 실행된 실천이 되었고, 이러한 실천으로서 목적을 달성하거나 실패하는데 그 실천적 명증성을 갖는다는 사실을 숙고해야 한다.

하지만 이론적 방법의 명증성은, 기술적(technisch)이 된 학문에서 그것이 정초하는 역할과 마찬가지로, 전문과학자의 시야에서는 전혀 물음을 제기할 수 없는 또 다른 명증성을 그 배후에 가진다.

그러나 이것이 역사적으로 소급하고 비판하는 데 문제가 되는가? 우리는 현재의 학문에서 타당성의 질서로서, 근거와 추론의 체계로서—진술명제들의 직접적 명증성의 위치, 달리 말하면 경험의 미리 주어진 것에서 일치된 것(Adäquation)인 단지 '어떤 것에 대한 표현'일 뿐 간접적으로 추론된 것이 아닌 경험된 '사태 자체'에 자신의 근거를 직접 갖는 명제를 평가하면서—학설체계를 발견한다.

개별적인 실재적인 것에 관한 명제에 관해서 직접적 명증성은 지각과 기억이고, 보편적 공리에 관해서 그것은 존재론적 명증성, 즉 경험할 수 있는 세계로서 세계의 보편적 구조와 형식의 명증성이다. 하지만 이 세계의 대상들과 이 세계 자체에 대한 명증성은 결코 그렇게 단순한 사태가 아니다. 어떤 사물에 대한 경험은 원본적 존재의 확실성이며, 사태 자체의 바로 곁에 존재하고 사태 자체를 파악하는 경험하는 자아의 확실성이다.

이것은 사태의 한 측면을 파악하고 확신하는 것, [사태] 자체의 파악에서는 [어떤] 측면에서 [다른] 측면으로 이행할 수 있다는 것을 말한다. (그 자체로 다시 필연적인 것으로 일반성에서 통찰될 수 있는) 그것은 본래 자신을 부여하는 확실성과 자신을 부여하는 것 그리고 스스로가 부여되는 것을 이끌어내는 확실성의 통일이며, 언제나 다시 이러한 방식과 양식에서 경험할 수 있는 확실성이다. 이론적 태도에서 해명하는 경험은 **해명하는 진술에 대한**, 최초의 명증성인 진술의 명증성에 필연적인 근본적 토대이다. 이 경우 경험에 관해서 나는 필연적으로 내적 지평과 외적 지평을 가지며, 그래서 사물 자체의 존재는 결코 완결되지 않은 것이고 더구나 필연적으로 양상화될 수 있는 것이다. 필연적으로 구체화되는 것으로 진행하는 것은 예견된 이념으로 완전히 존재해 진행되고 있으며, 양상화되는 가능성들 가운데 추정되어 있다.

세계는 모든 개체와 집합의 전체성이라는 이념이다. 이 복수의 범주들(개별성·다수성·전체성)은 기체(Substrat)를 형성하는 범주이며, 따라서 해명하고 술어화하는 전제이고, 그래서 해명하는 것과 술어화하는 것에 선행하고, 그런 다음 모든 술어화하는 것 자체에, 그래서 작업수행의 상태로 간주되고 해명할 수 있는 구성요소들과 함께 이미 통일성의 의미가 있는 것처럼, 다시 기체를 형성하는 것을 가능케 하는 한, 해명하는 것과 술어화하는 것을 뒤따른다.

그러므로 술어 이전의 전체성도 곧 '존재자의 전체성'이라는 범주적 형식의 통일성으로서 세계가 되며, 따라서 이것은 범주적으로 더 높은 단계의 통일성이며, 이보다 더 낮은 단계도 이미 범주적이다. 즉 이것은 단일성과 다수성, 때에 따라서는 심지어 상대적인 전체성이다. 모든 존재자의 절대적인 단적인 전체성, (서로 다르고 서로에게 상대적인 형식에서) 모든 기체의 기체로서 세계 전체는 이념이 될 수 있는, 언제나 한 측면만 주어질 수 있는 자신의 방식, 자신을 부여하는 가능한 경험의 지평과 더불어—이 경우 모든 경험에는 상관적 이념성, 곧 내재하는 것의 이념성이 속한다—개별적인 실재적인 것, 집단 등으로만 주어질 수 있는 자신의 방식을 가진다. 세계의 존재가 양상화되는 것은 그 속에 내재하는 모든 것과 이에 관련된 모든 개별적 진술이 양상화되는 것 가운데 놓여 있다. 세계의 존재확실성은 필연적으로 시종일관하며, 필연적인 것으로서 그것을 해명하는 것은 그 세계의 존재론적 구조에 관계한다.

이 모든 것은 분명 철학의 주제이고, 그 성과에 따라 세계에 관한 모든 특수과학의 주제에 함께 속한다. 철학은 세계에 관한 보편적 학문이 되어야 하며, 충분한 의미가 있는 한, '세계의 보편적인 것에 관한 것'과 '세계 속에 있는 모든 것에 관한 것'이라는 이중의 의미에서 '보편적'이다. 그리고 이 충분한 의미가 모든 학문적 인식을 '미리 취하는 것'(Vorgabe)으로서, 학문적으로 참된 존재와 학문적인 술어적 명제의 진정한 의미를 규정하는 것으로서, 뚜렷하게 밝혀져야 한다.

이러한 것에는 명백히 다음과 같은 점이 있다. 즉 술어적 연구성과에 대한, 따라서 학문적 학설내용의 논리적 체계에 대한 타당성의 체계학(體系學)에 앞서, 게다가 그것이 술어적 추론과 관련해 최종적 체계질서 자체를 규정하는 모든 술어적 진리(진리의 타당성)를 검토하기에 앞서 여전히 다른 것이 있다는 점이다. 또는 직접적 자명함에서 결론을 이끌어내는, (모든 양상으로 나타나는) 언제나 새로운 간접적 진리의 윤곽을 그리는 학문적 방법에 앞서 다음과 같은 방법이 있다. 즉 모든 이론적 연구에 파고들며 언제나 접합할 수 있는 최초의 전제(상황에 따라서는 무한한 전제의 장)를 조립해내는 것을 그 자명함에 관해 심문하고, 어떤 의미에서 이 전제가 실제로 필증적으로 자명하며, 우리는 술어화하는 어떤 체계를 조립해낼 수 있거나 이제까지 역사적 발전에서 수립된 추론하는 이론체계를 위한 가능한 최초의 전제로서 자신의 근거에 입각해 필증적으로 형식화할 수 있는가를 그 자명함에 대해 심문하는 방법이 있다.

그러므로 끊임없이 세계로서 구체적 삶 속에 주어진 것과 그것이 그러한 방식, 그런 다음 세계 자체에 관한 논리적 이론, 학문적 학설이 발생하는 방식 또는 끊임없이 이성 이전에 그리고 이성 밑에 있는 것으로서 세계가 이론 이전의 것으로 이끌어내 알아차릴 수 있는 방식으로 되돌아가야 하면, 어쨌든 우리는 역사적으로 소급해 고찰할 필요는 없다. 그러나 학문의 최초 실마리에까지 역사로 되돌아가면, 우리는 우리가 실제로 갖는—물론 전통에서 획득된—이론적 확신을 해체하지 않고서는 이론 이전의 환경세계를 비판적으로 획득할 수는 없을 것이다.

이제 역사적으로 회고하는 것은 우리가 '직관적인 이론 이전의 환경세계로 파고들어 가는 가운데 직관적 세계의 서로 다른 층에 상응하는 해명하는 것의 서로 다른 방향이 나아갈 수 있고, 그래서 서로 다른 이론적 물음의 방향이 밝혀질 수 있다'는 사실을 인식함으로써 교훈적일 수 있다.

그러나 '이론 이전의, 이론 밑의 삶 또 이러한 삶에서 직관적 세계—일상적 행위와 노력 속에 현실성으로서 또 언제나 확증할 수 있는 현실성으로서 그 역할을 하는 사물들과 함께 우리 삶이 연출되는 세계—는 무엇인가' 하는 보편적 문제 전체에 착수하고 관철하지 않으면, 우리는 자신의 측면에서 학문적으로 보편적인 이 전체의 문제제기를 갖지 못한 채 망각되었거나 아직도 해결되지 않은 개별적 물음과 물음의 방향에서 소박하게 세계에 관해 진술할 수도 있다. 하지만 그렇다면 감각이 직관적 세계에 제공하는 문제제기의 방식을, 즉 구체적이고 우선은 이론 이전에 파악된 삶의 세계로서 명백히 제시하고, 그런 다음 '어떻게 이 문제제기가 일면적으로 논리화될 뿐만 아니라, 논리화를 위한 따라서 존재하는 세계를 학문적으로 탐색하기 위한 방향으로서 어떠한 보편적 물음의 방향을 내포하는가'를 주목하는 것조차도 어쨌든 개선된 중대한 진보일 것이다.

여기에서 삶과 삶의 환경세계(이것은 우리 모두의 공통의 삶, 우리 모두의 세계, 우리 각자가 그 부분에 관해 그 단면에서 경험하고, 자신의 고유한 삶에 따라 그것에 관해 확신하는 등 우리 모두에게 항상 의미가 있다)에 관한 숙고를 통해 곧 다음과 같은 사실이 부각된다. 즉 이 세계는 지평적으로만 주어진다는 사실, 이 세계는 다양한 주관적 견해·의견―이것들에 관해서는 각자가 감정이입을 통해 간접적으로 때로는 더 규정된 앎을, 때로는 전혀 규정되지 않은 앎을 가진다―의 동일자로서, 단지 하나의 무한한 이념으로서 일정한 인식의 의미를 가질 수 있다는 사실, 이 세계는 지평 속에 함축된 것(이것은 곧 귀납할 수 있는 것이며, 귀납적으로 확증할 수 있는 것이다)의 체계적 구조를 인식할 수 있는―존재론으로서―방법학과 결합해 귀납적 예견의 확실성의 고유한 방법학을 통해서만 인식의 주제가 될 수 있는, 무한한 지평 속에 있는 존재자일 뿐이라는 사실이다.

달리 표현하면, 인간 삶의 세계는 그 인간의 전체 공동체 속에 항상 유한함, 사물들과 세계를 상황의 확실성 속에 갖고 상황의 진리를 통해 실천으로 충분하게 확증하는 유한함을 가진다. 이 유한함에는 '세계가 경험할 수 있고 행위 할 수 있는 모호한 가능성의 해명되지 않은 지평이 있으며, 이러한 방식으로 모든 실천적 상황을 포괄하는 가장 보편적인 상황에서 인식할 수 있는 것의 전체성을 인식하려는 의도에만 이론적 관심을 허용한다'는 데 있다. 이것은 기술하는 학문을 낳지만, 이 전체성의 상황에서 상대성, 즉 지평 속에 포함되었거나 그 속에서 지평이 자신의 해명으로서 해결될 수 있는 생각할 수 있는 모든 가능성의 총체성을 고려하는 세계에 대한 인식의 과제가 제기될 때 비로소 지양되는 상대성에서 그러하다.

이렇게 함으로써 모든 상대성을 감싸고 모든 것을 충족시키며 어떠한 것에도 제한되지 않는 세계에 대한 인식으로서 '절대적 세계에 대한 인식'이라는 과제가 생긴다. 이것은 삶의 세계를 이념화하는 문제인데, 이것은 절대적 세계, 비(非)상대적으로 존재하는 세계가 생활세계의 지평 속에 자신의 의미의 원천을 갖는 무한한 이념일 뿐이기 때문이다. 다른 한편 유한한 실재성들―이것에 상관적인 우주는 삶의 환경세계이다―은 '그 자체로 존재하는 사물', '개별적 실재성'이라는 명칭 아래 비상대적인 세계 자체를 형성하는, (현실이거나 적어도 가능한) 그 자체로 존재하는 무한성, 즉 환경세계의 유한한 전체성을 이루는, 비록 알려지지 않았지만 그런데도 매우 크고 전위(轉位)할 수 있는 수의 실제 사물들을 대신하는 무한한 형식으로 유한한 세계 자체를 형성하는 이념으로 무한하게 된다.

'무한한 이념으로서의 세계에 관한 학문이 가능한지, 그리고 어떻게 가능한지' 하는 것은 그 자체로 문제가 된다. 철학의 역사에서, 마찬가지로 철학의 첫 실마리에서 이론적 인간성이 요컨대 이성적으로 인식될 수 있고 모든 사람에 대해 절대적으로 타당한 진리를 적어도 끊임없이 접근(Approximation)[8]해 추구하면서 자명하게 필연적인 것으로 또 무한한 학문적 공동 연구를 통해 해결될 수 있는 것으로 '객관적 세계에 대한 인식'이라는 주제로 뛰어드는 사실을 명백히 파악할 수 있다. 이러한 문제의 가능성, 그 문제를 '무한한 인식의 실천'이라는 형식으로, 즉 '관철할 수 있는 것'을 명증하게 만드는 필

---

8) 이 개념은 학문과 인간성의 무한한 이념을 부단히 실현해가는 후설 현상학의 목적론에서 방법상 매우 중요하다.

연적 방법으로 실제 '관철할 수 있는 것'은 더 이상 어떠한 물음도 남겨놓지 않은 자명함처럼 다루어졌다. 그러나 이 자명함은 가능성의 최대 문제들 가운데 하나이며, 이 문제 속에 그 문제 자체의 정당하고 이성적인 의미의 문제가 포함되어 있다.

가능성의 물음을 제기하지 않은 채 곧바로 이러한 물음으로 뛰어든 것, 이것이 역사적 철학의 소박함을 형성한다. 이 가능성 자체가 인식되자마자 철학은 새로운 모습을 띤다. 그런데 그것은 역사적으로 '인식론'이라 불렀던 것을 통해서가 아니라, 공동체의 인간성으로서 하나의 환경세계에 들어가 사는 인간성 속의 인간이 인식하는 삶의 의미의 구조에 관한 학문을 통해, 그리고 무한하게 하는 것으로 이끌며 이와 관련된 다양한 인식활동에 의미를 부여하고 세계 그 자체에 관한 모든 학문을 위해 필연적인 근본적 토대로서의 권리를 부여하는 동기부여에 관한 학문을 통해 이루어진다. 이것은 이러한 학문의 개별적인 것에 관계하지만, 개별화된 것이 아니라 학문들 모두에 통일적으로 관계한다. 이것은 이념으로서 그 존재에서 발견될 수 있는 세계의 구조에도 적용되고, 가능한 영역들, 통일적으로 서로 잇달아 의지하는 발견될 수 있는 의미의 방향들에도, 따라서 개별과학들의 물음설정(학문을 분류하는 진정한 문제)에도 적용된다.

학문, 철학에서 그 의미를 지향적으로 되돌아가 묻는 것은 삶의 환경세계와 이에 속한 것을 해명하게 이끈다. 이 세계는 우리 공동체 삶의 세계이며, 우리는 전체 공동체의 형식으로 다른 사람들과 함께 현존재하는 우리의 의식을 통해 그리고 이 경우 이 전체 공동체 삶을 공동체화하는 의식을 통해 공동체 삶의 세계에 관련된 것을 안다. 그러나 이것은 이 공동체 삶의 세계가 우리의 끊임없는 확실성에서 우리에게 하나의 동일한 세계이고, 우리 자신이 우리 삶의 모든 맥박과 더불어 존재하는 세계로서 그러하다.

세계 속의 삶으로서 이러한 삶의 양식(Stil)과 그 속에서 살아가는 자로서 우리 자신의 양식을 체계적으로 전개하는 것은 당연히 그 역사성의 양식으로도 이끈다. 그것은 사실적 현재가 과거의 현재이며 자기 앞에 미래를 갖고, 생각할 수 있는 모든 현재는 사실적 현재를 자유롭게 변경시키는 경우에 그리고 사실로서 이미 알려진 것을 넘어서 경험할 수 있어 우리에게 알려질 수 있다는 가능성을 변경시키는 모든 경우에 그러하다는 역사성이다.

더 상세하게 숙고해보면 우리는 여기에서 **이율배반**에 빠져든다. 우리는 그때그때 현재의 것으로 타당한 세계의 양식을 그 과거와 더불어 해명하며, 그래서 과거를 그 역사성 속에 또 이 역사성에서 역사적 미래를 미리 지시하면서 해명한다. 생각할 수 있는 모든 가능성에 따라 지평 속으로 파고들면서 우리는 계속 진행하는 체계학에 그리고 구체적이고 무한한 역사성 속의 세계로서 가능한 세계의 아프리오리한 본질의 형식에 도달한다. 가능한 모든 세계는 우리에게 타당한 세계의 변경체들이다. 이것들은 일부는 현실적 경험과 일치하게 경험한 것에서 핵심을 우리의 사실적 세계와 함께 공통으로 갖고, 알려지지 않은 개방된 우리의 지평을 상세하게 규정하는 직관적 가능성을 구축함으로써만 구별되는 세계이다. 또한 일부는 우리의 현실적 경험의 타당성과 존재의 타당성 일반을 변조함으로써, 하지만 항상 생각된 가능성들이 일치함(Einstimmigkeit), 공존할 수 있음(Kompossibilität)을 배려해 변조함으로써 우리가 생각할 수 있게 되는 가능한 세계이다.

우리가 무엇을 갖더라도 그리고 자유롭게 변경시켜 획득하더라도―유한한 세계(즉 우리가 현실에 실천하는 주변에서도 여전히 일관되고 제한 없는 보편성에서도, 따라서 관여하지는 않는 규정되어 있지 않고 무한히 개방된 지평을 지닌 세계)이든 끊임없이 변화되는 유한한 진행에서 '무한히 멀리 떨어진 극(極)'으로 직시하게 되는 이념으로서의 무한한 세계이든—어쨌든 생각해내는 자인 나는 존재하고, 이 경우 나의 '우리'가 비록 상상으로 변화시키는 방식으로 변경된 것이더라도 함께 존재한다. 무한하게 놓여 있는 이념의 관점에서 보면, 모든 유한한 환경세계는 [이념으로서의 세계를] 유한하게 한 것(Verendlichung)이다. 그리고 이러한 것으로서 지평성 속에 놓여 있는 규정되지 않은 것이 부착되어 있지만, 여기에는 '환경세계가 나와 우리에게 (비록 추정된 개별성에 관해 때때로 논쟁되는 타당성의 양상에서이지만) 타당한 세계이며 가능한 의심스러운 것과 가상(假象)인 것으로 개방되어 있다'는 사실이 함축되어 있다.

이러한 의미에서 세계는, 우리의 의식 삶 속에 내용과 의미를 지니면서, 그리고 개별적으로 존재하는 모든 것, 즉 우리로부터 내재(Inexistenz)의 의미가 있는 모든 것에 대해 공존(Koexistenz)이 타당한 현실성을 조립해내는 일치와 불일치를 획득하면서, 부단히 흐르는 타당한 것이다. 나에게는 나의 것 그리고 각자에게는 자신의 것인 우리 자신의 존재, 그러나 '우리-서로 함께'의 존재와 나에게는 타인의 존재 그리고 그들의 '자신에-대한-존재' 및 '나와-더불어-존재'—이것 또한 세계에 존재하는 모든 것과 마찬가지로 자신의 타당성이 지닌 그 의미에서 무한히 흐르면서 구성되는 것이다.

세계의 역사—흐르면서 그때마다 자신의 과거와 미래를 지닌 현재의 것으로서 세계의 역사에 시간양상의 구체적 존재—는 나로부터 우리에게 타당한 세계의 역사로 이해될 수 있고, 우리의 세계에 대한 표상이 내용과 타당성에 따라 우리에게 등장하는 주관적 시간성 속에 있는 우리의 세계에 대한 표상으로 이해될 수 있다. 세계 자체의 역사는, 그 자체로, '무한한 이념'이라는 의미에서 세계의 역사이다. 즉 무한한 것으로 마치 투영된 것, 사실적으로 타당한 세계에 대한 무한한 표상들을 관통해 계속 교정된 것으로 생각된 것의 이념이다. 그러므로 여기에는 총체적으로 규정된 현재에서 모든 지나간 현재를 교정했을 무한한 역사적 과거의 이념이 있다. 그렇다면 도대체 무한한 것 속에 놓여 있는 미래란 무엇을 의미하는가? 그렇게 추정된 세계는 그 자체로 어떤 의미를 가질 수 있는가, 그리고 〔있다면〕 어떤 의미가 있는가? ─ 이러한 문제에 사람들은 참으로 당혹하게 될 것이다.

그렇다면 세계 속에서 살아가는 자인 우리가 우리에게 그때그때 타당하고 확증을 통해 타당한 세계로서 세계 자체에 속한다는 사실 그리고 우리가 세계를 어떻게 생각해내든, 내용상 변경하고 수정하는 과정에서 세계를 아무리 멀리 무한한 것으로 이끌어가더라도 실재성으로서 세계 자체에 속한다는 사실은 이율배반이다. 만약 우리가 순수한 지향적 심리학의 의미에서 전적으로 오직 심리적 삶에 (그것도 순수하게) 몰두하면, 이 심리적 삶에는 다른 사람들과 세계에 존재하는 것들에 관한 모든 표상과 타당성의 확증이 등장하고, 심리적 존재의 우주는 모든 세계에 대한 표상과 이것들의 무한한 교정과 함께 '세계 자체'라는 이념도 내포한다. 이 이념은, 각각의 개별적으로 가능한 세계에 개체적 이념이 있듯이, 보편적 이념이다. 따라서 (영혼에 관한 순수한 존재론으로서) 순수심리학은, 비록 실재적 세계의 단순한 단편에 지나지 않더라도, 세계의 존재론을 내포한다. 마찬가지로 다른 한편 세계(Welt)의 존재론은 영혼(Seele)의 존재론(Ontologie)을 포함한다.[9]

---

9) 이것은 의식의 지향성, 즉 세계와 의식 사이의 불가분한 본질구조인 보편적 상관관계의 아프리오리 때문에 그러하다.

'결론' 보충 3. 역사성의 단계. 최초의 역사성

1) 인간의 인격들이 발생적으로 결합한 전체 공동체로서, 모든 개별적 인격들이 참여하는 그때그때 공동체가 된 그들의 활동에서 문화의 환경세계로서 그들의 환경세계인 통일적 환경세계를 계속 형성하고 그들의 활동을 통해 생성되었고 계속 생성되는 세계를 계속 형성하는 정신 삶의 통일성, 근원적인 발생적 역사성(Historizität), 이것에는 이중의 의미가 있다. '문화-사태-환경세계'는 이전 활동의 획득물과 실질적 문화의 행위인 유의미한 행위가 전승된 형식인 전승된 산물의 세계이다. 그러나 이와 상관적으로 인격들과 각각의 인격에 대한 전체 인격의 총체적 지평은 환경세계에 속한다. 그리고 행위 속에 또는 행위에서 (행위 속에 정신적 유산으로서 본질이 규정되어) 형성되고, 지금 현재의 행위 속에 계속 형성되는 인격적 정신성과 함께 환경세계에 존재한다.

이러한 점은 인간적 현존재를 그리고 이와 상관적으로 사태의 환경세계와 인격의 환경세계로서 인간의 환경세계를 하나의 역사적인 것으로 만든다. 이것은 이러한 가장 넓은 의미에서 항상 역사적이다. 더 차원이 낮은 것, 더 원시적인 것 또는 더 차원이 높은 것, 빈약하거나 매우 풍요한 정신적 형태—이 정신적 형태의 풍요함은 계속 타당한, 하지만 침전되면서 끊임없이 변화되는 전통에 기인한다—의 것 또한 인간성과 마찬가지로 심지어 낮은 단계의 목적과 작업의 형식, 행동의 형식으로 살아가는 원시인의 인간성 또는 풍요롭고 차별화된 높은 단계의 목적과 작업의 형식, 행동의 형식—이것들에는 낮은 단계의 목적을 지닌 다양한 단계가 결부된다—으로 살아가는 인간성도 '전통적'이다.

이러한 가장 일반적인 의미에서 역사성(Geschichtlichkeit)은 언제나 실로 진행 중이며, 이렇게 진행 중인 것이 곧 인간적 현존재에 속하는 일반적인 것이다. 그것은 인격들에서, 인격들 속에 환경세계, 즉 어떤 유기체의 통일체로서 직관될 수 있는 환경세계의 다양한 형태에서 통일적으로 생성되는 것(Werden)이다.

전체는 유의미함의 통일체이고, 의미를 부여함에서 통일체이며, 일정한 목적의 의미로서 인간에 의해 미리 계획되지 않은 형태로서의 의미 자체이다. 그것은 총체적 인간성 또는 이 환경세계를 욕구하고 실현해온 어떤 목적이념의 담당자(Funktionär)가 아니다. 물론 전체는, 만약 인간의 현존재가 곧 언제나 실로 각각의 개인과 인간 단체 자체의 목적이 역사적으로 형성된 역사적 삶이 아니라면, 전혀 의미가 없을 것이다.

2) 그러나 다른 한편, 〔인간의 현존재는〕 언제나 역사적 삶이다. 그래서 개인 속에 그리고 개인에서 새로운 목적〔을 추구하는〕 삶이 발생한다는 것은 놀라운 일이다. 이 목적〔을 추구하는〕 삶은 단순히 역사적 전체 속에 편입되는 것이 아니며, 이와 상관적으로 새로운 종류의 목적〔을 추구한〕 형성물이 이미 유형적으로 타당한 목적〔을 추구한〕 형성물의 다양체 속에 끼워지고 새로운 실이 문화의 직물(織物)로 짜이거나 새로운 무늬가 문화의 무늬다양체로 짜이는 경우에 마찬가지이다.

오히려 새로운 종류의 목적과 획득물은 이미 존재하는 그것의 존재의미에 관한 모든 것에 양도하는 것이며, 상관적으로 유기적 역사성의 진행에서 새로운 목적의 의미에 대해 창조적인 개인들의 전체 인간성을 개조하고, 유기적일 뿐만 아니라 창조적 행위로 개인들에게 새로운 종류의 총체적 의미를 유지하는 새로운 종류의 문화의 상관자(Korrelat)와 더불어 점차 새로운 인간성을 창조하면서 발생성(Generativität)(역사적 통일성)의 총체적 결합체를 개조해간다.

철학과 유럽 문화의 형성은 첫 번째 단계의 철학이고, 세계에 대한 인식·인간에 대한 인식, 이것은 인간성의 두 번째 단계 및 역사성(Historizität)의 두 번째 단계이다.

세 번째 단계는 그 역사성에서 또 인간성을 현상학인 철학에서 의식적으로 이끌게 하는 인간성으로 변화시키는 직무에서 인간성에 관한 학문적 의식을 지니고 철학을 현상학으로 변형시키는 것이다.

'결론' 보충 4.

모든 종류의 문화형성물은 자신의 역사성을 지니며, '생성되는 것'이라는 성격을 띠고, 미래와의 관계, 게다가 그것이 역사적으로 살아가고 산출하며 이용하는 인간성과 관련된 미래와 관계된다. 모든 문화형성물은 그 자신이 목적의 의미를 가지며, 이 목적의 의미를 통해 〔그 문화형성물을〕 이용하는 인간에게 자신을 소개하고, 다른 한편 그것을 이용하는 데는 그처럼 이용하게 산출되었다는 주제의 의미를 갖지 않는다. 문화는 부분적으로 현재의 인간 집단과 그들이 현재 목적으로 삼는 삶─따라서 현재에서 미래로 들어가 사는, 하지만 곧바로 목적에 따라 사람이 지금 지니고 사람을 현재의 인간이게 하는 관심 속에 ─ 에 소개된 현재를 위한 문화재이다.[10] 또한 부분적으로 문화재는 과거의 인간과 그들의 목적을 소급해 지시하며, 그들의 목적의 의미는 현재의 것이 아니라 과거 사람의 것이다. 이것은

---

10) 이것은 더 정확한 분석과 개념의 규정을 전제한다. 문화재는 많은 사람을 위한, 일정한 상대적 전체를 위한 재화로서, 보편적으로 요구되는 것이다. ─ 이것은 다른 사람들, 협약이나 전통적으로 허용함 등 교환·매매·도덕의 규칙들, 의식적으로 형성되고 '보편타당한' 법으로 방해받지 않는 '가능하게 이용할 수 있는 것'을 전제한다 - 후설의 주.

마치 전승되었지만, 목적의 양식의 변화에 함께 참여하지 못한 비정상적인 현대인이 아니라면 더 이상 전승되지는 않는 유행에 뒤진 것과 같은 것이다.

그러나 특수한 역사적 문화[11]에는 전문가가 있으며, 문화형성물들은 그 자신의 알려졌음[지명도], 즉 이것들이 직업적으로 산출하는 자를 지시하는 한, 이용하는 의미가 아닌 일정한 측면을 지닌다. 폭넓은 현재는 직업적으로 산출하는 사람과 그의 산출물을 그때부터 현재의 환경세계에 속하는 목적의 사물로서 갖는데, 이것들이 '인간을-위한-현존'은 '그것으로 만들 수 있는 것', '그것으로 새로운 산출물을 계획할 수 있는 것' 모두에 마련되었다(Parat-Sein)는, 그것 자체를 다시 자신의 직업과 업무를 위해 사용할 수 있고 이러한 산출물을 도구 등으로 정상으로 사용하거나 직장생활 이외에도 그때그때 필요에 따라 사용할 수 있는 인간에게 '마련되었다'는 의미가 있다.

개인의 삶과 그 계획이 발생성과 연계해 그리고 다른 사람들을 통한 그 발생성의 외적 영향과 연계해 그러하듯이, 모든 직업은 보편적 역사성에 편입된 자신의 역사성을 가진다. 그러나 인간과 그의 인간성은 흐르는 현재 속에 살며, 흐르는 현재 자체와 함께 흐르면서 변화되는 지평이고 언제나 현재 속에 동기부여에 따라 일깨워진 과거와 일깨워진 예견, 때에 따라서는 미래의 것을 미리 구상하는 직관인 '과거와 미래'라는 시간양태들의 시간 속에 산다.

어떤 인간이 무엇을 계획하면, 그는 상대적으로 목적을 이루거나 실패하는 그리고 그런 다음 이 실패를 교정하는 형식을 지닌 많은 종류의 활동을 실현함으로써 [그 계획을] 실행한다. 그 결과 완성된 작

---

11) '특수하게 역사적인 문화'란 모든 작업수행에 공통인 현재들의 연속성으로서 역사적 시간 속의 위치를 부여하는 목적의 의미와 작업수행의 연관에 따른 것이다 - 후설의 주.

품이 현존하게 되는데, 그것은 그것이 존재해야 하는 그대로 자신의 모든 특수한 형식에서 존재한다. 이 특수한 형식은 총체적 목적의 형태로 자신이 규정되며, 그것 없이는 전체가 올바로 이바지할 수 없는 자신의 특수한 목적(Wozu)을 지닌다. 교정은 곧 망각되고('사람들은 이 교정을 포기한다'), 그 사물은 이제 사용할 준비가 된 채 현존한다. 그것은 완성된 목적의 사물, 자신의 현재 목적 속에 있는 현재의 인간을 위한 완성된 재화, 즉 그것을 사용하고 함께 다룰 수 있으며 동시에 자신이 사용할 수 있다는 점을 훼손하지 않고서는 변경될 필요가 없는 전체 속의 특수한 형태에서 구축하는 것을 아는 인간을 위해 완성된 재화이다.

문화재들의 역사적 발전을 통해 문화재는 계속 다른 방식으로도 개선되며, 목표에 대한 '개선'이라는 의미에서 수단·표적 자체도 변경되고, 목적 자체도 세분되고 정교하게 되며, 만족하는 수단도 적응되고 목적에 합당하게 변경된 형태를 유지하며, 모든 현재는 그 현재로 이끈 완성된 형태를 띤다. 목적과 수단이 변경된 역사성은, 인간이 목적을 위해 산출했고 때에 따라서는 목적을 개선함으로써 한때 발견했던 가장 보편적인 것을 도외시한 채, 망각되었다.

여기에서 계속된 단순한 변경이 아니라 국가의 종합적-통일적 목적〔에 따른〕삶, 즉 합목적성에 관해 계속 고양되고, 따라서 더욱더 풍요로운 목적〔에 따른〕삶으로서도 향상되는 목적〔에 따른〕삶의 테두리 속에 이루어지는 계속 개선한다는 의미에서 역사적 발전이 생긴다. 더 나아가 목적과 수단의 우주에 관련된 인간성 자체의 확장도 생긴다.

역사성이 생산하고 소비하는 삶인 직업에 맞는 삶에서 특수한 역할을 하는 한, 역사성은 특수한 직업의 문화에서 특수한 역할을 한다.

예를 들면 학자의 직업의 범위 안에서 학문, 예술가의 직업의 범위 안에서 예술, 재단사의 직업의 범위 안에서 수공업·재단업이 특수한 역할을 한다. 예술품은 목적 그 자체이다. 그것은 물론 동시대의 예술가들에게 비판받지만, 이들은 공동작업자가 아니며, 이들의 비판은—마치 각 예술가의 과제에 모든 예술가가 함께 참여하고 그 과제에 모두가 함께 책임을 지듯이, 그 과제에 개설되어야 할 점이 발견되면 그에 상응해 개조하는 모든 것이 정당화되거나 더구나 그러한 소명을 받은 것처럼—창작자의 작업에 수반되는 자기비판과 같은 동일한 효과적 기능이 없다. 예술가의 직업의 범위는, 가령 개인이 사적으로 산출한 모든 작품이 자신의 고유한 존재의미에서 아직 궁극적으로 완성된 작품이 아니고 완성품의 존재와 비존재에 대해 또는 그것의 참된 존재를 비로소 제시하는 공동작업과 수정에 대해 함께 책임을 지는 예술가의 모든 주관성 전체에 관련되는 방식으로, 예술가의 작업 속에 공동체를 이룬 사회성은 아니다.

학문적 명제들은 개별적 학자들에 의해 형식화되고, 학문의 진리로 정초된다. 그러나 존재와 그 존재를 확증하는 것은, 다른 학자들이 반대하는 근거를 타당하게 만들 수 있고 이 근거가 반박될 수 없는 한, 단지 주장일 뿐이다. 개별적 학자가 인식하는 의도가 만족되는 것은, 그가 현실이거나 가능한 공동연구자로서 동료 학자의 보편적 지평을 고려했을 경우에만 진정하게 학문적으로 만족되는 것이라는 사실을 뜻한다. 이러한 지평은 개방된 무한함이기 때문에 그때그때 연구하는 학자는 공동으로 연구할 수 있는 다른 학자들의 이념적 전체성의 지평을 생생하게 갖는다는 것만, 그는 다른 이론적 주체들의 이념적 가능성과 이념적으로 가능케 만드는 관점 그리고 이 인격과 관점에 상대적으로 관련되었을지도 모를 가능케 만드는 진리와 확증을 아프리오리하게 함께 염두에 두고 어쨌든 자신의 방법을 통해 고려한다는 것만 뜻할 수 있다. 그가 자력으로 통찰해 획득한 타당성은 이론적으로 태도를 취하는 사람들과 동일한 인식의 주제에 관련된 모든 사람에 대한 보편타당성이어야 하며, 생각할 수 있는 모든 학문적 동료 인간에게 존립하는 상황의 전제 아래 관점에 따른 진리나 상황의 진리이면 안 된다.

각자나 각 집단은 그때그때 특수한 상황 속에 살아가고, 각자에게는 학문 이전의 일상성의 것인 상황의 진리나 허위가 존재한다. 학문적 인식은 모든 상황을 무시하지만, 어쨌든 모든 상황에 적합하려 한다. 학문적 인식은 가능한 모든 상황의 상대성을 통해 관통하는 객관적 진리를 인식하려는 목적이 있으며, 이 객관적 진리는 모든 사람이 자신의 상황 속에 구성할 수 있는 동시에 가능한 모든 상황에 대해 타당한 상대적 진리를 실천적으로 충분히 도출할 수 있게 허용하고 객관적 진리에 모든 실천에 대한 의미를 부여하는 진리이어야 한다.

이에 반해 예술작품은 자신의 범주 속에 그 자체로 완성된 것이다. 그것은 소재가 아니며, 새로운 예술작품을 구축하기 위한 소재도 아니다. 각각의 예술작품은 그 자체로 시작하며, 그 자체로 끝난다. 예술작품은 〔다른〕 예술작품에서 구축되는 것이 아니다. 각각의 범주나 모든 범주의 다양한 예술작품은 그 현재〔시대〕의 국민에게 많은 의미가 있고, 그 속에서 일정한 민족의 정신이 표명될 수도 있다. 그러나 그 고유한 존재의미에 따르면, 예술작품은 언제나 분리된 형성물이며 그러한 것으로 남아 있고, 결코 의미와 목적의 전체—이것은 〔그〕 부분들인 개별적인 것 속에 유의미하게 기초로 삼은 어떤 높은 차원의 예술작품과 같을 것이다—를 형성하지 못한다.

예술작품에 타당한 것은 물론 **수공품**에도 타당하다.

예술작품은 공동재산으로서 자신의 상호주관적 현존재를 가지며, 특수한 일차적 방식으로 민중예술가가 아니라 예술을 이해하고 향유하는 민중 속에 사용하는 메시지를 가진다. 예술가를 위한 예술이려 하는 예술은 비정상적인 예술이다. 그밖에 예술작품을 근원적으로 사용하는 것은 그것을 추후에 이해함으로써 고양되고, 예술을 향유하는 체험을 획득하며, 이를 통해 인간으로서 고양되는 것이다. 그것은 예술작품으로 어떤 것을 만드는 것이 아니며, 하물며 그것에서 새로운 예술작품을 창조하는 것은 더욱 아니다.

그러나 학문에서는 사정이 다르다. 모든 학문적 명제는 완결된 것, 목적이 성취된 것이지만, 각 명제는 동시에 모든 학자에 함께 소명을 받은 그 이후의 학문적 연구를 위한 소재이다. 어떤 시대에 학문의 모든 명제는 고유한 본질적 의미연관을 가지며, 그래서 의미의 통일체로서 생생하게 생성되는 학문을 위한 통일적 소재를 형성한다. 명백히 이러한 통일체의 상관자는 학자들의 통일체이다. 학자들이 서로 인격적으로 알든 모르든, 그들이 서로 아는 한 어느 정도로 그들이 단지 아직 함께 현존재하는 (게다가 가능한 것으로 표상할 수 있는) 동료 학자들의 개방된 무한함의 한 구성요소로서만 알든, 그들은 민족의 (학문에 참여하는 한, 인간성의) 완전한 전체성 속에 학문—생성된 이론으로서 그리고 미래의 이론을 이처럼 초월하는 '미리 갖는 것'으로서—을 통해 결부된 특수한 인간성을 형성한다. 이들의 직업적 삶은 이론들, 즉 생성되었고 생성되는 학설체계 속에 특수한 환경세계, 특수한 연구의 장(場) 또는 획득의 장을 가진다. 그리고 아무리 정신적 작용들이 개별적인 학문적 인격으로 나누어지더라도, 어쨌든 이 작용들에는 동시에 서로 함께 경험하고 서로 함께 사유하고 계획하며, 귀납하고, 연역적으로 추론하고, 서로에 의해 이어받고, 서로 교정하는 등의 중첩되는 지향성도 존재한다.[12]

이러한 정신적 연쇄는 현재의 학자들을 정신적인 특수한 인간성

---

12) 이것은 '상호주관적 공동체의 지향성'을 뜻한다.

에 결합시킬 뿐만 아니라, 오히려 이렇게 결합시키는 것은 연속된 학자세대—이 경우 '세대'라는 개념은 특유하고 전이된 의미가 있다—를 관통해나간다. 현재와 전체 시간성에 이렇게 '결합한 것'은 여기에서는 가령 어떤 역사를 드러내 밝히려는 역사가가 외부에서 확립할 수 있는 사태가 아니다. 오히려 각각의 학자는 그 자체로서 동료 학자들의 개방된 공동체 속에 탐구하고 이어받는다는 사실을 필연적으로 의식하며, 그렇게 결합한 것이 학자 자신의 행동과 활동의 지평 속에 놓여 있고, 자신의 작업수행이 발생되는 유의미성(有意味性)에 함께 속한다. 이것은 이러한 작업수행 자체에 그 형성물의 통일적 유의미성의 상관자인 학자들의 공동체의 지평이 속하는 것과 마찬가지이다.

인간 삶은 필연적으로 더 넓고 또 특수하게 함축된 문화의 삶으로서 역사적이다. 그러나 학문적 삶, 동료 학자들의 지평 속에 있는 학자로서의 삶은 새로운 종류의 역사성(Historizität)을 뜻한다.[13]

'결론' 보충 5.

학문적 철학의 논쟁—숙고할 필요성—숙고하는 것은 역사적이다—어떻게 역사가 필요한가?

학문으로서, 진지하고 엄밀하며 실로 필증적으로 엄밀한 학문으로서의 철학, 그 꿈은 깨졌다.[14] 물론 한때 철학의 결실을 향유했고 철학

---

13) 이에 관해서는 이 책 제12절의 주 30)을 참조할 것.
14) 이 문구 때문에 '후설이 엄밀한 학문으로서의 선험철학, 즉 제일철학의 이념을 포기했다'고 해석하는 견해가 있다(가령 뵘(R. Boehm), 『제일철학』 제2권, 편집자서문, 37~38쪽 ; 란트그레베(L. Landgrebe), *Der Weg der Phänomenologie*(Gutersloh, 1971) 164쪽 ; 슈츠(A. Schutz), *Collected Papers III*(The Hague, 1970) 83~84쪽 등).

의 체계를 숙지했으며 그런 다음 철학을 불가피하게 문화의 최고재화로 경탄했던 인간은 철학과 철학을 함을 더 이상 방임해둘 수 없다. 어떤 사람들은 철학을 위대한 예술가의 정신이 낳은 예술작품으로 간주하고, '그' 철학에서 예술의 통일성을 만든다. 다른 사람들은 철학이 종교—역사적으로 성장해간 종교—와 같은 수준에서 다른 방식으로 철학을 학문에 대립시킨다. 종교적 신앙이, 여전히 생생한 신앙인 한, 신(神) 그리고 신적으로 계시된 진리로 확신하는 것은 형이상학적으로 초월적인 것, 학문적 인식의 주제인 세계를 그것의 궁극적 존재의 근거로서 뛰어넘고 그 속에서 궁극적 근거로서 우리가 우리의 인간 현존재를 그 세계 속의 위치를 정하는 절대적 규범이다.

철학은 일찍이 존재자 전체에 관한 학문으로 생각되었다. 그래서 철학이 스스로 유한한 존재자의 전체인 세계와 유한한 것들의 무한함을 통일하는 원리인 (그런 다음 무한한 초超인격성인) 신을 구별했을 때도 철학은 형이상학적 원리와 이 원리를 통해 세계를 학문적으로 인식할 수 있다고 생각했다. 철학이 나중에 어떻게 세계를 초월적인 것, 형이상학적인 것으로 대체했고 절대적인 것의 통일성을 생각했더라도, 철학은 너무도 오랫동안 학문의 길이 초월적인 것·절대

그러나 이 문단과 다음 문단(원전으로는 한 문단이다)을 자세히 읽어보면 '꿈은 깨졌다'는 말은 후설 자신의 현상학이 아니라, 그가 줄곧 비판했던 현대철학, 즉 한편으로는 이성의 문제는 배제하고 객관적 사실에만 국한된 편협하고 조악한 이성에 근거한 실증적 과학주의와 다른 한편으로는 이성의 문제를 회피하는 나태한 이성에 입각한 회의적 비합리주의에 적용되는 것이다. 그는 "실증성에 머물러 선 모든 '엄밀한 학문'은 원리상 불충분하고, 환원을 통한 선험철학, 즉 현상학을 받아들임으로써만 가능하다"(『심리학』, 345쪽 주)고 주장한다. 더구나 후설이 선험적 현상학의 이념을 포기한다고 말하거나 서술한 흔적을 어디에서도 찾아볼 수 없다. 생활세계나 심리학 등을 통해 선험적 현상학으로의 새로운 길들을 모색할 때에도 그는 엄밀한 학문, '궁극적 근원으로 철저하게 되돌아가 묻는 선험철학'이라는 이념의 테두리를 조금도 벗어나지 않았다.

적인 것·형이상학적인 것으로 이끌 수 있다고 생각했다. 그에 따라 중세철학이 종교적 신앙과 학문적 이성을 완전히 조화시킬 수 있다는 주장을 제기했던 것처럼, 학문과 종교를 결합할 수 있었다. 그러나 그러한 시대는 지나갔다는 것이 일반적으로 지배하는 확신이다. 종교적 불신과 같이 학문적 성격을 거부하는 철학의 강력하고도 끊임없이 성장하는 흐름이 유럽 인간성에 넘쳐흐르고 있다.

철학은 자신의 실존을 위해 투쟁하는 인간, 게다가 유럽의 문화발전에서 자율성으로 고양되고 학문을 통해 자신이 무한성—그리고 이 속에 포함된 운명—의 지평 속에 있다는 것을 아는 인간의 과제라는 확신이 매우 지배하게 되었다. 자율적 인간의 세계에 대한 성찰은 필연적으로 인식할 수 없고 실천적으로 제어할 수 없는 초월적인 것으로 이끈다. 인간이 할 수 있는 것은 다만 자신의 위치에서, 자신이 인식하는 지평과 감정을 느끼는 지평에서 예감을 획득하고, 이렇게 함으로써 예감하고 믿었던 절대자의 지도 아래 행동하는 예감과 규범에 대한 개인적 명증성을 그의 세계관으로서 그에게 제공하는 신앙의 길을 스스로 형성하는 것뿐이다. 이러한 태도를 취하는 것은 유사한 근원[에 대한]방향을 자신 속에 지닌 인간 집단에게 공통으로 이해하는 것과 촉진하는 것도 제공한다.

그러므로 세계관(Weltanschauung)은 본질적으로 개인적 작업수행이며 일종의 개인적 종교의 신앙이지만, 모든 인간을 구속하고 모든 인간에게 전달될 수 있는 절대적 진리라 주장하지 않는다는 점에서 계시된 종교의 전통적 신앙과 구별된다. 절대자에 관한 학문적 진리가 거의 가능하지 않듯이, 모든 인간에게 전적으로 타당한 세계관의 진리도 거의 입증될 수 없다. 이러한 모든 주장은 이성적 근거, 따라서 학문적 근거를 통해 절대자에 관한 그리고 이 절대자와 인간의 관계에 관한 인식이 가능할 것이라는 점을 뜻할 것이다.

철학이 위험에 빠졌다는 것, 즉 철학의 미래가 위태롭다는 것 — 이 것이 이러한 시대에 제기되는 물음으로서 철학이 직면한 현재의 과제에 대한 물음에 어떤 부각된 의미를 부여하는 것은 아닌가?

수천 년 동안, 또는 다시 소생하는 생생한 철학이 재생되는 시기에서 철학의 가능성에 대한 신념과 때로는 그 성공적 실현에 대한 신념도 — 체계들과 그 학파들의 형식으로 — 유지되었고, 바로 이 속에서 철학이 현존했다.

그러나 체계들이 변화되고 학파들이 확신을 통일시킴으로써 통일될 수 없었던 곳에서, 무엇이 그 신념을 유지했는가? 어쨌든 이 속에는 은폐된 채 남아 있을 수밖에 없었던 실패가 있다. 그것이 포착되어야 했기에 개인적-실존적으로 포착된 필연적 과제라는 의식을 유지했고, 이렇게 함으로써 그 과제를 실현하는 것을 개인적 필연성으로 받아들임으로써 자기 자신의 고유한 삶의 과제 속에 지향적으로 함축된 초(超)개인적 필연성, 즉 인간성의 과제를 충족시킨다는 하나의 의식으로 유지했던 것은 무엇인가?

우리를 우리의 목적에 구속할 수 있는 것은 무엇인가? 가령 단지 무모함, 아름답지만 모호한 의미에서만 가능한 무모함, 확실히 불가능하지는 않지만 어쨌든 종국에는 공상의 목적을 추구하는, 즉 수천 년에 걸쳐 경험한 다음 결국 점차적이지만 아무튼 '도달할 수 없는 것'이라는 매우 커다란 귀납적 개연성을 수반하는 무모함뿐인가? 또는 여기에는 외부에서 고찰해 실패한 것 그리고 전체로 보아 현실적으로 실패한 것을 어쨌든 불완전하게·일면적으로·부분적으로 성공을 거둔, 아무튼 이렇게 실패하는 가운데 성공한 명증성으로 수반하는 실천적 가능성과 필연성이 존재하는가?

이러한 명증성이 한때 생생했더라도, 하여튼 우리 시대에는 미약하고 시들하게 되었다. 만약 철학이 어떤 통일적 의미와 이 속에서 정당한 필연적 과제를 가지면, 이 명증성은 위대한 체계들의 모든 시도에서 다른 측면에서는 비판을 받아 마땅하지만 적어도 개별적 측면에서는 실현하는 길에 있는 비록 불완전하지만 명백한 '미리 갖는 것'의 명증성에 대한 의식으로 존립해야 한다는 것은 확실하다. 이러한 명증성은 다시 생생하게 된 전통적 체계들의 내용 속으로 침잠함으로써만 실감할 수 있게 된다. 그리고 우리가 이 체계들 속으로 파고들어 가 이것들을 심문함으로써 철학의 과제가 지닌 의미는 명백하게 될 수 있다.

그러므로 만약 우리를 철학자로 그리고 우리 속에 철학이 되려는 것을 이해할 수 있으려면, 우리는 의심할 여지 없이 역사적 고찰 속으로 침잠해야 한다. 비록 인격성의 실존적 심층에 입각해도 이른바 소박한 삶의 충동과 활동의 충동에서 우리가 소박하게 생성되는 가운데 마주치는 작업의 문제를 포착하고, 이 문제에 대해 우리의 작업 동료들과 토의하며 생생한 전통의 동일한 특징 속에 동일한 문제에 마주치는 사람들과 토의하는 것은 결코 충분하지 않다. 시대정신이 암시하는 힘에 의해 위협받는 미래의 안전을 위해 오늘의 철학이 위험한 상황에 있다는 것을 스스로 알고 스스로 시인해야 하는 것만으로는 결코 충분하지 않다.

인간성의 공간과 문화의 공간 속에 책임을 지고 활동하는 자인 철학자와 철학자세대에게는 이러한 공간에서 책임과 이에 상응하는 행동도 생긴다. 위험의 시기에 인간에게 일반적으로 그러하듯이 여기에서도 마찬가지이다. 이어받은 필생의 과제의 가능성을 위해 위험의 시기에는 바로 이 과제를 우선 중단하고 미래의 정상적 삶을 다시 가능케 만들 수 있어야 한다. 그 결과 일반적으로 삶의 전체 상황과 더불어 근원적 삶의 과제들이 결국에는 완전히 공허하게 되지 않는다면 변화될 것이다. 그래서 모든 방식에서 올바른 길을 찾기 위한 성찰이 필요하다.

여기서 주목해야 할 역사적 성찰은 철학자로서 우리의 실존에 관련되고, 이와 상관적으로 그것의 측면에서는 우리의 철학적 실존에 입각한 철학의 실존에 관련된다.[15]

그런데 상태는 복잡하다. 모든 철학자는 지나간 철학자들의 '역사에서 이끌어내고', 지나간 철학의 저술들에서 이끌어낸다. 이것은 철학자가 현재의 철학적 환경세계에서 이 환경세계에 포함된 최근에 유통되는 저술들을 자신이 마음대로 처리할 수 있는 범위 안에 가지며, 새로 출판된 저술들을 부가시키고, 이러한 일에서만 가능한 여전히 살아 있는 동료 철학자들과 개인적 사상을 교환할 가능성을 다소간에 이용하는 것과 마찬가지이다.

'철학자는 역사에서 이끌어낸다'. 그런데 이 역사는 어쨌든 재고품─이것의 현존에 관해 모든 사람이 그 존재(Sein)와 그렇게 존재함(So-sein)에 대해 꿈을 꾸거나 공상하는 것이 아니라, 현실적으로 포착할 수 있는 확실한 것으로 확신할 수 있는─을 쌓아놓은 창고처럼 거기에 그렇게 있는 것이 아니다. 심지어 문서의 기록 자체, 문헌적 사실인 철학자의 저술들이나 철학자들에 관한 보고서도 현재 그리고 언제나 지각할 수 있는 사물들처럼 단순히 그 자체로 거기에 있는 것이 아니다. 또는 문서의 기록에서 사물로 존재하는 것은 그때그때의 독자가 철학적 저술이나 보고서로 이해하는 문서의 기록이 아직 아니다. 그것은 그 독자에게 사물과 같이 현전하는 것은 의미의 담지

---

15) 우리는 이에 대해 더 단순하게 또 동시에 우선 일반화하면서 다음과 같이 말할 수 있다. 즉 문제가 되는 성찰은 인격으로서 인간이 자신의 현존재의 궁극적 의미를 성찰하려는 자기성찰의 특수한 경우이다. '자기성찰'은 더 넓은 의미와 더 좁은 의미로 구별되어야 한다. 그것은 순수한 자아반성과 자아로서 자아의 전체 삶에 대한 반성 그리고 자아의 의미와 목적론의 본질을 되돌아가 묻는다는 엄격한 의미의 성찰이다 – 후설의 주.

자이기 때문이다. 그러나 이것이 그에게는 그렇게 타당하다. 그래서 '여기에서 실제로 문헌에 의한 전승이 중요한지, 거짓된 전승이 중요한 것은 아닌지, 역사적 현실성의 핵심을 지닌 시적(詩的) 변형이 중요한지 등'이 즉시 문제시될 수도 있다.

독자, 철학적으로 스스로 생각하는 사람은 학문적 역사성을 배려해 마음이 움직이지 않으며(이것은 전체 시대를 통해 전적으로 배제되었다), 그가 전승된 사실로 그에게 제공되는 것을 무비판적으로 그러한 것으로 받아들이고, 그가 이론적으로 집어넣어 이해한 것, 즉 '그' 플라톤·아리스토텔레스 등을 통해 철학에 동기를 유발한다. 어떤 사람은 그의 시대 일반 또는 그가 마음대로 처리할 수 있는 문헌의 문서에서 기록으로 이것을 포착하고, 다른 사람은 저것을 포착한다. 그리고 그가 예를 들어 사람들이 나중에 그를 '플라톤주의자'로 간주할 정도로 플라톤에서 심지어 결정적으로 자극을 받으면, 그는 아마 자신의 철학적 삶의 과제에 쫓기는 가운데 플라톤철학에 간접적으로 관련되고 이것을 해명하는 다른 사상가의 보고서나 비판은 고사하고, 모든 플라톤의 저술이나 플라톤적으로 간주된 저술을 연구할 시간·가능성·욕망을 결코 갖지 못할 것이다.

그는 이미 자신의 현재〔시대〕에 철학교육을 끝마친 사람으로서, 스스로 이미 철학자가 된 사람으로서 그리고 아마 이미 문헌에 등장한 사람으로서 독서한다. 그는 읽고, 읽은 것을 물론 자신의 사상의 토대에서 이해하며, 이미 형성된 그의 개념·방법·확신의 지각에 근거해 자신의 방식으로 '플라톤'에 대해 통각을 한다. 이러한 통각을 통해 그는 새로운 것을 획득하고, 철학자로서 자신을 더욱 발전시킨다. 그리고 유비적으로 다른 철학의 저술들을 해석하고 받아들이면서 그는 다른 철학자로 된다. 얼마 후에 다시 '플라톤'을 읽으면, '플라톤'은 그에게 새로운 면모를 얻어주고, '새로운 플라톤'은 그에 의해 새롭게 이해된 다른 저자들과 같이 그에게 새롭게 동기를 유발한다. 이러한 일이 계속된다.

이제 우리 시대에는 각자가 자신의 환경세계를 가지며, 일반적으로 마음대로 처리할 수 있는 실천적 영역 속에 이미 학문적 역사 특히 학문적 철학사(哲學史)를 가진다. 또는 오히려 낮은 단계로서 일반적 역사 자체와 모든 특수한 역사에 속하는 역사적 과거―우리의 과거이자 우리의 '우리' 속에 함께 속한 역사가(歷史家)의 과거―를 문헌이나 그 밖에 문서로 기록한 것을 학문적으로 '미리-해석하는 것'과 비판하는 것이 있다. 거듭해 말하듯이, 이것이 철학적으로 스스로 생각하는 사람(Selbstdenker)에 대해 갖는 의미는 무엇인가, 그리고 무엇을 가져야 하는가? 그가 학문적 역사성에 개의치 않은 채 그의 '역사적이지 않은', 참이 아닌 '플라톤' 등이 주도하고 활용해 실행된 그의 작업은 상실된 것인가?

여기에서 문제가 되는 것은 어떤 종류의 창작(Dichtung)이며, 해석인가? 어느 것이 적절하며, 얼마만큼 도와줄 수 있는가? 우리는 우리의 목적(Telos)을 막연하게 '의식해 갖는 것'을 해명하기 위해 어떻게 그것을 계속 이끌어가고, 더구나 철학을 하는 삶을 넘어서 이끌어가야 하는가?

이러한 해명이 우리 시대보다 더욱 절박했던 적은 없었다. 수천 년 동안 철학은 소박하게 형성된 개념들로 소박한 문제를 제기하고 소박한 방법학으로 양성하고 해석하며 추구하는 소박하게 이론화하는 작업으로 전진할 수 있었다. 소박하지만 그 자체로 막연한 목적에 관한 확실성은 처음부터 회의적으로 논란이 되었지만, 아무리 많은 회의(Skepsis)가 철학의 길에서 동기를 부여하면서 함께 개입되었더라도 '철학'이라는 목적의 의미와 그 타당성은 지속적으로 중단 없이 남았고, 이렇게 획득된 이론적 취득물은 그 이후에 후계자들의 비판을 받게 되었더라도 진지하고 확증된 작업수행의 힘을 그때그때 갖고 있었다.

　더 명료하게 설명해보자. 나는 물론 내가 '철학'이라는 명칭으로 나의 작업에서 목적과 장(場)으로 무엇을 추구하는지 알고 있다. 하지만 나는 〔분명하게〕 알고 있지는 않다. 스스로 생각하는 사람에게 언제 이것이 그의 '지식'을 충족시킨 적이 있으며, 스스로 생각하는 사람에 대해 '철학'이 철학을 하는 그의 삶 속에 수수께끼로 존재하는 것을 중단한 적이 있는가? 즉 누구나 자기 생애의 목표를 그것을 실현하는 것에 두는 '철학'이라는 목표의 의미를 가지며, 정의(定義)로 표현된 일정한 공식을 갖지만, 사실상 '철학자'로 부를 수 없는 2차적 사상가(Sekundäre Denker)만 자신의 정의에 안주하며 단어의 개념만으로 철학을 함이 문제를 제기하는 목적을 베어버려 죽인다.

　공식들의 단어개념 속에서처럼 모호한 '지식' 속에 파묻힌 역사적인 것은 자신의 고유한 의미에 따라 철학을 하는 자에게 정신적 유산이다. 마찬가지로 자명하게 그는 다른 사람들, 즉 그가 연쇄 속에, 비판적 우호관계나 적대관계 속에 철학을 하는 다른 사람을 이해한다. 그리고 그는 철학을 하면서 그가 이전에 철학을 이해하고 촉진했던 대로 자기 자신과의 연쇄 속에 있고, 이렇게 함으로써 그가 이해하고 이용했던 것과 같은 역사적 전통이 언제나 동기를 부여하면서 정신적 침전물로서 그 자신 속에 들어와 있음을 안다. 일부는 스스로 형성되고 일부는 이어받은 것인 그의 역사적 상(Bild)이 그의 '철학사의 창작'으로 고정되어 남아 있는지 아닌지도 그는 안다. 그렇지만 모든 창작은 자기 자신과 자신의 목표 그리고 자신의 것과 타인들 자신의 것과 관련해, 그들의 '창작'·목표와 관련해 궁극적으로 모두에게 공통인 것 — '그' 철학을 통일적 목적으로 만들고, 이것을 충족시키기 위한 체계를 추구하는 것을 우리 모두를 위한 것, 동시에 (우리가 과거를 다양하게 창작할 수 있었듯이) 과거의 철학자들과 연계된 우리를 위한 것으로 만드는 모두에게 공통인 것 — 을 이해하는 데 이바지하고, 또한 이바지할 수 있다.

결론 보충 6. 『위기』속편에 관한 핑크의 초안[16]

1. 심리학적 판단중지의 진정한 보편성

이 보편성에 관한 오해는 이미 해명되었다. 따라서 심리학을 선험철학으로 이끌어가기 전에 지금 심리학의 진정한 보편적 판단중지가 제시되어야 한다. 그것은 곧 '세계'의 타당성에 관한 판단중지이다. 그래서 세계에 대한 의식과 이것을 주제로 삼는 개별적 의식을 함축할 수 있는 방식을 다시 한 번 분석해야 한다. 그러나 심리학자는 그에게 심리학적으로 관심을 불러일으키는 인격들과 연관해 세계에 대한 의식의 지평에 타당성을 보편적으로 괄호 속에 묶는 것(Einklammerung)을 임의로 실행할 수 없고, 오히려 여기에는 세계를 판단중지한 일관된 귀결 속에 있는 일정한 질서(Ordnung)가 있다.

심리학자는 오직 자기 자신에서만, 자신의 의식 삶(의식 삶의 세계의 타당성을 판단중지하는 가운데)에서만 출발할 수 있다. 왜냐하면 그는 자기 자신에서만 비로소 진정한 심리학적 태도에서 다른 사람들을 갖기 때문이다. 그러므로 심리학을 가능케 만드는 심리학의 태도(진정한 의미에서 보편적 판단중지)에서 자신을 이해하는 심리학은 우선 심리학자의 심리학으로 시작하는 길밖에 없다. 따라서 어떤

---

16) 이 자료는 후설의 조교이자 공동 연구자였던 핑크가 1936(?)년 부활절 이전에 후설에게 제출한 초안이다.

사람의 경우 어디에서나 임의로 시작할 수 있다는 가상은 사라진다. 심리학의 진정한 보편적 판단중지는 **영혼들이** '서로 대립함'이라는 가상을 분쇄한다. 즉 심리학자에서 출발하는 '서로 뒤섞임'은 심리학적 주제제기의 길을 규정한다.

2. 심리학의 역설

세계에 대한 의식의 판단중지인 진정한 보편적 판단중지는 (자연스러운 추상화하는 것의 보충인) 추구된 심리학적으로 추상화하는 것(Abstraktion)이 해명된 최종 형태이다. 그러나 이것은 여전히 하나의 추상화하는 것인가? 영혼은 구체적 인간에서 (비록 독자적이지만) 하나의 보완하는 계기인가? 진정한 보편적 판단중지를 통해 드러난 영혼에는 어떠한 존재의 의미가 있는가?

심리학은 다른 학문들과 병존하는 특수한 학문으로서 미리 주어진 세계의 토대 위에 시작한다. 그러나 심리학에 고유한 방법을 해명함에서, 따라서 진정한 보편적 판단중지를 명백하게 수행함에서 심리학은 자신의 시작을 스스로 이해하는 가운데 정립된 '세계의 토대'라는 전제를 지양한다. 왜냐하면 심리학은 그것이 수립된 토대를 제거하며, 자기 자신을 통해 '토대가 없게'(bodenlos) 되기 때문이다.

하지만 이 '토대가 없음'은 심리학의 역설을 제기한다. 세계를 생각하는 삶의 '내면'은 어떠한 것인가? 이 내면은 본래 무엇에 속하는가? 심리학자가 작업할 때 그는 어떠한 세계의 토대도 갖지 않지만, 그가 반성할 때는 출발한 상황으로 되돌아온다. 즉 심리학은 심리학자에게 존재자의 일정한 영역에 관한 학문으로서 타당하다. 심리학자가 작업하는 상황과 그의 실마리를 이해하는 지평에서 그가 다시 되돌아온 자기해석 사이의 긴장에는, 세계의 토대 위에 수립되고 세계의 토대를 제거하는 심리학의 이율배반에는 고난(crux)이 놓여 있다.

3. 역설의 해소

만약 심리학이 심리학 자체를 그 실마리에서 지닌 세계에 대한 의식을 진정한 보편적 판단중지를 통해 괄호 속에 묶을 뿐만 아니라 이것을 고유하게 분석적 주제로 삼으면, 게다가 생각하는 삶의 미리 주어진 모든 조야한 분절, 즉 작용의 지향성이나 손쉽게 입증할 수 있는 지평의 지향성을 더 깊이 놓여 있는 구성하는 기능들로 환원하는 방식으로 분석적 주제로 삼으면, 심리학은 세계에 대한 의식의 구성적 기능에 관한 분석론에도 관여된다. 즉 심리학은 세계에 대한 의식을 판단중지(Epoche)할 뿐만 아니라, 이렇게 판단중지를 함으로써 자신의 구성적 근원도 탐구한다.

그러면 세계에 대한 의식은 더 이상 불투명한 토대가 될 수 없다. 왜냐하면 심리학은 세계의 토대 위에 자신의 고유한 실마리를 자신이 의미를 부여하는 근원 속에 간파하기 때문이다. 그래서 심리학은 자기 자신을 지양한다. 요컨대 '선험적 현상학'으로 이끌린다.

4. 심리학과 현상학의 관계의 특징(두 가지 '태도' 상호 간의 관계)

근본적으로 심리학으로 남아 있을 수 있는 심리학은 없다. 만약 지향성(Intentionalität)을 해명하는 방법이 일단 발견되면, '사태 그 자체(Sache selbst)의 귀결'을 분석하는 길은 미리 주어진 통일성에서 고유하게 구성하는 지향적 삶의 심층, 따라서 선험적 차원으로 계속 추구된다. 결국 심리학은 선험철학으로 유입되어야 한다.

그런데도 언제나 심리학과 현상학에는 차이가 있으며, 심리학에서 선험철학에 이르는 길이 완수된 이후에도 있다. 심리학은 자신의 실마리에 관한 반성을 통해 사로잡힌, 현상학의 '단순한 이전 단계'가 아니라, 언젠가는 현상학에 이르는 길의 단계로서 이전 단계이다. 그러나 심리학이 이 길을 완수했을 때, 심리학이 [선험철학에] 유입되었을 때, 여기에서도 이 둘 사이의 차이가 여전히 있다.

이 두 가지 태도가 서로 뒤섞여 작용함

문제의 영역은 '자기에 대한 통각'(Selbstapperzeption)의 문제제기를 통해 특징지어진다. 모든 선험적인 '자기'를-구성하는 것은 구성하는 삶을 구성된 형성물이 주제가 되는 연관 속으로 옮겨놓는 것이다. 또한 주관성은 선험적 환원 이후에도 자신을 동료 인간들과 사물들 가운데 인간으로서 객관화하는 것을 중단하지 않으며, 다만 이렇게 계속 존속하는 자기를 구성하는 것은 지금 선험적으로 철저하게 밝혀진 과정일 뿐이다.

(비록 선험적으로 '투시되었다' 하더라도) 구성된 자기를 객관화하는 (Selbstobjektivation) 지평은 스스로 현상학 속으로 해소된 이후에도 심리학의 적법한 문제의 영역을 규정한다. 즉 그것은 지금 주제로 제한된 현상학적 문제의 영역이 되지만, 어쨌든 다시 모든 것이 '귀속되는'('흘러들어 감'Einströmen[17]의) 문제의 영역이 된다. 선험철학은 한정된, 자기를 객관화하는 범위에 결부된 (환원 이후의) 심리학의 지평에 대립해 고유한 절대적 지평(Horizont)을 갖는다.

이 논문의 제4부[18)]

모든 학문을 선험철학의 통일성으로 되찾는 이념.

1) 적법하게 한정된 세속적 문제제기와 현상학의 관계를 예시하는 심리학과 심리물리학 또는 생물학.

---

17) 이에 관해 더 상세한 것은 이 책의 제59절을 참조할 것.
18) 여기에서 밝힌 제4부와 제5부의 더 상세한 내용은 1993년 스미트(R.N. Smid)가 후설의 1934~37년 유고를 편집해 출간한 『후설전집』 제29권 『위기-보충판』에도 나타나지 않는다.

2) 기술하는 자연과학('생활세계 존재론'으로서 그 아프리오리)과 이념화작업(Idealisation)으로서 현상학.

3) 보편적 상관관계의 체계의 통일성인 학문의 통일성.

형이상학의 현상학적 개념.

이 논문의 제5부 : 철학의 불가피한 과제

인간성(Menschentum)의 자기책임(Selbstverantwortung)

후설 연보

1. 성장기와 재학 시절(1859~87)

1859년   4월 8일 오스트리아 프로스니츠(현재 체코 프로스초프)에서 양품점을 경영하는 유대인 부모의 3남 1녀 중 둘째로 출생함.

1876년   프로스니츠초등학교와 빈실업고등학교를 거쳐 올뮈츠고등학교를 졸업함.

1876~78년   라이프치히대학교에서 세 학기(수학, 물리학, 천문학, 철학)를 수강함.

1878~81년   베를린대학교에서 바이어슈트라스와 크로네커 교수에게 수학을, 파울센 교수에게 철학을 여섯 학기 수강함.

1883년   변수계산에 관한 논문으로 박사학위를 받은 후 바이어슈트라스 교수의 조교로 근무함.

1883~84년   1년간 군복무를 지원함.

1884년   4월 부친 사망함.

1884~86년   빈대학교에서 브렌타노 교수의 강의를 듣고 기술심리학의 방법으로 수학을 정초하기 시작함.

1886년   4월 빈의 복음교회에서 복음파 세례를 받음.

1886~87년   할레대학교에서 슈툼프 교수의 강의를 들음.

1887년   8월 6일 말비네와 결혼함.

          10월 교수자격논문 「수 개념에 관하여」가 통과됨. 할레대학교 강사로 취임함.

2. 할레대학교 시절(1887~1901)

1891년   4월 『산술철학』제1권을 출간함.

1892년   7월 딸 엘리자베트 출생함.

1893년   프레게가 『산술의 근본법칙』에서 『산술철학』을 비판함.

           12월 장남 게르하르트 출생함(법철학자로 1972년에 사망함).

1895년   10월 차남 볼프강 출생함(1916년 3월 프랑스 베르됭에서 전사함).

1896년   12월 프러시아 국적을 얻음.

1897년   『체계적 철학을 위한 문헌』에 「1894년부터 1899년까지 독일에서 발표된 논리학에 관한 보고서」를 게재함(1904년까지 4회에 걸쳐 발표함).

1900년   『논리연구』제1권(순수논리학 서설)을 출간함.

1901년   4월 『논리연구』제2권(현상학과 인식론의 연구)을 출간함.

3. 괴팅겐대학교 시절(1901~16)

1901년   9월 괴팅겐대학교의 원외교수로 부임함.

1904년   5월 뮌헨대학교에 가서 립스 교수와 그의 제자들에게 강의함.

1904~05년   「내적 시간의식의 현상학」을 강의함.

1905년   5월 정교수로 취임이 거부됨.

           8월 스위스 제펠트에서 뮌헨대학교 학생 팬더, 다우베르트, 라이나흐(Adolf Reinach), 콘라트(Theodor Conrad), 가이거(Moritz Geiger) 등과 토론함.

1906년   6월 정교수로 취임함.

1907년   4월 제펠트의 토론을 바탕으로 일련의 다섯 강의를 함.

1911년   3월 『로고스』창간호에 「엄밀한 학문으로서의 철학」을 발표함.

1913년   4월 책임편집인으로 참여한 현상학 기관지 『철학과 현상학 탐구연보』를 창간하면서 『순수현상학과 현상학적 철학의 이념들』제1권을 발표함(기술적 현상학에서 선험적 현상학으로 이행함). 셸러도 『철학과 현상학 탐구연보』에 『윤리학의 형식주의와 실질적 가치윤리학』제1권을 발표함(제2권은 1916년 『철학과 현상학 탐구연보』제2권에 게재됨).

10월 『논리연구』 제1권 및 제2권의 개정판을 발간함.

1914년   7월 제1차 세계대전이 일어남(12월 두 아들 모두 참전함).

4. 프라이부르크대학교 시절(1916~28)

1916년   3월 차남 볼프강이 프랑스 베르됭에서 전사함

4월 리케르트(Heinrich Rickert)의 후임으로 프라이부르크대학교 교수로 취임함.

10월 슈타인이 개인조교가 됨(1918년 2월까지).

1917년   7월 모친 사망함.

1917년   9월 스위스 휴양지 베르나우에서 여름휴가 중 1904~1905년 강의 초안 등을 검토함(1918년 2~4월에 베르나우에서 보낸 휴가에서 이 작업을 계속함).

1919년   1월 하이데거가 철학과 제1 세미나 조교로 임명됨.

1921년   『논리연구』 제2-2권 수정 2판을 발간함.

1922년   6월 런던대학교에서 「현상학적 방법과 현상학적 철학」을 강의함.

1923년   일본의 학술지 『개조』(改造)에 「혁신, 그 문제와 방법」을 발표함.

6월 베를린대학교의 교수초빙을 거절함. 하이데거가 마르부르크 대학교에, 가이거가 괴팅겐대학교에 부임함. 란트그레베가 1930년 3월까지 개인조교로 일함.

1924년   『개조』에 「본질연구의 방법」과 「개인윤리의 문제로서 혁신」을 발표함.

5월 프라이부르크대학교의 칸트 탄생 200주년 기념축제에서 「칸트와 선험철학의 이념」을 강연함.

1926년   4월 생일날 하이데거가 『존재와 시간』의 교정본을 증정함.

1927~28년 하이데거와 공동으로 『브리태니커백과사전』 '현상학' 항목을 집필하기 시작함(두 번째 초고까지 계속됨).

1927년   하이데거가 『철학과 현상학 탐구연보』 제8권에 『존재와 시간』을 발표함.

1928년   1904~1905년 강의수고를 하이데거가 최종 편집해 『철학과 현상

학 탐구연보』제9권에 『시간의식』으로 발표함.

3월 후임에 하이데거를 추천하고 정년으로 은퇴함.

5. 은퇴 이후(1928~38)

1928년   4월   네덜란드 암스테르담에서 '현상학과 심리학'과 '선험적 현상학'을 주제로 강연함.

           8월   핑크가 개인조교로 일하기 시작함.

           11월   다음 해 1월까지 『형식논리학과 선험논리학』을 저술함.

1929년   2월   프랑스 파리의 소르본대학교에서 '선험적 현상학 입문'을 주제로 강연함.

           3월   귀국길에 스트라스부르대학교에서 같은 주제로 강연함.

           4월   탄생 70주년 기념논문집으로 『철학과 현상학 탐구연보』제10권을 증정받음. 여기에 『형식논리학과 선험논리학』을 발표함.

1930년   『이념들』제1권이 영어로 번역되어 출간됨. 이 영역본에 대한 「후기」(後記)를 『철학과 현상학 탐구연보』 최후판인 제11권에 발표함.

1931년   「파리강연」의 프랑스어판 『데카르트적 성찰』이 출간됨.

           6월   칸트학회가 초청해 프랑크푸르트, 베를린, 할레대학교에서 '현상학과 인간학'을 주제로 강연함.

1933년   1월   히틀러가 집권하면서 유대인을 박해하기 시작함.

           5월   하이데거가 프라이부르크대학교 총장에 취임함.

1934년   4월   미국 사우스캘리포니아대학교의 교수초빙 요청을 나이가 많고 밀린 저술들을 완성하기 위해 거절함.

           8월   프라하철학회가 '우리 시대에 철학의 사명'이라는 주제로 강연을 요청함.

1935년   5월   빈문화협회에서 '유럽인간성의 위기에서 철학'을 주제로 강연함.

           11월   프라하철학회에서 '유럽학문의 위기와 심리학'을 주제로 강연함.

1936년   1월   독일정부가 프라이부르크대학교의 강의권한을 박탈하고 학계활동을 탄압함.

9월 「프라하강연」을 보완해 유고슬라비아 베오그라드에서 창간한 『필로소피아』에 『위기』의 제1부 및 제2부로 발표함.

1937년 8월 늑막염과 체력약화 등으로 발병함.

1938년 4월 27일 50여 년에 걸친 학자로서의 외길 인생을 마침.

6. 그 이후의 현상학 운동

1938년 8월 벨기에 루뱅대학교에서 현상학적 환원에 관한 학위논문을 준비하던 반 브레다 신부가 자료를 구하러 후설 미망인을 찾아 프라이부르크를 방문함.

10월 루뱅대학교에서 후설아카이브 설립을 결정함.

11월 유대인저술 말살운동으로 폐기처분될 위험에 처한 약 4만 5,000여 매의 유고와 1만여 매의 수고 및 2,700여 권의 장서를 루뱅대학교으로 이전함. 후설의 옛 조교 란트그레베, 핑크 그리고 반 브레다가 유고정리에 착수함.

1939년 『위기』와 관련된 유고 「기하학의 기원」을 핑크가 벨기에 『국제철학지』에 발표함.

3월 유고 『경험과 판단』을 란트그레베가 편집해 프라하에서 발간함.

6월 루뱅대학교에 후설아카이브가 정식으로 발족함(이 자료를 복사하여 1947년 미국 버펄로대학교, 1950년 독일 프라이부르크대학교, 1951년 쾰른대학교, 1958년 프랑스 소르본대학교, 1965년 미국 뉴욕의 뉴스쿨에 후설아카이브가 설립됨).

1939년 파버가 미국에서 '국제현상학회'를 창설함. 1940년부터 『철학과 현상학적 연구』를 창간하기 시작함.

1943년 사르트르가 『존재와 무: 현상학적 존재론의 시도』를 발표함.

1945년 메를로퐁티가 『지각의 현상학』을 발표함.

1950년 후설아카이브에서 유고를 정리해 『후설전집』을 발간하기 시작함.

1951년 브뤼셀에서 '국제현상학회'가 열리기 시작함.

1958년 후설아카이브에서 『현상학총서』를 발간하기 시작함.

1960년 가다머가 『진리와 방법』을 발표함.

1962년	미국에서 '현상학과 실존철학협회'가 창설됨.
1967년	캐나다에서 '세계현상학 연구기구'가 창립됨. '영국현상학회'가 『영국현상학회보』를 발간하기 시작함.
1969년	'독일현상학회'가 창립되고 1975년부터 『현상학탐구』를 발간하기 시작함. 티미니에츠카(Anna-Teresa Tymieniecka)가 '후설과 현상학 국제연구협회'를 창설하고 1971년부터 『후설연구신집』을 발간하기 시작함.
1971년	미국 듀케인대학교에서 『현상학연구』를 발간하기 시작함.
1978년	'한국현상학회'가 창립되고 1983년부터 『현상학연구』(이후 『철학과 현상학 연구』로 개명함)를 발간하기 시작함.

후설의 저술

1. 후설전집

1. 『성찰』(*Cartesianische Meditationen und Pariser Vorträge*), S. Strasser 편집, 1950.

　『데카르트적 성찰』, 이종훈 옮김, 한길사, 2002; 2016.

2. 『이념』(*Die Idee der Phänomenologie*), W. Biemel 편집, 1950.

　『현상학의 이념』, 이영호 옮김, 서광사, 1988.

3. 『이념들』 제1권(*Ideen zu einer reinen Phänomenologie und phänomeno-logischen Philosophie I*), W. Biemel 편집, 1950; K. Schuhmann 새편집, 1976.

　『순수현상학과 현상학적 철학의 이념들』 제1권, 이종훈 옮김, 한길사, 2009; 2021.

4. 『이념들』 제2권(*Ideen zu einer reinen Phänomenologie und phänomeno-logischen Philosophie II*), M. Biemel 편집, 1952.

　『순수현상학과 현상학적 철학의 이념들』 제2권, 이종훈 옮김, 한길사, 2009; 2021.

5. 『이념들』 제3권(*Ideen zu einer reinen Phänomenologie und phänomeno-logischen Philosophie III*), M. Biemel 편집, 1952.

　『순수현상학과 현상학적 철학의 이념들』 제3권, 이종훈 옮김, 한길사, 2009; 2021.

6. 『위기』(*Die Krisis der europäischen Wissenschaften und die transzendentale Phänomenologie*), W. Biemel 편집, 1954.

『유럽학문의 위기와 선험적 현상학』, 이종훈 옮김, 한길사, 1997; 2016.

7. 『제일철학』 제1권(*Erste Philosophie*[*1923~1924*] *I*), R. Boehm 편집, 1956.
『제일철학』 제1권, 이종훈 옮김, 한길사, 2020.

8. 『제일철학』 제2권(*Erste Philosophie*[*1923~1924*] *II*), R. Boehm 편집, 1959.
『제일철학』 제2권, 이종훈 옮김, 한길사, 2020.

9. 『심리학』(*Phänomenologische Psychologie*[*1925*]), W. Biemel 편집, 1962.
『현상학적 심리학』, 이종훈 옮김, 한길사, 2013; 2021.

10. 『시간의식』(*Zur Phänomenologie des inneren Zeitbewußtseins*[*1895~1917*]),
R. Boehm 편집, 1966.
『시간의식』, 이종훈 옮김, 한길사, 1996; 2018.

11. 『수동적 종합』(*Analysen zur passiven Synthesis*[*1918~1926*]), M. Fleischer
편집, 1966.
『수동적 종합』, 이종훈 옮김, 한길사, 2018.

12. 『산술철학』(*Philosophie der Arithmethik*[*1890~1901*]), L. Eley 편집, 1970.

13. 『상호주관성』 제1권(*Zur Phänomenologie der Intersubiektivität I* [*1905~20*]),
I. Kern 편집, 1973.
『상호주관성』(제13~15권), 이종훈 옮김, 한길사, 2021.

14. 『상호주관성』 제2권(*Zur Phänomenologie der Intersubjektivität II* [*1921~28*]),
I. Kern 편집, 1973.

15. 『상호주관성』 제3권(*Zur Phänomenologie der Intersubjektivität III* [*1929~35*]),
I .Kern 편집, 1973.

16. 『사물』(*Ding und Raum*[*1907*]), U. Claesges 편집, 1973.
『사물과 공간』, 김태희 옮김, 아카넷, 2018.

17. 『형식논리학과 선험논리학』(*Formale und transzendentale Logik*), P. Janssen
편집, 1974.
『형식논리학과 선험논리학』, 이종훈 옮김, 나남, 2010; 한길사, 2019.

18. 『논리연구』 1권(*Logische Untersuchungen I*), E. Holenstein 편집, 1975.
『논리연구』 제1권, 이종훈 옮김, 민음사, 2018.

19. 『논리연구』 2-1권(*Logische Untersuchungen II/1*), U .Panzer 편집, 1984.
『논리연구』 제2-1권, 이종훈 옮김, 민음사, 2018.

20-1. 『논리연구』 보충판 제1권(*Logische Untersuchungen. Ergänzungsband. I*),

U. Melle 편집, 2002.

20-2. 『논리연구』 보충판 제2권(*Logische Untersuchungen. Ergänzungsband. II*),
U. Melle 편집, 2005.
『논리연구』 제2-2권, 이종훈 옮김, 민음사, 2018.

21. 『산술과 기하학』(*Studien zur Arithmetik und Geometrie* [1886~1901]), I.
Strohmeyer 편집, 1983.

22. 『논설』(*Aufsätze und Rezensionen* [1890~1910]), B. Rang 편집, 1979.

23. 『상상』(*Phantasie, Bildbewußtsein, Erinnerung* [1898~1925]), E. Marbach
편집, 1980.

24. 『인식론』(*Einleitung in die Logik und Erkenntnistheorie* [1906~1907]), U.
Melle 편집, 1984.

25. 『강연 1』(*Aufsätze und Vorträge* [1911~21]), Th. Nenon & H.R. Sepp 편집,
1986.

26. 『의미론』(*Vorlesungen über Bedeutungslehre* [1908]), U. Panzer 편집, 1986.

27. 『강연 2』(*Aufsätze und Vorträge* [1922~37]), Th. Nenon & H.R. Sepp 편집,
1989.

28. 『윤리학』(*Vorlesung über Ethik und Wertlehre* [1908~14]), U. Melle 편집,
1988.

29. 『위기-보충판』(*Die Krisis der europäischen Wissenschaften und die trans-
zendentale Phänomenologie* [1934~37]), R.N. Smid 편집, 1993.

30. 『논리학과 학문이론』(*Logik und allgemeine Wissenschaftstheorie* [1917~18]),
U. Panzer 편집, 1996.

31. 『능동적 종합』(*Aktive Synthesen* [1920~21]), E. Husserl & R. Breuer 편집,
2000.

32. 『자연과 정신』(*Natur und Geist* [1927]), M. Weiler 편집, 2001.

33. 『베르나우 수고』(*Die Bernauer Manuskripte über das Zeitbewußtsein* [1917~18]),
R. Bernet & D. Lohmar 편집, 2001.

34. 『현상학적 환원』(*Zur phänomenologische Reduktion* [1926~35]), S. Luft 편
집, 2002.

35. 『철학 입문』(*Einleitung in die Philosophie* [1922~23]), B. Goossens 편집,
2002.

36. 『선험적 관념론』(*Transzendentale Idealismus*〔*1908~21*〕), R.D Rollinger & R. Sowa 편집, 2003.

37. 『윤리학 입문』(*Einleitung in die Ethik*〔*1920 & 1924*〕), H. Peucker 편집, 2004.

38. 『지각과 주의를 기울임』(*Wahrnehmung und Aufmerksamkeit*〔*1893~ 1912*〕), T. Vongehr & R. Giuliani 편집, 2004.

39. 『생활세계』(*Die Lebenswelt*〔*1916~37*〕), R. Sowa 편집, 2008.

40. 『판단론』(*Untersuchungen zur Urteilstheorie*(*1893~1918*)), R.D. Rollinger 편집, 2009.

41. 『형상적 변경』(*Zur Lehre vom Wesen und zur Methode der eidetischen Variation* (*1891~1935*)), D. Fonfaral 편집, 2012.

42. 『현상학의 한계문제』(*Grenzprobleme der Phänomenologie*(*1908~1937*)), R. Sowa & T. Vongehr 편집, 2014.

2. 후설 전집에 수록되지 않은 저술

1. 『엄밀한 학문』(*Philosophie als strenge Wissenschaft*) in 『*Logos*』 제1집, W. Szilasi 편집, Frankfurt, 1965.
   『엄밀한 학문으로서의 철학』, 이종훈 옮김, 지만지, 2008.

2. 『경험과 판단』(*Erfahrung und Urteil*), L. Landgrebe 편집, Prag, 1939.
   『경험과 판단』, 이종훈 옮김, 민음사, 1997; 2016.

3. *Briefe an Roman Ingarden*, R. Ingarden 편집, The Hague, 1968.

3. 후설 유고의 분류

A 세속적(mundan) 현상학
　I 논리학과 형식적 존재론
　II 형식적 윤리학, 법철학
　III 존재론(형상학〔形相學〕과 그 방법론)
　IV 학문이론
　V 지향적 인간학(인격과 환경세계)
　VI 심리학(지향성 이론)

I 임명장
II 광고 포스터
III 강의 안내문
IV 일지

옮긴이의 말

 1978년 창립된 한국현상학회는 많은 원로 교수님과 의욕 넘친 젊은 학자들이 왕성하게 활동해왔다. 학회지를 중심으로 적지 않은 논문들이 발표되었고, 현상학 분야에서 매우 중요한 원전들도 상당 부분 번역되었다. 더구나 현상학에 대한 관심은 다양한 인문·사회과학을 넘어 예술·체육·간호·상담심리, 심지어 질적(質的) 연구방법 등으로 더욱 크게 확산되고 있다. 그렇지만 정작 '현상학이란 무엇인가?'에 대해 누구도 명확하게 답변하지 못한다. '40이면 헷갈릴 일이 없다'(不惑)는 선현의 말씀이 부끄럽다.

 이렇게 많은 사람이 현상학을 공부하고 이해하려고 노력하지만 한걸음도 더 나가지 못하고 혼돈만 거듭하는 원인은 무엇인가?

 우선 후설 현상학, 즉 선험적 주관성을 해명하는 선험적 현상학(철학)과 선험적 자아는 추상적이라고 거부하고 본질직관만을 받아들이는 다른 현상학자들의 세속적 현상학(방법론)을 명확하게 구별하지 않기 때문이다. 그 차이가 모호해지면, 논의를 거듭해도 공허해질 뿐이다.

 그리고 '나무만 보고 숲을 놓쳐버리기' 때문이다. 후설 사상의 발전단계를 본질의 기술(기술적 현상학)에서 선험적 주관성의 추구(선험적 현상학)로 또 생활세계의 해명(생활세계의 현상학)으로, 의식과 대상의 상관관계에 대한 정적(靜的) 분석과 발생적(發生的) 분석을 대립시켜 단절하는 것은 전체의 참모습을 이해하는 데 장애가 될 뿐이다.

이 책의 중간목차 큰 제목에서도 천명하듯이, 생활세계의 본질을 분석하는 것은 선험적 주관성을 해명하는 선험철학에 이르는 하나의 길이다. 그리고 심층의 발생적 분석이 등장한 이후에도 표층의 정적 분석에서 논의한 것이 거듭 등장한다. 물론 '주관 vs. 객관'의 시각은 의식은 항상 '~에 관한 의식'이라는 '지향성'에 대한 기초적 이해만으로도, '이성 vs. 감성'의 견해는 이 둘의 의식의 끊임없는 흐름 속에 하나라는 점 또는 주관적 속견(Doxa)과 객관적 인식(Episteme)의 관계에서도 분명하다.

게다가 후설 현상학의 근본특징인 '선험적'(transzendental)을 최근 일부에서 '초월론'으로 옮겨 혼동을 더욱 부추긴다. 한국현상학회가 1980년대 '선험적'으로 통일해 사용해왔을 뿐만 아니라, 궁극적 근원으로 되돌아가 묻는 이 태도를 의식과 대상이 분리된 이원론을 전제한 '초월론'으로 번역하면 정반대의 뜻으로 이해될 수 있다는 점, '초월'과 '초월론'의 차이와 관계가 지극히 모호하며 한 문장에서 같이 나올 경우 황당하다는 점, 일본이 그렇게 표기한다고 우리도 따를 필요가 없다는 점 등을 지적해도 막무가내이다. 현상학도의 한 사람으로서 매우 부끄럽고 안타깝다.

"막히면 돌아가라!"라는 말이 있지만, 오히려 '고전(古典)으로 파고들어야' 할 때도 있다. 현상학을 제대로 이해하려면 당연히 후설 현상학부터 올바로 알아야 한다. 더 이상 근거 없이 비판하거나 피상적으로 평가하는 이차문헌들에 눈길을 돌려서도 안 된다. 후설 현상학의 슬로건 '사태 그 자체로!'(zur Sache selbst)와 같이, '후설 현상학 그 자체로' 되돌아가야 한다. 그리고 거기에서부터 '후설과 더불어 현상학을 해야'(doing Phenomenology, Phänomenologisieren) 한다.

수학자로 출발한 후설이 50년을 넘는 세월 동안 끊임없이 철저하게 철학을 함에서 궁극적 지향점은 선험적 현상학이다. 이것은 근대 이래 실증적 사실만을 추구한 객관적 자연과학이 인간의 자기반성의 주체인 이성을 불신하고 학문적 작업을 수행하는 자가 인격으로서 자기 삶의 진정한 가치와 의미를 뿌리째 망각한 현대사회의 총체적 위기를 극복하기 위해 제시한 근본적 해결책이다.

요컨대 후설 현상학, 즉 선험적 현상학은 선험적 주관성을 해명함으로써 진정으로 자기 자신과 세계를 이해하려는 철학이다. 그리고 선험적 주관성(자아)은 인간의 모든 활동과 사고를 궁극적 자기책임 아래 주도하는 보편적 이성, 즉 지각·판단·기억·기대 그리고 침전된 무의식을 포괄하는 몸과 정신의 통일체인 '의식의 끊임없는 흐름'이다. 그것은 세계와 의식 또는 대상(객관)과 주관이 의식의 본질상 서로 분리될 수 없는 지향성, 즉 보편적 상관관계로서, 다양한 체험들을 통일적으로 파악하고, 개인이나 공동체의 기억들과 습득성들을 담지하며, 생생한 현재뿐만 아니라 과거와 미래의 지평을 지니고 사회성과 역사성을 통해 언어와 문화의 공동체 속에서 구성되고 발전되는 상호주관성이다. 그리고 선험적 자아는 인간이 인간다움(인간성)을 실천하여 완성하려는 '의지', 심층의식의 주인으로서 '마음'이다.

후설은 선험적 주관성의 구조를 밝힘으로써 인격적 주체를 확립하고 인간성의 새로운 지평을 여는 '인간 개조의 혁명'을 시도하였다. 여기에는 자기 자신을 성찰하는 길, 객관적 태도의 실증적 자연과학이나 경험적 심리학을 비판하는 길, 생활세계의 존재론을 밝히는 길 등이 있다. 결국 '모든 길은 이성에!' 있을 뿐이다. 그는 좌절된 인간의 이성을 복원시키는 길에 병상 속에 죽는 날까지 진지한 구도자의 자세로 초지일관 매진했다.

따라서 이 책은 작성된 시기나 다루고 있는 내용으로 볼 때 후설의 철학적 혼(魂)이 깃들고 열정이 점철된 선험적 현상학의 정점(頂點)인 동시에 종점(終點)이다. 더구나 후설 현상학은 결코 유행처럼 스쳐지나간 과거의 지적 유산일 수 없다. 그의 과학문명에 대한 비판과 그 위기의 극복책은 백년 가까이 지난 오늘날에도 여전히 타당한, 아니 오히려 더욱 절실하게 요청되는 철학이기 때문이다. 특히 생태계 전반에 걸친 환경위기와 관련하여 생활세계의 의미와 가치는 철저하게 조명되어야 한다.

흔히 철학은 대부분의 사람이 당연하다고 간주하는 것도 왜 그러한지 그 근거와 의미를 캐묻는 작업이라고 한다. 그런데 생활세계는 우리 모두에게 친숙한 유형을 통해 항상 미리 주어져 있고 이미 잘 알려져 있는 자명한 세계이다. 그러나 이제껏 학문의 관심주제로 전혀 부각되지 않았던 생활세계는 정작 객관적 자연과학이 망각한 의미의 기반이자 인격적 주체에게 은폐된 삶의 토대이다. 따라서 이 생활세계의 의의와 구조를 밝힌 후설 현상학은 이제까지 어둠 속에 갇혔던 곳을 밝힌 '여명(黎明)의 철학'이며, 이제까지 철학들이 당연하게 간주한 것 자체를 문제 삼아 캐물은 '철학 가운데 철학'이다. 바로 이 점이 궁극적 근원을 찾는 사람의 마음을 송두리째 빨아들이는 후설 현상학의 매력이다.

이 책은 1997년 11월 출판된 이래 독자들의 꾸준한 관심을 받아왔다. 쇄를 거듭하면서 눈에 띠는 오자와 탈자, 빠진 문구 등을 수정해왔지만, 일정한 틀 속에 제한된 작업이라 항상 아쉬움이 남았다. 그리고 20년이 흐르면서 후설의 다른 저술들도 번역해가는 가운데 이해의 폭도 넓어지고 논지에 대한 확신도 깊어진 측면이 있었다. 더구나 그의 전문용어들을 가능한 한 통일시켜야 할 필요도 생겼다. 그래서 이번 기회에 전면적으로 수정해 새로운 판을 제시하게 되었다.

그래도 여전히 부족한 점이 많다. 동료 현상학자들의 날카로운 비판과 독자 여러분의 따끔한 지적을 받아 점차 개선해가겠다는 점을 분명하게 약속한다. 물론 이 책으로 후설 현상학, 더 나아가 현상학과 인문학에 대한 더 깊은 관심과 연구가 활발하게 일어나는 데 이바지할 것을 기대한다.

끝으로 후설 현상학의 세계로 이끌어주신 여러 은사님들께 깊이 감사드리며, 학문적 능력이 부족한데도 이제껏 공부할 수 있게 도와준 아내 조정희의 헌신도 잊을 수 없다. 또한 이 책을 출판하고 개정하는 데 적극 지원해주신 한길사의 김언호 사장님과 편집부 김광연 씨에게 고마운 마음을 표한다.

2016년 1월
이종훈

찾아보기

인명

지은이 에드문트 후설

에드문트 후설(Edmund Husserl, 1859~1938)은 1859년 오스트리아 프로스니츠에서 유대인 상인의 아들로 태어났다. 20세기 독일과 프랑스 철학사에 커다란 영향을 미친 현상학의 창시자로서 카를 마르크스, 지그문트 프로이트, 프리드리히 니체와 더불어 현대사상의 원류라 할 수 있다.

1876년부터 1882년 사이에 라이프치히대학교와 베를린대학교에서 철학과 수학, 물리학 등을 공부했고, 1883년 변수계산에 관한 논문으로 박사학위를 받았다. 1884년 빈대학교에서 프란츠 브렌타노 교수에게 철학강의를 듣고 기술심리학의 방법으로 수학을 정초하기 시작했다.

1887년 할레대학교에서 교수자격논문「수 개념에 관하여」가 통과되었으며, 1901년까지 할레대학교에서 강사로 재직했다. 1900년 제1주저인『논리연구』가 출간되어 당시 철학계에 강력한 인상을 남기고 확고한 지위도 얻었다. 많은 연구서클의 결성으로 이어진 후설현상학에 대한 관심은 곧『철학과 현상학적 탐구연보』의 간행으로 이어졌으며, 여기에 제2주저인『순수현상학과 현상학적 철학의 이념들』제1권을 발표해 선험적 관념론의 체계를 형성했다.

1916년 신칸트학파의 거두 하인리히 리케르트의 후임으로 프라이부르크대학교 정교수로 초빙되어 1928년 정년퇴임할 때까지 재직했다. 세계대전의 소용돌이와 1930년대 나치 정권의 권력장악은 유대인 후설에게 커다란 시련이었으나, 지칠 줄 모르는 연구활동으로 저술작업과 학문보급에 힘썼다. 주저로『유럽학문의 위기와 선험적 현상학』『데카르트적 성찰』『시간의식』『엄밀한 학문으로서의 철학』등이 있다.

후설현상학은 마르틴 하이데거와 장 폴 사르트르, 모리스 메를로퐁티 등의 실존철학자는 물론 한스게오르크 가다머와 폴 리쾨르의 해석학, 로만 인가르덴의 미학, 에른스트 카시러의 문화철학, 허버트 마르쿠제, 위르겐 하버마스 등 프랑크푸르트학파의 비판이론가들에게도 지대한 영향을 미쳤다. 아울러 자크 데리다, 미셸 푸코, 장프랑수아 리오타르 등 탈현대 철학자들과 마르셀 프루스트, 제임스 조이스, 버지니아 울프 등의 모더니즘 문학에도 많은 영향을 주었다.

옮긴이 이종훈

이종훈(李宗勳)은 성균관대학교 철학과와 같은 대학교 대학원에서 후설 현상학으로
박사학위를 받았다. 춘천교대 명예교수다. 지은 책으로는『후설현상학으로
돌아가기』(2017),『현대사회와 윤리』(1999),『아빠가 들려주는 철학이야기』(전 3권,
1994~2006),『현대의 위기와 생활세계』(1994)가 있다. 옮긴 책으로는『형식논리학과
선험논리학』(후설, 2010, 2019),『논리연구』(전 3권, 후설, 2018),『순수현상학과
현상학적 철학의 이념들』(전 3권, 후설, 2009),『유럽학문의 위기와 선험적
현상학』(후설, 1997, 2016),『시간의식』(후설, 1996, 2018),『현상학적 심리학』(후설,
2013),『데카르트적 성찰』(후설 · 오이겐 핑크, 2002, 2016),『수동적 종합』(후설,
2018),『경험과 판단』(후설, 1997, 2016),『엄밀한 학문으로서의 철학』(후설, 2008),
『제일철학』(전 2권, 후설, 2020),『상호주관성』(후설, 2021)이 있다.
이 밖에『소크라테스 이전과 이후』(컨퍼드, 1995),『언어와 현상학』
(수잔 커닝햄, 1994) 등이 있다.

유럽학문의 위기와 선험적 현상학

지은이 에드문트 후설
옮긴이 이종훈
펴낸이 김언호

펴낸곳 (주)도서출판 한길사
등록 1976년 12월 24일 제74호
주소 10881 경기도 파주시 광인사길 37
홈페이지 www.hangilsa.co.kr
전자우편 hangilsa@hangilsa.co.kr
전화 031-955-2000~3 **팩스** 031-955-2005

부사장 박관순 **총괄이사** 김서영 **관리이사** 곽명호
영업이사 이경호 **경영이사** 김관영 **편집주간** 백은숙
편집 박희진 노유연 이한민 박홍민 배소현 임진영
마케팅 정아린 이영은 **관리** 이주환 문주상 이희문 원선아 이진아
디자인 창포 031-955-2097
CTP출력 블루엔 **인쇄** 오색프린팅 **제책** 경일제책사

제1판 제1쇄 1997년 11월 10일
개정판 제3쇄 2024년 6월 15일

값 35,000원
ISBN 978-89-356-6447-4 94080
ISBN 978-89-356-6427-6 (세트)

한길그레이트북스 인류의 위대한 지적 유산을 집대성한다

● 한길그레이트북스는 계속 간행됩니다.